甘肃武威文庙名匾·清乾隆癸卯年“天象人文”

天垂象，见吉凶，圣人象之。

——《周易·系辞上》

为政以德，譬如北辰，居其所而众星共之。

——（春秋）孔子

有两种东西占据着我的心灵，若不断地加以思考，就会使我产生时时翻新、有加无已的赞叹和敬畏之情，那就是：我头顶的星空和我内心的道德法则。

——[德]康德

不要讥笑，不要哭泣，不要诅咒，而要理解。

——[俄]舍斯托夫

二十周年院庆系列

凯原法学论丛

Divine Providence and Ancient Law

天学与法律

方潇 著

法律出版社 LAW PRESS·CHINA
北京

图书在版编目（CIP）数据

天学与法律 / 方潇著. -- 北京：法律出版社，2022
（凯原法学论丛. 二十周年院庆系列）
ISBN 978-7-5197-6344-2

Ⅰ. ①天… Ⅱ. ①方… Ⅲ. ①法制史－研究－中国－古代 Ⅳ. ①D929.2

中国版本图书馆CIP数据核字（2022）第004334号

天学与法律
TIANXUE YU FALÜ

作　　者：方　潇
责任编辑：韩满春
装帧设计：贾丹丹
出版发行：法律出版社
编辑统筹：学术·对外出版分社
责任校对：王晓萍　王语童
责任印制：陶　松
经　　销：新华书店
开　　本：710毫米×1000毫米　1/16
印　　张：32.25
字　　数：456千
版　　本：2022年4月第1版
印　　次：2022年4月第1次印刷
印　　刷：三河市兴达印务有限公司
书　　号：ISBN 978-7-5197-6344-2
定　　价：98.00元

销售电话：010-83938349　客服电话：010-83938350　咨询电话：010-63939796
地　　址：北京市丰台区莲花池西里7号(100073)
网　　址：www.lawpress.com.cn
投稿邮箱：info@lawpress.com.cn
举报盗版邮箱：jbwq@lawpress.com.cn
凡购买本社图书，如有印装错误，我社负责退换。电话：010-83938349

学术界相关评价

这是一篇内容广泛、气势恢宏的论文。作者对于中国历史上天与法、天与人的关系进行了全面的论证,很有创新意义。表现了作者深厚的理论基础和扎实的业务功底,无论对问题的分析、综合,还是史料的驾驭,都表现了独立的研究能力。

——中国政法大学终身教授张晋藩先生

这篇论文以天象为视角,对中国古代天学与法律进行全面系统的研究,是中国法制史学科第一篇专门研究天学与法律的创新之作。论文写作难度较大,作者翻阅了大量文献资料和前辈与近人的相关论著……观点新颖,发前人所未发。这篇论文是哲学与法学相结合的研究成果,无论对法制史和法律思想史的研究都向前推进了一步。

——北京大学法学院蒲坚教授

该项研究成果,实属中国法律史学界难度大而罕有人敢于问津的研究领域中绽放的一支学术新葩。……突破了以往法制史研究领域的局限,从天学的视域探究了中国传统法律"则天""象天"的全过程,以及它的本源与路径等重大问题。……该研究成果实为整体性的创新与突破,具有重大的理论价值与现实价值。

——中国政法大学法学院郭成伟教授

学界对中国古代法律的研究是多层次的……然而深入地探讨延绵数千年的中国古代法律的理论基础却是难度颇大、成果罕见的一个领域。这一选题的理论意义和学术价值在于：弥补了学界目前研究的薄弱环节，而这一弥补，将十分有利于学界对中国古代法律更深入地认识和理解，有利于中国法律史学科研究视角的拓展。

——中国人民大学法学院马小红教授

本课题是对中国古代天学的法律解读，这是法律史研究的视域扩张，是一个令人耳目一新的选题。选题对于我们认识中国法律传统的“敬天”精神，“以人（德）配天”精神有特别重要的意义。

——杭州师范大学法学院范忠信教授

作者对“天学与法律”的研究已历时多年……该成果具有以下几个主要特点：第一是系统性。……第二是综合性。……第三是创新性。……总之，本成果会成为该领域研究中的一个标志性成果，会成为学术界以后相关研究的必读书目。

——苏州大学王健法学院艾永明教授

该课题首用“天学”，着眼于“天象”，使“天”成为“学”，成为可以认知、可以研究、可以把握的学问。这一形而下的研究，改变了视角，扭转了关注点，拓宽了视野，弥补了宏观叙事的不足，具有重要的学术意义。

——苏州大学王健法学院高积顺教授

序　一

方潇的《天学与法律——天学视域下中国古代法律“则天”之本源路径及其意义》,作为国家社会科学基金后期资助项目的结项成果,即将出版问世。我个人认为,这是中国法律史学界值得高兴的一件事情,某种意义说,甚至是一件大事!

方潇是我指导的2004年毕业的博士研究生,他曾以《中国古代天学与法律之关系研究》作为博士学位论文,获得答辩委员会各位专家的高度评价,被认为是中国法制史学科第一篇专门且系统研究天学与法律两者关系的创新和开拓之作。难能可贵的是,他在博士毕业后的10年中,不断深化这一领域的研究探索工作,一刻未有停息。比如他在原有博士论文的基础上,增添“天学的内涵与外延”此一新的内容,大为充实了原先的天学范畴,完善了天学的意蕴。与此同时,他又在充分吸收和评估学界已有相关成果的基础上,进一步深化了关于“法律则天”原则的学术研究。特别值得一提的是,他在原有博士论文的基础上,增加了极为重要的一章“历法法意与法律时间”,这不仅使得天学本身的内容研究全面充实,而且还由此揭示了中国传统历法的作为时间大法的法律属性,并由此探索了中国传统法制中极为重要的法律时间问题。可以说,此新增部分的研究同样十分具有创新价值和学术意义。此外,他还对“灾异论”及其对法律的影响,这一难度较大且少有人深入探究的问题,进行了正反两个方面理性客观的分析与评价,等等。凡此种种,均反映出作者立志学术,十年来锲而不舍的专研风格以及持续不懈的学术精神。这也让我感到十分欣慰!

需要进一步说明的是,以往的中国法制史与中国法律思想史的研究,也都取得了辉煌的成就,是应当充分加以肯定的;在相关领域中也均有重要学术创新,这也是毋庸置疑的。但是坦率而言,我们现有的研究,只能接近真理,而不可能终极真理。方潇等这样的一些学术中坚,就为我们提供了范例。他以巨大的理论勇气与探索求真的科学精神,从天学的角度,全面深入地研究了中国古代法律"则天""象天"的种种面相,研究了其本源与路径等重大问题,从而使得学界原先基本停留在抽象认识的"法律则天"以丰富具象的面貌呈现。不仅如此,从这样的具象研究中,他还引申出颇具思想穿透力的"作为法律资源的天空"的古今意义。可以说,他的这部学术成果,将以重大的理论创新与现实借鉴,呈现给学界与广大读者。

通过阅读这部学术著作,我认为除去上述的研究意义外,还具有弥补学术空白与开拓学术研究领域的重大作用。虽然学术界大都认可"则天立法""则天行法"之类的古代法律的制定和运行原理,但遗憾的是,这些认识基本停留在抽象的"天道""天理"层面,至于法律到底是如何"则天",其具体路径是什么,则是无所清晰认识,从而难以真正把握古代法律的真谛。这部著作的重要学术贡献,在于以其扎实的理论知识、翔实的历史史料以及严谨的逻辑体系,从天学这种中国古代版本的天文学的视域,充分具象地揭示了古代法律如何"则天"的种种具体路径问题,使得"法律则天"此种立法行法的最高原理以饱满的形象展现出来,从而填补了学界在此种重大基础理论认识方面的空白。这样的具象研究,从另一种角度看,实是冲破了以往的研究框架与现有结论,在诸如"法律的阶级冲突观""法律的经济纷争观""法律的战争催生观"等基础上或之外,从天学此种王权来源之学的角度,创造性地推进和丰富了"法源于天"的学术观点。即"则天"作为法律的最重要本源,传统的中国法律是通过在不同层面模仿天学原理,并在实践过程中逐步形成的。这种通过科学研究得出的结论,不仅成为法律起源学的一家新见,而且也完善了法律起源说的内容。

该研究结论的科学性,大概是因为这部著作的如下研究所决定:天学对法律的影响以至决定,有着深厚的哲学基础,即得到了“天人合一”理论的有力支撑,以及“天人感应”的实现途径;通过天学的核心或本质内容星占学,古人以直接和间接的天象模拟来实现具体法律的设置和运行;通过引入“阴阳五行学”这种天学重要课题,古人实现了重大法律路线的选择;通过导入“天命革命说”,催生了法律变革的可能性和可行性;通过对历法此种天学重要内容的法律属性的赋予,建构了历法这种时间大法于统治政治的重要性及对法律时间的决定意义;通过肯定“天学”及“代天刑罚”学说,为刑罚的执行提供了依据;通过肯定“灾异”学说,论证了减免刑罚的重要性。诸如此类,尚有一些。这些都说明此部学术著作,在天学与法律的关系上,特别是在“法源于天”的研究中,已经形成了完整的理论结构,以及支撑其理论的观点论证。

对于方潇在这部学术著作中所取得的成就,我由衷地感到欣喜。同时,又以《易经》之“天行健,君子以自强不息”来共勉,共同推进学术研究工作。作为老师,深为中国法律史学术上的这一创新成果而鼓舞,有感抒怀,援笔为序。

郭成伟

2014 年 2 月 3 日

序　二

大约10年前，接到方潇教授（那时正在准备博士学位论文答辩）的博士学位论文及评阅邀请函。博士学位论文的评阅，是我每年都为之发愁的事情。每年四、五月间会收到来自不同学校送来的博士学位论文及评阅邀请，接下来一两个月的时间都会在学术标准与人情（主要是对做学生不易的“同情”“理解”）间纠结。六、七月，当学校沉浸在毕业季的皆大欢喜中时，我常常会有一种愧疚之感。当勉强通过或同意一些差强人意甚至不如人意的论文答辩时，我不知道还能不能用“敬业”来评价自己的工作，不知道自己还算不算一个合格的老师。为避免这种内心的不安和拷问，近年来，除本校无法推辞的学位论文评阅外，我几乎不再接受评阅的邀请。也许正是因为与这种不安、烦恼心境形成了巨大的反差，直到今天我都记得10年前读到方潇学位论文时的惊喜。以至于读完后，我便与他的导师郭成伟教授联系，毛遂自荐地要为之推荐出版。

方潇教授的博士学位论文《中国古代天学与法律之关系研究》，涉及的是中国传统法律文化研究中的基础课题——天理与法律的关系。“天理、国法、人情”相辅相成，几乎是每一个法学研究者都知晓的中国古代法律特征。天理与国法、人情与国法（礼与法、乐与法）以及天理、国法、人情三者关系的解读，是全面理解、分析中国古代法的前提，也是我们在实践中利用古代法律文化的遗产，形成现代中国法之新传统的关键。但在以往的研究中，学界却很少将三者作为一个整体来考察。就目前学界研究的状况看，已经有较为全面深入研究的部分仅仅局限于“国法”，综合考察人情与国法的研究尚在拓展中；而对天理与国法关系的研究几乎无人涉猎，因为这是一个有着太多难题的研究领域。

在古代或“去古未远”的清末民初，“天理”对人们来说也许是不必解释的共识。但对生活在与古代社会渐行渐远的现代社会中的人们而言，最难理解和把握的往往正是那些对古人而言，不言而喻的观念或事物。所以，当我们习惯地沿袭古人“天理、国法、人情”来阐述古代法时，若问“天理”为何？即使法律史学者也会茫然。因此，我们被这种茫然困扰，或久而不知，或深知这是一个不可轻易触碰的难题而回避。然而，一位涉足学术领域不久的青年学子，将这样一个学术难题作为自己的学位论文，除了学术旨趣外，我想，还应该有年轻一代学者的使命感与责任感，即恢复与弘扬学术本应有的独立、自由之品格，改变视学术为“工具”或“饭碗”的不良风尚。确实，在《中国古代天学与法律之关系研究》这篇学位论文中，看不到拾人牙慧的人云亦云，正如我的导师蒲坚教授看后所评价的那样，这是一篇“发前人所未发的优秀学位论文”。也许正因如此，出版社方面很快将这篇论文列入了出版计划，而且屡屡询问我，作者是否能尽快交稿、出版。

当得知已经在苏州大学执教的方潇并不急于出版，而是准备对已经基本成形的书稿做进一步修改时，我既感佩也急切。感佩的是他认真而从容的学术态度，“文章千古事，得失寸心知”。学术作品本来就应该是认真而从容并具有作者独立思考的作品，而不是迫于功利的“急就章”。急切的是目前的学界太需要这样具有创新意义的作品了，学术研究是无止境的，我们永远也无法达到我们心目中的那个“完善”。2009 年我收到方潇寄来的司法部青年项目“天学与法律”的课题成果结项鉴定书，这是他在博士学位论文基础上的进一步研究成果，其从天学的角度对法律意义上的“天理”进行了前所未有的阐述。在结项鉴定书中，我是这样写的：“将中国古代‘天学’中的概念和范畴系统地引入法史学的研究中，探讨中国古代法律中所蕴含的哲学思想,是法史学界研究中的空白。以往学界研究之所以未能涉及这一领域,原因在于研究难度颇大。其不仅涉及中国古代法律,而且涉及古代社会中的'天文学',如历法、天象等。从研究领域的拓展、资料的梳理、法律所涉及的一些概念的阐述等诸方面考察,该成果具有整体创新意义。该成果的特色在于从一个全新的角度阐述了中国古人对法律与自然的认识。由于将天学系统地引入法学研究,更客观地呈现了中国古代'则天'立法以及'天'在中国古代法律中的地位。该成果的建树在于:第一,对中国古代天学中涉及的法律内容,一一梳理。更为客观、合理、深刻地解释了'天人合一'、'天命'、'天谴'等哲学思想的法律含义。第二,由此深入地阐述了中国古代'则天'立法的途径,呈现中国古代'天象'对政治、法律的巨大影响。第三,对晚明以来,西历的传入和中华民国改用阳历这一转型的过程进行了阐述。""该成果在法史学研究中具有拓展学科研究领域的重大意义。"记得在与方潇教授的电话中,我直言不讳地说:"可以了,该出版了。"

转眼又是4年,去年年底,接到方潇教授的电话,诚恳邀我为其即将出版的《天学与法律》作序。为他人之作写"序",对我而言一定是愿作与能作的综合考量。愿作,当然一定是自己读后有感,感觉好并值得为之序的作品。能作,一定是自己有研究基础并有把握准确理解作者意图的作品。为方潇教授的大作作序,我是愿作但却自知不能作或不敢作的。因为深恐学术功力不够而有损于作品的学术分量,又恐不能准确理解作者之思而误导读者,故推辞再三,但最终是情不能却。于是,寒假间将书稿置于书案,再三读之、思之,从中体会作者对古人之"天"的还原与对"天与法"关系的解析。天,在古代不仅是一种"形而上"的抽象观念,而且更是一种"'形而下'到十分精致的具象行为"。闻名于世的《唐律疏议》正是这种"形而下"的产物:"观雷电而制刑威,睹秋霜而有肃杀。"从法学研究的角度说,由于"天学"的缺位,我们对古人"天理"的论述连语焉不详的程度都达不到,我们不仅忽视了这种"形而下"的具象行为所带给我们的法律信念和古代法律中"除恶扬善"的价值观,而且常常会将古人的"天人合一""天象""天谴"误解为与现代科学相对立的"迷信"。作为对以往研究的弥补,作者从历法的法律属性解释了

“天时”,认为“历法实是一部关于天之时间法则表达的法律”。历法所表达的天时、天象,通过气数、天命与政治统治的合法性相联系,按照历法行事“是世俗法律和神圣天则两者统一的要求”。如此,我们可以通过古人“信天命”的表象,了解到古人对政权、王朝、法律的认识,对正义、合理、公平的理解。虽然这些认识和理解在现代社会中看来也许有些幼稚,但古人正是通过这种“幼稚”而具象的表达直白地告诉世人,法律中所蕴含的那种公正之精神是永恒与普遍的,是“天不变,道亦不变”的。

时隔近10年,再读《天学与法律》,给我欣喜与震撼的已经不再仅仅是法史学研究领域中一项“空白”的弥补,也不是从天学的角度对中国古代“天理”前所未有的系统的学理解析。我从中所感受到的,是作者“十年一剑”的静心之作所体现出的那种学术境界和追求。这种心无旁骛的静心,虽是为学之人理所当然应有的素质,但在时下却弥足珍贵,因为这种素质在许多学者的身上已经难以寻觅;而这种静心之作的学术精品,可以说正是学界的急需。

马小红

甲午年元宵节

再版说明

该书初版于2014年8月，时间过得很快，于今一晃已是7年有余。在这7年多的光阴中，承蒙学界同仁支持、鼓励和肯定，该书有幸获得了一些荣誉(如江苏省第十四届哲学社会科学优秀成果一等奖、第四届中国法律文化优秀成果二等奖、第七届钱端升法学研究成果提名奖等)，在此我深表谢忱。这些奖项对我来说，既是鼓舞也是鞭策，让我有将天学与法律的关系研究向更全面和更深入推进的冲动。然因手头另一国家课题研究的时间紧迫，以及教学等其他事务的繁杂，此一冲动终未能付诸行动。

由于种种因素，2020年年末我离开了工作22年之久的苏州大学，调入上海交通大学凯原法学院工作。佛说，因缘际会，皆有定数。中国传统观念也认为，在适宜的时点做适宜的事，这是天道中的天时愿景。研究天学的我，竟然不知不觉地行走在这条命运之路上。凯原法学院是一个富有蓬勃活力且颇具温情的年轻生命体，2022年是其诞生20周年。为纪念20周年的成长，凯原法学院计划出一套纪念文丛，我的《天学与法律》一书有幸纳入。这在我的事业或人生转折中，又与多个数字“2”联系在了一起，给人一种好事成双或两全其美的喜感，此岂非天意真在其中耶？

此次再版，在结构和内容上基本一仍其旧，保持原貌。不过也略有修订，主要是对明清时期天学禁私规定之变迁作了稍进一步的细化论说；另本书初版之时，英国历史学家巴特菲尔德的《历史的辉格解释》还未有中译本，此次修订则据商务印书馆中文版进行了新的引证和解说；对少数字句进行了修正和补足。此外，接受责任编辑的建议，将原书名的副标题删除，以显示简洁精炼。

天学与法律的关系关涉中国传统法律如何运作的本源路径问题，或可能由于涉及古代天文学的知识范畴，惜学界少有研究涉足其中。故也想借此再版机会，期待能够抛砖引玉，深化这一问题的认识。

最后感谢该书再版过程中所有给予帮助或付出劳动的朋友们！

2021年10月8日

于上海交通大学凯原法学院

目　录

第一章　绪　论

一、中国古代“法律则天”原则概述

“天”是一个十分古老的话题,中外古人几乎都把它视作为一个“文化资源的天空”。[①] 然而,由于中外民族形成及发展的环境和路径不同,天空虽然可以说相同,但赋予其中的文化资源却是不同的。中国古人对头顶天空的独特认识形成了一种独特的可称之为“天学”的理论学说。在这种“天学”中,不仅反映了古人将“自然之天”赋予神性信仰,并敬其为万能的主宰者而具有的实在性意义,[②] 而且还将此赋有“神性”的“自然之天”作为经国济民的最终本源。作为经国济民的极重要一环的法律,就是本源于这个“天”。当然,需要说明的是,本著中“法律”概念的运用,当是在一个较宽泛的义界上展开的,既包括静态意义上的法律,也涵盖动态意义上的法律。也就是说,无论静态还是动态,中国古代法律均从“天”那里,获取了得以决定自身属

---

① 这里是借用西方学者的一个用语。参见[英]米歇尔·霍斯金主编:《剑桥插图天文学史》,江晓原等译,山东画报出版社 2003 年版,第 14 页。

② 卡西尔说:“在神话想象中,总是暗含有一种相信的活动。没有对它的对象的实在性的相信,神话就会失去它的根基。”[德]恩斯特·卡西尔:《人论》,甘阳译,上海译文出版社 1985 年版,第 96 页。卡西尔的这一说法,笔者认为同样也适合于中国古代对天的信仰。

性、规划自身内容的根本资源。这就是法史学界乃至整个法学界都引为共识的关乎中国古代法律的“则天”原则,简称“法律则天”。

“法律则天”可说是中国古代法律在设置和运行上的最高原则。中国古代的群经之首《周易》,其《系辞上》即语气断然地说:“天垂象,见吉凶,圣人象之;河出图,洛出书,圣人则之。”在中国古人看来,法律若离开了对“天”的效仿和模拟,就既欠缺正统性、正当性,又无任何合理性、有效性。历代统治者几乎无一会弃“天”而操弄法律,“则天”前提下的立法、行法是普遍甚至是绝对的治国理念。可以说,统治者(阶层)的“则天”理念和实践在史料中比比皆是,俯首即拾。如《尚书·甘誓》载夏启讨伐有扈氏的战争动员令就说:“有扈氏威侮五行,怠弃三正。天用剿绝其命,今予惟恭行天之罚。”“恭行天罚”表达的正是“则天行罚”。《论语·泰伯》载:“大哉尧之为君也!巍巍乎唯天为大,唯尧则之。”这是孔子盛赞尧的“则天”。《春秋繁露·基义》说:“是故仁义制度之数,尽取之天。……王道之三纲,可求于天。”这是西汉大儒董仲舒对礼法“则天”的高度概括。《汉书·刑法志》则明确将“立法设刑”作为“则天”的结果:“圣人既躬明哲之性,必通天地之心,制礼作教,立法设刑,动缘民情,而则天象地。……刑罚威狱,以类天之震曜杀戮也;温慈惠和,以效天之生殖长育也。《书》云‘天秩有礼’,‘天讨有罪’。故圣人因天秩而制五礼,因天讨而作五刑。”又如《陈书·世祖本纪第三》载天嘉元年十二月乙未之诏:“古者春夏二气,不决重罪。盖以阳和布泽,天秩是弘,宽网省刑,义符含育,前王所以则天象地,立法垂训者也。朕属当浇季,思求民瘼,哀矜恻隐,念甚纳隍,常欲式遵旧轨,用长风化。自今孟春讫于夏首,罪人大辟事已款者,宜且申停。”这是陈世祖学习前王“则天”做法而于春夏不决重罪。又《隋书·刑法志》载:“帝尝发怒,六月棒杀人。大理少卿赵绰固争曰:‘季夏之月,天地成长庶类,不可以此时诛杀。’帝报曰:‘六月虽曰生长,此时必有雷霆。天道既于炎阳之时震其威怒,我则天而行,有何不可!’遂杀之。”这是隋文帝以“则天”反驳臣子以行诛杀。[①] 可以说,“则天”

① 宋人胡寅对此评论说:“则天而行,人君之道,尧、舜、禹、汤、文、武之盛,由此而已,文帝所言,王言也,而其事则非也。宪天者,以庆赏法春夏,以刑威法秋冬,雨露犹人君之惠泽,雷霆犹人君之号令,生成万物之时,固有雷霆,而雷霆未尝杀物,隋文取则雷霆,而乘怒杀人,其违天多矣。”转引自沈家本:《历代刑法考》,邓经元、骈宇骞点校,中华书局 1985 年版,第 1241 页。

的说法非常之多,此不赘举。

当然,“则天”一词也常以“法天”来表达或代替。如《墨子·法仪》载:“然则奚以为治法而可？故曰莫若法天。天之行广而无私,其施厚而不德,其明久而不衰,故圣王法之。”《汉书·董仲舒传》载:“臣闻天者群物之祖也。……故圣人法天而立道,亦溥爱而亡私,布德施仁以厚之,设谊立礼以导之。春者天之所以生也,仁者君之所以爱也;夏者天之所以长也,德者君之所以养也;霜者天之所以杀也,刑者君之所以罚也。”《后汉书·郭躬传》载郭躬被皇帝召问时说:“君王法天,刑不可以委曲生意。”《后汉书·王符传》载王符《贵忠篇》曰:“王者法天而建官,故明主不敢以私授,忠臣不敢以虚受。”东汉荀悦《汉纪·哀帝纪下》记侍中王闳之上书谏言:“臣闻王者立三公法三光,立九卿以法天。”《群书治要·典语》说:“王者所以称天子者,以其号令政治,法天而行故也。”《全唐文·元宗·顺时决狱诏》载:“仲春在候,膏雨频流,故当法天布和,顺时行令。天下诸系囚,宜令所繇作速疏理断决,勿有冤滞。”《宋史·王化基传》载其《澄清略》曰:“国家立制,动必法天。”等。

值得注意的是,古人论及对“天”的效法时,往往与“地”合用。例如前举《汉书·刑法志》与《陈书·世祖本纪第三》中的“则天象地”。再如《史记·太史公自序》载:“维昔黄帝,法天则地,四圣遵序,各成法度。”又如《隋书·柳彧传》载:“臣闻自古圣帝,莫过唐虞,象地则天,布政施化,不为丛脞,是谓钦明。”《全唐文·陈子昂·为永昌父老劝追尊中山王表》载:“伏见陛下则天法地,崇孝临人。”将“天”“地”并说,并非就指两者等位,而是为了说明“天”的延伸和伟大,实际上在古人眼里,“地”最终受制于“天”,“象地”当在“则天”的框架中表达。《汉书·律历志第一》有一段话就较清楚地表达了这种思想:“天兼地,人则天,故以五位之合乘焉,‘唯天为大,唯尧则之’之象也。”在本著后面的论述中,本著的核心词语之一“天象”,就包含了“地象”在内。

二、学界对中国古代之“天”的现有研究模式

从学术史的角度看,学界对古代之“天”的研究主要呈现三种模式。

(一)天文科学模式

即从现代科学及现代天文学的视角出发,对古代之"天"做一种古代天文学意义上的科学探讨,这是迄今为止学界规模最大的研究模式。首先值得一提的是民国时著名学者朱文鑫的研究,他是用现代天文科学对中国古代天文进行系统研究的先驱者。朱先生在这方面的著作颇丰,出版的有《天文考古录》《史记天官书恒星图考》《星团星云实测录》《历代日食考》《历法通志》《天文学小史》[①]《十七史天文诸志之研究》[②]等。[③] 这些著作可谓初步奠定了中国现代天文学史的基础。其中《天文考古录》由15篇文章汇集,涉及中国古代历法、彗星、日食、日斑、客星、陨石、流星雨等多个方面的科学考证;[④]而《天文学小史》则是中国第一部科学意义上的天文学史专著,其上编"古天文学史"中就有专门一节论及"中国天文学史"。[⑤]另值得一提的是著名学者陈遵妫关于天文学史的科学研究。早在1955年,陈先生即发表了《中国古代天文学简史》,[⑥]虽然比朱文鑫

---

① 分别是商务印书馆1933、1934、1934、1934、1934、1935年版。

② 科学出版社1965年版。

③ 此外,朱文鑫还有许多遗著未曾出版,如《中国历法史》《明史天文志考证》《观象初步》《观天新语》《淮南天文训初注》《史之月食考》《管窥杂识》等。

④ 诚如该著叶楚伧之序中说:"近时论者每谓国人乏科学思想。夫天文为最古之科学。唐虞之际,定四时,齐七政,盖已洞知纲要。周秦以降,迄于元明,制历者七八十家,观测积累而日精,立法推求而益密,以与西方九执万年各历相较,未见其绌也。所惜者占验之说,乱以禨祥,空疏之士,侈谈理气,晚近以来,天文一科,寖成绝业。而欧洲自第谷、刻白尔、牛顿以后,其旨日昌,理化生物之学,相随兴起。反观我国,乃似无科学之言者。……朱丈贡三,笃嗜斯学,负笈美洲,曾入彼国观象有年,归国后,以疏通经史天文历法为己任,二十年来,天算各著之行于世者多种,皆为专家所推崇,比又出所著天文考古录一卷。……今贡丈能于历代史志,提纲挈领,择其要而证明之,使承学之士,得晓然于我国天文历法进化之次第。其有助于近世天学者,良非浅鲜,实为不朽盛业,而国人缺乏科学思想之讥,亦可因而稍息矣。"

⑤ 值得一提的是,2003年12月8日至11日,在朱文鑫的故乡江苏省昆山市锦溪镇隆重举行了"纪念天文学家朱文鑫诞辰120周年学术研讨会"。会议由中国科学技术史学会、中国科学院自然科学史研究所、中国科学院国家天文台、中国天文学会天文史专业委员会、江苏省天文学会、昆山市人民政府等多家单位联合主办。为表彰朱文鑫先生的天文业绩,会议全体成员一致建议为朱文鑫先生命名一颗小行星,以为永久的纪念。参会的论文后来结集出版。参见陈美东、陈凯歌主编:《朱文鑫——纪念中国现代天文学家朱文鑫诞辰120周年》,群言出版社2008年版。

⑥ 上海人民出版社1955年版。

《天文学小史》晚了 20 年，但作为一部专著，在内容和论析上均有较广较深的表现。不仅如此，后来陈先生更以极大的学术热忱，在古稀之年开始将原书扩充为四册本的《中国天文学史》①的巨著，共 170 万字。可以说，在个人对中国天文学史的研究中，该著当最为全面，学术水准和价值亦相当高。此外，中国科学院院士、著名自然科学史家席泽宗，在中国古代天文领域同样颇有建树，亦发表出版了很多论著，其中《古新星新表》②一文，充分利用了中国古代天象记录完备、持续和准确的巨大优越性，考订了从殷代到公元 1700 年共 90 次新星和超新星的爆发纪录，成为这方面空前完备的权威资料，引起国际学术界的极大关注，而随着射电天文学的迅速发展，该文日益显示出其重大意义。③

其他如薄树人、张培瑜、陈久金、陈美东等前辈学者，对古代天文的科学研究均十分丰富和精到，均作出了卓越的学术贡献。如薄树人关于中国古代恒星的研究，以及与席泽宗合作的关于中日朝三国古代新星记录的研究，均是举世瞩目的重大学术成果，为国际学术界广泛引用，不仅对天文史研究，而且对现代天文学研究产生了深远的影响。张培瑜根据传世和出土文献中的天象历法资料，对先秦及秦汉初历法进行了复原研究，系统整理研究了汉以降历代历法的推步方法和精度，并利用先秦至唐有关日食资料分析研究了早期地球自转速度变化，取得了较好结果，享誉国际天文史学界。陈久金著述等身，不仅对中国古代的星象、星占等天文现象有着多种著作进行精深研究，而且更是对诸如藏族、彝族、回族等少数民族的天文学史研究颇广颇深。陈美东则长期从事中国古代历法研究，堪称

---

① 按顺序分别是上海人民出版社 1980、1982、1984、1989 年版。

② 该文发表于《天文学报》1955 年第 2 期。

③ 1965 年，席泽宗与薄树人合作，又发表了续作《中、朝、日三国古代的新星记录及其在射电天文学中的意义》，对《古新星新表》作了进一步修订，又补充了朝鲜和日本的有关史料，制成了一份更为完善的新星和超新星爆发编年记录表；国际天文学界著名杂志之一《天空与望远镜》上出现的评论认为，可能所有发表在《天文学报》上著名的两篇论文，就是席泽宗在 1955 年和 1965 年关于中国超新星记录的文章；而在美国天文学家斯特鲁维（O. Struve）等人那本名著《二十世纪天文学》中，只提到一项中国天文学家的工作，就是《古新星新表》。参见江晓原：《天学外史》，上海人民出版社 1999 年版，第 252-254 页。

当代中国传统历法史研究第一人,其著《古历新探》[1]对各代历法所作的解析、计算和结论,获得了国际学术界高度评价。在此需特别指出的是,中国天文学史界从20世纪70年代末开始构想编著的一套"中国天文学史大系",至2007年开始陆续在中国科学技术出版社出版。这套"大系",按王绶琯院士在其"总序"中所说,是"纯粹用现代科学的眼光审视古代天文学",从而既体现了其科学视角,亦体现了"天文科学"研究模式的巨大市场和价值。该"大系"共有10卷本,其中《中国古代历法》(2007年版)即由张培瑜、陈美东、薄树人、胡铁珠著述;《中国古代天文学思想》(2007年版)由陈美东著述;《中国古代天文学家》(2008年版)、《中国少数民族天文学史》(2009年版)均由陈久金著述。[2] 可以说,"大系"是迄今为止中国天文学史著作中部头最大的一部,其所涉及深度和广度有许多均超过以往的相关作品,可谓代表了目前中国天文学史科学研究的最全面领域和最高水平。

值得注意的是,随着考古学的发展,"天文考古学"在学界对中国古代天文的科学研究中逐渐兴起。[3] 如冯时的《星汉流年——中

---

① 辽宁教育出版社1995年版。

② 此外,《中国古代星占学》(2007年版)由卢央著述;《中国古代天体测量学及天文仪器》(2008年版)由吴守贤、全和钧主编;《中国古代天文学的转轨与近代天文学》(2008年版)由杜升云、崔振华、苗永宽、肖耐园主编;《中国古代天文机构与天文教育》(2008年版)由陈晓中、张淑莉著述;《中国古代天象记录的研究与应用》(2009年版)由庄威凤主编;《中国古代天文学词典》(2009年版)由徐振韬主编。

③ 天文考古学是一门兼跨考古学和天文学的新兴边缘科学,起源于欧美,英文原称Astro-Archaeology或Archaeoastronomy。只是将这两个学科的名称简单缀合而作,译为天文考古学或考古天文学。"天文考古学"的概念首次明确,由美国著名天文学家霍金斯在1965年出版的关于古代人类如何利用巨石阵进行天文观测的长篇论著中提出。在中国,首次使用"天文考古"一词的是朱文鑫,即他于1933年出版的《天文考古录》,但因其仅是利用传世文献的天文学史研究,与霍金斯首倡的"天文考古学"本义大相径庭。中国天文考古学开始于20世纪初对秦汉日晷及殷代历法等的研究,自60年代中期由于夏鼐等人的研究进入形成期,至80年代末随着考古学的发展则有了长足进步,而自90年代则步入了成熟期。参见冯时:《中国天文考古学》,社会科学文献出版社2001年版,第1-11页。当然,亦有学者认为,"天文考古学"与"考古天文学"严格来说有明显区别,前者是将天文学作为研究方法和手段研究考古学,而后者是通过考古方法和手段研究历史上的天文学,但又认为,某些情况下两者的界线并不十分明显,很难区分。参见陆思贤、李迪:《天文考古通论》,紫禁城出版社2000年版,第5-6页。

国天文考古录》,[①]就是较为出色的结合天文学与考古学的研究成果。该著作从“天文与星占”“观象授时”“仰则观象于天”“星象考源”“宇宙模式”“太极八卦”几个栏目进行了天文考古。后来,作者在该著基础上,更是推出了一本称为《中国天文考古学》[②]的宏著。该著以考古发掘资料、古代器物和古文献为基础,系统探讨了中国自新石器时代以降的天文考古问题,揭示了古代先民在天文学领域取得的突出成就,阐释了科学技术与传统文化的相互作用,以及天文学起源与文明起源的相互关系,可以说从理论与实践两方面初步建立了中国天文考古学的体系。此外,陆思贤、李迪合著的《天文考古通论》,[③]亦是一本力作。全书除绪论外共有16章,充分利用考古文物文献,对濮阳蚌塑天象图、盖天说宇宙模型、先民立竿测影、远古对中央天区的观察、八角星纹图案、日月星辰图纹、风云雷雨图纹、殷墟卜辞中的天象历法、楚帛书星图、考古发现的天文图、简帛天文历法资料等进行了细致深入的研究,大为推动了天文考古。

国外对中国古代之天的科学意义研究,当以英国著名的中国科技史专家李约瑟博士为突出代表。李约瑟为中国学人普遍熟悉和如雷贯耳,归功于其多卷本的煌煌巨著《中国科学技术史》(Science and Civilization in China)。该著的天文学部分涉及中国天文术语与文献解读、中国古人的宇宙概念、天极与赤道特征、二十八宿的起源与发展、恒星的命名与编表及制图、各种天文仪器的发展、历法天文学与行星天文学、各种天象记录、耶稣会传教士入华等多个方面,可谓史料翔实,内容丰富,很多观点颇有见地。特别是引言和结语两部分,不仅揭示了中国天文学与西方特别是希腊天文学的差别所在,更是充分肯定了中国天文学的历史成就,具有重大的学术和现实意义。另值得一提的是日本著名学者薮内清,他长期从事中国科学史的研究,著述丰富,在中国天文学史领域,可谓卓有成就,享有盛誉。[④] 日本学者认为,薮内清的研究,为日本学者对中国古代天文

---

① 四川教育出版社1996年版。

② 社会科学文献出版社2001年版,入选“中国社会科学院青年学者文库”。

③ 紫禁城出版社2000年版,“中国考古文物通论丛书”。

④ 在天文学方面,薮内清的主要代表著作有:《支那の天文学》(恒星社1943年版);《隋唐历法史の研究》(三省堂1944年版);《汉书律历志の研究》(与能田忠亮合作,全国书屋1947年版);《中国の天文历法》(平凡社1969年版)等。

学以及历法理论的理解提供了一种可能。①

（二）天文政治模式

与前一科学模式不同，这一模式主要是从政治角度来探寻和研究中国古代天文的政治意义，或者说与政治的关系。当然，这里的"政治"当是一个广义的概念，除了狭义的政治因素外，还涵盖了"社会"因素或影响。② 如果说天文科学模式主要是着眼于中国天文学的"内史"研究，那么天文政治模式则更多是着眼于中国天文学的"外史"研究。比如从内史看，一部中国天文学史，就是一部天文学成就史，就是一部中国古人探索自然、改造自然的科学活动史；但从外史看，一部中国天文学史，则是一部政治社会史。

天文政治模式可谓是一种新兴的研究，严格说来，当开始于20世纪90年代。在国内学界当首推著名的科技史学者江晓原教授。1991年11月，江先生出版了国内第一本从王权政治角度解读中国古代天文的著作《天学真原》，③某种意义上奠定了天文政治研究模式的初步基础。该著也是学界首次以"天学"这一概念来概括表达中国古代的天文之学，笔者本著所用"天学"正是受其深刻影响。在该著"前言"中，江先生认为，中国古代天文学史的已有研究存在"基石不稳"的问题，主要体现在对中国古代"天学"之性质和功能"未有实证的研究"，而"只有先验的假设"——即与现代天文学对自然的科学探索和改造一样。"由于中国传统文化的特殊性，古代中国天学的性质与功能根本无法和现代天文学同日而语"，因此该著的目的即在于从性质和功能入手，作一次补上"外史"之"半块"基石的尝试，以期与"内史"那"半块"合成为"一整块"。该著共有6章，分别是"绪论""哲学基础：天人合一与天人感应""天学与王权""历：它的性质、源流及文化功能""天学与传统文化之若干重要方面""起源问题与域外天学之影响"。作者从官史、经史子集、类书、数术专书等大量文献中搜取了丰富的材料，进行了细致求索和

---

① 参见［日］川原秀城：《日本的中国科学史研究》，胡宝华译，载《中国史研究动态》2003年第7期。

② 诚如亚里士多德所言："人是天生的政治动物。"一个生存和行走于"社会"的人，不可避免地会背负着"政治"因素，这在极权社会尤其如此。

③ 辽宁教育出版社1991年版。值得注意的是，该著初版后，1995年、2004年、2007年、2011年又各有新版。本著其后所引证或参考均为2011年版。

逻辑认证,充分展现了中国古代天学的真实面貌,特别是揭示了其通天之学的性质以及服务王权政治的功能。该著出版后,得到了学界相当高的评价。① 不仅如此,循着《天学真原》这种天文政治模式的开创性研究,时隔 8 年,江先生又推出了另一本力作《天学外史》。② 可以说,《天学外史》是《天学真原》的姊妹篇,是《天学真原》主题的延伸和扩展。在该著绪论中,作者解读了"外史"的三重含义:一是与"正史"相对;二是一部中国古代天文学史,同时也是一部中外天文学交流史;三是与科学史专业研究的"内史"相对,侧重于与外部环境的相互影响,以及在历史上的社会功能和文化性质。该著秉承《天学真原》之风格,对许多问题又作了进一步的新探索,提出了许多大胆而又言之有据的论点,如深入浅出地探讨了"古代中国什么人需要天学""古代中国什么人从事天学""官营天学:传统与例外""天象与天学秘籍""古代中国人的宇宙""古代天学之中外交流""近代西方天文学之东来""明清之际的东西碰撞"等"外史"问题。显然,这些问题也无一不是政治问题或与政治密切相关。可以说,《天学外史》的"加盟",使"天文政治模式"的研究平台基本搭建。③

---

① 如已故中国当代科学史界泰斗席泽宗院士在我国台湾地区《中国科学史通讯》1993 年第 6 期上发表的评价:"司马迁作《史记》,说是要'究天人之际,成一家之言',现在这本《天学真原》才真正是'究天人之际,成一家之言'。作者运用和分析资料的能力,尤其令人叹服;由分析资料所得的结论,又是独具慧眼,自成一家言。……一改过去的考证分析方法,使人耳目一新。出版之后,引发出了一系列研究课题,并波及其他学科领域。"著名学者潘鼐曾专著文《评〈天学真原〉》(载《自然科学史研究》1997 年第 3 期),其中说:"书中的论议,引证详尽,持论严谨,从质疑到异议,有许多精辟的见地和独到的解析。所得结论,不独立脚稳固,又往往在学术上是有价值的创见,令读者耳目一新,很有利于开拓天文历法史的新研究。"国际科学史研究院院士、台湾师大洪万生教授甚至称《天学真原》一书"开了天文学史研究的新纪元"。参见《中国科学史通讯》1992 年第 11 期"淡江大学中国科技史研究课程一览表"。

② 上海人民出版社 1999 年版。

③ 江晓原先生因用力甚勤,著述丰厚,还发表出版了其他很多此类相关论著,如《星占学与传统文化》(上海古籍出版社 1992 年版)、《天人之际》(与钮卫星合作,上海古籍出版社 1994 年版)、《历史上的星占学》(上海科技教育出版社 1995 年版)、《地位独尊的古代天学》(与钮卫星、卢仙文合作,辽宁古籍出版社 1995 年版)、《中国天学史》(与钮卫星合作,上海人民出版社 2005 年版)、《中国星占学类型分析》(上海书店出版社 2009 年版)等。

关于天文政治模式的研究，另一位著名学者不得不提，即我国台湾地区清华大学教授、"中央研究院"院士黄一农先生。这位以研究科技史闻名于世的历史学家，殊不知其原来的本行却是物理学和无线电天文学研究，而在 1987 年毅然转行后即开辟并踏出了一条宽广的科技史研究之路。从某种意义上说，至少在笔者看来，黄先生同样是"天文政治模式"的奠基者，甚至可谓是首次运用这种模式的第一人。早在 1990 年，他就和张嘉凤合作发表了《天文对中国古代政治的影响——以汉相翟方进自杀为例》，[①]这可以说是明确从政治层面研究中国古代天文的第一篇论文。[②] 同一年，黄先生还发表了另一篇重要文章——《汤若望与清初西历之正统化》。[③] 此后，黄先生的"天文政治模式"研究犹如滔滔江水一泻千里，如主要有《清前期对觜、参两宿先后次序的争执——社会天文学史之一个案研究》、[④]《择日之争与康熙历狱》、[⑤]《清初钦天监中各民族天文家的权力起伏》、[⑥]《星占、事应与伪造天象——以"荧惑守心"为例》、[⑦]《耶稣会士对中国传统星占术数的态度》、[⑧]《吴明炫与吴明烜——清初与西法相抗争的一对回回天文家兄弟?》、[⑨]《清前期对"四余"定义及其存废的争执——社会天文学史个案研究》、[⑩]《从汤若望所编民历试析清初中欧文化的冲突与妥协》、[⑪]《通书——中国

---

① 《清华学报》1990 年第 2 期。

② 按黄先生自己的话说，他于 1989 年起就开始揭举"社会天文学史"的大旗，从"荧惑守心"等特殊天象出发，开始进行一系列奠基的个案研究。参见黄一农：《社会天文学史十讲》，复旦大学出版社 2004 年版，"自序"。这就是说，按笔者的说法，黄先生 1989 年即开始了"天文政治模式"的研究。

③ 参见吴嘉丽、叶鸿洒编：《新编中国科技史》（下册），台北，银禾文化事业公司 1990 年版。

④ 参见杨翠华、黄一农主编：《近代中国科技史论集》，台北，"中央研究院"近代史研究所、新竹清华大学历史研究所 1991 年版。

⑤ 《清华学报》1991 年第 2 期。

⑥ 《新史学》1991 年第 2 期。

⑦ 《自然科学史研究》1991 年第 2 期。

⑧ 美国《九州岛学刊》1991 年第 3 期。

⑨ 《大陆杂志》1992 年第 4 期。

⑩ 《自然科学史研究》1993 年第 3 期。

⑪ 《清华学报》1996 年第 2 期。

传统天文与社会的交融》、[①]《星占对中国古代战争的影响——以北魏后秦之柴壁战役为例》、[②]《从尹湾汉墓简牍看中国社会的择日传统》、[③]《嫁娶宜忌：选择术中的“亥不行嫁”与“阴阳不将”考辨》[④]等。这些研究均史料翔实，逻辑严密，论述充分，其天文政治性都十分鲜明。2004年，黄先生出版了《社会天文学史十讲》，[⑤]其“十讲”基本上是前述已发表论文略为删改的汇编，不过却是被黄先生冠以“社会天文学史”的名号。按黄先生之意，这主要是因为中国古代天文与当时社会有着密切的互动关系，对政治或社会有其深厚影响，天文学有着浓厚的政治目的。[⑥] 实际上，诚如笔者前述，因社会性不可避免地背负着政治性，因此这种“社会天文学”实有强烈的政治意义，与江晓原提出的“政治天文学”并无二致。[⑦] 此外，黄先生认为，社会天文学史“着重在外史的诉求”，此与江晓原的政治天文学史不谋而合，由此可见“英雄所见略同”。

从某种程度上说，在江、黄二人的影响下，天文政治模式的研究群逐渐扩大，也出现了一些较高质量的成果。论著方面，如主要有郑志敏的《仰观俯察天人际：中国中古时期天文星占之历史研究》、[⑧]关增建的《日食观念与传统礼制》、[⑨]范家伟的《受禅与中兴：魏蜀正统之争与天象事验》、[⑩]石云里与吕凌峰的《礼制、传教与交食测验——清钦天监档案中的交食记录透视》、[⑪]董煜宇的《天文星占在北宋皇权政治中的作用》、[⑫]曾振宇与崔明德的《李淳风“军气

---

① 《汉学研究》1996年第2期。

② 《自然科学史研究》1999年第4期。

③ 《中央研究院历史语言研究所集刊》第70本第3分。

④ 参见刘增贵主编：《法制与礼俗》，台北，“中央研究院”历史语言研究所2002年版。

⑤ 复旦大学出版社2004年版。

⑥ 参见黄一农：《社会天文学史十讲》，复旦大学出版社2004年版，“自序”。

⑦ 参见江晓原：《星占学与传统文化》，广西师范大学出版社2004年版，第193页。

⑧ 台湾花木兰文化出版社2009年版。

⑨ 《自然辩证法通讯》1995年第2期。

⑩ 《自然辩证法通讯》1996年第6期。

⑪ 《自然辩证法通讯》2002年第6期。

⑫ 《上海交通大学学报(哲学社会科学版)》2003年第3期。

占”考论》、[①]关瑜桢的《〈左传〉日食观念研究》、[②]余欣的《唐宋之际“五星占”的变迁:以敦煌文献所见辰星占辞为例》[③]等。学位论文方面,如主要有赵贞的《唐五代星占与帝王政治》、[④]韦兵的《星占历法与宋代政治文化》、[⑤]梅政清的《中国上古天文学之社会文化意涵》、[⑥]欧阳傲雪的《从马王堆星占简帛看战国星占术特色》、[⑦]焦海燕的《星占学与两汉文化研究》、[⑧]汤绍辉的《南北朝后期的星占学术》[⑨]等。

(三)天文哲学模式

此种模式主要是从哲学的角度和高度对中国古代之“天”进行研究,或者说主要是从抽象的“天道”“天理”“天命”“阴阳”“五行”“天人感应”等概念出发,对古代之“天”作哲学意义上的文化探讨。当然,这样的哲学研究是建立在中国古人关于“天人关系”的平台上的,同时又大都以历史人物的“天论”思想为视点而展开。在这种研究中,具体的“天文”现象(“天象”)本身并非讨论的重点,甚至根本就不入描述视野,它主要讨论的是古人在处理或面对“天”与“人”的关系时,对“天”的根本看法和立场。因此,与前述科学模式存有极大反差,而与政治模式则虽在旨趣上有所交叉,但在进路和方式上亦有较大不同。

自民国以来,中国学界出现了很多极有学术分量的中国哲学史及思想史的著作,主要代表著作如胡适的《中国哲学史大纲》、冯友兰的《中国哲学史》(及后来的《中国哲学史新编》)、张岱年的《中国哲学大纲》、任继愈的《中国哲学史》、侯外庐的《中国思想通史》、徐复观的《两汉思想史》、李泽厚的《中国古代思想史论》、张岂之主编的《中国思想学说史》、金春峰的《汉代思想史》、周桂钿的《秦汉思

① 《历史研究》2009 年第 5 期。
② 《自然辩证法通讯》2009 年第 6 期。
③ 《史林》2011 年第 5 期。
④ 首都师范大学 2004 年博士学位论文。
⑤ 四川大学 2006 年博士学位论文。
⑥ 我国台湾地区成功大学 2003 年硕士学位论文。
⑦ 陕西师范大学 2009 年硕士学位论文。
⑧ 陕西师范大学 2010 年硕士学位论文。
⑨ 复旦大学 2012 年硕士学位论文。

想史》、葛兆光的《七世纪前中国的知识、思想与信仰世界》，等等。这些著作均程度不一涉及中国古代（特别是先秦、秦汉时期）的天人关系，也基本上均以传统的“天道”观等来梳理和解析，或者说在“天道”“天理”“阴阳”等哲学范畴对古人之“天”作思想观念上的分析。可以说，这些分析可谓奠定了对中国古代之“天”进行哲学研究的雄厚基础。在此值得一提的是，关于中国古人天道观的问题，郭沫若当是较早进行过专门系统研究的一个学者。早在1936年，郭沫若发表了一本题为《先秦天道观之进展》①的论著，该著以丰富的考古卜辞、金文以及传世文献，对先秦包括商周及老子、孔子、墨子、孟子、庄子、荀子等的天道观思想的发展变迁，进行了较详细的考察分析，虽然其中有一些观点在今天看来似为武断，但这种开创性的专题探讨值得肯定，对后来学界影响也很大。当然，上述这些研究由于立论于哲学的角度，其分析的抽象性也是不可避免的，而着眼于具体“天文”的实证讨论几乎是付之阙如。

其他从哲学角度涉及古代“天”之探讨的著作还有很多，其中有代表性的如：一是张立文的《中国哲学范畴发展史（天道篇）》。② 作者指出，中国哲学范畴系统分为“天道”与“人道”两大支系。可以说，这是国内较早或说首部对“天道”所含各哲学范畴如“天”“五行”“气”“物”“阴阳”“道器”等进行全面而深入论述的一部力作，被称为“中国哲学范畴发展的系统总结”，③在学界颇有盛誉。二是李杜的《中西哲学思想中的天道与上帝》。④ 该著分甲乙两部，甲部为“中国古代思想中的天帝与天道”，其主旨是从思想史的观点去疏论中国古代的天帝观与天道观及与它们相关联的诸观念，在跨度上是从《诗》《书》所载相关周初的天帝观开始至战国末年荀子的天、道与天道观为止。此外李先生还著有《中国古代天道思想论》，⑤对《周易》《大学》《中庸》等天道思想进行了专题性深入

① 商务印书馆1936年版。

② 中国人民大学出版社1988年版。

③ 孙铭：《中国哲学范畴发展的系统总结——评〈中国哲学范畴发展史（天道篇）〉》，载《学术论坛》1990年第2期。

④ 台北，联经出版事业公司1978年版。

⑤ 台北，蓝灯文化事业股份有限公司1992年版。

论析。此两著对于认知中国古代之“天”具有重要参考价值。三是傅佩荣的《儒道天论发微》。[①] 该著从“周朝以前的宗教观”“《诗经》《书经》中的天帝观”“原始儒家的天论”“原始道家的天论”四部分,探讨了先秦特别是儒、道两家的天道观念,提出“主宰之天”“造生之天”等五种性格来统摄先秦“天”的概念,它们递嬗转化、轻重组合,反映了先秦各家思想的特色与要旨。四是谢松龄的《天人象:阴阳五行学说史导论》。[②] 可以说,这是一本从文化哲学角度入手,以阴阳五行学说来解析天人关系的杰出著作。作者认为,中国古代的天人关系实为一种“意”生“象”、“象”生“言”的精神历程,其中“象”是核心是关键,而统摄“诸象”(包括天之象)的则是阴阳五行。书名虽言“导论”,但其史料之翔实、逻辑之严密,已将“天”的哲学面貌分析的十分细致和深入。五是陈来的《古代宗教与伦理——儒家思想的根源》[③]与《古代思想文化的世界——春秋时代的宗教、伦理与社会思想》。[④] 两著探讨重点虽在“宗教”,但此“宗教”并非道释等教义问题,而实指古人对“天”的信仰、沟通等事。前著除“巫觋”“卜筮”“祭祀”几章涉及天外,更专辟“天命”一章对殷商特别是西周的天命观进行了充分论析;后著则除设“星象”一章涉及天道外,还专辟“天道”一章进行了进一步的深入解析。可以说,此两著对于理解前诸子时期关于“天”的哲学观念具有标志性意义。六是李申的《中国古代哲学和自然科学》。[⑤] 窃以为,这是目前笔者所见相当不错的将古代之“天”的哲学面貌与自然科学结合而论的研究成果。该著按朝代顺序几乎均贯彻着对天的哲学分析,特别是对从先秦到汉魏的“天道观”“天人感应”等进行了充分论述。七是吾淳的《中国哲学的起源》。[⑥] 该著也是此方面的力作,其第五、六、七编对天人、天命、天道观念的产生,以及天、神、道等概念的形成进行了深入分析。此外,还有张秋升的《天人纠葛与

① 学生书局 1985 年初版,中华书局 2010 年新版。

② 山东文艺出版社 1989 年版。

③ 生活·读书·新知三联书店 1996 年版。

④ 生活·读书·新知三联书店 2002 年版。

⑤ 上海人民出版社 2002 年版。

⑥ 上海人民出版社 2010 年版。

历史运演——西汉儒家历史观的现代诠释》、[①]陈江风的《天文与人文》[②]与《天人合一》、[③]冯禹的《天与人——中国历史上的天人关系》、[④]刘希庆的《顺天而行——先秦秦汉人与自然关系专题研究》[⑤]等著作，均较好地对“天”进行了哲学意义上的解析。[⑥]

---

① 齐鲁书社 2003 年版。

② 国际文化出版公司 1988 年版。

③ 生活 · 读书 · 新知三联书店 1996 年版。

④ 重庆出版社 1990 年版。

⑤ 齐鲁书社 2009 年版。

⑥ 值得注意的是，除了众多的专著外，学界尚有大量论文从哲学角度对古代之“天”进行了论析，比如：金晟焕的《阴阳五行说与中国古代天命观的演变——兼论阴阳五行说对易学发展的影响》（载《周易研究》1999 年第 3 期）、陈赟的《自发的秩序与无为的政治——中国古代的天命意识与政治的正当性》（载《中州学刊》2002 年第 6 期）、林忠军的《试析郑玄易学天道观》（载《中国哲学史》2002 年第 4 期）、向世陵的《“性与天道”问题与宋明理学分系》（载《中国人民大学学报》2003 年第 4 期）、孙晓春的《两宋天理论的政治哲学解析》（载《清华大学学报（哲学社会科学版）》2004 年第 4 期）、边家珍的《董仲舒与汉代天道信仰的重建》（载《河南教育学院学报（哲学社会科学版）》2004 年第 6 期）、晁福林的《从上博简〈诗论〉看文王“受命”及孔子的天道观》（载《北京师范大学学报（社会科学版）》2006 年第 2 期）、成兆文的《王权与天道——释解老子与孔子的天道思想》与《释解天道——老子、孔子前的天道思想》（载《甘肃理论学刊》2005 年第 5 期、2006 年第 3 期）、郑淑媛的《先秦儒家天道观的演化及其特征》（载《渤海大学学报（哲学社会学科版）》2006 年第 1 期）、张克锋等的《司马迁对天道的怀疑与信仰》（载《甘肃联合大学学报（社会科学版）》2006 年第 5 期）、郑杭生等的《天道左旋：社会运行的溯源与依据》[载《浙江师范大学学报（社会科学版）》2007 年第 3 期]、丁为祥的《命与天命：儒家天人关系的双重视角》（载《中国哲学史》2007 年第 4 期）、姚才刚的《宋明理学中的天道性命之说及其伦理价值》（载《伦理学研究》2009 年第 5 期）、吾淳的《春秋末年以前的宗教天命观与自然天道观》（载《中国哲学史》2009 年第 4 期）、张欢的《司马迁对天道的怀疑与反叛》（载《黑龙江史志》2010 年第 19 期）、万光军的《孟墨天命观比较》（载《贵州社会科学》2010 年第 6 期）、刘刚的《“天命”与“天道”：东周“天人”观的嬗变与分化》（载《中华文化论坛》2011 年第 4 期）、乔清举的《论儒家自然哲学的天道时序观及其生态意义》（载《周易研究》2011 年第 5 期）、石磊的《礼以顺天：〈礼记〉中的天道思想述论》（载《暨南学报（哲学社会科学版）》2012 年第 1 期）、任剑涛的《天道、王道与王权——王道政治的基本结构及其文明矫正功能》（载《中国人民大学学报》2012 年第 2 期）、章启群的《“天人”如何“合一”？——用思想史的逻辑推演》（载《哲学研究》2012 年第 3 期）、郝海燕的《儒家的“天人合一”与人和自然的和谐》（载《哲学研究》2012 年第 5 期）、许春华的《天人合道——老子天道、地道、人道思想的整体性与统一性》（载《河北大学学报（哲学社会科学版）》2012 年第 6 期），等等。其中尚值得注意的是，对孔子、司马迁等的天道观，特别是他们是否相信天命、鬼神之类，学界存在较多争议。

三、学界已有“法律则天”研究之述评

(一)学界“法律则天”研究现状概述

以笔者看来,学界对“法律则天”原则的研究,基本上在上述第三种模式即“天文哲学模式”上体现。由于具体涉及法律领域,此种研究又大概可分为两类:

1. 从“天道”“天理”等层面进行论析

较早从“天道”层面来分析中国古代法律问题的,当属著名法史大家陈顾远先生。早在1937年,陈先生即在《中华法学杂志》(1937年第1卷第8期)发表了《天道观念与中国固有法系之关系》一文,对“天道”观及其对中华法系的统摄影响进行了开创性探讨。①

当代学者在此方面的研究大多出现在20世纪90年代以后。其代表性著作略举述如下:首先是范忠信、郑定、詹学农三人合著的《情理法与中国人——中国传统法律文化探微》。② 该著《法理篇》之第一目“天理、国法、人情三位一体——法的概念”,就对“天理”“天道”于法的决定性关系进行了深入浅出的充分论述。作者通过引证《尚书》《诗经》《易传》等经典以及董仲舒、班固、朱熹等话语,通俗易懂地论证了“法体现天理,来自天理或天道”、“法即天理”这种“非常中国式的观念”。③ 其次,范忠信的另一著作《中国法律传统的基本精神》,④则对“中国传统法律文化的哲学基础”(第一章)从“天道观”和“人道观”两方面进行了充分细致的分析,并总结认为中国传统法律观念和法律制度,都是这些哲学观念在法律领域的应用或外化。此外,作者从农业型传统文化土壤的角度,分析了

---

① 除了该论文外,陈先生在《中华法学杂志》上还发表了《儒家法学与中国固有法系之关系》(1936年)、《家族制度与中国固有法系之关系》(1937年)。此三篇文章对中华法系的基本精神和特征进行了深入探索,被认为是中国法律思想史研究的一个重要突破,有着广泛而持久的影响。

② 中国人民大学出版社1992年版。

③ 此外,作者还对“天理”“国法”“人情”三者关系进行了形象说明:“国法”是一个“孤岛”,“天理”和“人情”是两个桥梁。如以“天”为彼岸,“人”为此岸,则“天理”架通了彼岸,“人情”架通了此岸,“国法”居中连接两桥,于是乎“天人合一”也说实现了,这就是古代中国的法理学。参见范忠信、郑定、詹学农:《情理法与中国人——中国传统法律文化探微》,中国人民大学出版社1992年版,第26页。

④ 山东人民出版社2001年版。

中国政治法律传统重视“法自然”“法天”“畏天”“天人感应”的原因。[①] 最后是龙大轩的《道与中国传统法律》,[②]该著突破学界关于对中国古代法律影响最巨为儒家、次为法家的传统观点,深入全面地考察了道家之“道”对中国古代法律思想和制度的巨大影响和决定性作用。作者认为,作为先秦道家提出的且在历史上运用十分频繁的一个哲学概念,“道”讲求“天人合一”,维护人与天、人与人之间的和谐秩序;法律制度在“道”指导下,形成了“道法”传统,“道”成为中国古代法的精神。其他还有一些著作,因篇幅原因此不赘述。

在论文方面,如主要有:俞荣根的《天理、国法、人情的冲突与整合》,[③]从儒家王道政治十分流行的观念“天之生民,非为君也;天之立君,以为民也”[④]出发,认为天、君、民构成了一个三角形结构,按儒家的设计,民从君,君从天,天从民,三者是一个服从与被服从的关系链;与此相似,天理、国法、人情也是三角关系,其中国法渊源于天理,以天理为最高依据,而国法之应天理,就是顺民情、从民心。郭成伟和孟庆超合著的《论“天道”观对中国传统法律的影响》,[⑤]则是一篇较为全面而深入地论述“天道观”对中国传统法律进行深刻影响的少有力作。作者从“天道思想的理论架构”“天道精神与法律理念的沟通”“天道思想在传统法律中的贯彻和体现”三大部分进行了主题论证。作者得出结论说,在中国传统法律中,几乎全部内容都能在“天道”思想中找寻和解释;中华法律与西方法律的不同,其文化背景中的“天道”思想实占据最突出的位置。吕世伦与邓少岭合作的《天人合一境界中的中华法系之美》,[⑥]从老子法律观中的审美因素出发,以美学角度论证了“天有其美”(如“仁”“和”等)

---

① 参见范忠信:《中国法律传统的基本精神》,山东人民出版社2001年版,第42-44页。范先生的原话说:“我们的政治法律传统重视‘法自然’、‘法天’、‘畏天’、‘天人感应’,主要是出于农业生活经验和思维的推论,至于对自然规律的探索和尊敬倒在其次。”此话严格说来,后半句对,但前半句则有待商榷。

② 山东人民出版社2004年版。

③ 《中华文化论坛》1998年第4期。

④ 《荀子·大略》。

⑤ 《政法论坛》2003年第5期。

⑥ 《现代法学》2003年第3期。

前提下的“天人合一”之美;在“王者法天”理念下,“天人合一”的审美境界,深刻地影响了古代中国法律,使得中华法系有了浓厚的审美色彩,有了高远境界和宏伟气象。宋大琦的《不是天理,便是人欲——理学法律思想的二分思维述评》,①对宋明理学法律思想的关键词“存天理,灭人欲”进行了论析,认为理欲本主要为天理决定人欲的统一关系,只是后来由于朱熹等在本体论上的理气二分倾向,理欲关系的对立面才被过分强调,并被运用于司法实践。陈会林的《中国传统文化中的天法关系》,②认为与科学意义上的“天法关系”(“法”是“天”长期发展进化的结果)相比,中国传统文化中的“天法关系”主要是“法”源自“天”,是“天理”的体现。文章在系统考察古代中国之“天法关系”理论的基础上,试图分析古代中国对“天”的崇拜为何没有相应带来对“法”的信仰。③

2. 从“自然法”“法自然”“自然主义”“自然化”等层面进行论析

相较前者而言,从“自然”层面来解读“法律则天”原则似更为学界所青睐。这种层面的研究,其共性基本是从中国古代之“天”具有的“自然属性”出发,将中国古代的“法律则天”原则及其现象,视为一种“自然法”,或“法自然”,或“自然主义特征”,或“自然化倾向”。

可以说,将“自然法”最早引入对中国古代法律则天研究领域的当为梁启超,他在1904年的《中国法理学发达史》中就明确肯定儒家的法理学就是“自然法”。陈顾远在其著《中国法制史》④中也认为“中国法制近于自然法或正义法”。民国时期的一些法律史论

---

① 《政法论坛》2009年第5期。

② 中南财经政法大学文化研究院编:《中西法律传统》(第3卷),中国政法大学出版社2003年版。

③ 此外值得一提的是几篇学位论文,对“法律则天”原则从“天道”“天理”等方面进行论证作出了学术贡献,如吴晓玲的《宋明理学视野中的法律》(中国政法大学2005年博士学位论文)、宋大琦的《天理循环——程朱礼法学研究》(中国政法大学2007年博士学位论文)、王沛的《战国时代的黄老“法”理论》(华东政法大学2007年博士学位论文)、邓勇的《试论中华法系的核心文化精神及其历史运行》(吉林大学2009年博士学位论文)、杨勇的《天道礼法文化哲学研究》(西南政法大学2011年硕士学位论文)等。

④ 商务印书馆1934年版。

著,自然法持论者随处可见。[①] 认为儒家法与自然法颇相暗合。此外,自然法论者在西方和日本也不乏其人,像法国的重农学派鼻祖魁奈、日本当代学者增田福太郎即是。[②] 美国学者金勇义在其《中国与西方的法律观念》[③]中专辟"中国传统中的自然法概念"一章,对儒道的自然法进行探讨,认为"在中国传统思想中自然法的概念是用诸如'天'、'道'、'性'等这样一些概念来表述的。在中国传统思想中,可与西方自然法观念相提并论的是'天命'之类的观念"。英国著名科技史家李约瑟在其《中国科学技术史》(第2卷)[④]中亦认为,儒家之礼就是中国的"自然法"思想。

改革开放后,持中国古代法为"自然法"或类似"自然法"的学者著述也不在少数。比较有代表性的如刘新与杨鹤皋主编的《中国法律思想史简明教程》、[⑤]李光灿与张国华总主编的《中国法律思想通史》、[⑥]刘新主编的21世纪法学教材《中国法律思想史》[⑦]等,就都认为中国古代存在"自然法"。不过,从个人的论证与执着的角度看,自然法论者最具代表性的当为崔永东。1997年,崔先生与龙文茂合作发表了《"中国古代无自然法"说平议》,[⑧]批驳了"中国古代无自然法"的观点,认为"中国古代是有自然法的,既有儒家自然法,又有道家和墨家自然法,这是无可争辩的事实。无论是从西方学者对自然法的定义看,还是从其对自然法与人定法之关系所持的见解看,中国自然法都与之一致或近似。虽然从自然法的具体内容来看,中西自然法存在一定的差异,但其中亦有许多相同或相似

---

① 如黄秉兴的《中国刑法史》(福建改进出版社1940年版)就说:"我国法律……其原则乃千古不变,其性质与罗马法之'优司,那地优那鲁'(拉丁文 jus naturale)即'自然法'同一,以天理自然之条理为法源……(老子)所谓自然者,不外儒家之天理。儒家之天理,以绝对真理为意味,就此一点,两者之意义实同,故不妨称之为自然法也。"这就是说,"天理"即是儒家的"自然法"。

② 参见俞荣根:《儒家法思想通论》,广西人民出版社1998年版,第42-44页。

③ 辽宁人民出版社1989年版。

④ 科学出版社1990年版。

⑤ 山东人民出版社1986年版。

⑥ 山西人民出版社1994年版。

⑦ 中国人民大学出版社2005年版。

⑧ 《比较法研究》1997年第4期。

点”。此一观点在崔先生此后的两篇文章《中西自然法哲学之比较》①与《论中国古代的法律自然主义》②中，得到了几乎一字不漏的重申，在其专著《中西法律文化比较》③中也有着类似的强调。此外，还有其他较多学者进行了不同角度和程度的申论，使得自然法论呈现较热烈的规模态势。④

针对种种“自然法”论，引发了学界的强烈反弹，有许多学者进行反对，在认为中国古代并无“自然法”的同时，提出了“法自然”的概念，并对两者进行了比较和区分。这方面的突出代表当首推梁治平。1989 年，梁先生发表了《“法自然”与“自然法”》，⑤以笔者所见，概是最早从学术意义上提出了“法自然”这个概念。作者认为，“礼”并不是“自然法”，中国古代不仅没有西方那种有着神圣渊源的“自然法”观念，而且根本缺乏产生这种观念的超验思维背景；对中国古代法以至古代文化产生深刻影响的是“法自然”；“法自然”是种独特的宇宙观和秩序观，它是经验的而非超验的，是自然的而非理性的。这种观点在其后的专著《寻求自然秩序中的和谐——

① 《哲学研究》1998 年第 3 期。

② 《中外法学》2002 年第 1 期。

③ 北京大学出版社 2004 年版。

④ 具有代表性的如程维荣的《道家与中国法文化》(上海交通大学出版社 2000 年版)，认为老子首次提出了“道法自然”的“自然法”观点，《老子》全书所体现的就是中国的“自然法”思想。邓建华的《儒家自然法思想及其启示》(载《湖南师范大学社会科学学报》2000 年第 1 期)，就认为“自然法”一词虽发轫于西欧而为中国无，但类似思想则中国古代早已论及，儒家“亦素主自然法”“常称自然法为礼”。谈江萍的《论“道”的自然法意义及其对中国传统法律文化的影响》(载《江西社会科学》2000 年第 2 期)，认为从法哲学的角度看，“道”在传统中国法律文化中具有“自然法”的意义。张元洁的《老子自然法思想的基本主张及其现代价值》(载《山西农业大学学报(社会科学版)》2006 年第 1 期)，即认为老子第一个明确提出了“人法地，地法天，天法道，道法自然”的“自然法”思想，这种自然法就是“天之道”。王振东的《试论中国自然法思想及其复兴》(载《法学家》2006 年第 3 期)，则认为中国古代不存在形式化的自然法，但有实质性的自然法。马勇的《儒家的自然法思想》(载《西南政法大学学报》2009 年第 2 期)，认为中国古代也有类似西方“自然法”的思想，“天理”即是儒家自然法思想的渊源。郑晓珊的《论墨子的自然法思想》(载《广州社会主义学院学报》2010 年第 2 期)，认为中国古代也存在自然法观念，虽然学界多持儒道自然法说，但墨子的“天志”更反映了“自然法”思想。

⑤ 《中国社会科学》1989 年第 2 期。

中国传统法律文化研究》[1]之第十二章“自然法”中得到了进一步强调和分析,认为中国古代的法律观念、理论及实践,都与“自然”概念密切联系,“天垂象,圣人则之”的神话表明了制度之“自然”渊源,礼法依照“自然”塑造其面目,以“自然”为楷模和追求的鹄的。[2]另具有代表性的学者还有俞荣根。俞先生在其著《儒家法思想通论》之第二章第二目“‘儒家自然法’——比附的产物”中,以较多笔墨论证了西方自然法与儒家之法的诸多差异。例如,在思维方式上,自然法的法哲学基础是天人分离,而儒家法是天人合一;自然法是神性的、先验的、思辨的,而儒家法是人性的、经验的、直感的;自然法不直接进入司法程序,而儒家的天道、天理或礼则可直接进入;自然法讲个人本位、权利本位,而儒家法是家族本位、义务本位。再如范忠信所著《中西法文化的暗合与差异》[3]也是此方面的力作。在该著第二章“‘法自然’与‘自然法’:中西比较”中,充分论述了中国“法自然”的思想要义,以及与西方“自然法”的歧异及原因。范先生说,“法自然”是道家用语,在此借用为一种中国法理观念的概称,就是效法“自然”,以“自然”的固有“规律”“真谛”作为人类社会生活的根本法则。“自然法”强调与“人定法”的两分,而“法自然”则以“天人合一”作为哲学基础;“自然法”以“理性”为“自

---

① 上海人民出版社 1991 年版。

② 值得一提的是,张中秋也是较早提出“法自然”概念并对其进行较系统论述的学者之一。1991 年,他在南京大学出版社出版了一本较有影响的著作《中西法律文化比较研究》,在该著第八章第一节论及形成无讼价值观的一个重要原因时,提出了“法自然”概念并进行了较有价值的论述。张先生指出:传统中国的法律文化(观念)是“法天、法地、法自然”的,人作为天、地自然间的一物,从来就是自然的一部分,和自然融为一体,也即“天人合一”;“和谐”成为传统中国特有的“自然观”或说“宇宙观”,也即古人常说的“天理”“天道”等;人道、天道乃是一道,人法地法天法自然,归根结底是法自然,无讼不过是和谐在司法上的一个延伸;中国古代思想家之所以以自然立论,是因为古代中国是一个自然农业经济的社会。从张著来看,其对“法自然”的分析纯粹是自我立论式,并未涉及对“自然法”的分析和批驳。

③ 中国政法大学出版社 2001 年版。

然”,而“法自然”则以“天理”决定的“伦理”为“自然”。[①]

除了“自然法”及“法自然”的论述外,学界还从“自然化”“自然主义”的层面对涉及中国古代“法律则天”的问题进行了解读。这方面的出色研究在早期当首推西方学者。早在 1967 年,美国学者 D. 布迪博士与 C. 莫里斯教授合著出版了《中华帝国的法律》,[②]即运用“自然主义”“自然化”这样的概念分析了中国古代法律的特征。该著后来被译成中文出版,[③]受到中国法律史学界的极大关注。在该著第一章“中国法的基本概念”之第十一节“法律与宇宙和谐”中,作者指出:在中国人看来,“对社会秩序的破坏,也就是对宇宙秩序的破坏”,统治者的首要义务是“务使各种社会制度与自然的秩序

① 此外,尚有较多学术论文论述了中国古代法文化中的“法自然”,并将其与“自然法”进行辨别和区分,代表性的如:罗昶的《中国“法自然”观与西方“自然法”说比较》(载《法商研究》1996 年第 5 期),试图从“法自然”与“自然法”两者的蕴义、方法论基础、实现途径、关于“理想法”与“现实法”的关系等方面进行差异比较,指出两者虽有一定形式相似之处,但本质上是不同的,我们不能以形式相似而抹杀本质差别而作整体上的认同,“法自然”是把握中西方法哲学差异的关键。丁以升的《道家的“法自然”观及其影响——兼与西方自然法思想比较》(载《华东政法学院学报》1999 年第 5 期),认为道家的“法自然”观包含着明显的法律二元论(理想法与现实法的二元对立),并对以儒家思想为主导的传统法律文化产生了深刻影响,但这种中国式的法律二元论与西方自然法存在实质性差异。姜晓敏的《班固“法自然”观初探》(载《政法论坛》2000 年第 4 期),可谓是对中国古代某个思想家进行“法自然”观探索的力作。作者指出,所谓“法自然”,即是认为法律秩序是普遍自然秩序的一个组成部分,理想的法律应效法自然而创制;“法自然”观贯穿于《汉书·刑法志》全篇,是班固法律观的核心,但这种“法自然”与西方“自然法”显然不同,前者源于“天人合一”,凭心智、聪慧去感悟,而后者则源于“天人相分”,只能通过理性的逻辑推理去求得。陈晓枫与付春杨合著的《“自然法”与“法自然”的文化分析》(载《法学评论》2002 年第 6 期),认为“法自然”与“自然法”并不存在相通之处。“自然法”通过对永恒正义和理性的追求,推动了近现代民主制度的创生;“法自然”所崇尚的“自然”是在“天”的统辖之下所形成的自然界,法自然必尊天为上。因此,“法自然”所维系的是专制秩序,恰与“自然法”的追求背道而驰。当然,还有其他一些论文进行了相应研究,如薄振峰的《中国法自然观与西方自然法思想论析》(载《江淮论坛》2000 年第 1 期)、易顶强的《西方自然法与中国道家“法自然”思想之比较》(载《广西社会科学》2002 年第 4 期)、赵峰的《中国古代有没有自然法》(载《江苏警官学院学报》2004 年第 6 期)、刘洁章与刘梁波合著的《文化视角下的“法自然”非“自然法”》(载《西北第二民族学院学报(哲学社会科学版)》2006 年第 3 期)等。

② Derk Bodde, Clarence Morris: *Law in Imperial China*, Harvard University Press, 1967.

③ 参见[美]D. 布迪、C. 莫里斯:《中华帝国的法律》,朱勇译,梁治平校,江苏人民出版社 1993 年版。

协调一致”,以“维持宇宙秩序的和谐”;这种观念早期主要体现在道家思想中,但随着儒家在汉代的正统地位的取得而被儒家所吸收;“与法律儒家化的过程同时,我们也许可以说还有一个与之类似的法律‘自然化’的过程”。为此,作者着重以“秋冬行刑”为例进行说明,认为《月令》就是一部体现“自然主义”的历书。在第十二节“概要和结论”中,作者进一步总结说:“法律自然化的含义在于:法律的内容逐渐吸收广义的天人合一理论;根据这一理论,人类必须使自己的行为与自然界相适应。”可以说,外国学者的中国法律史研究,能进行如此分析实属可贵,达到了很高的学术境界。

概受此启发和影响,国内一些学者亦开始运用“自然主义”“自然化”等来分析中国古代法律,其最早亦最为杰出者当为朱勇教授。1991 年,朱先生在国内文科顶尖刊物发表了一篇长文《中国古代法律的自然主义特征》,①开篇即说:“法律的自然主义特征是指将法律与客观世界中的某些自然现象相联系,指认法律具有与自然现象相同的性质和功能,并以自然现象的变化来阐释法律制度的发展走向。中国古代法律在其漫长的历史发展过程中,不仅具有法律的一般性社会特征,而且还表现出典型的、带有东方神秘主义色彩的自然主义特征。”接着文章进行了制度论证和理论分析,指出:在法律制定方面,遵循“则天立法”原则,以“天”为最终依据;在法律实施方面,实行“刑狱时令”“灾异赦宥”及“以命抵命”制度;这一特征的形成,与传统的天人合一论及天道自然观中阴阳五行、自然和谐理论密切相关,同时也与古代统治者重视“德刑二柄”的南面之术相关;古代法律的这一特征使自身披上了一件先天合理的外衣,也在具体的适用过程中具有较强的灵活随意性和自然神秘色彩。此外,崔永东亦是此方面研究的突出代表。1999 年崔先生发表《帛书〈黄帝四经〉中的刑法思想》一文,②对 1973 年出土的长沙马王堆三号汉墓之帛书《黄帝四经》进行了刑法思想方面的探讨,其中指出:“帛书《黄帝四经》作者的那种把阴阳四时与刑德文武结合进来的观念,反映了他欲把刑德问题自然化的运思路向。”“可以说,《黄帝

① 朱勇:《中国古代法律的自然主义特征》,载《中国社会科学》1991 年第 5 期。

② 崔永车:《帛书〈黄帝内经〉中的刑法思想》,载《法学研究》1998 年第 3 期。

四经》开启了中国古代法律文化自然化的先河。”此后，崔先生又发表了另一篇文章《论中国古代的法律自然主义》，[①]认为“法律自然主义在中国古代法律文化中的典型表征是：把‘天’或‘天道’当成立法的根据，此谓‘则天立法’；把四季变化和自然灾异当成执行刑罚的前提，此谓‘顺天行罚’”“法律自然主义在战国时期就有了比较完备的理论形态，后经汉代儒家的努力，它又被转化为一种制度形态，并一直持续到明清时期”。不过，崔先生又将“自然法思想”作为法律自然主义理论的重要组成部分，是“天人合一”思维模式的反映，这与崔先生认为中国古代有与西方自然法一致或相似的自然法的观点相通。

（二）学界“法律则天”研究现状之缺憾

从上述笔者梳理的学术史来看，应当肯定，学界涉及“法律则天”原则或问题的研究是相当丰硕和可观的。无论是从“天道”“天理”的层面，还是从“自然”的层面，均直接或间接地对“法律则天”进行了各个角度和不同程度的解读或体现。不同的是，“天道”“天理”层面主要是着眼于传统法律语境下的“传统天道观”；而“自然”特别是具体到“自然法”层面，则主要是着眼于西方法律语境观照下的“中国对应”法物；至于“法自然”或“自然主义”“自然化”层面，则主要是着眼于现代科学对“自然”的理解，并对古代之“天”作了现代意义上的对应解读。虽然着眼点不同，但其共同关注的对象，无论是“天道”、“天理”还是诸般“自然”，其实都是指向中国古代的那个“天”，只是就“天”及“法律则天”作了不同层面的理解而已。总之，从目前已有的学术成果看，涉及“法律则天”的研究，无论从点还是面来看，均达到了一个相当高的水平。

不过，如果我们再细细地品味，就会发现迄今已有研究存在的某些缺憾。这些缺憾主要表现在两大方面：

1. 主要是从“抽象”的角度或层面进行分析

首先，无论“天道”“天理”，抑或“自然法”“法自然”“自然主义”“自然化”，其实均是一些很“抽象”的概念；其次，在这些“抽象”的概念下，又基本上运用的是“抽象”的研究模式或方法。如此一

① 崔永车：《论中国古代的法律自然主义》，载《中外法学》2002年第1期。

来,对中国古代的“法律则天”原则,固然可以从理论上说明问题,但总有给人一种“大道理宣讲”的味道,让人觉得“政治正确”,但不知“正确”的“门径”在哪。这就是说,大家都知道中国古代是“则天立法”“则天行法”的,也知道其背后的“天人合一”理念下诸如“天道”“天理”及“自然法”或“法自然”等根本因素或特征,但就是不太了解或不甚清晰中国古代的法律到底是如何具体“则天”,或“则天”的路径到底如何。这也即谓“知抽象其一,不知具象其二”。这未免不是一种缺憾。举一个不是很恰当的例子,就犹如雾里看花,大家都知道花的存在以及它的品种,但由于雾的飘浮,这花的真切开放以及它的花瓣、花蕊等并不能清晰地展现在人的视线之下,而是游离在人的视线之外。从艺术角度而言,迷迷蒙蒙的花境会给人一种朦胧之美,并进入一种诗意之境,甚至成为人的一种期待和追求;不过,从生活角度而言,则唯有拨开迷雾,让花全面而真切地展现在我们面前,特别是能够真切地抚摸着这花,并品味着它的花香,才算是真正体验到了生活的本真。对法律“则天”路径的具体展现和揭示,无疑为我们真切了解古人的生活本真,特别是政治和法律生活的本真,提供了重要的透视管道。或许,还会有一种无限的期待,由于时间的链条无可割裂,古代法律“则天”的具体路径还能启发我们今天对法律生活本真的追求和展开。

当然,笔者指出上述这种主要基于“抽象”层面研究的美中不足,并不是对学界已有研究的不敬。除了研究者的研究兴趣和视角偏好等个人因素外,实际上涉及中国古代“法律则天”原则的已有抽象研究,却是承载着丰富的现实意义甚至政治意义的。比如,基于“天道”“天理”等层面的探讨,体现了现代人试图理解古人并以此启示今人的现实关怀的理念;基于“自然法”层面的解读,体现了在西方法律精神观照下的某种民族情感或自我肯定;而基于“法自然”或“自然化”等的分析,则体现了西方反观下的某种省思或中国元素的构建。所谓“学术离不开政治”,此种学术与政治的密切关系在涉及“法律则天”原则的研究上,表现的可谓十分鲜明。此外,学界也并非对“法律则天”的具体路径存在研究上的空白。比如著名的中国法律史研究大家瞿同祖先生即有所涉及。瞿先生在其名著《中国法律与中国社会》[①]第五章“巫术与宗教”之“福报”与“刑忌”两节，就对法律“则天”的具体路径有所涉及。不过，瞿先生并未就此充分展开，而仅仅是惊鸿一瞥或说蜻蜓点水，不免让人有些遗憾，其他少数学者也有类似情况。[②]

2. 主要是从“自然之天”的角度或层面进行立论

关于中国古代人视野中的“天”，到底是个什么样的东西或概念，其实是个非常复杂的问题，本著后文对此将有所探讨。诚如每个人的认知不同，古人对“天”的认知也当然存在差别，“自然之天”的观念只是其中之一，甚至只是占有人数比率最小的一种。事实上，在中国古代人的思想信仰中，“鬼神”的信仰恐怕是最为广泛、最为持久、最能深入内心的信仰了！普通民众可能不知荀子其人及其“天行有常，不为尧存，不为桀亡”[③]的名言，但谁会不知不信“天”上有“天宫”并住着“玉帝”呢？而对于统治阶层和广大士大夫而言，在对“鬼神”的信仰上也并未比普通百姓逊色多少，甚至还是“鬼神”信仰的鼓吹者和推动者。实际上，从中国古代的整体语境看，“神灵之天”占有着最广泛的市场，具有最深厚的土壤，拥有最连绵的时间，也有着最让人敬畏的向往。因此，要理解和把握中国古人之“天”，从古代人的知识信仰出发进行贴近历史的解读，当是一种合乎历史本来面貌的适宜方法。这就是说，“神灵之天”当是我们对涉及“法律则天”问题进行研究时的一个解析平台。然而，从学界目前已有的研究成果看，却大都是从“自然之天”出发来立论，即将“天”作为一个脱离神性的客观自然进行看待。如“天道”“天理”层面的解读，主要基于的是“自然天道观”或“天道自然观”，“天道”“天理”的主体主要是没有神灵性格的“自然之天”；而从“自然”诸种层面的解读，同样尽量避开了“神灵”色彩，而主要聚焦于所谓的“自然之天”，以显示中国古人的法律理性和智慧。可以说，这样的解读由于绕过了“神灵之天”这个古代的普遍语境，显然也就难以对

---

① 中华书局1981年版。

② 笔者因较早关注“法律则天”的具象路径问题，近十年来努力思考，也发表了若干相关论文，这些论文构成了本著的内容基础，对本著的全面完成起到了重要的前提作用。

③ 《荀子·天论》。

中国古人的“法律则天”现象进行全面而真实的揭示,至于对“则天”的具体路径和运作,就更难以看得真切和清晰。①

不过,同样必须指出的是,笔者指出这种着眼于“自然之天”的研究的不足,并不否认其产生的重大学术意义和现实意义。就学术意义而言,虽然中国古人对“天”认知的主体语境的确是“神灵之天”,但这样的“神灵之天”又必须是通过客观性的“自然之天”来运作的,离开了“自然之天”,“神灵之天”就会成为海市蜃楼。因此,基于“自然之天”的研究,将“天”从神灵气息中“拎出来”进行独立的客体式研究,也可谓抓住了“天”的客观本体,可以让人从“自然”层面深度了解“天”的一方面相。况且中国古代毕竟也有一些持“自然之天”论者,从而增加了“自然”研究的学术价值。就现实意义而言,这也是西方近代科学传入中国后的必然结果,亦是在西方理性法律思维观照和挑战下的现实需求。如果我们不跨越“鬼神”,似乎就无法真正从古代吸取到什么养分而“古为今用”,也难以做到“洋为中用”。不过,着眼于“自然之天”的研究虽然有这些意义,但毕竟超越了中国古人于“天”的主流思维,因此意义也主要是“现代性”的,而非“古代性”的,古人的思维世界对我们依然存在认识上的某些盲区。

四、本著研究之主要目的和视角

(一)本著研究之主要目的

综上所述,虽然迄今学界对涉及“法律则天”原则问题的研究可

---

① 事实上,学界不仅在涉及“法律则天”问题上存在脱离“神灵之天”的不足,而且还往往轻率地剥落“神权”因素来讨论中国古代法律。比如武树臣先生在其著《儒家法律传统》(法律出版社 2003 年版)一书中谈到“儒家法律传统的思想渊源”时,第一个就是“摒弃前代的神权思想”,并认为“后世儒家虽然吸收了‘阴阳五行’和佛教、道教的思想因素,但总体上还保持了轻视鬼神、注重人事的现实主义精神”(第 6-7 页)。笔者窃认为,其实这是有点轻率的结论。因为儒家有先秦儒家与正统儒家之时代划分,两者相差很大,虽然先秦儒家有轻视鬼神、注重人事的现实主义精神,但真正构成和影响儒家法律传统的却是正统儒家(后世儒家),而它却是有着较为系统的神权法思想的。另在“儒家法律传统的理论构成”上,其第二点武先生认为“法律不是神的意志,而是从现实社会生活中产生,又施之于社会的行为准则”(第 10 页)。笔者认为,由于武先生只以孔子的“不语怪力乱神”和荀子的“天人相分”进行论证,除了犯了以偏概全的错误嫌疑外,也同样忽略了先秦儒家与正统儒家在样态上的历史变迁。

谓十分丰富，水平很高，价值也较大，但其缺陷也是十分明显的——主要基于“天道”“天理”“自然法”或“法自然”等抽象概念的抽象研究，根本无法让人真切了解中国古代法律到底如何“则天”的路径；而主要着眼于“自然之天”的解读，则由于过度赋予古代以“现代性”因素而致使其内涵失真，同时反过来又强化了那种抽象研究，更无法通过合适管道透视法律的“则天”具象。

鉴于存在这样的研究缺陷，因此本著的主要目的在于：在前贤及目前已有“抽象”研究的基础上，试对中国古代的“法律则天”原则作一尽量系统和较为全面的“具象”研究，力图将古代法律到底是如何具体“则天”的种种路径及相关手段进行揭示，以期弥补学界主要停留于抽象层面的研究不足，实现“法律则天”这个中国古代最高的法律原则在现代学术视界中的全面而真实的认知，从而让我们更能清楚真切地了解中国古人政治及法律生活的本真；同时，通过这样的“具象”研究，在人类生活终究不是时间隔断性和空间碎片化的前提下，也期许能对我们今天如何看待法律本身，以及处理法律与自然、法律与社会、法律与信仰等关系提供一些可能的启示。

当然，对“法律则天”的具象研究，自然要进入中国古人的那个“神灵之天”的主流或普遍语境，否则将无功而返，因为正是“神灵之天”的存在，才给古人如何具体“则天”指明了方向，提供了路径。因此“神灵之天”是本著于“法律则天”的立论平台。此外，虽然本著主要着眼于“具象”研究，但作为一个系统，将不可避免地运用到一些“抽象”概念，并离不开“抽象”理论的有力支撑。

（二）本著研究之主要视角

实际上，所谓法律之“则天”并不仅仅是一种“形而上”的抽象观念，而且还更是一种“形而下”到十分精致的具象行为。因为在古人对“天”极为信仰的话语中，实际是把“天”作为“全部有关人事的知识汇聚之处”[①]来认知和行动的。在这样的语境中，“天”并不仅仅是一个“抽象”之物，也并非只是一个“自然”之物，而更主要是一个以可视可感的各种天体——包括日月五星“七曜”之动态天体和“二十八星宿”之静态天体等——为载体、以各种天体交错运行和盘

① 张光直：《美术、神话与祭祀》，辽宁教育出版社2002年版，第29页。

划而成之主要“天象”为表现的“神灵之天”。也就是说，这是一个以“自然之天”为物质表征的“神灵之天”。这种具有人格化的“神灵之天”在“天人感应”之下，通过“天象”展现，对人事包括法律的设置和运行进行了决定性的导引和指示，而人类同时也在“天人感应”之下对“天象”进行着种种法律模拟。在这层天人关系上，无论是“天象”对法律的导引，还是法律对“天象”的模拟，其实都是很具象而非抽象的。

正如前述，中国古人在向头顶的天空寻求文化资源的过程中形成了一种独特的学说——天学，而在这个“天学”的视野中，古人不仅把法律的本源放在了抽象的天道、天理上，而且更力图通过各种可视、可感的具体“天象”来证明天道、天理的客观存在，证明天道、天理等对法律制定和运行的最终决定作用。在古人在对“天象”的观察和体悟过程中，逐渐形成了以“天象”来占卜人事的星占之学，从某种意义上说，古代中国的天学在本质上即是军政星占学。在远古以来就对“天”予以心灵敬畏和知识信仰的传统语境中，从“天”那里获取一切生存和发展的文化资源的企求，使得维护社会秩序的法律更是通过星占等方式去附会和模拟“天象”。虽然法律的具体内容大都来自和反映于人间的社会生活，但在古人的视野中，这样的生活也是在那个无时不在监督人间、洞察人世百态而无所不能的“神灵之天”的视野下成为可能的，而“天象”则正是这个“神灵之天”的“脸谱”，通过这个“脸谱”的表情及其变化，人类领悟了“天意”及其“天道”“天理”，法律的附会和模拟也就自在其中了。

因此，为实现和达到本著的研究目的，天学——这个中国古代版本的天文学——就成为本著研究的主要视角；而其中，作为“天学”的核心概念和内容，也即天道、天理等的物质表现——天象，则更是本著揭示法律“则天”路径、阐释法律对“天”本源模拟的重要角度或窗口。从目前的已有成果看，这样的“法律则天”研究视角当是一种创新。当然，从“天学”视角，特别是从“天象”角度去论述中国古代的政治、哲学问题，学界并非没有涉及，早在 20 世纪 90 年代初，在科学史界就有一些重要成果发表，[①]但从天象视角来专门论述法律问题，探讨天学与法律的关系，特别是天学对法律如何“则天”的决定意义问题，则显然是一个未被十分关注也未被认真开垦的领域。虽然也有学者如瞿同祖先生，在有关天道、天理等的法律研究中也偶有涉及具体天象之论，[②]但总有言犹未尽而极不全面之憾。因此，本著研究视角的创新是完全可行，亦是很有价值的。当然，对“天学”特别是其中具体“天象”的关注，只是本著研究的一个主要及重要视角，并非指所有立论都建立在相应的“天象”基础上，本著所论亦需要相关哲学理论的基础性铺垫。

可以说，在天学和法律的主要关系上，古代统治者为创造和维护良好的社会秩序，同时也是出于对“天”的知识信仰，作为法律资源和本源的“天空”也就必然形成了。当然，这个“天空”绝非现代科学观念下的纯粹“自然天空”，而是一个被赋予神灵气息，并以日月星辰等为主体而展现的“天象”为人事预决或模拟的天空。因此，以“天学”特别是其核心概念“天象”作为研究的主要视角，来阐释、揭示古代法律如何“则天”的具体路径，以达到今人对“法律则天”之最高原则的全面认识，而非止于一种抽象理念，当是一个相当有益的探索。

五、本著研究之内容提示

就本著的主要旨趣而言，对法律如何“则天”，或者说“则天”具体路径的本源性问题进行探讨，实际上涉及的就是一个天学与法律的关系问题；而反过来也可以说，天学与法律的关系，实际上也主要表现在作为法律资源的天空对法律“则天”路径的本源决定意义上。这样的一种本源决定意义，当然是建立在“天人合一”“天人感应”的天人关系的基本认识基础上，而具体内容则主要表现在：在天学之星占视野下，无论是立法、司法、修法，甚至法律设施的设置上，都体现着对天象的直接或间接模拟；作为天学中的一个重要课题，阴阳五行学说通过“明阴阳”“辨五行”之对天象进行“物质化”的解

① 这方面的突出代表，主要表现为江晓原先生的《天学真原》。

② 如瞿同祖先生的《中国法律与中国社会》（载《瞿同祖法学论著集》，中国政法大学出版社1998年版）中的“福报”一节。

构,而体验、领悟、模仿天象背后的天意、天道,从而在不同阶段和不同时期对人间法治路线和德治路线的选择起着具有决定意义的作用;政权的获得和保有实际上是个“天命”问题,而天命又是通过各种天象来表现的,但由于对天象的体悟不同从而形成了不同的天命观,不同的天命观又形成了不同的对法律价值的认识,而随着天命及天命观的“革命性”转变,导致了法律价值由践踏生命、惨无人道向关怀人道、尊重生命的“革命性”转变;作为天学的重要内容,建立在长期天象观测基础上而形成的“历法”,不仅本身具有法律属性,发挥着法律功能,成为古人“步天”行事的“时间大法”,而且又在本源性的意义上,决定一般法律中对时间因素的设置和执行,从而使得历法成为普遍“法律时间”的常规模拟和直接源头;作为古代法律的一个可说是最重要的功能,刑罚的设置和运行与天学尤为密切,更是直接体现出具体的“则天”运作,因为在“代天行罚”等的观念下,不仅刑冤会直接引发天象之变、灾异之象直接导致刑罚减免,而且刑罚的具体执行具有严格的由天象表征的“天时”限制,甚至连一些刑种的设定也在天学的框架之下。

当然,天学和法律的关系,除了主要反映为“天”对法律的本源决定意义外,还充分反映在法律本身变被动为主动,积极对天学这个神秘领域进行官方垄断保护和严厉惩处私自染指上。这除了主要是因为天学对法律如何设置和运行、法律如何体现其内在价值以及如何作出路线抉择等,提供了一系列或一整套具有本源意义的“具象”的模拟路径外,还在于这些具象意义的模拟背后有着更为统治者关注的因素。这就是统治者出于追求统治合法性、正统性、长期性的需求因素。因为在古代对“天”予以信仰和敬畏的语境中,天学还直接决定统治者获悉天命、天意、天机等极为重要的王权问题。正是由于“天象”中含有预决统治的重要天机,从而使得统治者视天学为其唯一独占的“禁脔”,从而引发了对这块极为重要的“禁脔”予以严密的法律保障,此即所谓“天机不可泄露”之义。与此相关,毋庸置疑的是,对天象的严密观测和认真体悟也就显得极为重要。可以说,中国古代的天文观测在世界历史行列中最为悠久、最具有持续性,观测资料也是最为丰富,而天学机构的法律地位更是世界历史上最高、观测队伍最为庞大的。

从本著主题之法律如何“则天”所涉及的天学与法律关系上看,中国古人正是通过对天象的观测、体悟和占卜,最终从天那里获得了法律的资源,也更是一种法律的本源。从总体上说,在古人对天予以神圣信仰和敬畏的语境中,天的神圣性也就基本上决定了本源于天的法律具有了某种神圣性,从而为统治者的政治统治提供了有力的法律支持和保障。同时,由于天的“至善至正”的道德品性,在促使法律在服务统治者利益的同时,又不得不在“天德”的规制和约束下,最大程度地去追求自身的公平、正义,重视民生,体现人性关怀。可以说,作为法律资源也是本源的天空,为中国古代社会贡献了很多东西,但概括而言,下面的这两点却是十分突出而客观的:一是通过“灾异论”,不仅会在最大程度上促使和推动统治人君借助法律手段推行善政,而且“灾异论”本身也成为一种既“拟制”法律又“超越”法律的对君权进行最大制约的“法宝”,从而使得让现代人都为之头痛的权力制约特别是“一把手”的权力制约问题,在古代中国获得了某种意义上、某种层次上得以相对解决的可行性,而这在中国古代君主专制的语境中尤其显示了这种意义;二是在古人对天的普遍信仰和敬畏的语境中,古人对“天体秩序”的崇拜认识,促使古人通过对天象的法律模拟,使得人间法律秩序的有效建构获得了很大意义上、很大层次上的可行性,可以说,这也许是作为法律资源的天空,为古代统治者带来的最大、最实惠的“一块蛋糕”。

“青山遮不住,毕竟东流去”,滚滚历史长河终于从古代流入了近代,流入了现代。中国古代的天学及其与法律的关系已成为一去不返的历史,岁月的“革命性变迁”成就了我们这个时代。这个“革命性变迁”,即是由于西方近代科学的兴起和传播而导致的。马克斯·韦伯说:“我们这个时代,因为它所独有的理性化和理智化,最主要的是因为世界已被除魅,它的命运便是,那些终极的、最高贵的价值,已从公共生活中销声匿迹,它们或者遁入神秘生活的超验领域,或者走进了个人之间直接的私人交往的友爱之中。我们最伟大的艺术卿卿我我之气有余而巍峨壮美不足,这绝非偶然;同样并非偶然的是,今天,唯有在最小的团体中,在个人之间,才有着一些同先知的圣灵相感通的东西在极微弱的搏动,而在过去,这样的东西曾像燎原烈火一般，燃遍巨大的共同体，将他们凝聚在一起。”①现代社会在“人类中心主义”及“科学帝国主义”的促成下，显然早已失去了“共同体”的往日信仰，似乎唯诉诸于外在的、公共的法律才可以有所维系。如果不断扩张的法律及其运行是善的、符合自然法则的，没有终极信仰的支撑，我们相信社会也能够达到一定的和谐。但是，如果法律及其运行并非如此，那么这个日益工具化与功利化的社会就不知会走向何方。或许，中国古代法律之与天学的紧密关系，在卸下神秘的面纱后，能从古代时空中款款走近，为我们这个时代如何处理诸如法律与自然、法律与信仰、法律与社会等关系提供一点启示或可资的素材。

不过，当我们面对古代中国的天学及其对法律的本源决定关系时，一位西方智者的话就显得十分重要：“当我们转向文字史料，阅读先辈们的真实书写，我们总算站到了安全的土地上。但是，将我们自己的意见、兴趣以及我们真实的天文学知识强加于前人史料的诱惑，那又是更危险的。必须牢记，天文学史是一个逆向的时间之旅——与我们现代思想大异其趣的那些文明，就像一个优秀的人类学家，我们必须尝试以那些文明的心灵和眼光来看这个世界。”②这段话虽然只论及古代天文学，但实质上就是笔者在本著中所采“语境论”方法论的另一种精辟阐释。英国著名历史学家柯林武德曾提出一个著名论断：“一切历史都是思想史。”③笔者所论自是也无法超脱这个“在……自己的心灵中重演过去”④的窠臼，但还是希望对于古代天学及其对法律的本源决定所涉及的两者关系的考察，是在认真尝试以“当时”的“那些文明的心灵和眼光”来体会和看视。

① ［德］马克斯·韦伯：《学术与政治》，冯克利译，生活·读书·新知三联书店1998年版，第48页。

② ［英］米歇尔·霍斯金主编：《剑桥插图天文学史》，江晓原等译，山东画报出版社2003年版，第17页。

③ ［英］柯林武德：《历史的观念》（节选本），何兆武、张文杰译，商务印书馆2002年版，第33页。

④ ［英］柯林武德：《历史的观念》（节选本），何兆武、张文杰译，商务印书馆2002年版，第34页。

湖北武昌长春观石碑天文局部图

第二章 天学释义及评价

一、天学之释义

(一)天学之神话发微:天地相通与绝地天通

大约公元前500年的某一天,挤入春秋霸主之列的楚昭王阅读《尚书·吕刑》,对于其中记载的颛顼帝"命重、黎绝地天通,罔有降格"之事不太明白,于是就向大夫观射父询问。这段著名的王臣对话就记录在公元前4世纪的历史著作《国语》中:

> 昭王问于观射父,曰:"《周书》所谓重、黎寔使天地不通者,何也?若无然,民将能登天乎?"
>
> 对曰:"非此之谓也。古者民神不杂。民之精爽不携贰者,而又能齐肃衷正,其智能上下比义,其圣能光远宣朗,其明能光照之,其聪能听彻之。如是,则明神降之,在男曰觋,在女曰巫。是使制神之处位次主,而为之牲器时服,而后使先圣之后之有光烈,而能知山川之号、高祖之主、宗庙之事、昭穆之世、齐敬之勤、礼节之宜、威仪之则、容貌之崇、忠信之质、禋絜之服,而敬恭明神者,以为之祝。使名姓之后,能知四时之生、牺牲之物、玉帛之类、采服之仪、彝器之量、次主之度、屏摄

之位、坛场之所、上下之神、氏姓之出，而心率旧典者，为之宗。于是乎，有天地神民类物之官，是谓五官，各司其序，不相乱也。民是以能有忠信，神是以能有明德，民神异业，敬而不渎，故神降之嘉生，民以物享，祸灾不至，求用不匮。及少皞之衰也，九黎乱德，民神杂糅，不可方物。夫人作享，家为巫史，无有要质。民匮于祀，而不知其福。烝享无度，民神同位。民渎齐盟，无有严威。神狎民则，不蠲其为。嘉生不降，无物以享。祸灾荐臻，莫尽其气。颛顼受之，乃命南正重司天以属神，命火正黎司地以属民，使复旧常，无相侵渎，是谓绝地天通。"①

这就是中国历史上著名的"绝地天通"事件的详细记载。楚昭王和观射父之间的对话想必是史实，但是观射父之回答内容展现的却是一个历史神话。按观射父的说法，远古是个"民神不杂"的太平盛世，民神分开，不相混杂，各司其序，不相为乱，民敬恭明神而有忠信，神降民嘉生而有明德。更为重要的是，对那些能对神虔诚、精爽专一而又聪明圣智的人，则会出现"明神降之"，神灵附体，让其成为巫觋，从而进行天地间的交通。可见，在观射父应答所展示的知识结构中，远古是天地相通的，只不过这个通道不是物质性的，而是精神性的；交通者不是人人，而是那些有着特殊素质的巫觋。

观射父虽然否定了天地间物质通道的存在，但是楚昭王之问也并非空穴来风。在古代中国神话中，天地间的通道确实存在。这种通道主要就是山岳。②《山海经》有云：

有灵山，巫咸、巫即、巫肦、巫彭、巫姑、巫真、巫礼、巫

---

① 《国语》卷一八《楚语下》。在《山海经》卷十六《大荒西经》中也有一个"绝地天通"的神话原型故事"颛顼生老童，老童生重及黎，帝令重献上天，令黎邛下地"的记载，认为是帝命令力大无穷的重举天升高，命令力大无比的黎按地使地下沉，天地从此分离，不复相通。

② 实际上，在古代中国神话中，通天途径除了主要是山岳之外，还有神树，如有建木、若木、扶桑等。《淮南子》卷四《地形训》载："建木在都广，众帝所自上下。日中无景，呼而无响，盖天地之中也。"当然，这种神木多数是生长在名山上，山岳和神木共同组成了通天之路，就是古代观念中最巍峨的昆仑山也不例外。

抵、巫谢、巫罗十巫，从此升降，百药爰在。①

《山海经》又云：

巫咸国在女丑北，右手操青蛇，左手操赤蛇。在登葆山，群巫所从上下也。②

可见，依《山海经》视之，山岳实际成了类似中国古代巫师登天的梯子或柱子。不过，张光直先生在研究“巫的职务与技术”时说：

……巫师能举行仪式请神自上界下降，降下来把信息、指示交与下界……卜辞里面的降字，左面从阜，示山陵，右面是足迹，自上向下走来。这个字的使用在卜辞中有两种方式。第一种以降为及物动词，下面紧接着个名词……第二种用法是以降字为不及物动词，常说为“帝降”或“其降”……这种情形当指降神之降，即在人神沟通的意义上，神在巫师的邀请或召唤之下自上界以山为梯而走降下来。③

与“降”相对的是“陟”。卜辞金文的陟字左面仍是山丘，右面的足迹则是自下向上走的。巫师举行的仪式，除了降神的以外有没有陟神的，即使巫师到上界去与神祖相会的？……楚国相信古代有陟神的仪式。④

按张先生之研究，巫师不仅可以通过举行仪式降神，而且还可以陟神仪式自己登天。通过“上天见神，或使神降地”这两种方式均可达到人神交流，而高山、扶木、飞鸟、动物等都是巫师通神的工具

---

① 《山海经》卷一六《大荒西经》。

② 《山海经》卷七《海外西经》。

③ 张光直：《中国青铜时代（二集）》，生活·读书·新知三联书店1990年版，第48页。

④ 张光直：《中国青铜时代（二集）》，生活·读书·新知三联书店1990年版，第51页。

或手段。[①] 由此可见，结合史料与研究，中国古代神话中确实相信天地间存在过相互贯通的情况，甚至是非常具体而物质性的贯通渠道。

再回到前述楚昭王的问题和观射父的回答上来。天地之间的神秘通道，在远古时代曾经存在，并依靠它而天地相通。但是，后来进入少皞统治之时，由于蚩尤作乱，结果导致"民神杂糅"的混乱之世。在这个时期，由于"夫人作享，家为巫史"，人们滥行祭祀，民神同位，对神态度轻漫而"无有严威"，结果导致神民关系紧张，"神狎民则"，降灾于民。为此，到了颛顼受帝之时，为维护神威，保护民人，遂命重、黎分管天地神民，各司其序，并不相侵渎，于是原来的天地通道被取消，天地不复相通，是谓"绝地天通"。

可见，在"绝地天通"的话语中，神话的色彩是十分突出的。张光直先生认为："这则神话是有关古代中国巫觋最重要的材料，它为我们认识巫觋文化在古代中国政治中的核心地位提供了关键的启示。"[②]不仅如此，这则神话还为我们认识中国古代版本的天文学提供了源头性的关键启示。我们从中可以发现，本来是天地相通相融，神民相和相谐，但由于"九黎乱德"而致败坏，虽然最后进行了纠正，但正如"破镜无法真正重圆"，"天"与"地"已不再像以前那样相通相融了——"天"从此成为了高高在上的东西，而"地"则成了低低在下的东西，"天""地"之间有了明确的距离和界限。自此，"天"上的"神"不再像从前那样"和蔼可亲"了，而是变得越加威严起来；与此相对，"地"上的"民"再也不敢对"天""轻浮慢待"了，而是变得越加畏惧起来。可以说，伴随这样一个"绝地天通"的重大事件，在古代中国人的观念中，"天"从此成为一个独立的概念凸显出来，它借助"神"的既神秘又神圣的力量，成为"地"上人间一切事务的主宰，成为"地"上万事万物的主宰。同时，古代中国人在对"天"进行顶礼膜拜的话语中，也主动把自己的命运交到了"天"的手中，从而把"天"作为自己生存和延续的依附，成为自己一切事情的

---

① 参见张光直：《中国青铜时代（二集）》，生活 · 读书 · 新知三联书店 1990 年版，第 51-59 页。

② 张光直：《美术、神话与祭祀》，辽宁教育出版社 2002 年版，第 29 页。

知识来源。正如张光直先生说:“天,是全部有关人事的知识汇聚之处。”①于是,在这样的双重过程中,人们对“天”的认识不断丰富起来,最终汇成了具有浓厚神秘性为主体展现的重要学说,它可被视为中国古代版本的天文学,也即本著题目所冠名的概念——天学。

(二)天学之“天”

1.“天”之含义

毋庸置疑,古代中国之“天”是一个极为重要的概念,不过对其的理解和学说,自古以来就显得纷繁复杂。

《尔雅》作为中国最早的一部解释词义的专书,专门开辟《释天》一篇,其中有云:“穹苍,苍天也。春为苍天,夏为昊天,秋为旻天,冬为上天。”这既有古人从形状、色彩上去理解天,又有从四时特征上去理解天,这表现了古人直观的经验观察。② 汉代谶纬之书《河图括地象》云:“易有太极,是生两仪。两仪未分,其气混沌。清浊既分,伏者为天,偃者为地。”此是从形成上解读天。而作为中国第一部按部首编排的字典,东汉许慎《说文解字》的解释是:“天,颠也。至高无上,从一大。”按清代段玉裁《说文解字注》:“颠者,人之顶也,以为凡高之称。……至高无上,是其大无有二也,故从一大。”可见,许慎的解读已不仅仅是直观性的头顶之天了,而且更是有了寓意的转换,代表着某种至高无上的存在。到了宋代邢昺那里,综合历史上各家之说,以其“形状之殊”,将“天”分为“六等”:一曰“盖天”,二曰“浑天”,三曰“宣夜”,四曰“昕天”,五曰“穹天”,六曰“安天”。③ 这些“天”说,实均已涉及古人的宇宙观念。理学大家朱熹

---

① 张光直:《美术、神话与祭祀》,辽宁教育出版社2002年版,第29页。

② 按宋代邢昺之疏,天的这种形、色及四时之说实均本于《诗经》。如《诗经·大雅·桑柔》之“靡有旅力,以念穹苍”,对应“穹苍,苍天也”;《诗经·王风·黍离》之“悠悠苍天”,对应“春为苍天”;《诗经·雨无正》之“浩浩昊天”,对应“夏为昊天”;《诗经·大雅·召旻》之“旻天疾威”,对应“秋为旻天”;《诗经·小雅·信南山》之“上天同云”,对应“冬为上天”。又毛公《诗经》传:“苍天以体言之,尊而君之,则曰皇天;元气广大,则称昊天;仁覆闵下,则称旻天;自上降监,则称上天;据远视之苍苍然,则称苍天。”邢昺疏、郭璞注:《尔雅注疏》,李传书整理,北京大学出版社1999年版,第165页。

③ 参见邢昺疏、郭璞注:《尔雅注疏》,李传书整理,北京大学出版社1999年版,第161页。

则释“天”有“九重”：“离骚有九天之说，注家妄解云有九天。据某观之，只是九重。盖天运行有许多重数（以手画图晕，自内绕出至外，其数九）。里面重数较软，至外面则渐硬。想到第九重，只成硬壳相似，那里转得又愈紧矣。”①这种宇宙观想象丰富，最外一重与“浑天”说相似，内部多重则与“宣夜”说相近。而至清代朱骏声撰《说文通训定声》，天之“九重”又被释为：“第一重宗动天，最高无所见；二经星天；三填星天；四岁星天；五荧惑天；六日轮天；七太白天；八辰星天；九月轮天，最卑近人，离地四十八万余里。”此是将天与日月星辰一一对应，已暗含有某种星占的色彩了。

从考古学看，“天”字最早出现于商代甲骨卜辞中。一些学者结合文字学、训诂学认为，商代即存在至上神之“天”的观念；②但又有一些学者对此持反对或怀疑态度，他们认为商代甲骨文之“天”只是“大”字之同义语，没有“上天”之义，至上神是针对“帝”或“上帝”而言。③ 不过，何炳棣、董作宾先后认为，甲骨文作为特殊的占卜文字，统一规定了诸神的名号，甲骨文中虽未见以天为上帝的观念，并

① 《朱子语类》卷二《理气下·天地下》。按学者周桂钿分析，中国古代的“九天”实约有六种意义：一是极高天，二是九层天，三是九块天（九方天），四是九节天，五是沓阳天，六是九重天。参见周桂钿：《中国古人论天》，中央编译出版社2008年版，第28页。

② 如罗振玉认为：“《说文解字·天》从一大，卜辞中有从二者。二即上字，大象人形，天在人上也。”李孝定编述：《甲骨文字集释（卷首）》，台北，“中央研究院”历史语言研究所1970年版，第13页。夏渌撰有《卜辞中的天、神、命》（载《武汉大学学报》1980年第2期）一文，也提出商代存在至上神之“天”的观念。

③ 如陈梦家认为：“卜辞的‘天’没有作‘上天’之义的。‘天’之观念是周人提出来的。”陈梦家：《殷墟卜辞综述》，中华书局1992年版，第581页。郭沫若认为：“大戊称为‘天戊’，大邑商称为‘天邑商’，都是把天当为了大字的同意语。天者颠也，在卜辞……在周初的金文……都是画一个人形，特别显示着有巨大的头脑。那头脑便是颠，便是天。颠字是后起的。因为人脑在人体的最高处，故凡高处都称之为颠，树顶称颠，山顶称颠，日月星辰所运行着的最高的地方称天。……天字在初本没有什么神秘的意思，连《说文》所说的‘从一大’都是臆说。卜辞既不称至上神为天，那么至上神称天的办法一定是后起的，至少当得在武丁之后。我们可以拿来做一个标准，凡是殷代的旧有的典籍如果有对至上神称天的地方，都是不能信任的东西。”郭沫若：《青铜时代·先秦天道观之进展》，人民出版社1954年版，第5-6页。张光直认为：“卜辞中关于‘帝’或‘上帝’的记载颇伙，上帝一名表示在商人的观念中帝的所在是‘上’，但卜辞中决无把上帝和天空或抽象的天的观念联系一起的证据。”张光直：《中国青铜时代》，生活·读书·新知三联书店1983年版，第264页。

不表示商人没有这一观念。[①] 学者陈来也认为，甲骨卜辞中即使未发现“天”字或以“天”为上帝的用法，但至少在逻辑上，并不能终极证明商人没有“天”的观念或以“天”为至上神的观念。[②]

对于上述不同看法，也许从历史文献《尚书·盘庚》[③]出发会得到更多的收获。在《盘庚》篇中，“天”字有五见，特别是《盘庚上》即有三见：“先王有服，恪谨天命；兹犹不常宁，不常厥邑，于今五邦。今不承于古，罔知天之断命，矧曰其克从先王之烈？若颠木之有由蘖，天其永我命于兹新邑，绍复先王之大业，厎绥四方。”从中，我们可以领略到商统治者那种强烈的“天命观”，而这种天命观显然已经将“天”作为了人格化的至上神，是一种主宰之天、意志之天，从而与“帝”或“上帝”的观念并无区别。

不过，陈来先生认为，与周代相比，商人是否以“天”为至上神并不是根本区别，而是商人对帝或天的信仰没有伦理内容，只属“自然宗教”；而周人的天与天命已有了确定的道德内涵，可属“伦理宗教”。[④] 这种观点从宏观的发展趋势上看可以成立，但如从微观或就此将商周两者割裂，甚至对立来看，则可能有失偏颇。实际上，《盘庚》篇中有十处“德”见，主要事关统治者，这反映了殷商统治者也重视德性的培养，商人天命观中亦有伦理的内容。不过，由于《盘庚》中的“天”与“上帝”“先祖”“先王”等纠结不清，使得“天”的德性更多的是强化自己祖先的宰制力量；而在反映周公摄政时代的《尚书·康诰》中，“天”凡九见，基本上已取代了“上帝”，超越了对先王的自我肯定，更多的是强调“保民”的德性，强调“唯命不于常”的天命观，从而与民众有更多的亲近，也赋予和提升了人的地位和尊严。因此从整体上看，从商到周，“天”的观念经历了一个从“以

---

① 参见傅佩荣：《儒道天论发微》，台北，学生书局1988年版，第12页。

② 参见陈来：《古代宗教与伦理——儒家思想的根源》，生活·读书·新知三联书店1996年版，第162页。

③ 按顾颉刚、范文澜的说法，《盘庚》当为可信之商朝文献记载。如顾颉刚就认为其在“思想上，在文字上，都可信为真”。顾颉刚编著：《古史辨》（第1册），上海古籍出版社1982年版，第201页。范文澜也说“《盘庚》三篇是无可怀疑的商朝遗文”。范文澜：《中国通史简编》，中华书局1972年版，第114页。

④ 参见陈来：《古代宗教与伦理——儒家思想的根源》，生活·读书·新知三联书店1996年版，第168页。

祖配天”到“以德配天”的过程。这个过程虽然作为天的至上神性未能改变,但其神性的关注重点已发生了重大变化,预示着一个新时代的到来,基于“天”的“人文关怀”从此在政治、法律等各个领域拉开序幕。国学大师王国维说:“中国政治与文化之变革,莫剧于殷、周之际。”[①]这种“剧变”虽然表现在多个方面,[②]但笔者以为,根本而言乃“天”之内涵在文化层面的大变化。

自先秦以来,中国古人对“天”的认知不断丰富和复杂起来。比如关于“天的本质”是“神”还是“物”,是“气”还是“体”的讨论;“天的形状”是“圆”还是“浑”,是“倚”还是“正”,是“穹”还是“平”的讨论;“天的来源”是“神创”“道生”“气化”,还是“固有”的讨论;“天的运行”是“左旋”“右旋”,还是“地圆转”的讨论。[③] 这些讨论使得“天”的学说呈现种种面相,在各个层面得以延伸,并体现其相应的功能和价值。当然,倘若从文化角度言“天”,周代人“以德配天”的“天”则一直占据主导并贯穿周后的历代。

正因为天为人们从各个方面予以认知,至宋代朱熹,已经有了高度概括:“又僩问经传中‘天’字。曰:‘要人自看得分晓,也有说苍苍者,也有说主宰者,也有单训理时。’”[④]此实是归纳出天有三义,即物质之天、主宰之天以及义理之天。至明末著名排教人士钟始声,曾编著有《辟邪集》,其中《天学再征》一文,从儒学角度将天分为三种,即“苍苍之天”“上帝之天”“灵明之天”。[⑤] 而清末梁启超在其《子墨子学说》中,则将中国古籍中的“天”分成四种,即“以形体言天者”“以主宰言天者”“以命运言天者”“以义理言天者”。[⑥]

---

① 王国维:《殷周制度论》,载王国维:《观堂集林》(第 10 卷),河北教育出版社 2001 年版,第 231 页。

② 按王国维所论,周人制度之大异于商者,一曰立子立嫡之制;二曰庙数之制;三曰同姓不婚之制。此三者,“皆周之所以纲纪天下”“其旨则在纳上下于道德,而合天子、诸侯、卿、大夫、士、庶民以成一道德之团体”。王国维:《殷周制度论》,载王国维:《观堂集林》(第 10 卷),河北教育出版社 2001 年版,第 232 页。

③ 参见周桂钿:《中国古人论天》,中央编译出版社 2008 年版,第 1-64 页。

④ 《朱子语类》卷一《理气上 · 太极天地上》。

⑤ [韩]郑安德编:《明末清初耶稣会思想文献汇编》(第 58 册),北京大学宗教研究所 2003 年修订重印版,第 305 页。

⑥ 梁启超:《饮冰室合集 · 专集之三十七》,中华书局 1941 年版,第 4-5 页。

现代学者对中国古人之“天”的认知也不尽相同。例如王桐龄先生认为，自历史上汉民族之思想观之，“天有三义”：

> 一为物质上之天，《诗·王风·黍离篇》所谓“悠悠苍天”，《秦风·黄鸟篇》所谓“彼苍者天”者是也；一为万物主宰之天，《诗·大雅·皇矣篇》所谓“皇矣上帝，临下有赫”者是也；一为人力所不能作到者归之于天，《孟子·万章上》所谓“天也，非人之所能为也”者是也。[①]

又如曹聚仁先生认为：

> 孟子以后，战国末年的儒家，都受到了道家的影响。……在以前的儒家中，孔子所说的天，乃是主宰的天；孟子所说的天，乃是义理之天或命运之天；荀子所说的天，则是自然的天，天就是自然。[②]

冯友兰先生则将“天”细分为五种：

> 在中国文字中，所谓天有五义：曰物质之天，即与地相对之天。曰主宰之天，即所谓皇天上帝，有人格的天、帝。曰运命之天，乃指人生中吾人所无奈何者，如孟子所谓“若夫成功则天也”之天是也。曰自然之天，乃指自然之运行，如《荀子·天论篇》所说之天是也。曰义理之天，乃谓宇宙之最高原理，如《中庸》所说“天命之为性”之天是也。《诗》《书》《左传》《国语》中所谓之天，除指物质之天外，似皆指主宰之天。《论语》中孔子所说之天，亦皆主宰之天也。[③]

---

① 王桐龄：《中国史》，北平文化学社 1934 年版，第 20 页。

② 曹聚仁：《中国学术思想史随笔》，生活·读书·新知三联书店 2003 年版，第 85 页。

③ 冯友兰：《中国哲学史》（上册），华东师范大学出版社 2000 年版，第 35 页。

庞朴先生则对冯友兰的五种意义之“天”进行过归并：

五种意义便浓缩为三种：物质的天（天空、大自然），精神的天（主宰、至上神），以及本然的天（本然意义上的物质，如牛马四足；被当成本然意义上的精神，如天理；以及本然意义上的气质，如天真）。它们分别为形而下的、形而上的和形而中的。①

张岱年先生从演变中来谈“天”的含义：

中国古代哲学中所谓“天”的含义有一个演变的过程。殷周时代所谓天指世界的最高主宰，到春秋战国时期，孔子孟子所谓天仍有最高主宰的含义，老子所谓天指与地相对的太空。荀子以天与人对举，其所谓天指广大的自然。《易传》讲“天尊地卑”、“仰则观象于天，俯则察法于地”，其所谓天指日月星辰的总体。到宋代，张载讲“由太虚，有天之名”，所谓天指广大无外的世界总体。程颢讲“天者理也”，以天指普遍的必然规律。②

任继愈先生亦认为“天”有五义：

春秋战国以来，天有五种含义：(1)主宰之天；(2)命运之天；(3)义理之天；(4)自然之天；(5)人格之天。③

汤一介先生对“天”也有归纳看法：

在中国历史上，“天”有多种含义，归纳起来至少有三种含义：(1)主宰之天（有人格神义）；(2)自然之天（有自

---

① 庞朴：《天人之学述论》，载陈明主编：《原道》第2辑，团结出版社1995年版。

② 张岱年：《中国传统哲学的继承与改造》，载《传统文化与现代化》1995年第2期。

③ 任继愈：《试论“天人合一”》，载《传统文化与现代化》1996年第1期。

然界义);(3)义理之天(有超越性义、道德义)。①

其余各家之说,虽五花八门,但也大体如此。可见,古代中国之“天”,意义繁杂,在不同的层面、不同的角度有着不同的指涉。不过,杨维中先生化约众说,将“天”约为三义:第一,自然之天;第二,神灵之天;第三,义理之天。② 实际上,此与宋儒朱熹之说异曲同工。庞朴先生认为这种分类最为言简意赅,得其要领。笔者深以为然,本著亦采此说。

2. 天学之“天”含义

可以说,作为本著所称“天学”之“天”,从其开始为人们对它进行认识之时,就具有了“神灵”和“自然”的双重性格。“天地相通”与“绝地天通”等一类的神话故事,从一开始就赋予“天”以“神灵”属性。“天”可说是神灵居住和活动的地方。同时,这个“天学”之“天”并不是一个抽象的概念,而是一个通过日月星辰这些天体(包括云气等)展现出来的地方。所以,“天学”之“天”也就是地上人们能观察到的日月星辰(包括云气等)及其运行、变化的所在,从而展现为我们通常所说的“自然之天”,或者说就是我们“头顶天空”中的全部所在。

在古代中国人能够观察到的天域里,主要的天体就是日、月、五星(金木水火土)、三垣二十八宿。其中日月五星总称为“七曜”,它们不断运行,在古代的“天文”中具有特别重要的意义。三垣是北天极周围的三大星区,指紫微垣、太微垣和天市垣,各区东西两藩的星,围成城墙的样子,所以称垣。其中紫微垣位于北天中央的位置,在北斗北,以北极星为中心,又称中宫,代表皇宫,其东西两藩有星十五,各星都冠以官名;太微垣代表政府及诸侯,位于紫微垣的西南角,其左右垣由十星组成;天市垣位于紫微垣的东南方,代表地方官和平民百姓的生活现象,其左右垣由二十二星组成。二十八宿是指古代中国人在黄道和赤道附近两个带状区域内的二十八个星座。

---

① 汤一介:《论“天人合一”》,载《中国哲学史》2005 年第 2 期。

② 参见杨维中:《论天人之辨的伦理意蕴》,载《传统文化与现代化》1997 年第 2 期。

“宿”的意思是古人为观察天体，将天区分为各段，各段天区就如地面上沿途分布的“驿站”，应当是为日月五星准备的“临时住所”。二十八宿是指东方七宿（角、亢、氐、房、心、尾、箕）、北方七宿（斗、牛、女、虚、危、室、壁）、西方七宿（奎、娄、胃、昴、毕、觜、参）、南方七宿（井、鬼、柳、星、张、翼、轸）。其中每宿又包括若干星。二十八宿和三垣之星一样都是恒星，它们为古人观察日月五星的运行提供参照坐标。三垣二十八宿基本上把中国古人能够观测到的全天恒星囊括已尽。

不过，中国古人在对这些有形天体进行观察的同时，还进一步认为这些天体均具有神性，或者有神灵居住，或者有神灵守卫，或者本身就是神灵的化身。如日中有乌，月中有蟾蜍，而四方的二十八宿则更由四只神兽管理。如东方七宿由青龙主管，北方七宿由玄武主管，西方七宿由白虎主管，南方七宿由朱雀主管。[①] 五大行星则本身被视为星辰之神，随着五行学说的盛行，秦汉时五星被附会为五方神在天上的代表。至于北极星，由于它正处于天球的转动轴上，所以看上去似乎永远居中不动，而其他所有恒星都围绕着它运转不息，所以北极星被视为天界的最高神——天帝，而北斗[②]则被认为是天帝所乘的车舆，[③]成为天界的枢纽。可以说，在古人的观察和想象中，整个天穹的天体都有神性，它们在北极天帝的推动和率领下，昼夜不停地围绕着北极天帝而旋转，日来月往，斗转星移。[④]

因此，中国古代“天学”之“天”那种具有“神灵”和“自然”的双重性格，就是中国古人神话中以及现实视野中经常表达的一种观念：神灵就居住或行走在那些在视觉上为人们肉眼或通过仪器能观察到的日月星辰天体上。对于日月星辰来说，由于它们的可视性、有形性，所以说它们之所在是“自然”之天。但是，这样的天体，这样

---

① 所谓天上四方神兽，实是中国古人将四方恒星分别用假想线条联结起来而形成的四个动物图案。

② 北斗其实是指北斗星座，它由七颗星组成，用线连起来犹如一把有柄的杓子，这是因为先民们用陶勺或木勺使用而比喻得名。从斗口到杓端，星名顺序依次为：天枢、天璇、天玑、天权、玉衡、开阳、瑶光。

③ 如《史记》卷二七《书第五 · 天官书》：“斗为帝车，运于中央，临制四乡。分阴阳，建四时，均五行，移节度，定诸纪，皆系于斗。”

④ 诚如孔子在《论语 · 为政》中说：“为政以德。譬如北辰，居其所而众星共之。”

的自然之天，由于有神灵的居住和统治，从而拥有了神灵性，所以又是“神灵”之天。对中国古代之“天道”有着精深研究的学者李杜先生，在其《中西哲学思想中的天道与上帝》中即说：“据我们的了解，天的原义应即是自然。此即说文释天所说‘天，颠也。至高无上，从一大’的意义。但此自然义的天既苍苍茫茫，覆盖万物，生育万物，成长万物，变化无常，神妙莫测，中国古人即不只以其为自然，而同时以其为可以祸福人与主宰人的神灵。……天的观念既结合了自然义与神性义，二者没有明确的分别，故即有自然义与神性义兼而有之的对天的陈述。……在周人的思想中神与自然没有截然的划分。此一混合的观念在《左传》与《国语》二书记述的时期曾有所分辨，但孔孟对天的观念仍兼有神性义与自然义。”①可见，天“兼有神性义与自然义”，不仅是早期中国古人的常态认知，而且完全可以合理想象，在以孔孟为核心的儒家成为官方思想长期占据主流统治的背景下，亦得到了传承和强化。

那么，“天”的这两重性格其关系如何呢？其实它们并不是相互平行而无交叉的。“神灵之天”往往需要通过“自然之天”表现出来，而且恰恰是通过“自然之天”，天人之间才可能“真实地”发生相互影响。不过，在这样的双重性格之天中，由于神灵力量的无边，“自然之天”的性格往往被“神灵之天”所掩没而不得彰显，所以天学之“天”也就主要是“神灵化”了。然而，从现代人的角度看，所谓“神灵”只是一种虚有的概念和存在，它只是古人用自己的形象去“比附”的“想象”之物，所以用现代人的术语说，中国古代的天学之“天”主要是“人格化”的。

梁启超先生认为，古代之天，纯为“有意识的人格神”，直接监督一切政治，此乃“具象”之天，这样的政治梁氏称之为“天治主义”；然“人类理智日进，此种素朴思想不足以维系”，于是“具象”之天逐渐发展为“抽象”之天，并赋予为“天之所命”之“自然之大理法”。由此，梁氏认为“人格神”与“自然法”一致之观念从此确立，则宗教

---

① 李杜：《中西哲学思想中的天道与上帝》，台北，联经出版事业公司 1978 年版，第 34 页。

的“神”成为哲学的“自然化”了，这样的政治梁氏称之为“天意政治”。[①] 依笔者所见，梁氏将“人格神”与“自然法”一致起来之说，并非是将两者混同起来或抹杀两者的区别，而是指“人格神”借道“自然法”，宗教之“神”借助哲学之“自然化”，“具象”之天借助“抽象”之天而影响人间政治。此与“神灵之天”借助“自然之天”而为人事所感知有着异曲同工之处。故此，虽然梁氏的“后世一切政治思想之总根源”即从哲学之抽象之天或自然“天道”（“人类生活之理法”）而“发轫”之说很有见地，他本人也似有重“抽象”而轻“具象”，重“天道”而轻“人格神”之倾向，但是依梁氏所称的“宇宙大法则”即“自然法”的来源而言，却是由神灵之天“人格神”所赐。[②] 这就表明在中国古代“天”的观念中，以“人格神”表现出来的“神灵之天”是一切万物、一切人事的真正最后根源。从这个意义看，中国古代最终决定意义之“天”，实是暗合了本著所称的“天学”之“天”，也从而表明了“天学”之“天”在中国古代的一种本源和本体意义。

当然，中国古代也有一些具有朴素唯物主义倾向的智者，他们坚持认为“天”就是“自然之天”，根本无所谓什么天神存在。如荀子就认为“天”是没有意志的“自然之天”，所谓“天行有常，不为尧存，不为桀亡”。荀子说：“日月食而救之，天旱而雩，卜筮然后决大事，非以为得求也，以文之也。故君子以为文，而百姓以为神。”[③]意谓救日月等事并非真的能通过祈求等就能实现，实是统治者作为政治文饰的一种运用，只是百姓误以为那就是天神的表现罢了。东汉王充则从天人类比的角度论证天的“自然”属性，他在《论衡》中以肯定的口气说：

> 何以［知］天之自然也？以天无口目也。案有为者，口目之类也。口欲食而目欲视，有嗜欲于内，发之于外，口目

---

① 王焰编：《梁启超学术论著》，魏得良校，浙江人民出版社 1998 年版，第 21－24 页。

② 《尚书·洪范》中记载，当武王向箕子咨询天之法度顺序时，箕子说：“我闻在昔，鲧堙洪水，汩陈其五行。帝乃震怒，不畀洪范九畴，彝伦攸斁。鲧则殛死，禹乃嗣兴，天乃锡禹洪范九畴，彝伦攸叙。”

③ 《荀子·天论》。

求之,得以为利,欲之为也。今无口目之欲,于物无所求索,夫何为乎!何以知天无口目乎?以地知之。地以土为体,土本无口目。天地,夫妇也,地体无口目,亦知天无口目也。①

王充以“地无口目”推导出“天无口目”,以“天无口目”进而否定“天”的意志性,并以此证明“天”的自然性。不过,这种持“自然之天”论者,虽然对中国古人于“天”的认知有所影响,但毕竟被排除在主流观念之外,而仅存于某些官方末流,或存于少数民间精英,其边缘性和式微化是明显的。事实上,在人们普遍敬天、畏天、事天的中国古代,坚持“天”具有神灵性和人格化,从而对“天学”进行把握、渗透和控制却是主流。

(三)天学的内涵与外延

1.“天学”词语之史迹

据笔者对现有史料之查阅,中国上古直至明代并无“天学”一词出现。“天学”一词大概最早出现在明末来华的著名传教士利玛窦的著作中。清四库馆臣认为“西洋人之入中国,自利玛窦始”。② 为便于传教,利玛窦写了一部与儒家学说具有调适性的宣扬天主教义的著作《天学实义》。该著作最早于明万历二十三年(1595年)初刻于南昌。近人徐宗泽说:“西士之初入吾国也,欲寻索吾中国古书上有何天地万物主宰之观念,乃遍阅经典,而知‘天’与‘上帝’二名词实吻合于造物主之观念,于是取用此二名以名拉丁文之Deus,即天主,故利玛窦初著之《天主实义》本名《天学实义》,即此意也。”③法人费赖之说:“《天主实义》,一名《天学实义》,一五九五年(明万历二十三年)初刻于南昌。”④近人杨森富也说:“《天主实义》,原名

---

① 《论衡》卷一八《自然》。

② 《四库全书总目提要》卷一二五,子部三十五,杂家类存目二,“《二十五言》一卷”条。

③ 徐宗泽:《明清间耶稣会士译著提要》,上海书店出版社2006年版,第7页。

④ [法]费赖之:《在华耶稣会士列传及书目》,冯承钧译,中华书局1995年版,第41页。

《天学实义》,内中以‘天’、‘上帝’、‘后帝’、‘皇天’等名词称‘造物主’。”[①]可见,后来通称的《天主实义》,原名即是《天学实义》。[②] 此是汉语“天学”一词首次出现,而首次出现即在利玛窦这部极重要著作的命名上。

那么“天学”一词出现时究为何意?利玛窦在《天主实义引》中说:“意中国尧舜之氓,周公仲尼之徒,天理天学,必不能移而染焉,而亦间有不免者,窃欲为之一证。”[③]此话之“天理天学”,利玛窦虽未明确,不过按该著(上下两卷)通篇对“天主”的论述内容,“天学”一词可指“天主之学”,确切地说为“天主教之学”或即“天主教”。这可谓是“天学”一词首次出现时的基本含义。

可以说,“天学”作“天主教”之释用,自利玛窦始一直至清初均存在。如耶稣会士孟儒望于崇祯十五年(1642 年)在宁波刊刻《天学略义》,此书在表达其写作目的时云:

> 天学玄妙,笔不能悉。若提其要,不外八端。一、天地之间惟有一造物主。一、主含三位,谓之父子圣神;一、其第二位,(即所云子)降胎于童贞女而为人;一、其居世而受难受死,以赎吾人之罪;一、其死后而神入地狱,救出古圣人;一、其身第三日复活;一、活后四十日升天,而坐于全能天主第一位之右;一、日后将临世审判,以报善恶者。此天学之大略也,其中不免有难洞究之义,故窃反复如左以发明之。[④]

---

① 杨森富编著:《中国基督教史》,台北,商务印书馆 1984 年版,第 130 页。

② 据考证,1594 年利玛窦在韶州时开始撰写该书,1595 年初刻本在南昌出版,初稿本题名即为《天学实义》。1601 年改为《天主实义》,并由湖广监察御史冯应京整理作序。1603 年经教会的审查批准,在北京正式刊刻出版,后来多次重刻。1604 年译为日文,后又转译为高丽文。参见[韩]郑安德编:《明末清初耶稣会思想文献汇编》(第 2 册),北京大学宗教研究所 2003 年修订重印版,第 63 页。

③ 李之藻等辑:《天学初函》(第 1 册),台北,学生书局 1965 年影印本,第 367 页。

④ [韩]郑安德编:《明末清初耶稣会思想文献汇编》(第 13 册),北京大学宗教研究所 2003 年修订重印版,第 46 页。

可见“天学”一词在孟儒望眼中就是“天主教”的代名词，在他看来包括了八大内容。又如清初皈依天主教的李祖白（时为钦天监夏官正）于康熙二年（1663年）撰《天学传概》一文，[①]开篇即说：

> 天学，天主教学也。天主为万有之初有其有，无元而为万有元，德福圆满，知能浑全，妙性超然，奥穷思悟，中土尊称之曰上帝。兹以其为天地之主宰，故质称天主也。而其教则为人而立，别人于蠢动，侪人于天神，令向真原而求真福。大要以昭事不堕为宗旨，以克己爱人为工夫，以悔过迁善为入门，以生死大事有备无患为究竟，诚吾人最吃紧之实学，而其从来远矣。[②]

其“天学，天主教学也”之语，最明白无误地将“天学”界定为“天主教”了。虽然李祖白在此文中论说中国古代也有天学，但无非是为天主教在中国寻求历史资源，进行附会，托古宣教而已，而其眼中的“天学”除天主教外别无其他。

不仅耶稣会士及奉教人士将“天学”作“天主教”释用，反教人士也作如此观。如反教人士戴起风著《天学剖疑》一文，就对天主教之天主造物、天主降生、天主受难之说进行了批驳，并认为与中国古圣相比，天主何其无能。[③] 此文收录于崇祯十二年（1639年）刊刻、由福建漳州人士黄贞汇集闽浙僧俗文人反教著述而成的文集《破邪集》中。特别是在另一反教文集《辟邪集》[④]中，更是收录了众多直接以“天学”命名或对“天学”进行批判的文章。如钟始声著《天学初征》与《天学再征》、释如纯著《天学初辟》、霞漳释行元著《诬经证

---

① 李祖白作此文目的，有答复杨光先所作《辟邪论》，以替其师汤若望辩护之考虑。

② ［韩］郑安德编：《明末清初耶稣会思想文献汇编》（第39册），北京大学宗教研究所2003年修订重印版，第30页。

③ 参见夏瑰琦编：《圣朝破邪集》，香港宣道出版社1996年版，第254-256页。

④ 《辟邪集》收集的都是佛教徒反教护法的文章，初版于明崇祯十六年（1643年），最初只有钟始声所著《天学初征》与《天学再征》两篇，并附有《附钟振之居士寄初征与际明实时师柬》等四封书信及程智用的《跋》。后来《辟邪集》传入日本，养鹈彻定（号杞忧道人）在文久元年（清咸丰十一年，1861年）翻刻《辟邪集》时，又收录了释如纯的《天学初辟》、费隐通容的《原道辟邪说》等22篇文章，仍以《辟邪集》为名。

略》对某儒者《天学证符》的批判、阐溪释行闻著《拔邪略引》对“天学邪党(即杨廷筠)《代疑篇》”的批判,均将“天学”作“天主教”用。而释大朗为《辟邪集》初版写的序言中更明确说:“有利玛窦、艾儒略等托言从大西来,借儒术为名,攻释教为妄,自称为天主教,亦称天学,诸释子群起而诟之,然适足以致其谤耳。”①

不过,在明末清初的众多中国奉教人士中,“天学”却不惟停留在“天主教”此一层面,而是扩大到非宗教甚至整个西方学术领域。这首先在崇祯元年(1628 年)出版的《天学初函》中得到反映。《天学初函》是明末“圣教三柱石”之一的李之藻将近 50 年间译著之西书别择精初的一个汇编。② 李之藻在刊刻这部以“天学”命名之丛书的“题辞”中说:

> 天学者,唐称景教,自贞观九年入中国,历千载矣。其学刻苦昭事,绝财色意,颇与俗情相盭。要于知天事天,不诡六经之旨,稽古五帝三王,施今愚夫愚妇,性所固然,所谓最初最真最广之教,圣人复起不易也。皇朝圣圣相承,绍天阐绎,时则有利玛窦者,九万里抱道来宾,重演斯义。迄今又五十年,多贤似续,翻译渐广,显自法象名理,微及性命根宗,义畅旨玄,得未曾有。顾其书散在四方,愿学者每以不能尽睹为憾。兹为丛诸旧刻,胪作理器二编,编各十种,以公同志,略见九鼎一脔。③

由于唐代景教碑的发现,明末很多耶稣会士及中国信徒或护教者,怀着急于要为天主教寻求历史支持的心理,纷纷称自己为“景教后学”。因此,“天学者,唐称景教”之说,实是将“天学”与“天主教”

---

① [韩]郑安德编:《明末清初耶稣会思想文献汇编》(第 58 册),北京大学宗教研究所 2003 年修订重印版,第 295 页。

② 作为中国古代文献中的第一部新学丛书,《天学初函》并不是对当时汉译西籍的简单收辑,而是编者试图藉此对明末西学的引进作一个小结,并似乎努力为以后西学引进指引一个路向。参见吕明涛、宋凤娣:《〈天学初函〉所折射出的文化灵光及其历史命运》,载《中国典籍与文化》2002 年第 4 期。

③ 李之藻:《刻天学初函题辞》,载《天学初函》,台北,学生书局 1965 年影印本,第 1–4 页。

等同。然而，值得注意的是，正如上引所示，李之藻在辑录《天学初函》时，除了关乎天主教理的著作外，还收录了一些涉及西洋学术（如测量、几何等）的论著，故将《天学初函》分为理、器两编。比如耶稣会士艾儒略作的《西学凡》，“所述皆其国建学育才之法，凡分六科”，[1]即从“文科、理科、医科、法科、教科、道科”六科论述西方教育及知识体系。对于此一基本涵括所有“西学”知识的论著，李之藻将其收入以“天学”冠名的《天学初函》中，并作为理编的第一篇。可见，李之藻一方面直认“天学”即为“天主教”之义，另一方面又扩大了其外延与内涵，还包括经由传教士传入的西洋学术。这反映了“天学”概念的广延性和多面性。其实，这是当时中国很多奉教人士的做法。

比如明人邵辅忠撰于崇祯二至十七年间的《天学说》，对“天学”的理解和运用亦是如此。作为将儒家思想与天主教义相附会的一个典型，《天学说》说：

> 然而我明国学者止知尊信孔子，不知孔子自道：“下学而上达，知我者其天。”何下为学？何上为达？何天为知？窃想孔子一生所深知而得力者莫若《易》。《易》，天书也，天学之祖也。观赞《易·乾卦》曰：“大哉乾元，万物资始乃统天。”“乾元统天”，天主之说也，异其名而同其实也。[2]

将孔子所称之“天”与《易经》所谓之“乾元”，均解读为“天主”，更是将《易经》尊为“天学之祖”，即为解读天主教教理最根本的一本书。此处“天学”明显指向为“天主教”。然而，《天学说》开首一段话却将“天学”作了扩张解释：

> 我明国从来不知有天主也，自神宗朝泰西利玛窦始倡

---

① 《四库全书总目提要》卷一二五，子部三十五，杂家类存目二，“《西学凡》一卷”条。

② ［韩］郑安德编：《明末清初耶稣会思想文献汇编》（第 40 册），北京大学宗教研究所 2003 年修订重印版，第 43-44 页。

天主之教，其所立言，以天文历数著，一时士大夫争慕向之，遂名“天学”云。今上复授泰西学者官，俾订《大统历》，于是其教益行于各省郡邑间，然不免有迷者、疑者、谤者，无有发明天主之义喻之者。①

此话不仅说明作者的写作目的，同时也对“天学”作了时下的一个界定。即当时的中国奉教士大夫们已将涉及天主教义及西洋天文历数等类，统统称为“天学”。诚如法国著名汉学家谢和耐所说：“如果入华耶稣会士们在从事教育和世俗活动时，仅关心传播和保卫他们的教义，那么于他们是无关紧要的事，而对于中国人来说则完全不同，文士们所说的‘西学’或‘天学’，把科学、技术、哲学和伦理学都不可分割地结合在一起了。”②文士们已将“天学”与“西学”等同了。③

不过，无论在基本含义上，还是在扩张释用上，随着历史进程的变迁，“天学”含义也在悄悄发生变化。比如刊于康熙三年（1664年），由明末清初著名学者薛凤祚以西学为基础编成的《天学会通》一书，其涉及范围以天文、历算之学为主，旁及物理学、律吕学、医学等多门学科，其中即不见收有天主教义的书籍。这表明“天学”概念在薛氏那里已发生变化，既非“天主教”，也非包罗万象的“西学”，而是开始有了向近代天文学的性属转向了。其后嘉庆年间徐朝俊（徐光启之四世后裔）刊刻《高厚蒙求》一书，可谓是中国“近代早期最重要的科技知识著作”，④其中《天学入门》篇即在会通中西天文之学基础上对“天”进行创新性论说，其“天学”一词实已具有

---

① ［韩］郑安德编：《明末清初耶稣会思想文献汇编》（第40册），北京大学宗教研究所2003年修订重印版，第41页。

② ［法］谢和耐：《中国与基督教——中西文化的首次撞击》，耿升译，上海古籍出版社2003年版，第9页。

③ 中国当时文士之所以将传教士带来的天文、历法、数学、测量等“西学”统称为“天学”，大概是因为以利玛窦为代表的耶稣会士为便于传教而借助科学技术先行的结果。因为这种传教策略，使得中国人产生了一种误解，以为那些科学技术等器物之属都是西方“天主”理念下的产物或衍生物。当时很多中国人正是在先行接受西方科技的前提下才接受天主教的。不过具有讽刺意味的是，随着后来“仪礼之争”的到来，特别是晚清洋务运动的展开，中国人接受了西方科技，却最终抛弃了“天主”。

④ 王尔敏：《近代科技先驱徐朝俊之〈高厚蒙求〉》，载《史林》2012年第2期。

了近代天文学的概念成分。此外,道光年间陈启运刊刻之《天学辑要》、王维新刊刻之《天学钩钤》等“天学”义均有了类似的明显变化。特别是降及近代洋务时期,洋务派所采的“西学”已大非艾儒略在《西学凡》中所表述的含义,而几乎仅及西学中的器物部分。这时期“天学”外延进一步缩小,成为“天文之学”的简称,历算一类亦从“天学”中脱离出来单独成类。而编于光绪十四年(1888 年)的《西学大成》,其“天学门”所收之书,则均为星象观测,天体之类。至此,“天学”已完全变成了纯近现代意义上的“天文学”了。

当然,明末清初以来,“天学”除了主要或普遍地与“天主教”及“西学”等直接相通外,尚有其他个别之义。此表现在王锡阐和廖平的使用上。王锡阐(1628—1682 年),江苏吴江人,明清之际著名的民间天文学家,兼通中西之学,曾著《晓庵新法》六卷,“兼采中西,去其疵类,参以己意”,影响很大,与同时期官方天文学家、山东淄川人薛凤祚齐名,有“南王北薛”之称。[①] 他说:“天学一家,有理而后有数,有数而后有法。然惟创法之人,必通乎数之变,而穷乎理之奥,至于法成数具,而理蕴于中。”[②]又说:“至宋而历分两途,有儒家之历,有历家之历。儒者不知历数,而援虚理以立说;术士不知历理,而为定法以验天。天经地纬躔离违合之原,概未有得也。”[③]可见,王锡阐所言之“天学”,主要指历学,强调既讲历理又讲历数,两者不可割裂。当然,王锡阐之历学,已非传统中历,而是深受西方历学的影响。虽然他批评西历“不知法意”有五、“当辨者”有八,[④]但其《晓庵新法》一书计算的主要依据,却仍然是西方的三角几何知识和小轮体系,只不过他是以传统术语等方式对西历计算进行了表述而已。

另值得一提的是廖平对“天学”一词的运用。廖平(1852—1932 年),四川井研人,清末民初著名的经学大家。蒙文通评说廖

---

① 《清史稿》卷五〇六《列传二百九十三·畴人一·王锡阐》。

② 王锡阐:《晓庵遗书·杂著·测日小记序》。

③ 王锡阐:《晓庵新法·序》。

④ 这些不知法意和当辨者,主要体现在定气、日刻、周天度数、置闰、冬至日躔、回归年长度变化、岁差变化、日躔盈缩、日月远地点、日食之变、日月视差、太阳光径与实径、交食时刻等方面。参见《清史稿》卷五〇六《列传二百九十三·畴人一·王锡阐》。这些批评虽然不尽正确,但多数都确有根据,显示了作者钻研西历的功力。

平的经学研究,是“长于《春秋》,善说礼制”。[①] 其学术思想以多变为特色,[②]共有六变,[③]前三变主要讲今古之学,后三变则主要讲天人之学,即使用了“天学”概念。廖平将孔经分为“人学”和“天学”两类,认为“人学”是讲六合以内事,主要有《尚书》《春秋》二经,而“天学”则讲六合以外事,主要有《诗》《易》二经;此外,《大学》是“人学”,《中庸》是“天学”。可见其“天学”是相对于“人学”而言。在廖平看来,孔经中虽有大统、小统之分,且大统适用于世界,小统适用于中国,但大统、小统不过都是“人学”,是关于现时人类的治法,而“天学”则是关于整个宇宙的治法,是六合之外的神性学问,适用于“由今推数千年自天人之学明”时。[④] 廖平的“天学”,显然有着神化经学的目的,或者说就是一个将经学神化的概念。由于其“天学”涉及鬼神魂灵等内容,而传统儒家典籍更多的是关注现实人生,并不能满足其“天学”的需要,廖平便将道家、佛教、神仙、辞赋、医术等也纳入其中。

2. 本著“天学”之内涵

显然,明末清初开始出现的“天学”一词,由于有其特别的主要或普遍指向,即不管是指“天主教”,还是指泛化的“西学”,其实都是一个具有浓厚的“西方因素”[⑤]的概念,从而不可能是中国传统历

---

① 蒙文通:《井研廖师与汉代今古文学》,载《经史抉原》(《蒙文通文集》第3卷),巴蜀书社1995年版,第120页。

② 他曾说:“为学须善变,十年一大变,三年一小变,每变愈上,不可限量,所谓士别三日当刮目相待者也。变不贵在枝叶,而贵在主宰,但修饰整齐无益也。若三年不变,已属庸才;至十年不变,而更为弃才矣。然非苦心经营,力求上进者,固不能一变也。”廖平:《经学甲编》,载李耀仙主编:《廖平学术论著选集(一)》,巴蜀书社1989年版,第412页。

③ 其六变为:一变以“礼制”区分今、古文经学;二变“尊今抑古”,认为只有今文经学才是孔子真传;三变“小统大统说”,认为孔子经说有小统、大统之分;四变是“天学人学说”,认为孔经中有天、人两种学说;五变是“天人大小说”,把天学之神游、形游与人学之小统、大统加以贯通;六变是以《黄帝内经》五运六气解释《诗》《易》。

④ 参见廖平:《四益馆经学四变记》,载刘梦溪主编:《中国现代学术经典·廖平、蒙文通卷》,河北教育出版社1996年版,第228-235页。

⑤ 此处所说的“西方因素”,主要是近代以来以欧洲为源起和代表的那个西方世界,而不是中国历史上的“西方”。在中国古人看来,在中国以西的地方就统称为“西方”“西域”“西土”。比如古代的“天竺”(印度)在唐朝人看来就是一个西方世界。当年唐高僧玄奘前往天竺取经,在中国佛教界意义重大,而这个佛教发祥地也成为人们向往的“西方极乐世界”。

史上关乎天文的学说，即本著所指的“天学”概念。因为中国历史上的天文之学很难说其具有直接意义上的西方因素。虽然学术界对中国古代传统的天文之学有着是否“自生”还是“西来”的争论，但这个“西来”之“西”，并非指今人普遍所指的与“东方世界”相对的“西方世界”，而是一个具有中国历史观念性的“西方”，即指在中国地理以“西”①的诸如天竺（印度）、巴比伦、波斯等这些所谓“西域”“西土”。这些“西域”的天文学对中国古代天文学的产生和发展是否有决定性影响，学界多有争论，兹不赘述，②但很明显，中国古代传统天文学不可能与“天主教”或其他以欧洲为代表的“西学”扯上什么关系。

因此，虽然明末清初来华的耶稣会士以及很多中国奉教人士，欲调和天主教义与儒家思想的紧张关系，纷纷认为中国古代也有类比于天主教义的“天学”，但明眼人一看便知，其为牵强附会之说。比如前述明末奉教人士邵辅忠在其《天学说》中，不仅认为《易经》为“天学之祖”，还进一步认为《易经》中所谓的“乾元统天”就是“天主之说”，是“异其名而同其实”。对于这种牵强附会，明末清初数量众多的各路反教人士纷纷著文进行质疑或痛批，力图划清中国儒学之“天”“上帝”等与天主教之“天主”等的差别，乃至直斥天主教为“邪教”，呼吁进行禁止和驱逐，这在当时刊刻出版的《破邪集》《辟邪集》等汇编文集中深有表现。

当然，在那些中国奉教人士中，虽然也有人认为中国古代也有“天学”，但并不认为这种古有之“天学”与西来之“天主教”就有通约附会之处。如同样有着明末“圣教三柱石”之一称谓的杨廷筠，在为耶稣会士艾儒略《西学凡》作序时说：

---

① 值得注意的是，中国古代的地图所标示的东西南北之方向，与今天的地图标示正好相反，现代很多人不理解这种现象，甚至以为中国人的地理观念与地图观念有矛盾和冲突。实际上，这反映了中国古代地图强烈的皇权政治性。中国古代帝王“坐北朝南”而君临天下，当臣子进献地图之时，地图的上方正是皇帝面向的南方，而地图下方正是皇帝背向的北方；地图的右方正是皇帝面向的西方，而地图的左方则是皇帝面向的东方。因此，古代地图的反向标示，恰恰是为迎合帝王“坐北朝南”的政治意义而形成的。

② 关于这一争论的相关评述，可参见江晓原：《天学真原》，译林出版社 2011 年版，第 227-315 页。

儒者本天，故知天、事天、畏天、敬天，皆中华先圣之学也。诗书所称，炳如日星，可考镜已。自秦以来，天之尊始分。汉以后，天之尊始屈，千六百年，天学几晦，而无有能明。其不然者，利氏自海外来，独能洞会道原，实修实证，言必称昭事。……独窃悲诸诵法孔子而问礼问官者之鲜失其所，自有之天学而以为此利氏西来之学也。①

杨廷筠认为，汉以后中国"天学几晦，而无有能明"，幸亏有利玛窦自海外来"独能洞会道原"。但杨廷筠不仅没有将利氏"实修实证"之天主教与中国固有"天学"进行附会而相提并论，反而为那些持"自有之天学而以为此利氏西来之学"之论的附会者感到悲哀而持批评态度。这反映了杨廷筠的清醒立场，也体现了作为一名教徒对天主教的信仰和偏爱。

因此，中国传统固有的天文之学，也即本著所称之"天学"，既非明末清初开始出现的那个指涉天主教义及后来扩张至所有西学在内的"天学"，也非自明末清初薛凤祚开始逐渐赋有近现代天文学属性的"天学"。如果对明末清初开始出现的"天学"概念作一个简要判别，可以说，前者主要在传教士及中国奉教人士中使用，带有浓厚的基督教色彩，而后者则主要体现在深受西方天文学影响的传统士大夫群体中，具有鲜明的近代科学色彩。中国传统的"天学"虽然受到了佛教、道教等的影响，但却与基督教无缘；同样它虽离不开观天与授时的技术，但这种技术显然与近代的科学相异很大。当然，中国传统的"天学"也非清初王锡阐那个以西历方法来计算，但偏以传统术语来表达的数理性"天学"，更非清末民初廖平那个在"孔经"中与"人学"相对应的神性"天学"。中国古代"天学"实有其独特的内涵，这主要从以下几方面表现出来：

(1)从天学的功能看。

当代著名的科学史家江晓原先生在谈到现代天文学的用处时说：

---

① 李之藻等辑：《天学初函》(第1册)，台北，学生书局1965年影印本，第9-20页。

> 天文学在今天的“实际”用处，当然也可以说出一些，比如授时、导航、为航天事业服务之类，但是天文学最大的“用处”，毕竟是很“虚”的——那就是探索自然，从地球开始向外探索，而太阳系、而银河系、而整个宇宙，探索它们的发生、现状和演变。这种“用处”，当然没有功利、没有直接的经济效益，故而鼠目寸光、急功近利之辈视之为无用，也很容易理解。然而人类需要这样的探索，“无用之用，将为大用”，也早已是发达国家普遍的共识。①

现代天文学这样的功能实际上表达着它的纯科学性，它显然与“神灵”无涉。虽然“外星人”对地球进行光临的许多媒体报道，让这个宇宙具有了某种“神秘性”，但在现代天文学的视野中，这种“神秘性”并不指涉“神灵性”，外星人即使存在，也只是一种生命体，一种可能非人类可比的高智慧生命体。从某种意义上说，正是这个自然之天、这个宇宙的浩瀚和神秘，才进一步激发了现代天文学的纵深发展。

但是，与现代天文学形成强烈对比的是，中国古代“天学”虽然或可称之为“中国古代版本的天文学”，但与现代天文学相比，则是两种性质绝异的“天文之学”。由于中国古代“天学”着眼的对象主要是神灵之天、人格之天，虽然也有对诸如“七曜”“二十八星宿”等自然天体之运行和排列的细致观测，但这只不过是为追求和处理某种天人或神人关系的一种必备手段。也就是说，“天学”的功能和目的，绝不是仅仅去揭示天体运行和排列的客观规律，而是在掌握规律及观察异象的基础上，如何获知“神灵之天”借助“自然之天”所要表达的针对人事的一切信息，从而为人事的运行和实施提供来自神灵力量的无上合法性和充足合理性。简而言之，即是去获悉“天意”，把握“天机”，为人事的安排和运行提供本源和本体依据。

(2)从天文/天学的实质看。

“天文”一词，今人常视为“天文学”之同义语，以之对译西文“astronomy”一词，也即现代意义上的天文学。但在中国古代，“天

---

① 江晓原:《天学外史》，上海人民出版社1999年版，第16页。

文”并无此义。古籍中较早出现“天文”一词者，见于《易·彖传·贲》：“观乎天文，以察时变；观乎人文，以化成天下。”又《易·系辞上》云：“仰以观于天文，俯以察于地理。”在这里，“天文”与“人文”、“地理”相对。按王弼注：“刚柔交错而成文焉，天之文也。”东汉许慎《说文解字》也说：“文，错画也。”所以，古代“天文”就是一种天之纹饰，实指“天象”，即“各种天体交错运行而在天空所呈现的景象”。①

“天文”即“天象”，其实只是对“天文”概念的一种静态考察，实际上在中国古代，更为重要的是对“天文”进行动态考察。因唯有如此，才能真正把握其实质。《汉书·艺文志》对“天文”的动态概念作出了如此解释：

> 天文者，序二十八宿，步五星日月，以纪吉凶之象，圣王所以参政也。②

这句话已把“天文”的实质透露得一览无余。所谓“天文”之事，主要就是指利用二十八宿作为参照坐标，来测量日月五星“七曜”的运行情况，以考察天象的吉凶祸福，作为君王施政的基本根据。其实，这种“天文”的实质早在《易经·系辞》之“天垂象，见吉凶，圣人象之”就已明确体现。可以说，观天象并测其运行规律，乃现代科学意义上之“天文学”之事，但是这样的科学行为在古代却被预决吉凶以定人事的目的所掩没。“观测天象”，实际只是考察上天的“吉凶之象”，于是“天象”就自然成了古代数术中可用来占卜的“象”。所以，对这样的天象进行考察，实际上就是对日月五星等“七曜”神性天体，在以二十八宿为坐标的天幕上的运行天象进行占卜，从中获得神意或天意，来决定国家和个人重要事务的可行性和合法性。③ 显然，所谓“天文”之学，也即本著所称谓的“天学”，实质

① 江晓原：《天学真原》，译林出版社 2011 年版，第 1 页。

② 《汉书》卷三〇《志第十·艺文志》。

③ 值得注意的是，虽然古人对天象的占卜最看重日月五星这七种“行星”，但并不表明相对静止的二十八宿“恒星”就仅仅具有单纯的坐标意义。实际上，除了为“七曜”的运行提供参照坐标以进行精确的天象观测和占卜外，二十八宿本身也是神意浓厚的星体，它们各自的形状、亮度、颜色等方面的变化，同样具有重要的星占意义。这种星占意义要么与七曜相配合，要么独立性地展现出来。

上就是一种“星占学”或“星占术”。

为进一步理解中国古代“天文”以及“天学”之实质，可举古代史籍中典型事例以佐证之。如《汉书》就记有一则王莽面对彗星之事：

> (地皇三年)十一月，有星孛于张，东南行，五日不见。莽数召问太史令宗宣，诸术数家皆缪对，言天文安善，群贼且灭。莽差以自安。①

“星孛”即为彗星。彗星出现于张宿，按照中国古代星占学理论，无疑是凶危不祥的天象，但掌管测星观象的太史令和数术家们不向王莽如实报告，而是假称“天文安善”以安莽心。又如，《晋书》引《蜀记》一则君臣对话事：

> (魏)明帝问黄权曰：“天下鼎立，何地为正?”对曰：“当验天文。往者荧惑守心而文帝崩，吴、蜀无事，此其征也。”②

“荧惑”即为火星。火星停留心宿同样也是极为不祥凶险的天象，结果魏文帝驾崩。③ 黄权效忠明帝，以“当验天文”手法来论证文帝之崩，恰恰是说明魏国上应天象，因而是正统所在。与此相反，吴、蜀之君却安然无事，则证明吴、蜀两国虽与魏国鼎立却非正统。

以上两例足以说明古代“天文”之强烈的“人事”依据性。黄权以“荧惑守心”来论证魏国之正统，其立场鲜明自不待言。王莽篡位后天下不定，而彗星出现理应更为不妙，但手下一帮测天观象者却

---

① 《汉书》卷九九《列传第六十九 · 王莽》。

② 《晋书》卷一三《志第三 · 天文下 · 月五星犯列舍》。

③ 按《晋书》作者所言，“三国史并无荧惑守心之文，疑是入太微”。也就是说，魏文帝之崩，非缘由“荧惑守心”，而是“(黄初)六年五月壬戌，荧惑入太微”所致。参见《晋书》卷一三《志第三 · 天文下 · 月五星犯列舍》。本著此处不作考证，只作现象说明，故仍从黄权之说。

妄称吉象,王莽却信以为真,“差以自安”而无危机之感,此种心态虽有现代阿Q之嫌,但岂非也有其“天文”之据乎?

可见,中国古代的“天文”观念与今天科学视域下那种纯自然的认知已是天壤之别;同样,以此种“天文”观念而展开形成的“天学”,其旨趣也与现代天文学大相径庭,也与明末清初出现的具有西方因素的“天学”一词“风马牛不相及”。可以说,在中国古代,无论是“天文”还是“天学”,因其背后都有强烈的“天人合一”“天人感应”等理念予以指导,都有“神灵之天”在进行主宰,故其关注的出发点和落脚点其实都是人事问题,且都具有政治意义。虽然现代天文学领域其目的也会涉及人事,甚至也有其政治意义,①但这些人事或政治关联的背后已无任何神灵因素,而只是科学或其他因素的推动。“天学”其实即是中国古人的“天人之学”。而在对“神灵之天”进行顶礼膜拜的主流语境中,这种“天人之学”已不仅是停留在抽象理念层面,而是有其具体的运作模式,即以观测天象为前提,以星占为主要手段,以期获知“天意”“天命”“天机”,从而落实或预决人事。这可谓中国古代“天学”的主要内涵,也体现了其功能及其星占学本质。

3. 本著“天学”之外延

本著“天学”的主要内涵已如上述,但要全面理解其概念,还须对其外延进行把握。结合古代“天学”的理论和实践,其外延可有两个层面的展现:

(1)在内容涵括上,包括星占和制历。

由前述可知,中国古代“天学”的本质是为“星占学”。通过观测日月星辰等天象,并对这种上天的“脸谱”进行占卜,在求取上天意志基础上进行人事安排和运作,正是“星占”之于“天学”的重点内容。然而,天学的内容不唯是星占这个重点,还有制定历法这个方面。星占理论有云:“凡天变,过度乃占。”②如果星占主要针对的

① 比如,在为国家航天事业提供天文学服务的层面上就能体现出来。因为航天事业本身除了展现科学要素之外,同时也是国家力量的象征,甚至是太空领域某种制空权意义的展现。无论是宇宙飞船,还是卫星上天,都或多或少具有其政治意义。

② 《史记》卷二七《书第五·天官书》。

是日月星辰等之“变异”天象的话，[1]那么制历主要针对的就是日月星辰等的“常态”状况。因为只有常态的天象，才能准确地找到相关规律，制定可作“推步”性能的历法。当然，中国古代历法的制定，同样非为纯粹的时间编排及规划问题，更非一种科学意义上的企图，从本质上看，而是归属于“天学”。

对于中国历史上的“历谱”，古人就有着如下明确的正统解释：

> 历谱者，序四时之位，正分至之节，会日月五星之辰，以考寒暑杀生之实。故圣王必正历数，以定三统服色之制，又以探知五星日月之会。凶厄之患，吉隆之喜，其术皆出焉。此圣人知命之术也。[2]

江晓原先生认为这里的历谱即为历法，[3]笔者深以为然。在这里，“序四时”“正分至”，当然也属于类似现代意义上的历法功能，但是我们千万不要就此打住，古代历法“序四时”“正分至”的目的，却是“以考寒暑杀生之实”，即用来确知把握“杀生”时令。更为重要的是，圣王通过历法来“探知五星日月之会”，以此来预决“吉隆”与“凶厄”。显然，这已属于“天学”的范畴，并成为古人进行“星占”的可资工具。可见，中国古代历法并非如一些学者所云“历法为农业服务”那么简单，其真实功能却是为星占服务，也就是为圣王如何获悉天命、天意服务。故班固一言断之：“此圣人知命之术也。”

由上可见，星占和制历，虽均为古代“天学”之外延所及，但两者并非等体而论，而是有着主辅之分，轻重之别。实际上，对于任何一个王权统治而言，其重点关注的必然是那些“变异”之天象，特别是

---

① 虽然星占主要针对变异之天象，但并不意味着常态天象就不具有星占意义。实际上，日月五星的正常运行，二十八星宿的正常状态等，其实在星占学中都具有重要的星占价值，与人事息息相关。在古代的经典星占文献中，有很多占辞就是正常星象之占。

② 《汉书》卷三〇《志第十・艺文志》。

③ 参见江晓原：《天学真原》，译林出版社 2011 年版，第 111 页。

在“凶”性“天变”情况下如何应对，这事关政权利益的保有或覆亡。[①] 而对于常态下的天象，倒不必为此“牵肠挂肚”，相反，常态天象恰恰是政权正常运转的体现。因此，只要能正常跟上“天”的时间步伐，依“历”而行，就不会有什么政权问题。可见，在“天学”的视域里，星占事务成为重点甚至核心内容也就自然而然了。而为了更准确地进行星占，历法则往往发挥了较为重要的辅助功能，充当了不可或缺的技术手段。比如星占学中特别乃至最为重视的天象是“日食”，而日食当然需要预报，以便举行适时“禳救”之类的仪式。[②] 而这种日食预报，就需要借助历法来进行推算，否则就无法做到。当然，值得注意的是，历法并不因此而依附于星占，而是有着自己相对的独立性。这种独立性不仅表现在其在“天学”领域中有自己的“一席之地”，而且还表现在其是人事所普遍依据的一种“时间大法”。人们遵“历”依“历”，就是顺“天”而行，从而万事大吉。

(2)在所涉对象上，包括天象、地象与人象。

中国古代“天学”所涉对象之范围很广，可以说，大凡在“神灵之天”主宰或操控下的一切现象，均可纳入天学之中。当然由古人对“天”的认识所决定，天学最主要、最广泛的关注对象，自然是“天象”。这个“天象”主要由日月星辰的运行、布列或各自面貌的特征及其变化而表现出来，诸如日月之食、荧惑守心、太白昼见等，这也即古人眼中“天文”的主要内容。这些天象，就像“神灵之天”的不同表情的“脸谱”，一旦出现在天穹之上，就需要人间特别是统治者充分关注，对其进行揣摩(通过星占术)，以期探求“天”的意志。

由于中国古人认为风、云、虹、雷、雾、雨、雪、雹等均发生在天穹(天空)之中，自然也将其认为直接来源于那个“神灵之天”，而成为“天象”之延伸。[③] 因此，“气象”作为“天象”的应有之义，一直也是

---

① 当然，倘若出现“吉”性之“异象”，同样会值得特别关注，因为祥瑞天象正是上天对人间优良统治的赞赏，或是对王权合法性、正统性的有力肯定。每逢此时，正是统治者进行政治标榜和脸上贴金的大好时机，对其特别关注也就在情理之中。

② 按中国传统星占学，天上之日与人间君主对应，日食是一极其凶险之变异天象，其象征往往与国灭、君丧、战争等密切相关。故当日食出现，则必须要进行“禳救”仪式以“救日”，实质在于避免君主遭遇祸害。

③ 著名“天学”研究者江晓原先生即指出：“所有气象现象全都属于‘天文’的范畴。”江晓原：《星占学与传统文化》，广西师范大学出版社2004年版，第135页。

天学的研究对象，其学问就是望气和风角。现代气象学与天文学是两个不同领域，[①]但在中国古代，“气象”却是隶属于“天文”，望气和风角均是天人相应之事。在《史记·天官书》及其他历代正史《天文志》《五行志》等星占文献中，就记载有很多气象占验之事。

除了以日月星辰为表征的“天象”之外，“地象”与“人象”也是天学中不可缺少的研究对象。所谓“地象”，主要指地面上发生的自然变异现象，可分为“灾异”和“符瑞”两种。灾异地象如地震、山崩、地裂、水灾、旱灾、蝗灾、火灾、牛疫等，符瑞地象如地出甘泉、天降甘露、禾茎多穗、奇禽异兽出现、木生连理等。如周幽王三年发生地震，伯阳父即认为其为“天兆周亡”之象；[②]唐德宗时延唐寺出现李树连理，潘炎即作《李树连理赋》，认为其乃“天兴圣主”之符。[③]当然有些地象则具有灾异和符瑞的双面性。如汉昭帝时，上林苑中有大柳树折断倒地，一天自己立起来了，还长出枝叶，有虫子吃了树叶，现出“公孙病已立”的字样。眭弘认为这是“公孙氏从民间受命为天子”之象，建议汉帝禅位以“承顺天命”，结果以妖言被杀。显然，这种奇异地象被眭弘认为是汉之国运已尽的灾异之象。不过几年后，因巫蛊之案而流落民间的卫太子之孙即宣帝即位，宣帝本名“病已”。可见，这种地象之变，则又是宣帝兴于民间的符瑞。[④]

所谓“人象”，主要指人世间发生的怪异、变异现象，同样有其灾象、瑞象之分。前者如“服妖”（奇装异服）、“诗妖”（童谣）、“讹言”

---

① 如现代天文学主要是研究地球大气层外各类天体的性质、构造及运行规律等；而气象学主要是研究地球大气层内发生的各种大气现象。

② 《史记》卷四《本纪第四·周本纪》载伯阳父言：“周将亡矣。夫天地之气，不失其序，若过其序，民乱之也。阳伏而不能出，阴迫而不能蒸，于是有地震。今三川实震，是阳失其所而填阴也。阳失而在阴，原必塞。原塞，国必亡。……夫国必依山川，亡国之征也。……天之所弃，不过其纪。”

③ 清代董诰等编纂《全唐文》卷四百四十二《潘炎·李树连理赋》载：“惟彼嘉树，列星之精。耀本扶疏，当元光之降诞；盘根连理，应我后之文明。天之发祥，岂无他木？必曰兹树，是光皇族。所以并修干，连高枝。青房表异，朱仲称奇。察以休征，不假终军之识；同于树德，宁为简主之知。族茂宗荣，盘根合理。花之发也，霰每乱于青春；实之繁兮，珠更深于寒水。岂徒生于灵井，植彼东园？自感义以相待，但成蹊而不言。此乃兴圣主之符，表天家之姓。一人亲睹，六合称庆。至若锺山之实，玉井之仙，或正冠而垂训，或投赠以成篇。比德于我，彼何有焉？臣炎作赋，天子万年。”

④ 参见《汉书》卷二七《志第七·五行志》、《汉书》卷七五《列传第四十五·眭弘》。

（谣言）、“人化”（男女性别转化）、“人痾”（妇生怪胎、多胎、阴阳人等）、“人死复生”、“大疫”等。这些灾象在历代正史之《五行志》中均有许多记载，同时也有相应的史验。瑞象则如“感星而孕”“梦与龙交”“产时有光照室”“生有异相”“命过百岁”等。南朝沈约编纂《宋书》，首创《符瑞志》，其中就有许多符瑞人象的描述，对政治及后世史书多有影响。当然，就人象之灾、瑞相较，灾象记载似为多见。可见，人象并非为人世间所有之现象，而是有其特指，而这也正是天学于人间之关注所在。

地象和人象，之所以均为天学所涉，根本原因在于古人相信存在一个无所不能、无处不在而时时洞察人事万物的“神灵之天”。这个“神灵之天”一方面主要通过自己的“脸谱”——“天象”来表达其意志，另一方面又会通过投射在地上和人间的种种变异之事来传递其情感。因为唯有变异现象，才会引起人们特别是政治相关者的关注，才能有所为或有所不为。在对“神灵之天”的信仰中，古人普遍认为这些变异现象，其实就是上天对人间政治得失进行谴告或肯定的表现，而这在古人“天地人一体”的宇宙观念中更是得到加强。古代圣王通过“正历数”“以定三统服色之制”；[①]而“三统者，天施、地化、人事之纪也”。[②] 在天学视野中，不仅地象是天象在地上的投影，[③]人象同样甚至更是天象在人间的表征或折射，因为人本身就是天及天象的模拟之物。[④] 因此，从天象、地象、人象的三者关系看，地象与人象均统摄于天象，或者说就是天象的投影或衍生之象。

（四）天学与现代天文学的区别与关联

由前述“天学”的内涵与外延，可知其与科学意义上的“现代天

---

① 《汉书》卷三〇《志第十·艺文志》。

② 《汉书》卷二一《志第一·律历志》。

③ 如古人认为“在天成象，在地成形”“天有五星，地有五行”，即是这种观念的反映。

④ 汉代大儒董仲舒在其《春秋繁露·人副天数》中说：“人有三百六十节，偶天之数也；形体骨肉，偶地之厚也。上有耳目聪明，日月之象也；体有空窍理脉，川谷之象也；心有哀乐喜怒，神气之类也。……是故人之身，首坌而员，象天容也；发，象星辰也；耳目戾戾，象日月也；鼻口呼吸，象风气也；胸中达知，象神明也；腹饱实虚，象百物也。……天以终岁之数，成人之身，故小节三百六十六，副日数也；大节十二分，副月数也；内有五藏，副五行数也；外有四肢，副四时数也；乍视乍瞑，副昼夜也；乍刚乍柔，副冬夏也；乍哀乍乐，副阴阳也；心有计虑，副度数也；行有伦理，副天地也。”

文学”有着天壤之别。天学所涉对象虽然较广,包括天象、地象与人象,但由于地象与人象又均统摄于天象,因此天象也就成为了天学关注的焦点或重点。可以说,正因为天象的这种支撑意义,学术界干脆将“天学”界定为“中国古代仰观天象以占知人事吉凶之学问”,①从而体现“星占学”本质。它实际上相当于今人对译之西语“astrology”一词,而决非现代意义“天文学”——“astronomy”之称。

正因为中国古代天学与近现代意义的天文学相去甚远,从而引发了一些西方人士的感慨或者非议。比如16世纪末来华的耶稣会意大利传教士利玛窦就说:

> 中国人不仅在道德哲学上而且也在天文学和很多数学分支方面取得了很大的进步。……他们把天空分成几个星座,其方式与我们所采用的有所不同。……他们花费很多时间来确定日月蚀的时刻以及行星和别的星的质量,但他们的推论由于无数的错讹而失误。最后他们把注意力全部集中于我们的科学家称之为占星学的那种天文学方面;他们相信我们地球上所发生的一切事情都取决于星象,这一事实就可以说明占星学的情况了。②

而一个名叫塞迪洛(A. Sedillot)的外国人则更是有着十分刺耳的说法:

> 这是一个从来不晓得把自己提高到最低水平科学推理的民族,……他们是迷信或占星术实践的奴隶,一直没有从其中解放出来;即使散布在他们史书中的古代观测记录是可靠的,也从来没有一个人去注意。中国人并不用对自然现象兴致勃勃的好奇心去考察那星辰密布的天穹,以便彻底了解它的规律和原因,而是把他们那令人敬佩的特

---

① 江晓原:《天学外史》,上海人民出版社1999年版,第20页。

② [意]利玛窦、金尼阁:《利玛窦中国札记》,何高济等译,中华书局1983年版,第32页。

殊毅力全部用在对天文学毫无价值的胡言乱语方面，这是一种野蛮习俗的悲惨后果。[①]

这些话虽然刻薄，甚至还夹着某种盛气凌人的口吻，但我们不得不承认其具有较大成分的事实因素。中国古代的天文学问其实主要就是星占之学。历代正史中诸《天文志》，其实皆为典型的星占学文献。[②] 班固《汉书·艺文志》将“天文”学术知识归入数术类，从而与蓍龟、杂占同列，[③]颇为得其深意，而他对“天文”的动态义界说，则正是代表了此后中国两千年间的传统看法。正由于此，后人常以“天文星占”并称，实乃一体之义，而非“天文”和“星占”二物。

不过，中国古代天学与现代意义之天文学虽然迥异，但我们不能想当然去忽视或否认两者之间的关联。实际上从世界历史的普遍现象看，科学意义上的天文学与星占学有着密不可分的关系。诚如著名的天文史学家 A. 贝利(Berry)所说：“对星占学的信仰，无疑曾是对真正的天文学研究的一个强有力的刺激。”[④]美国近现代著名的数学(史)家 M. 克莱因(Kline)更是明确指出：

虽然今天已不把占星术当作科学，但在早期文明社会中确曾被人当作科学看待。……占星术在科学史上的意义在于其促进了天文学的研究，这不仅在希腊而且在印度、阿拉伯和中世纪的欧洲都是如此。占星术培育了天文正如炼金术之培育化学一样。[⑤]

虽然克莱因此处没有提到中国，但是科学意义上的天文学与星占学的这种普遍联系，同样在中国语境中得以展现。这可从两个方面来看。一方面，传统中国为了星占的本质需要，对天象进行了连

---

① 参见郑文光：《中国天文学源流》，科学出版社 1979 年版，第 7 页。

② 参见江晓原：《天学真原》，译林出版社 2011 年版，第 3 页。

③ 《汉书》卷三十《志第十·艺文志》将数术分为六类：“天文、历谱、五行、蓍龟、杂占、形法。”

④ 参见江晓原：《天学真原》，译林出版社 2011 年版，第 3 页。

⑤ [美]M. 克莱因：《古今数学思想》，张理京、张锦炎译，上海科学技术出版社 1979 年版，第 191-192 页。

绵不断的细致观测,为现代天文学的许多研究和拓展提供了历史资源。著名的中国科技史家李约瑟说:“除巴比伦的天象记事(其中大部分都已散佚)以外,从中国的天象记事可以看出,中国人在阿拉伯人之前,是全世界最坚毅、最精确的天文观测者。……有很长一段时间(约自公元前 5 世纪至公元 10 世纪),几乎只有中国的记事可供利用,现代天文学家在许多场合,都曾求助于中国的天象记事,并得到良好的结果。”①这种向中国古人求助天象记录的客观事实,表明中国古代天学其实孕育着现代天文学基于天象观测此基本条件而成为可能的某种胚胎,只是最终胎变成了星占为本质的学问而已。实际上中国古人对天文学的贡献很多,②只不过这种最悠久、最系统、最丰富、最精确的天象记录是其突出表现。

另一方面,科学意义的天文学在中国的输入和形成,离不开中国传统天学数理知识的一定支撑。虽然明末清初西方传教士“曲线救国”,使具有科学意义的西方天文学在中国有较大影响,但其在中国得以形成和确立,很大程度上得益于中西方天文学因素交融的推动。比如清初著名天算家薛凤祚(山东淄川人),虽从法国传教士穆尼阁习染西学,但其著《天学会通》则融合了中西天文学,显示了中国传统天学之数理知识对西学的一定弥补和会通。而另一位有着“南王北薛”之称的著名天算家王锡阐(江苏吴江人),其著《五星行度解》则提出了一种本质上属于第谷学说的说法,即“太阳绕地球旋转,其他行星则绕太阳旋转”。李约瑟说,没有任何证据可以证明这

---

① ［英］李约瑟:《中国科学技术史》(第 4 卷),科学出版社 1975 年版,第 3 页。

② 李约瑟说:“现在已有大量事实证明,中国对于天文学发展所作出的贡献是很值得注意的。我们不必再提曾引起我们注意的全部论点,只需举出以下几点便够了:(1)中国人完成了一种有天极的赤道坐标系,它虽然和希腊的一样合乎逻辑,但却显然有所不同;(2)中国人提出了一种早期的无限的宇宙概念,认为恒星是浮在空虚无物的空间中的实体;(3)中国人发展了数值化天文学和星表,比其他任何具有可与媲美的著作的古代文明早两个世纪;(4)中国人把赤道坐标用于星表,并坚持使用两千年之久;(5)中国人制成的天文仪器一件比一件复杂,以 13 世纪发明的一种赤道装置(类似‘改造的’黄赤道转换仪或‘拆天的’混仪)为最高峰;(6)中国人发明了望远镜的前身——带窥管的转仪钟,和一系列巧妙的天文仪器辅助机件;(7)中国人连续正确地记录交食、新星、彗星、太阳黑子等天文现象,持续时间较任何其他文明古国都来得长。”［英］李约瑟:《中国科学技术史》(第 4 卷),科学出版社 1975 年版,第 695-696 页。

种观点不是他自己想出来的。[①] 虽然这也有可能是受到西人的启发,但后来他另一部著作《晓庵新法》,则以中国传统天学之数理知识对西历的几何计算进行某种弥补,这种熔中西学说于一炉的特点,显示了两者之间的一定会通。受到民族主义情感的影响,虽然这些“会通”具有时下“西学中源”说的某种倾向或嫌疑,但是我们似无法抹杀这种“会通”中传统天学成就的某些“科学”成分。

正是基于这些,李约瑟作出了较为客观的评价:“如果说中国的天文学同中国所有科学一样基本上属于经验性和观测性的,那么,他们虽然在理论上没有取得西方那样的成功,可是也没有像西方那样造成理论上的极端化和混乱。显然,中国天文学在整个科学史上所占的位置,应该比科学史家通常所给予它的重要得多。”[②]

德国著名学者恩斯特·卡西尔在其名著《人论》中说:

> 为了组织人的政治的、社会的和道德的生活,转向天上被证明是必要的。似乎没有任何人类现象能解释它自身。由此不难理解,为什么最早的天文学体系的空间不可能是一个单纯的理论空间。它不是由抽象几何学意义上的点、线和面所组成的,而是充满着魔术般的、神圣的和恶魔般的力量。天文学的首要的和基本的目的在那时是要洞察这些力量的本性和活动,以便预见并避免它们的危险影响。只有在这种神话的和魔术的形态亦即占星术的形态中,天文学才得以产生。[③]

卡西尔的这段话简明扼要,但又不失精辟地说明了古代天文学的星占本质,同时也说明了与现代天文学的区别与联系。这样的判断,也基本上适用中国。

---

① 参见[英]李约瑟:《中国科学技术史》(第 4 卷),科学出版社 1975 年版,第 688 页。

② 参见[英]李约瑟:《中国科学技术史》(第 4 卷),科学出版社 1975 年版,第 697 页。

③ [德]恩斯特·卡西尔:《人论》,甘阳译,上海译文出版社 1985 年版,第 62 页。

二、天学之评价

(一)评价方法论之选择

1. 辉格论

早在1931年,英国历史学家赫伯特·巴特菲尔德(Herbert Butterfield)出版了一本名为《历史的辉格解释》的书。该书后来成为西方历史学界的一本名著。在这本书中,巴特菲尔德通过对英国政治史的研究,针对辉格党人①的历史学家站在新教徒和辉格党人的立场而极力美化使他们成功的革命的情形时,提出了"历史的辉格解释"或"辉格式历史解释"的概念。巴特菲尔德说:

> 以"当下"作为准绳和参照来研究"过去",是辉格式历史解释的重要组成部分。……通过以当代为直接参照系的方式,历史人物会被轻易地归入到促进进步或阻碍进步的两个群体之中。这样就有了一个非常简便的经验法则,历史学家可以据此进行选择、拒绝或强调。②

以此来看,辉格派的历史学家就是站在20世纪的顶峰,并且从他所处时代的观点来组织历史图式的。巴特菲尔德认为,这种直接并永远参照"现在"的标准来进行选择、编织和解释历史的方法,对于历史的理解是一种障碍。此种解释的谬误在于,如果一个研究16世纪的历史学家满脑子都是20世纪的话,他会忽略所有中间世代,而在路德或教皇的时代与我们的时代之间直接作出推论。尽管这种直接把历史和现实放在一起的做法会使一切变得简单,也能使一些论断格外耀眼,但必定导致过于简单化看待历史事件之间的关联,必定导致对过去与现在之关联的彻底误解。简而言之,"辉格式历史解释"的谬误在于走了一条穿越历史复杂性的捷径,将过去历史知识的编纂建立在一个当下预设之上,然后从那种编纂中作出诸

---

① 17世纪英国的一个党派,主张以君主立宪代替王权专制。

② [英]赫伯特·巴特菲尔德:《历史的辉格解释》,张岳明、刘北成译,商务印书馆2012年版,第10页。

多推论,还自信地宣称这就是历史自身的声音。[①] 显然,这是一种有着强烈的意识形态和政治情感的历史编写与解释,是根据制造某种政治神话的需要美化和丑化了历史,从而对历史进行了剪裁、编造乃至篡改。笔者将此种历史的编写方法简称为“辉格论”。显然,“辉格论”的方法论往往歪曲了历史的真实性、客观性。实际上,“辉格论”的编写历史的方法在世界史上普遍存在,在中国的历史上乃至近现代同样广泛弥漫。

实际上,长期以来,“辉格论”不仅成为编写历史的方法论,它还同时成为评价历史的方法论被人们广泛运用,这就是充分展现出来的“以今论古”。从某种本质意义上看,“辉格论”其实就是用今日的政治观、价值观或知识观去评判历史、定位历史。“以今论古”若从政治的角度看,特别是针对新政权的维护和巩固有着重大意义,也可以得到一定理解。但是,若从学术的角度看,“以今论古”显然是不合理的、错误的,是对历史的政治情绪化或非理性处理,必然会对历史以不公平的评价,使得历史以扭曲的面貌呈现。因为道理很明显,每个时代都有那个时代特色的知识结构、思想体系、价值观念等,特别是今古的时空大跨度下,两个时代的种种面貌都不可能在同一层面、同一平台上展现。一般而言,“辉格论”式的“以今论古”往往会贬低历史、丑化历史、嘲笑历史。[②] 这是一种自然而然的评价结果,因为今天的社会肯定要比古代社会发达,特别是知识层面要进步、丰富得多。[③] 不过,如果你我坚持去嘲笑古人,那么就是

---

① 参见[英]赫伯特·巴特菲尔德:《历史的辉格解释》,张岳明、刘北成译,商务印书馆2012年版,第10-17页。

② 当然,“辉格论”的“以今论古”,也会以对某些历史进行人为的抬高、美化、赞赏等评价出现。这其实要么是有其政治企图,要么就是存有其他的别有用心。如中国1974年开展的“批林批孔”运动中,江青一伙就掀起了一股“评法批儒”的浪潮,他们在批判儒家复辟开倒车的同时,大力挖掘历史素材鼓吹法家的“进步”作用,为法家大唱赞歌。

③ 比如,我们若以“辉格论”来评价中国法制史上的“无子休妻”或“同姓不婚”制度,就必然对这些制度予以嘲笑和贬低,认为其是愚昧透顶。因为我们今天的知识体系和价值观念已被现代科学予以了主宰和武装,而这两个制度显然是违背科学、违背男女平权等观念的:凭什么要把生儿子的责任全部推给妻子一方?其实谁也无法决定生男生女,还说不定就是因为丈夫本身生理有问题呢!只要不是婚姻法禁止结婚的情况,同一姓氏的男女结婚又如何呢?为何要这样简单的“一刀切”呢?看来古人的思维实在是太愚昧、太落后、太幼稚了!笔者曾就这两个问题进行过一定的社会调查,调查结果完全证实了笔者上述说法。但问题是,古人真的是愚昧、落后、幼稚吗?这两个制度在中国古代传承了二千余年,代代相传,难道中国古人整个地全愚昧透顶了吗?恐怕问题没有那么简单。

你我的愚昧无知了！试打一个可能并不十分恰当的比方：在手机、电脑、网络这些东西“满天飞”的今天，你会去嘲笑盛世王朝——唐朝的社会怎么就没有这些玩意儿吗？你会去嘲笑唐朝人的智商和愚昧吗？

显然，就学术角度和公正意义而言，“辉格论”这种“以今论古”式的方法论是应当抛弃的。顶多它只能是政治运作的某种工具而已，而即使充当政治工具，也不能进行滥用，否则必然造成深重的浩劫和灾难！虽然“历史的辉格解释”在西方曾一度成为众矢之的，①然而许多中国人乃至学人却对此不甚知之，②而类似“历史的辉格解释”的现象却普遍存在于国内学界，也普遍存在于民众意识中。

2. 语境论

现代人对某种事物进行评价时，总喜爱或习惯于首先确立一个他/她认为是“真”的现代评价标准。因为只要确立了这样一个标准，就能对某个事物进行旗帜鲜明而清晰明白的评判，非此即彼，非正即误，简单明了。可以说，这种方法虽然很有效，但如果这个标准是不合理的，甚至是纯意识形态的，则往往对该事物不公，甚至令其蒙上“不白之冤”。即使引进像马克思、恩格斯这些经典作家们创立的唯物辩证法，采用“一分为二”的看法，但由于确立了某个现代标准，则评价时总是会依附于这个标准，在肯定和否定之间，往往会把这两方面的某个方面硬附加于事物身上，使这个事物被人为地具有了非其本身的内涵或特性，就如孔子和关羽在死后却获得那么多令人吃惊的“附加值”一样，同样是不客观或是不公平的。如果这个被评价物不是评价者同时代者，而是有着时间错位（如古代和现

---

① 虽然“历史的辉格解释”曾一度受到批判，但进一步的理论和实践证明，绝对的反辉格是不可能的，实际上，历史总存在一定程度的辉格倾向。反对辉格的意义在于：我们如何在最大程度上避免辉格解释的出现，使历史的本来面目显现在我们面前。

② 据现有资料，将这个概念首先引入国内的是刘兵先生，他在讨论中国科学史研究的一些重要问题时运用了这一概念。刘兵曾在江晓原《天学真原》的初版序言中，沉重却不乏风趣地言及当年在国内寻觅巴特菲尔德这本名著的艰辛。所幸的是，2012 年商务印书馆终于出版了中译本，接着 2013 年北京三联书店也以《辉格党式的历史阐释》为名予以出版。虽然中译本的出版为人们认知和反省“辉格解释”创造了条件，但在学术界包括法史界可能未必人人皆知。

代),或者不与评价者同意识形态,而是有着观念差别(如社会主义和资本主义),则可能对被评价物更为不公和不客观。

于此,本著对天学的评价,将摒弃上述这一类可以归于“辉格论”式的惯用套路,这不仅是因为天学是古代范畴的历史成就之物,而且是因为天学的时代背景是我们通常所说的“奴隶社会”特别是“封建社会”,①这样复杂的事物显然不是靠“标准”就能客观或公正评价的。那么较为公允而客观的评价方法到底是什么呢?在此,笔者想引入一种称之为“语境论”的方法论来评价天学,以期尽量达到既令古人满意,也令今人满意的效果。

实际上,“语境论”之“语境”一词为“语言环境”之简称,而“语言环境”不仅是语言学的问题,更是以“语言”为依托为载体的整个文化环境问题。其实,在语言学界,不仅较早就有对“语境”的研究,甚至出现了“语境学”②这一学术领域。“语言”究竟是什么?国际著名的语言学家索绪尔曾精辟指出:“语言是一种表达观念的符号系统。”③这不仅表达了语言的本质属性,而且由于这种符号系统依赖于人类社会而存在,从而决定了语言的社会性。可以说,语境在宏观上含有这些内容:从人的因素看,它包括言语表达者和接受者,他们的思想、身份、文化程度、性格、修养、处境、心情等;从社会因素看,它包括社会特点、地域风貌、政治制度、经济情况等;从文化因素看,它包括文化心态、人文特征、文化活动、文化积淀等;从历史

---

① 学界以往通常所说的封建社会,是指从秦至清漫长的二千来年时间。然而,当代有很多学者对“封建”和“封建社会”予以了学术上的澄清,认为所谓“封建”主要指“封土建邦”之类,“封建社会”主要以周朝为典型代表,而秦朝至清非为封建社会,而应称为专制社会、宗法地主社会等。当然,也有相当部分学者基于通常所称的封建社会在反帝、反封建的新民主主义革命话语中的政治意义,“封建社会”的称法还是值得肯定的。笔者以为,封建社会的概念可作学术和政治的区分理解和运用。以学术言,将秦至清称呼为封建社会显然不当,笔者倾向于称“专制社会”;以政治言,“封建社会”一词的政治意义不可抹杀,可在政治话语中运用。

② 所谓“语境学”就是研究“语境”的一门学科,由著名语言学家王德春先生最早(1982年)提出。在纪念陈望道先生《修辞学发凡》一书出版50周年之际,王先生发表了题为《语境学是修辞学的基础》的文章,呼吁“建立语境学”。目前语境学的国内研究可谓方兴未艾。

③ [瑞士]费尔迪南·德·索绪尔:《普通语言学教程》,高名凯译,商务印书馆1999年版,第37页。

因素看，它包括时代特点、历史背景、历史沿革等；从民族因素看，它包括民族特征、民族风格、民族习惯、民族交往等；从伴随因素看，它还包括交际中言语表达者的表情、姿态、动作以及人工模拟等。[①] 由此可见，语境关乎社会的各个方面，具有社会整体性。而在构成要素上，按中国著名语言学家陈望道先生的观点，语境包括“何时”“何故”“何事”“何人”“何地”“何如”等“六何”情境。[②] 笔者认为，这实是体现了语境的时代共振性。可以说，社会整体性和时代共振性，就构成了从“语境”出发进行事物认知和评判的基础，也即笔者在此所论“语境论”方法论之基础。

以笔者所见，在法学界最早明确倡导“语境论”这一方法论的，当为中国当代著名法学家朱苏力先生。他在一篇文章中说：

> 本文就是这样的一个努力，它试图提出一种我暂且称为“语境论”的进路。这一进路坚持以法律制度和规则为中心关注，力求语境化地（设身处地地、历史地）理解任何一种相对长期存在的法律制度、规则的历史正当性和合理性。……就总体而言，这一进路反对以抽象的、所谓代表了永恒价值的大词来评价法律制度和规则，而是切实注重特定社会中人的生物性禀赋的以及生产力发展水平的限制，把法律制度和规则都视为在诸多相对稳定的制约条件下对于常规社会问题做出的一种比较经济且常规化的回应。[③]

显然，“语境论不像价值论那样容易或总是以道德善恶的角度来考察问题，而是要求耐心地聆听，善意地理解，对古代法律多一些同情，少一些苛求”。[④] 朱先生这一关于研究历史进程中法律制度

---

① 参见冯广艺主编：《汉语语境学概论》，宁夏人民出版社 1998 年版，第 6 页。

② 参见陈望道：《修辞学发凡》，上海教育出版社 1997 年版，第 7 页。

③ 朱苏力：《语境论——一种法律制度研究的进路和方法》，载《中外法学》2000 年第 1 期。

④ 艾永明、方潇：《新世纪中国法律史研究的几点思考》，载《中国法学》2001 年第 2 期。

及规则的思路或概念，笔者认为十分重要，从扩大意义上说，也是我们如何评价一切历史事物时应持的恰当的方法论。当然，朱先生仅着眼于“比较经济且常规化的回应”，客观而论似稍稍有所狭隘，事实上，历史上任何一种法律制度和规则的出现，除少数在当时即存在不合理甚至倒退之外，绝大多数都可体现为那个时代法律思维和智慧的最高峰，是那个时代人们十分理性的制度选择，而不可能是智慧愚昧之物。同样，除法律制度之外的其他历史之物，亦可作如是观，既是古人的理性选择，也是最高智慧的体现。因此，“语境论”的最核心要素，可用“设身处地”这四字进行概括，这也是朱先生对其最贴切的把握。因为唯有“设身处地”地看待历史事物，我们才能“进入历史语境”；唯有置身于历史场景之中，才能真正理解那个场景之中古人的所作所为，也才能作出对历史尽量客观性、公允性的评价。

那么如何“设身处地”地看待、评价历史呢？借助时光隧道让我们从今天回溯到历史中只是一种科幻或戏说。不过，这并非难事。如果你要评价唐代的历史之物，你只要将自己做回唐代人即可；如果你要评价明朝的历史之物，你只要做回明代人即可。而要让自己成为一个唐代人、一个明代人，当然也是借喻，你不可能真的成为唐代人和明代人，你需要做的是：掌握唐、明那个时代的社会背景和风貌，掌握那个时代的思想文化和制度环境，拥有那个时代的知识结构，同时想象着抛弃你现在所拥有的一切现代知识和价值观念。如果你做到了，你就成为一个唐代人或明代人了。因此，当你需要对唐代制度进行历史评价时，你只要运用唐代人所拥有的知识、信仰，就可以“设身处地”地看待问题了，语境论也就得以成功运作。正因为语境论能“设身处地”，能“将心比心”，能贴近历史，故往往对历史多了一份同情，少了一份苛求，多了一份理解，少了一份贬视。

历史之物之所以是历史之物，就是因为它成就于它生成的历史语境中。它的品性、风格、内容、形式、特征、思想甚至存在本身，都是历史语境的产物。它不能也无法脱离生它养它的故土。它以它本来的面目和样子植根和成长于历史的土壤中。它与成就它的一切历史场景共同呼吸。于是，当我们解释和评价历史时，只有回溯到成就历史之物的历史语境中，站在古人的角度，或者成为古人的一员，用在那个场景中获得的知识体系来解释历史，我们才可能更好地理解古人，更客观地理解古人之事。这种设身处地的方法论，也给黑格尔那句“凡是现实的就是合理的”①的名言，提供了准哲学性的注脚。然而令人遗憾的是，朱苏力倡导的“语境论”并没有引起法学界内人士的足够关注，众多的学者们依然在“辉格论”的思维下运作而日用不知或不能自拔。

（二）天学古代意义之简论

以“语境论”来评价天学，我们就不会将现代人对现代意义上的天文学观念和知识强加或附会在古代天学之上，我们也就不会认为古人在天文问题上愚笨、愚昧和无知、无聊，反过来我们会感觉到古人在天学方面的真诚和智慧、理性和狡黠。我们不会因为古代天学有客观上的授时作用，就以为天学就是为农业服务，同样我们也不会因为古代天学具有星占学的实质，而将之轻蔑地斥为迷信和伪科学。一切都是那个时代的生成物。

如此看来，前述利玛窦、塞迪洛之说于现代人而言固然客观正确，但未免过于苛求；而认为古代“天文学”是为农业服务之说于古代人而言固然客观存在，但未免过于赞美。这两者，其实都是站在现代人的立场来看待古代的“天文”学问，从而都是一种“历史的辉格解释”，对古人而言都是有失允当，甚至谬以千里。

实际上，置身于古代语境中的古人对待他们的天学，就像置身于现代语境中的现代人对待现代意义上的天文学一样。如果我们认为现代的天文学是最科学而合理的知识的话，那么古人则同样会认为他们的天学是最完美而无瑕的学问。如果他们“泉下”有知，我们现代意义的“天文学”，如果他们不“与时俱进”，同样会觉得我们

---

①　值得一提的是，人们常常将黑格尔此言篡改或误解成“凡是存在的就是合理的”。黑格尔的原话命题是：“凡是现实的都是合理的，凡是合理的都是现实的。”黑格尔认为，绝不是一切现存的都无条件地也是现实的。在他看来，现实和存在有着确切的区别，现实的这种属性仅仅属于那同时是必然的东西。恩格斯在《费尔巴哈与德国古典哲学的终结》中指出：“按照黑格尔的思维方法的一切规则，凡是现实的都是合乎理性的这个命题，就变为另一个命题：凡是现存的，都一定要灭亡。”实际上，就本著所论而言，中国古代的天学就是一个在古代语境中具有十分合理性的现实之物和必然之物，而不是一种偶然的存在。语境论显然是帮助我们理解天学之现实性和必然性的重要管道。

的学识是多么不可思议。

天学的古代意义主要在于它的星占意义。通过对天象的观测和占卜,从而为人事的何去何从寻找依据,也从而使得如何行事具有了“神灵之天”的意旨。这是星占的原生意义。星占的衍生意义在于:其一,根据天象推翻“暴政”而建立政权,或改革“陋制”而设定新制,使之有了无与伦比的正统性和合法性;其二,当出现吉凶天象特别是凶象时,统治者往往会抑制或摒弃“兽性大发”而行“德政大发”,在不同心态下(欣慰或恐惧)追求政治清明,宽刑缓制;其三,由前二者,统治者从民众处获得民心,从而有助于社会秩序的建立和维持。

天学的星占意义如此,但这样的意义要成为真正的意义,必须具备一个最基本的前提——社会接纳它、人们相信它,否则就不可能成就其意义。所以,天学的古代意义,最重要的,实际上就是古人相信它,非常虔诚地认为就是这么一回事。① 正由于此,天学在整个中国古代的意蕴和功能才得以相沿不改。到了清朝晚期,即便在西方具有科学意义的天文学的侵入和影响下,统治阶层和士大夫仍然沉醉于这种天学。如咸丰三年(1853 年)四月,天空出现日旁有黑气作圆晕的异常天象,咸丰皇帝在心存慌恐之中下了一道罪己诏:

> 本日据文瑞奏,入春以来,风霾屡作,日色无光。本月初四日午刻,日旁忽现黑气,四围摩荡,形成圆晕,兼以烟翳溟蒙等语。览奏曷胜警惕。上苍示警,变不虚生。值此贼匪肆扰,征调频仍。朕反躬自责,亦非语言所能喻。着载铨详考钦天监占验等书,悉心推测,据实具奏,不可稍有隐饰。②

---

① 古人之所以相信天学,是因为古人生存于使其相信的历史语境之中。这种语境的基本构成要素是:(1)古人普遍对神灵之天的敬畏和信奉;(2)各种天体神话的时代横向传播和纵向传承;(3)神灵之天主宰人类世界的普遍认同;(4)人间统治者企求获取天意、天命的虔诚心态;(5)对天体之异常运行和异常天体之出现的恐惧或惊叹;(6)“人合于天”之天人关系的普遍确立。正是在这些要素的总构中,以天文星占为本位的天学才得以形成,并纳入人们的常识结构中去。

② 《文宗实录》卷九〇,“咸丰三年夏四月庚辰”。

咸丰帝时，西方天文学虽已传入中国，然时值太平天国运动风起云涌，传统的星占学市场也就自然据天象变异而展开：太阳被黑气包围，显然被看作是“上苍示警”，这让咸丰不仅“反躬自责”，还要求钦天监依占验“悉心推测”。咸丰以降等朝同样对天象变化之咎征甚为惧怕，慈禧与同治、光绪也常提自省求言之类。然那时在内忧外患之下，特别是国内革命浪潮面前，“天文星占”之功效已成了“明日黄花”和“历史梦想”。

（三）天学现代意义之简论

由“语境论”出发来考察中国古代天学的“现代意义”，这显然不是古代天学本身的意义之事，而是现代人出于现代的需要，而对古代天学的一种诉求。这种诉求对于古代天学而言，是被动的而非主动的，是客观的而非主观的；而对于现代人而言，这种诉求是主动的而非被动的，是主观的而非客观的。也就是说，古代天学的所谓“现代意义”，并不是其主动地昭示给我们，而是被动地被我们所诉求；我们所诉求的“意义”，并非古代天学主观上存在和生成的，而是以古人主观感觉不到或不明显感觉到的客观成分被我们诉求。同样，当我们为了现代的某种需要去诉求古代天学的“现代意义”时，我们是主动的而非被动的，而同时这样的“现代意义”是我们主观上认为具有，而不是古代天学客观地存有一种被贴上“现代意义”标签的东西等待我们去诉求。

所以，古代天学的“现代意义”只是我们现代人在“一厢情愿”意义上的“意义”，并非古代天学本身已具有的“意义”。古代人生活在古代的历史语境中，我们则生活在现代的语境中；古代人相信他们的星占天学，我们则相信我们的科学天文学。这是两个生活在不同体验世界的区别。

但是，人类历史发展的链条是无法割断的。魏征去世，唐太宗曾对侍臣们说：“夫以铜为镜，可以正衣冠；以古为镜，可以知兴替；以人为镜，可以明得失。朕常保此三镜，以防己过。今魏征殂逝，遂亡一镜矣！”①古代天学虽然业已成为历史之物，但却成为一面“镜子”，可给历史的继续者以丰富的遗产和众多的思考。当现代西方

① 《旧唐书》卷七一《列传第二十一·魏征》。

汉学家和天文学家们“通力合作”，从中国古书中寻找像太阳黑子等有关的天象记载，而进行科学研究以填补他们祖先精神历程中的空白时，当我国科学家针对古代中国一些天象记载，而通过现代天文学方法去进行国家重大科研课题研究时，[①]现代西方人和中国人都会十分感谢中国古人为了天学的功能而观测、记载天象的辛勤；当我们的民间社会普遍运用阴历来纪年纪日、安排农事以及庆祝节气等的时候，我们就会意识到隶属古代天学的传统历法，在现代甚至可能一直继续的未来得以生命的延续；当我们现代人在“人类中心主义”的观念驱使下，对一切大自然包括“苍天”在内都无所畏惧，而向大自然肆意索求而最终将危及和毁坏自己的生存家园时，我们就会感觉到天学中表现出的人对“苍天”的畏惧，以及追求“天人合一”境界的思想和观念在现代社会的弥足珍贵；特别是当我们的制度和德性常常不足以制约某种权力的专横时，我们就会深深感觉到古代天学中异常天象对君权的警示，以及君权的自我限制和被迫限制在现代权力制约架构中的可能精神力量；还有特别是当我们的底层民众苦于某种非法的苛政而苦不堪言怨声载道时，我们就会将目光锁定在古代当异常天象发生时，统治者的广施德政对维护古代社会安定的重要性，等等。

所以，古代天学的“现代意义”是存在的，这也是本著对论题论述中想要达到的其中一个主旨目标。当然，必须切记的是，所谓“现代意义”只不过是我们现代人为了某种需要的一种“单向度”诉求，绝不可像我们长期误读孔老夫子和关羽大哥具有“神圣性”一样，而“强行附加”给“古代意义”中的天学。

这种“现代意义”实际上分为两类：一是“物质意义”上的，如古代典籍中众多的天象记载，可直接成为我们进行科学研究可原始运用的物质性条件；二是“精神意义”上的，如在天文星占中的那套理论观念系统以及引发的星占结果，可间接地被我们提取、凝练并升华为解决我们现代问题的精神性力量。

---

① 如国家九五重大科研项目“夏商周断代工程”。如其中由江晓原先生负责的《武王伐纣时的天象研究》《三代大火星象》等专题业已有研究成果，并在此基础上形成了一部有较大影响的著作，即《回天——武王伐纣与天文历史年代学》（与钮卫星合著，上海人民出版社 2000 年出版）。

山东嘉祥武梁祠石刻画像北斗帝车图

第三章　天学与法律关系之哲学基础

天学之释义已如前述，可知天学从本质上而言实为“星占学”，而星占学简而言之，即为以天象来决断人事之学。故天学“大而言之”即为“天人之学”，[①]“小而言之”即为“星占之学”也。[②]

既然天学是一种天人之学，一种星占之学，一切重要的人事均为上天预决和表征，从而为本著论题法律如何“则天”问题涉及的一个基础性平台——天学与法律之关系奠定了基石。法律在此不仅是指一种法律制度，还是一种法律思想、法律设施等与法律相关的一切方面。毋庸置疑，法律作为与规范社会秩序直接关联的东西，是重要的人事之一。在古代神灵之天、主宰之天的语境里，作为重要人事的法律无疑与上天脱不了干系。人不仅从“天”那里获得立法权（如则天立法），还同时获得执法和司法权（如代天行罚）；不仅从“天”那里获得制定何种内容之法律制度的信息（如秋冬行刑），同时还获得建立何种法律设施的模态（如监狱设置）；不仅从“天”那里获得如何治国之法律思想的依托

---

① 值得注意的是，这里的天人之学中的“天”，并非指“义理之天”，而主要是以“自然之天”为表征的“神灵之天”“主宰之天”。

② 当然，关于天学之内容范围，学界观点不一。如江晓原认为主要包括星占和历法，而陈来认为包括历法、气象、星象和星占。

（如法治或德治），同时还获得法律之至上权威性的来源（如法本乎天），等等。

当然，并非一切法律现象都和天学之“天”发生着联系。“天”对人事虽无所不能，但并非事无巨细而均亲自为之显之断之。“天”只是在法律的重要方面对人进行指导和警示，而在法律的次要或细节问题上，则将智慧的空间留给了人类自己，只有当人类自己的思想“能动性”和行为“自主性”超出或违背了“天”的意志时，这个“有意志、有情感、无法彻底认识、只能顺应其‘道’与之和睦共处的庞大神秘活物”①才会以其变异的脸——异常天象，甚至降下灾祸——如地震等来表示它的不满，从而威慑人类对法律的非“天”、违“天”细节进行改革。

揭示中国古代法律如何“则天”的路径问题，必然要考察其立论的平台问题，这个平台也即天学与法律的关系问题。显然，天学与法律的紧密关联，其实就是天人关系在“天”与法律之关系层面的反映，也是天学作为天人之学在法律上的一种聚焦。所以，天学与法律的关系只是天人关系中的一种，而构成天人关系系统的那个宏大叙事语境的哲学“场”，也就构成天学和法律关系的哲学基础，同样亦构成了法律如何“则天”之本源路径的法理基础。

一、天人合一

“天人合一”是古代天人关系的最高命题。在这个宏伟的最高命题下，古代人的一切主要生活世界都充满着“天”的气息。当然，从天学的角度看，这样的“天人合一”是具象的而非抽象的，是“形而下”的而非“形而上”的，也就是说，是人能够通过具体的天象去体认的。本著所论之“天人合一”和“天人感应”主要是在涉及天学的角度而立。也就是说，那种“义理之天”下的“天人合一”不是本著论述的范围。

---

① 江晓原：《天学真原》，译林出版社 2011 年版，第 9 页。

（一）“天人关系”[①]之主流脉络

杨向奎先生认为，中国古代史职的演变分为三个时期，即一为神职时期，此时未绝地天通，人人可通天为神，为天人不分的阶段，是原始的“天人之合”；二为巫职时期，颛顼时代令重黎绝地天通，天人渐分，只由巫通神；三为到春秋时代，已经是“诗亡然后春秋作”的时期，这是史学家来编写历史的时代了，也就是说历史已从“天”到“人”了。在这点上，杨先生指出，孔子在哲学上的最大贡献，就是从“天人之际”走向“人人之际”，“仁”的提出就说明了这一点。[②]

其实，杨先生之古代史职分期，也表达着一种天人关系之分期，即从“天人之合”到“天人渐分”再到“天人绝分”，即“人人之际”取代了“天人之际”。依笔者之见，这样的天人关系之分期，如果是从远古到春秋战国这段时期，则是基本合理的，[③]但是如果将之放在整个中国古代，即从远古到清末而言，则未必如此。春秋战国时代，虽然在思想史上发生了由“重神”到开始“重人”的转移，原先的“神本位”似有被“人本位”所代替之趋势，[④]但这充其量只是“本位”问题，是孰轻孰重之分，而人并没有也不可能完全真正从“天神观”的框架中解放出来。在大概成书于这个时期的《尚书》《逸周书》《国语》等著作中，就突出表现了一种“敬神保民”的“人神二元论”观念，而即使是成书稍后的《左传》，在强调“人本位”的同时，也

---

① 张秋升先生以“天”是否被人可知可改为标准，将天人关系思想分成三种情况：天人感应论、天命预定论、天命盲动论。并认为这三种思想观点里的“天”都具有“神意存在”之“天”的基本特征。参见张秋升：《天人纠葛与历史运演——西汉儒家历史观的现代诠释》，齐鲁书社 2003 年版，第 102-104 页。

② 参见杨向奎述：《杨向奎学述》，李尚英整理，浙江人民出版社 2000 年版，第 25-26 页。

③ 之所以说基本合理，是因为杨先生认为在远古“天人之合”时期，是因为人人可通天为神，实则不然。通天为神者只是那些聪明圣智之人才有资格承担，而并非人人如此。

④ 关于春秋战国时期“神本位”是否真的已被“人本位”取代，实际上是一个值得进一步商榷的问题。笔者以为，随着西周“以德配天”思想的确立，导致“人”之地位和力量的开始出现，到了春秋战国时期由于礼坏乐崩和战乱频繁，以及“以力服人”观念的普遍形成和运作，从而致使“人”的因素迅速攀升，一定意义上似大有“人本位”之趋势，但以为就此取代了“神本位”，则是过分抬高了“人”的作用和力量。实际上，“神道设教”的出现是在汉代之后，而且也并不是中国古代对“神灵之天”认知态度的主流。

并没有将“神”“扫地出门”，而是又给“神本位”保留了一定地盘，以便于“神道设教”，从而在“人本位”前提下对“神本位”加以利用。①更为重要的是，即使在“神本位”所谓最低迷之时，随着五行观念在当时的兴起，特别是秦始皇对五行学说的肯定，使五行背后的“天神之本”又得以重新抬头，而至汉代经董仲舒将“神灵之天”与五行学说完全融合，曾经在春秋战国时期一度被相对冷落的“天人关系”，从此重新获得了强大的生命力，并就此在中国历史舞台上延续了二千年之久。虽然魏晋之玄学和宋明之理学对“神灵之天”有不同甚至异化的体认，但并没有真正影响这种“神灵之天”主宰人事之观念，在统治阶层和民间社会中的主导地位。而至清代，诚如前述，即使到清末光绪时期，皇帝还仍为异常天象而畏惧和反省，还仍希图通过人事的调整和变化来应对。

所以，天人之间的紧密关系不仅贯穿整个中国古代，而且还是对一切人事起决定意义的根本性和支配性的观念背景。虽然中国古代有神灵之天、自然之天、义理之天等“天”之分类，但在统治者统治观念和民间社会传统观念上，“天”一直就主要是那个借着“自然之天”为自己“显现身躯”的“神灵之天”。由此，中国古代主流的“天人关系”，本质上就是天学视域中的天人关系。结合中国古代“绝地天通”等神话，这样的天人关系在中国古代的发展脉络是：一为传说中远古时期的“天人相通”。聪明圣智之人可成巫后而与天相通相融。二为传说中少皞时代的“天人混杂”。由于九黎乱德，人人可巫，故民神杂糅而同位。三为传说中颛顼时期开始的“天人渐分”。为维护天神之威，遂对“天人混杂”进行纠正，使绝地天通，虽恢复旧常，但天人关系已不复和谐，实为“天人渐分”。四为春秋战国时期的“天人相分”。天人关系更为紧张，人对天进行某种排挤，所谓“天道远，人道迩”。五为秦代的“天人渐合”。此以秦始皇信奉五行（德）学说为契机。六为汉代开始而贯穿至清的“天人合一”。此为汉代大儒董仲舒将神灵之天与阴阳五行学说之血肉结合之功，即天人感应之神圣化而成就此二千年漫长岁月之果。

---

① 参见程水金：《睿智的理性与狡黠的良知——〈左传〉对天人关系的文化反思》，载《人文论丛》2000年卷。

在上述这样一个主流脉络中,就“天人关系”之紧密性而言,实际上存在一个螺旋式的进程,或者是一个“肯定—否定—肯定—否定—肯定”这样一个否定之否定的进程。在这个进程中,颛顼之“绝地天通”与董仲舒之“天人感应”是其重要关头。“绝地天通”虽然让神民“使复旧常,无相侵渎”,从而“天人相通”,但这时的天人(神民)关系已不复远古和谐了,而是充满着紧张和隔阂。人间自封之巫虽仍是沟通天人者,但现在却只能依靠那种虔诚而复杂,且以物品为敬的祭祀才能“打动”或“感动”天神。此种祭祀,用著名人类学家李亦园先生借西人之口即是“用钞票来贿赂神”,①而以前的巫不仅是神明对聪明圣智者的主动降生,而且巫行通天之事也不必那么麻烦,实是可自由从山岳、神木之类天梯而上下天地。所以,“绝地天通”后的所谓“天人相通”仅仅是形式表象的,实质上是天人已开始分离,即为“天人渐分”。所以,此时的“肯定”实已完全包含着“否定”。至于董仲舒的“天人感应”,则扭转了曾经甚为紧张的天人关系,在造就强化“神灵之天”的语境中,人抛弃了曾有的对天的“淡漠”,而致力投身于与“天”合拍的“天人合一”进程中去了。

(二)天人合一:人合于天

何谓“天人合一”?这是个仁者见仁智者见智的复杂范畴。现代学者从提炼所谓“现代意义”出发,就对“天人合一”进行过颇有“现代意义”的解释。当代国学大师季羡林就曾这样言简意赅地诠释“天人合一”:“天就是大自然,人就是人类。大自然与人类要和谐统一,不要成为敌人。”②笔者认为,如果仅从“现代意义”上这样来理解,当然是无可厚非的,但若是就其“本体意义”或者“古代意义”而言,就差之毫厘谬以千里了。思想史家葛兆光先生曾在一本影响深广的著作中说:

> 然而,相当多关于“天人合一”的议论,其实有时只是

---

① 李亦园:《田野图像——我的人类学研究生涯》,山东画报出版社 1999 年版,第 85 页。

② 季羡林:《天人合一,文理互补》,载“北大论坛”论文集编委会:《21 世纪:人文与社会——首届“北大论坛”论文集》,北京大学出版社 2002 年版。

> 把它看成“自然环境保护”的旗帜或当作了“爱护野生动物”的口号，有时只是把它阐释成“人”要亲近“天”也就是大自然的观念，往往是最钟爱这个命题的人，却最容易无视它作为宇宙的时空架构和合理依据的内涵，而把它的意味限制在最实用的层面。很少有人在高举这面旗帜高喊这句口号时，对它真正的深层意味给以理解。它确实是古代中国至关重要的思想依据，但作为依据，它渗透到所有的方面，成为一切合理性的支持背景，虽然它可以引申出环境保护或亲近自然，但它绝不仅仅是支持绿色组织的旗帜和表达生活态度的口号。①

显然，葛先生上述之言是以“本体意义”或“古代意义”上的那个“天人合一”命题来非议、否定人们只停留在“现代意义”上的理解，虽然其说由于不在同一层面评判而略失公允，但却也是有力地击中了一些现实功利主义者片面理解的要害，令人惊觉而深思。

葛先生的这种以中国古代语境为宏大背景的“天人合一”命题，实际上与本著此处想要论及的问题十分紧密。只不过，葛先生命题中的“天”渐渐已经不再是人们看到的“天象”，它由于人们的经验与观测，在古代中国的生活世界中成为“天道”，暗示着所有的合理性，②它实际上是一个包容自然性、神灵性和义理性的“天”，从而比本著所论天学之“天”来得宏大。但是我们也发现，暗示所有合理性的“天”，要构成人们接受的话语权力内容，绝不是“空对空”就能完成的，而是要通过一系列具体的仪式、象征、符号以及具体的类比、推想，才能将“天”渗透到人的一切知识与思想当中，就像葛先生所举例的“像与天相关的‘明堂’、‘圜丘’等场所和‘封禅’、‘郊祭’等仪式，像仿效天象把各种建筑置于一个有序空间的皇宫与帝城的设计格局，像对应天象四季、十二月、三百六十日来解说人体的生理

① 葛兆光:《中国思想史——导论:思想史的写法》,复旦大学出版社 2001 年版,第 48-49 页。

② 参见葛兆光:《中国思想史——导论:思想史的写法》,复旦大学出版社 2001 年版,第 45-46 页。

构成”[1]等。由此，我们发现，那个暗示所有合理性的“天”，那个以整个古代中国语境为宏大背景的“天”，实际上却仍然是以本著所论“天学”之“天”为根本主线的；与此相应的，那个宏大的包容一切意蕴的“天人合一”，实是以天学意蕴上的“天人合一”为根本主线的。

据张岱年先生的考察，明确提出“天人合一”命题的是宋代的张载。[2] 张载在《正蒙·乾称篇》指出：“儒者则因明致诚，因诚致明，故天人合一，致学而可以成圣，得天而未始遗人。”显然，这是张载站在儒家立场从理学角度来提出“天人合一”这个概念的。实际上，虽然“天人合一”四字成语出现较晚，但“天人合一”的思想却由来已久；而且“天人合一”的思想不仅在儒家，在其他如道家、墨家、阴阳家、释家、法家等古代中国的几乎一切学派学术中均都存在。可见在古代中国人的思想世界中，对“天”的敬畏与亲和是一个普遍心态。当然，由于儒家在汉代中期开始确立的漫长正统地位，儒家的“天人合一”在中国古代长期处于主流角色。虽然儒家有如荀子提出“天人之分”、柳宗元提出“天人不相预”、刘禹锡强调“天人交相胜”而与天人合一相异其趣，但多数儒者特别是官家之儒均主张天人合一，只是其解释说明有所不同而已。

无论是古代还是现代，有许多学者将“天人合一”理解为“天”与“人”的双向互动的“合一”，即是“天与人合”和“人与天合”的统一，或者是“天”与“人”本就“合一”而成一体。这在宋代理学家那里表现得较为明显。如张载在《正蒙·诚明篇》中，就反复说明“性与天道不见乎小大之别也”“性与天道合一存乎诚”等，强调人性与天道的绝对同一性。程颢则说“须是合内外之道，一天人，齐上下”；[3]“故有道有理，天人一也，更不分别”；[4]“天人无间”。[5] 程颐也说“道未始有天人之别，但在天则为天道，在地则为地道，在人则

① 参见葛兆光：《中国思想史——导论：思想史的写法》，复旦大学出版社 2001 年版，第 46 页。

② 参见张岱年：《中国哲学中“天人合一”思想的剖析》，载《北京大学学报（哲学社会科学版）》1985 年第 1 期。

③ 《河南程氏遗书》卷三《二先生语三·谢显道记忆平日语》。

④ 《河南程氏遗书》卷二上《二先生语二上·元丰己未吕与叔东见二先生语》。

⑤ 《河南程氏遗书》卷二上《二先生语二上·元丰己未吕与叔东见二先生语》。

为人道”。[①] 依笔者之见，这种天和人都积极互动或本源于一的“天人合一”，实际上并非“天人合一”的全部，而只是一部分，只是在“义理之天”意义上的“天人合一”，而这部分的“天人合一”，并非构成古代中国那个宏大叙事的“天人合一”的根本主线。

实际上，建立在“神灵之天”和“自然之天”紧密结合（即前者借助后者而展现）基础上的“天学”意义上的“天人合一”——构成“天人合一”根本主线者，它的含义绝非是天人之间的双向积极主动且又互动的合一，而主要是主动和被动状态呈现的“单向性”的“合一”，简而言之即为“人合于天”或是“人与天调”。

最先含有“人合于天”之思想萌芽的，当为《尚书·尧典》：

> （帝尧）乃命羲和，钦若昊天，历象日月星辰，敬授人时。分命羲仲，宅嵎夷，曰旸谷，寅宾出日，平秩东作。日中，星鸟，以殷仲春。厥民析，鸟兽孳尾。申命羲叔，宅南交，平秩南讹，敬致。日永，星火，以正仲夏。厥民因，鸟兽希革。分命和仲，宅西，曰昧谷，寅饯纳日，平秩西成。宵中，星虚，以殷仲秋。厥民夷，鸟兽毛毨。申命和叔，宅朔方，曰幽都，平在朔易。日短，星昂，以正仲冬。厥民隩，鸟兽氄毛。

帝尧命羲氏、和氏通过认真观察日月星辰的运行图像来制定历法，人们只要根据历法，顺天以求合，就能使人事兴旺，按帝尧本人的话说，就是“允厘百工，庶绩咸熙”。[②] 后来的《管子》则明确提出了与“人合于天”同等意义的“人与天调”概念。《管子·五行》说：

> 人与天调，然后天地之美生。

显然，天是神圣的，天是至能至觉的，也就是说，天永远是不会错的，用个不是很恰当的哲学语言形容，天就是“绝对真理”。天既

---

① 《河南程氏遗书》卷二十二上《伊川先生语八上·伊川杂录》。

② 《尚书·尧典》。

如此，天何以会迁就世俗的人呢？天何以会“下调于人”呢？虽然“天”有着至善至美的品性，会有嘉惠于人的行为，但天的“祥瑞”德行所表现出来的“天地之美”，只对那些“与天调”的人才发生，而对那些“与天违”的人则会降下“灾异”以警示之、惩罚之。战国中晚期成书的《周易》也说：

> 夫大人者，与天地合其德，与日月合其明，与四时合其序，与鬼神合其吉凶。先天而天弗违，后天而奉天时。[①]

《周易》可以说是为全面阐述儒家“天人合一”者，也是后来儒家精神资源的极重要源泉。《周易》认为，圣人要把握人道，所要做的一切就是要与天地、日月、四时、鬼神“合”；如“先天”即与天同则不存在违天之处，如“后天”即与天有异则必须奉天而为。《周易》还说“天行健，君子以自强不息”，[②]“地势坤，君子以厚德载物”，[③]这两句显然是要求君子去“合”天地至善至美的品格。《周易》之“天人合一”，还表现在《周易》就是圣人在追求“人合于天”的过程中所作的：

> 昔者，圣人之作《易》也，幽赞于神明而生蓍，参天两地而倚数，观变于阴阳而立卦，发挥于刚柔而生爻，和顺于道德而理于义，穷理尽性而至于命。[④]

可见，《周易》就是圣人在参赞天地神明及其品性的过程中而作。诚如《周易》的另一句话所言：

> 古者包牺氏之王天下也，仰则观象于天，俯则观法于地，观鸟兽之文与地之宜，近取诸身，远取诸物，于是始作

---

① 《周易·乾·文言》。
② 《周易·乾·象》。
③ 《周易·坤·象》。
④ 《周易·说卦》。

八卦，以通神明之德，以类万物之情。[①]

伏羲氏通过天地的观察、模仿而作八卦，其目的即在于“通神明之德”，并以此来“类万物之情”。可见，在这中间，“人合于天”既是手段又是目的，既是终点又是起点。汉代大儒董仲舒曾一语中的这种“人合于天”：

以类合之，天人一也。……与天同者，大治；与天异者，大乱。故为人主之道，莫明于在身之与天同者而用之，使喜怒必当义乃出，如寒暑之必当其时乃发也。[②]

当然，董仲舒的“人合于天”之所以成为可能，是因为天人有类的相同，即“人副天数”和“人副天类”。不过，虽然董氏的这套“人副天数”理论由于描绘的过于“逼真”和“细致”，被后人感到怀疑而逐渐失去往日“牛气冲天”的魅力，但其主要建立在《周易》等儒家经典之上而成就其学，并且渗透其中又流溢其外的浓厚“人合于天”思想，却被后人和统治者当作了一个思想传统而生命不息。南北朝时的天学家何承天在他所撰《元嘉历》的上表中说：

夫圆极常动，七曜运行，离合去来，虽有定势，以新故相涉，自然有毫末之差，连日累岁，积微成著。是以《虞书》著钦若之典，《周易》明治历之训，言当顺天以求合，非为合以验天也。[③]

何承天认为，七曜虽有一定的运行模式，但也会发生细微之差，而随着时间积累，行差会越来越显著，因此制定历法，就应根据儒家经典《虞书》(《尚书》篇章)与《周易》中所说之典训，当“顺天以求合”，而不是“为合以验天”，以求天象符合于历法。何氏之言

---

① 《周易·系辞下》。
② 《春秋繁露》卷十二《阴阳义》。
③ 《宋书》卷十二《志第二·历上》。

虽有为其改历进行辩护之目的，但不可否定亦散发着浓厚的“人合于天”气息。不仅如此，即使在理学开始兴盛的宋代，宋真宗还亲自策划、导演了一场轰轰烈烈延续 14 年之久的“天书”封禅运动，以示大宋正统，奉天承运，人合于天。①

“人合于天”实际上就是在“自然之天”和“神灵之天”这样的“有象之天”层面上，对天人关系的一种注解。虽然随着人们理性的日益发展，也随着人们对自身价值认识的不断提高，人们越来越从“有象之天”跨越到“无象之天”，以追求“心性天一”。但是，一旦要真正去实现所谓的“心性天一”，就只能诉求于那个“有象之天”即“天学”之“天”了。前述葛兆光先生所言之“象天设制”，即使在宋明清这样的理学时代，也既是官方又是民间的普遍诉求。

“人合于天”集中表现在人要主动、积极地去“合”天的意志、天的品性、天的形象、天的步伐。而要实现这样的“合”，前提无疑就是人要对日月星辰等天象进行细致而严肃的观测、记录和领会，这也就必然涉足本著之“天学”视域，构成了“天学”的全部基础。就天学和法律的关系而言，“人合于天”就是人间一切法律问题的展开，都应“合于”以“自然之天”来显现自己的“神灵之天”的意志、品性、形象、步伐，而由此成就的法律及其现象，也就有了至善至美的品性和至高至尊的效力。

二、天人感应

应该说，“天人感应”实际上是“天人合一”这个宏大命题极为重要的组成部分。如前所述，既然中国古代主流的“天人关系”本质上就是天学视域中的天人关系，既然“天人合一”的根本主线是天学意义上的天人合一，既然“天人合一”的本质内容是“人合于天”或“人与天调”，那么，“天人感应”就必须是“天人合一”的全部桥梁。通过这个“桥梁”，“人”才能去体验和领略“天”通过天象表露出来的全部思想和品格，才能去“合于天”。

（一）“天人感应”之原由

在中国古代有关天人关系理论的历史长河中，对“天人感应”有

---

① 参见葛剑雄：《十一世纪初的天书封禅运动》，载《读书》1995 年第 11 期。

着系统化、理论化论证的是汉代大儒董仲舒，但是这并非指“天人感应”思想是董氏“专利”。其实，早在三代时期，天人感应观念就已存在，特别是在先秦，“天人感应”说就已经流行了，[①]只不过那时的感应是笼统的、抽象的，并没有系统化和理论化。董仲舒的贡献即在于引进“类”的概念，从而为天人感应提供了理论上和实践上的可行性。

“天”和“人”为什么会发生感应呢？董仲舒认为，天人同属一类，因而是相通的、是可以感应的。他说：

> 天亦有喜怒之气、哀乐之心，与人相副。以类合之，天人一也。春，喜气也，故生；秋，怒气也，故杀；夏，乐气也，故养；冬，哀气也，故藏。四者，天人同有之。[②]

不过，应当注意的是，董仲舒的天人同类和感应并非其凭空臆造出来的，而是有着对周围事物“同类相感”的经验观察作为依据：

> 今平地注水，去燥就湿；均薪施火，去湿就燥。百物去其所与异，而从其所与同。故气同则会，声比则应，其验皦然也。试调琴瑟而错之，鼓其宫则他宫应之，鼓其商而他商应之，五音比而自鸣，非有神，其数然也。美事召美类，恶事召恶类，类之相应而起也。如马鸣则马应之，牛鸣则牛应之。[③]

董氏这段有关“同类相动”的言论很可能来自《吕氏春秋》，其《应同》篇说：“类固相召，气同则合，声比则应，鼓宫而宫动，鼓角而角动。平地注水，水流湿；均薪施火，火就燥。”不过，与《吕氏春秋》不同的是，董氏对周围事物的“同类相动”原因有更进一步的分

---

① 如《尚书·汤诰》之“天道福善祸淫”，已经表达出天能因为人的善或淫而降福或祸的基本思想。

② 《春秋繁露》卷一二《阴阳义》。

③ 《春秋繁露》卷一三《同类相动》。

析——所谓“非有神，其数然也”，即同类相动并非神灵的作用，而在于事物之间的必然规律。可以说，这是董氏高明之处：用“数”而非“神”来说明同类相动的成因，从而为天人同类相动埋下了成之于“数”这样必然性的种子，而不是来自于神单方面的“游戏”，使神秘性的“天人感应”具有可被人感知的“客观存在性”，从而使人们更加相信它。董氏还说：

> 故琴瑟报弹其宫，他宫自鸣而应之，此物之以类动者也。其动以声而无形，人不见其动之形，则谓之自鸣也。又相动无形，则谓之自然。其实非自然也，有使之然者矣。物固有实使之，其使之无形。①

此处董氏以宫的“无形”声音而使他宫相应的例子，来说明同类相动并非“自然”，而是通过“无形”的东西使同类事物“使之然者矣”。同样，这也是董氏的高明之处：既然存在客观“无形”的东西使同类相动，那么弦外之音就是天人之间的感应方式也是如此，即高高在上的天和低低在下的人之间的感应不是“自然”的，同样是通过“无形”的客观东西来传播实现的。无疑，这进一步强化了“天人感应”的“客观存在性”。

董氏一再强调周围事物同类相动的必然性和实在性，实际上是将其推广到天人关系领域。董氏反复认为，天与人是属于同类。他说：

> 天地之符，阴阳之副，常设于身。身犹天也，数与之相参，故命与之相连也。天以终岁之数，成人之身，故小节三百六十六，副日数也；大节十二分，副月数也；内有五藏，副五行数也；外有四肢，副四时数也；乍视乍瞑，副昼夜也；乍刚乍柔，副冬夏也；乍哀乍乐，副阴阳也；心有计虑，副度数也；行有伦理，副天地也。②

---

① 《春秋繁露》卷一三《同类相动》。
② 《春秋繁露》卷一三《人副天数》。

为生不能为人，为人者天也。人之为人本于天，天亦人之曾祖父也。此人之所以乃上类天也。人之形体，化天数而成；人之血气，化天志而仁；人之德行，化天理而义；人之好恶，化天之暖清；人之喜怒，化天之寒暑；人之受命，化天之四时。人生有喜怒哀乐之答，春秋冬夏之类也。①

可见，天人同类并非“天下类于人”，而是相反之“人上类于天”。这既为“人合于天”提供了注脚，同时又为“天人感应”的非平衡性和非对称性提供了暗示性话语。总之，就这样，董氏引进“类”的概念，从事物同类进而天人同类，从而为“为何”和“如何”“天人感应”创造了前提条件和理论预设。

（二）“天人感应”之表现

正是依据同类相动的客观之“数”和“人副天数”的假设，董仲舒提出了他的“天人感应”。他说：

人主以好恶喜怒变习俗，而天以暖清寒暑化草木。喜怒时而当，则岁美；不时而妄，则岁恶。天地人主一也。然则人主之好恶喜怒，乃天之暖清寒暑也，不可不审其处而出也。当暑而寒，当寒而暑，必为恶岁矣。人主当喜而怒，当怒而喜，必为乱世矣。是故人主之大守，在于谨藏而禁内，使好恶喜怒必当义乃出，若暖清寒暑之必当其时乃发也。人主掌此而无失，使乃好恶喜怒未尝差也，如春秋冬夏之未尝过也，可谓参天矣。深藏此四者而勿使妄发，可谓天矣。②

这是以统治者之“好恶喜怒”来感应于天之“暖清寒暑”的较为典型的天人感应类。在此，董仲舒仍以天的自然性格来感应和表现“人主”之个人性格“必当义乃出”的重要性，即“人主”如果能像天之自然性格“必当其时乃发”，就是“参天”了，就是“天人合一”了。

---

① 《春秋繁露》卷一一《为人者天》。

② 《春秋繁露》卷一一《王道通三》。

董仲舒还以天人之共性——阴阳二气来说明天人之间的感应：

> 天有阴阳，人亦有阴阳。天地之阴气起，而人之阴气应之而起；人之阴气起，而天地之阴气亦宜应之而起，其道一也。①

其实，董氏的这段话已触及了天人之间的感应到底是怎样发生的问题。正如前述，自然界事物中所谓的同类感应，是通过一种看不见的“无形”东西来实现的，这种“无形”东西在天人感应关系上即是为阴阳之“气”。董仲舒说：

> 天地之间，有阴阳之气，常渐人者，若水常渐鱼也。所以异于水者，可见与不可见耳，其澹澹也。然则人之居天地之间，其犹鱼之离水，一也。其无间若气而淖于水。水之比于气也，若泥之比于水也。是天地之间，若虚而实，人常渐是澹澹之中，而以治乱之气，与之流通相淆也。故人气调和而天地之化美，淆于恶而味败，此易之物也。推物之类，以易见难者，其情可得。治乱之气，邪正之风，是淆天地之化者也。……人主之大，天地之参也；好恶之分，阴阳之理也；喜怒之发，寒暑之比也；官职之事，五行之义也。以此长天地之间，荡四海之内，淆阴阳之气，与天地相杂。是故人言：既曰王者参天地矣，苟参天地，则是化矣，岂独天地之精哉。王者亦参而淆之，治则以正气淆天地之化，乱则以邪气淆天地之化，同者相益，异者相损之数也，无可疑者矣。②

在董氏看来，人生天地之间，就习染阴阳二气，混杂于阴阳二气，就如同鱼生于水，但又远非鱼水关系所能比拟，人能“以治乱之气”，与阴阳“流通相淆”，“治则以正气淆天地之化，乱则以邪气淆

① 《春秋繁露》卷一三《同类相动》。

② 《春秋繁露》卷一七《天地阴阳》。

天地之化,同者相益,异者相损”。这就是所谓“天人感应”。

可见,“天人感应”并非指只有无所不能的天才感应着人,其实人也感应着天,“亦参而淆之”。天人是双向的互动感应。[①] 当然,天人互动感应之“同者相益,异者相损”之结果,并非是平衡、对称的,也并非是最终的。人以正气调和天地,天地“化美”,天自然会相得益彰而降下祥瑞,人间也就得以治理;倘若人以邪气混杂天地,“天地之化”自是受损,但天并非会就此罢休,它必会降下灾异,使人间成为乱世,所谓“淆于恶而味败”。这即所谓人对天的感应过程,也是天对人的感应过程,只不过天最终还是会比人“棋高一着”,还是会“留有一手”,要么是“嘉奖术”,要么是“撒手锏”。这就是古代中国“天”之于“人”的威严、至尊、神圣和警惧之处,也是“人合于天”在“天人感应”层面上的明确表现。

正是由于天人感应结果上的不对称性,当天用灾异降下人间以示其不满时,人(君)只有反躬自省,否则就会败乱而亡,“天数”丧尽,这样的天人感应最终以“人”灭而终。

(三)“天人感应”之实质

我们说“天人感应”是天与人的双向互动感应,是否意味着人人都如此呢?实际上,“天人感应”本质为“天王感应”。“人”并非指臣官,也并非指一般民人,而是指天子、王或君主。

首先我们来看天与民的关系。东汉班固所撰《白虎通》说:

> 刑不上大夫何?尊大夫。礼不下庶人,欲勉民使至于士。故礼为有知制,刑为无知设也。[②]

显然,这是把民视为“无知”者。实际上,不仅《白虎通》作如是观,这已成为汉代的一般观念。董仲舒即说:“民之号,取之瞑也。使性而已善,则何故以瞑为号?……今万民之性,有其质而未能觉,譬如瞑者待觉,教之然后善。……民之为言,固犹瞑也,随其名

---

① 请注意这是与前述“天人合一”并非天人双向互动“合一”的区别。“感应”实际上是方法论问题,而“合一”实际上则是价值论问题。

② 陈立:《白虎通疏证》卷九《五刑·刑不上大夫》。

号以入其理，则得之矣。”[①]《孝经纬·援神契》释民：“民者，冥也。”东汉许慎《说文解字·民部》亦说：“民，众萌也。”段玉裁对此作注曰：“萌，犹懵懵无知皃也。”正因为民愚昧无知，也就无法了解、把握天意。民的“无知”也就决定了天、民之间的关系是单向的，即民可以把其意向天反映，[②]但天意却是他们无法获悉，无法窥得的，更遑论把握和改变天意了。

民既无知而无法获悉天意，但亦要按天意办事，那民如何知天意呢？于是一位能获悉天意而保民的领袖人物出现了，这就是天子。天派天子保民，天为民立君。所谓“天子承继万物，当知其数”“承天继物为民本”。[③] 汉文帝二年，十一、十二月连续发生两次日食，皇帝遂下诏曰：

> 朕闻之，天生蒸民，为之置君以养治之。人主不德，布政不均，则天示之以灾，以诫不治。……朕获保宗庙，以微眇之身托于兆民君王之上，天下治乱，在朕一人，唯二三执政犹吾股肱也。朕下不能理育群生，上以累三光之明，其不德大矣。令至，其悉思朕之过失，及知见思之所不及，丐以告朕。及举贤良方正能直言极谏者，以匡朕之不逮。[④]

汉成帝建始三年，冬十月戊申朔发生日食，夜里未央宫又发生地震。为此，成帝下诏曰：

> 盖闻天生众民，不能相治，为之立君以统理之。君道得，则草木昆虫咸得其所；人君不德，谪见天地，灾异屡发，以告不治。朕涉道日寡，举错不中，乃戊申日蚀地

---

① 《春秋繁露》卷一〇《深察名号》。

② 民向天表达其意主要是通过“社”。按《白虎通·社稷》，社有“达天地气”之功能，不但天子诸侯有，一般臣民亦有。臣民有社，并不表明他们有“法天”权利，实际上，社之于臣民的功能即在于他们能通过对社的祭祀而在社里向天表达自己的意愿。

③ 《白虎通疏证》卷三《礼乐·五声八音》。

④ 《史记》卷一〇《本纪第十·孝文帝》。

震,朕甚惧焉。公卿其各思朕过失,明白陈之。[①]

由此可见,就在君代表民而与天的交流中,天与民被隔离开了。天和民是无法直接相互感应的,民可通过“社”等途径感应于上天,但天意却不能由民直接获得,而只能通过君主来传达。天与民始终处于单向联系之中。

民如此,那臣呢?从上述所引文、成二帝的诏书中可以看出,“天谴”发生时,大臣只有谏议权,最终的决定权还是在皇帝那里。所谓“天下治乱,在朕一人”,一方面说明天谴之责在君主,另一方面则说明与天发生相互感应的权力掌握在君主手中。

按古代的传统观念,每个人都是“天之子”,所谓“皆天而生,托父母气而生耳”,但并非每个人都能称为“天子”,“天子”在古代实是帝王特称。《白虎通》说:“天子者,爵称也。爵所以称天子何?王者父天母地,为天之子也。”[②]天子作为爵称只有一个,董仲舒也说:“尊者取尊号,卑者取卑号,故德侔天地者,皇天右而子之,号称天子。”[③]如果我们把人间的等级秩序比作通天塔,那么天子就是站在塔尖上的人,只有他才能聆听到天的旨意,只有他才能“摸到天的心坎”。

汉人认为有两种人承担了与天发生相互感应的重任,即一为王,所谓“人主之情,上通于天”。[④] 董仲舒释“王”字有云:“古之造文者,三画而连其中,谓之王。三画者,天、地与人也,而连其中者,通其道也。取天地与人之中以为贯而参通之,非王者孰能当是?”[⑤]二为圣人,如陆贾在《新语·道基》中所言,“天生万物,以地养之,圣人成之”。《淮南子·泰族训》也说:“故圣人者,怀天心,声然能动化天下者也。故精诚感于内,形气动于天,则景星见,黄龙下,祥凤至,醴泉出,嘉谷生,河不满溢,海不溶波。”董仲舒更是明确指出:“故圣者法天,贤者法圣,此其大数也。得大数而治,失大数而

① 《汉书》卷一〇《本纪第十·成帝》。
② 《白虎通疏证》卷一《爵·天子为爵称》。
③ 《春秋繁露》卷一五《顺命》。
④ 《淮南子》卷三《天文训》。
⑤ 《春秋繁露》卷一一《王道通三》。

乱，此治乱之分也。”[①]不过，值得注意的是，这里所论之“圣人”并非指一般的圣人，而是“王”。陆贾所说的圣人是指神农、黄帝、后稷等，《淮南子》所言圣人也有“不下庙堂而御四海，变易习俗，民化而迁善”之能，则显然是权力的拥有者。董氏亦说“圣人副天之所行以为政”，[②]这里的圣人显然也就是王。可见，赋予圣人与天发生感应的是权力而非道德。即圣人与天感应，就必须要取得“王”之身份，否则即使像孔子这样的至圣，由于不具权力也就难以真正感应上天，从而对自己终岁未见河图洛书之类传达天意者发出深深的感叹。

天和王之间的感应有多种方式和途径，但其最为突出者，则为灵台和明堂的设置。《白虎通》曰：

> 天子所以有灵台者何？所以考天人之心，察阴阳之会，揆星辰之证验，为万物获福无方之元。《诗》云：“经始灵台”。天子立明堂者，所以通神灵，感天地，正四时，出教化，宗有德，重有道，显有能，褒有行者也。[③]

可见，天子设立灵台和明堂之目的在于要感应到上天的旨意，从而获悉天意并以该天意来治理国家。更为重要的是，这样的灵台和明堂只有天子才能拥有，他人即使是诸侯大臣也均不得染指。诚如唐孔颖达《毛诗正义》之疏：

> 《异义》《公羊》说：天子三，诸侯二。天子有灵台以观天文，有时台以观四时施化，有囿台以观鸟兽鱼鳖。诸侯当有时台、囿台。诸侯卑，不得观天文，无灵台。[④]

又如，唐代徐坚《初学记》引汉代许慎《五经异义》说：

---

① 《春秋繁露》卷一《楚庄王》。
② 《春秋繁露》卷一三《四时之副》。
③ 《白虎通疏证》卷六《辟雍·灵台明堂》。
④ 《毛诗正义》卷一六《大雅·灵台》。

天子有三台：灵台以观天文，时台以观四时施化，囿台以观鸟兽鱼鳖。诸侯卑，不得观天文，无台，但有时台、囿台也。①

上述所引两段文字再明确不过了，灵台作为观天文而与天进行感应、交流的地方，只有天子才能拥有，诸侯大臣等均靠边站，天王感应之实质可谓鲜明无隐。

总之，天人感应学说强调天与人的感应，特别是天与王的互动感应，从而为统治者的治国策略和各种行为提供了天的合法依据。不过，我们也应该注意，天人感应观念虽然在古代中国源远流长，但正如前述，其典型形态则为董仲舒的天人感应理论，可谓标志着该说的成熟和完备，并对后世产生了巨大的影响。董仲舒之后，天人感应说广泛流行开来，成为汉代及其以后在统治阶层占据支配地位的政治法律意识形态。西汉末年兴起，并在东汉占统治地位的谶纬神学，即全面继承了董氏的天人感应理论。值得注意的是，汉代还出现了天人感应的专门著作。如刘向的《洪范五行传论》，即为一部系统的天人感应的历史著作，“可以说是一种灾异大全，是汉朝‘天人感应’的思想的百科全书”。② 刘向根据《尚书·洪范》所载，“集合上古以来历春秋六国至秦汉符瑞灾异之记，推迹行事，连传祸福，著其占验，比类相从，各有条目，凡十一篇，号曰《洪范五行传论》”。③ 此外，再结合保留在《汉书·五行志》中的此书内容，可知刘向将自上古至西汉中期的符瑞灾异与各代社会政治得失，加以一一对应和比附，以木、火、土、金、水五行以及星孛、日食、地震、怪异等来统类，对天人之互应作了细致的描述，因而是一部天人感应史，而且是历史上唯一的一部，也是汉代以天人感应解释历史的集大成者。④ 至唐代，天人感应观念不仅在法律制度上有着明显体

---

① 《初学记》卷二四《居处部·台六》。

② 冯友兰：《中国哲学史新编》（第3册），河南人民出版社2001年版，第200页。

③ 《汉书》卷三六《列传第六·楚元王》。

④ 参见张秋升：《天人纠葛与历史运演——西汉儒家历史观的现代诠释》，齐鲁书社2003年版，第116-117页。

现,而且在文学中也有深刻影响。《唐律疏义》[1]开篇就说“观雷电而制威刑,睹秋霜而有肃杀”,是谓天人感应之实践。特别是唐代科举考试常以瑞应为题,如武则天圣历元年策进士就以瑞应为题,对策者也大讲符瑞。[2] 此外,唐代的各种文学中普遍对瑞应、封禅类天人感应之迹象深有描述,[3]这突出反映了天人感应之说在唐代政治法律生活中的渗透性。而及至清末,天人感应观念并未随着西方近代科学特别是天文学的输入而有所退隐,在清王朝的政治法律生活中依然生命强盛。

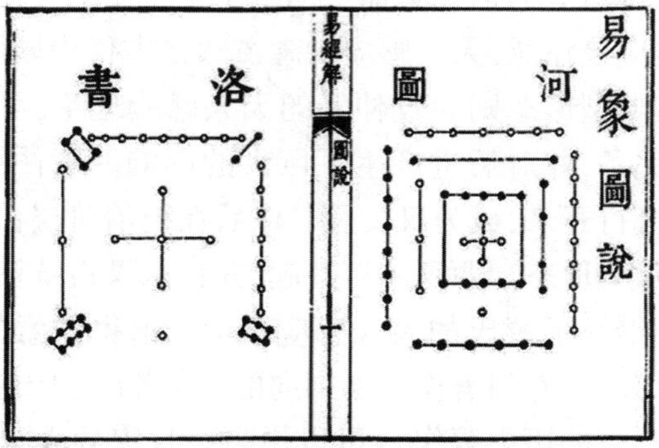

湖北省图书馆藏明崇祯四年刻本河图洛书图

---

① 据我国著名唐律专家钱大群教授之研究,唐律在其流传过程中形成了《唐律疏义》与《唐律疏议》两种名称,由于后者在清代出现与今人较近而成通说,但实际上宋代开始称呼的《唐律疏义》则恰恰符合唐时为“律”制订“义疏”之原义及当时解经多称“疏义”之文风,而清代之趋向称之为的《唐律疏议》则脱离了“义疏”本义(盖清人见“疏”下有“议曰”字样而牵强名之),故学界惯称通称的《唐律疏议》应该正名为《唐律疏义》。参见钱大群:《〈唐律疏议〉结构及书名辨析》,载《历史研究》2000 年第 4 期;《扬长避短,整合归真——谈唐代〈律疏〉书名的整合问题》,载《北方法学》2008 年第 2 期。本著在涉及唐律时采信此说,均称名为《唐律疏义》。

② 据徐松《登科记考》考证,科举诗赋中以瑞应为题者主要有:开元四年进士试《丹甑赋》;开元十一年进士试《黄龙颂》;天宝四载进士试《玄元皇帝应见贺圣祚无疆诗》;宝应二年进士试《日中有王字赋》;大历四年博学宏词科《五星同色赋》;大历十年上都试《五色土赋》,东都试《日观赋》;大历十四年进士试《寅宾出日赋》;贞元七年进士试《珠还合浦赋》;贞元十二年进士试《日五色赋》;贞元十三年进士试《西掖瑞柳赋》;长庆三年进士试《丽龟赋》;乾宁二年进士试《内出白鹿宣示百官诗》等。参见杜玉俭:《试论唐代文学中天人感应观念的表现》,载《华南师范大学学报(社会科学版)》2003 年第 6 期。

③ 参见杜玉俭:《试论唐代文学中天人感应观念的表现》,载《华南师范大学学报(社会科学版)》2003 年第 6 期。

第四章　星占学下的法律模拟

从中国古代"天文"的实质可知,中国古代关于"天文"的学问,乃是一种与现代天文学旨趣相距甚远的"天学";而从天学的目的和功能来看,天学实际上又主要是一种"星占"之学。在星占之学的理论中,一切人事均在"天"的视域之内,并在"天"的注视和关心之下展示其可行性、合法性和合理性。也就是说,人们通过对天象的占卜而进行种种人事运作。作为中国古代重要人事的法律,可以说同样是建立在对天象的种种占卜之上的,这种占卜实际上就是一种法律的模拟。在星占学视野下,中国古代的立法、司法、修法乃至一些法律设施的设置,基本上都间接乃至直接地体现着对天象的模拟。可以说,这样的模拟构成了中国古人对法律如何"则天"的最主要、最常见的具体路径。

一、古代星占学理论概述

(一)古代星占学之分类

可以说,在几乎所有的古代文明中,星占学都是一个十分彰显而又十分神秘的话题和范畴,影响甚至决定着种种人事的进退或命运。根据所占之事项,星占学可分为两大类型,按国际学术界通用术语指称,即为"judicial astrology"和"horoscope astrology",国内常见译法多从字面硬译,如前者为"司法星占学",后者为"天宫图星占学"之类。按江晓原先生之分析，妥善的译法应该从其术语所指称的实质内容出发而采用意译为好。江先生认为，“judicial astrology”乃专指以战争胜负、年成丰歉、王朝盛衰、帝王君主的安危善恶等事项为待占对象的星占学体系，“horoscope astrology”则是专据个人出生时刻的各种天象来推测其人一生的穷通祸福。前者的对象在军国大政，后者的特征在出生时刻（或受孕时刻）天象的推算。据此，江先生将前者译为“军国星占学”，而将后者译为“生辰星占学”。[①] 笔者认为江先生所言甚是，只是如将“军国星占学”略作改动，称为“军政星占学”则似乎更为得当。

正如前述，世界古代文明中几乎都有星占学的重要位置。据现今所知，公元前 8 世纪亚述帝国统治时的巴比伦，就有较为典型而丰富的军政星占学，它特别重视行星运行所构成的天象。如有这样几则楔形文字记载：

> 如火星退行后进入天蝎宫，则国王不应忽视他的戒备。在这一不吉利的日子，他不应当冒险出宫。
>
> 如火星在金星之左的某星座，阿卡得（Akkad）将遭受蹂躏。
>
> 如火星处于月宫（并发生月食），则王将死，国家将缩小。
>
> 如北鱼（水星）行近大狗（金星），则国王将强大，而敌人将败亡。[②]

这几则要么针对国王安危，要么针对国家安危，要么两者兼具，都是军政星占学的典型事例。然而，军政星占学并没有就此一直发展下去。大约在公元前 7 世纪，两河流域开始被迦勒底人所统治。学者们普遍认为，生辰星占学正是在迦勒底人那里发端的，并在不久传入了希腊文化圈。此后，这种根据出生时日、月、五大行星在黄道上的位置来预测其人一生祸福的星占术，遂在欧洲流行开

① 江晓原：《天学真原》，译林出版社 2011 年版，第 177 页。

② 参见［英］李约瑟：《中国科学技术史》（第 2 卷），刘祖慰译，科学出版社、上海古籍出版社 1990 年版，第 380-381 页。

来，成为欧洲星占术的标准模式。至文艺复兴时期，这种星占学在欧洲各国空前繁盛。当时许多大名鼎鼎的天文学家，如第谷、开普勒等都精通此道。[①] 中世纪的著名神学家托马斯·阿奎那就对生辰星占学理论有较为深入的研究。[②]

古巴比伦人的星占学不仅传入古希腊，而且还影响波斯和古埃及，并进而影响印度和诸伊斯兰国家。成书于 11 世纪的《卡布斯教诲录》曾教人如何进行个人生辰的吉凶星占：

> 学习天文的目的是预卜凶吉。……若不能谙熟占星术，就应首先掌握星辰的运行规律，并通晓历法，在这基础上再进行观测，就能得到正确的判断，能够正确地预测吉凶了。……必须首先熟悉星辰的运行情况，才能从中观察到某人的出世，和预测人事祸福。……从这些星球的变化，可以了解到人的生命存在的情况及其生命的长短。不论生命的延长或缩短，都会从天体的运行中反映出来。[③]

而在古埃及，根据现今所见的古埃及纸草书与考古文物，军政星占学和生辰星占学都较为发展，尤以军政星占学的材料为甚。据开罗纸草书 31222 号记载：

---

① 参见江晓原：《天学真原》，译林出版社 2011 年版，第 178 页。

② 著名教会学者方豪对阿奎那之说有过这样的综述：“惟渠分星占学为真伪二者，渠以为天空星宿乃天神所驾御，天主借星宿之力间接发出一切地球上之需要。故天上星宿对人类肉体及人类性格，发生克之力，因人之性格乃以人身情形为基础者。人之行动，多顺从其性格与资禀，如此，则人类行动亦间接受天上星宿之影响而转移。此种星宿对人类之影响，在人诞生时尤其重大。因此，据人之生辰八字表，即可大致预断其一生未来所走之路线。譬如，在火星当权时诞生者，可以预言其未来必为一战士或一倔强之人；因胆汁黑而有忧郁质者，即来自土星，以人之脾脏乃受土星克制者。然一人生命中之趋向，得之生辰八字者，仅系一种约略之估计，而非百无一失者。其故有二：一因星宿能力对人类发生之影响，亦与人类感受性强弱有关，故有同时受胎而产生性别不同之双生子，及同时出生之婴儿，而有不同之性格，其理由即在此。其次，则因人类有自由意志，故人类亦能克服星宿之影响，而不受气化之牢笼。古语谓：哲人主宰星辰，此之谓也。”方豪：《中西交通史》，岳麓书社 1987 年版，第 1022-1023 页。

③ ［波斯］昂苏尔·玛阿里：《卡布斯教诲录》，张晖译，商务印书馆 2001 年版，第 141-143 页。

> 如果天狼星当木星位于人马宫时升起：埃及之王将统治他的整个国家。他将遇到敌人但能将其摆脱。许多人将反叛国王。一次本该到来的洪水也将来到埃及。①

由上可见，在古代世界几个古老文明中，不管是军政星占学还是生辰星占学都有着紧密的联系，甚至是源和流的关系。实际上，星占学的流布十分广阔，远不止上述几个文明。著名科技史学家何丙郁先生也有一段有关此类的论述：

> 西洋星占学源出古巴比伦和古希腊，然后传入印度和西亚细亚诸伊斯兰国家，与当地文化发生相互作用。印度星占学包含古希腊文化成分，也可称为印度化的西洋星占学。到了3世纪，印度星占学开始浸入中土。②

依笔者所见，这里何先生所谓的“西洋星占学”主要是指生辰星占学，之所以称为“西洋星占学”，是因为在欧洲一直到文艺复兴这样相当长的时间内，标准而普遍流行的星占学即为生辰星占学。可以说，这与西方传统文化中历来对个人权益和命运的重视有着紧密关系。可见，从中国之外的世界范围来看，虽然就起源时间而言，军政星占学要比生辰星占学更为古老，但是从其流布的范围和影响的长久而言，生辰星占学占据主导地位。

（二）中国传统星占学与西方星占学之差异

在古代中国的天学视域中，皇帝既是天子，也是天的代表，天象和皇帝有着密切关联。当时称之为“天文”而本质即为星占的学问，就是从天象来预测皇帝和与他有关的一切人事。由于皇帝同时又是国家的代表和象征，这样的天文星占学即为一种“军政星占学”。何丙郁认为：“这是一种具有官僚性和地域性的占侯，不能用来推算老百姓个人的命运，也是中国古代‘天文’的特

---

① 参见江晓原：《天学真原》，译林出版社2011年版，第180页。

② 何丙郁：《何丙郁中国科技史论集》，辽宁教育出版社2001年版，第252页。

色。”[①]如此,就涉及与西方星占学的关系或区别问题,对此何先生指出:

> “天文”星占学成为帝王的专利知识,大部分的天文家都是向朝廷服务,况且朝廷往往下令禁止私习天文,所以中国的“天文”没有发展为涉及个人命运的星占学,这是中国传统星占学与西方星占学的一个大差异。[②]

显然,中国古代的星占学是一种绝对性的军政星占学,它杜绝了向生辰星占学过渡的任何可能性,而西方星占学主要是一种推测个人命运祸福的生辰星占学,两者之间的区别可谓泾渭分明。

当然,说中国古代传统星占学不能用来推测个人命运,并非指就没有此类推测方法。实际上,有史以来已有卜筮、卜卦等各种数术,其中最为人知的是《易经》在占卜上的运用,它们都是用在个人决疑和趋吉避凶上。推算事情发展的数术有“奇门遁甲”和“六壬”等,而推算个人命运的数术亦有多种推命(即算命)法,其中以“子平推命法”最为普遍,至今不仅在华人社会而且在韩国、日本仍然流行。此外,大约唐代以来还流行一种称为“星命”、“星相”或“星学”的数术,它也是推算个人的一生命运,但其注重的是计算,而不是靠天文观测,也不需要天文学知识,如“紫微斗数”即属此类。[③]

不过,对于古代中国各种个人推命法之数术,切不可将其与西洋星占学——“生辰星占学”相提并论。生辰星占学虽然也是推测个人命运,但却是用某个人出生时(或受孕时)的天象作为推算依据的。也就是说,它需要进行天象观测,也需要一定的天文学知识。但是古代中国的推命法或算命术并非如此。虽然它也是从生辰出发,即所谓“生辰八字”,也即一个人出生时的年、月、日、时的纪年、纪月、纪日、纪时,而被称为“四柱”的四对天干和地支,共八个字,但

① 何丙郁:《何丙郁中国科技史论集》,辽宁教育出版社 2001 年版,第 240 页。
② 何丙郁:《何丙郁中国科技史论集》,辽宁教育出版社 2001 年版,第 240 页。
③ 参见何丙郁:《何丙郁中国科技史论集》,辽宁教育出版社 2001 年版,第 240 页。

生辰八字只是用干支对该时点的纪录，并非该时点的实际天象或天宫图。可以说，生辰八字与生辰时刻的实际天象，没有任何实质上的甚至是形式上的联系，根本不是一回事。即使冠以“星命”之名的数术，虽然目的与西洋星占学相似，但同样不靠天文观测，从而也并非与生辰星占学同类。

更进一步说，中国古代的推命数术不仅不是生辰星占学，甚至连星占学都不是。日本学者中山茂在其著《占星术》中指出，那些算命数术由于都不直接依靠天文观察，也不需要天文学知识，因而不能列为星占学。英国著名学者李约瑟在其《中国的科学与文明》（第二卷）中，也没有把推命法列为星占学，而称之为“命运的推算法”（fate-calculation）。[①]

由上可知，中国古代的星占学就是纯粹的军政星占学，这种体系至少在中国保持并运作了两千年之久。

（三）天垂象，见吉凶

军政星占学的主要功能就是通过对天象的观察来预占国家人事的走向，其实这是中国古代“天人感应”的典型形态，即所谓“天垂象，见吉凶”。对此，被今人称之为中国古代最伟大的“科学家”之一的张衡有一段描述：

> 文曜丽乎天，其动者有七，日月五星是也。日者，阳精之宗；月者，阴精之宗；五星，五行之精。众星列布，体生于地，精成于天，列居错峙，各有攸属。在野象物，在朝象官，在人象事。其以神著，有五列焉，是为三十五名。一居中央，谓之北斗。四布于方各七，为二十八舍。日月运行，历示吉凶，五纬躔次，用告祸福。[②]

这是对天象及其与吉凶关系的总体描述，甚为精彩。但是，具体到实践上的星占，则显然远远不够。也就是说，什么样的天象对应什么样的吉凶才是最实用的。这是星占学的一个十分关键的理

---

① 参见何丙郁：《何丙郁中国科技史论集》，辽宁教育出版社2001年版，第240页。

② 《晋书》卷十一《志第一·天文上·天文经星》。

论问题。按古代官方经典之星占辞文献,[①]下面即就主要天象与对应之人事吉凶作一概述:

1. 关于日象

日为众阳之精,主生、养、恩、德,为人君之象。人君有过失,日象必反常。故日月光明,象天下有道;日月不光,则象天下无道。特别是日食(蚀),乃臣掩君之象,亡国死王之征。其他如日变色、失色、发红、白昼日昏、日中见乌等均为不祥之象。

2. 关于月象

月为众阴之精,与日象配对,主刑,为女主之象,亦为诸侯大臣之象。因此,人君明达,月行依度;人臣执权,则月行失道(忽南忽北);女主、外戚篡权,则月行失度(忽进忽退)。月变色,国家有灾殃,白昼月明,则奸邪并作,君臣争夺,天下谋反僭越。

3. 关于行星象

岁星(木星)在某处停留较久,则该国有厚德,不可征伐。岁星宜安静中度,如速进、短距逆行,则该国有忧患,不可举事用兵。岁星又为人主之象,如光色明亮,则人主有德;如变色乱行,则人主无福。荧惑(火星)是灾星,其所止之宿的对应国家,则发生暴乱、内讧、疾病、死丧、饥荒、战争等。填星(土星)为福星,若在一处停留不动,则对应之国吉,不可伐,停留久,则国福厚。但如填星运行失常(如疾行、逆行等),则为凶象。太白(金星)主刑杀,刑杀失,则罚见太白。又主兵,故用兵象太白,吉;反之,凶。太白正常运行是东升东落或西升西落,如东升西落或西升东落,则为“经天”(横过中天),为天下革命,人民更王。辰星(水星)则视颜色不同而有不同人间征兆,如色白主旱灾,色赤主兵战,色黑主水灾。同时辰星又为杀伐之气、战斗之象,与太白运行的各种关系,构成不同的相应“兵象”。

4. 关于恒星象

恒星象即主要为“五宫”之星象。“五宫”是古人将可视域内的天上恒星分为五个区域,即为中宫北极,东南西北四宫各有七宿共

---

① 本著所涉及的古代官方经典星占辞文献,主要是唐代李淳风的《乙巳占》、瞿昙悉达的《开元占经》以及历代正史中的《天官书》《天文志》《五行志》《律历志》等。

二十八宿。其中每宫每宿甚至每星均有相应的功能，而且其本身所呈亮度和颜色的变化也对应人间不同人事。如东宫亢宿四星总摄天下奏事、听讼、理狱、录功，如星大而明亮，则主辅佐忠诚，天下安宁。

5. 关于杂星象

杂星是指除前述恒星和七曜外，还有一些出没无常、变化莫测的星，主要包括瑞星、妖星、客星、流星等。瑞星主要是景星，是为吉星，所见之国大昌。妖星主要是彗星，又称孛星，是为大凶星，其光芒所及，则有灾殃。[①] 客星（即现之"新星"）因"其见无期，其行无度"而"错乎五纬之间"，因而是星空秩序的扰乱者，象人间秩序之紊乱，故其出现多为凶象。流星作为古人眼中的天的使者，其星象虽有多重意义，但总体上则为凶象，特别是当出现流星雨时，更是"王者失道"之象。[②]

此外，气象与地象，作为天学所涉范围，也时常被当作星占之象，均有人事象征。气象如白虹贯日为臣杀主之象；雾气四方俱起而百步不见人，则不有破国，必有灭门；无云而雷为必有甲兵之象，而雷霆击人则兆示人君暴行威福。地象如地震、水旱、虫灾等"灾异"和地出甘泉、禾生双穗、奇禽异兽出现等"祥瑞"，均为天人感应之象，在天学视野中常与某种天象相提并论，或结合而论。[③]

---

① 如《汉书》卷二十七《志第七 · 五行志》载："文公十四年'七月，有星孛入于北斗'。董仲舒以为，孛者恶气之所生也。谓之孛者，言其孛孛有所妨蔽，暗乱不明之貌也。北斗，大国象。后齐、宋、鲁、莒、晋皆弑君。刘向以为，君臣乱于朝，政令亏于外，则上浊三光之精，五星赢缩，变色逆行，甚则为孛。北斗，人君象；孛星，乱臣类，篡杀之表也。《星传》曰'魁者，贵人之牢'，又曰'孛星见北斗中，大臣诸侯有受诛者'。"

② 如据《汉书》卷二十七《志第七 · 五行志》载，汉成帝永始二年二月癸未，发生了"夜过中，星陨如雨，长一二丈，绎绎未至地灭，至鸡鸣止"的流星雨天象，谷永对此解释说："日月星辰烛临下土，其有食陨之异，则遐迩幽隐靡不咸睹。星辰附离于天，犹庶民附离王者也。王者失道，纲纪废顿，下将叛去，故星叛天而陨，以见其象。"《晋书》卷十二《志第二 · 天文中 · 杂星气》也说："小流星百数四面行者，众庶流移之象。"

③ "地象"也是天象的广义范围，是因为古人认为这些地象的出现，实际是上天对人间政治之得失而进行谴告或肯定的表现，体现了天意；同时，也可说是天象投射在地上的物质性表象，如天学中坚信的"天有五星，地有五行"等之谓。

(四)分野理论

上述之“天垂象,见吉凶”将各种天象与人事吉凶对应起来,但天下之大,而天穹只一,其所呈之天象与所主之吉凶,怎样与地上人事对应起来? 古代中国人为此创立了“分野”理论。所谓“分野”,简言之,就是将天上的星宿与地上的区域如何对应起来的一种“分配法”。也即将天上的某一部分星宿只与地上的某一地区相对应,那个部分星宿中所发生的某种天象变异,只使它相对应的地上区域发生或将发生某种事件。①

中国古代较为突出的是天区分野法。这种分野理论的基本思想是:首先,将天穹划分为若干天区,使之与地上的郡国州府分别对应,即不同天区指代不同地区;其次,某一天区出现某种天象,其所主吉凶即为针对地上对应郡国或地区而兆示者。

分野理论在《周礼》中即有所体现。《周礼》所载职官保章氏,其职掌有:

> 掌天星,以志星辰日月之变动,以观天下之迁,辨其吉凶;以星土辨九州岛之地,所封封域,皆有分星,以观妖祥;以十有二岁之相,观天下之妖祥;……②

这里几乎包含了分野理论的所有要点。所谓“所封封域,皆有分星”,即指地上州国皆有与其相对应的天上星宿“以观妖祥”。“以十有二岁之相,观天下之妖祥”,即为古代中国著名的十二次分野,即以十二次分指天下诸地。“十有二岁”即为岁星。古人通过观察,发现岁星十二年运行一周天,且速度基本均匀,便将周天也均分成十二段,是谓十二次。十二次的排序是从西到东(右旋),与岁星的视运动方向一致。第一次的中心放在冬至点上,由此开始的各次名称为星纪、玄枵、娵訾、降娄、大梁、实沈、鹑首、鹑火、鹑尾、寿星、大火、析木。十二次分野即将每次划分的星宿天区与地面对应起

---

① 参见陈遵妫:《中国天文学史》,上海人民出版社1980年版,第419页。

② 《周礼·春官宗伯·保章氏》。除了正文列示之外,保章氏的职掌还有“以五云之物,辨吉凶、水旱降丰荒之祲象;以十有二风,察天地之和命、乖别之妖祥”。

来。如果以二十八宿来表示十二次各次的起止,则一“次”大致与二或三宿的范围相对应,这二、三宿就是相对地域的分星。每“次”中的这些分星即对应相对地域人事的吉凶,而日月五星“七曜”运行到该次中的情况,则同样预决着对应地域的吉凶。[①] 按郑玄注《周礼·春官宗伯·保章氏》,当时分野为“星纪,吴越也;玄枵,齐也;娵訾,卫也;降娄,鲁也;大梁,赵也;实沈,晋也;鹑首,秦也;鹑火,周也;鹑尾,楚也;寿星,郑也;大火,宋也;析木,燕也”。

学术界一般认为分野理论当出现在战国,但其起源可能会更早。按明代周祈《名义考》所论“分野”:“古者封国,皆有分星,以观妖祥。或系之北斗,如魁主雍;或系之二十八宿,如星纪主吴越;或系之五星,如岁星主齐吴之类。有土南而星北,土东而星西,反相属者,何耶?先儒以为受封之日,岁星所在之辰,其国属焉。吴越同次者,以同日受封也。故自昔星家以岁之所在为福,岁之所冲为灾,屡有明验。秦以后则一统矣,疆域之广置,则又大不侔矣,如之何?皆验也。”[②]可见某国之对应星宿,主要是按该国“受封之日”的“岁星所在之辰”来进行分配。这表明分野的实践可能早在西周“封土建国”实行分封时就已经出现,且那时就已经对岁星有了吉凶上的认识,并以岁星运行之所在星区作为地上分星的划定标准。前述《周礼》所载的保章氏之职能工作也证明了这一点。

中国古代的分野除了上述较为著名的“十二次”分野外,还有其他若干重要的星土分野法。比如《史记·天官书》载:“角、亢、氐,兖州;房、心,豫州;尾、箕,幽州;斗,江湖;牵牛、婺女,扬州;虚、危,青州;营室至东壁,并州;奎、娄、胃,徐州;昴、毕,冀州;觜觿、参,益州;东井、舆鬼,雍州;柳、七星、张,三河;翼、轸,荆州。”这是一种二十八宿分野法。又如,《春秋纬·文曜钩》载:“布度定记,分州繁象。……雍州属魁星;……冀州属枢星;……兖州、青州属机星;……徐扬之州属权星;……荆州属衡星;……梁、荆属开星;……豫州属摇星。”这是一种北斗七星分野法。再如,《史记·天官书》载:“二十八舍主十二州,斗秉兼之,所从来久矣。秦之疆也,候在太

---

① 参见石云里:《中国古代科学技术史纲——天文卷》,辽宁教育出版社 1996 年版,第 279、280、288 页。

② 《钦定四库全书·子部十·名义考卷一·天部》。

白,占于狼弧;吴楚之疆,候在荧惑,占于鸟衡;燕齐之疆,候在辰星,占于虚危;宋郑之疆,候在岁星,占于房心;晋之疆,亦候在辰星,占于参罚。”这是一种五大行星分野法,等等。①

由于分野理论是以天上星宿来对应地上的区域,并对地上的区域进行人事的预决,显然其思想的背景是对天之永恒性、权威性的认可,是对天命的服从,也是“天垂象,见吉凶”观念的反映。正如有学者指出,分野理论严格说不是地自身的理,而是天地之理,属于宇宙观的范畴,其基础不是地理,而是天文,表达的是“天命的区域化”问题。② 虽然历史上有些具有独立意识的文人对这种理论有所怀疑或质疑,③但在“神灵之天”的主流语境中,分野之说经久不衰。

随着时代的发展变迁,分野理论不断纷呈,其中既有对前代的继承,更有后世的变异。特别是当以“郡县制”取代“分封制”为行政区划建制的大一统王朝建构起来,“普天之下,莫非王土”真正出现的时候,分野理论就必然面临挑战和创新。因为从皇权理论上看,皇权的覆盖面是整个疆域,这个疆域上空出现的任何一种变异天象,虽然在地上可说有它的特定对应区域,但这个区域又何尝不在皇权的直接控制范围之内?! 也正因如此,大一统时代对统治者

---

① 按江晓原的观点,从解决天象如何与地上人事相对应的途径上看,上述列举之分野可归属于“地域分野”,中国古代星占学主要走这条路。还有一条路可说是“时间分野”,即将一年或一日中的日期、月份、时刻分配给不同地域,如此在什么时候出现有星占意义的天象,此天象所兆示的人事吉凶即对应在此时间相配的地域中。参见江晓原:《中国星占学类型分析》,上海书店出版社 2009 年版,第 30 页。不过这种“时间分野”极为少见,在中国星占文献中似仅见一例,也即唐《开元占经》卷六十四《分野略例 · 月所主国二》引《荆州占》载:“正月,周;二月,徐;三月,荆;四月,郑;五月,晋;六月,卫;七月,秦;八月,宋;九月,齐;十月,鲁;十一月,吴越;十二月,燕赵。”

② 参见唐晓峰:《从混沌到秩序:中国上古地理思想史述论》,中华书局 2010 年版,第 152-155 页。

③ 如清人阮葵生《茶余客话》卷十三《分野》载:“分野配以九州岛,而环海四夷概不与焉,前人多以为疑。……夫春秋、战国地域变迁,三晋未分,晋当何区?秦拔西河,魏当何属?周未东迁,何故已直鹑火?陈灭于楚,何自而入韩分?且中国几何,蛮夷戎狄岂日星所不临哉?天道在西北而晋不害,越得岁而吴受其凶,皆以岁星所在言之也。然豕韦实卫,晋何以吉?吴、越同野,吴何以凶?卫既水属,何故与宋、陈、郑同火,而裨灶先知之?……此皆不可晓者,前哲要自有见也。……按天文家言天之一度,当地二千九百余里。天大地小,安得以东南一隅应之?晋人以一度当一千四百六里,唐人以一度当四百余里,将安所从耶?”

的“天垂象，见吉凶”提出了更高的要求。帝王不仅要时时留意其统治疆域上所有的天变所蕴藏的吉凶信息以作应对，而且更为重要的是要对灾异天象承担“天谴”的责任，“天谴论”的出现就是一个典型的例证。因此，分野不再是像战国时代诸国纷争时的互不关联或各自为命，也不再是像周天子那样可以不去承担列国星变之责任，而是将中央与地方紧紧地捆在一起。在皇权体制下，分野不仅成了中央控制地方政治与人事安排的一个工具，而且也成了关于皇权约束与反约束的一个工具。当然，在大一统进程中出现的政权分立时期（如三国、南北朝等），由于存在王权正统性的争议，分野竟被作为一种有效工具用来政治辩护和自我证明。[①] 但不管怎样的政治变迁，分野理论的精髓是始终不变的，即在天人感应理论之下，以相关天象之吉凶，预决对应区域之人事走向。

二、星占学下的法律模拟

军政星占学主要是通过对天象的观察来“占”战争胜负、王朝盛衰、国君安危等有关军事、政治等事项，在古史记载的众多星占书及星占事例中，明显或典型地以天象来占法律的并不多见。然而，这并不表明法律在星占学中的地位不高，成分不多。实际上，在古代中国“外儒内法”的治国策略下，法律的分量是很重的。在星占学的视域中，虽然典型以法律为待占对象的事例较为少见，但是在以军政为待占对象的事例中却存在不少法律现象。实际上，这是中国古代法律从属于军政、服务于军政的产物，是所谓“刑为盛世所不能废，而亦盛世所不尚”[②]的产物。法制史的研究已充分揭示，中国古代法律本身很难说有其相对的独立性，它可以说依附于整个中国文化，既是综合所有文化的一个结晶体，又是维护王权统治的一个有力工具。大量的法律问题和法律运作是淹没在军事、政治甚至君主

① 如《晋书》卷十三《志第三·天文下》载：“《蜀记》称明帝问黄权曰：‘天下鼎立，何地为正？’对曰：‘当验天文。往者荧惑守心而文帝崩，吴、蜀无事，此其征也。’”面对魏明帝的提问，黄权的回答极具乖巧和星占意义，也体现了分野理论在正统论纷争中的灵活运用。

② 《四库全书总目提要》卷八十二，史部三十八，政书类二，“《唐律疏义》三十卷”条之按语。

的个人行为之中而不得彰显的。这是我们在分析星占和法律关系问题时特别应该注意的。

可以说,法律在星占学视域中的意义,主要在于通过对天象的观察和领悟而对天象进行模拟。这种模拟既有间接的,也有直接的;间接模拟呈现无形性,直接模拟则具形体性。

（一）“象”:法律模拟之途

诚如学界充分揭示,中国先民有着强烈的“象思维”。《周易》之所以能包容深邃、博大、雄浑的文化底蕴,乃根源于它的“取象”和“象以尽意”的思维特征。[①] “象”在《周易》中出现的频率极高,64卦中的每个卦辞及384爻中的每个爻辞,都有“象”的身影伴随。[②] 可以说,“象”就是《周易》的灵魂,也是它的躯体,可谓“象”外无《易》。

然而如何理解这种“象”的思维呢?《系辞上》说:“圣人设卦观象,系辞焉而明吉凶,刚柔相推而生变化。是故,吉凶者,失得之象也;悔吝者,忧虞之象也;变化者,进退之象也;刚柔者,昼夜之象也。……是故,君子居则观其象而玩其辞,动则观其变而玩其占。”又《系辞下》说:“是故《易》者,象也;象也者,像也。”可见“象”思维有一个由具象到抽象的转化过程。《周易》中由卦爻辞表达的具体事物之“象”十分丰富,既有静态物象,又有动态事象;既有近取的诸身之象,又有远取的诸物之象。[③] 古人从这些具象当中进行了体悟,并将其模仿、类推或象征运用到人事上,这就完成了抽象认知的

---

① 参见王树人:《“象思维”视野下的“易道”》,载《周易研究》2004年第6期。

② 甚至有学者认为,《易经》共计二万四千余字,字字都是在阐发“象”的思想,句句都是在解读“象”的念意,集中讲的是一个“象”字,《易经》的实质就是“象”。参见陈凯东:《“象”是〈易经〉的文字》,载《殷都学刊》2012年第3期。

③ 具体说来,如有自然界的日、月、星辰、风雨、雷电、山河、草木、飞鸟、走兽等情况,社会的农耕、狩猎、商贸、战争等事态,人的婚、丧、嫁、娶、生、老、病、死等人生百态,生理上的人的身体诸有机组织,人在现实和梦中之喜、怒、哀、乐等情感表现,等等。

过程。[①] 像《韩非子·喻老》中关于箕子见纣王"象箸"而知"天下祸"的故事,正是生动形象而又特定具体地体现了"象"的类比象征之义。[②]

然而纷繁复杂的事物之"象",哪些是最值得"取法"的呢?《系辞上》说:"法象莫大于天地。"也即谓天地之象最值得取法。天地之象相对于今人之谓自然界现象,但于古人而言,却是浸透着浓厚的神灵气息。在古人远古以来就信仰"神灵之天"的观念中,天象统摄着地象,地象实是天象在地上的物质性投影或衍生。也正因为

① 一个饶有兴趣的问题是,古人为何偏偏用"象"字作为由具象到抽象的思维过程呢?这也许可以从"大象"这种动物在中国的生存变迁中得到解读。《说文解字·象部》:"象,长鼻牙,南越大兽,三年一乳,象耳牙四足之形。"可见"象"之本义是大象,甲骨文字形及历史文献也证明中国古代生存过大象。(有种说法,认为舜时的"象刑"并非今天学界之耻辱刑如画像或衣饰区别之通说,而是真切利用大象进行抛摔或踏踩的一种刑罚。据说舜的弟弟"象"就是一个牧象驯象的首领,因其品性凶恶,就常以大象来处罚犯人。)那大象这种具体事物又如何演变为抽象思维的呢?《韩非子·解老》的解释是:"人希见生象也,而得死象之骨,案其图以想其生也,故诸人之所以意想者,皆谓之象也。"但古人希见之物不少,为何偏以"象"来表示意想之抽象义呢?有论者以为这与周代《象》之乐舞密切相关。《吕氏春秋·仲夏纪·古乐》说:"商人服象,为虐于东夷,周公遂以师逐之,至于江南,乃为《三象》,以嘉其德。"《三象》简称为《象》,《汉书》卷五十七《列传第二十七·司马相如》注引张楫曰:"《象》,周公乐也。商人服象,为虐于夷,成王命周公以兵追之,至于南海,乃为《三象》乐也。"又《礼记·内则》载:"十有三年,学乐诵诗,舞《勺》。成童,舞《象》,学射御。"高亨先生《周颂考释》说:"周公灭商,取其象而教之舞,配以人之歌舞,故名《象》舞。其后北方舞象,当以人饰象,如今之狮子舞之例也。"这种对象舞的猜测性解读当为可信。由于周公灭商的重要意义,无论是出于殷鉴,还是出于周德,均使得《象》之乐舞尤为周人所瞩目所重视,其引申之抽象意义也就尤为突出。很显然,《象》舞的姿态应当是模仿大象的动作,这就使得"象"抽象出了模仿、效法之义。而后来出现的"像"字,从人象声,正可说体现了人对大象的模仿。参见郭令原:《"象"的含义及其在先秦文学思想中的意义》,载《甘肃社会科学》2004年第3期。

② 《韩非子·喻老》云:"昔者纣为象箸而箕子怖。以为象箸必不加于土铏,必将犀玉之杯;象箸玉杯必不羹菽藿,则必旄象豹胎;旄象豹胎必不衣短褐而食于茅屋之下,则锦衣九重,广室高台。吾畏其卒,故怖其始。居五年,纣为肉圃,设炮烙,登糟丘,临酒池,纣遂以亡。故箕子见象箸以知天下之祸。"

此,天象实质成为古代圣人或统治者最想取法的对象。[①]

因此,《系辞上》所说的“天垂象,见吉凶,圣人象之”,就成为历代统治者、天文家、星占家等观天设占、运筹人事的座右铭。这句名言中,前一个“象”是“天”所显现之“象”,即古人眼中的天文现象;后一个“象”实际上是把来自天界的天文现象与人间的社会现象加以对照揣摩,并以天象作为模拟对象的一套特有的象征符号,简而言之即为模拟天象,也即为“像”。这样的“象/像”也即《周易·系辞上》所说:“圣人有以见天下之赜,而拟诸其形容,象其物宜,是故谓之象。”学者陈江风先生由此说:

> 因此,“象”所产生的文化过程是:从形而下的具体事象,发展到形而上的符号化的“象”,再以这种抽象化了的“象”为准则,衡量或再生产具体的“器物”,叫作“以象制器”。这其实是一个来自天又返回天的过程。[②]

这段话颇有哲学味道,也很有点“后现代”的味道。所谓“器物”就是“圣人象之”的产物。“圣人象之”不是玩“空手道”,而是要有实际的产出,否则“圣人象之”必会贻笑大方,圣人也就不圣了。当然,这个“器物”并不仅仅就是一个有形体之物质,而实是一种文化形态。如“作结绳而为罔罟,以佃以渔,盖取诸《离》”、[③]“父死子继何法?法木终火王也”、[④]“子为父隐何法?法水逃金也”[⑤]等中,所谓“结绳而为罔罟”“父死子继”“子为父隐”等就是器物,都是

---

① 而在天象当中,最引人注目的又是太阳与月亮的运行之象。《系辞上》说:“县(通“悬”)象著明莫大乎日月。”古人直观认为,白天太阳运行于天上,黑夜月亮运行于天上,太阳去则月亮来,月亮去则太阳来,太阳和月亮相互推动而光明不断产生,照亮大地与人间,正如《系辞下》所说:“日往则月来,月往则日来,日月相推而明生焉。”此日月之往来,是“昼夜之道”,又称“日月之道”,亦可概称“天之道”。正因如此,日月之象成为中国古代天学特别是星占学中最为关注的天象。

② 陈江风:《天人合一》,生活·读书·新知三联书店1996年版,第168页。

③ 《周易·系辞下》。

④ 《白虎通疏证》卷四《五行·人事取法五行》。

⑤ 《白虎通疏证》卷四《五行·人事取法五行》。

属于文化形态的范畴,都是象的模拟。[①]

然而,对天象这样具有神秘神示性的“象”进行观察,并进而上升为抽象化的“象之”之“象”并不是一件容易的事。要得天象之真意,需要“悟”,显然这是只可意会不可言传之事。所谓“日月叠璧,以垂丽天之象;山川焕绮,以铺理地之形”,[②]其实都是天道的表现形式。“象”是“道”的载体,通过“象”悟出“道”,这才能叫作得到“意”。[③] 这个“意”就是“天意”。只有“悟道得意”之后才能将“象”抽象化,才能真正“象之”,否则要么“象/像”不了,要么就是假“象/像”。如果所谓圣人不“象/像”或假“象/像”这“天象”,那么这“天”就会“凶象”到底,直到国灭人亡。

法律就是圣人对天象进行“象之”后的器物之一。作为器物,它同样是一种文化形态,包括法律制度、法律思想、法律运作、法律设施等一系列法律现象。法律虽然人为,但并非无的放矢。在古代中国信天、敬天、畏天的语境中,法律同样是古人观察“天象”而“象之”的重要成果之一。只不过,这种“象之”分为两类:一是对“天象”的直接模拟;二是对“天象”背后“天道”的模拟,此乃间接模拟。在这里,无论是“象/像”天象还是“象/像”天象背后的“道”,都是建立在对天象的领悟之上,即是一种“悟道得意”之后的模拟。

“象”是一个内涵极为丰富的文化概念,甚至被称为是“中国文化的一种基因”。[④] 实际上,“象”的概念产生于神秘的天文观察,所谓“在天成象,在地成形”。[⑤] 由于日月星辰“在野象物,在朝象官,在人象事”,[⑥]人间一切事情都随天象而应,法律自然也难逃其“象”。正是依据这种对天象的直接和间接模拟,法律的神圣性、权威性才由此而生。

---

① 参见谢松龄:《天人象:阴阳五行学说史导论》,山东文艺出版社 1989 年版,第 143 页。

② 刘勰:《文心雕龙·原道》。

③ 参见陈江风:《天人合一》,生活·读书·新知三联书店 1996 年版,第 168 页。

④ 顾晓鸣:《“象”:中国文化的一种“基因”》,载《复旦学报(社会科学版)》1986 年第 3 期。

⑤ 《周易·系辞上》。

⑥ 《晋书》卷十一《志第一·天文上·天文经星》。

（二）法星列布：对天象的立法模拟

法律的运作要在具体的案例中得以顺天承道、象天而行，首先需要赖以资本的法律制度本身是建立在对天象的模拟之上。这就是立法之“象”，立法之模拟。

《汉书·刑法志》开篇即有一段令后代圣人贤主看后激动不已的话：

> 夫人宵天地之貌，怀五常之性，聪明精粹，有生之最灵者也。……圣人取类以正名，而谓君为父母，明仁爱德让，王道之本也。爱待敬而不败，德须威而久立，故制礼以崇敬，作刑以明威也。圣人既躬明哲之性，必通天地之心，制礼作教，立法设刑，动缘民情，而则天象地。故曰先王立礼，“则天之明，因地之性”也。刑罚威狱，以类天之震曜杀戮也；温慈惠和，以效天之生殖长育也。书云“天秩有礼”，“天讨有罪”。故圣人因天秩而制五礼，因天讨而作五刑。

此段话洋溢着一股浓烈的“天人感应”之味和“人合于天”之情。从人副天类[①]到圣人则天制定礼刑，无论是形身体质上的，还是器物文化上的，都是来自对天的模拟。也正是制定礼刑能够“则天象地”，圣人才能成为圣人、成就其王。

如果班固这段话中的“天”还具有某种含混的话，那么《隋书·刑法志》开篇这段文字则较典型地从星占学意义上表达了“具象之天”之于立法的功能意义：

> 圣王仰视法星，旁观习坎，弥缝五气，取则四时，莫不先春风以播恩，后秋霜而动宪。是以宣慈惠爱，导其萌芽，刑罚威怒，随其肃杀。仁恩以为情性，礼义以为纲纪，养化以为本，明刑以为助。

---

① 如东汉应劭对“夫人宵天地之貌”的解释：“宵，类也。头圆象天，足方象地。”即为此义。

原来,倡导先仁义后刑杀,莫不是来源于对天象的观察和模拟,也即为星占的结果。所谓"仰视"之"法星",主要就是天上之主刑主罚之星。[①] 这样的法星在正统星占学视域中主要有:月;荧惑(火星);太白(金星);辰星(水星);中宫北斗七星之天璇;太微南蕃东西二星;东宫角宿之左角天田、亢宿四星、心宿之大火;西宫娄宿三星、昴宿七星、毕宿八星、参宿十星;南宫井宿八星、舆鬼五星等。如唐代天文星占学家李淳风在《乙巳占》中说:"夫月者,太阴之精,积而成象,……以之配日,女主之象也;以之比德,刑罚之义也;列之朝廷,诸侯大臣之数也。……行有弦望晦朔,迟疾阴阳,政刑之等威也。"[②]此几乎乃星占学上月之通释。月日相对,日为太阳之精,人君之象,主德;而月为太阴之精,女主之象,主刑。

至于荧惑等其他诸法星,古代中国的各类星占书均有确指,如:

荧惑,一名罚星,南方火德,朱雀之精,赤熛怒之使也。……主视明罚祸福之所在,荧惑伺察而行殃罚。[③] 荧惑,一曰罚星,或曰执法。[④]

太白主兵革诛伐,正刑法。[⑤]

辰星……主刑狱。所在之宿,欲其小而明则吉,而刑息狱静,百姓安;若大而光明,则刑乱狱兴,人民陷害,有阻守之象。[⑥]

大火,谓之大辰,房心尾也。主天下之赏罚。[⑦]

东井,天府法令也。……东井主水,用法清平如水。王者心正,得天理,则井星正行位,主法制著明。[⑧]

---

① 古代星占经典文献常把北斗七星第二星天璇叫作法星。此实为狭义,本文在广义上使用。

② 《乙巳占》卷二《月占第七》。

③ 《乙巳占》卷五《荧惑占第二十八》。

④ 《开元占经》卷三〇《荧惑占一·荧惑名主一》引《广雅释天篇》之言。

⑤ 《开元占经》卷四五《太白占一·太白名主一》引巫咸之言。

⑥ 《乙巳占》卷六《辰星占第三十七》。

⑦ 《开元占经》卷六〇《东方七宿占一·心宿五》引《尔雅》之言。

⑧ 《开元占经》卷六三《南方七宿占四·东井占一》引《黄帝占》之言。

南蕃二星,东星曰左执法,廷尉之象也;西星曰右执法,御史大夫之象也。执法,所以举刺凶奸者也。①

以上所举仅为略端,实际上在各类星占著作中,各星与刑罚功能之间的对应关系十分丰富,也较为复杂。另外,关于“旁观”之“习坎”,按《易经·坎卦》:“习坎,重险也。水流而不盈,行险而不失其信。”《说卦》说:“坎为水……为月。”“习坎”主要为险要之地,同时又象征水、象征月亮而主刑;而关于“五气”则为与五星、五行对应之气,“四时”则为春夏秋冬,乃“天”之性情。如此,《隋书·刑法志》开篇之“圣王仰视法星,旁观习坎,弥缝五气,取则四时”,其主旨即可视为圣王从天象寻求制定礼法的依据。

实际上,就天象与法律制定的具体关系而言,专门的星占书讲得十分细致。如荧惑和刑制的关系有云:

为人君,常以夏时修荧惑之政,则君正臣忠,父慈子孝,咸得其理,不失礼节矣。荧惑之政者,……断薄刑,决小罪,出轻击,宽重囚,……则荧惑顺轨,而无变异。②

显然,“断薄刑,决小罪,出轻击,宽重囚”之类刑罚措施的设定,不是人君凭空也非心血来潮之事,而是依据荧惑在夏时的天象而“修荧惑之政”的政事之一。如果不如此行事,“则荧惑怒”而“天殃罚之”。

太白金星与法制设定之间的关系则似乎更为直接:

太白主秋。人君当秋之时,顺太白以施政则吉,逆之则凶。……太白之见也,以其时修法制,缮囹圄,具桎梏,禁奸邪,务执缚,察狱刑,戮罪过,斩杀必当,无留有罪,不留无式。枉挠不当,人君大臣受其咎。③

---

① 《开元占经》卷六六《石氏中官二·太微星占四十六》引《春秋元命包》之言。

② 《乙巳占》卷五《荧惑占第二十八》。

③ 《乙巳占》卷六《太白占第三十四》。

当太白在秋时出现，人君必须以修法制、察刑狱等来适应于太白之象，才能免除“人君大臣受其咎”之罚。这种用重设法律、改定刑制的方式来适应相关天象的法律建制模式，在星占著作中是极为强调的，也是语气极为断然的，特别是当人君设制违背“天时”而天象就显得极为凶险之关联更是不容置疑。这在“北方水德，玄武之精”的主刑狱的辰星之“象”上深有表现：

> 人君常以冬时，修辰星之政。……人君若淡佚非道，纵恣外戚，不禁近习，不恒狱刑，起众发征，开泄藏气，则辰星失行……国不昌。人君以冬时行春令，则岁星之气干之，辰星色青，君忧；刑狱动，生死不备……断官凶；以冬行夏令，则荧惑之气干之，辰星色赤而小昧，刑祸并起……以冬行秋令，则太白之气干之，辰星色白，则威刑并作，狱讼军旅，同时而兴……令逆时，则辰星不轨，错逆动行，降之以刑诛，大臣刑戮作矣……若君听谗言，任佞，刑戮无辜，狱讼停滞，其仪不当，则辰星垂芒，气晕不明，天降刑戮，人乱矣，国者不昌。[①]

可知，人君在冬行春令、夏令、秋令而悖逆辰星“天时”时，辰星则会受其他星如岁星、荧惑、太白之气干预，“失行”而降下刑戮等灾祸，从而招致国家不昌甚至兵变而亡。这就意味着，人君各种法令的设定必须视辰星的冬时天象而“与时俱进”“与时俱变”，否则，不仅法制本身无法控制而深受其害，而且更会导致天降刑戮之谴。

实际上，天象与法律的关系不仅在专门的星占书上十分明确，而且在儒家的经典里也灿然如炬；不仅是作为星占法律时所遵循的一种依据，更是直接作为相对固定的政(法)令而被遵守。这主

① 《乙巳占》卷六《辰星占第三十七》。

要集中体现在被历代基本承袭的儒家经典《礼记·月令》中。[1]《礼记·月令》规定了人君需奉行的十二月政(法)令。[2]《月令》首先说明该月的天象,然后再规定人君在该月所应推行的政令、法令。这样的体例,可说明《月令》内容当是以天象作为依据而设计,而这也使得《月令》成为了一部具有法律意义的官方常规星占经典。如"孟春之月":

> 孟春之月,日在营室,昏参中,旦尾中。……是月也,以立春。……命相布德和令,行庆施惠,下及兆民。庆赐遂行,毋有不当。乃命大史守典奉法,司天日月星辰之行,宿离不贷,毋失经纪,以初为常。是月也……王命布农事,命田舍东郊,皆修封疆,审端径术。……是月也,命乐正入学习舞。乃修祭典。命祀山林川泽,牺牲毋用牝。禁止伐木。毋覆巢,毋杀孩虫、胎、夭、飞鸟。……是月也,不可以称兵,称兵必天殃。……毋变天之道,毋绝地之理,毋乱人之纪。

可见,"日在营室,昏参中,旦尾中"既是孟春之月的"天象",又

---

① 《礼记》作为对先秦仪礼的文本解读,辑录于西汉时期,并成为儒家经典。在《礼记·月令》之前,有吕不韦编的《吕氏春秋》十二纪,两者的文字几乎完全相同,说明两者定有共同的来源,但不能简单说后者抄自前者。因周代实行"敬天保民"思想,实行十二月政完全有其可能。参见萧放:《〈月令〉记述与王官之时》,载《宝鸡文理学院学报(社会科学版)》2001年第4期。但郑玄认为,《月令》的来源"本《吕氏春秋》十二月纪之首章,礼家好事抄合之"。

② 关于"月令"之"令"当作何解,学界似有不同说法。按现代语义,它与自然时令相关,表示每月的"气候与物候"。但有学者认为,"令"实包括两方面内容,它既是神秘的自然律令(时令),也是王者之令(政令),后者依托前者而愈显严肃。参见萧放:《〈月令〉记述与王官之时》,载《宝鸡文理学院学报(社会科学版)》2001年第4期。又有论者认为,月令语义之本源应是关涉社会政治,重心不在自然而在人事,"令"指的就是每月天子发布的"政令",而非"气候与物候"。参见杨雅丽:《"月令"语义文化溯源——〈礼记·月令〉解读》,载《贵州文史丛刊》2010年第2期。笔者同意"政令"一说。郑玄注《礼记·月令》起首即说:"名曰《月令》者,以其纪十二月政之所行也。"此言甚是。

是构成孟春之月中王之政令、法令内容的依据和模型。[①] 这些政法之令有的是命令该做什么,有的是命令禁止做什么。特别是规定掌管"天文"的太史在"司天日月星辰之行"上要勤恳不得懈怠,反映了天象在人君制定政法之令上的极重要意义。如果人君不据孟春天象而行它令,则后果必是:"孟春行夏令,则雨水不时,草木蚤落,国时有恐。行秋令则其民大疫,猋风暴雨总至,藜莠蓬蒿并兴。行冬令则水潦为败,雪霜大挚,首种不入。"人君不以每月天象推行相应月令而致灾异,不仅孟春如此,其他月令也都有此规定,只是呈现的灾异不同而已。由此可见人君法律设定与天象关系之甚密。

《月令》除了孟春月令对该月推行的政令、法令进行规定而无涉法律本体内容外,尝有其他多个月令还特意对专门的法律内容本身以天象为依据进行了规定:

> 仲春之月,日在奎,昏弧中,旦建星中。……是月

---

① 或有人以为,《礼记·月令》中的"时政",固然是源自对每月天象的"司天"观察,但是法令、政令模拟的是"物候""气候",而非"星象"。如"日在营室,昏参中,旦尾中",只是标示孟春之时日躔星宿,及昏旦观测标准星,基本上只具时间的标示作用,与后文的法令、政令无关。甚至有论者认为,每月月令开始的天象,只是为了标示太阳行度与朝暮星辰出现的位置,目的在于提醒百姓注意,让人民可以自己去观测日月星辰在每个月初的主要天象位置,使人能"观象知时"并自我校准;因此,天象的说明,只是一种客观的报道与传达自然天文星象运行的时钟,无关想象也无关任何神秘的意思。参见孙长祥:《〈礼记·月令〉中的时间观》,载《东吴哲学学报》2002 年第 7 期。笔者并不这样认为:首先,先天象而后政令的文本排序,从逻辑上说明了后者对前者的某种附属或依赖关系。其次,虽然每条月令中描述有物候、气候情况,但这些物候、气候并不具系统性,而是显得零碎和杂乱,且只能说明是该月出现的某些"自然"现象,并不能说明这些现象具有对人君政令的决定作用。再次,在古人星占学下,不仅日月星辰的运行和出现位置具有典型的天意,而且物候、气候都不是单纯的"自然"现象,其背后都有着以太阳为核心的各种星体体现出来的"神灵之天"之意志,从广泛意义上说,它们均属于"天象"范畴。复次,因王权的合法性源于"天",故古代统治者一直有着垄断天文之学的努力,并对私习者进行严厉打击,断无有让民间百姓自己去"观象知时"并自我校准的欲望,否则也就没有颁布月令和历法的必要性了。最后,在"圣人慎守日月之数,以察星辰之行,以序四时之顺逆"这类思想下,所谓"古人立国,以测天为急",观测"天象"以了解"天意",就成为统治者预决、判定人事的普遍作为。比如,太阳作为天上最重要的星体,也是作为人间君主的象征,其每月在白天运行所呈现的天象,自然成为了人间君主虔诚模拟的对象;而在白天之后,黄昏与拂晓作为夜晚首尾的两端,相关星辰运行轨迹的天象,就不仅仅是出现位置所体现的时间标示作用,更是被认为是上天对人间统治者如何与白天太阳运行相衔接配合而进行施政的重要提醒。

也……命有司省囹圄，去桎梏，毋肆掠，止狱讼。

孟夏之月，日在毕，昏翼中，旦婺女中。……是月也……断薄刑，决小罪，出轻系。

孟秋之月，日在翼，昏建星中，旦毕中。……是月也，命有司修法制，善囹圄，具桎梏，禁止奸，慎罪邪，务搏执。……决狱讼，必端平。戮有罪，严断刑。

仲秋之月，日在角，昏牵牛中，旦觜觿中。……是月也……乃命有司，申严百刑，斩杀必当，毋或枉桡；枉桡不当，反受其殃。

季秋之月，日在房，昏虚中，旦柳中。……是月也……与诸侯所税于民轻重之法。……乃趣狱刑，毋留有罪。

可见，每月天象不仅对该月总的政令、法令提供了模拟依据，而且还为该月中的典型法律应对，特别是刑法应对提供了模拟依据。简言之，即在仲春、孟夏之月要轻刑止狱，在孟秋、仲秋、季秋之月要严刑且当。而所有这些刑狱思想和措施的确立，竟都发源于对每月天象的“司天”观察。由此可见，《月令》所体现出来的天象作用和政（法）令意义对中国古代的“则天立法”有着重要影响。①

对天象的立法模拟，除上述详论之常态外，还常在星变异象情况下作出应对性模拟。如唐昭宗大顺二年（891 年）四月庚辰，出现彗星入太微之天象，于是在此后的甲申日，皇帝除“大赦，避正殿，减膳，彻乐”外，还颁以“赎所略男女还其家”“民年八十以上及疾不能

① 可以说，学界对《月令》中“天象”叙述的研究十分薄弱，但对“政令”层面的研究则较为丰富。从断代看，此又集中在《月令》大显身手的秦汉时代。如邢义田的《月令与西汉政治》（载《新史学》第 9 卷第 1 期）、杨振红的《月令与秦汉政治再探讨》（载《历史研究》2004 年第 3 期），对月令之于秦特别是汉代的政治影响有着深入探讨。从历史变迁看，《月令》作为政令，在秦汉发挥实际效用，魏晋时期存“四时读令”之制。至南北朝因以中原为中心的中央帝国崩溃，月令传统有所衰微，但北朝却有意识地引用月令。随着帝国统一，月令在隋唐时期得以复兴和延续，并沿袭“四时读令”的传统，如隋之以《月令》为纲、详解《月令》奥义的《玉烛宝典》与唐之钦定专书《唐月令注》即是。宋以后由于经济重心南移，社会生活日趋多样化，月令的地位和性质开始发生变化，即已逐渐由政令向一种农事指导和生活参考转变。参见萧放：《〈月令〉记述与王官之时》，载《宝鸡文理学院学报（社会科学版）》2001 年第 4 期。

自存者,长吏存恤”等法令应灾;[①]后梁太祖乾化二年(912年)五月丁亥“彗星谪见”,太祖遂下诏颁行“宜令两京及诸州府,夏季内禁断屠宰及采捕”“所在鳏寡孤独废疾不济者,委长吏量加赈恤”等诸法令以行应对;[②]宋真宗天禧二年(1018年)七月壬申发生星变,除以“赦天下,流以下罪减等”等措施应对外,还令“左降官羁管十年以上者放还京师,京朝官丁忧七年未改秩者以闻”;[③]元仁宗延佑二年(1315年)十一月丙午,出现“客星变为彗,犯紫微垣”,于是在第五天后的辛未,除“赦天下”外,还特颁令“减免各路差税有差”。[④]诸如此类应对性或应急性法律的出台,其实无一不是对天象的某种立法模拟。

(三)列星纵横:对天象的司法模拟

对天象的司法模拟,是指在司法过程中以天象或以从天象中领悟的天道为依据。这样的法律思想在《周易》中就有一些端倪,《周易·讼卦·象辞》云:

> 天与水违行,讼。君子以作事谋始。

这实际上论及了“讼”形成中的星占学意义。唐代李鼎祚《周易集解》卷三引东汉荀爽的话:“天自西转,水自东流,上下违行,成讼之象也。”宋代朱熹《朱子语类》卷七十说:“天自向上去,水自向下来,必是有讼。”明代蔡清《易经蒙引》卷二中说:“天运于上,水流于下,其行相违也。相违而行,讼之所由起也,故为讼之象。”此天水反向运行之观念,当源于早期古人先哲观察天象,坚信天动地静,尚不知天体的东升西落现象是地球自转的反映;同时还观察到大地上的主要河流皆自西向东流。如此,就形成了古人视域中天水“违行”的情况。《周易》据此而形成“讼”卦,卦象是上乾下坎,因乾为天,坎为水,故上天下水。《周易·讼卦》并由此推及人事,若人与人

① 《新唐书》卷十《本纪第十·昭宗》。

② 《旧五代史》卷七(梁书七)《本纪第七·太祖第七》。

③ 《宋史》卷八《本纪第八·真宗三》。

④ 《元史》卷二五《本纪第二十五·仁宗二》。

相背而行，必然意见不一，从而发生争讼。可以说，人间"讼"的产生，实是来源中国古人对"天"与"水"逆行之天象的认识，也更是对天道的一种体悟。

既然"讼"是源于上天的启示，就必然有其符合天道、天理之处。正所谓托天道而明人事，人们的社会生活中不正有着这种天水相违却各本其道的现象吗？从天学角度看，天水固守其道而其行却相违，这即构成了讼卦的本质特征。因此，人事中的争讼正是合乎天道、天理的具有永恒性、普遍性的正常现象，而绝非社会怪异或者毒瘤。正因如此，早期先哲在《周易》中提醒"君子"要"作事谋始"，即做好充分准备，坦然面对讼事，以便顺利圆满解决。然而，在儒家特别是正统儒家的视野中，"讼"事逐渐变得面目可憎可怕起来，特别是在对孔子"听讼，吾犹人也，必也使无讼乎"①一语进行异化解释的前提和推动下，"讼"与"凶"或"终凶"完全画上了等号，孔子的无讼观也被曲解为"消除一切诉讼的发生"等类含义。② 事实上，在"天水相违"的昭示下，无论从讼卦的全部内容看，还是从象数及与"既济"卦对照来看，抑或从卦辞的逻辑及断句等看，"讼"卦总体显示其吉卦面貌，"讼"之属性并非当然为"凶"，而往往相反是"吉"。③

---

① 《论语·颜渊》。

② 参见方潇：《孔子"无讼"思想的变异及其原因分析——兼论对我国当前司法调解的启示》，载《法商研究》2013 年第 1 期。文章认为，孔子"无讼"思想的本意在于：诉讼不可避免，故要重视诉讼，公正圆满地审判案件而不再由此争讼；实现无讼的根本途径在于执政者的仁政及其自身的道德表率。汉唐以来，孔子"无讼"思想发生了变异，被曲解成执政者对民众进行教化劝谕和限制诉权的"息讼""压讼"的理论依据。发生这种变异的主要原因在于后世儒家对君权的极度拔高、"重义轻利观"的极端发展以及封建专制统治维稳的现实需要。重新审视孔子"无讼"思想的本意以及后世对其曲解误用带来的消极影响，对于帮助我们解决中国当前民事审判实践中过度强调司法调解所引发的问题具有重大的启示意义。

③ 参见方潇、段世雄：《讼卦之"讼"辩正》，载《法制与社会发展》2011 年第 5 期。文章认为，由于儒家特别是正统儒家对讼卦之"讼"赋予了太多的附加值，以致我们今人大多沉迷于其中而不自知，人云亦云，亦步亦趋。甚至从自己一己之利出发，借口一孔之见，或信口雌黄，或断章取义，或任意剪裁，根本就没有严肃对待《周易》这部博大精深的经典著作，颇有些游戏学术之虞，极不负责任。实际上，《周易》关于"讼"的思想十分广博、丰富和睿智，既有对"讼"的神圣，更有对"讼"的亲和，既有对"讼"的宽容理解，更有对"讼"的公正信仰……"讼"全然不是统治者及众多后学儒者眼中的"洪水猛兽"，也非今天为追求和谐社会而简单"扬调抑争"式的"法律图景"。

然而,在儒家特别是正统儒家的经久异化下,如何避免讼事发生而达到社会和谐竟成为中国古人乃至今人的一种追求目标。显然,力求避免讼事只是一种理想或者说就是幻想,讼事总会在某些条件下发生。从天学的角度看,这不仅是出于“天水相违”的天象预设,同时也是天象人事的感应产物。《周易·噬嗑卦》云:“噬嗑,亨,利用狱。”《彖辞》解释说:“颐中有物曰噬嗑。”“颐”是腮帮子,所以“噬嗑”是口中咬物而咀嚼之象。但占得此卦之“亨”如何与“利用狱”联系呢?《周易·系辞》云:“日中为市,致天下之民,聚天下之货,交易而退,各得其所,盖取诸噬嗑。”可见《系辞》是将人间“日中为市”之况取象于“噬嗑”了。噬嗑卦为上体离下体震,离为日,震为动。离日在上,表示太阳在上中天附近;震之动,可表示为人群骚动吵嚷。这实际上就是“日中为市”的卦象描述,人们交易骚动就如口中咀嚼食物。交易虽然在“日中”之朗朗乾坤下会顺利而为,但也必然会造成许多争讼,就如人在咀嚼食物时上下齿摩擦或偶会咬到舌头一样。由于交易必然,故讼及决讼之司法亦成为必然。

但是,决讼之司法又如何进行呢?还是源于对天象的星占模拟。由于震又代表雷,离又代表电,噬嗑又可代表雷电交加,故该卦《彖辞》说“雷电合而章”,实际即取象于雷电天象。又《周易·噬嗑卦·象辞》云:“雷电噬嗑,先王以明罚敕法。”此即先王以噬嗑推出雷电,又以雷电导出刑罚法令。故解决人间争讼的刑罚法令实为“近取己身之噬嗑,远取天象之雷电”的产物。由于古人对雷电的敬畏远多于对己身诸物的好奇,从《周易》的角度看,司讼之刑主要就是模拟雷电相合之天象的结果。①

关于从噬嗑卦中推出雷电与司法刑狱之关系,明代邱浚曾有明确之说:

> 先儒有言:噬嗑,震上离下,震雷离电。天地生物,有为造物之梗者,必用雷电击搏之;圣人治天下,有为生民之

---

① 实际上,此种司法模拟在《周易·丰卦》中也有类似表现。该卦《象辞》说:“雷电皆至,丰。君子以折狱致刑。”显然,这也是观摩于雷电共作之盛大天象而行断狱量刑之司法。

梗者，必用刑狱断制之。故噬嗑以去颐中之梗，雷电以去天地之梗，刑狱以去天下之梗也。所谓梗者，即有间之谓也。物有间于吾颐之中，必啮断之而后口可闭合，口不能合则有所窒碍，而气有不通矣。人有梗于吾治之间，必断制之而后民得安靖，民不得安，则有所苛扰，而生有不宁矣。然其所以梗吾治而使民之不安者，必有其情焉。有其情，故有其狱也。所以治斯狱也，非明不能致其察，非威不能致其决。明以辨之，必如电之光欻然而照耀，使人不知所以为蔽；威以决之，必如雷之震轰然而击搏，使人不知所以为拒。明与威并行，用狱之道也。①

在此，邱浚以"梗"将噬嗑、雷电和刑狱联系起来作了个类比，所谓"噬嗑以去颐中之梗，雷电以去天地之梗，刑狱以去天下之梗"。同时，邱浚还特别以"电之明"和"雷之威"来强调用狱过程中的明威并行作用。其实，这已表明刑狱模拟雷电之象的重要意义了。对此，邱浚有更深入的分析：

制定于平昔者，谓之法，施用于临时者，谓之罚。法者罚之体，罚者法之用，其实一而已矣。人君象电之光以明罚，象雷之威以敕法。盖电之光非如日星之明有恒而不息，欻然而为光于时顷之间，如人之有罪者，或犯于有司，则当随其事而用其明察，以定其罚焉，或轻或重，必当其情，不可掩蔽也，否则非明矣。雷之威岁岁有常，虩虩之声震惊百里，如国家有律令之制，违其式而犯其禁，必有常刑，或轻或重，皆有定制，不可变渝也，否则非敕矣。法有定制，而人之犯也不常，则随其所犯而施之以责罚，必明必允，使吾所罚者，与其一定之法，无或出入，无相背戾，常整饬而严谨焉。用狱如此，无不利者矣。②

---

① 《大学衍义补》卷一〇〇《慎刑宪·总论制刑之义（上）》。

② 《大学衍义补》卷一〇〇《慎刑宪·总论制刑之义（上）》。

所谓“人君象电之光以明罚,象雷之威以敕法”实为精辟之言,道出了对违法犯罪者进行司法处理时应该遵循的原理。对于违法犯罪者,既要“象”“欻然而为光”的电那样随事明察,即按其违法犯罪之事合情合理定其罪罚,也要“象”“岁岁有常”的雷那样按违法犯罪之轻重依据定制进行量刑。这就是在司法过程中模拟雷电之象的“定罪量刑”。如果司法常以此“整饬而严谨”,则用狱“无不利者矣”。①

上述议论是中国古人以雷电之天象来模拟决讼之司法过程中的刑狱情况。实际上,司法对天象的模拟并非雷电之象所能涵括,更有其他一些天象也在司法的模拟之列。如在专门的星占著作中就有诸多天象和司法之事对应之占辞,现稍举几例:

> 月晕轸角,大赦,饥;以二月晕轸角,至五月大赦……晕大陵前足,赦死罪;后足,赦小罪。晕五车一星,赦小罪;晕五星,并毕昴大陵,必大赦。②
>
> 荧惑在尾,与辰星相近,天下牢开,大赦。③
>
> 辰星伏而不见经时,断狱者失理矣,人君察之;辰星伏见以时,断狱平矣;辰星怒芒角,有暴狱。④
>
> 岁星犯守营室,为女有宗庙事,以赦解之。⑤
>
> 太白入太微庭,所中犯秉守者,为天子所诛,若有罪;太白犯左右执法,左右执法者诛,若有罪。⑥
>
> 昴星明,天下多犯狱;昴星动摇,必有大臣下狱。⑦

---

① 关于观雷电之象而模拟为司法,程颐也说:“电明而雷威,先王观雷电之象,法其明与威,以明其刑罚,敕其法令。”《大学衍义补》卷一〇〇《慎刑宪·总论制刑之义(上)》。

② 《乙巳占》卷二《月晕五星及列宿中外官占第十二》。

③ 《乙巳占》卷五《荧惑入列宿占第二十九》。

④ 《乙巳占》卷六《辰星占第三十七》。

⑤ 《开元占经》卷二五《岁星占三·岁星犯北方七宿·岁星犯营室六》引《荆州占》之言。

⑥ 《开元占经》卷五一《太白占七·太白犯石氏中官·太白犯太微四十六》引石氏之言。

⑦ 《开元占经》卷六二《西方七宿占三·昴宿占四》引甘氏之言。

上述列举均为以各种天象来占诸如断罪、坐狱、赦免、刑诛等司法之事，其中既有正面的占行，又有反面的占行。正面占行即为根据天象所示去行之，如当荧惑在尾而与辰星相近时，则顺其而行大赦之事；反面占行则是根据天象所示而警示人君去反省司法之弊，如当辰星伏而不见经时，人君应对断狱失理之弊进行审察，以使断狱之平。两者都是对天象的模拟，不过只是一种为正面模拟，另一种为反面模拟而已。这里需注意的是，司法虽依天象而行，但天象又会随司法之弊呈现异常状态，故只有消除司法之弊才能使相关天象回归常态。可以说，这是“天人感应”在天象和司法关系上的表现。

上述列举与司法关系密切之天象在古代星占文献中十分丰富，但在各种天象中，尤以日月食之天象为一国政治特别关注，也为一国司法所特别模拟。如下列星占之辞：

> 君喜怒无常，轻杀不辜，戮无罪，慢天地，忽鬼神，则日蚀。①
>
> 日蚀东井，其国内乱，苛法。②
>
> 日蚀轸，国有丧，以赦除其咎。③
>
> 月在角亢蚀，刑法官当黜，将吏有忧，国门四闭，其邦凶。……月在东壁蚀，阴道毁伤，不能化生，有黜削之罪，大臣有戮，文章者执。④
>
> 臣行刑罚，执法不得其中，怨气盛，并滥及良善，则月蚀。⑤
>
> 月蚀尾、箕，后族有刑罪；若御妾有坐者，后有忧。⑥

上引几例从司法的角度说明了日食、月食形成的原因以及与相

---

① 《开元占经》卷九《日占五·日薄蚀三》引《礼斗威仪》之言。
② 《开元占经》卷十《日占六·日在南方七宿蚀八》引陈卓之言。
③ 《开元占经》卷十《日占六·日在南方七宿蚀八》引《河图圣洽符》之言。
④ 《乙巳占》卷二《月蚀五星及列宿中外官占第十四》。
⑤ 《开元占经》卷十七《月占七·月薄蚀二》引董仲舒《对灾异》之言。
⑥ 《开元占经》卷十七《月占七·月在东方七宿而蚀十六》引甘氏之言。

关日月食相对应的司法之况。如果人君滥杀无辜,则会日食;如果人臣行刑不中,则会月食。这所谓君臣之司法尽在天的视野之中,司法黑暗则天会用日月之食展现其谴责。同时,一旦出现不同情况的日月食,国家司法也将按图索骥,依"象"而行。

上述日月食之星占之辞,或有人可能以为纸上谈兵,然古代实践却多有此类星占之例,从而对政治和司法产生重要影响。史载汉代肃宗时即有一日食之占对司法影响的典型例子:

> 肃宗即位……其冬,有日食之灾,严上封事曰:"臣闻日者众阳之长,食者阴侵之征。书曰:'无旷庶官,天工,人其代之。'言王者代天官人也。故考绩黜陟,以明褒贬。无功不黜,则阴盛陵阳。臣伏见方今刺史、太守专州典郡,不务奉事尽心为国,而司察偏阿,取与自己,同则举为尤异,异则中以刑法,不即垂头塞耳,采求财赂。今益州刺史朱酺、扬州刺史倪说、凉州刺史尹业等,每行考事,辄有物故,又选举不实,曾无贬坐,是使臣下得作威福也。故事,州郡所举上奏,司直察能否以惩虚实。今宜加防检,式遵前制。旧,丞相、御史亲治职事,唯丙吉以年老优游,不案吏罪,于是宰府习为常俗,更共罔养,以崇虚名,或未晓其职,便复迁徙,诚非建官赋禄之意。宜敕正百官,名责以事,州郡所举,必得其人。若不如言,裁以法令。传曰:'上德以宽服民,其次莫如猛。故火烈则人望而畏之,水懦则人狎而玩之。为政者宽以济猛,猛以济宽。'如此,绥御有体,灾眚消矣。"书奏,帝纳其言而免酺等官。①

按星占书之占辞,日食乃阴侵阳、臣掩君之象,有亡国死君之灾。在古代中国敬天、畏天观念流行之语境中,日食之凶象可谓人君都尽而知晓,故朝臣马严上书仅说日食乃阴侵阳之征而不必再言及亡国死君之灾,想必是心存芥蒂,点到为止。根据天人感应理论,天变乃往往由人事而起,但阴侵阳之征与人事之对应者甚多,本

① 《后汉书》卷五十四《列传第十四·马严》。

次日食是由何而起？按马严之观，大而言之乃是官吏“无功不黜，则阴盛陵阳”，此言下之意是指人君有“考绩黜陟，以明褒贬”之失；具而言之，实乃缘由某些刺史、太守等官为政私盛、司法腐败，所谓“司察偏阿，取与自己，同则举为尤异，异则中以刑法”。朱酺等刺史对考事舞弊行之，故要求对其进行司法监察；内吉倚老卖老，不案吏罪，而宰府却置若罔闻，实乃建官之失。故对他们的司法腐败和为政平庸进行司法处理是为必要，马严还以古代“宽猛相济”之为政圭臬作为佐证。皇帝最后采纳了马严之占奏。可见，星占对司法于天(象)的模拟回归具有重大影响。在这种国家司法和日月食的互动牵引中，不同星宿之位的日月之食，实质是那个神灵之天的情感表现。这种情感显然透出了其理性天道的爱憎好恶，而正因为其天道的绝对正确性，人世的司法就必须以其日月之食的出现而予以相应的模拟运作。

不过，与日月食相比，中国历史上更多出现的是其他凶象，如彗星之类就为史书较多记载，法律的星占式模拟也就多与此有关。如唐文宗开成二年(837 年)二至三月发生了一连串的彗星之变“(二月)丙午夜，彗出东方，长七尺，在危初，西指”“辛酉夜，彗长丈余，直西行，稍南指，在虚九度半”“壬戌夜，彗长二丈余，广三尺，在女九度，自是渐长阔”“(三月)乙丑夜，彗长五丈，岐分两尾，其一指氐，其一掩房”“丙寅……是夜，彗长六丈，尾无歧，在亢七度”“戊辰夜，彗长八丈有余，西北行，东指，在张十四度”。[①] 战国星占家石申曾说：“凡彗星有四名……其状不同，为殃如一。其出不过三月，必有破国乱君，伏死其辜，余殃不尽，当为饥旱疾疫之灾。”[②]彗星出实为典型凶象。或由于前两次凶险性不大，文宗尚有侥幸心理，而当第三次出现时则作出了应对。星占书载：“彗孛干犯须女，其邦兵起，女为乱，若妾迁为后，王者无信大乱……退女所亲，天下安宁。”[③]对此与女性有关的天象，文宗的对策是在次日后的三月甲子朔日“出音声女妓四十八人，令归家”。第四次星变，星占书载：“彗孛起氐中，天子不安，宫移徙，失德易政。彗星房出，天子行为无

① 《旧唐书》卷十七下《本纪第十七下・文宗下》。

② 《开元占经》卷八十八《彗星占上・彗孛名状占二》。

③ 《乙巳占》卷八《彗孛入列宿占第四十八》。

道,诸侯举兵守国。彗孛贯房,王室大乱。”①为免祸害,文宗遂约束自己在次日(丙寅日)“罢曲江宴”。谁知当夜又见彗星犯亢,星占书载:“彗出亢,天下大饥,其国有兵丧,人民多疫,人相食……彗出亢,天子失德,天下大乱,有大水兵疫。”②再次面对这等关系国计民生的凶象,文宗在罢宴之余,又“敕尚食使,自今每一日御食料分为十日,停内修造”。然而,两天后彗星又见干犯张宿,星占书载:“彗干犯张,其国内外用兵,主徙宫,天下半亡。彗出张,大旱,谷石三千。”③针对如此凶象,文宗继续减停宫中享乐,两天后(辛未日)下令“宣徽院《法曲》乐官放归”。经过如此折腾,虽有相应措施以期消灾,但文宗仍深恐彗星再次犯宿而带来更大的未知灾难,于是在次日(壬申日)又赶紧下了一道“罪己诏”,以告天下:

> 朕嗣丕构,对越上玄,虔恭寅畏,于今一纪。……然诚未格物,谪见于天,仰愧三灵,俯惭庶汇,思获攸济,浩无津涯。昔宋景发言,星因退舍;鲁僖纳谏,饥不害人。取鉴往贤,深惟自励。载轸在予之责,宜降恤辜之恩,式表殷忧,冀答昭诫。天下死罪降从流,流以下并释放,唯故杀人、官典犯赃、主掌钱谷贼盗,不在此限。诸州遭水旱处,并蠲租税。中外修造并停,五坊鹰隼悉解放。朕今素服避殿,彻乐减膳。近者内外臣僚,继贡章表,欲加徽号。夫道大为帝,朕膺此称,祇愧已多,矧钟星变之时,敢议名扬之美?非惩既往,且儆将来,中外臣僚,更不得上表奏请。表已在路,并宜速还。在朝群臣,方岳长吏,宜各上封事,极言得失,弼违纳诲,副我虚怀。④

这份诏书,当是中古时期帝王应对星变而被保留较为完整的资料,其内容除了文宗反省自己登基以来如何用心治理,以及祈求上天原谅等一些堂皇虚言之外,还提出了应对星变的最有实质意义的

---

① 《乙巳占》卷八《彗孛入列宿占第四十八》。
② 《乙巳占》卷八《彗孛入列宿占第四十八》。
③ 《乙巳占》卷八《彗孛入列宿占第四十八》。
④ 《旧唐书》卷十七下《本纪第十七下·文宗下》。

措施。在这些措施中,我们发现那些从属司法领域的“死罪降流”“流下释放”等举措放在了第一位,这表明司法措施在应对彗星之变中的极重要地位。至于其他如归女妓、罢宴、停造、减膳等举措,虽在前几次彗星之变中都有采用,但似乎无甚成效,经过连续星变,文宗已是深怀恐惧,除了继续那些“毛毛雨”措施外,只有下猛剂祈禳才感觉有效。这副猛剂之救药即为有“恤辜”之称的降罪、释放等司法措施。司法举措在发生异常天象时的重要性可见一斑。

然文宗何以会用如此司法举措来祈禳彗星之灾？此乃星占学之义也。按《开元占经》所引《黄帝占》云:“彗星者,所以除旧布新,扫灭凶秽,其象若竹彗树木枝条。长大而见,则灾深期远;短小而见,则灾浅期近。皆为兵、饥、水、丧、亡国之殃。”①前引开成二年(837 年)间短期内的六次彗出,其形由开始的七尺一直到后来的八丈有余,反映人间灾殃不断加大之兆,文宗岂有不知？又按《开元占经》所引《荆州占》云:“彗星者,君臣失政,浊乱三光,五逆错变,气之所生也。”②此言彗星之成因,其中“君臣失政”是为根本。而“君臣失政”最主要的表现无非是关涉天下百姓生命的苛刑冤狱之司法弊端。历来的王朝更迭,大都由百姓所受苛刑冤狱之苦,致使民怨沸腾揭竿而起所成。作为代隋而起的唐帝之一,文宗又岂有不知？虽然文宗并未在诏书中直言司法之“苛刑冤狱”,但连续的星变已预示着存在的可能性乃至实然性。随着彗灾不断加深,文宗也只有将最后也是最实质的一招棋——“死罪降流”“流下释放”等司法举措搬出了。不过值得注意的是,诏令并没有将天下所有犯罪尽行降释,这表明文宗还并未到惊恐万状的地步,而作出星占学上兜底式的“大赦天下”之举。

以降罪、赦罪等司法举措来应对彗星之灾,实际上也是古代中国应对其他灾异天象而经常诉求的一种极重要方法。这种方法乃君王对天象的一种“象之”,其实就是一种对天象的司法模拟。从星占学的视域看,这种模拟具有正反两面性,正面模拟即为按星占经典于相关天象之占辞行“降”“赦”等行为,反面模拟即领悟相关天

① 《开元占经》卷八八《彗星占上·彗孛名状占二》。

② 《开元占经》卷八八《彗星占上·彗孛名状占二》。

象背后之道而反观星占之辞去行禳灾之措施。

（四）日月星变：对天象的修法模拟

先从一则奏折谈起。魏晋南北朝时期的刘宋大臣谢庄，针对行朝廷诉讼审判制度而引起众多冤狱之弊，遂向皇帝上了一道奏折，在首先追述周代法典告诫大臣审慎用刑、汉文帝废除株连之法及汉宣帝不用苛吏，而均致使刑罚不用的美好效果之后，诚意切切地说道：

> 陛下践位，亲临听讼，亿兆相贺，以为无冤民矣。而比囹圄未虚，颂声尚缺。臣窃谓"五听"之慈，弗宣于宰物；"三宥"之泽，未洽于民谣。顷年军旅余弊，劫掠犹繁，监司讨获，多非其实，或规免身咎，不虑国患，楚对之下，鲜不诬滥。身遭鈇锧之诛，家婴孥戮之痛，比伍同闬，莫不及罪，是则一人罚谬，坐者数十。昔齐女告天，临淄台殒；孝妇冤戮，东海愆阳。此皆符变灵祇，初感景纬。臣近兼讯，见重囚八人，旋观其初，死有余辜，详察其理，实并无辜。恐此等不少，诚可怵惕也。旧官长竟囚毕，郡遣督邮案验，仍就施刑。督邮贱吏，非能异于官长，有案验之名，而无研究之实。愚谓此制宜革。①

此折认为，造成冤及无辜的弊端乃在于旧有的诉讼审判制度，即县里的长官审案完结以后，郡里便派督邮前去核查，然后就执行判决，可是督邮只是微贱小官，哪敢对县令的判决表示异议，所以这实际上是只有核查之名，并无研究案情之实。所以要求修法改革。不过，我们应特别注意的是，谢庄为申明修改旧制的必要性，竟不惜笔墨、颇费口舌地论及冤狱的危害性，特别是搬出往昔之天人感应事例以为佐证。齐国的民女向天告冤，则天出灾异之象用雷将景公的楼台击毁；东海的孝妇含冤被诛，则天同样出灾异之象使全郡遭受三年大旱。谢庄引用这两则历史上有名的事例，无非是为了说明冤狱必会触怒神灵，上天必以灾异天象以示谴告，从而直接威

① 《宋书》卷八五《列传第四十五·谢庄》。

胁人君统治。要消除冤狱,就要消除造成冤狱之由。在谢庄看来,这冤狱即产生于旧有制度之弊,即缺少实质意义上的法律监督("案验")。就这样,谢庄为修改旧制,绕了一个大圈子,搬出天象为自己助阵,可谓用心良苦。

上述之例是以旧有之天象来引证、说明现在修法改制之重要性和必要性,并不是现在出现了什么异常天象而要革除法律之弊,也就是说,修法和异象非处在同一时空,并不具有直接的现实上的因果联系。然而,古代中国普遍存在天象和修法处于同一时空的情况,从因果关系上看,即观天象之变而促就修法改制。这首先体现在历代正史的星占学文献之中。《史记·天官书》有云:

> 日变修德,月变省刑,星变结和。凡天变,过度乃占。……太上修德,其次修政,其次修救,其次修禳,正下无之。

此处谈到"月变省刑",实属据月象之变异情况而修省刑法,减轻刑罚力度,或停废某些刑罚。所谓"太上修德",是古人修身、为政的理想境界,在星占学的视域中,当然是应对天变的最好办法。但修德也非一日两日就成,同时也过于抽象而难以掌握和操作,故"修政"就成为人君常用之策。实际上,在法律隶属于政治的中国古代,应对天变之灾的"修政"举措中,"修法省刑"可谓是一项重要内容。

此处列举史载二则:

> (汉明帝永平十三年)冬十月壬辰晦,日有食之。三公免冠自劾。制曰:"冠履勿劾。灾异屡见,咎在朕躬,忧惧遑遑,未知其方。将有司陈事,多所隐讳,使君上壅蔽,下有不畅乎?昔卫有忠臣,灵公得守其位。今何以和穆阴阳,消伏灾谴?刺史、太守详刑理冤,存恤鳏孤,勉思职焉。"①

① 《后汉书》卷二《本纪第二·明帝》。

> 魏文帝黄初二年六月戊辰晦，日有蚀之。有司奏免太尉。诏曰："灾异之作，以谴元首，而归过股肱，岂禹汤罪己之义乎？其令百官各虔厥职。后有天地眚，勿复劾三公。"①

传统星占文献认为，灾异性的异常天象主要由人君失德失政而起。如《乙巳占》载："日者人主之象，故王者道德不施，则日为之变，薄蚀无光。"②《春秋运斗枢》载："人主自恣不循古，逆天暴物，祸起，则日蚀。"③又《礼斗威仪》载："君喜怒无常，轻杀不辜，戮无罪，慢天地，忽鬼神，则日蚀。"④此谓日食之源于人君者。京房《对灾异》说："人君好用佞邪，朝无忠臣，则月失其行。"⑤《洪范传》说："人君失序，国不明，臣下瞀乱，群阴蔽阳，则日月薄蚀。"⑥又《尚书纬刑德放》云："当赦而不赦，月为之蚀。"⑦此谓月失行和月食之源于人君者。虽然月食为臣掩君之象，但根本原因还是在于人君德政之失才被臣下利用。其他星变之象也概由如此。既然天变所示之灾由人君所致，由其担责自是无可厚非。然而，其毕竟为一国之君、兆民之父，焉能由其身体力行亲自承担罪责？于是"转祸他人"遂起并成为一种传统，而"替罪羊"则往往是丞相等朝中大臣。自汉元帝转祸开始，历史上便多有天变时以丞相等代君受过而被免职，甚至被赐死的故事。⑧ 正如谢松龄先生所说："《汉仪注》中甚至将此列

---

① 《晋书》卷一二《志第二·天文中·史传事验·日蚀》。

② 《乙巳占》卷一《日蚀占第六》。

③ 参见《开元占经》卷九《日占五·日薄蚀三》。

④ 参见《开元占经》卷九《日占五·日薄蚀三》。

⑤ 参见《开元占经》卷一一《月占一·月行阴阳四》。

⑥ 参见《开元占经》卷一七《月占七·月薄蚀二》。

⑦ 参见《开元占经》卷一七《月占七·月薄蚀二》。

⑧ 例如《汉书》卷七十一《列传第四十一·于定国》载，汉元帝永光元年，"春霜夏寒，日青亡光"，元帝意在责臣，丞相于定国惶恐而"上书自劾，归侯印，乞骸骨""上乃赐安车驷马，黄金六十斤，罢就第"。又如《汉书》卷八十四《列传第五十四·翟方进》载，汉成帝绥和二年（公元前7年）春发生"荧惑守心"，成帝"赐册"重责丞相翟方进，从而逼使翟为塞灾而自杀。

为一条法律，这便是‘灾异之作，以谴元首，而归过股肱’。”①

再来看上引汉明帝与魏文帝应对日食之灾。显然此两帝均高姿态地展示了其德之品性，并未同意将灾异之天谴转祸给三公太尉，而是一为“刺史、太守详刑理冤，存恤鳏孤，勉思职焉”，一为“令百官各虔厥职”，显然均是“修政修法”的措施。按照汉沿袭而来的传统之制，两帝本均可拿三公“开刀”，免其官职甚至赐死，但他们并未这样做，此可谓“省刑”。另值得注意的是，魏文帝还进一步下达法令，往后禁止对大臣进行弹劾而转嫁灾祸。显然，这是对“灾异归过股肱”之制的明确修正，也是面对天变之灾而行“修法省刑”。此即对天象的一种修法模拟。

实际上，各种正统星占书对各种星变特别是日月之变的占辞中多有“修法省刑”之消灾建议。如《开元占经》引《太公阴秘》云：“日中有黑气，若一若二至四五者，此阳中伏阴，君害臣；上出者，臣谋君；旁出者，君谋臣；不出者，宫女有忧；昏见在臣，晨见在君。救之法：轻刑罚，赦无罪，节威权，安百姓，贷不足，则灾消矣。”②此乃“日中有黑气”者之应对，明确提出了若干消灾之法，而将“轻刑罚”和“赦无罪”置于首位则毫不含糊。类似这种以天变而行修法省刑的占辞很多，兹列举数例如下：

> 日蚀心度，兵丧并发，王者以赦除咎。③
>
> 日蚀轸，国有丧，以赦除其咎。④
>
> 月在亢，有变，王者布政失理，宜省刑罚。⑤
>
> 月晕围大陵前足，赦死罪；围后足，赦小罪。⑥
>
> 月者，刑也，月蚀修刑。⑦

---

① 谢松龄：《天人象：阴阳五行学说史导论》，山东文艺出版社 1989 年版，第 210 页。

② 《开元占经》卷六《日占二·日中有杂云气》。

③ 《开元占经》卷一〇《日占六·日在东方七宿蚀五》引《海中占》之言。

④ 《开元占经》卷一〇《日占六·日在南方七宿蚀八》引《河图圣洽符》之言。

⑤ 《乙巳占》卷二《月干犯列宿占第九》。

⑥ 《开元占经》卷一六《月占六·月晕石氏中官一》引《荆州占》之言。

⑦ 《开元占经》卷一七《月占七·救月蚀二十二》引《星传》之言。

(秋日)太白之见也,以其时修法制,缮囹圄。[1]

(荧惑)夏见,为之宽政令,薄赋敛,赐爵禄,行赏罚,视以佐阳德。[2]

人君……暴行威福,则雷霆击人。其救也,议狱缓死,则灾消矣。[3]

可见,根据天象之变而以修法省刑消灾者,各正统星占经典均似有一言九鼎之架势。

如果前举汉明帝与魏文帝为消日食之灾而"修政",固然含有"修法省刑"之义,但毕竟似有非为直接修法之感的话,那么,唐文宗应对星变的修法之举,则具有案例的典型性。开成三年(838年)十一月乙卯朔之夜,出现了一极凶险之天象——彗孛东西竟天。为消除此凶象之灾,唐文宗在几天后的壬戌日诏告天下:

上天盖高,感应必由乎人事;寰宇虽广,理乱尽系于君心。从古已来,必然之义。朕嗣膺宝位,十有三年,常克己以恭虔,每推诚于众庶……而德有所未至,信有所未孚,灾气上腾,天文谪见,再周期月,重挠星躔。当求衣之时,睹垂象之变,兢惧惕厉,若蹈泉谷。是用举成汤之六事,念宋景之一言,详求谴告之端,采听销禳之术。必有精理,蕴于众情,冀屈法以安人,爰恤刑而原下。应京城诸道见系囚,自十二月八日已前,死罪降流,已下递减一等。十恶大逆、杀人劫盗、官典犯赃,不在此限。[4]

在该诏书中,所谓"上天盖高……理乱尽系于君心"云云,即触及了天人感应论的本质——天王感应;所谓"德有所未至……天文谪见"云云,即由于人君德性不足而致天变;而"举成汤之六事,念宋景之一言,详求谴告之端,采听销禳之术",就是以史为榜样自己来

---

① 《乙巳占》卷六《太白占第三十四》。
② 《开元占经》卷三〇《荧惑占一·荧惑光色芒角四》引郗萌之言。
③ 《开元占经》卷一〇二《雷霆占·雷》引京氏《五星占》之言。
④ 《旧唐书》卷一七下《本纪第十七下·文宗下》。

担责。不过,理论归理论,豪言归豪言,最重要的还是要靠实实在在的实践措施。显然,实践的指导方针就是“冀屈法以安人,爰恤刑而原下”。此语一目了然道出了灾异之下“修法省刑”之总纲,而具体措施即为令京城诸道限期审囚,除某些严重犯罪外,将死罪降为流刑,流以下各减一等。可见,在彗星东西竟天之类凶象下,消灾措施主要就是“修法省刑”。如此以直接明确之诏令行之,对天象的修法模拟其重要性及可操作性可见一斑。

(五)天牢与雷霆:对天象的法律设施模拟

我们发现,前述关于对天象的立法、司法、修法等法律模拟,其实都是一种无形性模拟,也即模拟出来的不是一个实体。不过在中国古代,法律除了无形性模拟外,还有对天象的有形性模拟,此主要表现为以天象模拟出种种法律设施。其实,古人以天象作出有形性模拟是很多的。从星占学的角度看,人之身体也是模天仿地而成,所谓“头圆象天,足方象地”,就是仿“天圆地方”之象。《周易》就有模拟天地之象而成就形体之物的记载。如《系辞下》关于“大壮”之卦:

> 上古穴居而野处,后世圣人易之以宫室,上栋下宇,以待风雨,盖取诸大壮。

在这里,栋是栋梁,即屋之梁;宇是屋边,即是房屋四周边墙。大壮卦是上震下乾,震为雷,乾为天,为圜。故大壮卦之象,是上为雷雨,下为苍穹之天幕或圆盖,也即雷雨被阻挡在圆盖之外,这就是宫室的概念。圆盖架在四周边墙之上,使得圆盖庇护下的人和物免于雷雨之淋。可见,宫室的建筑发明作为人类文明发展的重要标志,正是古人仰观天文,模拟天象的结果。因为古人仰观的天幕,很早就被认为是一个半圆式的天球,它覆盖在方形大地上,从而构成了最早的宇宙观盖天说之基础。而且,至少在西周时代,人们就已将天称为“苍穹”,想象它如同一个屋顶,覆盖着人类和万物。正由于此,为遮风避雨而建筑宫室就应有一个苍穹似的圆顶,而宫室之四周边墙即为天穹覆盖大地之周边之象了。

这种对天象的有形性模拟在古代中国人的实践中其实很多,就是被西方人引以为奇而叹为观止的具有中国特色的筷子,其一头方一头圆之形也是据天象直接模拟而成。而从法律意义上看,这种有形性模拟突出体现在法律设施的建置上。

较为典型的例子如明代中央司法机关"三法司"的设置。三法司即为刑部、都察院和大理寺,其中刑部受理天下刑名,都察院纠察,大理寺驳正。明太祖虽厉行法治,重典治国,但至少在形式上对刑狱慎平极为重视。[①] 这在三大法司的设置上,从选址到命名,均可彰显其意。不过引人注目的是,这份厚望的依托,竟是源于天象模拟。《明史·刑法志二》载:"(洪武)十七年,建三法司于太平门外钟山之阴,命之曰贯城。"这句话即透出一股神秘气息。按阴阳五行学说,北方属阴,而阴主刑,故将三大法司建在南京城太平门外钟山北面。而阴阳五行即属天学范畴,更是星占学之基本要素,乃"七曜"在二十八星宿间运行之天象精义在地象上的一种物质化体现。

然而,为何将三法司所在地命名为"贯城"呢?且看明太祖同时颁布的一个"敕令":

> 贯索七星如贯珠,环而成象名天牢。中虚则刑平,官无邪私,故狱无囚人;贯内空中有星或数枚者即刑繁,刑官非其人;有星而明,为贵人无罪而狱。今法天道置法司,尔诸司其各慎乃事,法天道行之,令贯索中虚,庶不负朕肇建之意。[②]

显然,将法司所在命名为"贯城",实是模拟"贯索"星官。从敕言也可看出,朱皇帝具有相当的星占知识。不过"贯索七星"之言似有出入,因贯索实为九星。那么,"贯索"到底是何星?朱皇帝为何对它如此看重?盛唐时编成的星占经典《开元占经》对"贯索"有专

---

① 据《明史》卷九十四《志第七十·刑法二》载,为防构陷之弊,明太祖对重案多为亲审。洪武十四年(1381 年),命刑部听两造之词,议定入奏后送四辅、谏院、给事中复核无异,然后覆奏执行。对疑狱,则赋予四辅官封驳权。洪武十六年(1383 年),又命刑部议定"五六日旬时三审五覆之法"。

② 《明史》卷九四《志第七十·刑法二》。

门的占辞集汇，现举若干为证：

> 贯索，主天牢。①
>
> 贯索，为逮狱之法律也。天牢，主天子之疾病忧患。②
>
> 贯索，贼人之牢。中星实，则囚多；虚，则开出。③
>
> 天牢中星不欲众，众则囚多。其中星稀，则囚少；其中无星，天下无罪人，其国安。④
>
> 天牢中央大星，牢监也。……天牢中常有系星三……其一星去，有善事；其二星去，有赐令爵禄之事；三星尽去，人主德，令赦天下。⑤
>
> 赤帝行德，天牢为之空。⑥

此类占辞还有很多，不必多举。虽出于多家，但基本精神相同，即贯索主天牢，天牢中星多则人间囚多，星少则人间囚少，无星则人间应无罪人，是谓国泰民安，应行大赦。同时，若人君德行施展，则贯索所主天牢中空无星。想必朱元璋做了皇帝，自感天命所归，故能在星占意义上说出这一番气势宏伟之言。尤其是“法天道置法司”，即法司是为模拟“贯索”而设，确切地说，即模拟天象之道而设。不过，仅法天而设尚不够，还需法天而行，要使贯索中虚，就必须慎刑平狱，甚至监狱无囚。这可谓朱皇帝对三大法司案理天下刑狱的殷殷希望。虽然极具讽刺意味的是，朱皇帝最后却是出尔反尔，在打击奸党、重典治吏等幌子下屡兴大狱，大兴杀戮，牢狱满塞，但是其设置三法司之时欲模拟贯索天象的思想，却不可不谓有板有眼，毫不含糊。我们不能以时过境迁后的所作所为去回溯否定当时的初衷，否则就可能陷入了“辉格论”的泥淖之中。

再者较具典型性模拟天象而成的法律设施之例是“鼓”。为区

---

① 《开元占经》卷六五《石氏中官一·贯索占十》引《论谶》之言。
② 《开元占经》卷六五《石氏中官一·贯索占十》引郗萌之言。
③ 《开元占经》卷六五《石氏中官一·贯索占十》引《春秋纬》之言。
④ 《开元占经》卷六五《石氏中官一·贯索占十》引黄帝之言。
⑤ 《开元占经》卷六五《石氏中官一·贯索占十》引《黄帝占》之言。
⑥ 《开元占经》卷六五《石氏中官一·贯索占十》引《天官书》之言。

别其他无法律意义之鼓，笔者姑且以“法鼓”名之。根据“法鼓”在不同法律层面的运用，又可分为“刑鼓”“讼鼓”“谏鼓”。“刑鼓”（如衙鼓）为断狱和行刑之用，“讼鼓”（如登闻鼓）为告状诉讼之用，“谏鼓”为臣子劝谏之用。此三者，尤以“刑鼓”和“讼鼓”为常用。

为何要在断狱、行刑、告状等时击鼓呢？《山海经·大荒东经》中有一段话很值得注意：“东海中有流波山，入海七千里。其上有兽，状如牛，苍身而无角，一足。出入水则必风雨，其光如日月，其声如雷，其名曰夔。黄帝得之，以其皮为鼓，橛以雷兽之骨，声闻五百里，以威天下。”其中“声闻五百里，以威天下”道出了黄帝之鼓的主要功能。结合《山海经》和其他文献，当时黄帝之所以能打败蚩尤，这面用“其声如雷，其名为夔”的怪兽之皮做成的鼓可谓立下汗马功劳。试想，能传五百里之远的鼓声到底有多响？可能唯雷声才能达到。实际上，这段文字已从天象的比拟上暗示出其鼓声如雷了。该兽“光如日月，其声如雷”，就是一种对雷电天象的模拟之征。既然鼓声如雷，若同天助，黄帝当然就可“以威天下”了。

黄帝之鼓只有一个，但以击鼓来模拟隆隆雷声却由此传承下来，成为战争、法律等人事之用。不仅如此，古代中国人还将雷声神化成雷神（公）所为，并将其与鼓联系在一起。东汉王充曾在《论衡》中有一段针对这种“虚妄之象”的逼真描述：

> 图画之工，图雷之状，累累如连鼓之形。又图一人，若力士之容，谓之雷公，使之左手引连鼓，右手推椎，若击之状。其意以为雷声隆隆者，连鼓相扣击之音也；其魄然若敝裂者，椎所击之声也；其杀人也，引连鼓相椎，并击之矣。①

然而，这类“虚妄之象”却在古人观念中根深蒂固，并成为民间思想信仰乃至官方政治控制系统的重要组成部分，王充此言竟反讽

① 《论衡》卷六《雷虚》。

性被正统星占文献引为占辞之用。[1] 所谓雷为鼓，击鼓生雷，以雷杀人者也。又星占经典言："雷，天地之鼓也。"[2]"天地之鼓"即可视为雷公所执之鼓也。然而，雷神毕竟发生于天，在地人们遂以鼓取象于雷，以击鼓取象于打雷，以鼓声取象于雷声。于是，这种雷与鼓的紧密关联性，在法律特别是司法领域发挥得淋漓尽致。在审判时，以击鼓助审判之威；[3]同样，在行刑时，也以击鼓助行刑之威。[4]两者均给罪犯和当事人以威慑，而其威即来源于对雷之天象的模拟。《周易·系辞上》载"鼓之以雷霆"，又《开元占经》引《周易·说卦》云："震为雷。动万物者，莫疾乎雷。"[5]如此雷霆万钧之威力，法律以击鼓模雷之声，岂不使司法威严乎？岂不使罪犯魄丧乎？此乃断狱、行刑之击鼓者也。至于告状、劝谏而击鼓，同样有借雷声之威义，另也有模雷之声向天传递诉求之义。总之，"法鼓"于法律的意义就在于模拟雷之天象而助法律之威。

还有其他模拟天象而成的法律设施，如对罪犯行赦免时所树之"金鸡"即为模拟天鸡星动之象，古时监狱"圜土"即为模拟天圆之象，武则天时在西门设申冤匦即为模拟"西方属金主刑杀"之象，等等。

（六）"六月飞雪"：异象背后的法律模拟与否

前述几点均揭示了中国古人在星占学的视域下对天象的间接乃至直接的法律模拟。但如果人间的法律背离了对天象及其背后天道的模拟，"天"就会降下种种灾异之象，轻者"谴告"之，重者则"革命"之。可以说，在星占学的视野中，中国古代的"天谴论"在很

---

① 参见《开元占经》卷一〇二《雷霆占·雷》引《论衡》之言。

② 《开元占经》卷一〇二《雷霆占·雷》引《河图帝通纪》之言。

③ 这在包公杂剧中多有描写，例如《包待制智斩鲁斋郎》中，当包拯升堂审判时："咚咚衙鼓响，公吏两边排；阎王生死殿，东岳摄魂台。"又如《包待制三勘蝴蝶梦》中，当王氏兄弟的母亲来到开封府门口，听到升堂时伴随的"咚咚衙鼓声"，不禁心惊肉跳地唱道："扑咚咚阶下升衙鼓，唬的我手忙脚乱，使不得胆大心粗；惊的我魂飞魄丧，走的我力尽筋舒。"

④ 如五代十国时，福建诗人江为因替友人撰《投江南表》，被王氏闽国处死，临刑前索笔一诗："衙鼓侵人急，西倾日欲斜。黄泉无旅店，今夜宿谁家？"参见（宋）陶岳：《五代史补》卷五《周·江为临刑赋诗》。

⑤ 《开元占经》卷一〇二《雷霆占·雷》。

大意义上就是法律没有“象天模拟”的理论产物。在“天谴”下，法律只有回归模拟之后，灾异之象才有可能消退而去。

元剧《窦娥冤》可以说是中国古代最著名的悲剧了。剧中窦娥被张驴儿诬陷控告为毒杀张父之罪，被审案的昏官桃杌太守严刑逼供而屈打成招后，被押赴刑场处斩。临刑之前，窦娥是满腔悲愤，向苍天控诉法律的黑暗而许下了三桩誓愿，以示其冤：

刀过处头落，一腔热血休半点儿沾在地下，都飞在白练上。

身死之后，天降三尺瑞雪，遮掩了窦娥尸首。

从今以后，着这楚州亢旱三年。①

这是《窦娥冤》第三折的剧情，也是全剧的高潮，场面惨烈而震撼。只见法场上，监斩官端坐高台，刽子手凶神恶煞，手执钢刀，一派阴森恐怖之状。无辜的弱女子窦娥被斩而亡。然而就在这刀起刀落之际，冤死女子的头颅落地，而一腔热血直喷三丈二尺白练；紧接着，这六月炎夏顿时变成凛冽寒冬，阴风呼号，乌云蔽日，白雪漫天飞舞，六月里真的下起了大雪！之后，楚州地面真的又亢旱三年。

说奇还是不奇，窦娥立下的这三桩誓愿竟都应验了！可以说，以历史的语境论而言，这既证明了窦娥的冤屈，更显现了“天”的相助。虽然《窦娥冤》为关汉卿之艺术创造，使得血飞白练、六月飞雪、亢旱三年此三桩窦娥誓愿令人不可确信，但剧情却是生活的艺术反映，离奇异象的书写和发生，正是表达了剧作家以及那个时代善良正直人们的期待——苍天有眼，以六月飞雪等异常“天象”来谴责人间法律的不公，以昭示窦娥的清白无辜。当然，就中国古代语境而言，这三桩誓愿的发生，从概率上说不仅不小，而且是必然的，我们现代人可以存疑，但我们的古人确信。血为何就不能飞上

---

① （元）关汉卿：《窦娥冤》，第三折。

白练？六月为何就不能下雪？[①] 当地为何就不会亢旱三年？因此，从语境论出发，我们与其怀疑三桩异象的发生，倒不如相信它们的“三管齐下”。

在那个对“神灵之天”极为信仰的时代，我可以想象当时的星占家们如看到这类“六月飞雪”等天象时的惊恐反应。因为由星占视域看，“夏雨雪”绝对是一个灾异天象，如有“违天地，绝人伦，则夏雨雪”、[②]“夏雨雪，必有大丧，天下兵起”、[③]“夏雨雪，国殃”[④]等说。同样，可以肯定的是在剧作家关汉卿先生的眼里，在窦娥被冤斩这件事上，法律的运作一定背离了“天道”，从而招致了天之“异象”的谴告。因此，在窦娥冤死事上，这些“异象”背后反映着司法必是背离了对“天道”的模拟。

然而，天出异象来昭示窦娥的冤屈和谴告法律的不模拟，并不会自动使窦娥得以实际上的昭雪，真正的昭雪还得需要法律回归对天的模拟后才能实现。令人可喜的是，在戏剧结局，窦娥之父窦天章及第高中，并官为肃政廉访使，到了山阳县。他经过一番案情调查，终于真相大白，使陷害窦娥之歹人和昏官得以发落治罪；又为窦娥做了水陆道场，助其超度亡灵。此时，亢旱几年的楚州方才甘雨如泉。

这样的结果，显然是人间法律对异常天象实际上就是其背后之“天道”予以模拟的产物。因为“天”是公道的，是正义的，窦娥的冤屈被上天感应而施以援手，其结果就是促使法律回归到“象天”的法则中去。窦天章的查明冤情，固然有着窦娥冤魂的相助，但其基于肃政廉访使“审囚刷卷”的职责，以及他公正为民的品格，则是其基

---

① 值得一提的是，据国内媒体报道，在2009年7月22日发生轰动世界的日全食的当天上午8时50至53分，在郑州市侯寨乡南岗刘村，许多村民都看见和感受了一场“七月飞雪”。郑州市气象台台长李社宗说，南岗刘村出现短时间的降雪，与日全食有关。在日全食到来时，由于太阳被遮挡，温度在短时间内会突然下降，局部出现冰晶体。参见记者李岗、实习生吴琼：《侯寨村民正在纳凉，雪粒突然从天而降》，载《大河报》2009年7月23日，第6A版。此后各类报刊和网站纷纷转载报道。另笔者提示的是，由于现代是阳历，古代是阴历（俗称，确切是阴阳合历），现代阳历七月常对应为古历六月，故侯寨乡的“七月飞雪”恰恰对应了古代楚州的“六月飞雪”。

② 《开元占经》卷一〇一《霜雪雹冰寒雾露霾曀霰霁蒙占·雪》引《诗推度灾》之言。

③ 《开元占经》卷一〇一《霜雪雹冰寒雾露霾曀霰霁蒙占·雪》引《天镜》之言。

④ 《开元占经》卷一〇一《霜雪雹冰寒雾露霾曀霰霁蒙占·雪》引京房《易候》之言。

本原因，而这些正合“天道”之为。窦天章于窦娥的冤狱平反后说过的一段话，即反映了法律对“天”的模拟的重要意义：

莫道我念亡女与他灭罪消愆，也只可怜楚州郡大旱三年。昔于公曾表白东海孝妇，果然是感召得灵雨如泉，岂可便推诿天灾代有，竟不想人之意感应通天。今日个将文卷重行改正，方显的王家法不使民冤。①

在此，窦天章对天人感应可谓是深信不疑，王家法律也因之必上应于“天”，对“天”之“意”进行揣摩，对“天”之“道”进行模拟。唯有如此，才能使王法“不使民冤”。

如果窦娥案中的星占意义因其戏剧特性而不足资证的话，那么历代正史中俯身可拾的相关案例，则让人充分感受到法律对天象在不模拟和模拟之间的星占区别意义。较具典型性的，如《汉书》中记载的“东海孝妇”案：

东海有孝妇，少寡亡子，养姑甚谨。姑欲嫁之，终不肯。姑谓邻人曰：“孝妇事我勤苦，哀其亡子守寡。我老，久累丁壮，奈何？”其后姑自经死。姑女告吏：“妇杀我母。”吏捕孝妇，孝妇辞不杀姑。吏验治，孝妇自诬服。具狱上府…… 太守竟论杀孝妇。郡中枯旱三年。后太守至，卜筮其故…… 杀牛自祭孝妇冢，因表其墓，天立大雨，岁孰。②

---

① (元)关汉卿:《窦娥冤》,第四折。

② 《汉书》卷七一《列传第四十一 · 于定国》。此故事在东晋干宝所辑的《搜神记》中有着更详尽的描述:“汉时,东海孝妇,养姑甚谨。姑曰:‘妇养我勤苦。我已老,何惜馀年,久累年少。’遂自缢死。其女告官云:‘妇杀我母。’官收系之,拷掠毒治。孝妇不堪苦楚,自诬服之。时于公为狱吏,曰:‘此妇养姑十余年,以孝闻彻,必不杀也。’太守不听。于公争不得理,抱其狱词,哭于府而去。自后郡中枯旱,三年不雨。后太守至,于公曰:‘孝妇不当死,前太守枉杀之,咎当在此。’太守即时身祭孝妇冢,因表其墓,天立雨,岁大熟。长老传云:孝妇名周青。青将死,车载十丈竹竿,以悬五幡,立誓于众曰:‘青若有罪,愿杀,血当顺下;青若枉死,血当逆流。’既行刑已,其血青黄,缘幡竹而上标,又缘幡而下云。”

此案常为后人作为经典信史引证并出现在历代正史中,[1]关氏《窦娥冤》的创作也即本源于此。显然,该案的星占学意味及意义十分突出。“郡中枯旱三年”与“天立大雨”的天象关系,无不承载着这样的法律思维:天强烈感应到了民之冤屈,并基于人间法律运作对“天道”的背离(不模拟),降下了灾异天象以行谴告;只有当人省思了这种“天垂象”并使法律重新回归“象之”(模拟),即冤屈得以平反之时,灾异才被天“收回”。

关于法律游离于对“天”不模拟与模拟之间的此类案例,至后世各正史中竟演绎成一种经典描写,可称为“旱—雨”模式。例如史载:“上虞有寡妇至孝养姑。姑年老寿终,夫女弟先怀嫌忌,乃诬妇厌苦供养,加鸩其母,列讼县庭。郡不加寻察,遂结竟其罪……妇竟冤死。自是郡中连旱二年,祷请无所获。后太守殷丹到官,访问其故……即刑讼女而祭妇墓,天应澍雨,谷稼以登。”[2]又如“颜真卿……四命为监察御史。……五原有冤狱,久不决,真卿至,立辩之。天方旱,狱决乃雨,郡人呼之为‘御史雨’。”[3]再如“铅山俗,妇人夫死辄嫁,有病未死,先受聘供汤药者。昺欲变其俗,令寡妇皆具牒受判。署二木,曰‘羞’,嫁者跪之;曰‘节’,不嫁者跪之。民傅四妻祝誓死守,舅姑给令跪‘羞’木下,昺判从之。祝投后园池中死。邑大旱。昺梦妇人泣拜,觉而识其里居姓氏,往诘其状。及启土,貌如生。昺哭之恸曰:‘杀妇者,吾也。’为文以祭,改葬焉,天遂大雨。”[4]这些“旱—雨”模式的案例,均具有浓厚的法律模拟与否的星占意义。

当然,法律对天象及其背后天道模拟与否的案例,除了经典性

---

① 如《后汉书》卷七十八《列传第三十八・霍谞》云:“昔东海孝妇见枉不辜,幽灵感革,天应枯旱。”《北齐书》卷四十五《列传第三十七・樊逊》载:“东海孝妇,因灾而方雪。”《全唐文》卷七百五十六《杜牧(九)・祭城隍神祈雨文》载:“东海孝妇,吏冤杀之,天实冤之,杀吏可也。东海之人,于妇何辜,而三年旱之?”《新唐书》卷一百一十八《列传第四十三・李中敏》云:“臣闻昔东海误杀一孝妇,大旱三年。”《新唐书》卷一百二十六《列传第五十一・张九龄》云:“昔东海枉杀孝妇,天旱久之。一吏不明,匹妇非命,则天昭其冤。”

② 《后汉书》卷一〇六《列传第六十六・循吏传・孟尝》。

③ 《旧唐书》卷一二八《列传第七十八・颜真卿》。

④ 《明史》卷一六一《列传第四十九・张昺》。

的“旱—雨”模式外，还有其他各具特色但又颇具星占意义的描述。如史载：

> 张氏，罗江士人女，其母杨氏寡居。一日，亲党有婚会，母女偕往，其典库雍乙者从行。既就坐，乙先归。会罢，杨氏归，则乙死于库，莫知杀者主名。提点成都府路刑狱张文饶疑杨有私，惧为人知，杀乙以灭口，遂命石泉军劾治。杨言与女同榻，实无他。遂逮其女，考掠无实。……女谓狱吏曰："我不胜苦毒，将死矣，愿一见母而绝。"吏怜而许之。既见，谓母曰："母以清洁闻，奈何受此污辱。宁死棰楚，不可自诬。女今死，死将讼冤于天。"言终而绝。于是石泉连三日地大震，有声如雷，天雨雪，屋瓦皆落，邦人震恐。[①]

该案中，由于司法上的严刑逼供，张氏以死“讼冤于天”，结果导致了一系列严重灾异天象的出现，说明了法律于天的严重不模拟性。在星占视域中，“有声如雷”的数日大地震可谓大凶象，所谓“地数动，杀人，贼臣暴”、[②]“地动蹶城，天下亡”、[③]“地之动，乱并孳，群臣蹶施”、[④]“刑法诛杀不以道理，则地坼”；[⑤]而“天雨雪”如非冬时则均为凶象，如在春则为“人君刑法暴滥之象”，[⑥]在夏则“违天地，绝人伦”[⑦]等，在秋则“百姓多死，草木零落，天下大丧”。[⑧] 正是在此类“天垂象”下，才促使了“勘官李志宁疑其狱，夕具衣冠祷于天”[⑨]这种重新模拟的努力，也最后抓住了真正的凶手。

---

① 《宋史》卷四六〇《列传第二百十九·列女·张氏》。

② 《开元占经》卷四《地占·地动》引京房之言。

③ 《开元占经》卷四《地占·地动》引京房《传》之言。

④ 《开元占经》卷四《地占·地动》引《运斗枢》之言。

⑤ 《开元占经》卷四《地占·地坼》引《海中占》之言。

⑥ 《新唐书》卷三六《志第二十六·五行三·常寒》。

⑦ 《开元占经》卷一〇一《霜雪雹冰寒雾露霾曀霰雺蒙占·雪》引《诗推度灾》之言。

⑧ 《开元占经》卷一〇一《霜雪雹冰寒雾露霾曀霰雺蒙占·雪》引《天镜》之言。

⑨ 《宋史》卷四六〇《列传第二百十九·列女·张氏》。

值得注意的是，法律一旦违背“天道”未能进行模拟，“天垂象，见吉凶”有时神奇得竟能以“叫天”“呼天”而立竿见影的方式发生。如汉代刘安所编之《淮南子·览冥训》，开篇即有“庶女叫天，雷电下击，景公台陨，支体伤折，海水大出”之句，高诱为之作注曰：

> 齐之寡妇，无子，不嫁，事姑谨敬。姑无男，有女，女利母财，令母嫁妇。妇益不肯。女杀母以诬寡妇。妇不能自明，冤结叫天。天为作雷电下击景公之台，陨坏也，毁景公之支体，海水为之大溢出也。①

这个齐国寡妇实为孝妇，却被诬有杀婆之罪而被“冤结”，这岂不是齐国法制之败乎？寡妇“叫天”称冤后，“天”迅即应之，并以雷电击伤齐君身体及“海水大溢出”，②以示对齐国败法之谴责，而法律运作的最终之君——齐景公，也就成为冤大头，正所谓“冤有头，债有主”。

当然，天垂异象虽然有时会因“呼天”等方式而立竿见影地出现，但并非总是出于法律未能模拟的缘由，也常与其他恶劣人事有关。不过，此类异常天象一旦发生，就昭示着法律必须模拟而行。如史载：

> 马节妇……十七而寡。翁家甚贫，利其再适，必欲夺其志。不与饮食，百计挫之。志益厉，尝闭门自经。……翁又阴纳沈氏聘，其姑诱与俱出，令女奴抱持纳沈舟。妇投河不得，疾呼天救我。须臾风雨昼晦，疾雷击舟，欲覆者数四。沈惧，乃旋舟还之。事闻于县，县令妇别居。时父兄尽殁，无可归，假寓一学舍，官赡之以老。③

---

① 刘安等编著：《淮南子》，高诱注，上海古籍出版社1989年版，第61页。

② 《开元占经》卷五十九《辰星占七·辰星犯巫咸中外官四·辰星犯天泉三》引《荆州占》载：“守之海水出，江河决溢，若海鱼出。”

③ 《明史》卷三〇二《列传第一百九十·列女二·马氏》。

马寡妇为捍卫守志几度自杀不成,情急之下“呼天”,“须臾”之间“风雨昼晦,疾雷击舟”。这在星占视域中,均具有典型的星占意义。按星占文献“怒风,多为不吉之象”“暴风,主有卒暴事”;[①]“天无云而雨,谓之天泣”“主急恚怒,则无云而雨”;[②]“天怒,霹雳之”。[③] 可见,突如其来的风雨交加及其影响下出现的“昼晦”是一种灾异天象,而更具灾异意义的是“疾雷击舟”,这可谓直接阻止了沈氏的强娶行为。这些都体现了“天”的愤怒和谴责,从而引导官府这种“法律化身”得以机会模拟天象,维护了马寡妇的一生贞节。

清代纪昀在笔记中也记有其时一则妇人因他人恶行而呼天即应之亲闻事:

> 洛阳郭石洲言:其邻县有翁姑,受富室二百金,鬻寡媳为妾者。至期,强被以彩衣,掖之登车。妇不肯行,则以红巾反接其手,媒媪拥之坐车上。观者多太息不平。然妇母族无一人,不能先发也。仆夫振辔之顷,妇举声一号,旋风暴作,三马皆惊逸不可止。不趋其家,而趋县城,飞渡泥淖,如履康庄,虽仄径危桥,亦不倾覆。至县衙,乃屹然立。其事遂败。用知庶女呼天,雷电下击,非典籍之虚词。[④]

可见在纪昀眼里,由于邻县寡媳“举声一号,旋风暴作”之事于真,故庶女呼天而雷电下击之事亦“非典籍之虚词”。这种推理是否严密暂且不论,只是在纪昀看来,天人感应之事实在是不必再疑了。当然更为重要的是,由于天的感应之助,恶行和冤孽被得以制止和挫败,正义和善良得以维护和伸张。按星占理论,“旋风暴作”属于气象占之风角范畴,背后体现的正是“天道”“天意”。“旋风”将马车驱至县衙,即意味着天对该衙门公正执法的期待。果然,县衙不辱“天道”,顺乎“天意”为寡媳作主,翁姑才“其事遂败”。此与前一案例相类,其中的法律运行可谓顺天承道,模拟了天象,而不是绕一

---

① 《开元占经》卷九一《风占·风名状》。

② 《开元占经》卷九二《雨占·杂占》。

③ 《开元占经》卷一〇二《雷霆占·霹雳占》引《晋朝杂事》。

④ (清)纪昀:《阅微草堂笔记》卷九《如是我闻(三)》。

个大圈,在不模拟后,在异常天象的谴告下才回归“象天”之路。

上述若干案例,无论艺术还是现实,都是天人合一、天人感应在法律问题上的体现,也都是星占学视域中法律“象天”或“具象则天”与否的体现。在冤狱问题上,天“垂”的既是异象,也是凶象,既警告着法律对天的不“象”,也提醒着不“象”的法律要回归“象”。对天不“象”的法律运行必酿成冤屈,而回归“象天”的法律运行则必使冤屈昭雪。因此,从星占学的视域看,连接冤屈和冤屈昭雪的,似主要不是人的因素,而是天象,一种表达凶象性质的异常天象。这种异常天象在古代语境中的出现,说明法律往往徘徊在“不象”和“象”之间,游荡在不模拟和模拟之间;而这个“徘徊”或“游荡”的空间,恰恰就是星占学在法律领域中“一展手脚”而发挥魅力的地方。

(七)总结与评估:法律的则天模拟及星占意义

综观上述,中国古代法律及相关设施的设定和运行,充分体现着对“天象”及其背后“天道”进行间接乃至直接的模拟特性,即便法律有时没有模拟,天也会以降下灾异天象的方式予以谴责,督促法律的掌控者和执行者回归模拟。可以说,这种模拟是虔诚的,而非虚伪的;是细致的,而非粗糙的;是具象的,而非抽象的。说虔诚是因为中国古人对以“自然之天”作为载体表现出来的“神灵之天”的信仰;说细致是因为模拟有着内容十分丰富、理论十分严谨的天学核心及本质——星占学的支撑;说具象是因为法律的“则天”模拟乃是通过对具体天象的观测和领悟而实现的。

当然,法律的则天设置与运行,并非均会通过具体的星占方式去进行,事实上也不可能,因为星占运作不可能穷尽一切具体的人事问题。但是,这并不意味着某些法律则天无有星占意义,实际上所有的法律则天均具有程度不一的星占意义,因为古人寄望于法律的一个绝对真理,即是解决一切人事问题的立法、司法及设施等必须合乎“天道”,而对“天道”的知识认知与信仰,则莫不源于古人“仰观天文”的体悟结果。从星占视域看,法律的则天实分为二类:一为常态下的则天;二为变态下的则天。所谓“常态下的则天”,是指法律的一般性设置和运行即国家常法须正常地符合“天道”。它又包括两种情况:一是与天象无直接关联,但这种则天模拟却可通过法律的公布仪式来实现。这种仪式,通常是法律首先在明堂宣示,然后颁之朝堂,再由使者发布四方。之所以在明堂宣示,实际即在明堂这种天子祭天之所,接受上天的检验,感染上天的威信,从而使得法律合乎“天道”。而由于古人对天之构成的星体等天象的体认,无疑使得在明堂宣示的法律具有了不可小觑的星占意义。二是与天象直接关联,即根据日月星辰在其正常状态下出现的天象而则天。如历代在明堂颁行的月令,即据太阳在每月的孟、仲、季三时期的各自正常天象而制定。显然,这种常态下的法律则天模拟,其星占意义十分突出。所谓“变态下的则天”,是指当出现天变(包括星变与气象变)异象时的情况,这可谓中国古代最具法律意义的则天,也最具有星占意义。古代星占文献常有“常则不占,变则占”之论,[①]可以说这是针对典型性的星占而言,而这种属于“变”的天象,则成为最主要也最重要的星占对象,历代星占文献包括正史之《天文志》《律历志》《五行志》等大都为此类星占。[②] 在星占视域下,天变的发生主要是上天对人间政治之失的反映或预决,所谓“人失于下,则变见于上,天事恒象,百代不易”。[③] 而从法律层面看,则主要出于法律背离天道而体现的黑暗或不公正。在因法律之失而变见于天象的情况下,通过星占的方式和途径,可使不合天道的法律得以矫正和回归。这种非常态下的则天模拟,由于往往给人间带来冰火两重天的巨大反差,特别是当冤狱得以昭雪时所带来的重大社会效应,从而具有了极为重要的法律意义。

从实践看,法律的星占式模拟一般按星占之辞即可完成,但讲求精确性的模拟则需借助于历法。古代天学虽包括星占与历法两

---

① 江晓原:《中国星占学类型分析》,上海书店出版社 2009 年版,第 97 页。

② 当然,何为“常”何为“变”,则是一个有争论的问题。随着古人认识的发展,原先变化无常的天象可能被发现是有规律的,故司马迁在《史记》中提出“凡天变,过度乃占”的观点,即只有超出规律的天象才可入占。但班固在《汉书·天文志》中则提出不同观点。他认为,五星逆行和月食等虽然可以推算,但古有“天下太平,五星循度,亡有逆行,日不食逆,月不食望”等说,因此并不能将其归入“正行”而视为正常天象。这就是说,某种天象即使有规律可循并可推算,但并不能由此改变其异常天象的性质。可以说,班固的这种观点对以后星占学的发展具有决定性意义。详细的论证,可参见石云里、邢钢:《中国汉代的日月食计算及其对星占观的影响》,载《自然辩证法通讯》2006 年第 2 期。

③ 《魏书》卷三五《列传第二十三·崔浩》。

大方面，但历法除了其具有法律属性而实为一部以“天时”为据的时间大法外，[①]其更多的功能则是服务于星占，因为“无可否认的历史事实是：中国古代历法中的绝大部分内容都与农业生产毫无关系，而是为预先推算天象所设立的种种方法、公式和数据”。[②] 如关涉“人命关天”的行刑法律规定，就常常须借助于历法知识而实现星占意义的天象模拟。这种天象模拟，就是在刑滥的南陈政权也不敢随意造次，而是小心翼翼地追求精确性以合乎天道。按陈律，“当刑于市者，夜须明，雨须晴。晦朔、八节、六斋、月在张心日，并不得行刑”。[③] 显然，作为一种常律，这种行刑制度的星占式模拟是建立在历法基础上的。虽然具有星占意义的“夜须明，雨须晴”通过简单观象即可判断，但“晦朔”“八节”“六斋”“月在张心日”等天象，则无一不是依赖于历法知识的支持。历法于法律的星占式模拟，其意义可见一斑。

可以说，星占学视域下的法律模拟，自先秦逐渐形成直至晚清甚至民国，[④]历有二千余年。在这漫长的历史中，以星占知识对天象特别是灾异天象进行法律的模拟，[⑤]其实并非铁板一块，而是有着某种变迁。这可以宋代为大致分界。每当灾异性的天象发生时，宋以前特别是汉唐君主，虽有一定的修身、修政，但更多的是采取“应天

---

① 参见方潇：《中国传统历法之法意及其对法律时间的影响》，载《法制与社会发展》2010年第5期。

② 江晓原：《中国星占学类型分析》，上海书店出版社2009年版，第158页。

③ 《隋书》卷二五《志第二十·刑法》。

④ 如晚清重臣张之洞就屡以“金星昼见”“彗入紫微”等星变为由，频频向光绪帝上折以请修省政刑。参见沈云龙主编：《近代中国史料丛刊》，文海出版社1966年版，第327、478页。民国地方政府常以祈天仪式及禁屠法令应对雨旱灾异。例如1924年入夏以来，江苏吴县地方久旱不雨，县警所接县政府令，禁止屠宰，并特出四方通告，自8月1日至5日禁屠五天，希冀苍天作云成雨，“以慰三农之望”。参见《新黎里》，1924年8月16日。又如1937年3月19日，重庆江北县长黄苹牧发布县府训令：“天久旱不雨，旱灾奇重，为顺民情，定于三月内建醮祈雨，禁屠七日。”《民国二十六年江北县的赈灾》，重庆市渝北区档案馆民国江北县档案，档案号16。

⑤ 值得注意的是，中国古代也有因出现祥瑞天象（瑞星）而行法律模拟者。如蜀国景耀元年（258年），“史官言景星见，于是大赦，改年”；宋朝景德三年（1006年）“周伯星见”，诏令司农寺王济等人“改定茶法，颇易旧制”。分别参见《三国志》卷三三《蜀志三·后主》、《宋史》卷三〇四《列传第六十三·王济》。不过，与灾异天象下的法律模拟相比，瑞星模拟者为数甚少，其基本原因概在于“《春秋》不书祥瑞”之影响。

以文”策略,即以仪节性的修饰如素服、避殿、减膳、撤乐、录囚、攘灾等来应对灾变;而自宋开始在士大夫的积极推动下,更多采取的是“应天以实”策略,即要求君主在至诚反省的同时,力求改革以除弊政陋法。[①] 这种差异,无疑会使相应的法律则天模拟在深刻性、有效性等方面有着一些不同。如在常态则天下,前者更多的是对天象的被动性模拟,而后者更多的是对天象的主动性模拟;在变态则天下,前者更多的是细枝末节式的表象模拟,而后者更多的是釜底抽薪式的深层模拟。不过,这些差异的存在,并无法否定法律的星占式模拟在二千余年漫长历史中的共性意义:既以“史传事验”等方式对君王的滥法行为进行天道限制,反过来又被君主利用以巩固统治;[②]既在客观上减轻了刑罚体现了民生关怀,又由于滥行赦免等在客观上放纵了犯罪;[③]既被臣子利用以此规劝君主去修法省刑,又被臣子利用作为篡位之法具;[④]既促进了法律依天道而制行,但占辞之限又使得法律陷入僵化运作。显然,这是一把“双刃剑”。

著名考古学家张光直曾精辟地指出:“天,是全部有关人事的知识汇聚之处。”[⑤]古代中国语境中一切人事可谓都本源于“天”,法律自然不出其外,模拟也就自在其中,古人头顶的天空已然成为了一

① 实际上,汉至清都有君臣主张“应天以实不以文”之说。但尤以宋人最为强调,甚至提出“玩天”与“敬天”的概念,来区别汉唐与宋对天的态度。其原因,概在宋代,传统天人观由机械发生的五行更替和巫术式的同类感应,转向了一种以“理一分殊”为方法论特点的理(气)本体观点。在这一观点中,世界万象均是这一共时性超然本体的展开,皇权并没有不证自明的合法性,而必须在循天理的过程中才能生成其合法性。详论可参见韦兵:《星占历法与宋代政治文化》,四川大学2006年博士毕业论文。

② 如明成祖夺取皇位后,前朝旧臣景清假意拥戴,却在一日早朝时“衣绯怀刃”以图谋杀,被成祖凭占者之言识破,不仅被磔死并灭族,而且其乡里还被“瓜蔓抄”为废墟。参见《明史》卷一四一《列传第二十九·景清》。

③ 如常有“大赦之后,奸邪不为衰止,今日大赦,明日犯法,相随入狱”之弊端。参见《汉书》卷八一《列传第五十一·匡衡》。

④ 如唐昭宗天佑二年(905年)五月,西北长星竟天,扫太微、文昌、帝座诸宿,按当时星占者“君臣俱灾,宜刑杀以应天变”之言,朱全忠遂图谋篡代。时擢为谏议大夫平章事的柳璨便与朱全忠心腹蒋玄晖、张廷范勾结,诛杀朝中对其不满的名望大臣三十余名,天下以为冤。参见《旧唐书》卷一七九《列传第一百二十九·柳璨》。

⑤ 张光直:《美术、神话与祭祀》,辽宁教育出版社2002年版,第29页。

个“法律资源的天空”。[1] 可以说，透过星占学的视域，可为我们研究古代中国“法律则天”原则之到底如何可能，提供了一个可予以揭示的具体路径。

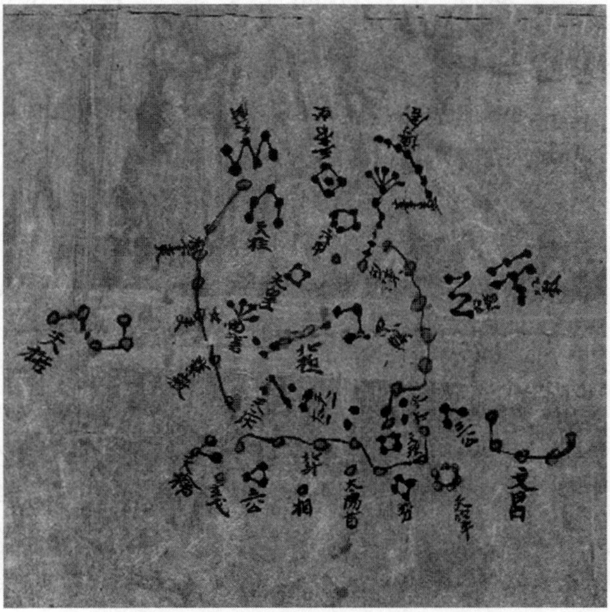

唐代敦煌莫高窟星象图

① 参见方潇：《“作为法律资源的天空”——天学视野下君权制约和秩序构建的法律意义》，载《北大法律评论》2007 年第 2 辑。

第五章　阴阳五行学说与法律路线选择

在中国古代天学的视域下，不仅具体的法律内容、法律运作以及法律设施从天象中找到了其形成和存在的本源因子，进行着直接和间接的则天模拟和路径依赖，而且从法律路线这个更连续、更广阔的层面上对天学资源进行了虔诚依赖和充分挖掘。这个天学中的极重要资源就是阴阳五行学说。作为中国古代天学的重要内容，阴阳五行学说其实是阴阳学说和五行学说的合流之物。不过，从阴阳和五行的最初形成来看，它们都是极为朴素的具有自然特性的概念和事物，但是，随着它们的各自发展与合流，特别是经过董仲舒和其他儒者的努力，它们都被赋予或生成了神灵性格的光环。梁任公先生曾断言说："阴阳五行说，为二千年来迷信之大本营。"①可以说，正因为有了这种浓厚的神灵"迷信"气息，阴阳五行学说才会顺顺当当地被纳入了古代中国天学的范畴，成为左右国家正统思想的基础性学说，从法律意义而言，即构成了决定国家法律路线选择的基本力量。具体来说，阴阳五行学说通过"明阴阳""辨五行"的方式，对种种天象进行了"物质化"的解构和表达，从而体验、领悟、模仿天象背

---

① 梁启超：《阴阳五行说之来历》，载顾颉刚编著：《古史辨》(第5册)，上海古籍出版社1982年版，第343页。

后的天意、天道或天机,最终左右和决定了对法律路线的模式选择。可以说,这种模拟和被模拟的关系是法律具象“则天”的一种高级、成熟的叙事路径。

一、阴阳五行学说概论

(一)关于阴阳

可以说,“阴阳”是古代中国传统文化的一个大概念,是儒家以及其他各家串通理论思想的基本范畴。然而,何谓“阴阳”?

从语源上说,阴阳观念来自古人对自然现象的观测。“阴阳”二字的原义本指物体对于日光的向背,所谓“向日为阳”,“背日为阴”,或者“日出为阳”,“云覆为阴”。《诗经》有云:“既景迺冈,相其阴阳。”[①]即指出了阴阳二字的本义。

阴阳本义如此,不过人们并未停留于此,而是将其引申,做了寒暑冷暖的发挥,用这对概念来区分时令,制定季节,说明气候变化;由此再引申开去,将万事万物进行对立的分类,找出其中的规律性并加以理论阐释,以阴阳概而括之,从而成就了具有中国特色的一对基本哲学范畴。[②]

梁任公先生曾考证了《诗经》《书经》《仪礼》《易经》四经中有阴阳二字的文句和含义,其结论是:《仪礼》全书中无“阴”“阳”二字;《诗经》中言“阴”者八处,言“阳”者十四处,言“阴阳”者一处;《书经》中言“阴”“阳”者各三处;而《易经》中仅《中孚》卦九二爻辞中有一“阴”字。经过分析,梁氏认为,“商周以前所谓阴阳者,不过自然界中一种粗浅微末之现象,绝不含有何等深邃之意义”。[③] 梁氏的这一观点应是较为允当,这表明阴阳观念即是萌芽于对自然现象的观察,其“粗浅微末”正是展现了当初的一种朴素自然主义的风貌。

不过,随着时代的发展,阴阳那种朴素的风貌也渐渐脱去,它

---

① 《诗经·大雅·公刘》。

② 参见陈江风:《天人合一观念与华夏文化传统》,生活·读书·新知三联书店1996年版,第82页。

③ 梁启超:《阴阳五行说之来历》,载顾颉刚编著:《古史辨》(第5册),上海古籍出版社1982年版,第347页。

(们)不断地吸取各种养分,逐渐地披上人文外衣,最终羽翼丰满,横亘、流行在天地之间。按陈来先生之论,春秋时代初期就已经有了阴阳观念,而且还用以解释世界的两种基本力量。[①] 梁启超就以老子“万物负阴而抱阳”之说,认为“阴阳二字意义之剧变,盖自老子始”。[②] 可见,阴阳观念已发生了基本变化。西周末幽王二年(公元前780年),三川都发生地震,太史伯阳父为此解释说:

> 周将亡矣!夫天地之气,不失其序;若过其序,民乱之也。阳伏而不能出,阴迫而不能烝,于是有地震。今三川实震,是阳失其所而镇阴也。阳失而在阴,川源必塞;源塞,国必亡。夫水土演而民用也。水土无所演,民乏财用,不亡何待?昔伊洛竭而夏亡,河竭而商亡。今周德若二代之季矣,其川源又塞,塞必竭。夫国必依山川,山崩川竭,亡之征也。[③]

这段话在历史上较为有名,也为史家所津津乐道。因为这段话已将阴阳与地震紧密联系起来,从而为灾异发生原因的展示提供了一个新的窗口。特别是阴阳失序则必导致地震,同时阴阳失序还导致民乱财乏,如此祸不单行,国家岂有不灭乎?如此以阴阳失序来推导亡征,按陈来先生之言,其实与观天星占之学的有些讲法在精神上是一致的。[④] 实际上,伯阳父作为太史,其职责主要就是观测天象以为星占之用,但现在却用阴阳来推导地震和周朝之亡,抑或不有故意虚张声势而将阴阳观念纳入天文星占学之嫌疑?可以说,这种嫌疑不仅可能,而且成为了一种事实。春秋时代的星占学实际上已经容纳了阴阳的解释。如《国语》中记有范蠡对越王说的一段话,很能说明阴阳已在星占学中的运用情况:

---

① 参见陈来:《古代思想文化的世界——春秋时代的宗教、伦理与社会思想》,生活·读书·新知三联书店2002年版,第70页。

② 梁启超:《阴阳五行说之来历》,载顾颉刚编著:《古史辨》(第5册),上海古籍出版社1982年版,第347页。

③ 《国语》卷一《周语上》。

④ 参见陈来:《古代思想文化的世界——春秋时代的宗教、伦理与社会思想》,生活·读书·新知三联书店2002年版,第71页。

> 臣闻古之善用兵者，赢缩以为常，四时以为纪，无过天极，究数而止。天道皇皇，日月以为常，明者以为法，微者则是行。阳至而阴，阴至而阳；日困而还，月盈而匡。古之善用兵者，因天地之常，与之俱行。①

此实际上是为典型军政星占学中的兵占理论，其用阴阳交替来说明日月常行，所谓善用兵者要随日月之行而行。不过我们可以发现，此兵占理论中对阴阳概念的运用，其作用并不大，似乎可有可无，依笔者猜度，这倒是有急着想把阴阳观念“拉下水”，而欲将其与天文星占学“同流合污”之嫌。如此，对阴阳概念的星占意义上的运用，自然也就显得很不成熟了。

不过，春秋时期也有将阴阳观念在星占学意义上运用得较为充分的例子。如史载春秋某年夏五月的朔日，发生了一次日食。对此，鲁国的梓慎说，日食是阴战胜阳的征兆，天下将会发生大水。然而，有个叫昭子的人却不同意他的看法。昭子认为，时令已至五月，阳气处于极盛时期，却发生日食，应是反常现象。所谓月蔽日，阴胜阳是暂时的，处于盛极一时的阳气郁积起来，一旦日食过去，阳气必定挥发出来，彻底压倒阴气。因此，这一年不是发大水，而是难逃一旱。② 这里，梓慎和昭子虽然用阴阳概念“煞有介事”地来占日食，而得出了不同的结果，但是他们对阴阳的星占学意义运用却是较为地道的。

当然，阴阳在春秋时期开始在天学星占意义上使用，并不具有普遍意义，在某些情况下甚至还遭到主要从事星占学职业的史官的否定。如《左传》有云：

> 十六年春，陨石于宋五，陨星也。六鹢退飞过宋都，风也。周内史叔兴聘于宋。宋襄公问焉，曰：“是何祥也？吉凶焉在？”对曰：“今兹鲁多大丧，明年齐有乱，君将得诸侯

---

① 《国语》卷二一《越语下》。

② 参见《左传·昭公二十四年》。

而不终。"退而告人曰："君失问。是阴阳之事，非吉凶所生也。吉凶由人，吾不敢逆君故也。"①

在这里，作为史官的叔兴并没有将阴阳用于星占，反而认为陨石飞鸟只事关阴阳，而无所谓吉凶，吉凶只是由人引起。所以，在叔兴看来，阴阳是与以见吉凶为特长的星占术无关的东西。但是，在当时以异象为占的星占学氛围下，为满足宋襄公之问，叔兴也只好口是心非。不过，作为以星占为主职之一的史官，叔兴以纯自然主义的态度来解释天象变化和自然变异，似乎有不谋其职之嫌。

虽然春秋时期有像叔兴之类的人仍视阴阳为纯自然范畴，但不可否认，"春秋时期阴阳观念正发生着由自然主义向神秘主义的嬗变"。② 这种神秘主义主要是指阴阳被逐渐地纳入天学的视野中去，特别是随着阴阳家学派的形成，这种"嬗变"尤其为甚。《汉书》将先秦学术流派列为十家，其中对阴阳家定义道：

阴阳家者流，盖出于羲和之官，敬顺昊天，历象日月星辰，敬授民时，此其所长也。及拘者为之，则牵于禁忌，泥于小数，舍人事而任鬼神。③

可见，阴阳家者流主要是研究天文气象、禁忌鬼神之类，具体定义中虽未有"阴阳"二字，但实际上阴阳已成为该学派得以形成的应有之义和理论预设了。从定义和实践来说，诸子类中阴阳家之流研究之领域也主要就是天文之学，与数术类中的"天文者"有重合之处。可见，阴阳已开始随阴阳家的努力而逐渐进入神秘的天文星占领域。特别是到了后来在汉代董仲舒的作用下，阴阳已完全神秘化，并与五行说契合一起，成为古代中国天学者一直赖以资用的重要理论依据。

应该注意的是，不管是自然主义的阴阳观，还是神秘主义的阴

---

① 《左传·僖公十六年》。

② 俞晓群：《数术探秘：数在中国古代的神秘意义》，生活·读书·新知三联书店1994年版，第45页。

③ 《汉书》卷三〇《志第十·艺文志》。

阳观,其"阴阳"从主体上说还是一致的,即为"阴阳之气",也即"天地之气"。虽然阴阳在老子解释下被哲学化,成为阴阳范畴发展的一大转折点,但其所载之体,则仍是"气"。① 在后期各种有关阴阳理论中,几乎均以"气"来释阴阳。当然,也有经常将阴阳之气引申出阴阳二性而抽象化的解说,如《系辞》有云:"阴阳之义配日月。"张载在《正蒙·太和》中也云:"造化所成无一物相肖者,以是万物虽多,其实无一物无阴阳者,以是知天地变化,二端而已。"②

(二)关于五行

顾颉刚先生曾在《古史辨》中说道:"五行,是中国人的思维律,是中国人对于宇宙系统的信仰;两千余年来,它有极强固的势力。"③顾先生之言并非夸张,五行与阴阳一样在中国古代有着深远影响。但何为五行呢?

从目前典籍来看,五行一词最早始见于《尚书·夏书·甘誓》。其中记有夏启讨伐有扈氏的誓词:"有扈氏威侮五行,怠弃三正,天用剿绝其命。"但文中并未指出五行内容。对五行作出明确解释的是《尚书·周书·洪范》,其中记箕子之言道:

> 一五行:一曰水,二曰火,三曰木,四曰金,五曰土。水曰润下,火曰炎上,木曰曲直,金曰从革,土爰稼穑。润下作咸,炎上作苦,曲直作酸,从革作辛,稼穑作甘。

这段话较为明白无误地述说了五行的内容和属性。虽然从中尚难以推出古人将五行作为构成万物的基本元素的意识,但从《洪范》将五行列为"天乃锡禹洪范九畴"的第一项及其本身属性来

① 《老子》第四十二章说:"道生一,一生二,二生三,三生万物。万物负阴而抱阳,冲气以为和。"这里以阴阳与冲气相对而言,显然阴阳也是气。学者高亨说:"冲气以为和者,言阴阳二气涌摇交荡以成和气也。"高亨:《老子正诂》,载董治安编:《高亨著作集林》(第5卷),清华大学出版社2004年版,第136页。

② 关于阴阳有阴阳二气和阴阳二性之分类,张岱年先生有着较为详细的分析。参见张岱年:《中国古典哲学概念范畴要论》,中国社会科学出版社1987年版,第83-88页。

③ 顾颉刚:《五德始终说下的政治和历史》,载顾颉刚编著:《古史辨》(第5册),上海古籍出版社1982年版,第404页。

看，先人将水、火、木、金、土视为五种最基本的事物，确是比较明显的。① 此外，虽然近代著名学者刘节先生考订出“洪范为秦统一中国以前，战国以后阴阳五行家托古之说”，②但这并不妨碍五行最初是由人们出于对自然界观察和体认而总结出的五种最基本的自然物质。实际上，早期的一些文献大都表达了五行作为物质的朴素概念。如《尚书大传》中即记有武王伐纣时的一段歌舞之词：

> 武王伐纣，至于商郊，停止宿夜。士卒皆欢乐达旦，前歌后舞，格于上下，咸曰：“孜孜无怠。水火者，百姓之所饮食也；金木者，百姓之所兴生也；土者，万物之所资生；是为人用。”③

此段中之水、火、金、木、土即为五行，显然这五行是五种物质。其他如《国语》《左传》中也有谈到五行者：

> 及天之三辰，民所以瞻仰也；及地之五行，所以生殖也。④
>
> 天地之经，而民实则之。则天之明，因地之性，生其六气，用其五行。气为五味，发为五色，章为五声。⑤
>
> 水、火、金、木、土、谷，谓之六府。⑥

---

① 参见张岱年：《中国古典哲学概念范畴要论》，中国社会科学出版社 1987 年版，第 89 页。关于五行是否就是五种元素或物质，学界有着争论。国内有些学者认为五行并非就是五种物质，“五种物质”只是后世通行的说法而非古人之论。美国汉学家席文则认为，五行并不是指“元素”，但他认为是指空间构造或时间过程中的方位或相位。参见[美]席文：《中国、希腊之科学和医学的比较研究》，载刘东主编：《中国学术》（总第 9 辑），商务印书馆 2002 年版，第 114 页。

② 刘节：《洪范疏证》，载顾颉刚编著：《古史辨》（第 5 册），上海古籍出版社 1982 年版，第 403 页。

③ 参见谢松龄：《天人象：阴阳五行学说史导论》，山东文艺出版社 1989 年版，第 17 页。

④ 《国语》卷四《鲁语上》记展禽语。

⑤ 《左传·昭公二十五年》记郑国大夫子产语。

⑥ 《左传·文公七年》记晋国大夫郤缺语。

显然,在上述所引中,五行也均为物质之义。可见,五行的早期概念与阴阳一样,并无多少深邃的含义,主要是先民对自然界的总结之物,从而具有纯自然主义的风貌。

然而,这种具有朴素的自然主义风貌的五行观念,却也和阴阳一样,几乎同时在春秋时期开始向神秘主义渐变。《左传》中记载了许多运用五行观念进行占卜的故事。像晋国的史墨,他在《左传》中共出现八次,其中一次是占星(昭公三十二年),还有一次讲礼(昭公二十九年),其余六次都与五行有关(昭公二十九年至三十三年五次,哀公九年一次)。如哀公九年,晋国赵鞅为救援郑国准备攻打齐国或宋国,占卜得到的卦象结果是"遇水适火"(水流向火)。史墨认为,宋国姓子,按照十二支与五行的对应关系,子属水;赵鞅姓盈,也属水,所以不能攻宋。而齐国姓姜,是炎帝的后代,属火;水胜火,所以可以伐齐。① 虽然现代考辨发现《左传》中有许多内容是汉人窜入而常被认为缺乏史学价值,但在文化学的意义上,它仍然可以从一个侧面真实再现一些学术思想的流变过程,因而对于春秋时期五行说的状态问题,史墨的活动就足以在宏观上起到管窥五行之神秘化的作用。②

如果春秋时期五行已逐渐由朴素的自然主义向神秘主义过渡的话,那么战国末期齐国人邹衍创立的"五德终始说",则使五行观念发生了本质性的变化。他的五德终始说是运用"五行相胜"的原理而建立的。所谓五行相胜,即根据五行的属性,确定土胜水、水胜火、火胜金、金胜木、木胜土。保存得较为完整的五德终始说的概要,现当见于《吕氏春秋》之中:

> 凡帝王者之将兴也,天必先见祥乎下民。黄帝之时,天先见大螾大蝼。黄帝曰:"土气胜!"土气胜,故其色尚黄,其事则土。及禹之时,天先见草本秋冬不杀。禹曰:"木气胜!"木气胜,故其色尚青,其事则木。及汤之时,天先见金刃生于水。汤曰:"金气胜!"金气胜,故其色尚

---

① 参见《左传·哀公九年》。

② 参见俞晓群:《数术探秘:数在中国古代的神秘意义》,生活·读书·新知三联书店 1994 年版,第 48 页。

> 白，其事则金。及文王之时，天先见火赤乌衔丹书集于周社。文王曰："火气胜！"火气胜，故其色尚赤，其事则火。代火者必将水，天且先见水气胜。水气胜，故其色尚黑，其事则水。水气至而不知数备，将徙于土。①

此段文字其实是天人感应在帝王得以统治天下问题上的典型表现。此处土气、木气、金气、火气、水气，既是"气"，也代表"德"。"德"即为五行之"行"在社会历史之表征。《史记集解》引如淳言："五德各以所胜为行。"帝王的统治必须要得到五行相胜中的一"德"才能成为可能。如果这一"德"丧失，则由另一相胜而出的"行"之"德"取代，从而迎来新的帝王统治，实行新的制度。由于五行相胜是循环的，所以五德终始也是循环的。显然，这是一种典型的"相胜"五德终始说。正因为得靠"胜"或"克"来成就新德和新朝，使得此种五德终始说从骨子里就充满着暴力的倾向而杀气沉重。从表面上看，虽然"五德转移，治各有宜"，②帝王统治转移的决定力量似是五行之气，但实际上却必须经由上天先见祯祥，降下符应才能成为可能，所谓"符应若兹"。③ 如此一来，某帝王为某德或某统治正是天意的体现，祯祥符应是上天将命某帝王统治天下的一种预告。

五德终始说已将五行完全纳入到了"天命""天意"的体系之中。在天的意志下，五种物质变成了五种德行，它们之间相胜的原理与帝王的兴衰对应了起来，从此开辟了五行政治化和伦理化的先河。④ 而到了汉代，由于时代的需要，经过董仲舒的发挥，既讲"五行相胜"，更讲"五行相生"，所谓"比相生而间相胜"，⑤使得五行的

---

① 《吕氏春秋·有始览·应同》。

② 《史记》卷七四《列传第十四·邹衍》。

③ 《史记》卷七四《列传第十四·邹衍》。

④ 然而，美国著名汉学家席文却认为，阴阳、五行概念最初是政治和伦理概念，而不是物质或自然概念。也就是说，阴阳五行是先抽象化而后具象化发展的，笔者认为这种说法不符合中国古代先人认知世界的方式，故该说有本末倒置之感。参见［美］席文：《中国、希腊之科学和医学的比较研究》，载刘东主编：《中国学术》（总第 9 辑），商务印书馆 2002 年版，第 116 页。

⑤ 《春秋繁露》卷一三《五行相生》。

政治化和伦理化更为突出，并多了一种五行变数（相生），特别是突出“相生”从而淡化乃至遮蔽了原有“相胜”暗藏的杀伐之气，这在与阴阳说契合之后，遂在古代中国的正统思想界特别是在天学领域大显身手。

值得注意的是，邹衍之所以推出“五德终始说”，固然是用天命、天意来说明王朝的获得和运转，但在一定意义上，却是起因于邹衍在战国混乱时期对“德”的关注。司马迁说：

> 邹衍睹有国者益淫侈，不能尚德……乃深观阴阳消息而作怪迂之变，《终始》《大圣》之篇十余万言。其语闳大不经，必先验小物，推而大之，至于无垠。……称引天地剖判以来，五德转移，治各有宜，而符应若兹。①

这种以“怪迂之变”来警示国君需尚德的方式，与汉儒董仲舒用灾异之变来警示人君修德修政同出一辙，可谓用心良苦。

（三）阴阳五行观念之结合

由上述分析，我们发现，无论是洪范五行说还是五德终始说，均未见阴阳观念。同时，在以阴阳作为变易之象的《易经》中，我们也难看到五行观念的身影，故至少晚至《说卦》出现时，阴阳五行观念尚未合流。②

按谢松龄先生的分析，成书于西土秦国的《吕氏春秋》，由于其中的《十二纪》兼用五行和阴阳描述了对季节变易的感受，③故而显示出了五行与阴阳合流的趋势。战国中后期的邹衍在其五德学说中，实际上已在一定程度上糅合了阴阳和五行观念，而到了西汉中叶，阴阳学说和五行学说已经合流，并逐渐成为新的观念系统的公

---

①《史记》卷七四《列传第十四·邹衍》。

② 虽然传统说法认为，《说卦》中以八卦配五行，涵有五行观念，但这是一种牵强附会之辞。参见谢松龄：《天人象：阴阳五行学说史导论》，山东文艺出版社1989年版，第63页。

③《十二纪》描述了一年中与五行之气对应的天象、气息和物象。其中的阴阳观念如“是月也，日长至；阴阳争，死生分”（《仲夏纪》）、“是月也，日短至；阴阳争，诸生荡”（《仲冬纪》）。

认而系统的表述体系。[①] 这个表述体系的完成者，笔者认为当首推董仲舒。

可以说，《春秋繁露》作为汉代大儒董仲舒的代表作，既以其丰厚的天人感应思想，完善了中国古代天学星占的哲学基础，同时又以系统的理论糅合了阴阳、五行学说，使之成为一体。其中有一句话最为明显地表达了阴阳五行出于一体的思想：

> 天地之气，合而为一，分为阴阳，判为四时，列为五行。[②]

可见，阴阳和五行都是同出于天地之气，是天地之气的衍生物。阴阳在此可理解为阴气和阳气。又按董仲舒接前引之话说："行者行也，其行不同，故谓之五行。"[③]可见，五行之"行"，实含有行动、运行之义，故五行实际是指天地之气的运行。而天地之气最基本的分类就是阴阳之气，故阴阳和五行即通过阴阳之气在天地间的运行而结合起来。[④]

如果阴阳和五行的结合仅仅是通过气之联结就停止的话，则似乎显得有些狭窄。实际上，董仲舒是将阴阳五行放在"天"的层面来论说的，认为阴阳五行是天意、天道的显现。他说：

> 天意难见也，其道难理。是故明阳阴、入出、实虚之处，所以观天之志；辨五行之本末、顺逆、小大、广狭，所以观天道也。[⑤]

---

① 参见谢松龄：《天人象：阴阳五行学说史导论》，山东文艺出版社 1989 年版，第 66-68 页。

② 《春秋繁露》卷一三《五行相生》。

③ 《春秋繁露》卷一三《五行相生》。

④ 有很多研究表明，"阴阳""五行""气"等概念，虽然都有各自发展的历史，但却渐渐结合到了一起。气是基本物质，具有各种形态；阴阳成为相互对立、相互补充的气；五行成为组成一个整体的五种类型的气。参见［美］席文：《中国、希腊之科学和医学的比较研究》，载刘东主编：《中国学术》（总第 9 辑），商务印书馆 2002 年版，第 115 页。

⑤ 《春秋繁露》卷一七《天地阴阳》。

显然,按董仲舒之论,通过明阴阳、辨五行可以体察、观照天意、天道;天意、天道通过阴阳五行的手段表现出来。这种阴阳五行手段有时是“物”质的,有时又是“性”质的。在董仲舒的阴阳五行学说中,阴阳既指“气”,又指阴阳二“性”;同样,五行实际上也是既指“气”,也指阴阳之气的运行,这气的运行即表现为五种不同性质的“德”。于此,阴阳五行既通过具体的气,又通过对天意、天道的共同显现而紧密结合起来。

(四)阴阳五行学说与天学之关系

在上面所论阴阳和五行通过对天意、天道的显现而结合中,如果我们换一种思维方式的话,就会发现,阴阳五行学说实际上本应是天学中的一个重要课题。天学虽说本质上是星占之学,但其待占的天象是包罗万象的,除了像日月星辰之类十分典型的天象外,还有大量其他之象,如风、云、雨、雷、雪、霜等气象,以及地震、旱灾、涝灾、火灾等地象均为天象之范畴,甚至连服妖、龟孽、鸡祸等也是天降之异象。在诸多不同展现的复杂的天象中,如何揣摩到天象背后的天意、天道,并不是一件容易的事情。各种典型的星占经典大都是简单的占辞,或是一系列占辞的汇编,几乎没有理论性内容。不过,我们切不要以为这是星占家们的懒惰,星占书的简略主要是为了星占实践上的便利,而实际上这些占辞的背后都有丰厚的理论基础。阴阳五行理论就是其中最富实效的理论基础。因为通过明阴阳、辨五行,即可体察天意、天道。例如以阴阳而论,《汉书》中就有一段话:

> 凡天文在图籍昭昭可知者,经星常宿中外官凡百一十八名,积数七百八十三星,皆有州国官宫物类之象。其伏见蚤晚,邪正存亡,虚实阔狭,及五星所行,合散犯守,陵历斗食,彗孛飞流,日月薄食,晕适背穴,抱珥虹蜺,迅雷风袄,怪云变气:此皆阴阳之精,其本在地,而上发于天者也。政失于此,则变见于彼,犹景之象形,乡之应声。是以明君睹之而寤,饬身正事,思其咎谢,则祸除而福至,自然之符也。①

① 《汉书》卷二六《志第六·天文志》。

可见，所有这些天象——包括现代天文学所研究的日月星辰和现代气象学所研究的大气层诸现象，都是“阴阳之精”“本在地，而上发于天”的结果。在这里，阴阳成为显现天象之来由的重要之物，也是人君观察天象、领悟天意天道的重要连接因素。所以，人君只有明阴阳之道，才能切实理解天道。在此基础上，如人君能真正做到“饬身正事，思其咎谢”，那就自然“祸除福至”了。

又如以五行而论，隋朝萧吉所著《五行大义》[①]就有如下之说：

> （五）星者阴精，金亦阴也。别而言之，各配五行，不独主金。岁星，木之精，其位东方，主春……荧惑，火之精，其位南方，主夏……镇星，土之精，其位中央，主四季……太白，金之精，其位西方，主秋……辰星，水之精，其位北方，主冬……[②]

萧吉《五行大义》可谓是阐述阴阳五行学说的经典完备之作。在这里，五星实际上是与五行相配，甚至被认为是五行之精，从而在一定意义上表明，天文星占之五星是由地上五行成精而形，使五行直接与天学联系起来。太史公司马迁说：“天有五星，地有五行。”[③]有如此配对相通，那么通过辨五行，即可以五星天象来观天道了。

二、阴阳五行学说下的法治路线选择

（一）秦朝法治路线确立的根本因素

可以说，中国古代历史上真正极力推行法治路线的是秦朝。当然，众所周知，秦之法治与现代法治是不可同日而语的。相对于现代法治主要是与西方法治语境有渊源关系，秦代的法治是土生土长的具有中国特色的法治，它是皇帝之下的法治，从本质上说，它其实就是一种极端的人治，法治只不过是君主实现其一人之治的工具而

① 本书参考的是钱杭先生点校本，上海书店出版社2001年版。

② 《五行大义》卷四《论七政》。

③ 《史记》卷二七《书第五·天官书》。

已。故所谓古代法治和人治之分仅仅是表象之分。实际上，在古代中国，与法治真正对立的概念应是德治而不是人治。本章下目即以“德治”为论，此目则论“法治”路线。

学界多有认为，秦始皇推行法治路线只是法家思想作为国家正统指导的产物，甚至认为是当年秦国商鞅变法的继承。诚然，法家提倡人君极权，以法物治，既能针对人性恶“以暴制暴”而成效迅速，同时又能抬举君主而使之超然于法上，如此两全其美之事，自然能抓住人君之心而被人君所悦所倡。再者，商鞅变法使秦国从一西土弱小国家一跃成为战国七雄之首，最后逐一消灭六国而建立统一王朝，商鞅变法对秦而言可谓是“功德无量”，尝到了如此甜头的秦统治者，自然是对法及法治颇有好感。然而，笔者认为，以上两者并不构成秦朝推行“法治”路线的根本因素，它们只是在最大限度上成为秦朝“法治”路线选择的外围条件，真正对这条路线的抉择起内在决定性作用的则是阴阳五行学说。

当然，如果严格地说，对秦朝推行“法治”路线起真正决定性作用的是五行学说中的“五德终始说”。诚如前述，它是一种以五行相胜为基础而建立的学说。或许五行相胜体现了某种暴力、武力，所以对在战国时期厮杀中不得不偏好武力而以武力统一中国的秦始皇来说，显然有逻辑上的某种合拍性。于是，当秦始皇称帝后有人向他推荐“五德终始说”时，秦始皇爽而采之。司马迁曾说：

> 自齐威、宣之时，驺子之徒论著终始五德之运，及秦帝而齐人奏之，故始皇采用之。①

当然，说“五德终始说”中五行相胜所暗藏的暴力味契合秦始皇之脾性，只是一种合乎理性的推测，并不足为唯一之据。而按前引司马迁之言，秦始皇之所以采纳五德终始说，主要是由于该说创始人邹衍的那些齐国弟子们大加著述五德终始说之灵运的结果。如司马迁此言当真，显然五德终始说在当时影响颇为巨大，不仅邹衍

---

① 《史记》卷二八《书第六・封禅书》。

本人“以阴阳主运显于诸侯”,[1]已经在战国中期诸侯中有着广泛的影响,而且在战国后期邹衍的弟子们对他们学说的推广和宣传也做了不少工作,费了不少心血。正由于此,胸怀大志而心揽天下尽为己有的嬴政想必对五德终始说早有耳闻,也想必有所心动,而缺少的可能只是一种时机。故统一全国后,当五德终始说发源地的齐国人向他奏报该说之灵运时,秦始皇欣然采之自是顺其自然,甚至正中始皇下怀。由是观之,一种学说的舆论造势对社会走向、对个人心理会产生多么大的影响。这对“为人天性刚戾自用,起诸侯,并天下,意得欲从,以为自古莫及己”[2]的秦始皇来说,影响的意义更为巨大。中国古代皇帝之任性和专制可能谁也莫甚于始皇帝了。自视为功高“三皇五帝”的秦始皇一旦接受某种学说,那便定会成为一种国家路线,并在实践中不折不扣地予以执行。于是,这种相胜的五德终始说,就这样由理论到实践而大张旗鼓地在秦朝的历史大舞台上“粉墨登场”了。

（二）相胜之五德终始说下秦朝的法治实践

以上曾论及嬴政理应对相胜之五德终始说早有一定认识固然是种推理,但并非只是姑妄猜测。秦始皇统一中国称帝后,说了一段与邹衍相似的,但似乎更为精炼的颇有五德终始说知识功底的话:

> 黄帝得土德,黄龙地螾见。夏得木德,青龙止于郊,草木畅茂。殷得金德,银自山溢。周得火德,有赤乌之符。今秦变周,水德之时。昔秦文公出猎,获黑龙,此其水德之瑞。[3]

由上可知,秦始皇不仅对五德终始说所涉各德及天降符应情况

---

① 《史记》卷二八《书第六 · 封禅书》。

② 《史记》卷六《本纪第六 · 秦始皇嬴政》。

③ 《史记》卷二八《书第六 · 封禅书》。学界通常将“秦始皇既并天下而帝,或曰……”中的“或曰”解释为“有人说”之类,笔者认为大可商榷。虽然“或曰”一般可释为“有人说”,但根据上下文此处似释为“曾经说”更为合理。清代段玉裁《说文解字注》即有“或,有也”之释。

颇为知悉,而且还有与前述邹衍之论不同之处。如夏得木德,天不仅先见草木茂盛,而且还有青龙出现。按阴阳五行学说,青龙主东方,主木。故青龙出现更是象征木德兴起。还有如殷得金德,其符应是“银自山溢”,意即金属液体从山上流下(今人疑为当是火山爆发),故为上天示以金德。这些不见于邹衍五德终始说的情况是否邹衍也有论之,姑且暂时不论,不过从秦始皇口中说出,则可见他对此说的认识已有相当深度。又“秦文公出猎,获黑龙,此其水德之瑞”一事,此中含有之五行学说也为始皇熟悉。至于秦文公打猎获黑龙一事是否如此,现难以断定,不过《史记》中却记有一事,似乎与此极有关联:

> 秦襄公攻戎救周,始列为诸侯。……其后十六年,秦文公东猎汧、渭之间,卜居之而吉。文公梦黄蛇自天下属地,其口止于鄜衍。文公问史敦,敦曰:“此上帝之征,君其祠之。”于是作鄜畤,用三牲郊祭白帝焉。①

此处秦文公梦黄蛇,史敦占卜是“上帝之征”,于是立祠以祭白帝。按五行说,五行中土者为最贵,土色黄,②又蛇为天上之龙地显,故史敦占为上帝之兆。既然秦文公梦见黄蛇都是上帝之兆,更何况是捕获了一条黑龙呢?看来至少在秦文公时期,上天就想要将天下托付于秦了。又按五行说,水色黑。故秦文公获黑龙,既是一种上天将天下托付于秦之征兆,同时又喻示着秦代天下将是为水德之行。这一切在秦始皇看来,上天在秦文公时就先见而降的代周行水德之符应,虽然在秦文公时期没有实践,而现在到了他手里却要正儿八经地付诸实践了,故“今秦变周,水德之时”一语,也似有一股踌躇满志而痛快淋漓的气概了。

因此秦始皇是意气风发,踌躇满志,于五德终始说心仪已久,国家的法律路线就此决断于秦皇帝个人的意念之下。司马迁在《史记》中记载了秦始皇那句“朕为始皇帝,后世以计数,二世三世至于

---

① 《史记》卷二八《书第六·封禅书》。

② 《五行大义·论配五色》引《孝经援神契》载:“土之精黄,木之精青,火之精赤,金之精白,水之精黑。”

万世,传之无穷”之充满帝王英雄自豪感而颇具气吞山河之势的“制”言后,紧接着写下了下面一段至为重要的文字:

> 始皇推终始五德之传,以为周得火德,秦代周德,从所不胜。方今水德之始,改年始,朝贺皆自十月朔。衣服旄旌节旗皆上黑。数以六为纪,符、法冠皆六寸,而舆六尺,六尺为步,乘六马。更名河曰德水,以为水德之始。刚毅戾深,事皆决于法,刻削毋仁恩和义,然后合五德之数。于是急法,久者不赦。①

这段文字之所以重要,是因为它表达了有秦一代把实行法治路线作为立国之本的几乎全部信息。不仅如此,始皇帝信奉的还是一种相胜相克而杀气重重的五德终始说,这就给秦朝实行严酷的法治路线埋下了伏笔。与此相关的内容在《史记》中还有一处,即在秦始皇说完前引“今秦变周,水德之时。昔秦文公出猎,获黑龙,此其水德之瑞”之后,司马迁写道:

> 于是秦更命河曰“德水”,以冬十月为年首,色上黑,度以六为名,音上大吕,事统上法。②

上述所引这两段文字内容基本一致,都表达了水德在秦朝制度上的具体设定,尤其是在厉行法治、事皆决于法的路线选择上,与水德是一种流和源的关系。可见,秦朝的一切制度和路线均由水德发轫而来。那么,水德到底有哪些内容和特性呢?这是秦行法治路线的根本之处。

如果说秦以水德胜火德主要是出于五行学说中“五德终始说”的贡献的话,那么水德到底具有哪些内容和特性,则是一个既为阴阳学说又为五行学说所关注的问题。也就是说,水德是“阴阳五行”作为一个共同学说而解析的问题。应该说,阴阳五行学说在秦初虽

---

① 《史记》卷六《本纪第六 · 秦始皇》。
② 《史记》卷二八《书第六 · 封禅书》。

还未合流，但已出现合流趋势；虽然在汉代得到董仲舒及其后儒的解说而不断完善，至隋人萧吉编著成《五行大义》时已呈现完善状态，但其基本内容和精神至少在秦初就已初步固定下来。所以，笔者为叙述之便，姑且以《五行大义》之编著内容作为解说之参照，以阐明秦时行水德之况。

首先说秦“改年始，朝贺皆自十月朔”或“以冬十月为年首”之水德之制。《五行大义》有云：

> 水者，五行始焉，元气之凑液也。《管子》云：“水者，地之血气，筋脉之通流者，故曰水。”许慎云：“其字象泉并流，中有微阳之气。”其时冬。《尸子》云：“冬，终也。万物至此终藏也。”①
>
> 天以一生水于北方，君子之位。阳气微动于黄泉之下，始动无二，天数与阳合而为一。水虽阴物，阳在于内，从阳之始，故水数一也。②

可见水主平准，是五行之始，地之血气，就像泉水一样在地下流动，虽有阴物终藏之性，但却有微阳之气，阳在于内，就像万物冬藏而又生机暗待春天的到来一样。故水德其时为冬，冬以十月始。又水为五行之始，天数为一，故以冬十月为一年之首。

其次说“衣服旄旌节旗皆上黑”，即颜色以黑色为尚。《五行大义》有云：

> 章为五色者，东方木为苍色，万物发生，夷柔之色也；南方火为赤色，以象盛阳炎焰之状也；中央土黄色，黄者地之色也，故曰天玄而地黄；西方金色白，秋为杀气，白露为霜，白者丧之象也；北方水色黑，远望黯然，阴间之象也，溟海森邈，玄间无穷，水为太阴之物，故阴间也。③

---

① 《五行大义》卷一《释名·释五行名》。
② 《五行大义》卷一《明数·论五行及生成数》。
③ 《五行大义》卷三《论杂配·论配五色》。

可见,五行各配一色,木苍火赤土黄金白,而水则黑。水色为何是黑?因为深水远远望去,则黯然无光,犹古人所谓之阴间之象。与其他四行一样,水色黑就是古人直觉观察的结果。

再看"数以六为纪"或"度以六为名"。《五行大义》有云:

> 王曰:"谓水在天为一,在地为六,六、一合于北……故曰'五位相得而各有合'。"韩曰:"天地之数各有五,五数相配,以合成金、木、水、火、土也。"《尚书·洪范》篇曰:"五行,一曰水,二曰火,三曰木,四曰金,五曰土"。皆其生数。《礼记·月令》篇云:"木数八,火数七,金数九,水数六,土数五。"皆其成数,唯土言生数。①

可见,"数以六为纪"是水德天之生数在地上对应而合的成数,也即"六"为与天数一相对应的地数。所谓水德之天一、地六而合于北。故既为水德,则地上人间必以六为纪数。

再看"音上(尚)大吕"。《五行大义》有云:

> 《律书》云:"吕,序也。"序述四时之气,定十二月之位也。阴阳各六,合有十二,阳六为律,阴六为吕。②
>
> 大吕,大者太也,吕者距也,言阳气欲出,阴距难也。③

可见,"音上(尚)大吕"是指黄钟之音要以阴声为上,不要亢奋。此乃由水德主阴者也。

至于将黄河改名为"德水","以为水德之始",盖因黄河乃华夏文明之源,同时由于其浩荡河水奔腾不息,如此之河水岂非是上天对秦统一天下之水德的表征符应吗?故更名为"德水",以应上天之感召。

以上秦朝按水德之内容和特性来定一些法律制度,显然是阴阳五行学说的直接对口物,可谓对应得一丝不苟,严谨无懈。然而,水

---

① 《五行大义》卷一《明数·论五行及生成数》。

② 《五行大义》卷四《论律吕》。

③ 《五行大义》卷四《论律吕》。

德之性在秦代的展现并非仅限于这些定数、定物制度，水德对秦朝最重要的意义在于秦朝由此确立了“事皆决于法”的法治路线。

实际上，以水德为准而确定“事皆决于法”的法治路线主要包括两层含义：

其一，任何人事都要有法律制度进行规范，都要按法行事。前述以冬十月为年首、以六为纪、颜色尚黑、音上（尚）大吕以及更黄河名为德水等类，即是按水德之性直接设定的法律制度。像这样的对应做法是秦之法治的最直接内容。在这种思想下，秦始皇作了一系列统一规范之举。《史记》记载：

> 分天下以为三十六郡，郡置守、尉、监。更名民曰“黔首”。……一法度衡石丈尺。车同轨。书同文字。[①]

其二，唯刑、唯法是上，不用仁义道德。即追求“刚毅戾深”“急法不赦”，削除“仁恩和义”。这种采刑去德之法律政策，并非仅仅是秦始皇“少恩而虎狼心”[②]之个人性格所能决定，主要是来自对水德的遵行。诚如前述，“水为太阴之物”，主阴。又按阴阳五行学说之通论，阴主刑杀。臣瓒为《史记·封禅书》作注说：“水阴，阴主刑杀，故尚法。”既然阴主刑杀，则弃仁义道德不用自是水德之要求。当然，这种用刑弃德并非就是任意刑杀，按水德之性，也要追求公平。《五行大义》有云：

> 《释名》《广雅》《白虎通》皆曰：“水，准也。平准万物。”[③]

可见，“平准万物”是水德之性，从而也是法治之基义。

不过，虽然依水德而讲求公平，但依水德又采以用刑弃德之态度，必然使人君与古者圣王区别开来，从而又有“急法”之行。事实上，这也是相胜之五德终始说中行水德的一种必然之义。《尚

---

① 《史记》卷六《本纪第六·秦始皇》。

② 《史记》卷六《本纪第六·秦始皇》。

③ 《五行大义》卷一《释名·释五行名》。

书·洪范》有云“敬用五事”，是盖以人事配五行，即“一曰貌，以配木；二曰言，以配金；三曰视，以配火；四曰听，以配水；五曰思，以配土”。① 关于“水”和“听”的关系，《五行大义》写有这样一段话：

> 听者在耳，耳者于《易》坎也。古者圣王有进善之旌、敢谏之鼓，谋于刍荛，所以博延而广听也。人君不好谋则下莫敢言，下莫敢言则上无所闻，上无所闻则不听。不听者由不谋政事，故曰不听。无所闻知，庶事拥屈，怨在心口，喜怒不节，故曰急也。夫寒者急物，冬物皆枯急，枯急，故曰“厥罚常寒”。……坎为彘，耳气伤有彘祸，水色黑有黑灾，此皆听也。②

所谓人君不是古者圣王，“不听则急”是由水性而定。看来秦始皇本人自以为算是严格恪守此五德终始说“大法”的楷模了，他不但“急法”而“久者不赦”，而且还“刚戾自用”，置七十人博士不用，更重要的是“不听”下言，乃至于“候星气者至三百人，皆良士，畏忌讳谀，不敢端言其过”。③

或许正是过于信奉此种相胜之五德终始说，秦统治者将国家的命运交给了这个富有神秘色彩的学说。当然，如果秦朝真的能切实依水德之性而行法治的话，秦朝甚至整个中国古代历史或许就会重写了。令人遗憾的是，秦统治者从水德出发，最终却偏离了水德。最主要的表现就是在立法和实践中大肆重刑重罚，甚至认为可以“以刑去刑”。实际上，所谓“急法”并非就是动辄严刑峻法，而是强调以法行事，以法为务急之事。秦统治者却将“急法”用于偏狭之义而突出刑杀重罚，这实际上破坏了水德之“平准万物”之义，就是要用水德来弃毁水德了。如此，以水德为法律之基之本的帝国当然就如被釜底抽薪般地倒塌了。

在某种意义上，秦朝对水德的偏离主要是因秦始皇对五德终始说的某些改造和偏执而引发。从形式上看，秦始皇是完全接受当时

---

① 《五行大义》卷三《论杂配·论配五事》。
② 《五行大义》卷三《论杂配·论配五事》。
③ 《史记》卷六《本纪第六·秦始皇》。

流行的五德终始说，但实际上他更多的是利用了这一学说的外壳，而暗中改换了一些内核。如去掉五德终始说中的道德约束因素，只强调和宣扬五德运行下秦代周的合理性和必然性；改换五德循环代替的内容，制造秦朝江山永固的神话；漠视水德养育万物、谦和卑下的特性，过于突出水德阴暗冷酷的要求。① 而在这三者之中，最具实际操作意义的则是第三种情况。因此，也许根本性的致因，在于秦始皇信奉的是杀伐之气十分沉重的“相胜”五德终始说，既然是相胜相克，就隐喻着诉诸暴力、迷恋冷酷的必然诱惑。正如前述，正是主要由于严刑峻法，重刑轻罪，违背了此种五德终始说之水德中存有的“平准万物”之义，从而导致秦的迅速灭亡。

三、阴阳五行学说下的德治路线选择

阴阳五行学说被秦始皇视为治国圭臬而大加利用，并在这种学说的指导下推行法治路线，但最终秦朝却二世而亡，并没有实现秦始皇传之万代的梦想。那么代秦而起的汉代及其后代王朝对阴阳五行学说采取了什么态度？阴阳五行学说对汉代以降起到了什么作用？

可以说，秦朝追随阴阳五行学说实际上是出于对其中体现的天意、天道的诉求，特别是五德终始说中的“五行相胜”，使靠武力、暴力而从战国中胜出的秦朝更加迷信于此说，一切皆是天意，故行水德之法治正是所谓天意使然。然而，水德之法治并没有使秦朝国运长久，秦朝二世而亡。不过，这并没有使阴阳五行学说为世人所弃，反而使人感觉有必要对其更加神秘化处理，更加要完善它。因为阴阳五行学说中可赋予“天意”“天道”的余地太多太广了。汉代董仲舒可以说是其主要完善者。此外，既然法治、刑治不行，那么就反其道而行之，阴阳五行学说的治国之道自然就向“德治”关注了。当然，德治并非就是任德弃法，而是“德主刑辅”之治。为此，从董仲舒时代开始而被不断完善的阴阳五行学说，就包含了较为丰富的关于德刑关系的内容。不仅如此，由于董仲舒和刘歆

---

① 参见王绍东、白音查干：《论秦始皇对五德终始学说的改造》，载《人文杂志》2003年第6期。

之“五行相生”观念的渗入，使阴阳五行学说下的德治路线得以形成和不断传承。

（一）阴阳五行学说中的德刑关系及对德治路线选择的影响

1. 阴阳观念中的德刑关系

应该说，德刑关系主要体现在阴阳观念之中。董仲舒说：

> 是故推天地之精，运阴阳之类，以别顺逆之理，安所加以不在？在上下，在大小，在强弱，在贤不肖，在善恶。恶之属尽为阴，善之所尽为阳。阳为德，阴为刑。刑反德而顺于德，亦权之类也。虽曰权，皆以经成。……是故天以阴为权，以阳为经。阳出而南，阴出而北。经用于盛，权用于末。以此见天之显经隐权，前德而后刑也。故曰：阳天之德，阴天之刑也。阳气暖而阴气寒，阳气予而阴气夺，阳气仁而阴气戾，阳气宽而阴气急，阳气爱而阴气恶，阳气生而阴气杀。是故阳常居实位而行于盛，阴常居空位而行于末。天之好仁而近，恶戾之变而远，大德而小刑之意也。①

按董氏之论，天地以别顺逆的阴阳可谓无处不在，恶这一类的都是阴，善这一类的都是阳。既然善恶相反，就要扬善惩恶，故为之对应为阳德阴刑，即所谓阳是德教，阴是刑罚。刑罚虽与德教反行却顺应德教。虽然有阴有阳，但阴为权变，而阳则是常道，天是显扬常道而隐没权变，故对应为重视德教而轻视刑罚。特别是董仲舒从阴气和阳气的相反的习性表现，说明天喜好仁爱之常（阳）道而厌恶暴戾之变（阴）道，明确说明了天重视德政而轻视刑罚的意思。除此之外，董仲舒在《春秋繁露》中多处论述了此类天对阳的偏爱和对阴的冷落，以及与此相对应的重德轻刑观念。以下列举几例：

> 阴终岁四移，而阳常居实，非亲阳而疏阴，任德而远刑与？②

---

① 《春秋繁露》卷一一《阳尊阴卑》。
② 《春秋繁露》卷一一《天辨在人》。

阳出实入实,阴出空入空,天之任阳不任阴,好德不好刑,如是也。①

天之常道,相反之物也,不得两起,故谓之一。一而不二者,天之行也。阴与阳,相反之物也,故或出或入,或右或左。……阳之出,常县于前而任岁事;阴之出,常县于后而守空虚。阳之休也,功已成于上,而伏于下;阴之伏也,不得近义,而远其处也。天之任阳不任阴,好德不好刑如是。故阳出而前,阴出而后,尊德而卑刑之心见矣。②

阴阳二物,终岁各壹出。壹其出,远近同度而不同意。阳之出也,常县于前而任事;阴之出也,常县于后而守空处。此见天之亲阳而疏阴,任德而不任刑也。③

无须再多列举,显而易见,董氏在《春秋繁露》中反反复复、不厌其烦地论证天对阴阳的态度,以及相对应的天对德刑的态度。所谓"亲阳疏阴""任德远刑",就是天之意也。既然天如此不喜好阴,又为何不废之呢?董仲舒从直接层面说道:

天之志,常置阴空处,稍取之以为助。故刑者德之辅,阴者阳之助也。④

可见,阴虽为天之不尚,但却可以"取之以为助",故阴气的功能就是"阳之助"。《五行大义》也说"阴阳相对,德不独治,须偶之以刑也"。⑤ 故与阴阳相对应的刑德之间的紧密关系就是"德主刑辅"。

既然天对阴阳和德刑是如此态度,那么圣君应如何从事?当然是"配天""副天"而行。董仲舒说:

---

① 《春秋繁露》卷一一《阴阳位》。
② 《春秋繁露》卷一二《天道无二》。
③ 《春秋繁露》卷一二《基义》。
④ 《春秋繁露》卷一一《天辨在人》。
⑤ 《五行大义》卷二《论德》。

> 是故仁义制度之数,尽取之天。天为君而覆露之,地为臣而持载之。阳为夫而生之,阴为妇而助之;春为父而生之,夏为子而养之;秋为死而棺之,冬为痛而丧之。王道之三纲,可求于天。天出阳,为暖以生之;地出阴,为清以成之。不暖不生,不清不成。然而计其多少之分,则暖暑居百而清寒居一。德教之与刑罚犹此也。故圣人多其爱而少其严,厚其德而简其刑,以此配天。①
>
> 圣人副天之所行以为政,故以庆副暖而当春,以赏副暑而当夏,以罚副清而当秋,以刑副寒而当冬。庆赏罚刑,异事而同功,皆王者之所成德也。②

可谓天为人间安排好了一切,从“王道之三纲”到“仁义制度之数”,都在天那里储存着,就只等圣君“配天”“副天”而取了。至于王道三纲、仁义制度之类都体现了天“亲德远刑”“刑者德辅”的意愿。既天意如之,圣王何敢不从?所谓“王者配天,谓其道”。③ 这种配天是一种从形式到内容到本质的“符合”,否则是谓不“道”。王失去了“道”,则王必“亡”矣。

2. 五行观念中的德刑关系

德刑关系不仅表现在阴阳观念中,在五行中也有体现。不过,与阴阳观念的德刑关系的直白和明确不同,五行观念中的德刑关系是间接和含蓄的。五行观念中的德刑关系首先较为突出地表现在《春秋繁露》的《治水五行》和《五行变救》两篇中。董仲舒说:

> 木用事,则行柔惠,挺群禁。至于立春,出轻系,去稽留,除桎梏,开闭阖,通障塞,存幼孤,矜寡独,无伐木。火用事,则正封疆,循田畴。至于立夏,举贤良,封有德,赏有功,出使四方,无纵火。土用事,则养长老,存幼孤,矜寡独,赐孝弟,施恩泽,无兴土功。金用事,则修城郭,缮墙垣,审群禁,饬甲兵,警百官,诛不法,存长老,无焚金石。

---

① 《春秋繁露》卷一二《基义》。
② 《春秋繁露》卷一三《四时之副》。
③ 《春秋繁露》卷一三《四时之副》。

水用事，则闭门闾，大搜索，断刑罚，执当罪，饬关梁，禁外徙，无决堤。①

这段引言关乎当五行顺行之时人君之如何举措之法。显然，人君如顺循五行之德性而运用于政事，就能使天下大治。在五行的各行用事中，如果我们进行大概的归类，则可分为德刑两类。如再将德刑两类进行比较，则明显可以发现，五行用事中只有金和水二行用事才有刑事，而且这二行用事并非全部都是刑事。至于其他三行则全部都是德行之事，诸如“行柔惠”“存幼孤”“矜寡独”“举贤良”“封有德”等是典型之德行，而那些与刑事相关的诸如“挺群禁”“出轻系”“去稽留”“除桎梏”等，也都是“顺德”之事。如此看来，在五行用事中，三事主德，二事主刑，此中孰重孰轻、孰多孰少、孰主孰辅，一目了然。可见，即使在五行顺行的情况下，人君如要造就、维持天下大治，在行政时也必须以德政为多、为主，以刑政为少、为辅。这种德刑关系在董仲舒的另一段文字中更加体现出两者在施行中的悬殊性：

五行变至，当救之以德，施之天下，则咎除。不救以德，不出三年，天当雨石。木有变……救之者，省徭役，薄赋敛，出仓谷，振困穷矣。火有变……救之者，举贤良，赏有功，封有德。土有变……救之者，省宫室，去雕文，举孝悌，恤黎元。金有变……救之者，举廉洁，立正直，隐武行文，束甲械。水有变……救之者，忧囹圄，案奸宄，诛有罪，蓃五日。②

这是关乎当五行变乱之时人君之如何应对之法。此段文字在董仲舒的天人感应说和阴阳五行说中颇为打紧，十分重要。首先，从德和刑在“五行变至”即发生各种灾异后而采取各种解救方法和措施的比例来说，一眼看去，几乎全都是德政之举，而且几乎均为

① 《春秋繁露》卷一三《治水五行》。
② 《春秋繁露》卷一四《五行变救》。

非常典型和正面的德政，诸如省徭役、薄赋敛、出仓谷、赈困穷、举贤良、赏有功、封有德、举孝悌、恤黎元等；而所谓的与刑有关的措施，只有当“水变”之时才体现出了一些，如案奸宄、诛有罪、蒐五日三项，但并不是救“水变”时的全部，像“忧囹圄”看起来涉及刑政，但实质却是德政。可见，单独从德刑两者所采取的措施数量比例来说，德多刑少。其次，从天人感应说之下，如果人君行政违背五行的顺序就会招致灾祸，而人君如欲消除这种灾祸的总的原则和方针来说，德政就是一个大的方向和灵魂。为此，董仲舒斩钉截铁地说：“五行变至，当救之以德，施之天下，则咎除。”语气没有半点含糊之处。当灾祸降下，人君应当且只有以德政相救，将德政施行于天下，才能消除此灾；如果人君在灾祸面前不施德政，董仲舒同样以一种不置可否的口吻说：“不救以德，不出三年，天当雨石。”所谓“天当雨石”，即现代天文概念中的“流星雨”现象。然而，按照古代星占理论，“流星雨”现象乃是天下人民流亡，各地起兵造反的亡国之灾象。如星占文献有云：

> 流星纷纷，交行耀目。人君自贵，视臣如草，士臣欲有离散之象也，期不出二年。①
>
> 流星纷纷交行，移时不止。天下大饥，兵起，人民流亡，各去其乡，期不出三年。②

可见，“天当雨石”是一件极为凶险的天象。按董仲舒的说法，木火土金水五行之变所生之灾，只是一种低层次的性质不算严重的灾祸，如果人君及时救之以德，广施德政，此等灾祸自然消除；而如果人君不施德政，那么低层次的性质不算严重的灾祸，就会转变成高层次的性质严重的灾祸，天就要使其面临亡国的危险。

由上可见，在五行顺行和五行变乱这两种相反相成的情况下，人君正确行政的主旋律就是德政，刑政则是微小之举而已。

---

① 《开元占经》卷七一《流星占一·流星四面交行二》引《海中占》之言。

② 《开元占经》卷七一《流星占一·流星四面交行二》引石氏之言。

3. 阴阳五行学说及其德刑关系对德治选择之影响

按前所述，无论是在阴阳观念中，还是在五行观念中，德和刑的关系实际上更主要的是一种区别。德多刑少、德主刑次、德亲刑疏、德重刑轻等之类都指向德刑实际上的差别。这样的德刑差别在阴阳五行学说中表现如此，那么在几乎与秦同样信奉阴阳五行学说的汉代，德刑关系就不仅是学说层面的东西，而是自然转化为实践层面了。也就是说，从西汉中期之时确立了与秦朝法治相反的治国路线——德治路线。

西汉中期之所以能确立德治路线，既和汉武帝年轻气盛而志向远大或好大喜功的个人性格密切相关，同时更与董仲舒为汉武帝上"天人三策"有着直接关系。从表面上看，董仲舒以治《公羊春秋》学而获大儒名声，[①]是谓传承儒宗孔子《春秋》之大义，但实际上由于阴阳五行观念在战国以来的广泛传播，特别是秦朝以国家之力进行推行，不仅民间深受阴阳五行学说影响，就是董仲舒本人也深受影响，故董氏在治《公羊春秋》时自然将阴阳五行学说糅进，从而使先秦"敬鬼神而远之"而力倡人事为本却又命运多难的儒家思想，在新的时代下得以生存和发展，可以说，"儒学是通过董仲舒才获得了新的生命"。[②] 实际上，由董仲舒公羊学发端而遍及整个经学，在汉代学术思想界出现了一种规模空前、影响深远的儒学变革思潮，主要表现为用阴阳灾异改造儒家。班固指出：

> 汉兴，推阴阳言灾异者，孝武时有董仲舒、夏侯始昌；昭、宣则眭孟、夏侯胜；元、成则京房、翼奉、刘向、谷永；哀、平则李寻、田终术。此其纳说时君著明者也。[③]

如此，儒家的生命在汉代的转机却是由阴阳五行学说赋予的。故当董仲舒向汉武帝上"天人三策"而建议"诸不在六艺之科、孔子

---

① 《汉书》卷二十七上《志第七上 · 五行志上》有云："汉兴，承秦灭学之后，景、武之世，董仲舒治《公羊春秋》，始推阴阳，为儒者宗。"

② 谢松龄：《天人象：阴阳五行学说史导论》，山东文艺出版社 1989 年版，第 69 页。

③ 《汉书》卷七五《列传第四十五 · 眭两夏侯京翼李传》。

之术者，皆绝其道，勿使并进”[①]时，实际上主要是将阴阳五行学说贴上了儒家的标签，并和儒家的其他内容糅杂在一起而推向正统思想地位。所以，当汉武帝采纳董氏之说而使儒学成为正统的官方指导思想时，在关于治国法律路线的选择上，阴阳五行学说就起了关键性作用。于是，阴阳五行学说中关于德刑关系及其政治化运作的论述，就既自然又极富逻辑性地促使了汉统治者之于“德治”路线的选择和确立。

实际上，自汉代秦以来，由于阴阳五行学说的影响力，汉统治者就面临着是为何德的问题及其争论。刘邦为争得正统，抛弃自认为是赤帝子而属火德的信条，认为秦仅存十五年即亡，根本没资格获得水德，从而认为汉代才是代周而王天下的正统，故而是水德。然而，在继汉高祖之后的汉文帝时期，却发生了一场水德和土德之争。贾谊率先提出汉应为土德，应“色尚黄，数用五，为官名，悉更秦之法”，[②]但立即遭到周勃、灌婴等的反对。不久，鲁人公孙臣又上书说：“始秦得水德，今汉受之，推终始传，则汉当土德，土德之应黄龙见。宜改正朔，易服色，色上黄。”[③]但这又遭到好律历而主张水德的丞相张苍的反对。后来，“黄龙”真的出现了，于是文帝“乃复召鲁公孙臣，以为博士，申明土德事”。[④] 可见，从文帝时起西汉方定为土德。

然而，土德之性是什么呢？按后来董仲舒之论，土是五行最尊贵者，孝、忠的德行都是效法于土德。[⑤] 或许正是因为土德为五行之主，最为完美，并不局限于某一具体时节的事务，土德在治国层面并不如其他各德在实践中显得突出、积极和活跃。也正由于此，土德之属才和汉初道家之“无为而治”紧密结合，并配合“无为而治”之黄老思想。虽然土德至德至美，文帝与景帝也为至德之君，但在治国路线上，则不是积极入世的“德治”，而是具有消极意义的道家“无为之治”。

所以，当西汉中期积极入世的儒学成为正统之后，当董仲舒等

---

① 《汉书》卷五六《列传第二十六·董仲舒》。
② 《史记》卷八四《列传第二十四·贾谊》。
③ 《史记》卷二八《书第六·封禅书》。
④ 《史记》卷一〇《本纪第十·孝文帝》。
⑤ 参见《春秋繁露》卷一〇《五行对》、《春秋繁露》卷一一《五行之义》。

儒者用阴阳五行学说来全面解释儒学以后,阴阳五行学说下的汉代土德之性才有机会从帝王后台走向国家前台显现它的魅力。不过,更为重要的是,西汉中期德治路线的确立,并不仅是源于汉为土德这样一种单纯的启示,而主要是汉统治者对阴阳五行学说中德刑关系的全面接收。这种全面接收,使"德治"路线处于阴阳五行学说之基——"神秘之天"的全面监督之下。

当然,"德治"路线并不是如秦代追求"法治"那样把德政完全抹杀而一意孤行,德治路线并不抹杀法刑之功能,而是肯定法刑在德治中的作用,只是在主流上、总体上是以德为本、为主、为先、为重、为多、为亲,而以刑为末、为次、为后、为轻、为少、为远。概言之,即为"德主刑辅"。

(二)相生之五德终始说及其德治路线之传承

1. 五行相生说

邹衍所创的五德终始说是以"五行相胜"作为理论基础的,天降下某种或一些先见的符应预告现德的行将灭亡和胜出之德的到来。这种五德终始说在经历战国而后被秦朝狂热地推行。然而,随着以此为立国之本的秦朝土崩瓦解,五德终始说面临着重大的何去何从问题。在新的历史条件下,在坚持五行相胜说的同时,[①]董仲舒发展出了"五行相生"说。董仲舒在《春秋繁露》中说道:

> 东方者木,农之本。司农尚仁……亲入南亩之中,观民垦草发淄,耕种五谷,积蓄有余,家给人足,仓库充实。司马食谷。司马,本朝也。本朝者火也,故曰木生火。南方者火,本朝也。司马尚智……至忠厚仁,辅翼其君……以安君。官者,司营也,司营者土也,故曰火生土。中央者土,君官也。司营尚信……应天因时之化,威武强御以成。大理者,司徒也。司徒者金也,故曰土生金。西方者金,大理司徒也。司徒尚义……伐有罪,讨不义,是以百姓附亲,边境安宁,寇贼不发,邑无狱讼,则亲安。执法者,司寇也。司寇者水也,故曰金生水。北方者水,执法司寇也。

① 参见《春秋繁露》卷一三《五行相胜》。

司寇尚礼,……是死者不恨,生者不怨,百工维时,以成器械。器械既成,以给司农。司农者,田官也。田官者木,故曰水生木。[1]

此上所引即为董氏之五行相生说。不过,我们发现,董氏的五行相生说虽然将五行与司农、司马、司营、司徒、司寇五种官职相配,并强调五者的相顺而治,但总体看只是一种同一朝代政权下的各行相生,并没有像邹衍的五德终始说那样套用到政权的更迭上去。[2] 不过,董氏的五行相生却被西汉末年的刘向、刘歆父子所发展,特别是刘歆将五行相生与政权更迭联系起来,从而建立了相生的五德终始说。

2. 相生的五德终始说

刘歆的五德终始说,是以"五行相生"理论为基础而运用于解释政权的更迭。这一学说内容见于《汉书·律历志》所引刘歆的著作《世经》中。《世经》有云:

《易》曰:"炮牺氏之王天下也。"言炮牺继天而王,为百王先,首德始于木,故为帝太昊。作罔罟以田渔,取牺牲,故天下号曰炮牺氏。《祭典》曰:"共工氏伯九域。"言虽有水德,在火木之间,非其序也。任知刑以强,故伯而不王。秦以水德,在周汉木火之间。周人迁其行序,故《易》不载。

他把太昊庖(炮通庖)牺氏作为历史的起始点,作为百王之首,作为第一个政权,定为木德,然后以五行相生的原理,即木生火,火生土,土生金,金生水,水生木,木又生火的顺序比附太昊以下的各个政权。值得注意的是,他认为共工和秦均属"伯而不王"的位序,在五行中不占正德,即没有他们的正统地位,被排除于五德正序

① 《春秋繁露》卷一三《五行相生》。

② 董仲舒虽然没有用五行相生观念来说明政权的更迭,不过他却创造了另外一种学说——三统说,来表述政权的更迭循环。当然,值得注意的是,在"三统说"中董氏掺入了阴阳五行的有关内容。参见《春秋繁露》卷七《三代改制质文》。

之外。具体来说,太昊为木德,炎帝继太昊为火德,黄帝继炎帝为土德,少昊继黄帝为金德,颛顼继少昊为水德,帝喾继颛顼为木德,唐尧继帝喾为火德,虞舜继唐尧为土德,伯禹继虞舜为金德,成汤继伯禹为水德,武王继成汤为木德,汉高祖伐秦继周为火德。这便是相生的五德终始说之基本内容。

3. 禅让下的德治路线传承

邹衍的五德终始说以"五行相胜"为基础,其喻示着政权的更迭是靠"征伐"。而刘歆的五德终始说是以"五行相生"为基础,其喻示着政权的更迭是靠"禅让"。在寻求政权正统性和合法性的重大问题上,显然,"禅让"更具有分量,也最为得体。虽然我们注意到刘歆的五德终始说已将汉代的土德变成了火德,从而具有为王莽篡位制造舆论的直接政治目的性,但不可否认,由此开启了后世政权寻求正统性和合法性的最佳理论武器。相生的五德终始说在汉代有极大影响。汉光武帝刘秀就利用汉为火德说,以《赤伏符》受命为天子。东汉末,魏文帝就以土德受禅。此后,中国历次同一民族间的改朝换代,不管是真禅让,还是武力征伐,都为自己的政权贴上"五行相生"的标签,无不沿袭这一传统而行禅让之礼以示正统。甚至于非汉族之统治,也尽量践行这一相生理论,证明和寻求本政权的正统与合法。

可以说,正是由于相生的五德终始说在封建社会中有如此大的影响和魅力,才促使了以"德主刑辅"为主旨的"德治"正统法律路线得以在西汉中期确立,并从此不断传承。虽然按照五德终始说,各个政权和朝代拥有前后不同的五行之"德",并在"正朔"改变等问题上有所变化,但是由于该"德"是相生而来,也即意味着新政权的正统性是由前政权相生而来,故必然会对前政权的诸多方面如法律制度有所继承。① 而在阴阳五行学说影响深远的封建社会,作

① 中国历史上许多代代传承的法律制度就包含着这样的政治意义。比如,西周时即确立的"同姓不婚"制度,几乎一直原封不动地传承至清。虽然西周确定该制度时的若干成因(如"其生不蕃""附远厚别"等)在清代多少还存有一点点,但显然已不再是普遍问题,在某种意义上个别成因已然完全丧失(如"附远厚别",清代甚至禁止满汉联姻和蒙汉联姻)。因此,"同姓不婚"制度,从西周起历代传承至清,除了具有不断逐渐弱化的少许西周成因外,更多的则是出于对政权正统性、合法性的追求的考虑。这可谓相生之五德终始说的魅力所在。

为以阴阳五行学说为基础而确立的德治路线,作为正统治国的德治路线,自然就被历代统治者所继承而不断流传。

河南南阳汉画像石白虎及牛郎织女星宿图

第六章 天命与法律价值革命

“天命”是古代中国天学中的一个极为重要的范畴。对于已建立的王朝来说,王朝的天命是否存在,直接决定了该王朝天学的发展和兴衰情况;反过来,王朝的天学运作和成就,也从最大限度上关注到天命在该王朝的存在和丧失,从而反馈给王朝统治者如何应对或预示该王朝的灭亡。而对于那些对王朝政权不满或垂涎已久的人来说,在现有天学知识系统的解构下,当以某些天象所喻示的天命出现时,就会立即成为其号令天下而一呼百应的决定性因素,并最终让其成为新王朝的天子。而一旦新王朝建立,如何保住天命则又成为新王朝天学的重要课题。正是由于天命与天学有着如此密切的关系,特别是天命与天学所依托的王朝有生死存亡的利害关系,所以无论是垂涎者想获得天命,还是主政者想维持天命,都会竭尽全力去有所作为。

天命的获得和保有都需要和天意一致。天命的有无由天象来昭示,而天象背后的天意则需要对天象进行解读和配合才能获悉。为此,为实现天命的获得和保有,除了借助现有的天学手段来观测、解读天象而获悉天意外,还必须在实践中积极作为以应天意。在所有的作为之中,在所有作为的举措之中,法律无疑是最为集中、最为突出的代表。而在法律这个事物上,其价值属性又是法律发挥何种作用、体现何种角色的根本。在中国古代的历史上，围绕着法律价值就曾发生过和政权革命同样深刻的革命，这个革命的结果就是由法律价值的“非人性”向法律价值的“人道性”转变。这个革命和一切统治者梦寐以求的天命紧紧地捆在一起。因此，探讨天命与法律价值革命的关系，可谓是从深层次上解析了法律如何“则天”的重要路径。

一、天命之释义

(一)天命之静态研究

1. 天命观

公元前606年，楚庄王攻打陆浑之戎，到了洛水，便在周境内陈兵耀武，向周天子进行军事示威。周定王派出大夫王孙满前去慰劳，楚庄王便有意挑衅，探问起象征周天子绝对统治权的鼎的轻重大小。王孙满当然知道楚庄王的用意，作为周天子的代言人，王孙满当场正颜厉色地回答道：

> 在德不在鼎。昔夏之方有德也，远方图物，贡金九牧，铸鼎象物，百物而为之备，使民知神奸。故民入川泽山林，不逢不若。螭魅罔两，莫能逢之，用能协于上下，以承天休。桀有昏德，鼎迁于商，载祀六百。商纣暴虐，鼎迁于周。德之休明，虽小，重也。其奸回昏乱，虽大，轻也。天祚明德，有所厎止。成王定鼎于郏鄏，卜世三十，卜年七百，天所命也。周德虽衰，天命未改，鼎之轻重，未可问也。①

这是《左传》中的著名故事，也就是人们常说的“问鼎”一词的由来。王孙满的一席话说明，有德之人方能得天下，得天下者乃天命所系，天命会随德失而转移，但天命一旦确定，便不可随意改变，因为上天在赋予天命的同时就给他规定了统治期限。周成王定鼎于郏鄏之时，对天命进行了占卜，预知周朝将传世三十代，享国700年，这是天命期限。如今楚庄王虽然军事强大，耀兵周境，而且周德也衰，但天命已定，未可更改，所以切不要觊觎神鼎，鼎的大小

① 《左传·宣公三年》。

轻重不可过问。王孙满这番话的言下之意，就是天命于周有700年之久，现上距周成王定鼎只有400余年，楚庄王切不要违背天命，想入非非。

王孙满的回答如此斩钉截铁，掷地有声，以致楚庄王哑口无言，这表明了王孙满之言道出了当时社会语境中的一个可能较为普遍的思想观念：天命是存在的，而且一旦确定，天命便不能轻易改变。显然，这是一种天命预定论。这种天命论完全排除了人的外在的非分之想，天命的改变完全要由天来主动进行，人在天命面前无所作为。

作为人臣，王孙满可谓忠诚之至了。在气焰嚣张的楚庄王面前说出这番话，固然是有天子代表的身份使然，但也可以看出他对当时天命知识的信仰。之所以说不可改变的天命在当时有很大的市场，并不是说王孙满就能"一言九鼎"，而是因为早在400多年前商朝纣王就是如此天命观。当时周文王征服了黎国，殷商贵族祖伊非常惊恐，连忙把这消息报告给纣王。《尚书》记载了王臣之间的这段对话：

> 西伯既戡黎，祖伊恐，奔告于王曰："天子！天既讫我殷命。格人元龟，罔敢知吉。非先王不相我后人，惟王淫戏用自绝。故天弃我，不有康食。不虞天性，不迪率典。今我民罔弗欲丧，曰：'天曷不降威？'大命不挚，今王其如台？"王曰："呜呼！我生不有命在天？"祖伊反曰："呜呼！乃罪多，参在上，乃能责命于天？殷之即丧，指乃功，不无戮于尔邦！"①

此段话表明了纣王和祖伊之间的对抗和矛盾，臣子大有一幅视死如归而谏之味道，而王却在臣子的逼问下依然踌躇满志、满不在乎。纣王之所以如此，显然是因为他相信有命在天，谁也改变不了，况乎小小文王？况乎臣子指责？②

---

① 《尚书·西伯戡黎》。

② 《史记》卷四《本纪第四·周本纪》更记载了纣王自认天命在我而不可更改的心态："诸侯闻之，曰'西伯盖受命之君。'明年，伐犬戎。明年，伐密须。明年，败耆国。殷之祖伊闻之，惧，以告帝纣。纣曰：'不有天命乎？是何能为？'"

这样的天命不仅纣王自认其有，而且就是后来讨伐纣王的周武王也在一定意义上承认这点。司马迁在《史记》中有云：

> 九年，武王上祭于毕。东观兵，至于盟津。……遂兴师。……武王渡河，中流，白鱼跃入王舟中，武王俯取以祭。既渡，有火自上覆于下，至于王屋，流为乌，其色赤，其声魄云。是时，诸侯不期而会盟津者八百诸侯。诸侯皆曰："纣可伐矣。"武王曰："女未知天命，未可也。"乃还师归。①

上段文字中描写了武王渡河时有白鱼跃入船中，渡河后又有赤乌啼于王屋，这些都是天降的祯祥符应，然而，就是这些符应使得武王知道商纣的天命尚有，符应只是预告天命将发生转移，但并不是当下转移。所以，当武王在获得符应之前，本想兴师伐纣，但是当获悉符应后，即使八百诸侯均齐声曰伐纣，武王还是不伐，并称"女未知天命"。因为他知道，天命不可违，天命有时，商纣的命数尚在，如违天时而伐则必将丧失自己应有的天命，所以武王班师而回，以待天命时机的真正到来。

所以，从商至周时楚庄王问鼎上下几百年的时间里，人们对天命的认识是甚为敬畏的，天命是不可侵犯的，是不可随意对待的，天命只有到了尽头才能予以改变。根据前引王孙满的话，想必商汤在定鼎立国之时也进行过天命占卜，故有"鼎迁于商，载祀六百"之说。以史料记载来看，从商汤建国到纣王灭亡经历三十一王共约600年。这刚好与卜问600年的天命相合，这是否更加印证了天命的时间特性和不可更改性，从而强化了几百年后王孙满的天命预定论，才使得他面对楚庄王的挑衅时掷地有声地说出那一番话来？

由上可知，天命及期限可以通过占卜预测，是谓"可知"；天命一旦确定则期限也一起确定，是谓"不可改"。所以，这是一种"可知而不可改"的天命观。然而，这种天命观虽然较为普遍，但并不是唯一的。在古代中国，还有另外两种天命观，即"可知可改"的天命观

① 《史记》卷四《本纪第四·周本纪》。

和“不可知不可改”的天命观。

“可知可改”的天命观主要是建立在天人感应理论基础上，由于“天”有着鲜明的人格性，它有情感，也有理性，人可以与之交流并通过自己的道德修养或道德行为改变它的意志。可以说，董仲舒对此类天命观论述得最为详细。他认为天就是人的曾祖父，“亦有喜怒之气，哀乐之心”，[①]又说“仁，天心”，[②]可见，天有情感，也有理性。关于“天命”，他说“天子受命于天”，[③]而对于授予天命的标准则是非常鲜明：“德侔天地者，皇天右而子之，号称天子”，[④]“其德足以安乐民者，天予之”。[⑤] 所以，从理论上说，天命是可知的，是降于那些至德之人的。那么，当天命将发生转变之兆头时，又如何改变天意，保有天命呢？董仲舒说：

> 国家将有失道之败，而天乃先出灾害以谴告之；不知自省，又出怪异以警惧之；尚不知变，而伤败乃至。以此见天心之仁爱人君而欲止其乱也。自非大亡道之世者，天尽欲扶持而全安之，事在强勉而已矣。[⑥]
>
> 灾者，天之谴也；异者，天之威也。谴之而不知，乃畏之以威。《诗》云：“畏天之威。”殆此谓也。凡灾异之本，尽生于国家之失。国家之失乃始萌芽，而天出灾害以谴告之；谴告之而不知变，乃见怪异以惊骇之；惊骇之尚不知畏恐，其殃咎乃至。以此见天意之仁而不欲陷人也。[⑦]

董仲舒几次反复论及天之仁心，固然是极力为人君善政提供最大机会，但同时也说明了人君面对天降灾异，只要通过改过自新，修德仁之径，就可改变天原初想改变天命的想法，而重新维持人君的原有天命，不会夺去其统治权。只有到了无道之极时，人君始终不

① 《春秋繁露》卷一二《阴阳义》。
② 《春秋繁露》卷六《俞序》。
③ 《春秋繁露》卷一一《为人者天》。
④ 《春秋繁露》卷一五《顺命》。
⑤ 《春秋繁露》卷七《尧舜不擅移　汤武不专杀》。
⑥ 《汉书》卷五六《列传第二十六·董仲舒》。
⑦ 《春秋繁露》卷八《必仁且智》。

予以反省,天才会夺人君之天命,所谓“其恶足以贼害民者,天夺之”。[①]

显然,“可知可改”的天命观主要通过人君如何应对灾异之象而表现出来。可以说,这样的天命对人君十分有利和友善。天具有仁慈之心,对人君可谓仁至义尽。所以,这种天命观在古代中国最为帝王欢迎。当然,话又说回来,虽然天命说是可“改”,但其主动权并非在人君手中,而是在天那里。严格地说,并不是人君改变了天意和天命,而是人君用自己的德行使天放弃了转移天命的意图。天命实际上始终掌握在天那里,不过,由于天怀有一颗仁慈之心,故常常为人君的挽救和反省行动所打动,从而放弃天命之移。

至于“不可知不可改”的天命,人们最为忌讳,也最为无奈。这样的天命对人的摆布完全是盲目的,具有极大的随机性,不可测度,人无论怎样努力都无济于事,而且结果的发生总是出人意料。如“死生有命,富贵在天”。[②] 特别是项羽兵败乌江,以“天命”为自己释怀,反复叹曰:

> 此天之亡我,非战之罪也!
> 天之亡我,我何渡为![③]

此正是所谓“莫之为而为者,天也;莫之致而至者,命也”。[④] 另外,古人有时也将必然性中的偶然性归结于这种天命。如司马迁论秦之不“德”却能“卒并天下”,是“盖若天所助焉”。[⑤] 因为按儒者之必然性而言,有德而王,然秦为最无德,却吞并六国,这相对于有德而王,纯属偶然。[⑥]

上述三种天命观中,“不可知不可改”的天命之“天”,显然是既无人格性又无理性的,故不属本著讨论范围之内,而“可知不可改”

---

① 《春秋繁露》卷七《尧舜不擅移　汤武不专杀》。

② 《论语·颜渊》。

③ 《史记》卷七《本纪第七·项羽》。

④ 《孟子·万章上》。

⑤ 《史记》卷一五《表第三·六国年表》。

⑥ 参见张秋升:《天人纠葛与历史运演——西汉儒家历史观的现代诠释》,齐鲁书社2003年版,第104页。

和“可知可改”的天命之“天”，由于同时具备了人格性和理性，因而被赋予了“神灵之天”的属性，从而在古代天学中颇为兴盛。概言之，“可知不可改”之天命观主要流行于三代时期，而“可知可改”的天命观则主要流行于汉代以降几乎整个封建时代。不过，这也是相对而言而已，“可知不可改”之天命观在汉代以降同样存在，它往往成了既得政权者的心理安慰，以及对政权觊觎者的警告和对抗。而“可知可改”之天命观同样在三代也有一定程度地存在，而且更是政权对立双方均喜运用的有力法宝，即对既得政权者而言，无论是在平时还是动乱时期，都是力图维持现有政权的理论武器，而对政权觊觎者而言，则是他(们)希图取而代之的最佳舆论工具。

2. 天命之器物象征

现在再回到王孙满应对楚庄王之挑衅的回答上来。或许鼎之大小轻重他也未必知道，但对觊觎天命者的驳斥却毫不含糊。不过，我们发现，王孙满的话虽立场坚定，但似乎也有点儿不能自圆其说，既然“在德不在鼎”，那么告诉楚庄王鼎之大小轻重又有何妨？现在周德虽衰，天命则是未改，鼎之情况还是不能过问，这说明鼎为天命所系，神圣至极，断是不能轻易示人的。

关于鼎乃天命所系，是为通天礼器，为国家统治权象征，《史记》等典籍多有记载。据说在泰帝时期就制了神鼎一只，象征一统天下而天地万物之所系，后来黄帝又制鼎三只，象天地人，而到了禹时则收九牧之金铸造九鼎。这些鼎均为祭祀上帝鬼神以揽天命之用，同时也是统治权之归属象征。由于泰帝、黄帝之鼎久远而早已佚失，故禹之九鼎则为各代传承，该鼎由夏而商而周。[①] 那么周后九鼎如何？《史记》有两种说法，一是“秦灭周，周之九鼎入于秦”；二是“或曰宋太丘社亡，而鼎没于泗水彭城下”。[②] 不过从司马迁的记述来看，九鼎没于泗水中较为可信，秦始皇二十八年(公元前219年)从琅琊还过彭城之时，即有所举措：

> 始皇还，过彭城，斋戒祷祠，欲出周鼎泗水。使千人没

---

① 参见《史记》卷二八《书第六·封禅书》。

② 《史记》卷二八《书第六·封禅书》。

水求之，弗得。①

可见秦并未得九鼎。故后来在汉文帝时，赵人新垣平曾对皇帝建议祭祀迎出周鼎：

> 平言曰："周鼎亡在泗水中，今河溢通泗，臣望东北汾阴直有金宝气，意周鼎其出乎？兆见不迎则不至。"于是上使使治庙汾阴南、临河，欲祠出周鼎。②

虽然后来有人上书控告新垣平所言"金宝气"为虚构而致新垣平被诛，但鼎没于泗水则为当时人们所信，同时，也足可看出汉文帝对鼎的渴求之欲。特别是汉武帝还"病鼎湖甚，巫医无所不致，不愈"。③ 后来，宝鼎终于被汾阴一名叫锦的巫师在魏脽后土祠旁替人祭神时在地中掘得，经武帝派使者验证无诈后迎回帝廷藏有。④汉武帝终于了却此等心愿，天命终于切切实实地拥有了！因有了宝

---

① 《史记》卷六《本纪第六·秦始皇》。

② 《史记》卷二八《书第六·封禅书》。

③ 《史记》卷二八《书第六·封禅书》。此处"鼎湖"即为"鼎湖宫"。《史记》卷十二《本纪第十二·孝武帝》载公孙卿引齐人申功之言："黄帝采首山铜，铸鼎于荆山下。鼎既成，有龙垂胡髯下迎黄帝。黄帝上骑，群臣后宫从上龙七十余人，龙乃上去。余小臣不得上，乃悉持龙髯，龙髯拔，堕黄帝之弓。百姓仰望黄帝既上天，乃抱其弓与龙胡髯号，故后世因名其处曰鼎湖，其弓曰乌号。"此在《史记》卷二十八《书第六·封禅书》及《汉书》卷二十五《志第五·郊祀志》均有相同记载。汉武帝正是因为渴望得到宝鼎，才在黄帝铸鼎处建"鼎湖宫"。汉武帝在此病重，当与其思鼎有紧密关联。

④ 《史记》卷二十八《书第六·封禅书》载："其夏六月中，汾阴巫锦为民祠魏脽后土营旁，见地如钩状，掊视得鼎。鼎大异于众鼎，文镂无款识，怪之，言吏。吏告河东太守胜，胜以闻。天子使使验问巫得鼎无奸诈，乃以礼祠，迎鼎至甘泉，从行，上荐之。……至长安，公卿大夫皆议请尊宝鼎。天子曰：'间者河溢，岁数不登，故巡祭后土，祈为百姓育谷。今岁丰庑未报，鼎曷为出哉？'有司皆曰：'闻昔泰帝兴神鼎一，一者壹统，天地万物所系终也。黄帝作宝鼎三，象天地人。禹收九牧之金，铸九鼎。皆尝亨鬺上帝鬼神。遭圣则兴，鼎迁于夏商。周德衰，宋之社亡，鼎乃沦没，伏而不见。……今鼎至甘泉，光润龙变，承休无疆。合兹中山，有黄白云降盖，若兽为符，路弓乘矢，集获坛下，报祠大享。唯受命而帝者心知其意而合德焉。鼎宜见于祖祢，藏于帝廷，以合明应。'制曰：'可。'"

鼎,景帝即可名正言顺地去泰山进行封禅活动,①以大告于天下其天命所归、天命所昌。

九鼎作为统治权之象征,作为天命所系,实为祭天之用,是谓帝王之通天礼器而极为金贵和神圣。当然,通天礼器不限于九鼎,像天学家们所用各种观天测天仪器,如浑仪、漏刻之类,同样为通天礼器,也为天命所系之物。《宋史》载:

> (靖康二年三月)庚子,金人来取宗室。……夏四月庚申朔,大风吹石折木。金人以帝及皇后、皇太子北归。凡法驾、卤簿;皇后以下车辂、卤簿;冠服、礼器、法物;大乐、教坊乐器;祭器、八宝、九鼎、圭璧;浑天仪、铜人、刻漏;古器、景灵宫供器;太清楼秘阁三馆书、天下州府图;及官吏、内人、内侍、技艺工匠、娼优,府库畜积,为之一空。②

这是谓当年金人攻下开封后,将赵宋皇家各种器物及宫人全部掳走,扫之一空。这里,浑天仪等天文仪器与九鼎并列,金人不厌其烦地将上述物品运至北方都城,正说明这些东西的重要性。浑天仪等被劫后,曾给后来南宋政权的天文事务带来诸多不便。③ 史载:"靖康之变,测验之器尽归金人。高宗南渡,至绍兴十三年,始因秘书丞严抑之请,命太史局重创浑仪。"④可见,因仪器被劫,宋政权南渡后的天学事务竟荒废了多年才重新开始。

(二)天命之动态研究

虽然天命一旦拥有,便是得到了上天的庇佑而取得政权最高最大的合法性,但是,天命并不是永远停留在一个人身上。如果用现

---

① 《史记》卷二十八《书第六·封禅书》载:"宝鼎出而与神通,封禅。封禅七十二王,唯黄帝得上泰山封。"又载:"自得宝鼎,上与公卿诸生议封禅。封禅用希旷绝,莫知其仪礼,而群儒采封禅尚书、周官、王制之望祀射牛事。齐人丁公年九十余,曰:'封禅者,合不死之名也。秦皇帝不得上封,陛下必欲上,稍上即无风雨,遂上封矣。'上于是乃令诸儒习射牛,草封禅仪。数年,至且行。"

② 《宋史》卷二三《本纪第二十三·钦宗》。

③ 参见江晓原、钮卫星:《天人之际》,上海古籍出版社 1994 年版,第 120 页。

④ 《宋史》卷四八《志第一·天文一》。

代人的哲学观念套用的话，就是天命是相对静止的，而运动则是绝对的。这就是天命在古代中国的变更性。

1. 天命变更之预示——天象

从历史上看，天命的变更往往是一个由量变到质变的过程。天命的变更在历史上的直接表现就是改朝换代。不过这种改朝换代的人事之举并非无缘无故，往往是有异常的天象作为前兆。比如秦朝历史上较为出名的一次异常天象就预告了始皇帝的不期而亡：

> 三十六年，荧惑守心。有坠星下东郡，至地为石，黔首或刻其石曰："始皇帝死而地分"。始皇闻之，遣御史逐问，莫服，尽取石旁居人诛之，因燔销其石。[①]

"荧惑守心"即荧惑停留在心宿。按《史记》中相关星占文献记载："礼失，罚出荧惑，荧惑失行是也。出则有兵，入则兵散。以其舍命国。荧惑为勃乱、残贼、疾、丧、饥、兵。反道二舍以上，居之，三月有殃，五月受兵，七月半亡地，九月太半亡地。因与俱出入，国绝祀。"[②]可以想见，当荧惑出现并停留于代表天帝"明堂"的心宿之时，当是一种极为凶险的天象。国家正统而经典之星占书对此有各种凶险占辞，其中如：

> 荧惑犯心，有谋臣，不即有死王。[③]
> 荧惑守心，大人易政，主去其宫。[④]
> 荧惑守心，主死，天下大溃。[⑤]

当时秦朝不仅有荧惑守心之凶象，还有流星坠地之象。虽然按星占经典，流星坠地亦偶有吉利之象，[⑥]但总体上是为凶险。如有

---

① 《史记》卷六《本纪第六·秦始皇》。

② 《史记》卷二七《书第五·天官书》。

③ 《开元占经》卷三一《荧惑犯东方七宿·荧惑犯心五》引郗萌之言

④ 《开元占经》卷三一《荧惑犯东方七宿·荧惑犯心五》引石氏之言。

⑤ 《开元占经》卷三一《荧惑犯东方七宿·荧惑犯心五》引《春秋纬说题辞》之言。

⑥ 如《开元占经》卷七十一《流星占一·流星名状一》引《荆州占》载："流星有光黄白，从天堕，有音，如炬烟火下地，鸡昼鸣，名天保也。所坠国安，有喜若水。"

云："奔星所坠，其下有兵。"[①]"流星大如缶，其光赤黑有喙者，名曰梁星，其所坠之乡有兵，君失地。"[②]也许正是其天命已到，秦始皇第二年就病死了。秦始皇死后秦的命运又如何呢？《汉书》写有这样一段话：

始皇既死，适庶相杀。二世即位，残骨肉，戮将相，太白再经天。因以张楚并兴，兵相跆籍。秦遂以亡。[③]

所谓太白经天，主要指"太白昼见于午""太白夕见过午"之类，[④]也为极凶之天象。太白主兵革诛伐，经天即意味着天下乱纪，兵革四起，人民流亡，更何况是"太白再经天"乎？《荆州占》曰："太白再经天，一入中宫，天下更王，国破主绝，期不出三年。"[⑤]如此，秦焉能不亡乎？类似这种对本朝或本王不利的天象记载有很多，如：

星累累若贯珠，炳焕如连璧。帝命验曰："有人雄起，戴玉英，履赤矛。"[⑥]

孟春六旬，五纬聚房。后有凤凰衔书，游文王之都。书又曰："殷帝无道，虐乱天下。星命已移，不得复久。灵祇远离，百神吹去。五星聚房，昭理四海。"[⑦]

哀帝建平二年，彗出牵牛，日月五星所从起，历数之元，三正之始。彗而出之，改更之象也。其后王莽篡国。[⑧]

(永平)十八年六月己未，彗星出张，长三尺，转在郎将，南入太微，皆属张。张，周地，为东都。太微，天子廷。

---

① 《开元占经》卷七一《流星占一·流星名状一》引《推度灾》之言。
② 《开元占经》卷七一《流星占一·流星名状一》引《荆州占》之言。
③ 《汉书》卷二六《天文志第六》。
④ 《开元占经》卷四六《太白占二·太白经天昼见三》引《荆州占》之言。
⑤ 《开元占经》卷四六《太白占二·太白经天昼见三》。
⑥ 《太平御览》卷七《天部七·瑞星》引《禹时钩命诀》。
⑦ 《宋书》卷二七《志第十七·符瑞上》。
⑧ 《太平御览》卷七《天部七·妖星》引《汉书》。

彗星犯之为兵丧。其八月壬子，孝明帝崩。①

元兴元年二月甲子，日晕，白虹贯日中。三月庚子，白虹贯日。未几，桓玄克京都，王师败绩。明年，玄篡位。②

（大和九年）六月庚寅夜，月掩岁星。丁酉夜一更至四更，流星纵横旁午，约二十余处，多近天汉。其年十一月，李训谋杀内官，事败，中尉仇士良杀王涯、郑注、李训等十七家，朝臣多有贬逐。③

上述这些异常天象相对于本朝、本王而言，均为凶象。但也有许多异常天象是上天相对于本朝的反对者或觊觎者发出的，往往是讨伐或取代本朝的吉象。如：

昔武王伐纣，岁在鹑火，月在天驷，日在析木之津，辰在斗柄，星在天鼋。④

惟一月壬辰，旁死霸，若翌日癸巳，武王乃朝步自周，于征伐纣。⑤

甘公曰："汉王之入关，五星聚东井。东井者，秦分也，先至必王。楚虽强，后必属汉。"⑥

（正光五年）三月丁卯，日晕三重，外青内赤。占曰"有谋其主"。孝昌元年正月庚申，徐州刺史元法僧据城反，自称宋王。⑦

周主遣赵匡胤率兵御辽北汉，癸卯发汴京。苗训，善观天文，见日下复有一日，黑光摩荡者久之，指示楚昭辅

① 《后汉书》卷二一《志第十一·天文中》。
② 《晋书》卷一二《志第二·天文中·史传事验》。
③ 《旧唐书》卷三六《志第十六·天文下·灾异编年》。
④ 《国语》卷三《周语下》。
⑤ 《汉书》卷二一下《志第一下·律历志下·世经》引《周书·武成》。
⑥ 《汉书》卷三二《列传第二·张耳、陈馀》。
⑦ 《魏书》卷一〇五《志第一·天象志一》。

曰:“此天命也。”是夕,次陈桥,遂有黄袍加身之变。[①]

异常天象不仅是天命将发生变更的预兆,而且还经常被运用于实践作为推翻旧政权的号召。隋炀帝大业十三年(617 年)李密领导的瓦岗军攻破回洛仓,直逼洛阳城下,起义军发布了讨伐隋炀帝的檄文。这篇名为《为李密檄洛州文》的檄文出自李密的记室祖君彦之手。该檄文在历数隋朝昏君十大罪状后,引出一段颇具气势的话来:

苍生懔懔,咸忧杞国之崩;赤子嗷嗷,但愁历阳之陷。且国祚将改,必有常期,六百殷亡之年,三十姬终之世。故谶箓云:“隋氏三十六年而灭。”此则厌德之象已彰,代终之兆先见。皇天无亲,惟德是辅。况乃搀枪竟天,申繻谓之除旧;岁星入井,甘公以为义兴。兼朱雀门烧,正阳日蚀,狐鸣鬼哭,川竭山崩,并是宗庙为墟之妖,荆棘旅庭之事。夏氏则灾衅非多,殷人则咎征更少。牵牛入汉,方知大乱之期;王良策马,始验兵车之会。今者顺人将革,先天不违,大誓孟津,陈命景亳,三千列国,八百诸侯,不谋而同辞,不召而自至。[②]

此段檄文中,首先,以谶语作铺垫,点明隋朝败象已露,气数已尽的征兆。其次,列举历史上的天象与人事的对应关系,即彗星横贯长空,申繻解释说是除旧布新的征兆,而汉初曾有五星从岁星聚于东井,甘公认为是汉王入秦地的象征。最后,列出隋朝各种异常天象的出现情况,以示隋朝的确气数已尽,天命已完。这些天象与人事的对应关系是:夏历四月日食等是国家毁灭的征兆;牵牛星滑

---

① 张岱:《夜航船》卷一《天文部·日月·日光摩荡》。又《宋史》卷一《本纪第一·太祖赵匡胤》有详细记载:“(广顺)七年春,北汉结契丹入寇,命出师御之。次陈桥驿,军中知星者苗训引门吏楚昭辅视日下复有一日,黑光摩荡者久之。夜五鼓,军士集驿门,宣言策点检为天子,或止之,众不听。迟明,逼寝所,太宗入白,太祖起。诸校露刃列于庭,曰:‘诸军无主,愿策太尉为天子。’未及对,有以黄衣加太祖身,众皆罗拜,呼万岁,即掖太祖乘马。”

② 《旧唐书》卷五三《列传第三·李密》。

入银河，表明天下即将大乱；王良星飞驰，预示着将要出现战乱。所有这些天象均共同拥有一个明确的指向——隋朝气数已尽，天命行将变更。

2. 天命变更之实现——革命

天命的变更有许多异常天象的预示，但天象也仅仅是预示，如果没有抓住天象所示机遇，积极响应天意，做出实践，则旧朝天命难以改变，新生天命难以确立。一句话，天命变更的重要途径就是革命。

20 世纪初，梁任公先生曾对“革命”一词有较为全面的界定。他在《中国历史上革命之研究》一文中说：

> 革命之义有广狭：其最广义，则社会上一切无形有形之事物所生之大变动者皆是也；其次广义，则政治上之异动与前此划然成一新时代者，无论以平和得之以铁血得之皆是也；其狭义，则专以兵力向于中央政府者是也。①

可以说，这是梁任公对中国历史上的革命，特别是将其与近代中国命运密切联系起来进行考察和思考的一种界定。显然，这个具有广狭之义的概念涵括了革命的所有内容。然而，当我们面对中国历史上“天命”观念下的“革命”时，梁氏的狭义革命才是我们需要探求的。

历史上从来没有一个政权或一个皇帝主动、自愿地放弃过自己拥有的天命。虽然在相生的五德终始学说下，为了一种政权的正统性和合法性，经常出现所谓的帝王禅让之典礼，但这些禅让无一不是一场闹剧，背后其实都是武力的挟持或镇压，因而无一不是一场革命。

从天命的意义上说，本著此处的革命，并不是同一王朝下的帝王传承之间的勾心斗角、宫廷政变和武力篡位，而是指改朝换代。实际上，从语词来看，“革命”的基本含义就是以武力推翻前朝，建立新朝。《易经·彖传》对“革卦”有释：“水火相息，二女同居其志不

---

① 陈书良编：《梁启超文集》，北京燕山出版社 1997 年版，第 317 页。

相得,曰革。”许慎《说文解字·革部》说:“革,兽皮治去其毛。”可见“革”即含有毁灭、除掉、脱离、死亡等义。“命”即生命、天命、命运等义。两字合为一体,成为“革命”,则是儒家学说中极为重要的政治话语。“革命”一词源于《易经·彖传》对“革卦”的解辞当中:

天地革而四时成,汤武革命,顺乎天而应乎人,革之时大义哉!

这句话端的是气势恢宏。汤武革命是“顺乎天而应乎人”,好一个“革之时大义哉”!汤武革命是中国历史上最具代表性又最受称颂的两次革命,即汤伐桀、武王伐纣。两次革命之所以受到历代称颂,就是因为“顺乎天而应乎人”,而首先则是“顺乎天”。如何顺乎天呢?先看汤伐桀之顺天而行之事,《宋书》载:

汤乃东至于洛,观帝尧之坛,沈璧退立,黄鱼双踊,黑鸟随鱼止于坛,化为黑玉。又有黑龟,并赤文成字,言夏桀无道,汤当代之。梼杌之神,见于邳山。有神牵白狼衔钩而入商朝。金德将盛,银自山溢。汤将奉天命放桀,梦及天而舔之,遂有天下。①

此处黄鱼、黑鸟、黑龟、白狼等是兆示天命的“符瑞”,虽非日月星辰之狭义天象,但也在古代天学家十分讲求的“专业范围”之内,可属广义之天象。这些“符瑞”实际上就是上天所降。古代各种星占文献中均有大量“符瑞”记载,这在历代官史之《五行志》中也可常见。《宋书》更在《五行志》外别立《符瑞志》《南齐书》别立《祥瑞志》《魏书》有《灵征志》,其中此类记载尤其为多。可见,汤伐桀的“符瑞”天象如上引之言是很多的。不仅如此,上天唯恐汤未悟天象,还特地以黑龟并成赤文,言“夏桀无道,汤当代之”,此天意如此,汤伐桀岂非“顺乎天”乎?焉能不胜乎?

---

① 《宋书》卷二七《志第十七·符瑞上》。

武王伐纣更为史书所传,为世人称道。武王伐纣时同样有天降“符瑞”,以明可伐。仍以《宋书》所载为例:

> 及纣杀比干,囚箕子,微子去之,乃伐纣。渡孟津,中流,白鱼跃入王舟。王俯取鱼,长三尺,目下有赤文成字,言纣可伐。王写以世字,鱼文消。燔鱼以告天,有火自天止于王屋,流为赤乌,乌衔谷焉。谷者,纪后稷之德;火者,燔鱼以告天,天火流下,应以吉也。①

此处白鱼、流火、赤乌等同样是上天所示“符瑞”,特别是与汤伐桀一样,上天也特地在白鱼目下以赤文表达天意,言“纣可伐”。而武王似乎深明“符瑞”之术,乃燔鱼告天再次请示,天又降天火并化为赤乌衔谷予以确定。如此,武王伐纣真是顺定天意了。

或许有人会认为,《宋书》所载的汤伐桀与武王伐纣时的天降“符瑞”,只是南朝人(如作者沈约)的一种杜撰而已,并非汤武之事。笔者认为,虽然不能排除这种可能,但“白鱼入舟”之类的传说,恐怕早已有之,至迟在秦末就可能流传甚广,因陈胜起事时就有将云“陈胜王”之丹书塞入鱼腹之手法,很像是对武王白鱼入舟之事的模仿。实际上,在信仰“神灵之天”的时代,无论“符瑞”是否为后人所伪,汤武革命之顺从天意并有天象所示,则是古人之真信念也。

然而,天象所示可革命之兆,也只有汤、武王这些领导人物才能真实获悉和领悟,平常百姓、一般将士是无法也不可预知的。如武王继位第二年在孟津观兵时诸侯皆曰可伐,而武王则告诉说“女未知天命,未可也”,即为明证。所以,为使“顺乎天”的革命能真正成功,还必须以“顺天”之名号令天下,动员兵民,并对不服从者予以处罚,方能使革命无往不胜。这实际上就是需求一种应乎革命的法律作为保障。在一定意义上,汤武革命时所发布的各种“誓辞”就是早期的法律美文。其实早在夏启伐战有扈氏于甘野之时,就有了这种誓辞,夏王说:

① 《宋书》卷二七《志第十七·符瑞上》。

嗟！六事之人，予誓告汝：有扈氏威侮五行，怠弃三正，天用剿绝其命，今予惟恭行天之罚。……用命，赏于祖；弗用命，戮于社，予则孥戮汝！①

此夏启誓辞既宣告了有扈氏的犯天罪行，又对服从和违抗法令者予以赏罚，可谓法律意味十足。然而，夏王伐有扈氏并非为改朝换代之举，从而不具有后来之“革命”大义。然而，正是夏王这个“誓辞”，为后来汤武于革命时所模仿。在与夏桀军队交战于鸣条郊野前，汤便对将士们发布了如下誓辞：

格尔众庶，悉听朕言。非台小子敢行称乱！有夏多罪，天命殛之。……夏氏有罪，予畏上帝，不敢不正！今汝其曰：“夏罪其如台？”夏王率遏众力，率割夏邑。有众率怠弗协，曰：“时日曷丧？予及汝皆亡。”夏德若兹，今朕必往。尔尚辅予一人，致天之罚，予其大赉汝！尔无不信，朕不食言。尔不从誓言，予则孥戮汝，罔有攸赦。②

在这个誓辞中，汤对为何要讨伐夏桀作了天命上的解释，所谓“有夏多罪，天命殛之”，又所谓“予畏上帝，不敢不正”，非常鲜明地将讨伐夏桀归于顺乎天命之事。然而，汤为使顺天之革命的成功，又似乎“恶狠狠”地定下“孥戮”重刑来处罚抗命者。这说明天命的变更既需要革命之能动，又需要法律之保障。600 年后，武王伐纣时所为，不仅与汤走了一条相同的路，而且发布了多个誓辞。武王继位第四年春，军队在孟津会师，武王在检阅和巡视过程中向各路军队先后发布了三个誓辞，其中说：

今商王受弗敬上天，降灾下民。……皇天震怒，命我文考肃将天威，大勋未集。……商罪贯盈，天命诛之。予弗顺天，厥罪惟钧。予小子夙夜祗惧，受命文考，类于上

① 《尚书·甘誓》。
② 《尚书·汤誓》。

帝，宜于冢土，以尔有众，底天之罚。①

有夏桀弗克若天，流毒下国，天乃佑命成汤，降黜夏命。惟受罪浮于桀，剥丧元良，贼虐谏辅，谓己有天命……厥监惟不远，在彼夏王。天其以予乂民。朕梦协朕卜，袭于休祥。戎商必克。②

天有显道，厥类惟彰。今商王受狎侮五常，荒怠弗敬，自绝于天，结怨于民。……上帝弗顺，祝降时丧。尔其孜孜奉予一人，恭行天罚。③

这三个誓辞都反复历数商纣王之罪大恶极，所谓“弗敬上天”“罪浮于桀”“狎侮五常”等，以示“商罪贯盈，天命诛之”，并一再强调自己是顺应天命，恭行天罚。决战的时刻终于到来，④在牧野决战之前，武王再次发布了一个誓辞，其中说：

古人有言曰：“牝鸡无晨。牝鸡之晨，惟家之索。”今商王受惟妇言是用，昏弃厥肆祀弗答，昏弃厥遗王父母弟不迪……今予发惟恭行天之罚。……勖哉夫子！尚桓桓，如虎如貔、如熊如罴于商郊。弗迓克奔，以役西土。勖哉夫子！尔所弗勖，其于尔躬有戮！⑤

这里再次揭露商纣王的罪行，并再次表明自己是代天行罚。值得注意的是，武王这次终于拿出“杀威棒”，定下抗令之罪，从而使颇具法律意义的誓辞有了刑罚的保障。

---

① 《尚书·泰誓上》。

② 《尚书·泰誓中》。

③ 《尚书·泰誓下》。

④ 国家“九五”重大科研项目“夏商周断代工程”有一专题《武王伐纣时的天象研究》，负责人为江晓原先生。该专题组应用现代天文学方法和国际上最先进的天文学软件，结合种种史料对当时天象的记载，不仅得出了武王伐纣的准确时间，而且还得出了整个战役的日程表。其中最主要的日期是：公元前 1045 年 12 月 4 日，周师出发；公元前 1044 年 1 月 3 日，周师渡过孟津；公元前 1044 年 1 月 9 日，牧野之战。参见江晓原、钮卫星：《回天——武王伐纣与天文历史年代学》，上海人民出版社 2000 年版，“前言”。

⑤ 《尚书·牧誓》。

可见,汤武革命既从天象上获得了天意,从而使自己有了革命之信心,同时又以具有法律意义的誓辞从顺天行罚方面鼓舞军队,并又对遵命和抗命者定以赏罚之制,这些都决定了革命的胜数。然汤武革命"顺乎天应乎人",似乎只"顺乎天"还不够,还需"应乎人"。不过,在古人的观念中,"应乎人"实际上是"顺乎天"之应有之义,天意就是民意,后文将予以论述。

汤武革命作为历史上儒家称颂的革命,常常被后来从事革命者进行效仿,在天象和法律上做文章,甚至以伪造天象或对天象穿凿附会来制造舆论,动员民心。凡此种种,虽属革命,却均为天命之变也。

二、天命与法律价值之展现

(一)法律价值之简析

法律价值是法理学界研究的重要课题。关于什么是法律价值,目前学界众说纷纭,尚无定论。人们通常搬用哲学界对价值的研究方法,将法的价值分为法律促进什么价值、法律本身有何价值、对不同价值的评价三个层面。[①] 也有的学者从结构上将法的价值分为法的目的价值、评价价值和形式价值。[②] 笔者认为,周永坤先生的观点值得注意。他认为:"法律价值是法律满足人类需要及对法律需要的评价。"[③]而关于法律到底具有什么样的价值,周先生说:

> 我们把法律的价值归纳为秩序和正义两大价值。法律价值需要和评价两方面都有主体特性的投影。法律是作为主体际合理关系的表征而来到人间的,它给人类带来的基本好处就是以人的秩序取代弱肉强食的非人秩序。人类的秩序是建立在相互间主体地位的承认,即尊重人格的基础之上,因此必然包含了对善的追求,即正义。秩序主要是满足需要的问题,而正义则是对需要的评价及对人的终极关怀问题,所以秩序就是法律的最低或基本的价

---

① 参见沈宗灵主编:《法理学》,北京大学出版社 1996 年版,第 46 页。
② 参见张文显主编:《法理学》,法律出版社 1997 年版,第 285 页。
③ 周永坤:《法理学——全球视野》,法律出版社 2000 年版,第 216 页。

值,正义就是法律的最高或终极价值。①

此语较为精当。从法律来到人间起,它就起着满足人类需要的作用,这种需要就是人类社会得以维持的“秩序”,可谓古今中外无不如此。没有秩序,世界混乱一片,你争我夺,人类就没有好下场,社会也难以继续。故秩序可谓是法律最低或基本的价值。同时,人类在制定法律来满足秩序的同时,又有一个对这种需要进行评价的问题,这就迎来了法律价值的正义问题。作为人,人人都希望法律能体现对他/她的关怀,或者终极关怀。这样对法律价值的评价必然包含了人赋予法律对善的追求,从而体现对正义的追求。这样就使法律价值在满足最低或基本层次的秩序需要和对最高或终极层次的正义追求上统一起来,也就使法律价值达到了一个圆融的状态。

不过,笔者窃以为,周先生之论似乎主要是从法律价值的应然性而论,带有理想主义的色彩,同时也有某种西方法律价值论的倾向。如果从实然性和中国古代语境出发,法律对秩序和正义的追求并不必然是统一的,同时对秩序和正义本身也有不同的价值评价。“建立在相互间主体地位的承认,即尊重人格的基础之上”的人类秩序,只是一种良好的秩序,并不具有普遍性。中国古代历史上的法律有许多是根本不会考虑相互间主体地位的承认的,更不用说涉及人性关怀问题。诚然,法律当然应该尊重人格,追求善,追求正义,但法律在人类历史上并非只是一种契约,也并非只是追求正义。就中国古代语境而言,法律价值首先或主要的是表现在这个法律对统治者来说,而不是对任何人来说到底有什么用的问题。只有首先满足了对统治者的有用性,才可能有机会去考虑法律价值的正义性。

如果我们的视野不停留在法律价值的表象上而继续深入下去,我们就会发现,实际上,在法律价值的有用性和正义性当中,都蕴含法律如何面对人性是否得到关怀、人格是否得到尊重的重大问题。而无论是视而不见,还是有所关注、认真对待,都使法律价值得

① 周永坤:《法理学——全球视野》,法律出版社2000年版,第218页。

到不同形态的展现,也使我们现代人对历史上的法律价值有着不同的价值评价。周永坤先生的贡献在于将法律价值的正义追求和对人的终极关怀结合起来,从而为我们客观认识历史上的法律,乃至当代法律的价值提供了思路。

(二)法律价值之天学发微

1."灋"之价值

"灋"是古代中国人对"法"的古体字写法。它由"氵"、"廌"和"去"组成。按东汉许慎《说文解字·廌部》的解释:"灋,刑也。平之如水,从水;廌,所以触不直者去之,从去。"可见,"氵"喻示法像水一样公平。① "去"为廌去触不直者也。那"廌"呢?

关于"廌",又名"獬豸""獬廌"或"觟",古籍中多有记载。《说文解字·廌部》载:"廌,解廌,兽也,似山牛,一角。古者决讼,令触不直。"同时代的杨孚《异物志》云:"东北荒中有兽,名獬豸,一角,性忠,见人斗则触不直者,闻人论则咋不正者。"《神异经》亦载:"獬豸,毛青,似熊,性忠直。见人斗,则触不直者;闻人论,则咋不正者。"《后汉书·舆服志》则谓之"獬豸神羊,能别曲直"。对"廌"及其功能描述得较为详细者,可推王充之《论衡》,他借儒者之话说:

---

① 关于"灋"之水旁,学界有不同观点。反对"平之如水"说的,如蔡枢衡在其著《中国刑法史》(广西人民出版社 1983 年版,第 170 页)中认为,水旁之意是将"解廌触定"之罪人"放在水上,随流漂去",并认为《说文解字》之"平之如水"四字是后人所"妄增";武树臣在其《寻找最初的"法"——对古"法"字形成过程的法文化考察》(载《学习与探索》1997 年第 1 期)一文中认为,"水"的原始功能是禁忌和流放,其本义是消除犯罪和确保平安,并无公平之义;朱苏力在《"法"的故事》(载《读书》1998 年第 7 期)一文中认为,水旁是古人强调法像流水一样是自上而下颁布的;黄震、杨健康在《"法":一个字的文化解读》(载《湖南大学学报(社会科学版)》2005 年第 4 期)一文中认为,水旁是根据原始宗教还处于自然崇拜阶段形成的"水神"裁判习俗的"取象"。同意"平之如水"说的,如张永和在其《"灋"义探源》(载《法学研究》2005 年第 3 期)一文中认为,水旁的含义就是公平,并认为"平之如水"的表述并不是象征意义的,而是功能性的,是水性所致;徐忠明在《也说"灋"的故事——早期中国司法的兴起与理念》(载张永和编:《"灋"问》,清华大学出版社 2010 年版)一文中认为,应当在对"水"之"流动与静止"的特征中来把握,《说文解字》释"水"为"平"和"准",是先秦思想家们的共识,而非许慎的"妄增";温慧辉在其《"水"与"法"之渊源》(载《中国海洋大学学报(社会科学版)》2006 年第 5 期)一文中从考古学层面及古人测天之"水准仪"技术出发,认为许慎"平之如水"的解释不能轻易否定。

觟者，一角之羊也，性知有罪。皋陶治狱，其罪疑者令羊触之，有罪则触，无罪则不触。斯盖天生一角圣兽，助狱为验，故皋陶敬羊，起坐事之。①

从上述关于廌的种种描述中，我们可以发现，廌当传言为皋陶治狱时使用的一只独角神兽。正因为其具有神性，所以它才能明辨是非，在人类智力枯竭之时助人一臂之力。虽然它可能"四不像"，但有一个特点是明确的，即头上只长有一角，而且就是用这只独角实现它"触不直者"此一最根本的价值。

当然，作为一种传说，独角兽在世界的各古代文明中普遍存在。如在欧洲的中世纪，那种全身纯白、形似小马、走路昂首阔步的独角兽传说就十分流行，它常常代表着纯洁，同时也作为力量和狩猎的象征，经常出现在头盔和纹章上。显然，此种独角兽并非中国传说中能辨是非的独角兽。与中国独角兽相似的，是日本中世纪传说中出现在法庭上的麒麟。这种日本麒麟只长一角，体格似强壮的公牛或狮子，眼神炽烈，毛发凌乱，令人畏惧，但却有着分辨善恶的奇特本领。在中世纪的日本民间法庭，当被控有谋杀罪的被告因判决结果而争论时，法官就会召麒麟出庭。被告被要求站在麒麟面前，如果他有罪，麒麟便会猛冲过去，用它刀一样锋利的独角刺入被告的胸膛而将其杀死。② 如果日本的麒麟传说为真，笔者认为，考虑到中日文化上的历史关系，那也很可能是源于中国传说中的独角兽。而且，像廌此种独角兽，不仅在古代中国被普遍信仰，就是西方人也甚为相信。当年意大利人马可·波罗游历中国，据说其目标之一就是想寻找这头独角兽，最终徒劳而返。不过他在返还途中却在爪哇岛一带发现了一种长有独角的动物，误认为就是中国的独角兽，其实只是一角犀牛而已。

廌参与司法审判，实际上是远古华夏民族"神明裁判"习惯的一种表现。瞿同祖先生曾对这一神判法进行过分析，认为这种以兽断

① 《论衡》卷一七《是应》。

② 参见［英］米亚·迪·弗朗西斯科编：《神话传说中的生物·独角兽》，韩隽等译，湖北少年儿童出版社2010年版，第8-9页。

曲直之法,并不是中国所独有的习惯,只不过是多了一种神话的渲染而已。[①] 瞿先生之言对獬廌神判在中国存在似乎抱有不足为奇甚至不以为然的口气,实际上,这种神判不仅为后来历代监察、司法官员的服饰文化带来深远影响,[②]而且其中神性的司法参与直接糅入了古代的天学当中,成为天人交通的重要理论基础,甚至直接成为星占文献的重要占卜内容。前引《说文解字》《神异经》《论衡》之语,其实都已进入星占文献中成为占辞,特别是下面此种官方经典占辞尤值得注意:

> 獬豸,王者狱讼平,则出。[③]

这样的占辞虽然不可能在现实中真正出现,但常常成为一些明君、正直法官追求狱讼宽平的一种精神理念,从而切实地影响司法实践。如此,"灋"这个古体字就拥有了天学意义。

更为重要的是,"灋"还体现了古人对人性予以关怀,以及由此而发的对正义进行追求的美好愿望。在有关皋陶的传说中,他是中国历史上被普遍承认的第一位有名有姓的法官,而且还常以半人半神的面目出现。传说皋陶面貌奇特,嘴巴像马嘴,[④]还有诸如脸色发青,就像削了皮的菜瓜,[⑤]等等。不过,在儒家的经典和史书上,皋陶已完全摆脱神性,是个活生生的法官。他品德高尚,谨慎廉明,公正执法,明刑弼教,深受舜禹欣赏和人民爱戴。据《尚书》记载,当皋陶回应舜帝对他的赞美时,他说:

> 临下以简,御众以宽;罚弗及嗣,赏延于世;宥过无

---

① 参见瞿同祖:《瞿同祖法学论著集》,中国政法大学出版社 1998 年版,第 276 页。

② 如獬豸成为汉代以降监察、司法官员的"法冠"形制,至清代并成为这类官员的前后补服图案。

③ 《开元占经》卷一一六《兽占·兽休征·獬豸》引《瑞应图》之言。值得注意的是,《开元占经》此卷又引《瑞应图》言:"兕知曲直,王者狱讼无偏,则出。"可见,虽然兕并非獬豸,但由于与獬豸在体形上相似,至少在唐代亦被赋予了法兽功能,并具有法律上的星占意义。

④ 如《淮南子》卷十九《修务训》曰:"皋陶马喙。"

⑤ 如《荀子·非相》说:"皋陶之状,色如削瓜。"

> 大，刑过无小；罪疑惟轻，功疑惟重；与其杀不辜，宁失不经。①

这几句话虽然是皋陶称颂舜帝之德的，却也正是皋陶在实践中推行的司法原则。可见，皋陶之所以深受人民爱戴，是因为他在司法实践中注重狱讼宽平，甚至“与其杀不辜，宁失不经”。这其实反映了皋陶对人性的关怀和对人的生命的尊重。于此，我们再来看獬豸裁判问题。大名鼎鼎的皋陶在罪疑而自己不能明察之时，并没有刚愎自用、意气用事或随意而为，而是求助于一只具有神性的动物。这说明一种具有对人的终极关怀的情感流动于他的血脉之中，并由此体现出他对法律价值的正义追求。虽然古代有当人的智慧枯竭之时求助于神的习惯做法，但像皋陶这样声名显赫的法官却对这只动物“起坐事之”，却是难能可贵，也是史籍中唯一可数的了。

人们常以獬豸的神性来说明皋陶用神兽审案的虚构性，但是，如果我们换一种视角，就会发现，无论皋陶和獬豸是不是虚构，都说明了古人，或至少创造出这个“灋”字的古人，对法律所寄寓的美好愿望——法律要体现对人性的终极关怀和对正义的价值追求。

2. 天学中的法律价值

其实，天学中的法律价值说到底就是天命下的法律价值问题。诚如前述，天学的本质是星占之学，即通过对天象（包括天上日月星辰等狭义天象和地下灾异祥瑞等广义天象在内）的占卜而获悉上天对人事的态度和意见，从而指导人事的何去何从。如此一来，人世间的一切人事都会受到上天的监控和影响，甚至被主宰。就本质上而言，我们可以说这是古人的愚昧的产物，但从现象上说，这是古人知识系统在那个语境的必然产物。对于古人来说，天的神圣性以及它对人事的影响力和主宰力都是一种信仰。正是在这样的知识信仰中，天学视野下的芸芸众生就成了天命下的芸芸众生。无论是国家还是个人，无论是帝王将相还是平民百姓，都有自己的命运，并都在天命的掌握和监控之中。可以说，此处所论的天学中的法律价

---

① 《尚书·大禹谟》。

值，从本质上说，就是天命下的法律价值。

综观古代之正统星占文献，存在大量涉及法律的有关占辞。在这些占辞中，就有许多体现了天学家也是国家对法律价值的态度和取向。现列举若干如下：

为人君，常以夏时修荧惑之政，则君正臣忠，父慈子孝。咸得其理，不失礼节矣。荧惑之政者，……断薄刑，决小罪，出轻击，宽重囚，益其食……①

人君视正，明察教令，决断清审，则分别贤愚，政理明哲，以应天心，则荧惑明而小，光而不怒。②

日中有黑气者……救之法：任贤直，信道德，退贪邪，轻刑罚，察奏纠，思刑戮，则无害。③

明王在上，月行依道。若主不明，臣执势，则月行失道。……是故人君月有变，则省刑以德，恩从肆赦，故春秋有眚灾肆赦。④

五刑当轻，反重虐酷，忽月蚀消既，行失绳墨，大水淫，枯旱。其救之也，惟敬五刑，以成三德。⑤

上述这些占辞均从正面体现了法律价值问题，无论是从立法上还是在司法上，都要求法律宽平，才能消除天象所示之谴告，“以应天心”。特别是人君修荧惑之政而宽刑轻击时，还佐以“益其食”之类的举措，让我们看到了天命下法律之于犯人生命健康权的价值关怀。

此外，星占文献还大量从反面入手，表达了天命控制下法律之于宽平以示人情的价值取向，如：

春秋时虫者，虫之灾也。以刑罚暴虐，而取之天下，贪

---

① 《乙巳占》卷五《荧惑占第二十八》。

② 《乙巳占》卷五《填星占第三十一》。

③ 《开元占经》卷六《日占二·日中有杂云气》引《太公阴秘》之言。

④ 《开元占经》卷一一《月占一·月行盈缩三》引石氏之言。

⑤ 《开元占经》卷一七《月占七·月蚀既及中分五》引《刑德放》之言。

> 叨无厌……虫为害矣。[①]
>
> 天雨金铁，是谓刑余，人君残酷，好杀无违，不出一年，兵交于朝。[②]
>
> 臣行刑罚，执法不得其中，怨气盛，并滥及良善，则月蚀。[③]
>
> 辰星主刑罚，王者杀无辜，好暴逆，简宗庙，重徭役，逆天时，则辰星伏而不效。[④]

这些占辞都认为法令严酷不宽平，是造成各种天象之灾的重要根源，从而从反面说明法律宽平精神的重要性。

如果上述种种占辞还不足以表达古代天学中法律价值之人性关怀的话，请看一正面事例：

> 景公谓晏子曰："寡人闻彗星出，其所向之国当之。今彗星向吾国，我是以悲。"晏子曰："君穿池欲深广，为台欲高大，诛戮如仇雠，又将出彗星，宁可拒乎？"公乃填陂池，灭台榭，薄赋敛，缓刑罚。三十七日彗星亡矣。[⑤]

看来景公对彗星之凶象及其地上分野还是有一定的知识的，故当彗星指向本国时神情悲切。面对景公的告白，晏子并没有直言其讳，而是顺着景公的喜好之举提出了设问："宁可拒乎？"这是晏子的聪明之处。对此，景公已是心领神会，故马上做出了"薄赋敛""缓刑罚"等宽民惠民的举措，结果彗星消亡。

再来看一则反例：

> 安帝隆安四年十一月，星孛于贯索，及天市中天津。其时，元显辅政，刑罚不中，故扫贯索；发徭无度，故扫天

---

① 《乙巳占》卷一《天占第三》引刘向之言。

② 《开元占经》卷三《天占 · 天雨羽毛、天雨金银铁线》引《天镜》之言。

③ 《开元占经》卷一七《月占七 · 月薄蚀二》引董仲舒《对灾异》之言。

④ 《开元占经》卷五三《辰星占一 · 辰星名主一》引《荆州占》之言。

⑤ 《开元占经》卷八八《彗星占上 · 彗孛名状占二》之《荆州占》引《晏子春秋》例。

> 市；建士失节，故扫天津。天津关通万川，利关梁也；天市货财帛，周百姓也；贯索平察，刑狱无枉滥也。而元显皆反之，天若曰扫除秽恶，令改革也。显不悛，遂致覆灭。[1]

按星占之学，贯索乃天牢之象，彗孛扫贯索，则有反臣杀君、诸侯作祸等灾。[2] 之所以会出现彗孛扫贯索，按星占之学是"人事天应"，乃元显辅政而刑罚不中、刑狱枉滥之故也。其他如彗扫天市、天津星座，虽各有所灾，但同样是元显辅政腐败所致。可见元显辅政，不仅没有将安帝放在眼里，而且滥行苛政，刑罚枉滥。今彗孛扫贯索等星，本欲谴告，令其改之。然而，元显却仍我行我素，不予矫正，故最终引来杀身之祸而亡。此例较为典型地说明了缺乏人性关怀和体恤人民的法律运作必将遭致天谴，从而从反面揭示法律价值之重民生重关怀的重要性。

当然，值得注意的是，上引这些星占之辞概都出自唐代的星占著作，即李淳风的《乙巳占》和瞿昙悉达的《开元占经》。众所周知，唐代是封建时代的开明盛世，唐律完成了法律的儒家化即道德化进程，法律中的宽民、恤刑等反映对人性予以关怀和对生命予以尊重的精神是较为明显的，在封建时代也是较为典型的。在这样的语境下形成的正统星占文献，当然要受到同时代法律精神和法律价值的影响。特别是《乙巳占》，作为贞观年间掌管国家天文的太史令李淳风的个人原创著作，其占辞就十分鲜明地与唐代的统治思想和制度文化相合拍。虽然《开元占经》是中国上古、中古时代近百种相关星占之辞的汇编，但这种汇编或辑录并不是随意的，而同样是在唐代主流思想支配下经过挑选而辑成的。所以，《乙巳占》和《开元占经》中涉及法律之占辞，其体现出的人道关怀和生命尊重之法律价值所系，不太可能是所有星占文献的共同声音，而主要是以唐人法律价值观来界定或反串的结果。不过，虽然有上述原因，使天文星占中涉及法律的占辞所体现出的法律价值有点复杂，但总体而

---

① 《开元占经》卷九十《彗星占下 · 彗孛犯天津二十八》引何法盛《中兴书》例。

② 如《开元占经》卷九十《彗星占下 · 彗孛犯贯索十》引《春秋纬》载："彗星出贯索，大臣忧，有反者。"又引《海中占》载："彗星出贯索，必有反臣杀君。"又引《孝经内记》载："彗星在天狱，诸侯作祸。"

言,法律价值是重民重命的,特别是自西周尤其是汉代儒家登上历史舞台以及董仲舒完善星占理论之时起,天学或天命中的法律价值就是趋向人道关怀和生命尊重的,而在唐代达到了一个高潮。这也是本著立足于唐代星占文献的主要原因。

(三)两类天命观下的法律价值展现

以上是从天学星占的角度对法律价值作的简要分析,但是,并不是说所有涉及法律价值的问题,都会通过天学星占表现出来,天学星占在此只是一个窗口。更为重要的是,天学星占是某种天命观下的产物,不同的天命观自然产生不同的星占内容,同时也更会直接通过法律的制定和运作展现出不同的法律价值。

诚如前述,天学视野中的天命观主要是"可知不可改"之天命和"可知可改"之天命,这两者虽然有其不同的主要表现时期,但是也早就相互交叉在一起。于此,笔者大概地将古代历史上的王朝进行了天命观下的分类,即夏桀、商纣、秦为"可知不可改"之天命观,而西周、汉代以降为"可知可改"之天命观。这两类天命观下的法律价值展现出极为悬殊的状态。

1. 夏桀、商纣、秦之天命观下的法律价值展现

这三种政权的统治者有一个共同点,即均认为自己的王位是天命所赐,而且这种天命是任何人都无法改变的,所以他们几乎都表现出一种唯我至尊、放浪形骸、任意妄为、视民如草的作风。在王之天命也即国之天命的古代中国,这样的作风必然在法律制定和运作上表现出来,从而给法律价值的体现打上了"残酷"的烙印。这种"残酷性"主要通过"严刑为上"和"任意酷刑"表现得淋漓尽致。

按古神话学者袁珂的说法,夏桀是中国历史上第一个荒淫暴虐的国君,由于淫虐和剥削、压迫人民,引起人民的仇视和反抗,最后被颠覆于一个较小的东方殷民族之手。[1] 就是这个夏桀,一贯认为自己的天命坚固,不可更改。面对伊尹"君王不听臣之言,亡无日矣"的劝告,他曾"拍然而作,哑然而笑"说:

> 子何妖言?吾有天下,如天之有日也,日有亡乎?日

---

① 参见袁珂:《古神话选释》,人民文学出版社1979年版,第387页。

亡，吾亦亡矣。[①]

就是在这样的天命观下，他荒淫无度，无恶不作。商汤曾在出发讨伐夏桀的誓辞中揭露他的罪行"率遏众力，率割夏邑"。[②]"率遏众力"就是指夏桀用繁重的徭役来竭尽了人民的力量；"率割夏邑"就是指用严刑峻法来宰割夏都的人民。正因如此，才有《尚书·汤誓》中那个有名的"时日曷丧？予及汝皆亡"的人民的诅咒，足见夏桀对人民的压榨之酷和人民对他的仇恨之深。

商纣同样是一个不可改天命观的暴君。可以说，他对人民生命的无视和对酷刑的偏爱，使他登上了历史之最。[③]在他的眼里，法律仅仅是维持秩序的，而且是以滥用酷刑来维持，毫无一丝一毫的正义可言。兹列举几则文献足以明之：

百姓怨望，诸侯有畔者，纣乃为炮烙之法，膏铜柱，加之炭，令有罪者行其上，辄堕炭中，妲己乃笑。[④]

淇水又东，右合泉源水，水有二源，一水出朝歌城西北，东南流。老人晨将渡水，而沉吟难济。纣问其故，左右曰："老者髓不实，故晨寒也。"纣乃于此斮胫而视髓也。[⑤]

纣愈淫乱不止。微子数谏不听，乃与大师、少师谋，遂去。比干曰："为人臣者，不得不以死争。"乃强谏纣。纣怒曰："吾闻圣人心有七窍。"剖比干，观其心。[⑥]

至于秦始皇也为天命不可改者，邹衍的五德终始说使其倍觉已乃天命所定，不仅自谓功过三皇五帝而自负日骄，而且还以水德施行天下而"急法"。可以说，秦朝全方位的严刑峻法，历代无以望其项背。《汉书·刑法志》说秦始皇是"专任刑罚，躬操文墨……赭衣

---

① 刘向：《新序》卷六《刺奢》。

② 《尚书·汤誓》。

③ 《论语·子张》曰："子贡曰：'纣之不善，不如是之甚也。是以君子恶居下流，天下之恶皆归焉。'"

④ 刘向：《列女传》卷七《孽嬖传·殷纣妲己》。

⑤ 郦道元：《水经注》卷九《淇水》。

⑥ 《史记》卷三《本纪第三·殷本纪》。

塞路，囹圄成市”。所谓“乐以刑杀为威”，[①]及至秦二世更是“法令诛罚，日益刻深”。[②] 在秦朝统治者的眼中，既然水德之刑乃为天命，大行其道又有何不可？所谓法律价值就在刑罚之滥用，以下两例足以代表之：

> 始皇幸梁山宫，从山上见丞相车骑众，弗善也。中人或告丞相，丞相后损车骑。始皇怒曰：“此中人泄吾语。”案问莫服。当是时，诏捕诸时在旁者，皆杀之。[③]
>
> 侯生、卢生……于是乃亡去。始皇闻亡，乃大怒曰：“……卢生等吾尊赐之甚厚，今乃诽谤我，以重吾不德也。诸生在咸阳者，吾使人廉问，或为妖言以乱黔首。”于是使御史悉案问诸生，诸生传相告引，乃自除犯禁者四百六十余人，皆坑之咸阳，使天下知之，以惩后。[④]

这两例一则为泄露皇帝行止罪，另一则为诽谤妖言罪，均视刑杀为儿戏，人之生命如草芥，其法律于人之价值不过如此。陆贾曾一针见血地指出：“秦以刑罚为巢，故有覆巢破卵之患；以赵高、李斯为杖，故有倾仆跌伤之祸。”[⑤]又说：“秦非不欲为治，然失之者，乃举措暴众而用刑太极故也。”[⑥]实际上，水德之刑贵在公平，而秦极至行之，是为违背水德，若以天命之论，岂非背离天命而自掘坟墓乎？

2. 西周、汉代以降之天命观下的法律价值展现

这些政权的天命观是为“可知可改”者。由于惧怕天命之改，故统治者均谨慎行法，不滥施刑罚。虽然周王孙满之时强调周之天命不可更改，但这是对于觊觎者之驳言，而并非排除天命可改之念。实际上，西周立国之初即甚为强调天命可改之观念。如周公在诛伐

---

① 《史记》卷六《本纪第六·秦始皇》。
② 《史记》卷八七《列传第二十七·李斯》。
③ 《史记》卷六《本纪第六·秦始皇》。
④ 《史记》卷六《本纪第六·秦始皇》。
⑤ 陆贾：《新语·辅政》。
⑥ 《新语·无为》。

管叔、蔡叔后将剩余的殷人分封给康叔，并对康叔诰以治民的方法时就说：

> 呜呼！肆，汝小子封。惟命不于常。汝念哉！无我殄享。①

这段话就是说，天命不是固定不变的，你姬封（康叔）一定要经常想着，一定要尽力做好，不要绝了我们所享有的天命。这种天命观在整个西周十分突出。正出于此，西周的法律具有一种浓厚的慎刑、恤刑之态，从而表现出人道关怀和生命尊重。西周的法律较多地是以礼的方式表现出来，《礼记·曲礼》说：

> 七年曰悼，八十、九十曰耄。悼与耄，虽有罪，不加刑焉。

这是一条较为典型的恤刑刑法原则。《周礼·秋官》也规定："一赦曰幼弱，二赦曰老耄。"可见，7岁以下幼童和80岁以上老人，他们犯罪是不给予刑事处罚的。虽然有这些人由于体力和智力的原因，即使犯罪而危害也不大这方面的考虑，但是不可否认，这是一种基于人的生理状态的特殊性而设立的人道法律原则，本身带有典型的对人的终极关怀性。如果这仅仅是基于特殊人群而不具人的普遍性的话，那么下面两例则具有普遍适用性：

> 要囚，服念五、六日至于旬时，丕蔽要囚。②

这是周公大诰康叔治民之法时说的话，意为捆绑囚禁犯人，一定要仔细考虑五六天甚至十天时间，才能最后作出决定。这中间的慎刑思想可见一斑。又如《周礼》云：

---

① 《尚书·康诰》。
② 《尚书·康诰》。

以三刺断庶民狱讼之中：一曰讯群臣，二曰讯群吏，三曰讯万民。[①]

此处“刺”为讯问之意。可见，为了一个庶民案件，判决时亦要征求公卿百官及百姓的各方意见，可谓慎刑之至。不仅如此，按《周礼》之规定，即使是最终定性而该刑杀者，也是“协日刑杀，肆之三日”。[②] 由此可见，法律对一个人的生命进行处决时是多么的慎重。其他如罪疑从赦、区分故意和过失、罪不相及、五听等法律原则和制度，都表现出人道关怀和生命尊重。虽然西周同样有“残酷”的刑种，但对刑种的施行却是十分谨慎。或许西周的许多制度有文过其实而美化之可能，但在西周由于可变之天命观的影响，统治者于法律价值的态度客观上就基本体现了这种终极关怀。

汉代的天命种子在刘邦出生之时就已埋下。据说刘邦是由其母刘媪与蛟龙所生，且生下时左股即有七十二黑子，还有所谓斩白蛇及头顶常有云气等，都预示着帝王天命之象。更为特别的是，当年刘邦军队进驻咸阳之时，竟出现五星连珠而汇聚井宿之瑰丽天象。《汉书》卷二十六《志第六 · 天文志》载：“汉元年十月，五星聚于东井。以历推之，从岁星也。此高皇帝受命之符也。故客谓张耳曰：‘东井秦地，汉王入秦，五星从岁星聚，当以义取天下。’”5 年之后，刘邦终于如愿以偿，战胜了强大敌手项羽，建立了汉王朝。这样的天命在刘邦看来，当然是命中注定，也是不可更改。但是，经过文帝、景帝时期，特别是西汉中期在董仲舒之天人学说的推动下，天命遂由不可改而转为可改，由不可变而转为可变。特别是董仲舒的天谴灾异论为这种天命的转变观完成了全面的理论解说。即天命并不是永恒不变的，如果人君失德失政，天会降下灾异以示警告；如果人君不予改正，则天命改变，江山易色。这样的可改可变天命观确立起来，就伴随儒家正统思想的确立而代代相传和发展，乃至于到了清末光绪帝和慈禧仍为灾异的降临而下诏罪己。

---

① 《周礼 · 秋官司寇 · 小司寇》。

② 《周礼 · 秋官司寇 · 乡士》。

正是由于天命不再是定数，不再不可改变，汉代以降的几乎历代统治者特别是开明君主，无论是表面上还是实质上的，都特别重视政治清明，在法制上注重宽平，特别是刑罚上注重慎刑、恤刑，从而都不同程度地体现出人道关怀和生命尊重。这样对人的终极关怀的倾向从汉文帝废除肉刑时就已开始显现。当少女缇萦“愿没入为官婢，赎父刑罪，使得自新”的上书被文帝看过后，文帝乃下诏曰：

> ……今法有肉刑三，而奸不止，其咎安在？非乃朕德薄而教不明欤？吾甚自愧。故夫驯道不纯而愚民陷焉。《诗》曰：“恺悌君子，民之父母。”今人有过，教未施而刑加焉，或欲改行为善而道毋由也。朕甚怜之。夫刑至断肢体，刻肌肤，终身不息，何其楚痛而不德也，岂称为民父母之意哉！其除肉刑。①

这就是历史上著名的“缇萦上书帝废肉刑”事件。虽然这是起于文帝的怜悯之心，但却是中国古代刑罚切实走向人道化的一个标志、一个里程碑。它使犯人的肉身不再肢体不全，这是一种最直接也是最现实的生命关怀和尊重。虽然肉刑在后代屡有反复，但其作为一种反文明、反人道的刑罚，毕竟为后来大多数人君所抛弃。同样，在对死刑这个直接关乎生命存亡的问题上，无论在判刑还是在行刑上则尤为慎重。一代明君唐太宗在贞观初年曾说：

> 死者不可再生，用法须务存宽简。
>
> 古者断狱，必讯于三槐、九棘之官，今三公、九卿，即其职也。自今以后，大辟罪，皆令中书、门下四品已上及尚书九卿议之。如此，庶免冤滥。②

这表达了一个最高统治者对人的生命的尊重，同时这种表达也影响着唐代对死刑制度的慎重安排，如死刑复奏制度的设立即是。

---

① 《史记》卷一〇《本纪第十·孝文帝》。

② 吴兢：《贞观政要》卷八《论刑法》。

唐律规定：

诸死罪囚，不待覆奏报下而决者，流二千里；即奏报应决者，听三日乃行刑，若限未满而行刑者，徒一年；即过限，违一日杖一百，二日加一等。①

这是唐代的死刑"三复奏"制度。不仅如此，贞观初年，唐太宗曾一度将京城死罪改为"五覆奏"，以示对人命的重视。史载："至（贞观）四年，断死刑，天下二十九人，几致刑措。"②按史料上下文义，这可是从贞观元年（627 年）以来 4 年的全国总死刑数，的确令人感慨！唐代其他诸如对怀孕妇女拷决和执行死刑，必须在其产后百日进行、拷囚不得过三度且数总不得过二百等，都体现了人道关怀。其他各代也多有此类制度体现，虽然于人道关怀和生命尊重之程度不一，虽然有沽名钓誉之虚伪，甚至有着"残酷"的反弹，但人道化、文明化毕竟是一种趋势，是一种潮流。可以说，这与可改可变的天命观是分不开的。

三、法律价值革命的天德要求

由上分析，不同的天命观会造就不同内容展现的法律价值。然而，我们知道，中国古代的法律价值曾在西周立国之初发生过根本性的转变，就如汤武革命一样，它也是一种"革命"。这种"革命"固然与大背景下的天命观由不可变到可变的转变密不可分，但若具体而论，则是源于对天命折射中的影像——天德，即天的德性的认识。换句话说，法律价值革命的发生，是天德的要求。

（一）德之意义

"德"可谓是一个最受人们关注的概念，更是古人津津乐道的概念。无论是深受人民爱戴的所谓"圣人贤主"如尧舜，还是深受人民痛恨的所谓"恶人暴君"如秦始皇，都有着对德的追求，都标榜自己明德高照。那么，人人所求之德到底是什么呢？它有什么意义呢？

---

① 《唐律疏义 · 断狱 · 死囚覆奏报决》之律文。

② 《贞观政要》卷八《论刑法》。

1. 德的一般意义

韩非曾著有《解老》，对《老子》进行解释，此文开篇就说：

> 德者，内也。得者，外也。“上德不德”，言其神不淫于外也。神不淫于外，则身全。身全之谓德。德者，得身也。凡德者，以无为集，以无欲成，以不思安，以不用固。为之欲之，则德无舍；德无舍，则不全。用之思之，则不固；不固，则无功；无功，则生于德。德则无德，不德则有德。故曰：“上德不德，是以有德。”①

可见，“德”与“得”是内与外之分，“德”表现于内，而“得”表现于外。上等之德是不淫于外的，是不追求外在形式的“得”的，是一种自然无为，而“得”却是一种人道有为。然而，得之有为又生于上德之无为，故上德无为而无不为，上德虽不是表现为外在的“得”，正是表明其有德，而那些死守外在之得者，实为无德。这样的德实际上是道家之道在人之身心的表现，正如《老子》所说：“孔德之容，惟道是从。”可见，在道家的眼里，德是不表现于外而深藏于内的修养，是无为而无不为的东西。

然而，儒家之德却与之相异，儒家追求的是一种表现于外的德，是为“得”。深受儒家影响的《五行大义》在《论德》篇开篇就说：

> 德者，得也。有益于物，各随所欲，无悔悋，故谓之为德也。

德就是“得”，只要有益于物而无所吝惜的即可称为德。可见，德就是通过予人以善而有所得。显然，这是一种表现于外的有为之德，也即“得”。德通过外在之“得”来实现和拥有。② 无疑，这

① 《韩非子·解老》。

② 实际上，此处“德”即为“得”，而“得”最主要就是要“得民心”。正如本章后文所说，西周提出了“以德配天”之思想，而统治者配享天命的德性就在于是否保民。由于古代中国百姓的朴实性格，谁保护了百姓，就自然会得到百姓的民心和拥戴，谁就拥有了天命。

样的德是一种积极入世的追求,也是常人通过积极的行为可修养成的,故儒家之德更易于为人们所接受所追求。儒家之德的积极入世态度,突出地表现在对政治的作用上。孔子有一句让历代帝王追求的话语:

为政以德,譬如北辰,居其所而众星共之。[①]

这句话经常被人误认为是人君只要为政以德,就会像北极星那样虽静静地安然处在自己的位置上但却有众星围绕。其实,在古人看来,天并非不动,北极星带领全天众星一起在旋转运动,正是在运动中北极星才保持了活力,保有了中心地位。人君为政以德,并非藏德于胸就能德政,而是要通过一切点滴努力积极行为,将善贯之其中才能实现,人君在不断的德事行政中才能保有政治的成功。

西周是将德予以深度和广度推行的时期。《尚书·周书》共有40篇,几乎篇篇都在论述德的重要性以及为政者如何修德之事。早在武王伐纣之时,武王就在誓辞中与纣王作了德上的对比,即"受有亿兆夷人,离心离德;予有乱臣十人,同心同德"。[②] 西周立国之时,武王又向箕子讨教为政法度,接受箕子"一曰正直,二曰刚克,三曰柔克"[③]之三德。之后在一切对内对外的事务中,西周的统治者都以德说教,以德作诰。正是在西周统治者这种以德为政的说教和实践中,德之观念深入人心,并对后世产生了重大影响。

春秋时期的各诸侯国也都不同程度地继承了西周的"德"思想。昭公四年(公元前538年),楚国派使者到晋国去求诸侯的拥护,晋平王对自高自大的楚灵王之请想要不许应,从而引发了晋王与司马侯君臣之间的如下对话:

晋侯欲勿许。司马侯曰:"不可。楚王方侈,天或者欲逞其心,以厚其毒而降之罚,未可知也。其使能终,亦未可知也。晋、楚唯天所相,不可与争。君其许之,而修德以待

---

① 《论语·为政》。
② 《尚书·泰誓中》。
③ 《尚书·洪范》。

> 其归。若归于德，吾犹将事之，况诸侯乎？若适淫虐，楚将弃之，吾又谁与争？”公曰：“晋有三不殆，其何敌之有？国险而多马，齐、楚多难。有是三者，何乡而不济？”对曰：“恃险与马，而虞邻国之难，是三殆也。……恃险与马，不可以为固也，从古以然。是以先王务修德音以亨神人，不闻其务险与马也。……恃此三者，而不修德政，亡于不暇，又何能济？君其许之。纣作淫虐，文王惠和，殷是以陨，周是以兴，夫岂争诸侯？”①

这里提出了修德、修德音、修德政。晋国大夫司马侯认为，山川之险和兵马之众，都不能保证战胜敌人，关键在于力修德政，惠和待民，历史上殷败德以亡而周明德以兴，即为明显的例子。

类似上述以德来行对内对外之事的例子在春秋时很多。虽然这样的德在春秋战国之际特别是在秦朝遭到压制和凌辱，但由于早就在社会土壤中埋下了将再次萌发的种子，因此在汉代随着以孔子儒学为主体的正统儒家走上历史前台，德的生机终于再次勃发，并和天学融在一起，成为一条治国路线——德治，并贯穿于汉代以降的整个古代中国社会。

2. 德的天学意义

德不仅在最一般的层次上有着它的广泛意义，而且在天学中同样有着广泛意义。实际上，德的一般意义同时也融于天学之中，不过由于赋予了“神灵之天”的意义，从而使德具有了某种神圣性。

其实，《尚书》中就充满了德的神性意义，除了对天命重德之反复论述外，还提出了“土中”概念。《尚书·召诰》记召公之言说：

> 王来绍上帝，自服于土中。

此处“土中”意即大地的中心，词义并不费解，但它却是中国古代极为重要的融政治和天文于一体的概念。《白虎通·京师》篇开门见山就设问：“王者京师必择土中何？”紧接着的解答是：“所以均

---

① 《左传·昭公四年》。

教道,平往来,使善易以闻,为恶易以闻,明当惧慎,损于善恶。"①这是从人文教化的角度进行解释,既体现了"土中"的特殊地位,又说明了作为"土中"的京师并非与世隔绝,而是与"四方"有往来。《汉书》有云:"昔周公营洛邑,以为在于土中,诸侯蕃屏四方,故立京师。"②不过,从天学的视域看,"王者必居土中"的观念,实质上是华夏民族效法天象、崇尚"中央"这种宇宙哲学意识的强烈反映。《尚书·召诰》篇的整个内容就充分体现了敬天、配天、法天的观念。

与"土中"相对应的概念是"天保"。天保原指天之中心。所谓保,本义是伞盖的中心部件。在中国天学中,北极即为天之中心,满天的星星围绕它转,形状恰似一把大伞,因而借用伞盖中心之词称天之中心为天保。在古人的法天意识中,天保往往引申为政治中心亦即国都。据说周武王在西周立国之初,曾有好一段时间就为"未定天保"而"具明不寝",睡不着觉,后来终于在伊洛平原找到了"无远天室"的地之中心——土中。③ 这个天保土中即在洛邑。在古代,洛邑就是九州岛的中心。但武王未建天保即不幸病死。《尚书·召诰》即记载了成王命周公、召公前去洛邑勘察选址而大兴土木的情形。

对于修建这一具有宣传天命、体现天命意义的天保或土中,召公借引了周公的一段话,颇能表达这一思想:

> 旦曰:"其作大邑,其自时配皇天,毖祀于上下,其自时中乂。"

可见,修建天保土中可以配比皇天,可以祭祀天神地祇,从这中央地区可以统治天下。

然而,《尚书·召诰》记召公之言并未到此为止,在讲了王服土中之事后,话锋一转,召公就说到了王要敬德的问题:

---

① 《白虎通疏证》卷四《京师·建国》。

② 《汉书》卷二八下《志第八下·地理志下》。

③ 参见《逸周书》卷五《度邑解》。其中云:"王曰:'呜呼!……我天保未定,何寝能欲?……予克致天之明命,定天保,依天室。……我南望过于三涂,我北望过于有岳,鄙顾瞻过于河,宛瞻于伊洛,无远天室。'"

王敬作，所不可不敬德。我不可不监于有夏，亦不可不监于有殷。我不敢知曰：有夏服天命，惟有历年；我不敢知曰：不其延，惟不敬厥德，乃早坠厥命。我不敢知曰：有殷受天命，惟有历年；我不敢知曰：不其延，惟不敬厥德，乃早坠厥命。今王嗣受厥命，我亦惟兹二国命，嗣若功。……今天其命哲，命吉凶，命历年；知今我初服，宅新邑，肆惟王其疾敬德。王其德之用，祈天永命。

土中固然象征天命所在，但如何长居土中，永保天命，而不像夏商最后失去天命呢？召公的意思很明白，即王一定要敬德。特别是现在上天也知道不久就要迁入新都城，故王更加要赶紧敬德，只有如此，才能永祈天命。由此，德由“土中”引发而来，则天学意义明也。

德不仅在像《尚书》这样的政书中具有一定的天学意义，而且在各类星占文献中更加具有重要地位。首次记载星占文献的正史《史记》中有云：

日变修德，月变省刑，星变结和。……太上修德，其次修政，其次修救，其次修禳，正下无之。[①]

可见，日变的直接应对措施就是“修德”。虽然月变和星变的直接应对方法是“省刑”和“结和”，但所有天象之变的最好应对措施都是事关“德”事，所谓“太上修德”。可见，君主个人的德性修养于天象之变是何等重要。

在专门的星占经典中，这种以修德之法应对天象之灾变的占辞很多，如《乙巳占》中有云：

日光明盛，万物不得视其体，犹人君之尊，权势不可窥踰。今日无光，人皆见其体貌，将有伺察神物者焉。人君

① 《史记》卷二七《书第五·天官书》。

失其威柄之象，特宜修德政以禳之。①

犹天灾见，有德之君，修德而无咎，暴乱之王，行酷而招灾，岂不然也？②

日蚀，则王者修德。修德之体，重干责躬，是故禹汤罪己，其兴也勃焉。③

《乙巳占》中还著有专门冠以“修德”名的篇目，可见对德的天学意义的重视。其中有云：

夫修德者，变恶从善，改乱为治之谓也。上天垂象，见其吉凶谴告之义，人君见机变，齐戒洗心，修政以道，顺天之教也。

日变修德，礼重责躬；月变眚刑，恩从肆赦；星变结和，义敦邻睦。

故曰：月灾眚，五星时合，变易之象，感召之应，咸具本篇，以为常则。故每占下云，修德以禳之也。修德同于君臣，非独在乎上位矣。

不修德以救，则天裂地动，日月薄蚀，五星错度，四序愆期，云雾昏冥，风寒惨裂，兵饥疾疫，水旱过差，遂至亡国丧身，无所不有。④

由此可见，在天学的视野中，德和修德都是极为重要的问题，如果统治者不德，则会导致天象灾变；如果发生天象灾变，统治者不以修德补救，则亡国丧身。而且人君平时如不修德，则其权势受侵。在天人感应理论中，人君当然是修德之主，但如臣子不德，也会危及人君之德，故修德是整个统治阶层的大事。

关于德的天学意义，史载下述两个案例均具有典型意义：

---

① 《乙巳占》卷一《日占第四》。

② 《乙巳占》卷一《日蚀占第六》。

③ 《乙巳占》卷一《日蚀占第六》。

④ 《乙巳占》卷三《修德第十九》。

齐有彗星，齐侯使禳之。晏子曰："无益也，只取诬焉。天道不谄，不贰其命，若之何禳之？且天之有彗也，以除秽也。君无秽德，又何禳焉？若德之秽，禳之何损？……君无违德，方国将至，何患于彗？……若德回乱，民将流亡，祝史之为，无能补也。"公说，乃止。①

（宋景公）三十七年……荧惑守心。心，宋之分野也。景公忧之。司星子韦曰："可移于相。"景公曰："相，吾之股肱。"曰："可移于民。"景公曰："君者待民。"曰："可移于岁。"景公曰："岁饥民困，吾谁为君！"子韦曰："天高听卑。君有君人之言三，荧惑宜有动。"于是候之，果徙三度。②

这两个案例均体现了统治者的德与修德在特殊天象面前的重大天学意义。在第一个案例中，统治者如果有德，即使出现彗星这种凶恶天象也不必紧张；统治者如果无德而又不去修德，再怎样以祝史祓除，也是无济于事。不过此案也反映了一个问题：为何齐景公有德时也会出现彗星天象？从天学言，实际上此乃彗星的双重性问题。虽然彗星被普遍认为是凶恶之象，但另一方面彗星又是"除秽"（除旧布新）之象。在晏子看来，齐有彗星，恰恰表明了是上天在配合有德之君对弊政的扫除。此体现了彗星在天学中的双重功能，而关键是以统治者是否有德而作区别解读。在第二个案例中，"荧惑守心"在星占学中是一极其凶险之象，预兆着分野区域的战争、死亡等，特别是该地统治者的血光之灾。不过星占学中又有"移灾"一说，即将统治者承担的灾祸转嫁给臣民以保己身。此案中，宋景公并没有听从星占家子韦的建议将灾祸移于他人，他的三句善言事实上充分表现了一种为上天所欣赏的德性。正是这种崇高之德，既挽救了他，也拯救了他的人民。

（二）天命中的天德折射

1. 天命所归：以德配天

王朝天命的变化，不得不使人们特别是统治者思考这样一个问

---

① 《左传·昭公二十六年》。

② 《史记》卷三八《世家第八·宋微子世家》。

题:既然是天之命,为什么会发生变更而非永固呢?

天命和革命的交替进行,最后让西周人总结出一条理论——天命只会对那些至德之人降临,天命只会在至德之王身上长守。一句话,天命只所归于那些以德配天者。

据说早在当年大禹受舜帝之命,率军讨伐逆命的有苗氏之时,伯益就曾向大禹建议说:

> 惟德动天,无远弗届。满招损,谦受益,时乃天道。帝初于历山,往于田,日号泣于旻天,于父母,负罪引慝。祗载见瞽瞍,夔夔斋栗,瞽亦允若。至諴感神,矧兹有苗?①

虽然《尚书》之内容大多是由后人所撰,而"德"字也只是最早见于西周铭文,但作为一种观念,却应是存在久远。这里伯益是用帝舜的至诚德性为例,来说明只有德才能感动天,不管多远都会前来归顺,况且苗民乎？于是,大禹接受了伯益的建议班师返回,而舜帝则大兴文教之德,果然,撤兵70天后,有苗氏便来归顺了。伯益的话表明了天对人德的注重,从一定意义上是"以德配天"观念的滥觞。

伯益的思想在皋陶那里同样有所体现。相传皋陶本是舜帝的大臣,禹受禅后继续辅佐禹。他曾对大禹告诫以为君之道,其中有云:

> 天命有德,五服五章哉!②

这是将天命和德首次放在一起的文献记载。天命只是降于那些有德之人。这种天命有德思想比"惟德动天"又前进了一步,并对后世有深远影响,直接成为后来汤伐桀、武王伐纣而自立为王的根本理由。

上天对有德之人的垂爱,不仅在成汤革命前后得以充分展

---

①《尚书·大禹谟》。

②《尚书·皋陶谟》。

现，而且在他死后也常作为一种榜样出现在为王之道中，成为后世引以为教的摹本。相传太甲即位之后，昏庸不明，结果被辅佐伊尹放逐。在放逐之前伊尹就以成汤为例，对其进行书信训诫：

> 先王顾諟天之明命，以承上下神祇。社稷宗庙，罔不祗肃。天监厥德，用集大命，抚绥四方。惟尹躬克左右厥辟宅师，肆嗣王丕承基绪。惟尹躬先见于西邑夏，自周有终，相亦惟终；其后嗣王，罔克有终，相亦罔终，嗣王戒哉！祗尔厥辟，辟不辟，忝厥祖。①

意思是说先王成汤能审视天命，接受天地神灵的旨意，而且对社稷宗庙十分恭敬。上天正是看到了他的如此美德，所以才成全了他的天命，让他安抚万国，我伊尹也是尽力辅佐。你太甲若该君不君，该德不德，不能以桀为戒，就会辱没先祖。在此，伊尹强调天命之所以降临成汤，就在于上天看到了其德性之美。

天命降于有德之王的观念，在西周立国前后更是有着广泛深入的影响和发展，最终形成了“以德配天”的思想。“以德配天”简而言之就是只有用德才能去配享天命。所谓“皇天无亲，惟德是辅”，②天命并不是永固的，天命只辅助有德之人。

周人不仅在对内对外各项政策中大讲德政，而且始终将德与天联系起来，宣传天对德的厚爱，只有有德之王才能配上天命。早在武王伐纣时，在四篇誓辞中就历数纣王如何残暴无德，现由武王代天诛之的形势，从而在革命过程中就宣传天命弃无德而惠有德之王的思想。立国后，西周统治者又在多种场合进行强调，特别是对被征服的殷商遗民，更是扩大其宣传力度，以求其平服。如在周公训诫殷遗民的诰辞中，周公就说以前夏也有天命，但后来夏人不德，天遂命你们有德的先祖成汤革除夏命；从成汤到帝乙的商王没有不明德的，但你们的纣王却残暴无德，于是天就让我们有德的周王代天行罚，革了殷商的天命，所以：

---

① 《尚书·太甲上》。

② 《尚书·蔡仲之命》。

惟天不畀不明厥德。凡四方小大邦丧，罔非有辞于罚。①

显然，上天从不佑助不明德的人，四方所有大大小小的已经灭亡的国家，没有一个不是有当受天罚而辞于天下的。总之一句话，以德配天，德在天命在，德失天命失。

德在天命中的意义，还可从曹丕称帝这个案例中得到充分说明。汉末三国时，由于汉献帝被曹氏挟持和控制，成为典型的傀儡皇帝，最后迫于无奈，将帝位“禅让”给魏王曹丕。延康元年（220年）冬十月，汉献帝“以众望在魏”，在召集朝中大臣祭告祖先后，向曹丕派送了禅让诏书。诏书中说：“昔者帝尧禅位于虞舜，舜亦以命禹，天命不于常，惟归有德。汉道陵迟，世失其序，降及朕躬，大乱兹昏，群凶肆逆，宇内颠覆。赖武王神武，拯兹难于四方，惟清区夏……今王钦承前绪，光于乃德……用率我唐典，敬逊尔位。于戏！天之历数在尔躬，允执其中，天禄永终。君其祗顺大礼，飨兹万国，以肃承天命。”②此诏书即将禅位的理由解读为自己德性不足，而魏王则“光于乃德”而德性充分，因为“天命不于常，惟归有德”。

不过，在汉献帝禅位诏书前，曹丕及其臣子们就已经在“以德配天”的问题上做足了“游戏”，即臣子们不断地以魏王德性充分为由上表请求以应天命，而魏王又不断地以自己薄德为由进行拒绝，此“拉锯战”式的“政治做秀”进行了好几个回合，甚至在汉献帝与曹丕之间也展开了这种游戏。如当时有左中郎将李伏以图谶《孔子玉版》上表魏王，说“殿下即位初年，祯祥众瑞，日月而至，有命自天，昭然著见”云云。对此，曹丕一面以“薄德之人，何能致此，未敢当也”进行推辞，一面又下令“以示外”，即让臣子们讨论讨论。如此一来，引发众臣们的劝进风潮。大家纷纷认为“自汉德之衰，渐染数世，桓、灵之末，皇极不建，暨于大乱，二十馀年。天之不泯，诞生明圣，以济其难，是以符谶先著，以彰至德。殿下践阼未期，而灵象变于上，群瑞应于下，四方不羁之民，归心向义，唯惧在后，虽典籍所

① 《尚书·多士》。
② 《三国志》卷二《魏志二·文帝》。

传，未若今之盛也”。曹丕对此以“犁牛之驳似虎，莠之幼似禾，事有似是而非者，今日是已。睹斯言事，良重吾不德”进行回绝。在此情况下，太史丞许芝结合谶纬之说，上表认为正是魏王“德配天地”，才有了那么多“值天命之移受”的图谶符应出现，并以“臣职在史官，考符察征，图谶效见，际会之期，谨以上闻”进行劝进。对许芝这种专家意见，曹丕以“今吾德至薄也，人至鄙也，遭遇际会，幸承先王馀业，恩未被四海，泽未及天下”回应，仍然从薄德上进行推辞。不过，曹丕却将许芝的建议书“宣示远近，使昭赤心”。于是各个部门的臣子们纷纷以“殿下”有“至德”“圣德”“明德”等进行拥护，曹丕继续以“无重吾不德”“寡德”“德薄”甚至“无德”等进行回绝，结果大家继续劝进。经过多次反复，最后曹丕终于登坛受命。① 可见，在这一关乎“天命”的禅让和接受禅让的过程中，“德”戏剧性地得到了充分演绎，其意义被充分用足。

2. 天德：人德之基

天命所归，在于以德配天。这是对拥有天命者所具之德的要求和希望。然而，这样的人德却折射出了“天德”，天的德性。作为有人格的神灵之天，它这样在乎有德之人，它这样不搞裙带关系，而只“惟德是辅”，这对古人来说，不仅从中看到了天对人德的注重，也从中看到了天德的伟大和高尚。天德通过对人德的要求而折射出来，人德实际上是天德的人世衍生，天德是人德之基。

实际上，人间的圣君贤王之所以具有那么高尚的德性，从而拥有天命，按古代的语境而论，是因为他们与神灵之天有着血缘关系，或者他们的出生直接具有天生性，或者他们秉承了他们祖先的天生性。这样，他们来到人间，自然就拥有了与天德相配的德性，也自然就会拥有天命。

翻阅古代经典，检索二十四史，俯拾即是中国古代圣君贤主神秘诞生的神话般的记载。如《宋书》中即有集中体现：

> 黄帝轩辕氏，母曰附宝，见大电光绕北斗枢星，照郊野，感而孕，二十五月而生黄帝于寿丘，弱而能言，龙颜。

---

① 具体过程可参见《三国志》卷二《魏志二·文帝》之裴松之注。

> 帝挚少昊氏，母曰女节，见星如虹，下流华渚，既而梦接意感，生少昊。
>
> 帝颛顼高阳氏，母曰女枢，见瑶光之星，贯月如虹，感己于幽房之宫，生颛顼于若水。
>
> 帝舜有虞氏，母曰握登，见大虹意感，而生舜于姚越墟。目重瞳子，故名重华。龙颜大口，黑色，身长六尺一寸。
>
> 帝禹有夏氏，母曰修己，出行，见流星贯昴，梦接意感，既而吞神珠。修己背剖，而生禹于石纽。虎鼻大口，两耳参镂……长九尺九寸。
>
> 主癸之妃曰扶都，见白气贯日，意感，以乙日生汤，号天乙。丰下锐上，晰而有髯，句身而扬声，身长九尺，臂有四肘。①

这样的出生自然就拥有了天的血缘，从而遗传到了天的品性。由于天的德性极为高尚，他们自然也就拥有了与天相类的德性，从而成为圣人，从而天命在身。《宋书》将此类诞生异象归入“符瑞志”，正是表达了古人的“天德”崇拜。

如果黄帝、少昊、颛顼、舜、禹、汤作为久远圣人而不足为据的话，那么汉高祖刘邦的天生天德，就是既颇为详细又非为远古的事了。各类史籍对此记录颇详，《史记》载：

> 高祖……父曰太公，母曰刘媪。其先刘媪尝息大泽之陂，梦与神遇。是时雷电晦冥，太公往视，则见蛟龙于其上。已而有身，遂产高祖。②

可见汉高祖刘邦是其母与蛟龙而生，自然是龙的儿子，也就是“真龙天子”。班彪曾在《王命论》一文中也对刘邦之“天生性”有详细描述：

---

① 《宋书》卷二七《志第十七·符瑞上》。
② 《史记》卷八《本纪第八·高祖》。

盖在高祖，其兴也有五：一曰帝尧之苗裔，二曰体貌多奇异，三曰神武有征应，四曰宽明而仁恕，五曰知人善任使。……此高祖之大略，所以成帝业也。若乃灵瑞符应，又可略闻矣。初刘媪妊高祖而梦与神遇，震电晦冥，有龙蛇之怪。及其长而多灵，有异于众。是以王、武感物而折券，吕公睹形而进女；秦皇东游以厌其气，吕后望云而知所处；始受命则白蛇分，西入关则五星聚。故淮阴、留侯谓之天授，非人力也。①

看来高祖的"天生性"，当时古人就确信不移，对由此而来的天命直呼"天授"。由于与天有着如此之亲密血缘，故其德性自然也遗传于天。班固在解释为何撰写《高纪》第一时，开门见山就有一句：

皇矣汉祖，纂尧之绪，实天生德，聪明神武。②

既然被生者高祖之德令人景仰，那么生者天的品德则更为伟大。反过来可以说，既然高祖是为天生，自然就秉承了天的品性，从而拥有天命。

上面是圣君贤王本身直接具有"天生性"的例子，实际上，还有很多间接"天生性"的例子。即他们的先祖是为天生，当然他们就同样与天有血脉上的渊源关系。如：

殷契，母曰简狄，有娀氏之女，为帝喾次妃。三人行浴，见玄鸟堕其卵，简狄取吞之，因孕，生契。③

周后稷，名弃。其母有邰氏女，曰姜原。姜原为帝喾元妃。姜原出野，见巨人迹，心忻然说，欲践之，践之而身动如孕者。居期而生子，以为不祥，弃之隘巷，马牛过者皆辟不践；徙置之林中，适会山林多人，迁之；而弃渠中冰

① 《汉书》卷一〇〇《列传第七十·叙传》。
② 《汉书》卷一〇〇《列传第七十·叙传》。
③ 《史记》卷三《本纪第三·殷本纪》。

> 上，飞鸟以其翼覆荐之。姜原以为神，遂收养长之。初欲弃之，因名曰弃。①

契虽不是君王，但若干年后，他的后代汤能德满天下、拥有天命而伐桀建商，就是因为他的血脉里流着先祖一脉相传的具有天分因子的血液。后稷虽不是圣王，但若干代后，他的子孙文王、武王却以德号令天下而伐商建周取得天命。

可见，圣君贤王以德配天而拥有天命，就是因为他们的血统有着天的因子。正是因为他们具有“天生性”，所以才命中注定会拥有高贵的德性，才会被以德为上的天委以“天工，人其代之”的重任，从而获得了天命。无疑，人君之德和德基天命，都最终指向和折射出那个真正的元德——“天德”的至高至大。

（三）法律价值革命之天德要求

1. 天德之本：民之所欲，天必从之

人君之德来自天德，是天德在“人代天工”之人身上的展现。显然，人君之德取决于天之德。那么天德是什么呢？它的根本内容是什么呢？

想当年，武王伐纣在孟津大会师之时，曾向军队发布过一个誓辞，其中说道：

> 今商王受弗敬上天，降灾下民……皇天震怒，命我文考肃将天威……天佑下民，作之君，作之师……天矜于民，民之所欲，天必从之。②

上述所引的几句话十分重要，它们均表达了天的好恶情感。由于纣王降灾于人民，故皇天大怒而令文王代其讨伐。天为了保护人民，不仅为他们立了君主，还建立了保护的军队。特别是怜悯人民，凡是人民的愿望，天都顺从和满足。从中可以发现，天对人民百姓可谓是至亲至爱，百依百顺。特别是其疾恶如仇、怜百姓如己的

---

① 《史记》卷四《本纪第四·周本纪》。
② 《尚书·泰誓上》。

品性，十分清楚地揭示了天德的根本内容——民之所欲，天必从之。

正是因为天德的根本主旨是以民欲为转移，故天德实际上来自民意。《尚书》中的如下之言，可谓足以让所有人民百姓兴高采烈：

> 天聪明，自我民聪明；天明畏，自我民明威。①
> 天视自我民视，天听自我民听。②

当然，说这些话的不是天自己，而是那些至德之人，是那些"天工，人其代之"之人。由于他们的至诚至德，特别是还具有某种天生的特性，当然能够代天立言。不过，值得注意的是，似乎凡是有德之人，几乎均以"天民合一"来表露自己德性之高，这在当时甚至整个古代中国，似乎都是时髦现象。其实，在古代中国对神灵之天信仰和对人民力量深刻关注的语境中，"天民合一"的思想是其德性升华的重要理论标志。

这种天以民心民意为转移的德性，孟子在回答万章"舜如何因天授而得天下"的提问时，曾有过一段较为生动而精辟的描述：

> 天子能荐人于天，不能使天与之天下。……昔者尧荐舜于天而天受之，暴之于民而民受之。……使之主祭而百神享之，是天受之；使之主事而事治，百姓安之，是民受之也。天与之，人与之，故曰天子不能以天下与人。舜相尧二十有八载，非人之所能为也，天也。尧崩，三年之丧毕，舜避尧之子于南河之南。天下诸侯朝觐者，不之尧之子而之舜；讼狱者，不之尧之子而之舜；讴歌者，不讴歌尧之子而讴歌舜，故曰天也。夫然后之中国，践天子位焉。而居尧之宫，逼尧之子，是篡也，非天与也。太誓曰"天视自我民视，天听自我民听"，此之谓也。③

---

① 《尚书·皋陶谟》。
② 《尚书·泰誓中》。
③ 《孟子·万章上》。

正因为民意即天意，作为统治者就应当“以民为天”。这种“以民为天”的思想，早在齐国管仲那里就有明确的表达。汉代刘向《说苑》载：

> 齐桓公问管仲曰：“王者何贵？”曰：“贵天。”桓公仰而视天。管仲曰：“所谓天者，非苍苍莽莽之天也，君人者以百姓为天。百姓与之则安，辅之则强，非之则危，背之则亡。《诗》云：‘人而无良，相怨一方。’民怨其上，不遂亡者，未之有也。”①

正由于天德之本在于民意、民欲，也就产生了鲜明的民本主义思想。所谓“民惟邦本，本固邦宁”，②“人无于水监，当于民监”。③然而，诚如梁任公先生所云，“我先民极知民意之当尊重，惟民意如何而能实现，则始终未尝当作一问题以从事研究。故执政若违反民意，除却到恶贯满盈，群起革命外，在平时更无相当的制裁之法。此吾国政治思想中之最大缺点也”。④

2. 法律价值革命之动因

不同天命下有着不同内容的法律价值展现，然而，至殷周之际，天命观发生了重大转移，由商纣王专恃之不可更改之天命观向周文王、武王谨慎之可变更天命观转变。与此相适应，法律价值也从不关注人道之残酷向重视人道之体恤转变。

然而，殷周之际天命观的转变之所以实现，关键在于周人全面而积极地引入了“德”的概念来解释天命的去留失得。周人之所以力倡以德配天，就在于天有至德而才去垂爱有德之王，所以关键还是天德。而天德之本则在于民欲、民心。所以，如此一来，随着殷周之际天命观转移而发生实质性转变的法律价值革命，它的根本动因就在于民欲、民心。

---

① 《说苑》卷三《建本》。

② 《尚书·五子之歌》。

③ 《尚书·酒诰》。

④ 梁启超：《先秦政治思想史》，载王焰编：《梁启超学术论著》，浙江人民出版社1998年版，第35页。

大凡有德之君王，都能而且必须深感自己肩上之重担，因为赋予其天命的天，它的德性之本就在于“民之所欲，天必从之”，所以君王时刻关注的重担就应是满足民意、民欲。所以，“天子对于天负责任，而实际上课其责任者则人民也”。[①] 故当春秋时晋悼公问“卫人出其君，不亦甚乎”时，晋国乐师师旷言曰：

> 或者其君实甚。良君将赏善而刑淫，养民如子，盖之如天，容之如地。民奉其君，爱之如父母，仰之如日月，敬之如神明，畏之如雷霆，其可出乎？夫君，神之主而民之望也。若困民之主，匮神乏祀，百姓绝望，社稷无主，将安用之？弗去何为？天生民而立之君，使司牧之，勿使失性。……天之爱民甚矣，岂其使一人肆于民上，以从其淫，而弃天地之性？必不然矣。[②]

可见，人君的存在是天为民而立的产物。正由于受制于天命的人君之责应是为民所想、为民所欲，因此由人君制定的法律及其价值当然就要体现这种民欲、民心，否则就是人君失责从而危及其天命。商纣的法律残酷无道，视民命如野草，其价值所在当然无涉民欲、民心，故天命诛之。所以，作为代天伐商而立的周统治者，其制定的法律就必须体现民欲、民心，从而发生了与武王伐纣之革命相一致的法律价值革命。

既然法律价值革命之根本动因在于民欲、民心，那么民欲、民心到底是什么呢？当年周公请命成王将蔡叔之子蔡仲封于蔡时，成王遂对蔡仲作了训辞，其中有云：

> 皇天无亲，惟德是辅；民心无常，惟惠之怀。为善不同，同归于治；为恶不同，同归于乱。尔其戒哉！[③]

---

① 梁启超：《先秦政治思想史》，载王焰编：《梁启超学术论著》，浙江人民出版社1998年版，第33页。

② 《左传·襄公十四年》。

③ 《尚书·蔡仲之命》。

成王之言可谓经典至极，其十分直白地训告蔡仲，也十分直白地告诉我们，民心、民欲没有固定之说，而只归向于惠爱他的人。这就好比天没有亲人，而只辅助有德之人一样。所以，民心所在的出发点在于谁对他进行惠善相施，他就拥护谁、爱戴谁！这可谓是一条铁律，也是古代圣君贤王把握德性而保有天命的法宝。正由于民心所向如此，故有谓"为善不同，同归于治；为恶不同，同归于乱"之治乱之分了，这实际上就是人民拥护与不拥护的区别。

既然民心、民欲在于惠善之施，那么治国之具法律当然就要体现这种惠善成分。这种惠善成分最为集中的展现途径就是慎刑、恤刑，这在法律价值的表征上就是体现出人道关怀和生命尊重。在一篇周公归政后对成王及百官宣讲设官理政之法的诰辞中，周公从正反两方面分别说明了暴刑与慎刑的不同意义。周公说：

> 呜呼！其在受德暋，惟羞刑暴德之人，同于厥邦；乃惟庶习逸德之人，同于厥政。帝钦罚之，乃伻我有夏，式商受命，奄甸万姓。①

正因为商纣德行昏庸，只与尚刑残暴的人共同管理国家，只与众多习于安逸的人共同执政，所以上天敕命讨伐他，让周人替代商人受享天命以统天下。可见，纣滥用暴刑对待人民，是招致天诛的重要原因。这是反面教材，周公还从正面殷切提出了慎刑的愿望和意义：

> 呜呼！予旦已受人之徽言咸告孺子王矣。继自今文子文孙，其勿误于庶狱庶慎，惟正是义之。……今文子文孙，孺子王矣，其勿误于庶狱，惟有司之牧夫。
>
> 司寇苏公，式敬尔由狱，以长我王国。兹式有慎，以列用中罚。②

---

① 《尚书·立政》。

② 《尚书·立政》。

这里，周公希望文王的子孙们千万不能误于狱讼之慎；对于司法长官苏公，更要认真负责其主管的狱讼，要慎刑中罚，以延长周之国祚。显然，这是周公看到慎刑用狱之于民心、民欲的重要地位而事关天命长久的大问题。

在前述法律价值的天学意义中，我们只发现古人通过对天象的占卜而追求一种以慎刑、恤刑形式表现出来的人道关怀的法律价值，从而揭示了天对这种法律价值的垂爱态度。但并没有也无法揭示这样的法律价值为什么会被天所垂爱，以及为什么会被法律所诉求。而在这里，在殷周之际天命的转换中，在以德配天的全面政治语境中，所有的一切都有了明确的答案，所有的一切转变包括法律价值革命，几乎都可归于这四个字——明德慎罚。

3. 天德支配下的法律价值革命之发展

西周的以德配天折射出了美轮美奂的天德，而天德的根本在于"民之所欲，天必从之"，从而使天德回归到人间，与民心、民欲联系在一起。于此，要获得和维持天命，就必须使统治者的人德效法天德，以人民的所欲所想为一切施政行为的出发点。法律的制定和运作作为古代最有普遍效力的一种施政行为，其价值就必须体现出民心、民欲。这是殷商天命的转变中于法律而言获得的最为重要的理论成果。

王国维曾说："中国政治与文化之变革，莫剧于殷周之际。"[①]法律价值由严刑酷罚转向慎刑恤刑，由无视人道转向关怀生命，这在殷周之际是伴随天命转换的重大法律革命，也是中国古代法律价值的重大革命。

在中国古代的语境中，人们对天的信仰固然与畏惧天的神秘力量有关，但对于圣君贤王以及人民百姓而言，对天的信仰实质上是出于对天的品德的信仰。天德在不同场景下有着各不相同的内容表现，但是最为根本的是体恤民心，保护人民。殷周之际的巨大变革就成功地塑造了这种天德的模型。

作为历史上最为著名的武王革命，它产生的历史意义是巨大的，并不仅限于西周，而是以其深刻的穿透力影响着整个后世的一

---

① 王国维：《殷周制度论》，载王国维：《观堂集林》，中华书局1959年版，第451页。

切“革命”。同样,在这次革命中造就的体恤民心保护人民的天德,也不同程度地支配着后世一切与天相关的思想和制度的展开。如春秋时期就深受这种影响:

右尹子革侍,曰:“民,天之生也;知天,必知民矣。”①

民之天生当然不是如前述圣君贤王之天生,具有“自然主义”的意义,而是含有一种主宰安排的意思在其中,但更包含民是上天之所爱护者的意思。② 这种影响在天文星占之学上也突出表现出来:

夏四月甲辰朔,日有食之。晋侯问于士文伯曰:“谁将当日食?”对曰:“鲁、卫恶之,卫大鲁小。”……公曰:“《诗》所谓‘彼日而食,于何不臧’者,何也?”对曰:“不善政之谓也。国无政,不用善,则自取谪于日月之灾。故政不可不慎也。务三而已:一曰择人,二曰因民,三曰从时。”③

这里,是否“因民”,实际上就是“自取谪于日月之灾”的一个重要原因。可见,对于那些违背天德的政治,天会以日月之灾来谴告乃至剥夺其天命。

然而,战国时期的狼烟使以民为本的天德遭到重创,秦国通过以武力服人灭六国而统一中国。虽然秦始皇拼命立石刻颂自己的天命和德,但由于其视民如草芥,用刑如仇寇,故其天命是与民无涉的概念,其德也不是一般之德性,而只是夸耀其征服天下的“功德”而已。正由于缺少恤民保民之天德意识,其天命才会迅速褪去而至二世亡。

秦的灭亡和汉的崛起,使西周人塑就的天之德有了新的生机。特别是随着正统儒家的兴起,董仲舒以阴阳五行学说来解说天和天命,使西周以来的天德有了新的诠释。天当然还是要以恤民保民为

① 《国语》卷一七《楚语上》。

② 参见陈来:《古代思想文化的世界》,生活·读书·新知三联书店 2002 年版,第 225 页。

③ 《左传·昭公七年》。

己任,但民也必须克制自己而服从天子,天子也必须服从天,所谓“屈民而伸君,屈君而伸天”,①这似乎是一个环环相扣的链条而循环着。虽然对民进行了一定限制,对君予以了一定扩张,但天之恤民保民之品德,还是得以一定程度上的寻归,而对于后世那些开明的或喜欢往自己脸上贴金的人君来说,他们就是天德的人间全部体现者。

天德的发展史也就是法律价值革命的发展史。与天德的命运相适应,法律价值在西周迎来了一场革命,慎刑恤刑充斥于西周的礼制和法律当中,对人的生命关怀也达到了那个时代的高潮。战国的战争和秦朝的刑治,几乎让法律价值的革命成果化为灰烬,所幸的是随着正统儒家登上历史前台,时代在重新诠释天德之时又重新点燃了价值革命的火花,并随着法律的不断儒家化,以及天学对法律的渗透而传至清末。

总之,从古代中国历史的总体而言,西周法律和汉以降的封建法律,其主流价值因提倡恤民慎刑而体现了人道关怀和生命尊重;从纵向来说,法律价值经历了一个由非人道走向人道而不断文明化的进程。在这个进程中,虽然有曲折有反复,但人在法律上的价值却是不断地得以被尊重,这是法律价值不断文明化的基础。然而,所有这一切,都离不开古人头顶的那个“神秘之天”,离不开其凭借天象手法在德性层面上的深度关注和路径导航。

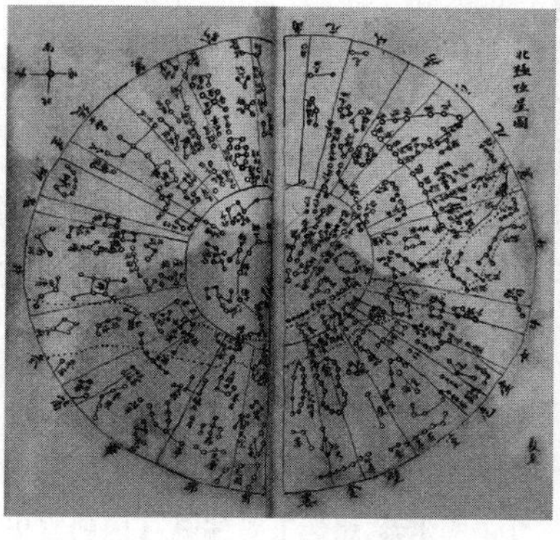

清抄本北极恒星图

① 《春秋繁露》卷一《玉杯》。

第七章　历法法意与法律时间

“九瀛咸奉朔，四海正同文。礼特遵先制，时惟授大君。令颁悬度地，泽被鹭鸳群。钦若心恒凛，厘工政益勤。”[①]这是乾隆五年（1740年）一首题为《十月朔日颁时宪书》的御制之诗。无疑，乾隆此诗表达了朝廷颁历的一个重大意义——“奉正朔”作为维系帝国大一统统治秩序的重要措施。诗中的“奉朔”即为“奉正朔”。正朔是什么？简言之为一年中的第一天，也即农历正月初一，[②]常引申为帝王新颁的历法。可见，“奉正朔”既指对确定之时间的遵守，同时也指对一部历法的遵守。历法的颁布产生了重大的统治意义，给历法赋予了浓厚的政治色彩，就本著视角而言，其具体化即为法律色彩或者就是法律。

古人对天文进行细致观测的目的有二：一为星占，以定吉凶休咎；二为制定历法，以授人时。[③] 这两者可谓都是古代天学的重要内容，或者说天学内容主要涉及这两者。当然，两者的区分只是相对而非绝对的，实际上已有学者的研究揭示，星占需要历

---

① 鄂尔泰、张廷玉等编纂：《国朝宫史》卷一一《宫殿一·外朝》。

② 孔颖达为《礼记》注疏说：“正，谓年始；朔，谓月初。”

③ 谢松龄：《天人象：阴阳五行学说史导论》，山东文艺出版社1989年版，第371页。

法，制定历法的目的也在于更好地进行星占而已。[①] 所以，相对来说，天学与法律的关系可具体化为两部分，即星占与法律的关系，以及历法与法律的关系。从前者来说，立法、司法、修法以及法律设施乃至法律路线的选择、法律价值的变迁等一切法律问题，均通过星占对天象进行了直接和间接模拟，从而表现了古代法律如何“则天”的一种具体路径。从后者来说，历法不仅本身充当着法律的角色功能，而且还在最普遍的意义上决定了古代法律中一切关乎时间安排的问题，或者进一步说，种种法律时间的设置和运行，几乎都可以在历法中找到模拟的源泉，从而体现了法律在决定任何事物存在形式——“时空”之时间问题上的“则天”路径。而随着历法在近代特别是民国建立时的西方化转型，即由传统历法（阴阳合历，俗称农历、阴历）向西方历法（阳历，也称公历）变革，并伴随旧历的民间不弃而出现了历法“二元社会”格局，历法对法律时间的决定和影响也呈现了“二元社会”。

一、历法概述

（一）历法的本体含义

何为历法？简言之，历法就是历之法。但什么是历之法，却并不是简单的问题。

从学界研究者的所有定义来说，似乎从来没有人将历法定义为一种关于“历”的“法律”，而是普遍界定为诸如“制历的方法”之类。如对中国古代天学有着权威论述的李约瑟，就对历法下过这样的定义：“所谓历法，只不过是把时日组合成一个个周期以适合日常生活和文化或宗教习惯的方法。”[②]当然，也有学者并不同意这种定义，认为历法之“法”是指“法则”“规律”。如当代知名的天文历法研究专家张闻玉先生认为，远古时代的夏商周虽然有年月日安排的方法，但由于确定一年为 366 天，从而不可能有规律调配年月日，还形不成“法”；只有到了春秋中期以后，测量出一回归年为 365 又 1/4 日，到了战国初期创制行用四分历，才可能有“法”可依，才称得

① 参见江晓原：《天学真原》，译林出版社 2011 年版，第 124–137 页。

② ［英］李约瑟原著、柯林·罗南改编：《中华科学文明史》（第 2 册），上海交通大学科学史系译，上海人民出版社 2002 年版，第 193 页。

上有了历法。个中原因即在于以前只是观象授时的时代,随意性强,而到了有"法"可依的时代,就有可能将天象的数据抽象化,就可能依据日月星辰的运行规律,进行上下千百年的推算,从而考求、预定年、月、日时。于是,张先生的定义为:历法就是利用天象的变化规律调配年、月、日、时的一种纪时法则。①

笔者认为,无论将历法之"法"定义为一种"方法",还是定义为一种"法则"或"规律",其实都是从历法的本体意义上的一种表达,区别的只是表达的外延不同而已。"方法"既可以是对年、月、日运行的非规律性认识,也包括对年、月、日运行的规律性认识;或者说,"方法"可能只是早期认识,而"法则"或"规律"只是后期认识。但无论怎样,它们都是从历法的本体含义——"通过对天象的观测来调配年、月、日、时以纪时"出发来定义历法的。显然,这个本体含义的确也是我们认识历法的前提和关键,因为历法毕竟是为了纪时而如何调配年、月、日、时而产生的。

值得特别注意的是,历法作为其本体意义是为调配年、月、日、时以作纪时之用,但历法的本体意义又绝非止于一个简单或纯粹的纪时,而是以时间为依托更有所指。这个所指就是根源于中国古人在"天人感应"观念下对"天时"的神秘认知:日月星辰的运行都蕴含着神意,人类年、月、日、时的协调安排都应符合上天的意志,凡行百事,都必须选择在适宜的时点上进行,方能吉利有福,反之有祸而凶。因此,中国古人对时间体系的测定,从来不是以"纯粹"形式进行,而是始终带"场"出现,②即关注的不仅仅是时间,更在于这个时间所隐藏的吉凶祸福意义和生命意义。③ 正因为这样,中国古代历

---

① 参见张闻玉:《古代天文历法讲座》,广西师范大学出版社2008年版,第6页。

② 如《史记》卷一百三十《列传第七十·太史公自序》载:"夫春生夏长,秋收冬藏,此天道之大经也。"《孙子兵法·军争》载:"朝气锐,昼气惰,暮气归。"

③ 时间所隐藏的意义,保存在天干地支这种高度形式化的标度体系之中。十个天干和十二个地支组合成六十对干支,它的不断循环构成了一个标度体系。据说自殷商即开始以此计日,而正式用干支纪年开始于东汉元和二年(85年)四分历的颁布。这种循环标度体系与今日公历计年的线性数字体系的区别,不仅在于一个是循环一个是线性,还在于每一个干支本身都是有其生命意义的。如十天干显示的是生命生、长、盛、衰、死而又生的变化过程,而十二地支被对应于一年十二个月的物候变化,也是描述生命的一般生长收藏序列。由于年、月、日和时辰都用干支标记,所以任何一个时刻都可以被八个有意味的干支的组合来标度,它们的意味则可从这些组合中获得。参见吴国盛:《时间的观念》,北京大学出版社2006年版,第34-35页。

法的本体意义背后有着非常浓厚的神性的支撑，而现代的历法虽然也是将如何协调年月日时作为最根本的关注，但那是纯粹科学视角下的运作，没有任何的神秘性。

（二）历法的功能和目的

历之繁体为曆，最早写法为秝，后写作曆、厤，再后写作历。[①]《说文解字》载："秝，稀疏适也，从二禾。""曆，治也。从厂秝声。""曆，历象也。从日曆声，《史记》通用历。"又《正字通》载："历，以日为主，故从日。"从这些释义来看，历的原初之义中显然包含着禾与日的关系。这个禾与日的关系表明，禾的生长需要日的适当调治，如再推演开来说，即禾的生长受日月星辰之运行天象的协调。从这个意义上看，历法的原初功能和目的显然是为农业生长提供服务的，即提供一种"天时"以便农业的生产活动。而所谓"天时"，即古人认为一切与农业有关的自然现象（主要指天象所表达的气候）的时间安排都是由上天主宰。

在影响庄稼生长的"天时"中，春夏秋冬的季节往来是为主要，即《说文解字》之"时，四时也"所指。据著名历史学家吴泽先生的研究，在殷墟甲骨文中，已出现春夏秋冬四字。春字字形像枝木条达的形状；夏字字形一种像草木繁茂之状，另一种像蝉形，蝉是夏虫，被认为是夏的象征；秋字像果实累累，谷物成熟，正是收获之时；冬字则形如把谷物藏于仓廪之中。[②] 显然，这四字以及所表达出的春种、夏长、秋收、冬藏，都与农业密切相关。

实际上，先民最主要的问题是生存问题，而生存资源的来源主要是农业。先民通过经验发现，庄稼的播种、生长等，有着特定的时间，而这个时间的掌握即源于对日月星辰，特别是日月运行之天象的认识，所谓"观象授时"。所以，形成一种对天象所表达出来的"天时"的规律性认识，也就显得十分重要。因此，作为掌握天时的方法，历法也就产生了。历法的最原初的功能和目的主要是为农业服务，当为确事。

不过，历法的原初功能和目的并不等于说永远如此。随着统治

---

① 参见张闻玉：《古代天文历法讲座》，广西师范大学出版社2008年版，第5页。

② 参见张闻玉：《古代天文历法讲座》，广西师范大学出版社2008年版，第4页。

者对“天”的神秘性的逐渐强化认识，特别是统治者为强化王权的神圣性、正统性、合法性、稳定性等的需要，历法的主要功能开始发生转移，除了客观上仍为农业提供时间安排外，更多的是偏向非农业的目的——为星占服务、为政治服务，最终为王权统治的确立和保有服务。

在关于历法功能和目的的问题上，国内天文学界存有两种对立的观点。一种是“服务农业说”，可谓以前辈天文学家陈遵妫为代表；另一种是“服务星占说”，可谓以当代天文学史家江晓原为代表。以前者而论，古代中国的历法似乎是一项纯粹科学活动的产物，从而与被斥为迷信的星占学对立起来，甚至将古代天文学中的星占学淡化到可以忽略不计的地步，而独强调历法这条线。① 比如，学者陈遵妫说：

> 古人观测天象的主要目的在于洞察自然界的现象，发现它的规律，从而决定一年的季节，编成历法，使农事能够及时进行。……中国古代天文学史，实际上可以说就是历法史。②

这种说法可谓是“服务农业说”的典型代表。不仅国内学者有此观点，国外著名学者如李约瑟，在研究中国古代的历法时也说：“对于农业经济来说，作为历法准则的天文学知识具有首要的意义。谁能把历法授予人民，他便有可能成为人民的领袖。……这一点对于在很大程度上依靠人工灌溉的农业经济来说，尤为千真万确。”③可见，历法的“服务农业说”曾经很有市场，也甚为流行。

然而，自从20世纪90年代以来，这种在国内外流行的观点却受到了极大的挑战。天文学史家江晓原的批驳是一个典型代表。江晓原在其影响较大的著作《天学真原》一书中，从中国古代对太阳周年视运动研究的迟缓、二十四节气来源与物候相关、节气之“定气”对农业无多大意义、“定气”出现后仍用“平气”排历谱来指导农

① 参见江晓原：《天学真原》，译林出版社2011年版，第110页。

② 陈遵妫：《中国天文学史》，上海人民出版社1989年版，第1394页。

③ ［英］李约瑟：《中国科学技术史》（第4卷），科学出版社1975年版，第45页。

业、节气推求越来越精密的历法并未推动农业的飞跃发展等五个方面对“服务农业说”进行了质疑，从而得出结论：古代中国历法中对月运动、行星运动的大量研究与农业完全无关；对太阳运动的研究，与农业生产的关系也极其有限。古人对日运动的深入研究，其目的在于精确推算和预报交食，因为一部历法的精确程度，往往通过预推交食加以检验，而交食（尤其是日食）的星占学意义极为重要。① 江晓原的结论最终表明，历法的主要用途就是服务星占，即通过对交食和五大行星运动的推算更好更有效地进行星占。②

上述两种观点笔者认为均有不当之处。“服务农业说”无疑过分夸大了历法功能中对农业提供“天时”服务的部分，或者说是对历法原初功能的扩大化和永恒化，而无视历法主要功能在历史发展中的转移。历法主要功能的转移在汉代以后的历朝历代的改历问题上能充分表现出来，本著后将论述。“星占服务说”固然是注意到了历法在主要功能上是为星占提供尽可能准确地推算时间表，但遗憾的是对“服务农业说”矫枉过正，无视或过分轻视了历法服务于农业的原初功能以及其后客观功能。因为虽然随着统治者对“天”神秘性的加强认识从而有意转移了历法的主要功能，但并没有也不可能有意抹杀历法客观上的确要满足农事需求的功能。我们可以设想，如果一部历法完全不考虑农业生产而纯粹为星占服务，那朝廷何苦要大力编制历书向全国民众兜售或推知呢？在天学垄断的中国古代，纯粹为星占服务的历法之书，难道就不怕被民众掌握通天手段而偷窥天机吗？在一个农业立国的时代，完全置农业于不顾的历法，难道就真能实现它的星占目的和政治目的吗？

当然，无论是“服务农业说”还是“服务星占说”，其实都是针对历法的功能和目的的表达，并不影响历法的本体意义的稳定存在。实际上，历法的功能和目的都是基于历法的本体意义才能产生，如果失去了历法作为调配年、月、日、时以纪时这个本体，其功能和目的也就不存在了，所谓“皮之不存，毛将焉附”。同样的道理，历法早期的主要功能和目的在于服务农业，后来发生向服务星占方面的转

① 参见江晓原：《天学真原》，译林出版社 2011 年版，第 116-118 页。

② 参见江晓原：《天学真原》，译林出版社 2011 年版，第 136-137 页。

移，但并没有就此否定部分服务农业的客观需求，这样一个比较合理的历法功能变迁史，同样是基于历法的本体意义而产生的。

（三）历法与历谱、历书的关系

历法与历谱、历书，如果从最基本的关系上说，反映的其实就是知识理念与物质展现的关系，也是官方掌控和民间知遵的关系。

从发生学来说，中国古代通过对日月星辰特别是七曜[①]的运行天象进行长期而细致的观测，逐渐掌握它们运行的周期性规律，从而最终形成以日月来调配年、月、日、时的纪时系统。这样的纪时系统就是历法，但它起初却只能作为一种知识理念被官方主要是天学机构所掌控。如果历法仅仅为天学机构（当然包括君主）所掌控，而不为其他官方机构乃至整个官僚阶层所知悉、所遵守，那么历法也就失去了官方系统的支持，其王权的正当性和正统性也就得不到官僚阶层一种有效途径的认可。同样，历法如果只停留在知识理念层面而不被广大的民间社会所知悉和遵守，它不仅会失去指导人们农业生产和日常生活的功能作用，而且更是得不到整个民间社会对王权的认同。所以，与星占知识需要被官方垄断以使"天机不可泄漏"[②]不同，历法必须要通过某种途径由官方流播民间，由天学机构所掌控的知识理念转化成物质体现，唯有这样，历法的本体意义才会通过其功能体现而展现出来。中国古代有着隆重仪式的颁历事件就是要将历法公布于天下，而历谱和历书显然就是这样一个物质展现和民间知遵的产物。

所谓历谱，按江晓原先生的说法，今天日常生活中所见的月份牌之类即是。[③] 这个月份牌即是历法的一种通俗的物质表达。古代的历谱目前从出土竹简发现的最早的当属汉代历谱，其实物凡十余种，其中又以山东临沂银雀山出土的汉武帝元光元年（公元前134

---

① 七曜即指日、月、金星、木星、水星、火星和土星，它们是中国古人在天上所认知的最为重要的七大动态天体，它们的运行轨迹和周期成为历法制订中最主要的观测对象；同时，它们的运行和那些基本静态的天体所组成的二十八星宿一起构成了中国古代星占学上几乎全部的占卜天象。

② 参见方潇：《"天机不可泄漏"：古代中国对天学的官方垄断和法律控制》，载《甘肃政法学院学报》2009年第2期。

③ 参见江晓原：《天学真原》，译林出版社2011年版，第109页。

年）历谱为年份最早。从汉简历谱来看，历谱所记内容较为简单，一般仅排有每月日期、每日干支，或再加个别历注。但是，随着时代变迁，历谱也“由简趋繁，于每日下加注大量吉凶宜忌等内容，篇幅数十倍于最初之历谱，遂演变为历书”。① 可见，历书是由历谱发展而来，两者的区别主要在于历书中有一些乃至大量吉凶宜忌的历注，而历谱则无历注，或历注中仅有历忌项目而无吉凶宜忌之说。所谓历注，即为在日常行事时需考虑各种吉凶宜忌因素而选择一合适之时点者，属于古人通谓的选择术，也即历忌之学。历书实际上是历忌之学与历谱深入结合的产物，②历谱和历书的区别也反映了中国古代历忌之学的发展趋势。③

今天人们常常将历法理解为“判别节气，记载时日，确定时间计算标准等的方法”，从而认为编制一部历法，无论是阳历、阴历还是阴阳历，只要科学掌握日、月运动的规律即可完成。于是，人们常奇怪于古代的历谱特别是历书中，为何大部分记载的却是与纪时之历法无直接关联的“历注”，从而怀疑历谱或历书作为历法具有直接因果关系的物质表现。其实这是一种误解。正如前述，中国古人对时间的测度并非纯粹，而是包含着对“天时”、对“吉凶祸福”的极大期待和选择，因此，中国古人在传统天文中发展出了选择术。我们应当知道，中国历代官方天文机构的职掌，除包括推算历法和观测天象外，还需负责选择术事。如东汉时期太史令除“掌天时星历；凡岁将终，奏新年历”外，其职掌还包括“凡国祭祀、丧、娶之事，掌奏良日及时节禁忌”。④ 之后，在官方的天文机构中更是出现一部门专责此类事情，宋元时称为三式科，清代则称为漏刻科。《清史稿》载：“漏刻科掌调壶漏，测中星，审纬度；祭祀、朝会、营建，诹吉日，辨禁忌。”⑤而从元代开始以迄清末，政府更是在州县广设阴阳学，与儒

---

① 江晓原：《天学真原》，译林出版社 2011 年版，第 109 页。

② 江晓原：《天学真原》，译林出版社 2011 年版，第 186 页。

③ 江晓原研究认为，楚帛书及秦简《日书》为现今所见最早之历忌专书。历忌之学至迟在战国时已颇具规模，自两汉而下，至六朝，再至唐宋以降，一直流传不绝；而其发展之终结，则可以清代集大成之《钦定协纪辨方书》三十六卷作为标志。参见江晓原：《历书起源考》，载《中国文化》1991 年第 4 期。

④ 《后汉书》卷三五《志第二十五 · 百官二 · 太常》。

⑤ 《清史稿》卷一一五《志九十 · 职官二 · 钦天监》。

学和医学鼎足而三,以处理地方上有关“卜择时日,相关面势向背”之事。[①] 可见,有关时日的吉凶祸福之卜择之事,本来就是官方天文机构的职掌之事,天文机构在编制历法的同时,实际上已经赋予了各种时日的吉凶意义。“时日携带着它对人事的特定意义依次登场,中国的计时工作者所测定、所标记的时日,本来就是渗透着特定含义的时日。历书就是要将‘时’中所包含的特定意义展示出来,这是中国‘历’的题中固有之义。不仅历书如此,历谱也应作如是观,它只是比较简单的历书,而绝不是纯粹的测度体系。”[②]

显然,历谱,特别是历书附加大量历注,说明历法不仅仅是一个简单的纪时体系,更是一个富藏玄机意义的纪时体系,关系到人事的成败祸福。这是中国古代信仰“神灵之天”的世界中历法的应有之义。所以,当历法颁行天下而影响和渗透社会之时,其感观的物质表现形式——历谱,特别是后来的历书,就必然要加注大量的吉凶宜忌之说以指导人们的日常生活,某种意义上这也是政府向人们颁历所附着的义务和责任。因此,从这个意义说,历法除了客观上需要服务农业,以及主观上以星占为主要面向外,其物质表现出来的历谱和历书的一个功能,也在于指导人们的日常生活。

二、历法的法律属性

迄今为止,学界已经从多重角度对历法进行了充分研究,[③]但似乎还没有人从法律角度分析历法并赋予历法法律属性,即便一些权威的历法研究专家角度各异,但也主要是基于历法的本体意义,而即便超越了本体意义将其与王权问题联系起来,也只是基于一般的政治意义进行揭示,而并无具体化到法律层面。这无疑是一件十分遗憾的事。笔者认为,这也许是由于目前为止绝大部分历法史的研

---

① 黄一农:《通书——中国传统天文与社会的交融》,载《汉学研究》第 14 卷第 2 期。

② 吴国盛:《时间的观念》,北京大学出版社 2006 年版,第 34 页。

③ 就现状来看,由于研究者所取角度不同,研究方法也就不大一样,从而形成了几个不同的研究流派。概言之,即为:一是从历史学角度研究,以刘坦、浦江清先生为代表;二是从考古学角度研究,以王国维先生为代表;三是从现代天文学角度研究,以朱文鑫、陈遵妫先生为代表;四是从考据学角度研究,以张汝舟先生为代表。参见张闻玉:《古代天文历法讲座》,广西师范大学出版社 2008 年版,第 27-28 页。

究者主要出身于诸如天文、科学史等专业,而并非出自法学领域的缘故。所谓“在什么山唱什么歌”,什么专业出身自然会有什么专业的敏感嗅觉,这是很合情合理的事。不过,就古代历法而言,如果我们换个视角,从法律层面分析历法,将历法视为法律,或许更加符合历史面貌,也更加能揭示历法独特的政治功能意义。

(一)历法以钦定、御制、诏令等形式颁布

以现代社会来说,一项法律之所以成为法律,其最基本的标志就是要经过国家机关制定并最终以国家的名义颁布。没有国家颁布这一特定程序或形式,哪怕是专门的立法机关所制定的,也只能称为法律草案,不能称为法律,而草案是没有法律效力的。以此标志去衡量中国古代历法,显然历法具有法律的形式。

据前辈天文学家朱文鑫先生《历法通志》统计,我国古代历法多至 102 种。① 在这上百种历法中,除了黄帝历、颛顼历、夏历、殷历、周历、鲁历所谓“古六历”无史料记载其颁行情况外,②其他诸历自汉代《太初历》开始,基本上均有明确的国家制定和颁布的内容记载。在中国两千余年的皇权专制中,“朕”即国家,皇帝的钦定、御制等均具有浓厚的国家色彩,而诏令则更为明显地使历法的颁布具有了法律意义。当然诏令和钦定、御制等都是如影相随结合在一起的。如汉代第一部制定的历法《太初历》,就是在汉武帝元封七年(公元前 104 年)时,由太史令司马迁等向皇帝提出“历纪坏废,宜改正朔”的改历建言后,皇帝反复诏令群臣讨论修改,并最终以诏令

---

① 参见朱文鑫:《历法通志》,商务印书馆 1934 年版,第 1–10 页。

② 《汉书》卷二十一《志第一 · 律历志》载:“三代既没,五伯之末,史官丧纪,畴人子弟分散,或在夷狄,故其所记,有黄帝、颛顼、夏、殷、周及鲁历。”由此可见,古六历并非指在黄帝时有黄帝历,在颛顼时有颛顼历等,而是在三代之后战国之时所出现的六种历法。张闻玉先生认为,古六历作为中国最早的历法,都依照四分历数据。在四分历法产生之前,包括岁星纪年在内,都还是观象授时阶段,不是历“法”的时代。在战国用历原本四分术,之所以又出现六历之类的名目,是当时列国出于与周王朝分庭抗礼、自封为王以受命于天、托古自重等政治斗争的需要。参见张闻玉:《古代天文历法讲座》,广西师范大学出版社 2008 年版,第 29 页、第 188 页。

形式钦定邓平历而颁布实施的。[①]

无可非议,历法当然需要皇帝的钦定认可,方能以诏令形式颁布,皇帝的钦定即赋予了历法国家属性,而诏令颁行则将历法直接赋予了国家法律的属性。从现有史料来看,中国绝大多数历法是由皇帝诏令天文机构和天学人员提出改进或改革方案,最后由皇帝钦定而下诏发布,钦定形式是历法颁行的一个传统。然而,到了明末清初之际,随着西方天文学的输入,中西历之间进行了多达八次的较量,均以中历不验而失败。[②] 在这种情况下,“对于既要接受西法胜于中法这一现实,又要维护其王道尊严的清朝统治者来说,在宫廷里组织中外学者编纂大型天算著作,用皇帝的名义‘御制’发行,以体现其皇威‘声被四海’和‘远人慕化’,也就成为势在必行的了”。[③] 于是,在清代就出现了由皇帝亲自组织编纂,并以“敕编”“御制”名义颁布的天算著作,如康熙年间的《律历渊源》(其中包括《数理精蕴》《历象考成》《律吕正义》)、乾隆年间的《历象考成后编》与《仪象考成》、道光年间的《仪象考成后编》等,而有清一代的两部重要历法《时宪历》和《癸卯元历》即分别出自《历象考成》和《历象考成后编》之中。[④] 显然,御制形式成为清代历法颁行的重要方式。

清代以御制的形式颁行历法,当然有利于西方科学的传播和发展,尤其当时属于传统经学“异端”的西方天文学,如无皇命,其发展是相当困难的。如明末由徐光启组织西人汤若望等人编撰的《崇祯历书》,虽然历时5年于1634年编撰完毕,但朝廷上下却为它的优

---

① 参见《汉书》卷二一《志第一·律历志》。据张闻玉先生通过将《汉书·律历志》与《史记·历书》关于《太初历》相关记载的比对分析,认为元封七年改历之初邓平并没有参与,只是后来才参与其中,致使《太初历》之四分法才被邓平八十一分法取代;并认为《汉书·律历志》记述不清,从而造成种种误解。参见张闻玉:《古代天文历法讲座》,广西师范大学出版社2008年版,第210-217页。由于本著在此之主旨乃分析历法之法律属性,并不探讨历法本体内容的是非曲直,故将张闻玉先生的观点在此存而不论。

② 参见江晓原:《第谷(Tycho)天文体系的先进性问题——三方面的考察及有关讨论》,载《自然辩证法通讯》1989年第1期。

③ 刘钝:《清初民族思潮的嬗变及其对清代天文数学的影响》,载《自然辩证法通讯》1991年第3期。

④ 参见孙宏安:《中国古代科学教育史略》,辽宁教育出版社1996年版,第586页;朱文鑫:《历法通志》,商务印书馆1934年版,第9-10页。

劣问题整整争论了10年。保守方坚决反对将其颁行天下。《崇祯历书》之所以颁行搁浅，重要原因之一实际上就是其并不是御制。在10年之久的争论当中，曾发生过八次中西历学的较量，虽然这八次均以中历失验告终而最终使皇帝将其颁布，然而皇帝的诏书下去没几天，李自成的军队就打进了北京城，颁行《崇祯历书》的命令还没有实施，明朝就灭亡了。

当然，御制的历法由于是皇帝亲自组织编制的，从而被视为与皇权一样具有至上的地位，成为不可改变的东西，从而反过来阻碍了历法作为法律其自身科学性的发展。如就历法的天文学理论来说，康熙御制的《历象考成》采用的是第谷的地心说，乾隆御制的《历象考成后编》采用的是地心的椭圆轨道理论，因而地心说成为一种不可违反而具法律效力的"钦定"理论，直到18世纪，中国的许多学者还仍然恪守御制不改，对传入的日心说大加攻击。[①]

此外，与一般法律的颁布不同，历法的颁布更有着讲究的仪式性。这个讲究的颁历仪式说明朝廷赋予了历法非一般法律的属性，历法是一部具有特别重大意义的特别法律。从史料可见，早期历法的颁布在仪式上似乎还并不引起朝廷的高度重视，随着统治者对历法意义越来越深入的认识，在颁行的仪式上也就越来越隆重。比如，明代颁历，洪武时在九月一日，永乐时改在十一月初一日，万历后又改为十月初一日，地点先在南京，后迁都北京后在奉天门（后改称皇极门，即今太和门）。虽然时间和地点不同，但都十分重视颁历典礼，"是日御殿，比于大朝会，一切士民虎拜于廷者，例俱得赐"。[②] 到了清代，颁历典礼似乎更为隆重。在每年的十月初一日，都要在午门举行仪式。乾隆后为避其"弘历"名讳，将"颁历"改称"颁朔"。《清史稿》载："时宪书成，钦天监官岁以十月朔日进，并颁赐王公百官。午门行颁朔礼，颁到直省，督、抚受朔如常仪。"[③]由

---

① 参见孙宏安：《中国古代科学教育史略》，辽宁教育出版社1996年版，第587页。

② 沈德符：《万历野获编》卷二〇《历法·颁历》。

③ 《清史稿》卷八九《志六十四·礼八》。

于清代的颁朔典礼十分隆重，[①]故在乾隆五年颁朔时，乾隆一时兴起，作了本章开头所述的《十月朔日颁时宪书》之诗，以表其一统天下之得意心态。历法越来越隆重的颁布仪式，说明历法本身有非同寻常的法律意义。

（二）历法具有普遍效力性和强制性

在一般情况下，法律得人人遵守和服从，从而具有普遍的效力性；同时法律还具有强制性，如不遵守和服从法律，就要受到强制干涉甚至暴力性制裁。所以，普遍效力性和强制性是一体的，就如一个硬币的两面，如影随形。作为中国古代具有特别重大意义的法律，历法更是具有普遍效力性和强制性。这个普遍效力性和强制性主要表现在两大方面：一是各地方政权和民众都被强制性的无条件服从和遵守；二是各臣服的夷狄政权和夷民也要强制性的服从和遵守。

历法从来都是王权（朝）确立和保有的重大象征。一个新王权（朝）的确立，一般都必定要制定和颁布一部新历法，以示新时代的到来，所谓“王者易姓受命，必慎始初，改正朔，易服色，推本天元，顺承厥意”。[②] 这个“改正朔”就是指要制定一部新的历法。所以，新王权（朝）的确立，其制颁新的历法，不仅是因为讲求历法精确的技术问题（实际上这只是历法革新的微小原因），而更是因为新历法所赋予的重大政治意义。如果说一般法律的制定和实施标志着新政权的正常运转的话，那么作为特别法律——历法的制定和颁布实施，则标志着新政权的合法性和正统性。因此，是否对历法的遵守和服从，或者说是否遵奉正朔，就成了各地方政权和民众是否归顺或反叛中央新政权的态度标示，同样也是周边各夷狄政权和民族是

---

① 按《钦定大清会典事例》卷一千一百四十《钦天监》载，清代颁历的典礼为：“（钦天监）监官设黄案二于太和门正中，黄案二于午门外正中，红案八于午门外两旁。工部设龙亭一于监署大堂正中，黄亭八于大堂两旁。又设红案八十于两廊下。监官率属朝服，恭奉敬皇帝、皇后、皇贵妃、贵妃、妃、嫔《时宪书》，置龙亭内。王公大臣《时宪书》，置黄亭内。八旗各衙门官员《时宪书》，置两廓红案上。于龙亭前行一跪三叩礼。校尉舁亭，御仗前导，乐部和声署作乐，三科官导引，堂官后随。自长安左门中门进，至午门前。监官由亭内恭奉敬呈《时宪书》，安设黄案上。颁赐王公大臣《时宪书》，安设红案上。校尉撤亭置两旁。监官奉书由午门中门入，至太和门，设黄案上，堂官行三跪九叩礼，授内务府官恭奉敬呈。退出。公百官齐列午门前，鸿胪寺官赞引。宣制行礼。王公以下跪领如仪。”

② 《史记》卷二六《书第四·历书》。

否臣服于中国王权(朝)的象征。所以,对历法的遵守和服从不仅是一个法律遵守和服从的法律实施问题,还更会上升为涉及国家统一与分裂、战争与和平的重大问题。

由于历法的象征意义,中央王权对于那些不遵奉历法的地方政权,自然要采取措施以确立和捍卫自己的政权。这些措施除了朝廷说服晓之以理外,更多的是对地方政权的掌控者采取强制性的法律制裁,甚至上升为一种暴力镇压。同样,对于那些曾经臣服的夷狄以及将要使之臣服的夷狄,中国王朝自然也要向其颁布历法以期遵守,以体现自身宗主国的崇高地位,否则就会引发两国之间的政治危机,严重的会引发对夷狄之国的强制行动乃至战争。

如以宋代为例。宋代建立后,在与南唐、大理、西夏等地方政权的交往中,均把颁赐历法作为实现宗主国统治的一种象征。南唐与宋仅一江之隔,在宋建立之初即表示臣服以期保留割据政权。如建隆二年(961 年)"八月……甲辰,南唐主李景死,子煜嗣,遣使请追尊帝号,从之";[①]"九月壬戌,唐主煜遣中书侍郎冯谧来贡"。[②] 在这种臣服关系下,建隆三年(962 年),宋开始在南唐颁布历法。清人吴任臣《十国春秋》载:"(建隆三年)十一月,遣水部郎中顾彝入贡于宋。壬午,宋颁建隆四年历。"[③]《宋史》载:"(建隆三年十一月)丙寅,南唐遣其臣顾彝来朝。……壬午,赐南唐建隆四年历。"[④]宋人李焘《续资治通鉴长编》也载:"(建隆三年十一月)壬午,初颁历于江南。"[⑤]宋向南唐颁历,显然是对南唐实施宗主国统治的象征。实际上,南唐在后周时期就已经表示臣服,对外称用后周之显德年号,但对内却仍用本国之中兴年号,[⑥]可见当时臣服得有些勉强。因此,在宋建国之初改元建隆,南唐国内显然没有用宋的建隆年号。于是,宋为了体现其对南唐的宗主国统治地位,遂正式向其颁历;而

① 《宋史》卷一《本纪第一 · 太祖一》。

② 《续资治通鉴长编》卷二《太祖 · 建隆二年》。

③ 《十国春秋》卷一七《南唐三 · 后主本纪》。

④ 《宋史》卷一《本纪第一 · 太祖一》。

⑤ 《续资治通鉴长编》卷三《太祖 · 建隆三年》。

⑥ 据《十国春秋》卷十六《南唐二 · 元宗本纪》载:"(中兴元年)夏五月,下令去帝号,称国主,去交泰年号,称显德五年。"紧接着注引《唐馀纪传》云:"聘献于周,用其显德年号,在本国则仍旧称。今从通鉴用其正朔。"

南唐后主李煜为了求得苟安以保持割据政权，也乐得从建隆四年开始采用宋之历法，奉其正朔。不仅如此，南唐在此后还加紧进贡，甚至改国号为江南。然而，南唐的这一系列臣服行为并没有改变宋统一南北的决心，最终于开宝八年(975年)平灭南唐，不过，宋太祖考虑到南唐在奉正朔方面一贯做得不错，网开一面并没有声讨李煜罪状。[①] 可见，宋之历法在南唐的认真遵守，从另一方面拯救了李煜的性命。在宋与大理的关系上，宋处理的比较谨慎，直到宋徽宗时才对大理进行正式册封："(政和)七年二月……制以其王段和誉为金紫光禄大夫、检校司空、云南节度使、上柱国、大理国王。"[②]为表郑重，宋遣儒臣钟震、黄渐为册封使，前往大理进行册封，同时颁赐宋行日书一册。[③] 由于宋对颁历这种宗主国统治象征意义十分重视，因此政和八年宋科举会试时，将词科的题目即定为"代云南节度使大理国王谢赐历日表"。[④] 历法颁赐以期地方乃至臣服夷民普遍遵守的法律意义，现在居然在科举考试上也体现出来，可谓非同凡响。

此外，在宋与西夏的关系上，则更充分反映出对历法的遵守和违背所表达出来的不同后果。宋真宗景德三年(1006年)，宋、夏签订景德和约，授予西夏国主李德明定难军节度使、西平王等封号，[⑤]从而确立了西夏的附属地位。在景德四年，李德明便遣使向宋朝请历。史载："西夏自保吉僬扰，羌戎不知正朔几二十年。德明遣供使表请，真宗以新历并冬服赐之。初，诏延州牙校赍往，比闻德明葺馆舍、修道路以待朝命，乃命合门祇候往赐，德明受而行之。"[⑥]这是西夏最早开始奉宋朝历法。为这次受赐历法，德明"葺馆舍、修道路以待朝命"；而宋朝起初派牙校前往赐历，后改派合门祇候前往赐

---

① 《十国春秋》卷十七《南唐三·后主本纪》载："明年(开宝九年)春，乙亥，曹彬上《平江南露布》，宋太祖御明德楼，以江南常奉正朔，诏有司勿宣露布，止令国主等白衣纱帽至楼下待罪。诏并释之，赐赍有差。"

② 《宋史》卷四八八《列传第二百四十七·外国四·大理》。

③ 参见董煜宇：《历法在宋朝对外交往中的作用》，载《上海交通大学学报(社会科学版)》2002年第3期。

④ 《宋会要辑稿·选举一二·宏词科》。

⑤ 参见《宋史》卷四八五《列传第二百四十四·外国一·夏国上》。

⑥ 吴广成撰：《西夏书事校证》，龚士俊等校证，甘肃文化出版社1995年版，第105页。

历，从而显示双方对此都非常重视。自此西夏行宋之仪天历“垂三十年”。在大中祥符元年春正月，德明还被宋帝赐予“守正功臣”称号，以嘉奖其对宋历法的认真遵守。然而，在宋仁宗天圣九年，德明死亡其子元昊继位之后便图谋独立，终于宋宝元元年叛宋称帝，国号“大夏”。元昊表明自己政治独立的一项重要举措即是颁行自己的历法，“囊霄（元昊）称帝，自为历日，行于国中”。[①] 第二年，元昊遣使告知宋朝，引起宋朝廷的愤慨，“诏削夺官爵、互市，揭榜于边，募人能擒元昊若斩首献者，即为定难军节度使”，[②]并与西夏于康定元年爆发大规模的战争。经过几年战争，终于仁宗庆历四年，宋夏谈判达成和议，元昊向宋称臣并被册封为夏国主，史载“约称臣，奉正朔，改所赐敕书为诏而不名，许自置官属”，[③]宋于庆历五年复向西夏颁赐《崇天万年历》。[④] 可见，从宋与西夏的关系上，无论宋实行宗主统治还是西夏称臣抑或反叛，双方都以历法的是否遵守和背离作为标志，特别是对于宋来说，西夏“自为历日”那种对宋历的违背行为，无疑是对抗王权、法权之举，断是宋统治者不可容忍的，从而引发战争式的暴力制裁。

（三）历法具有主权性和正统性

众所周知，任何一部法律都应当是一个主权国家在其主权范围内制定和实施的，也就是说，法律应当具有强烈的主权性。一个不具有主权性的法律不是真正的法律，而是“傀儡法律”或别人强加的“强盗法律”，如晚清鸦片战争后与西方列强签订的一系列不平等条约中确定的“关税协定制”“领事裁判权制”等，就是此类丧失主权性的法律和制度。然而，虽然这些法律不具主权性，但却依然起到法律的作用。这是法律屈服于强权政治而体现出的软肋，不过是法律主权性的变数，不是常态。与此相适应，法律还表现出一种正当性。法律的正当性即是指法律是否由一个正当的政权主体作出和

---

① 吴广成撰：《西夏书事校证》，龚士俊等校证，甘肃文化出版社 1995 年版，第 209 页。

② 《宋史》卷四八五《列传第二百四十四·外国一·夏国上》。

③ 《宋史》卷四八五《列传第二百四十四·外国一·夏国上》。

④ 参见吴广成撰：《西夏书事校证》，龚士俊等校证，甘肃文化出版社 1995 年版，第 209 页。

实施。如果一个政权不具正当性，就会被称为“伪政权”；同样，如果法律是由一个“伪政权”作出的，就会被称为“伪法律”“伪法统”。今天我们说一个政权的正当性主要是指其是否合宪，在非宪政的国家则是能否得到大多数人民的拥护，而在中国古代这种正当性则被称为正统性，即是否具有天命、天统。① 我们同样可以说，法律的主权性和正当性(正统性)也是统一在一起的，主权性的基础来源于正当性(正统性)，而正当性(正统性)也通过主权性体现出来。

就中国古代的历法来说，历法比一般法律更具有强烈的主权性

---

① 中国古代的正统论思想，可谓是与西方思想文化区别最为显著、最富有特色的政治历史观念。战国后期阴阳家邹衍提出“五德终始说”，即以五行的木、金、火、水、土各代表一“德”，套用五行之间的相胜关系，将大跨度的历史变化和朝代更迭解释为“五德”的交替循环。从中可以得出合乎逻辑的推论：一个政权，必须占据一德地位，方为合理合法的政权；同一个时代，只能有一个占据五德之一的政权。有学者认为，这正是后来“正统论”思想的基点。至西汉武帝时期，董仲舒发挥《春秋公羊传》观点，倡导《春秋》大一统论及天人感应学说，将一统天下作为政权受命于天的条件与象征，从而对正统论的产生起了催化作用。此后，汉代学者好以五德学说议论政权更迭，讴歌汉朝的历史地位，并多有汉“得天统”之说，而至班固于《典引》一文赞汉高祖、光武帝“盖以膺当天之正统，受克让之归运”，标示着东汉初期，“正统”概念即已形成。参见乔治忠：《论中日两国传统史学之“正统论”观念的异同》，载《求是学刊》2005年第2期。不过，也有学者认为，正统之本义出自血统，即最初为礼制观念而非政治观念，并认为“五德终始说”及《公羊》“大一统”皆为后来之引申而非本义。此说认为，古人大多是依据礼制的正宗性来评价和判断皇权的正统性的，宗法正统即皇位正统。正统的含义是立足于宗法——政治的制度语境，先宗法而后政治，先君主而后国家。参见雷戈：《正朔、正统与正闰》，载《史学月刊》2004年第6期。笔者认为，在中国古代，正统之义实际上在两个层面展开，一是在宗法血统层面的君主合法性，二是在天命层面的政权合法性。两者又互为表里，即在同一个血统层面要看谁有天命，而在天命层面则要看谁更符合血统。一个完美的正统是血统和天命的结合。但在中国古代，正统论的争论主要发生在朝代的更迭及政权分裂时期，而不是同一朝代不同君主的统治时期。朝代的更迭往往发生在不同血统之间，新朝统治者由于不具前朝血统，自然不会以血统而必然要以天命来论证；而在政权分裂时期，如在同一血统中，则当然要看谁具有天命，而不是这一血统的一方则当然会避免血统路径而求诸于天命。所以，在中国古代越来越用天命来说事的语境中，天命层面的正统论是主流，它覆盖了血统层面的正统论，基于血统而来的君主合法性往往并不能保障其政权的合法性，而基于天命而来的政权合法性却能保障君主的合法性。正是基于这种历史事实，本著有关正统论的论述主要以天命为依归，当然也不排斥血统层面的正统。此外，值得注意的是，中国古代以天命为依归的正统，在汉代之前以五行(德)相克为表现，而在汉代之后则以五行(德)相生为表现，即只要前朝为正统，后朝作为继承受禅者自然也为正统。这种相生的“五德终始说”开启了后世政权寻求正统性的最佳理论武器。参见方潇：《阴阳五行学说与秦汉法律路线之选择》，载《法商研究》2004年第6期。显然，这种对前朝的继承受禅不是基于血统，而是基于五行相生反映出来的天命。

和正统性。从一定意义上说，一个国家制颁的历法必须具有主权性，不具主权性的历法在中国历史上是不存在的，即使在明末清初特别是近代随着西方天文历法知识的输入，政府大力运用西方人士充实天文机构钦天监的工作甚至长期的领导工作之时，中国的历法仍是在国家鲜明主权下的表达。比如，明末徐光启组织编撰《崇祯历书》，由于其主要编撰者是以汤若望为代表的西方人士，历书中充斥的是西方天文理论，但毕竟是在明朝主权下的编历运作，因此，即使在其历时 5 年之久编撰完成之后，也并没有即行颁行，而是又经历了 10 年之久的优劣争论，这个争论过程即体现了作为一个主权政府对这部历法的绝对控制。虽然最终以西法斗胜中法而结束争论，但毕竟还得通过皇帝的诏令将其颁发，这个下旨颁发同样体现了其突出的主权性。而在有清一代，从顺治元年至道光六年，先后有汤若望、南怀仁、徐日升、安多、闵明我、纪理安、戴进贤、徐懋德、刘松龄、鲍有管、傅作霖、高慎思、安国宁、索德超、汤士选、福文高、李拱辰、高守谦、毕学源等供职并主管钦天监事务，虽然有这么多的西方人士以西方天文因素充盈天文机构，但也未能对清朝历法的主权性有丝毫冲击，也就是说，历法的一切运作牢牢地掌控在政府手中。这从顺康乾三朝对历法的掌控中就可充分体现。顺治元年汤若望进呈《西洋新法历书》，顺治帝下旨："西洋新法，推验精密，见今定造时宪新历，悉以此法为准。"①而到了康熙朝，由于"与崇祯《新法算书》图表不合，而作《新法算书》时，欧罗巴人自秘其学，立说复深，隐不可解"，②故令钦天监组织人员重新修订。至康熙六十一年《御制律历渊源》告成，其中"《历象考成》四十二卷，分上下编，有图有表，以康熙二十三年甲子天正冬至次日壬申子正初刻为法元，七政皆从此起算"。③ 雍正三年颁发《历象考成》，并令钦天监教习推算，"世宗宪皇帝御制序文，以考成为推步之模，命监臣学习遵守"。④ 康熙甲子元年从雍正四年起定为制造时宪历的依据。后钦天监以"日月行度，积久渐差，法须旋改，始合天行"为由修正《历

① 《康熙会典》卷一六一《钦天监》。

② 《钦定四库全书·子部六·御制历象考成提要》。

③ 《清朝文献通考》卷二五六《象纬一》。

④ 《清朝文献通考》卷二五六《象纬一》。

象考成》,修订工作从乾隆二年开始至乾隆七年结束,《历象考成后编》告成,“以雍正元年癸卯天正冬至次日子酉子正初刻为法元,七政皆从此起算”。[①] 由此可见,无论是富具西方因素的《西洋新法历书》,还是康乾之际的甲子元历和癸卯元历,都经过了御批或御制考定,颁行后均成为钦天监历法工作的依据,甚至连一些相关主要数据和基本计算方法,也被载入《大清会典》这样的法律文本中,清代皇帝掌控历法的独立主权性,在此体现得可谓十分突出和鲜明。

古代历法的正统性同样十分强烈。从某种意义上说,正统性比主权性更为重要,因为它反映的是颁制历法的主体即政权,是否具有正当性、合法性的问题,这是一个政权存在的前提问题,而主权性则主要反映的是这个政权能否独立体现权力的问题,即一个政权存在的后续问题。实际上,有了正统性就会强化主权性,没有正统性就会弱化主权性。在中国历史上,作为政权是否有天命的正统性问题是一个经常得以争论的问题,与此相关就会引发历法的正统性问题,而关于历法正统性的争论则反映了其背后制颁它的政权是否有正统性的重大问题。在中国历史上的动荡特别是分裂时期,有关历法的正统性争论就会“风起云涌”。

比如,三国就是这样一个关乎政权正统性争论激烈从而涉及历法正统性问题的分裂时代。有人曾做过统计研究,在《三国演义》中,大约有 120 次的天命描写,从而组成了一个三国历史的天命空间。[②] 第十四回太史令王令说:“吾仰观天文……必有新天子出,吾观大汉气数将终,晋魏之地,必有兴者。”又密奏献帝:“天命有去就,五行不常盛,代火者土也,代汉而有天下者,当在魏。”在此后天下诸侯的征战兼并中,逐渐形成三国鼎立的局面,魏蜀吴三国君主的命运通过梦境、星象等一次次显现于天命空间。如第三十二回记曹丕出生时,“有云气一片,其色青紫,圆如车盖,覆于其室,终日不散。有望气者,密谓操曰:‘此天子气也,令嗣贵不可言’”;第三十四回记甘夫人梦仰吞北斗,受孕生刘禅,故乳名阿斗;第三十八回记孙策、孙权出生时,吴太夫人分别梦月、日入怀。其他像董卓、曹操、

① 《清朝文献通考》卷二五六《象纬一》。

② 参见李艳蕾:《〈三国演义〉天命空间叙事》,载《山东科技大学学报(社会科学版)》2005 年第 1 期。

庞统、关羽、孔明等均有其各自天命空间的安排。《三国演义》虽是历史小说，具有艺术扩张性，但其天命思想也的确是那个纷争时代自立为王以求政权正统的立论基础。魏蜀吴三国当时在对外关系上均以正统自居而指斥他国政权。为体现自己政权的正统性，三国都分别采用了不同的历法，“以汉的继承人自命的蜀，在历法方面也承续了后汉的《四分历》，而魏则用《景初历》，吴则用《乾象历》，这都是从受命改制说出发，分别向天下表明自己都是重新接受了天命”。[①] 虽然这三历优缺点不同，[②]但三个政权在乎的并不是其优缺点问题，而是各自历法所表达出来的正统意义。如吴用《乾象历》，看重的是这部历法是由东汉创制，特别是在汉献帝时修改完成的，用它实是表明其政权乃承袭汉朝正统；魏用《景初历》，是因为魏地出现了“黄龙”，产生了魏受地统之说，从而受命改制实行新历；而蜀用后汉之《四分历》，更是看重其是汉朝行用之历法，而自己又是刘姓政权，继承沿袭之更能体现其政权的正统性。

又如，在宋代，这同样是一个与其他政权并存于中华大地的时代，从而在历法的正统性问题上争论突出。不过与三国不同，这是一个汉人政权与其他所谓夷狄政权并存的时代，于是在历法的正统性问题上有其特色。在当时多种政权的并存状态中，宋代统治者始终坚定认为自己的一切，包括政权和历法都是正统的，所谓“宋之为宋，受之于天，不可改也”，[③]并且在对外交往中千方百计维护自己的正统地位。宋与辽金作为对峙的政权，在交往中就因历法的正统性问题发生过争执。辽作为契丹政权制历较晚，“大同元年，太宗皇帝自晋汴京收百司僚属伎术历象，迁于中京，辽始有历”。[④] 澶渊之

---

① [日]薮内清：《魏晋南北朝时期的历法》，杜石然译，载《自然科学史研究》1996年第2期。

② 按日本学者薮内清的研究，《乾象历》是一部划时代的优秀历法，因为它首创了在历法中考虑月行不匀即距地远近而“月行疾迟”的问题，而之前的《太初历》和《四分历》均局限于月亮每日行天十三度有奇之类的认识，因而不可能准确了解月亮的位置；《景初历》由于在月行上以《乾象历》为基础，因而在日食计算上有着更为明显的进步，创始了计算日食去交限、日食亏起角以及食分多少的方法。而蜀从东汉沿用的《四分历》，依清代张宗泰所论，其历日安排与吴魏相比有一日之差。参见[日]薮内清：《魏晋南北朝时期的历法》，杜石然译，载《自然科学史研究》1996年第2期。

③ 《宋史》卷二八五《列传第四十四·梁适》。

④ 《辽史》卷四二《志第十二·历象志上》。

盟后,辽宋关系开始趋于稳定,双方开始互派使节。熙宁十年(1077年)八月,苏颂被任命为贺辽主生辰国信使而奉命使辽。《宋史》载:“使契丹,遇冬至,其国历后宋历一日。北人问孰为是,颂曰:‘历家算术小异,迟速不同,如亥时节气交,犹是今夕;若逾数刻,则属子时,为明日矣。或先或后,各从其历可也。’北人以为然。使还以奏,神宗嘉曰:‘朕尝思之,此最难处,卿所对殊善。’”①由此可见,宋历与辽历不同,宋历冬至比辽历冬至早一日,但从此记载我们尚看不出宋辽两国关于历法的争论,实际上由于历法关乎王朝之正统,这种争论不仅存在而且十分激烈。宋人叶梦得《石林燕语》卷三载:“契丹历法与本朝素差一日。熙宁中,苏子容奉使贺生辰,适遇冬至,本朝先契丹一日。使副欲为庆,而契丹馆伴官不受。”可见,苏颂想依宋历冬至日庆贺,辽人坚决不答应。又宋人李焘《续资治通鉴长编》载:“故事,使北者冬至日与北人交相庆。是岁,本朝历先契丹一日,契丹固执其历为是。”②表明在两国历法孰对问题上,契丹坚持认为其历为是。在因为历法不同而辽人欲评判谁对谁错的情形中,身在辽国的宋使苏颂进行了一个非常灵活的辨析,即不能说哪家历法对错,而应该尊重双方历法,冬至日庆贺可各从本朝之历进行。可以说,这个灵活的辨析不仅避免了一场外交危机,而且还身在异国他乡下有力维护了宋历的正统性。我们知道,与大理、西夏等臣属之国不同,辽与宋是平起平坐的政权。正因如此,宋神宗才会说历法不同是使辽庆贺中“此最难处”的问题,当然也正是因为苏颂出色完成使命又维护了宋历的正统,宋神宗才赞叹苏颂“所对殊善”。

为避免外交危机,苏颂避开了两历孰是的问题,但实际上由于冬至日相差一日,必定有一方为是,另一方为非。据《石林燕语》卷九载:“苏子容过省赋‘历者,天地之大纪’,为本场魁。既登第,遂留意历学。元丰中使虏,适会冬至,虏历先一日,趣使者入贺。虏人不禁天文术数之学,往往皆精,其实虏历为正也。然势不可从,子容乃为泛论历学,援据详博,虏人莫能测,无不耸听……虏不能遽

① 《宋史》卷三四〇《列传第九十九·苏颂》。
② 《续资治通鉴长编》卷二八四《宋神宗·熙宁十年》。

析,遂从。归奏,神宗大喜,即问:‘二历竟孰是?’因以实告。太史皆坐罚。至元佑初,遂命子容重修浑仪,制作之精,皆出前古。”此段文字中除“元丰中使虏,适会冬至,虏历先一日”与史实有出入外,其余当可信之。特别是“虏人不禁天文术数之学,往往皆精,其实虏历为正也”当为实话实说。当苏颂针对宋神宗关于二历孰是孰非的询问而实情告知后,导致“太史皆坐罪”,则更是透露出宋历不如辽历准确。倘若宋历准而辽历误,宋神宗是不可能将掌管天文历法的太史坐罪的。同时,也正是因为与辽历相较后宋历不准,宋神宗才令苏颂制仪较历。所以很明显的是,当时的宋历的确不如辽历先进和准确,而且苏颂作为历学精深者也当为知晓。然而,在面对辽人“孰历为是”的责问时,苏颂并没有承认辽历对,而是避开此问,并以“各从其历可也”作为历法不一问题的解决方案。显然,苏颂之所以这样回答,是因为其作为宋使,代表的是宋朝政权,而如承认宋历不如辽历或者错误,则等于亵渎或者否定了宋朝历法乃至政权的正统性,这是万万不可的。可见,苏颂虽然明知宋历有误,但却以“各从其历可也”化解争论,维护了国家尊严,这恰恰反映了历法作为一国政权之正统性的象征意义,否则即无形中就会被抹上“伪法统”的耻辱色彩。

历法强调其正统性还表现在对其统治区域造反政权颁历的对抗和诋毁上。这在清朝于太平天国历法(天历)的态度上尤为突出。因为太平天国颁布天历,意味着废除了清王朝的“正朔”,也就是宣布了不承认清王朝的正统性和合法性。所以,天历刚一颁布,就触动了清廷的敏感神经,并对其竭尽攻击和诋毁。咸丰二年(1852年)二月十八日己亥,清廷得到钦差大臣赛尚阿奏,其中说:“昨于(正月)二十八日弁兵检回逆书一本,居然妄改正朔,实属罪大恶极。”[①]张德坚《贼情汇纂》说:“蠢尔狂寇,竟至更张时宪,此尤黄巾、赤眉所不为,黄巢、闯、献所不敢也。”[②]由于天历采用太阳历,规定一年366日,单月31日,双月30日,且不置闰,与传统阴阳

---

① 《续修四库全书·史部·纪事本末类·钦定剿平粤匪方略卷十》。
② 中国史学会主编:《太平天国(三)》,上海人民出版社1957年版,第168页。

历不同，[①]故清统治阶层及守旧人士不仅对天历进行恶毒攻击，还对其极尽嘲笑之能事。如谢介鹤《金陵癸甲纪事略》说："贼禁用历日，贼中无能算者，故单月三十一日，双月三十日，不知用闰法。癸丑二月初十日，又讹一日，故干支亦迟一日。"[②]更有佚名《粤逆纪略》者说："尤可笑者，自造历不用闰月和大小建，月有三十一日，是全无知识也，积久必有夏冬倒置之时。"[③]

清王朝和守旧者对太平天国历法竭力进行攻击和诋毁，是因为天历的颁布标志着这个造反政权已完全不承认清廷的正朔及其正统，已彻底站到了清廷的对立面，从而给清王朝造成了极大压力。正因如此，清廷才认为当时俄英等列强只是"肘腋之忧""肢体之患"，太平天国才是"心腹之害"，才会联合列强剿杀太平天国。而就太平天国而言，天历的颁布则是向天下宣告其政权改天换月之正当性、正统性的强劲标志，故对天历的实行十分重视。如在太平天国所辖地区，从起义军的文告，到民间的契券，一律废除旧历而推行天历纪时，并按天历过年庆贺，反对和惩罚"私过妖年"行为。[④] 太平天国颁历表明其欲用历法来标志自己新政权符合天命的正统性，而对天历行用的重视，则体现了太平天国试图以历法来维持其政权正统性的努力。

实际上，历法富有强烈的主权性和正统性是由其自身特性决定的。中国古代的天学包括星占和历法两部分，前者通常被称为占验学，是通过天象个案进行人事占验；后者通常被称为推步学，是通过天象常态进行岁时推步。虽有区别，但两者又是紧密结合在一起

---

① 关于天历，从20世纪三四十年代起学界就开始了研究，像谢兴尧、郭廷以、孟森、罗尔纲、董作宾等前辈学者，就对天历作过卓有成效的研究。建国后，在前辈学者的基础上，学者们对天历的研究内容进一步拓展和丰富。参见吴善中：《太平天国历法研究述评》，载《扬州大学学报（人文社会科学版）》2005年第3期。

② 中国史学会主编：《太平天国（四）》，上海人民出版社1957年版，第656页。

③ 太平天国历史博物馆编：《太平天国史料丛编简辑》（第2册），中华书局1961年版，第49页。

④ 如据陈徽言《武昌纪事·附录》载，咸丰三年（1853年），太平天国在武昌过天历新年，到处金鼓镗响，"城内爆竹如雷，街巷地上爆竹纸厚寸许"；据谢介鹤《金陵癸甲纪事略》载，天京（南京）城内有的妇女与老人"私过旧年"，"被杖"；又据胡长龄《俭德斋随笔》载，因太平天国"每年十二月无闰，每月三十日无小"，故同治元年（1862年）十二月三十日，浙江长兴有赛神者，被定性为"私过妖年"，"乡官例得责而罚之"。

的,后者往往是前者的基础和推动,或者说是服务于前者,从而统一为天学。而众所周知,天学是关乎王权合法性、正统性来源的重大问题,对天学进行官方垄断和掌控,体现了王权对其主权性和正统性的把握。历法作为天学的一个重要部分,自然具有与王权同命共息的主权性和正统性。

综上所述,历法具备了作为法律所具备的所有条件和属性,除了人们习以为常地将其视为一种与人类生产和生活密切相关的计时方法或系统外,它还应当是一部国家法律。学者程蔷曾在一部有影响的著作中说:“在古代,历法具有全国性重大活动时间表的作用,实际上具有某种程度的法律意义,所以皇家、朝廷对其极端重视。”①程先生的说法显然有些保留,实际上历法就是法律,只不过这部法律与其他法律的不同点在于,它是一部以数理天文学为基础,同时又赋予了极强政治性的时间大法。中国古代的历法具有法律属性,现代的历法也同样如此。②

三、历法与法律时间的关系

(一)关于法律时间

本著所谓的法律时间,是指在一般法律中规定的时间,这些时间从宏观方面可体现为该部法律何时公布、何时生效以及(或)何时失效,从微观方面可体现为法律中各种具体制度的时间条件和限制,如节气纳入、期限长短、开始时间、终止时间以及某个特定时间等的确立。法律时间主要体现在一个个与具体制度紧密相关的微观方面。可以说,无论古今中外,一部法律一定会规定多多少少的法律时间,否则缺少了时间标尺,法律的空间就无从实施运行。我们应该知道,万事万物都存在于一定的时间和空间中,缺少任一都

---

① 程蔷、董乃斌:《唐帝国的精神文明——民俗与文学》,中国社会科学出版社 1996 年版,第 41 页。

② 当然,中国古代和现代的历法虽然都具有法律属性,但两者却有不同:一是中国古代历法主要是阴阳合历,而现代中国历法则为阳历,即公历;二是中国古代历法具有法律的自创性和本国特色,而中国现代公历因是全面移植,不具有本国传统特性;三是中国古代历法产生于相对封闭的地理环境中,具有国家改历变法的随意性和充足自主性,而中国现代公历则是移植于中国法律近代化的进程中,随着国际化、一体化的不断加强,国家改历变法不具有充足自主性,会受到很多条件特别是国际因素的制约。

是不可能的。而且在时空的两者关系中,同样缺少其一则必不存其二,时空两者本身即交融一体。从某种意义上说,空间依赖时间而存续,时间凭借空间而伸展,时间空间化与空间时间化都可成立。法律时间就是建立在时空交融基础上的针对制度所涉时间的一种法定表达,也就是说,这样的时间不再是一般世俗意义上的无约束力的时间,而是把它从世俗之流中提取出来并置入法律框域之中,从而具有了法律的一切属性。

然而,就中国古代场景而言,法律时间呈现出与现代对应物天壤之别的特性和意义。也就是说,虽然古代法律时间与现代法律时间在法律规定而具有法律属性上存有共性,但其时间内核的本体含义却是相差甚大的。现代的时间观念作为西方科学的产物,无疑是一种纯粹的物理的测度体系,具有不可逆转的线性。然而,对于中国古代的传统时间观来说,物理测度的时间概念并不发达,并不构成时间观念史的主导地位,而只居于一个从属的位置。"由于中国人对待生命和宇宙有着与西方人完全不同的看法,所以他们既没有很纯粹的测度时间概念,也没有对时间之流的那种痛彻心扉的感觉。中国人的时间观活跃在本源性的标度时间经验中,对'时'、'机'、'运'、'命'、'气数'的领悟,构成了中国传统时间观的主体。"①可见,中国古代的时间观承载着丰富的精神内容。正如前述,中国古人的测度时间体系始终不纯,而是始终携带着对人事的特定意义出现。比如,中国古人很早就用天干地支来标度时间,这样的时间不仅由于六十甲子的不断轮回而具有了循环性,而且由于标示它的十天干和十二地支本身具有的生命意义,②也使它在任何一个时间都具有特定的生命意义。

比如,中国古代的秋冬行刑制度。按现代刑罚观念,对一个罪犯生命的剥夺其意义只在于要终止其生命迹象,而并不特别关注生命被终止的时间问题。然而,中国古代在天时观念下,任何人事的发生都须在适当的时间域值中进行,否则就会招致天的不满。古人

---

① 吴国盛:《时间的观念》,北京大学出版社 2006 年版,第 30 页。

② 关于十天干和十二地支的生命意义,如"甲者,言万物剖符甲而出也""乙者,言万物生轧轧也"等;"子者,滋也。滋者,言万物滋于下也""丑者,纽也,言阳气在上未降,万物厄纽未敢出也"等,具体可参见《史记》卷二五《书第三·律书》。

通过对大自然的经验观察以及对天的心得体会，认为春夏是万物生长季节，表明天时主生；而在秋冬万物则呈现出一片凋零景象，表明天时主死。人作为神灵之天的创造物和主宰物，同样与其他万物一样遵循着这个天时主旨。因此，为适应天意天时，故执行死刑当在秋冬进行。如果说秋冬行刑只是从大的时段上反映了天时，那么对一些特殊月份和日子的禁止死刑，则是从小的时段上以符合天时。如《唐律疏义》规定："诸立春以后、秋分以前，决死刑者，徒一年。其所犯虽不待时，若于断屠月及禁杀日而决者，各杖六十。待时而违者，加二等。"[①]显然，该条前一句是从反面规定了大时段的秋冬行刑，后两句则是从小时段将行刑排除在某些特殊月日之外。所谓断屠月是指正月、五月、九月；所谓禁杀日是指每月十斋日，即月一日、八日、十四日、十五日、十八日、二十三日、二十四日、二十八日、二十九日、三十日。此外，在大祭祀、朔望、上下弦、二十四节气、雨未晴、夜未明等时日均不得执行死刑。[②] 我们发现，在特殊的月日和时刻禁止死刑，显然是考虑到了含有宗教鬼神内容的天时问题。[③]

如果我们把死刑执行的时间进一步微观化、细化或小时段化，就可以发现中国古代似乎至少从宋代开始即有了"午时三刻"开刀问斩的行刑习惯。之所以称为习惯，是因为我们在历代法典中并没有看到午时三刻行刑的明确规定。正如前述，唐律明文规定一年中的许多时日均不可执行死刑，以及规定雨未晴、夜未明时不得行刑，但并没有明文规定在可以行刑日里必须在某一个具体时间点上执行。又根据《唐六典》，唐代某些死刑执行的时间定在"日未后"，[④]即下午1点至3点，而这却是一个相对缩小的时间段，而非时间点。唐代的这种行刑时辰，从法律规定和实际案例来看，可谓历

---

① 《唐律疏义·断狱·立春后不决死刑》之律文。

② 参见《唐律疏义·断狱·立春后不决死刑》之疏文。

③ 在唐代，人们"天时"观念中的宗教因素，既有传统儒教因子，更有佛教和道教的因子。实际上，自从佛教西来和道教自产而日益扩大影响以来，中国古人的"天时"以及由其制约的法律时间，就是一个汇聚各路鬼神而综合多种宗教思想的产物。至唐代，在传统儒教之上，佛教和道教相继成为国教，法律时间中含有的宗教生命意义更为复杂和丰富，这种复杂和丰富一直延续并发展至清。

④ 《唐六典·尚书刑部》载："五品以上非恶逆者，听乘车并官给酒食，听亲故辞决，宣告犯状，仍日未后乃行刑。"

经宋元而未改。至明代嘉庆七年时才有了变化,“七年定议,重囚有冤,家属于临决前一日挝鼓,翼日午前下,过午行刑,不覆奏”,①可见确定死刑执行时辰在午时,即上午11点至下午1点。总之,虽然据这些规定死刑执行有具体的时间段,但法律却并没有明确规定在上述时间段的某一个时间点进行。然而,大量的历史小说等文献,却经常描绘官府执行死刑几乎都在午时三刻,如取材于北宋末年宋江起义的《水浒传》、以唐宋元民间话本为基础的《古今小说》等都有午时三刻的生动描写。法史学者郭建先生认为,既然法律并没有明确的规定,明清小说里“午时三刻”行刑的说法就应该只是当时官府的惯例,或者是说书人、写书人的普遍看法。② 笔者认为,当为官府行刑惯例,说书人、写书人当是一种反映。那么为何有这种行刑习惯呢?原来“午时三刻”是将近正午12点,太阳挂在天空中央,是地面上阴影最短的时候,也是古人认为的一天当中“阳气”最盛的时候。中国古人一直认为杀人是“阴事”,无论被杀的人是否罪有应得,他的鬼魂总是会来纠缠作出判决的法官、监斩的官员、行刑的刽子手等,所以在阳气最盛的时候行刑,可以压抑鬼魂不敢出现。这应该是习惯上“午时三刻”行刑的最主要原因。③ 可见,午时三刻的行刑制度在更加精确的时间上反映了对天时的遵守,午时阳气最盛,正是上天在此刻的一个精神特征。

中国古人之所以有如此时间观念,显然是在信仰神灵之天主宰一切之观念下的产物。在这个信仰神灵之天的观念中,时间被视为“天时”,人之行事须合“天时”才能得到天的满意和庇护,否则就会招致天的发怒和惩罚。古人之所以想通过天人感应理论来说服自

---

① 《明史》卷九四《志第七十·刑法二》。

② 参见郭建:《何为“午时三刻”》,载《人民法院报》2003年6月2日。

③ 参见郭建:《何为“午时三刻”》,载《人民法院报》2003年6月2日。又按照清代长随的教科书《公门要略》的说法,当时的法官在死刑执行令上签字时,是由刑房书吏将死囚的犯由牌(也称姓名标子)倒呈长官,长官提笔不动,刑房书吏就势往上一拖,让死囚姓名上勾画到红笔痕。由于不是法官主动勾画的,即意味着法官不直接对此负责,而那支笔就此抛弃,再也不用。监斩官为了辟邪,出发时也总要穿上全套公服,再罩一件大红斗篷来避邪。行刑结束后,总要绕道城隍庙去烧香,让城隍老爷管住可能跟在身后的鬼魂。回衙门后还要大放爆竹,全体衙役出动,在大堂院落排列整齐,挥动棍棒“排衙”,驱赶鬼魂祟气。

己从而达到天人合一,其根本的思想来源即在于对神灵之天的深深信仰。为不忤逆天意天命或者说取悦于天而不获罪于己身,紧跟天的时间步伐是必须要做的。因此,顺天应时就成为一切人事必须遵守的原则,"适时者受益,背时者受损,时令、时节、农时等概念,正反映了中国人对顺天应时的自觉性"。① 由这种顺天应时的广泛意义聚集到特定的法律领域,法律中的时间规定或者说对时间的法律规定,即是以法律形式对具体制度所涉时间的"则天"表达。与一般意义上的时间"则天"不同,法律时间的"则天"不仅具有自主性,更具有强制性。

(二)历法实是一部关于天之时间法则表达的法律

诚如前述,历法具有法律的一切属性,本身就是一部法律,但它是一部关于什么内容的法律呢?显然这是一部时间大法。

从学者江山先生对人定法和自在法两者关系的精辟认识②可以进一步推衍,我们的人定法其实并不是出自人类的创造,而是对自然法则的复述,也就是说,人定法应该是基于对自然法则的认知,而用人类的语言文字将其复述出来的东西。今天的人定法只是对自然法则很微小部分的认知,大量的自然法则人类还没有认知到。诸如涉及犯罪、权利、身份等的刑法、民法等这些法律,因为其背后的自然法则与人类的日常生活最为密切相关,从而最具有可感受性而优先地被认知被制定出来。随着人类认知能力的加强,越来越多的自然法则将会被复述为法律。这样一种法则与法律之关系的理念,运用到中国古代历法上也是完全成立的。实际上,历法之"法"有着双重的意义:一是指历之法则,二是指历之法律。以现代观念来说,由太阳、月亮、地球三者天体运行为主所构成的时间换算之"历"是具有规律的,这个规律就是所谓的自然法则。实际上,中国古人也有同样的认识,很早就为掌握这种规律性的法则进行了努力,并进行了几千年的观测和计算。而每一次颁布历法,其实都是人们对于天体运行之时间法则关系的新的认知,并通过法律的形式将其表达出来让人们去遵守和执行,以便能够妥善安排日常生活和

① 吴国盛:《时间的观念》,北京大学出版社 2006 年版,第 36 页。
② 参见江山:《法的自然精神导论》,法律出版社 1997 年版,第 6-8 页。

各种政治、宗教活动。在作为“历的法则”和作为“历的法律”的两者关系上，古今并无二致，主要的区别在于，今天人们常谓的自然规律在中国古代被赋予了浓厚的神性，天体运行的法则被视为神灵之天的时间步伐。唐代王希明所著的《丹元子步天歌》，作为一部认知天体星宿的通俗入门口诀，其名称即体现了古人对上天步伐的追寻。

正因为历法是基于对日月等天体运行时间法则的认知的一种法律表达，因此，遵守历法既是对国家法律的遵守，同时更是对神灵之天时间步伐的遵循。可以说，遵历是世俗法律和神圣天则两者统一的要求，无论官方还是民间，都要一应遵行，以合天意。为此，皇家、朝廷极为重视历法的行用，除了采用隆重仪式将一朝历法向天下颁布之外，每年的新历日即新的一年的日历，往往由皇帝在岁末亲自颁发，并赐给朝中大臣和地方大吏，而受到恩宠的官员们，也以此作为极大的荣耀，除上表称谢外，还常常写入诗文以志喜庆。[①] 除了官方要知历遵历外，民间也需要遵行。皇帝给地方官员颁赐历日，其实就包含了让他们向其统辖区域之民众传播之意。对此，有的受赐官员当然也心领神会，故在上表中除感谢君恩外，还会有此类“谨当奉扬节候，下告于万人”[②]的话语。皇帝所颁之历日，有时是一年的，有时是十年的，这些历日由官府颁示推广，民间或传抄，或买卖，从而渗透到全社会，成为全国上下共同知晓和遵守的时间表。[③]

---

① 如以唐代为例，《全唐文》卷二百二十三《张说·谢赐锺馗及历日表》载：“臣某言：中使至，奉宣圣旨，赐臣画锺馗一及新历日一轴者。猥降王人，俯临私室，荣钟睿泽，宠被恩辉，臣某中谢。臣伏以星纪回天，阳和应律，万国仰维新之庆，九霄垂湛露之恩。爰及下臣，亦承殊赐：屏祛群厉，缋神像以无邪；允授人时，颁历书而敬授。臣性惟愚懦，才与职乖，特蒙圣慈，委以信任，既负叨荣之责，益怀非据之忧，积愧心颜，雅胜惕厉。岂谓光回蓬荜，念等勋贤，庆赐之荣，贱微常及，感深犬马，戴重邱山。无任感荷之至。”又如《全唐文》卷六百六十八《白居易·谢赐新历日状》载：“右，今日蒙恩，赐臣等前件新历日者。臣等拜手蹈舞，鞠躬捧持。开卷受时，见履端之有始；披文阅处，知御历之无穷。庆贺既深，感戴无极，谨奉状陈谢。”此外，还有《全唐文》卷四百四十三《李舟·谢敕书赐历日口脂等表》、卷四百五十二《邵说·谢赐新历日及口脂面药等表》、卷五百十一《郑·腊日谢赐口脂历日状》、卷五百四十一《令狐楚·为人谢赐口脂等并历日状》、卷六百二《刘禹锡·为淮南杜相公谢赐历日面脂口脂表》等。

② 《全唐文》卷五四一《令狐楚·谢赐腊日口脂红雪紫雪历日等状》。

③ 参见程蔷、董乃斌：《唐帝国的精神文明——民俗与文学》，中国社会科学出版社1996年版，第42页。

从社会知历遵历的需要出发,朝廷当然允许官颁历日能被广泛印制而通行于民间这个巨大市场。以唐代为例,一般而言,书商们大都会依官颁历本,翻刻印卖,虽有少数人会自行编修历书出版,但也大都是官颁历本之后,在模仿的基础上,再加印一些阴阳五行吉凶宜忌等内容而已。但在唐代后期,一些书商为牟取更多私益,在朝廷颁布历本之前,就擅自编印抛向市场,从而引发政府对历书出版事项的控制。[①] 如唐文宗太和九年十二月丁丑,东川节度使冯宿奏言:"剑南、两川及淮南道,皆以版印历日鬻于市。每岁司天台未奏颁下新历,其印历已满天下,有乖敬授之道。"[②]这种先于官颁历书的自编历书,可谓是对官方新历颁发权的一种挑战,同时由于缺少技术因素而差错混乱,自然会受到朝廷的禁止,唐文宗阅览冯宿之奏后,"敕诸道府,不得私置历日版"。[③] 然而,由于唐后期藩镇割据,唐文宗的敕令在许多地方未能执行,而此后半个世纪的农民起义,更是使唐王朝风雨飘摇,到了唐末五代,历书出版已是混乱不堪。[④] 到了五代后期,书商们为了解决由于出版混乱导致各种历本之间互有矛盾,从而引发的人们抵制和市场疲软,遂运用行贿等种种手段,从司天监官员那里套取历本,在官颁之前速刻速印,抛向市场。为此,官方又对在官方颁历本之前向出版商泄漏历书稿本的官员进行严惩。[⑤] 书商私编历日提前抛售行为以及官方对此的控制,从一个侧面反映出民间对历日需求市场的庞大,而庞大的市场需求则恰恰反映了人们的天时信仰和国家于遵历的导向。

如果说历法的遵守体现了对天之时间步伐的紧跟的话,那么历法的改革则体现了为了进一步紧跟而对天之时间步伐的适应。在中国古代,遵守历法是上至统治者下至民间百姓都要去做的事,而历法改革则仅是统治者所为,正如前述,这是由历法浓厚的王权正统性的政治象征意义所决定的。在中国古代,历法改革主要有两种

---

① 参见周宝荣:《唐宋岁末的历书出版》,载《学术研究》2003 年第 6 期。

② 王钦若等:《册府元龟》卷一六〇《帝王部·革弊第二》。

③ 《旧唐书》卷一七下《本纪第十七下·文宗下》。

④ 如《旧五代史》卷一百四十《志二·历志》记后周王朴在上表《钦天历》时所云:"自唐而下,凡历数朝,乱日失天,垂将百载,天之历数,汩陈而已矣。"

⑤ 如《宋刑统》卷九《禁玄象器物》记后周太祖郭威曾下诏规定:"所有每年历日,候朝廷颁行,方许雕印传写,所司不得预前流布于外,违者并准法科罪。"

动机，一是政治层面的动机，二是技术层面的动机。这两个层面的动机看似差别很大，甚至性质也似乎不同，但是在有神灵之天信仰的中国古代，它们却是统一在一起的，共同构成了古人对上天时间法则的认知和追寻。

我们先看政治层面的历法改革。“改正朔，易服色”可谓是中国古代改历最常见、最直接也是最堂而皇之的政治动机。改朝换代，昭示着天命的转移和变革，新朝为了标榜天命惟新，必然要革除旧历，颁新历于天下，以获取王权正统和社会承认的象征意义。史书中此类文字记载很多。如《史记》载：“王者易姓受命，必慎始初，改正朔，易服色，推本天元，顺承厥意。”[①]《汉书》载：“至武帝元封七年，汉兴百二岁矣，大中大夫公孙卿、壶遂、太史令司马迁等言‘历纪坏废，宜改正朔’。是时御史大夫倪宽明经术，上乃诏宽曰：‘与博士共议，今宜何以为正朔？服色何上？’宽与博士赐等议，皆曰：‘帝王必改正朔，易服色，所以明受命于天也。’”[②]《魏书》载：(北魏)正始四年冬，(公孙)崇表曰：“……然四序迁流，五行变易，帝王相踵，必奉初元，改正朔，殊徽号、服色，观于时变，以应天道。”[③]这里“改正朔”就是指要建立一套有本朝特色且象征本朝政权天命的历法系统，而“易服色”则是属于“五德终始说”的内容，同样是服务于王权正统性的建构。

此外，在非改朝换代时期，也即一朝存续期间，如出现灾异、祥瑞等也会引发政治层面的改历及争议。如汉昭帝元凤三年，太史令张寿王上书：“历者天地之大纪，上帝所为。传黄帝调律历，汉元年以来用之。今阴阳不调，宜更历之过也。”[④]张寿王在此是以“今阴阳不调”来反对《太初历》，实质意图改回旧历。张寿王所指的“今阴阳不调”是指，当年春正月发生的泰山石自立、上林枯柳复生等灾

① 《史记》卷二六《书第四·历书》。
② 《汉书》卷二一《志第一·律历志》。
③ 《魏书》卷一〇七《志第八·律历三上》。
④ 《汉书》卷二一《志第一·律历志》。

异现象。[①] 经过一番考核，证明张寿王的历法比《太初历》疏阔，结果治了张寿王“非汉历，逆天道，非所宜言，大不敬”之罪。又如，在汉安帝延光二年，中谒者亶诵上言当用《甲寅元历》，河南梁丰言当复用《太初历》，而尚书郎张衡、周兴则数难诵、丰，以为《九道法》最密。一时历争蜂起，参与争论者分为几派，竟多达百余人，最后尚书令陈忠奏称，假如“四分有谬，不可施行”，那么“元和凤鸟不当应历而翔集”，并认为其他历论“漏见曲论，未可为是”。[②] 正因为有了“凤鸟应历而翔集”这一祥瑞，皇上纳其言而用《四分历》。

再看技术层面的历法改革。从中国历史看，“日月交食不验”是导致历法在技术层面改革的重要动因。今天的科学已经充分掌握了日食、月食的规律，并认为这只不过是日月地三者之间的一种纯自然现象，并不足为怪，然而在中国古代（甚至近代），日月之食却是一个令统治者十分恐惧的天象。因为在中国古人的观念里，日象征人间君主，[③]而月则往往象征人间君后，[④]日月被食就意味着君主和君后受到了侵害。既然君主和君后受到了侵害，那么就要进行救护。“在这里，救日的目的在于救君，或者帮君主免脱灾难，或者助君主改过自新。这是中国古代日食救护之所以能够绵延不绝的主要原因。”[⑤]月食救护也同此。从而在中国古代演化成了一套日月交食的救护仪式。当然，在日月之食的救护上，由于君主相较君后更为重要，故特别重视日食，在救护仪式上也比月食救护来得复杂

---

① 《资治通鉴》卷二十三《汉纪十五·孝昭皇帝上》载“元凤三年癸卯”事：“春，正月，泰山有大石自起立；上林有柳树枯僵自起生；有虫食其叶成文，曰‘公孙病已立’。符节令鲁国眭弘上书，言：‘大石自立，僵柳复起，当有匹庶为天子者。枯树复生，故废之家公孙氏当复兴乎？汉家承尧之后，有传国之运，当求贤人禅帝位，退自封百里，以顺天命。’弘坐设妖言惑众伏诛。”

② 《后汉书》卷一二《志第二·律历中》。

③ 如《乙巳占》卷一《日占第四》载：“夫日者，天之所布，以照察于下，而垂示法则也。日为太阳之精，积而成象人君，仰为光明外发，魄体内全，匿精扬辉，圆而常满，此人君之体也。昼夜有节，循度有常，春生夏养，秋收冬藏，此人君之政也。星月禀其光，辰宿宣其气，生灵仰其照，葵藿慕其思，此人君之德也。”

④ 如《乙巳占》卷二《月占第七》载：“夫月者，太阴之精，积而成象，魄质含影，禀日之光，以明照夜，佐修阴道，以之配日，女主之象也。”

⑤ 关增建：《日食观念与传统礼制》，载《自然辩证法通讯》1995年第2期。

和隆重。如救月食一般由君王击鼓、君后素服修刑即可基本搞定,[①]但救日食除了击鼓、天子素服修德外,还会用牲于社、动用臣子将士换服警备等。如“日有食之,鼓,用牲于社。……天子救日蚀,置五麾,陈五兵,五鼓;诸侯置三麾,陈三兵,三鼓;大夫击门,士击柝”。[②]又如“凡救日蚀者,皆着帻以助阳;日将蚀,天子素服,避正殿,内外严警;太史灵台,伺日有变,便伐鼓;闻鼓音,侍臣皆赤帻带剑,则灾异消”。[③] 到了清代,其救护仪式更为复杂和隆重。[④] 显然,这样复杂和隆重的救护仪式,倘若对日食没有事先的预报,临时是不可能组织实施的。因此,为实行有效救护,就要对日月交食进行准确的预报,而这就是历法的任务。如果历法不准,交食不验,无论提前还是滞后,都会影响救护,从而陷统治者于不利地位。所以,历史上因预报交食失误而遭受处罚的天文官大有人在,这充分表明了当权者对日食预报的重视。为避免受到惩罚,也更是为了有效救护,历代天文官会不遗余力地去探求日月交食的发生规律,从而使预报越来越准确,当然伴随的是历法的推陈出新或改革。[⑤] 如西汉围绕《太初历》就有关于月食预报准确与否的争论。《太初历》预报永平五年七月十六日月食,杨岑上书称“月当十五日食,官历不中”。于是又命杨岑推算七月至十一月的弦望,与官历较验。结果《太初历》全

---

① 参见《开元占经》卷一七《月占七·救月蚀二十二》。

② 《开元占经》卷一〇《日占六·救日蚀九》引《谷梁传》之言。

③ 《开元占经》卷一〇《日占六·救日蚀九》引虞贽《决疑》之言。

④ 《清史稿》卷九十《志六十五·礼九》载:“日食救护,顺治元年定制,遇日食,京朝文武百官俱赴礼部救护。康熙十四年,改由钦天监推算时刻分秒,礼部会同验准,行知各省官司。其仪,凡遇日食,八旗满、蒙、汉军都统、副都统率属在所部警备,行救护礼。顺天府则饬役赴部洁净堂署,内外设香案,露台上炉檠具,后布百官拜席。銮仪卫官陈金鼓仪门两旁,乐部署史奉鼓俟台下,俱乡日。钦天监官报日初亏,鸣赞赞‘齐班’。百官素服,分五列,每班以礼部长官一人领之。赞‘进’,赞‘跪,叩,兴’。乐作,俱三跪九叩,兴。班首诣案前三上香,复位。赞‘跪’,则皆跪。赞‘伐鼓’,署史奉鼓进,跪左旁,班首击鼓三声,金鼓齐鸣,更番上香,祗跪候复圆。鼓止,百官易吉服,行礼如初。毕,俱退。是日礼部祠祭司官、钦天监博士各二人,赴观象台测验。乡日设香案,初亏复圆,行礼如仪。”

⑤ 当然,日月交食不验,除了影响救护外,还会涉及朝会庆典与交食救护的冲突问题。如果交食不验,在交食发生之日进行了朝会庆典,那就是逆天行为,将会受到天的严厉惩罚。因为交食本来就是上天的谴告,希望人君要进行救护,而朝会庆典则是大喜之事。因此,在两者的冲突问题上,朝会庆典必须要让位于交食救护,即便不能肯定交食会必然发生,也要以救护为重。

错，杨岑都对，这样就引发了对《太初历》的修改。后来又有张盛、景防、鲍业等以四分法与杨岑较验，一年多下来，张盛等的结果又比杨岑的更好。最后《四分历》取代了《太初历》。又如唐开元九年因《麟德历》预报日食接连不准，于是命僧一行作新历，因此有《大衍历》问世。可见，交食在历法改革和历法争论中是一个非常重要的决定因素之一，交食预报的准确与否，被当作评判一部历法优劣的重要指标。①

此外，"分至乖失，则气闰非正"也是历法在技术层面改革的又一重要动因。"分至乖失，则气闰非正"是祖冲之进《大明历》时在上奏表中所说的一句话。② 这句话概括地说明了在古代一部历法为什么要精益求精地编排准确，因为如果历法有偏差，分点、至点定不准，则会引起"气闰非正"，这在古人看来是非常严重的错误，因为"气闰非正"涉及与天意、天时不合拍的重大问题。如后汉元和二年《太初历》"失天益远""晦朔弦望差天一日"，于是汉章帝命治历编䜣、李梵等治新历。并于二月甲寅下改历诏，其中有称："閒者以来，政治不得，阴阳不和，灾异不息，疠疫之气，流伤于牛，农本不播。夫庶征休咎，五事之应，咸在朕躬。信有阙矣，将何以补之？……祖尧岱宗，同律度量，考在玑衡，以正历象，庶乎有益。……史官用太初邓平术，有余分一，在三百年之域，行度转差，浸以谬错。琁玑不正，文象不稽。冬至之日日在斗二十一度，而历以为牵牛中星。先立春一日，则《四分》数之立春日也。以折狱断大刑，于气已迕。……今改行《四分》，以遵于尧，以顺孔圣奉天之文。"③由于"失天益远"的《太初历》之立春日要晚于《四分历》之立春日一天，如果按照《太初历》在立春前一日行刑，而按《四分历》这日恰恰是立春，那么此日行刑就势必"于气已迕"，因此就改用了被视为正确的《四分历》。正如前述，中国古代实行"秋冬行刑"制，也就是说在立春以后、秋分以前不得执行死刑，否则就有违天时，招致天罚，这也即是"气闰非正"所带来的恶果。因此，冬至、立春等节气是万万不

---

① 钮卫星：《汉唐之际历法改革中各作用因素之分析》，载《上海交通大学学报(哲学社会科学版)》2004 年第 5 期。

② 《宋书》卷一三《志第三・历下》。

③ 《后汉书》卷一二《志第二・律历中》。

能定时错误的。如果某部历法被指控为“分至乖失”，而且考验结果也如此，则必须要被认为“合天”的新历法所取代。

可以说，基于政治和技术的动因，中国古代的历法进行着频频的改革，无论是名称还是具体内容。① 不过值得注意的是，历法改革虽然大致可分为政治层面和技术层面，但这两个层面其实总是纠缠在一起，纯粹技术层面的革新是不存在的，它的背后总是有着政治因素在推动和主宰。如前述基于“交食不验”和“分至乖失”而进行的历法革新，其背后的决定因素主要是进行有效的救护和适时的刑杀，从而确保统治者的政治地位。正因为政治因素总是忽明忽暗地横亘在历法改革中，所以才被研究者们所特别强调。突出的典型如美国学者沃尔弗勒姆·埃伯哈德通过对汉代天文历法的研究认为，“政治而非经济因素才是历法变革的动机所在”“中国天文学家主要兴趣并不在历法的精确，而在于寻求一个解决之道，满足功能性历法的所有基本要求，并将所有的象征性数字包含其中”“至于历法好坏无关紧要”。② 笔者认为，沃氏的话语虽有其一定的合理性，但却过分地忽视了技术因素。实际上，中国古人对政治因素固然极为关注，但对技术因素也不是不问，恰恰相反，对技术的革新如对某些天文数据的精确化是十分重视的，因为只有技术精确化才会

① 虽然中国古代历法改革频繁，但对历元却特别的重视，轻易不能有所改革。所谓历元，从现代天文学上说，是为指定天球坐标或轨道参数而规定的某一特定时刻，通常指一部历法的起算时间点。中国古代传统历法的历元一般都要求是若干个天文周期的共同起点，被尊称为上元。大多历法的上元离历法行用之年非常久远，其中相隔的年数称为上元积年。中国传统之所以轻易不改历元，原因有二：一是古人认为历元是确保历法精确的根本。如《后汉书·志第二·律历中》载汉顺帝汉安二年太史令虞恭、治历宗䜣等议：“建历之本，必先立元，元正然后定日法，法定然后度周天以定分至。三者有程，则历可成也。”二是古人认为历元之正否事关政治法度。如《后汉书·志第二·律历中》载汉灵帝熹平四年五官郎中冯光、沛相上计掾陈晃攻击《四分历》之言：“历元不正，故妖民叛寇益州，盗贼相续为害。”在从汉代到宋代的历法中，上元积年数大致呈现递增的趋势，从几万、几十万一直到上千万不等。不过，重视上元和上元积年的历法传统到了元代郭守敬《授时历》，由于受到外来天文学的强大影响，竟废弃上元、不用积年，绵延一千余年的上元积年传统至此而终。参见江晓原、钮卫星：《天文西学东渐集》，上海书店出版社2001年版，第177-186页。

② [美]沃尔弗勒姆·埃伯哈德：《中国汉代天文学及天文学家的政治职能》，载[美]费正清编：《中国的思想与制度》，郭晓兵等译，世界知识出版社2008年版，第42-43页。

使历法的政治意义更能够达到和实现。如交食预报不准和立春误定等都是政治实现的大忌和阻碍。因此,如果在改朝换代的“改正朔、易服色”之时,历法的改革更多的可能只是关注政治层面的话,那么在一个朝代的存续期间,统治者则会更多地关注历法的技术手段,从而更好地实现政治目的。

可以说,历法政治层面和技术层面的改革,其目的即在于适时追求与上天时间法则的步调一致,以合天意和天命,而这也是历法改革最终的政治目的。基于改朝换代而制定新历法是适应天命转换之特殊法则的需要,基于天文观测和数据精确而进行历法改革则是适应天命存续之一般法则的需要,这是由信仰神灵之天的古代语境所决定的。如果我们抛弃“语境论”而以“辉格论”①的分析方式来看待古代中国的历法改革,那么我们就会说只有那些基于天文观测和数据精确即技术进步而进行的历法改革,才是对天体法则的追求而被纳入现代科学的范畴,而那些为适应天命转换而进行的历法改革,则是纯粹政治色彩抑或迷信的,与天体法则丝毫挨不上边,更谈不上说是对天体法则的追求。显然,这种以今天知识价值观来衡量和评价古代的“辉格论”,有极大的缺陷,因为当现代人运用科学将宇宙天体统统“去魅”而纯粹客观化、自然化也即纯粹物理化的时候,中国古人却是将宇宙天体整个地神灵化,那些所谓客观存在的自然物天体,其实都是“魅力十足”的神性之物,而它们又统统归集于一个具有最高地位的“神灵之天”。而在由神灵之天创造和主宰的人世间,一切帝王和朝代的兴起、存续和灭亡,其实都掌控在上天手中,按照天命的法则在运行着。因此,在古人的视野中,基于技术层面的历法改革固然是对上天法则的追求,基于政治层面的历法改革,同样是甚至更是对上天法则的追求。中国古代历法作为一部时间法律就是产生、发展和变革于对上天法则的追求中,每一部历法的面目其实都是对上天法则的世俗描述。

---

① “辉格论”也即“历史的辉格解释”,源于英国历史学家巴特菲尔德于1931年出版的名著《历史的辉格解释》。作为一种历史评价观和方法论,“辉格解释”的简明要义即是以今日的价值观去评判历史事物,巴氏认为,这种对历史的理解是一种障碍和错误。具体说明可见本著第二章第二目“天学之评价”之相关内容。

（三）历法决定了法律时间的设置与表达

如前所述，法律时间是一般法律中规定的时间制度，在中国古代，它反映了一般法律在时间上的“则天”。在这里，我们有必要区分两种“则天”：一是历法作为一部时间大法的则天；二是一般法律之立法、司法、修法等的则天。这两种则天实是两个不同的系统。历法主要是时间则天，要求人们的日常生活、宗教活动等人事的时间安排都得遵循天时；而一般法律的则天则是法律全方位的则天，不限于时间，还有法律施展的空间、理念、价值、精神等。如在本著第四章第二目下第五点“天牢与雷霆：对天象的法律设施模拟”中，我们就可以发现朱元璋对三大法司的选址方位和地址称呼是如何模拟“贯索”星座的；又如在本著第六章第三目“法律价值革命的天德要求”中，我们同样可以发现法律的价值和精神，是如何贯彻“以德配天”的理念而去追随“民之所欲，天必从之”的天德的。① 因此，法律时间的设置和表达只是一般法律则天中的一个内容。

虽然历法则天与一般法律则天是两个不同的系统，但两者却有交叉。这个交叉即在于时间领域的则天，即两者存在时间则天的共性。不过，同样都是时间则天，但历法的时间则天却是决定了一般法律制度中的时间即法律时间的则天。这种决定主要体现在两个方面：首先，历法则天在理念上决定了法律时间的则天。正如前述，历法实是一部关于天之时间法则表达的法律，它追求的是天命，符合的是天意。在神灵之天的信仰下，“改正朔，易服色”成了新王朝确立时首先要做成的大事，因为它要以此作为天命降临和社会认可的重大象征；同样，避免“分至乖失”成了王朝存续时，必须时刻高度关注的大事，因为要以此来衡量是否适应和紧跟上天的步伐。因此，历法的制定、遵从和精确化的革新，是一个王朝政治的头等大事，而这正反映了历法则天的重大意义，因为唯有首先在第一时间上响应天命，以及唯有时时适应天时，才会得到上天的特别眷顾和持续庇佑。我们知道，法律的内容主要来自现实生活，而构成人们

① 相关具体论述亦可分别参见拙文《“作为法律资源的天空”——天学视野下君权制约和秩序构建的法律意义》（载《北大法律评论》第8卷第2辑）、《古代中国“天学”视野下的天命与法律价值革命》（载《法制与社会发展》2005年第6期）。

现实生活中最主要、最突出的时间场域,则是岁时节庆,而岁时节庆的起源涉及最多的则是天文历法。已有研究表明,节庆依存于天文历法,大多数节庆的起源,如果离开了天文历法的研究,简直就无法弄清。[①] 正因如此,清人陈梦雷所编之《古今图书集成》才将“岁功”部分列入“历象”一类,有学者才认为这是“堪称真知灼见”。[②] 岁时节庆固然反映了历法的决定因素,岁时节庆之外的时间安排(如时间上的宜忌)则同样有着历法的决定因素。而历法之所以对日常生活的时间安排有决定作用,恰是因为历法不是凭空捏造的,而是统治政权以国家的名义在第一时间则天而来,以及在统治存续的时间里不断精确化的则天而来。那么,当一部法律将现实生活进行规范时,其法律时间的则天理念也就自然源于历法则天。

其次,与前一点相联系,历法则天在内容上决定了法律时间的则天。这也就是说,历法在内容上决定了法律时间的设置。如以《唐律疏义》为例说明。《唐律疏义》关于法律时间的设置主要有祭祀时间、服丧时间、公程时间、犯夜时间、徒刑时间、行刑时间、会赦时间、吉日时间等几类。这些法律时间的内容设置其实基本上受制于历法的框定,或者虽然不直接被历法决定,但从计算上却离不开历法。如朝廷祭祀特别是大祀,因其是对天地、宗庙等的祭拜,必须选择在十分庄重而恰当的时间进行,而这个时间如冬至等则必须由历法才能确定。如果大祀的时间相关部门没有提前 20 天申报祠部,或祠部没有颁告诸司,就要受到处罚。[③] 服丧期限的长短虽然体现出丧礼的精神,但唐律规定父母之丧的二十七个月服丧时间,则与历法的逢闰问题大有关联。[④] 犯夜时间的计算明显依靠历法知识支持,“夜”以刻漏为依准。“昼漏尽”,则顺天门击鼓四百闭门,再到了“五更三筹,顺天门击鼓,听人行”,故“犯夜”是为“闭门鼓后、开门鼓前,有行者”。[⑤] 皇帝赦免特别是大赦时间和唐律中规定的

---

① 参见陈久金、卢莲蓉编著:《中国节庆及其起源》,上海科技教育出版社 1989 年版,“前言”,第 4 页。

② 陈江风:《观念与中国文化传统》,广西师范大学出版社 2006 年版,第 205 页。

③ 参见《唐律疏义·职制·大祀不预申期及不如法》之疏文。

④ 参见李祚唐:《论中国古代的服丧期限——“三年之丧”期限的演变》,载《学术月刊》1994 年第 12 期。

⑤ 《唐律疏义·杂律·犯夜》之疏文。

一些吉日时间(如“正月之吉日”“有克吉日”等)一样,也会根据历日选择吉日进行。虽然公程时间和徒刑时间在内容上十分庞杂,难说是由历法或历日直接决定,但其时间单位的计算则是按历法或历日进行而无可他依。如唐律规定:“诸称‘日’者,以百刻;计功庸者,从朝至暮。”“称‘年’者,以三百六十日。”①这样就依凭历法之功将日、年确定,从而将公程时间和徒刑时间的计算予以确定,而“以刻计日”也使其他制度如保辜辜限时间的精确化有了依准。最能充分体现历法对法律时间在内容和计算上予以决定的是行刑时间。正如前述,唐律规定立春以后、秋分以前不得执行死刑,否则要处徒刑一年;即使在秋冬可以行刑,也不得在大祭祀日、致斋日、朔望日、上下弦、二十四节气、断屠月日、禁杀日、例假日、雨未晴、夜未明等时刑杀,否则要处杖刑八十;即使对有些死刑决不待时不受秋冬行刑之限制,但如果在断屠月日、禁杀日执行,也要处杖刑六十。② 显然,行刑时间的规定几乎全部涉及历法和历日的宜忌问题,因为诸如立春、秋分等节气、朔望、上下弦等,都得由历法来确定,而诸如断屠月日、禁杀日、祭祀致斋日、雨未晴、夜未明等都与历日的宗教因素和宜忌问题密切相关。由此可见,作为中国古代法典中具有代表性和顶峰性的《唐律疏义》,其法律时间的种种设定,几乎都逃不出历法的决定和影响,历法作为集政治宗教和技术知识于一身的时间大法,牢牢地控制和导引着法律时间。

因此,在历法与法律时间的关系上,历法从理念和内容上决定了法律时间的表达和设置,反过来说,法律时间的如何表达和设置,也正好反映了历法知识。这就好比是母法与子法的关系。也就是说,在人类时间把握的则天问题上,历法是时间大法,因而是母法,而一般法律制度中规定的时间则是时间小法,它的内容由历法所孕育和决定,因而是子法。当然,历法的时间则天不可能全面地通过法律时间反映或表达出来,因为涉及某个法律内容的时间规定毕竟是有限的,况且人类的法律不可能全面洞悉天地法则(今天称自然法则),而只是极微小部分的认知。事实上,作为有意志、有人

---

① 《唐律疏义·名例·称日者以百刻》之律文。

② 参见《唐律疏义·断狱·立春后不决死刑》之律文和疏文。

格的神灵之天，它也不愿意人类能够全面看清和洞察它，而是反过来，只有天才能全面地主宰人类。历法其实也并不是表明人类对天的时间步伐进行了全面领悟，在中国古代，它也只是在技术观测和数据计算上趋向于合理化和精确化，但在观念上，却几千年无甚变化，一直匍匐在上天的神明之下。比如，中国古代历法的节日安排，并不是对一年的时间作出单纯的物理划分，而是把一年的时间推移看成是阴阳的转换，并根据阴阳观念将节日有序地排列于中国古代历法中。[①] 虽然这样的节日安排有内在的关联性和强烈的节奏性，也与农业生产的文化积淀有关，但不可否认，这样一种以阴阳观念为节日安排的背后，则是基于对神灵之天的认知和信仰，虽然人们习惯"年复一年""节复一节"地过节日，但每一个节日的理论基础却自始至终被淹没在神秘之中。试想，又有哪一个节日不蕴藏着一个或两个神话母题或宗教信仰呢？因此，与此相适应，受制于历法的法律时间虽然不可能全面反映历法的则天内容，但同样却浸透着神性的因子，散发着神性的气息。

四、历法的近代转型

（一）转型前提：晚明以降的西历东渐

前面的研究已基本揭示，中国传统语境中的历法，不仅是一种人们普遍认知的纪时方法，同时还更是一种具有独特性[②]的时间法律。因其具有法律属性，因此，随着中国传统法律的整个近代转型，传统历法在民国初建时也发生了转型命运，即让位给伴随着西方法律文明汹涌而至的西方历法即格里历。显然，这种历法转型并非传统历史上经常出现的历法改革。传统的历法改革虽然出于政治和技术原因，会在名称、定朔、闰周、气初、历元等方面有所变化，但却是"换汤不换药"，这除了构成历法基础的主流宇宙理论

---

① 参见刘晓峰：《东亚的时间——岁时文化的比较研究》，中华书局2007年版，第73页。

② 这种独特性，主要体现在其以数理天文学为理论基础。当然，与西方历法的数理天文学不同，中国传统历法以数值计算为方法，而西历则是天体几何模型。

"浑天说",①以及对月相周期的重视却并未改变外,特别是其中出于紧跟和适应上天神性步伐的观念,牢牢地将历法拴在了传统主线上。然而历法的近代转型,则是一种从精神到内容的转变,事实上是对传统历法的"革命"。正因如此,历法的近代转型有着比历法改革更多的复杂性和艰巨性,绝非简单地凭新的革命政权的一个法令就可以实现,它需要有一个较长时期的理论准备。可以说,民国能够引进和确立西方世界通用的公历,基本实现历法转型,除了革命动机上试图与传统专制社会决裂外,在历法本体上,客观而论,则由于至少从晚明开始,西方的天文历法理论就开始一直影响中国。

梁启超在《中国近三百年学术史》中说:"明末有一场大公案,为中国学术史上应该大笔特书者,曰:欧洲历算学之输入。"②日本著名科技史家薮内清也云:"由唐至明末的外来科学……其最终的结局,是被中国的传统所湮没。只有明清之际耶稣会士输入的外来科学水准比中国高,具有一种与中国传统抗衡的力量,以致它的影响还残存。清朝通过的并实行的以西洋天文学为根本的历法,就是一个象征。"③这表明,在晚明以降,西方历法因素的输入和运用,对中国传统学术和社会影响巨大。就本著此处所论,晚明以降的西历东渐,为中国传统历法的近代转型这种"革命",创造了非常重要的前提条件。

《明史》载:"黄帝迄秦,历凡六改。汉凡四改。魏迄隋,十五

---

① 中国古代的宇宙理论主要有盖天说、宣夜说和浑天说。盖天说主要由《周髀算经》所述,所谓"天象盖笠,地法覆盘",又有谓"天圆如张盖,地方如棋局。天旁转如推磨而左行,日月右行,随天左转,故日月实东行,而天牵之以西没";宣夜说出自《晋书·天文志》,所谓"天了无质,仰而瞻之,高远无极,眼瞀精绝,故苍苍然也。譬之旁望远道之黄山而皆青,俯察千仞之深谷而窈黑,夫青非真色,而黑非有体也。日月众星,自然浮生虚空之中,其行其止皆须气焉";浑天说出自张衡《浑天仪》,所谓"浑天如鸡子,天体圆如弹丸,地如鸡中黄,孤居于内。天大而地小,天表里有水,天之包地,犹壳之裹黄。天地各乘气而立,载水而浮。……天转如车毂之运也,周旋无端,其形浑浑,故曰浑天也"。因为浑天说将天和地的形状认识为球形,这就至少可以在此基础上发展出一种最低限度的球面天文学体系。只有球面天文学,才能使对日月星辰运行规律的测量、推算成为可能。因此,虽然浑天说与盖天说、宣夜说相比显得十分初级和简陋,但由于其是球面天文学体系,故自汉代形成,就成为此后两千年间的主流学说,占据统治地位。参见江晓原:《古代中国人的宇宙》,载《传统文化与现代化》1998 年第 5 期。

② 梁启超:《中国近三百年学术史》,东方出版社 1996 年版,第 9 页。

③ 参见林金水:《利玛窦与中国》,中国社会科学出版社 1996 年版,第 182 页。

改。唐迄五代，十五改。宋十七改。金迄元，五改。惟明之《大统历》，实即元之《授时》，承用二百七十余年，未尝改宪。成化以后，交食往往不验，议改历者纷纷。”[①]此言外之意，是谓历法改革是历法发展的常态，如果一部历法长久行用而不改，则往往交食不验，导致改革。当然，明之《大统历》之所以长久未改，部分原因是因为其承袭的元《授时历》有其空前的先进性。必须承认，郭守敬制成的《授时历》有其相当突出的成就，[②]在天文学界有很高的评价，甚至被认为是“中国古代创制的最精密的历法”。[③] 不过，《授时历》虽然精确度较高，但由于计算仍有误差，如取 $\pi=3$ 等，使用时间一长，仍然会存在与观测结果不符的问题。因此，元代还是存在改历要求的，但终元之世未尝改历，而明代将其更名为《大统历》承袭后，由于政治高压和祖制不可变等原因，并未革新而又行用了 270 余年。到了明万历年间（1573—1620 年），可以想象历法误差已经到什么程度。万历二十年五月甲戌夜钦天监推月食差一天，引发很高的改历呼声，朱载堉和邢云路都分别上书改历，并献上各自的历法。到了万历三十八年十一月壬寅朔，钦天监又推算日食有误，更引起强烈反应，连礼部都赞同改历。然而，这两次均未有结果。[④]

也是因缘际会，万历年间恰恰是“开中西交通史新纪元”[⑤]的耶稣会士意大利人利玛窦来华传教之时。利玛窦入京后即了解到明廷改历争议之事，凭着敏感的嗅觉，认为这是通过参与改历途径进而达到传教目的的极好机会，于是除了在向万历帝“贡献方物”的表文中特意提出愿贡献历法知识之外，[⑥]还想办法和上层官员如徐光

---

① 《明史》卷三一《志第七 · 历一》。

② 如对一系列天文数据进行实测，并对旧数据进行检核。如采用回归年长度为 365.2425 日，与现行的公历数值相同，但要早颁行 302 年；废除以往历法中沿用一千多年的“上元积年”和“日法”等。

③ 姚传森：《元王朝时期的天文台和历法》，载《中央民族大学学报（自然科学版）》2003 年第 2 期。

④ 参见孙宏安：《中国古代科学教育史略》，辽宁教育出版社 1996 年版，第 574 页。

⑤ 方豪：《中西交通史》（下册），台北，中国文化大学出版部 1983 年版，第 691 页。

⑥ 如利玛窦说：“臣先于本国忝与科名，已叨禄位。天地图及度数，深测其秘，制器观象，考验日晷，并与中国古法吻合。倘蒙皇上不弃疏微，令臣得尽其愚，披露于至尊之前，斯又区区之大愿，然而不敢必也。臣不胜感激待命之至！”朱维铮主编：《利玛窦中文著译集》，复旦大学出版社 2001 年版，第 232-233 页。

启、李之藻等搞好关系，并合作进行西方天文历法著作的翻译。此外，利玛窦还致信罗马教会强烈要求派遣精通天文学知识的耶稣会士来中国。[①] 由于利玛窦的建议，之后来华的耶稣会士如阳玛诺、熊三拔等人都具有相当高的天文历法造诣。[②] 正因为晚明随着传教士不断来华以及西方天文、历算学的输入，再加上传教士们的社交攻关，"中国人从之游且崇信其学者颇多，而李凉庵、徐元扈为称首"、[③]"自利玛窦入都，号精象数，而士人李之藻等皆授其业"。[④] 可见，当时来华的传教士们凭借其精深的天文历法知识与中国上层的士大夫们打成一片，为明末大规模的修历作了充分准备。万历三十八年十一月壬寅日食，钦天监推测再次出现重大失误。也正是由于这次失误，同西方天文历算学有过接触的钦天监五官正周子愚遂上书推荐庞迪我、熊三拔等传教士参与修历。到了万历四十一年，李之藻也上疏力荐庞迪我、熊三拔等参与修历。但由于当时"庶务因循，未暇开局"，[⑤]之后"南京教案"又发生，传教士受到排挤，改历之事一直未提上日程。虽然被推荐修历未果，但表明传教士的历法知识已被明廷一些上层官员大为可信了。

崇祯皇帝即位后，"历法益疏舛"。[⑥] 崇祯二年五月初一日食，徐光启依西法与钦天监依《大统历》《回历》同时推算，结果"已而光启法验，余皆疏"。[⑦] 在此情况下，徐光启抓住时机向皇帝详细

---

① 如利玛窦在信中说："此事意义重大，有利传教，那就是派遣一位精通天文学的神父或修士前来中国服务。因为其他科技，如钟表、地球仪、几何学等，我皆略知一二，同时有许多这类书籍可供参考，但是中国人对之并不重视，而对行星的轨道、位置以及日、月食的推算却很重视，因为这对编纂《历书》非常重要。……我在中国利用世界地图、钟表、地球仪和其他著作，教导中国人，被他们视为世界上最伟大的数学家……所以，我建议，如果能派一位天文学者来北京，可以把我们的历法由我译为中文，这件事对我并不难，这样我们会更获得中国人的尊敬。"[意]利玛窦：《利玛窦书信集》，罗渔译，台北，光启出版社1986年版，第301-302页。

② 《明史》卷三十一《志第七·历一》载李之藻力荐熊三拨、阳玛诺等人时说："其所论天文历数，有中国昔贤所未及者，不徒论其数，又能明其所以然之理。其所制窥天、窥日之器，种种精绝。"

③ 梁启超：《中国近三百年学术史》，东方出版社1996年版，第364页。

④ 《万历野获编》卷二〇《历法·历学》。

⑤ 《明史》卷三一《志第七·历一》。

⑥ 《明史》卷三二六《列传第二百十四·外国七》。

⑦ 《明史》卷三一《志第七·历一》。

阐述采用西法修改《大统历》的必要性。[①] 崇祯帝终于下令设立“历局”，由徐光启“督修历法”。为此，徐光启先后上疏召请龙华民、邓玉函、汤若望、罗雅谷四位传教士入历局参与改历工作，并历时五年（1629—1634 年）终于编撰成著名的《崇祯历》。[②]

可以说，《崇祯历》是一部以西方天文学理论为指导而编撰的历法文献。此书凡一百余卷，可谓卷帙庞大，但却占有全书篇幅三分之一的“法原”部分，系统地介绍了西方天文学的理论和方法。在以后的一个世纪中，该书几乎成了中国天文学家学习西方天文学的唯一来源。[③] 不过，在众多的西方天文学理论中，《崇祯历》在整体上采用了丹麦天文学家第谷的宇宙体系。这是一种试图折中日心说和地心说的准地心体系。虽然相对于当时西方已提出 80 多年的哥白尼日心体系来说，第谷体系是客观上落后了，[④]但相对于中国传统的浑天说体系而言，则又要先进多了。因第谷体系是利用本轮、均轮等一套小轮系统解释日月五星视运动的种种现象，这使《崇祯历》必然要用几何学的计算系统，从而与采用以内插法和经验公式的代数学计算系统的中国传统历法区别开来。[⑤]

然而，就是这样一部以西方天文学理论指导的历法文献，却遭到了保守派人士冷守忠、魏文魁等的强烈反对。事实上，当保守派

---

① 《明史》卷三十一《志第七・历一》载徐光启之言：“近世言历诸家，大都宗郭守敬法，至若岁差环转，岁实参差，天有纬度，地有经度，列宿有本行，月五星有本轮，日月有真会、视会，皆古所未闻，惟西历有之。而舍此数法，则交食凌犯，终无密合之理。宜取其法参互考订，使与《大统》法会同归一。”

② 《明史》卷三百二十六《列传第二百十四・外国七》载：“久之书成，即以崇祯元年戊辰为历元，名之曰《崇祯历》。”

③ 参见江晓原：《开普勒天体引力思想在中国》，载《自然科学史研究》1987 年第 2 期。

④ 值得注意的是，著名科学史家江晓原先生认为不能简单地评价哥白尼学说先进，而第谷体系就落后。事实上在当时西方天文学界，普遍认为第谷体系优于托勒密体系，也可与哥白尼体系一争长短。传教士在编撰《崇祯历》时之所以采用第谷体系，是因为他们只能而且必须拿出在中国人也同意使用的判据之下为优的东西，才能通过传播西方天文学达到传教的目的。这种东西在当时只能是以“密”优长的第谷体系。参见江晓原：《第谷（Tycho）天文体系的先进性问题——三方面的考察及有关讨论》，载《自然辩证法通讯》1989 年第 1 期。

⑤ 参见刘鸿亮：《徐光启对〈崇祯历书〉的编译与其实际成效的问题研究》，载《辽宁大学学报（哲学社会科学版）》2005 年第 6 期。

一次又一次地要求进行实测，以检验“西法”与“中法”到底孰“密”孰“疏”以定优劣，却最终八次惨败时，①就表明他们表面上反对的口实是怀疑新历的精确性，但实际上还是传统的华夷之辨在内心作祟。虽然最后经过八次较量，历时几近10年，终于使一直优柔寡断的崇祯皇帝“深知西法之密”，并于崇祯十六年颁诏推行《崇祯历》，然而，“未几国变，竟未施行”。②

西方传教士5年修历，又经过10年努力，终于使崇祯帝深信西历的优越，然而就在他们的“通天捷径”即将直通之际，却又遭遇“鼎革”之变，明清易代，迫使他们面临新的选择。当时有一些南方的耶稣会士选择了南明，而汤若望在清军入京以后则立即作出决定与清廷合作。他将《崇祯历书》略作改编转献给了满清政府。而刚入京不久的清廷也正需要一部全新的历法作为王朝“正统”的象征，于是汤若望献历自然深得清廷之心而被接纳。顺治帝给这个改编本题写了书名，命名为《西洋新法历书》，并作为清廷编制《时宪历》的基础。次年，《时宪历》颁行天下，其封面就写有“钦天监钦奉上传，依西洋新法印造时宪历日颁行天下”字样。汤若望献历成功，被清廷任命为钦天监监正，从此开启了耶稣会士负责钦天监的传统。从顺治元年（1644年）到道光六年（1826年）的180多年，一直都有传教士担任钦天监监正等主要职务。③ 期间，虽然于顺治十六年至康熙四年发生了以杨光先与汤若望为各自代表的双方之间具有生死相搏性质的“历法之争”，并酿成了对传教士沉重打击的

---

① 这八次中西之法的较量，都是双方各自根据自己的理论预先推算出天象的时刻、方位等，然后通过实测看谁疏谁密，其内容涉及日食、月食和行星运动三方面。参见《明史》卷三一《志第七·历法一》。

② 《明史》卷三一《志第七·历一》。

③ 葡萄牙传教士毕学源，于道光三年至六年（1823－1826年）任监副，为清钦天监雇用的最后一个外国人。

“历狱”，[①]但并没有因此影响传教士在钦天监的领导地位，更未动摇西方天文学在历法中的运用。

显然，晚明以降的西历东渐，对晚明特别是有清一代的历法产生了某种决定性影响，使中国传统的历法天文学理论在延续几千年后被西法取代。虽然历法依然采用中国传统的阴历方式进行纪时，虽然历书中依然充斥着中国传统的大量宜忌历注，但其理论内核却是西方的。这就好比正统儒家形式上还是儒家，但由于其是由阴阳五行学说进行了重新诠释而成，所以正统儒家的内核实质却是阴阳学说。虽然清廷在主观上更多的是将西方天文学作为一种“技术”应运，而认为无伤历法的皇权正统性，但客观上由于历法内核就是以西历因素解构而成，从而为近代向西方阳历转型奠定了理论基础，至少作了西方观念的先期铺垫。同时，由于以第谷理论为指导，使中国历法沾上了一点西方科学的味道，从而为在近代引进更加科学的哥白尼体系提供了前提。

---

① 由于汤若望执掌清钦天监，屡被恩泽，天主教也随之日渐兴盛，引起一些仇教排外人士的不满。顺治十六年（1659 年），生性强悍好斗且敢劾谏的杨光先首先写成《选择议》，批评汤若望在为未满百日即夭折的皇四子荣亲王选择安葬日期时，“不用正五行，反用洪范五行，山向、年、月俱犯忌杀”。次年，又发表《辟邪论》，对天主教进行全面抨击，指斥汤若望等“非我族类，其心必殊”。接着又向礼部撰呈《正国体呈》，控告汤若望在编印出版《时宪历书》时在其书面写有“依西洋新法”五字是“暗窃正朔之权以予西洋”，并进而认为汤若望等居心叵测，谋夺人国，应该一概逐出中国。因当时顺治帝对汤若望恩宠未衰，杨光先虽举告甚烈，但礼部未予受理。顺治十八年，顺治帝去世，政治形势发生重大变化，一些与汤若望交好的高级官员先后去世或退休，汤若望顿失后援。杨光先认为时机已到，再次发动攻击，于康熙三年（1664 年）七月具呈《请诛邪教状》，指控汤若望“籍历法而藏身京门，窥视朝廷机密”，编辑袄书，其言惑众，图谋造反，“请依律正法”。此后，由吏、礼、刑部以及大理院、都察院对汤若望、南怀仁、安文思以及李祖白等中国籍监官与奉教人士进行了长达数月的会审，最后判定：禁止天主教，判汤若望凌迟，在京教士充军，各省教士押送广州，驱逐出境。钦天监中牵连官员 7 人凌迟，5 人斩首。后因康熙四年（1665 年）京城地震，还天现彗星，这一异常天象使清廷恐慌，以为上天示警，量刑不当，遂对罪犯减刑，最后只杀了李祖白等 5 名钦天监官员，将汤若望、南怀仁等教士释放。康熙七年，南怀仁重新受到康熙重用（汤若望已去世）主持钦天监，遂组织力量，反戈一击，对杨光先进行全面批判，控告杨光先“依附鳌拜，捏词陷人，致李祖白等各官正法”，从而一翻前案。已去世的汤若望及被斩首的李祖白等 5 人均得以恢复清白，由礼部大员主持公祭仪式，并为汤若望修墓立碑，因受牵连被革职流放者，则纷纷返京官复原职。杨光先则被判处死刑，因念其年老从宽处理，逐其出京，在回籍途中病发背部而死，时年 73 岁。参见张承友等：《明末清初中外科技交流研究》，学苑出版社 1999 年版，第 106－132 页；黄一农：《择日之争与康熙历狱》，载《清华学报》1991 年第 2 期。

(二)转型标志:中华民国改行阳历

1912年1月1日晚间,孙中山在南京举行的中华民国临时大总统就职仪式上,除了宣读简短的誓词外,还当场发布了一道《改用阳历令》,以本日为中华民国元年元旦,并在第二天通电全国各省:

> 各省都督鉴:中华民国改用阳历,以黄帝纪元四千六百九年十一月十三日,为中华民国元年元旦。经由各省代表团议决,由本总统颁行。订定于阳历正月十五日,补祝新年。请布告。孙文。[①]

这则通电值得注意的是,所谓黄帝纪年的说法来源于当时的清末革命党人,为贯彻"驱除鞑虏,恢复中华,创立民国,平均地权"的宗旨,革命党人遂纷纷以黄帝作为纪年。被钱玄同称为"最早说明黄帝纪年之义者"的刘师培,曾在其《黄帝纪年论》中对黄帝纪年之因有过鲜明而透彻的解析:

> 民族者,国民特立之性质也,凡一民族不得不溯其起原。为吾四百兆汉种之鼻祖者,谁乎?是为黄帝轩辕氏。是则黄帝者,乃制造文明之第一人,而开四千年之化者也。故欲继黄帝之业,当自用黄帝降生为纪年始。吾观泰西各国莫不用耶稣降世纪年,回教各国亦以摩哈麦特纪年,而吾中国之纪年,则全用君主之年号。近世以降,若康梁辈渐知中国纪年之非,思以孔子纪年代之。吾谓不然,盖彼等借保教为口实,故用孔子降生为纪年;吾辈以保种为宗旨,故用黄帝降生为纪年。[②]

以黄帝纪年固然可激励汉族反满之斗志,却有其致命的缺点,即黄帝本为传说中的人物,事迹无从考察,故当时各家所采黄帝

---

① 孙中山:《临时大总统改历改元通电》,载《孙中山全集》(第2卷),中华书局1982年版,第5页。

② 张枬、王忍之编:《辛亥革命前十年间时论选集》(第1卷,下册),生活·读书·新知三联书店1960年版,第721页。

纪年，所记年代不一，甚至出入很大。如《江苏》杂志以1903年为黄帝纪元4394年；刘师培《黄帝纪年论》则以1903年为黄帝纪元4614年；1905年，《民报》发刊，则以该年为黄帝纪元4603年。而更为重要的是，当时就有人指出："自革命以来，各省民军皆用黄帝年号，此为一时权宜计，固足以唤起国民之种族思想。然为永久计，若欲以此为民主国之纪元，则与新民国之民主主义大相剌谬。"因为"我国所谓黄帝，无论其功德如何，要为专制政体之皇帝"，共和政府"方排斥之不暇，宁有崇拜之理"。[①] 正因为黄帝纪年有这些不足，故在中华民国建立之时，才有了孙中山发出的改元决定。

黄帝纪年毕竟只是清末革命党人反对"清帝纪年"的一种纪年方式，且在纪月纪日上还是按照传统的阴历之法。不过，作为一个与传统专制对立的共和新政权，也的确是一个真正崭新的新政权，中华民国改行阳历则是试图与传统阴历决裂的政治和法律措施，而这个措施的真正推动者是孙中山先生。同盟会员王有兰在《迎中山先生、选举总统副总统亲历记》中记载，武汉光复后，独立各省代表集会南京。阴历辛亥十一月初六日，孙中山自海外抵上海，南京方面派出马君武等六人至上海迎接。两日后，在上海孙中山寓所，孙中山与马君武等人有过这样的谈话：

> 先生又谓，本月（农历十一月）十三日为阳历一月一日，如诸君举我为大总统，我打算在就职那天，同时宣布中国改用阳历，是日为中华民国元旦，诸君以为如何？
>
> 同人答：此问题关系甚大，因中国用阴历，已有数千年的历史习惯，如毫无准备，骤然改用，必多窒碍，似宜慎重。
>
> 先生谓：从前换朝代，必改正朔，易服色。现在推翻专制政体，改建共和，与从前换朝代不同，必须学习西洋，与世界文明各国从同，改用阳历一事，即为我们革命成功后第一件最重大的改革，必须办到。
>
> 同人答：兹事体大，当将先生建议，报代表团决定。[②]

---

① 老圃：《论黄帝纪元》。转引自《历史教学》1959年第4期，第17页。

② 陈旭麓、郝盛潮主编：《孙中山集外集》，上海人民出版社1990年版，第156－157页。

可见,改用阳历实为孙中山努力推求之事。孙中山之所以竭力谋求阳历,除了否定清王朝统治之正统象征外,更关键的原因在于:他认为阳历是西方文明的一个重要组成部分,要学习西方,“与世界文明各国从同”,必须改行阳历。将改行阳历作为“革命成功后第一件最重大的改革”而“必须办到”的事,表明了孙中山的鲜明立场和坚定决心。马君武等会晤孙中山后当晚返宁,翌日在南京各代表团会议上报告了孙中山改用阳历的建议。此次会议,“于改用阳历一节,主张暂时不改者为多,辩论甚久,莫衷一是,最后君武强调中山先生于此事持之甚坚,甚望同人勉予赞同,始获通过”。[①] 改用阳历的决定最终艰难通过,这从侧面反映了孙中山坚定阳历的决心,当然也预示着历法转型的艰难和不彻底性。

阳历也即太阳历,是以太阳的回归年周期为基本数据而编制的历法。欧洲太阳历是古罗马恺撒大帝在公元前 46 年请埃及天文学家西琴尼斯协助制定,世称“儒略历”。因当时测得的回归年长度为 365 又 1/4 日,故儒略历规定,每四年中前三年为平年 365 天,第四年为闰年 366 天,即逢四或逢四的倍数的年份为闰年;一年 12 个月,单月为大月 31 天,双月为小月 30 天,起自 3 月,终于 2 月,与月相完全无关。后因为罗马帝国每年 2 月(年终)处决犯人,视为不吉,故减去一日,平年只有 29 天,闰年为 30 天。又因为恺撒养子奥古斯通大帝生于 8 月(小月),又从 2 月减一日加到 8 月,变 8 月小为 8 月大(31 天)。这样,2 月即为 28 天,闰年 29 天。为了避免由于 2 月小、8 月大而造成的 7 月、8 月、9 月三个月连续大,又改为 7 月、8 月连续大,9 月、11 月为小月,10 月、12 月为大月。儒略历的这些调整和规定充分体现出政治因素和法律因素在其中的影响深度。

公元 325 年,欧洲信奉基督教的国家召开宗教会议,决定共同采用儒略历,并根据当时的天文观测,定 3 月 21 日为春分日。因太阳回归年长度实为 365 天 5 小时 48 分 46 秒,约为 365.2422 天,而儒略历则为 365 又 1/4 日,两者有 11 分 14 秒之差,乃至于到了公

---

① 王有兰:《辛亥建国回忆》,载丘权政、杜春和选编:《辛亥革命史料选辑》(下册),湖南人民出版社 1981 年版。

元1582年,人们发现春分点竟在3月11日,与325年的春分点相差10日之多,即1258年间差10日,相当于每400年误差3日。为此,当时的罗马教皇格里高利十三世只好召集学者对儒略历进行改革研究,采用每400年取消3闰(400年97闰)的方法,规定把1582年10月4日以后的一天算为1582年10月15日,所有百位数以上的年数能被400除尽者才能算闰年。改革以后的儒略历被称为格里历,其回归年长度为365.2425天,①其精确度很高。现在世界一般通用的纪年就是格里历,孙中山强烈建议改行的也是这个历法。

显然,阳历由于以太阳回归年周期进行编制,故四季与月份的关系比较稳定,闰年的推算也较为简易,且即使将中国传统古历中的二十四节气嵌入,也可以获得比较固定的日期,从而便于安排农业生产。中国传统农历——传统之谓"阴历"(实质上为阴阳合历),虽然有着依据月相周期同时也兼顾回归年的优点,但由于"回归年、朔望月和计时的基本单位——日,始终不是整倍数的关系,年与月无法公约",因此,"如何调整年、月、日的计量关系,便是提高阴阳合历精度的关键,也是我国千百年来频繁改历的主要原因之一"。② 正因为一个朔望月周期是29.5306天,农历一年12个月只有354天,比一个回归年要少11天之多,由此必须不到3年就要置一闰月才能使朔望月与回归年相适应。③ 这样,不仅显得烦琐,而且使农历的二十四节气没有固定的日期。对这一点,北宋沈括曾指出"气朔交争""四时失位",因而欲用纯太阳历性质的"十二气历"来代替农历。④ 因此,与中国传统农历相比,当时西方世界普遍行用的阳历(格里历)有着其相对的优点。

当然,促使孙中山之所以强烈建议民国改行阳历的因素除此之外,笔者相信更为根本的则是阳历作为西方文明的标志。在近代西方文明霸权的语境中,特别是晚清以来中国文明处处不敌西方文明

---

① 算法为:365×400+97=146097(日),146097÷400=365.2425(日)。

② 张闻玉:《古代天文历法讲座》,广西师范大学出版社2008年版,第13页。

③ 据《春秋》经传考证,到春秋中期古人就大体掌握了19年7闰的方法。具体推算请参见张闻玉:《古代天文历法讲座》,广西师范大学出版社2008年版,第179页。

④ 参见沈括:《梦溪笔谈》之《补笔谈》卷二《象数·十二气历》。

的时代里，西化或者全盘西化就是一个社会生存和发展的方向。孙中山作为深受西方文明影响，同时又有强烈民族振兴思想的革命先行者，一个鲜明的思路就是用西方文明来拯救中国，以适应世界潮流并与国际接轨，从而最终实现世界大同。改行阳历就是一个适应世界潮流的重要内容。因为阳历不仅在西方得到广泛施行，而且随着英法等西方列强的殖民扩张，而在世界多数地区蔓延施行，中国的近邻日本也在1873年使用阳历。因此，依照近代以来以西方文明主宰世界的形势而言，孙中山力求中华民国改行阳历当不失为一项明智之举。无疑，改行阳历成为中国几千年的传统历法发生转型的重要标志，也成为中国近代整个法律体系转型中不可或缺的重要一环。

（三）转型的不彻底性："二元社会"

历法在近代的转型是步西方文明之步，从法律的角度看，正是步西方法律文明之步。不过，由于中国传统的因素根植太深，正如清末民初的法律转型存有很多的不彻底性一样，历法的转型也是如此，甚至更甚。这种不彻底性充分体现在民初历法是否遵行的"二元社会"上。

客观而言，阳历的改行，面对的不仅是在中国沿用数千年的阴历历法传统，更是中国民众千余年来赖以生活的浓厚的民间习俗文化，从而远非一纸法令就能完成。如孙中山的通电刚刚发出，上海商务总会会长王一亭就以骤改正朔，于商界阴历结帐诸多不便，电请改以2月17日即阴历除夕作为结帐之期。[①] 而在阳历改行不久，广西来宾县县长何永福、士绅翟富文就致电孙中山，以"中西风俗，历史迥异，改从阳历，关系国粹农时"为理由反对改行阳历。[②]

实际上，对于改行阳历而如何解决传统阴历问题，在孙中山作为民国政府临时大总统发布《改用阳历令》之前，江苏谘议局代表会就已提出相关对策。即在阴历辛亥十一月初八日，黄兴出席江苏谘议局代表会，秉承孙中山旨意，提出三条：（1）改正朔为阳历；（2）起

① 参见左玉河：《评民初历法上的"二元社会"》，载《近代史研究》2002年第3期。

② 参见刘力：《政令与民俗——以民国年间废除阴历为中心的考察》，载《西南大学学报（人文社会科学版）》2006年第6期。

义时以黄帝纪元，今改为中华民国纪元；（3）组织政府采用总统制。结果，“（一）、（二）两条合并讨论，全体赞成通过，惟民间习惯，不禁于阳历下注明阴历节候”。[①] 这种对策即为可不禁止在阳历下注明阴历节候，并为此后的民国所落实。1912 年 1 月 13 日，孙中山在要求内务部颁布历书的总统令即《临时大总统关于颁布历书令》中说：

按照改用阳历，前经本总统派员交参议院公议，当由该院全员议决，并通电各省在案。兹准参议院缄称“应即颁布历书，以崇正朔，而便日用”，并由该院开会议决编历办法四条等因到府。合即令行贵部查照，斟酌美备，赶于阴历十二月前编印成书，以便颁发各省施行至要。此令。

内务部知照

计抄发参议院原缄一件

敬启者：改用阳历，前经大总统派员交议，当经本院议决，并通电各省，令即应颁布历书，以崇正朔，而便日用。兹经本院开会议决如下：

一、由政府于阴历十二月前制定历书，颁发各省。

二、新旧二历并存。

三、新历下附星期，旧历下附节气。

四、旧时习惯可存者，择要附录，吉凶神宿一律删除。

以上四条，既取决多数，相应函请饬部施行。[②]

可见，临时大总统孙中山虽然一纸法令命令民国实行阳历，但参议院（临时）考虑到民间对阴历习惯既久，故作出四项编历办法，其中最为关键者，即为出版新历书时，实行阴阳二历并存，具体做法为在阳历下方注明阴历节气及一些旧时习惯，但“吉凶神宿一律删除”。

显然，在这样一个总统令中，我们看到了作为新的共和政权的妥协，也反映了新历的妥协，而这样的妥协正反映了在强大而浓厚

---

① 章天觉手稿：《回忆辛亥》，载《辛亥革命史丛刊》（第 2 辑），中华书局 1980 年版。

② 《孙中山全集》（第 2 卷），中华书局 1982 年版，第 53-54 页。

的传统习俗面前,历法的转型是不彻底的。然而,历法转型的不彻底并不意味着只是一种妥协,更不是意味着革命的倒退,而恰恰是具有客观上的合理性的。正如马君武先生曾一语中的那样,“中国用阴历,已有数千年的历史习惯,如毫无准备,骤然改用,必多窒碍”。而竺可桢先生对不可骤然废弃农历的原因,曾作过这样的解释:

> 第一,农历在我国已经运用了二千四、五百年,占人口绝大多数的农民有了二十四节气已能初步把握农历,没有不便的感觉。
>
> 第二,人民群众从幼年时代朝夕所企望而富有诗意的节日如除夕、春节、上元灯节、寒食踏青、端午龙舟、中秋赏月、重九登高等,一旦废除,不免可惜。
>
> 第三,各种宗教如佛教、喇嘛教以及一些少数民族宗教节日也是用农历来标注的。
>
> 第四,潮水的涨落是用农历标明的,所以从事渔业、航海业的人,还需要农历。①

竺可桢的解释可谓鞭辟入里,笔者不敢肯定作出“新旧二历并存”重大法律决策的民初参议院的议员们也作如是观,但至少已经充分理性地考虑到了传统阴历在社会中的深层影响。从这点讲,不废除阴历当为明智之决策,时至今日,我们仍是遵循着当年的法律决策,中西二历并存使用。

不过,正因为法律照顾到传统而保留了旧历,虽然不失为一种明智之举,但让民初政府预料不及的是,在这个“新旧二历并存”的实践上,阳历只是在社会上层(如机关、学校、团体及报馆)使用,而在广大的下层社会(如商家、一般市民及广大农民)则主要用阴历。如同某些地方志记载:“民国创兴……军、政俱用阳历,民众、农、

---

① 竺可桢:《谈阳历和阴历的合理化》,载《竺可桢文集》,科学出版社1979年版,第439-441页。

商,凡年节一切仍用阴历。”[①]这就是说,虽然民初政府在推行阳历上不遗余力,但整个社会却是阴历占据主流,而阳历几乎成了点缀。这种“二元社会”的格局,可以从阳、阴历新年的庆祝规模,及政府、民众对它们的关注程度上充分体现出来。

如1913年1月1日是民国成立后的第一个元旦,[②]此时南北统一,政府北迁,就任临时政府大总统的袁世凯格外重视阳历新年,举行了一系列庆祝活动。然而,与政府机关和学校等庆祝阳历元旦的热烈气氛相反,民众对阳历新年的态度异常冷淡。据《大公报》载:“然起视人民,一若不知有新年者也,一若不知有元旦纪念者也。”正因有如此巨大反差,该报记者干脆以“官国”与“民国”相区别:“今年之新年,只可谓官国二年,不当谓民国二年,以庆贺者只有官场,于人民无与也。”[③]与阳历新年民众冷淡形成极大反差的是,民国二年时的阴历新年却是异常热闹。《大公报》描述当时的节日气氛说:“五六日间,士休于校,农游于城,工闲于厂,商停于市肆,红男绿女,熙攘于街衢,花爆灯旗,炫耀于耳目,为问此种光景,何为而发现于今日也?曰:过新年故。夫过新年何足奇?所奇者一月中而过两新年耳。然官样之新年,方瞥眼而去,民俗之新年,又继武而来,亦未始非日新又日新新新不已之象。”[④]正因民众对民国阳历新年与阴历新年有着截然不同的态度,以官厅、学校为主要庆贺者的阳历新年,被称为“民国之新年”,以社会一般民众为庆贺者的阴历新年,被视为“国民之新年”:“盖前此之新年,民国之新年也,可谓之新民国;今此之新年,国民之新年也,可谓之新国民。民国之新年,乃前总统纪元受命之新年,今总统承祧继统之新年也,故凡享民国权利者,均得而庆之。国民之新年,乃四千余年祖传之新年,四百兆人普通之新年也,故凡负国民义务者,不得而忘之。”[⑤]显然,“民国之新年”与“国民之新年”的分野,正显露出政府及民众在采用阴

---

① 《昭通县志稿》,1938年铅印本,载丁世良、赵放主编:《中国地方志民俗资料汇编·西南卷》(下),书目文献出版社1991年版,第741页。

② 民国政府在1912年元旦没有赶上庆贺,虽然在1月15日补祝新年,但由于当时南北对立,广大的北方地区仍用“宣统”年号。

③ 梦幻:《闲评一》,载《大公报》1913年1月1日。

④ 无妄:《今年所责望于国民者》,载《大公报》1914年1月31日。

⑤ 梦幻:《闲评一》,载《大公报》1913年2月11日。

历与阳历问题上的分歧，社会上层与社会下层的“二元社会”开始形成。

在此后的历年中，虽然民国政府为体现“改正朔”而力图推广阳历，并试图干涉民众过阴历，但毕竟传统的阴历在民众的生活文化中根深蒂固，即使到了 1919 年阳历已推行 8 年之时，这种“民国之新年”与“国民之新年”的分野，或者说“官家之年”与“民间之年”的对峙，依然是泾渭分明，并已成为人们习以为常的事情。正因为这种历法上的“二元社会”格局十分明显，民间有好事者作春联调侃曰：“男女平权，公说公有理，婆说婆有理；阴阳合历，你过你的年，我过我的年。”而 1920 年 2 月的《大公报》载文说：“自新旧历并行，政学农工商各界，各行其是，于是才过新年，又过旧年，年年如是，已变成特殊的惯例。”①

这种历法上“二元社会”的格局，典型地反映了民初历法转型上的不彻底性。虽然改元时的不彻底反映了民初临时议会和政府的明智，但是由阴阳历并行而导致的“二元社会”之强烈，特别是民众对阳历新年的冷淡，对阴历新年的热烈，却着实让民国政府和孙中山始料未及。孙中山就表达了对民众政治素质的不满和担忧，1922 年 1 月 4 日，他在广东旅桂同乡会欢迎会的演说中说：“新新年为民国的新年，为共和国家的新年；旧新年为君主时代的新年，为专制国家的新年。……国人对于新新年不甚注重，对旧新年反注重之，是有权利而不知享，是尚未知自身已成为主人翁者。”②但无奈归无奈，面对民众对阴历的如此依赖和倚重，官方在推行阳历的同时也不得不放弃干涉而采取调适态度，即过完阳历新年，在阴历新年时也放假休息或明令庆贺，以适应强大的民间社会阴历过年气氛的反弹。当然，“二元社会”的调适不是单向性的只是由官方屈向民间，受军政当局政治权力的强制、干涉和潜移默化的影响，下层民众

---

① 无妄：《与己未年话别》，载《大公报》1920 年 2 月 16 日。

② 《总统新年在桂之演说》，载上海《民国日报》1922 年 2 月 23 日。

特别是城市民众,在阳历新年到来之时,也逐渐地予以关注和点缀。① 可以说,上层社会和下层社会都出现了相互的调适。

(四)转型不彻底对法律时间的影响

正因为民初社会历法转型难以彻底而呈现出"二元社会"的格局,反映在法律问题上,就是呈现国家法律与民间习惯在法律时间的态度和安排上的矛盾性。作为受到西方科学文明影响而建立起来的民国官方政府,其制颁的法律中规定的法律时间,无疑是以阳历为坐标;而作为几千年深受"神灵之天"观念和以天干地支纪时之观念熏陶,乃至深入骨髓成为民族基因的广大民间社会,其在日常生活中法律时间的安排和考虑,又无疑主要是以旧历即传统历法为坐标。这种法律时间上呈现的矛盾主要表现为两个方面:

其一,国家法律注重以阳历的时间观念、概念、术语等来安排和规范法律时间,比如,规定以阳历新年的到来作为年关交易结算的时间终点;而民间社会却仍然注重以旧历的时间观念、概念、术语等来安排自己或与他人交往中发生的法律时间,比如,普遍以旧历新年除夕作为年关交易的结算终点。由于阳历新年和旧历新年在时间上显然不一致,从而在交易结算的法律时间选择和安排上发生矛盾。此外,根据阳历而设置的法律时间往往只重视"星期"概念,而几乎忽视甚至漠视了旧历中特别在乎的传统节气,而节气正是民间社会十分重视的时间概念,在民众日常生活和交易中扮演着极具意义的调节和框架作用。比如,一般在节气时日要停止某些交易的发生,特别是停止债权债务的履行,如在清明节是绝对忌讳债主登门索债的,当然债主自己也忌讳出门讨债,这已经成为民间心照不宣的习惯法则。虽然民初法令《颁布历书令》允许新旧二历并存,并允许旧历下可附节气,但官方正式法律中并没有为传统节气留下必要的足够位置。这是官方和民间在法律时间设定和安排上的一种矛盾。

其二,更为突出的矛盾是,作为近代以来被西方科学塑就的阳

---

① 如以 1923 年的上海为例,城市中商民点缀新年的气氛日益增加:"本年元旦,各马路各市街之状况,已较去年进步。即如著名之南京路,除茶食铺、照相馆、点心店及微小之商店外,一律停市休息,高悬国旗,且凡加入马路联合会者,均贴有'庆祝元旦休息一天'字样。"《元旦市况之调查种种》,载《申报》1923 年 1 月 3 日。

历和法律，在民初政府的理解和信守下，应当是绝对的科学，绝对的反迷信。所以民初政府法令规定，虽然允许新旧二历并存，并允许某些少数旧时习惯的存在，但“吉凶神宿”却是要“一律删除”的。然而，我们必须要承认，在天人合一、天人感应等理论为支撑的对“神灵之天”予以虔诚信仰的观念下，中国人对传统历法已注入了十分浓厚的神意血液。历法虽然在物质表象上客观表现为对日月星辰等观测及其时间等数据的计算编排，但在历法的灵魂当中则是浸透着神灵之天的神秘色彩，历法就是上天神灵的时间步伐及其在人世间的表现和运用。在历法中的每一个时间点都蕴藏着神灵的意志。正因如此，传统历法除了一般性的历日之外，还包容着大量的历注，这些历注几乎一律都是神灵之天、天人感应观念的产物，讲究的是吉凶宜忌、鬼神灵煞，正是中国古人对神意在时间上充分领悟的结果，而这样的历注恰恰是民间社会对历法、历书最为看重的东西。所以，民初政府虽然规定在去除“吉凶神宿”前提下允许旧历的存在，但对于民间社会而言，则犹如对牛弹琴、痴人说梦，并没有什么法律效果。事实上，除与官方打交道而不得不遵守阳历时间外，涉及出行、会友、丧葬、嫁娶、交易等生活行为在时间的安排上，民间仍程度不一地浸淫在旧历“吉凶神宿”的观念之中。

不仅民国官方与民间呈现出历法及法律时间上的“二元格局”，从而表明阳历的引入和推行并没有对民间时间起到真正的规约作用，实际上就是官方也出现过断裂甚至复辟的问题。1912 年 5 月，教育总长蔡元培奉命裁撤清朝钦天监，同时成立中央气象台作为新的编历机构，任命高鲁为台长，主持新历的编制工作。然而，高鲁的新历却遭到守旧势力的反对，清朝遗老、各地儒生纷纷投书责难，对新历拒而不从。1915 年，意谋帝制的袁世凯开始从各方面复古。12 月 31 日，袁世凯宣布恢复旧历，申令次年为洪宪元年，1916 年元旦，袁世凯称帝并于同日通告所有公牍文书及报刊自即日起一律称洪宪元年。[①] 然帝制不得人心，及至 1916 年 3 月 26 日失败，次

① 然而，“洪宪”字样开始仅见于袁政府的文告及御用报纸上，上海各报仍用阳历和中华民国纪年。于是。袁政府的内务部、交通部向报社发出严重警告：“……如再沿用公历及民国纪年，不奉中央政令，即照《报纸条例》严行取缔，停止邮送。”各报为维持发行，只好在公历下横排“洪宪元年”六号小字，聊为应付。由此足见帝制不得人心也。

日只好宣布“所有洪宪年号应即废止，仍以本年为中华民国五年”。到了1917年7月1日，张勋复辟，当天便宣布废除阳历，将即日改为“宣统九年五月十三日”，中华民国改为“大清帝国”，同时将辛亥革命以来的“一切变革”都恢复清朝旧制。至7月12日，复辟以失败告终，又改回民国纪年。1924年，正值甲子年，而甲子为六十干支之首，为此高鲁对这一年的历书《民国十三年历》特地作了两项改革，一是废除兼载的阴历日期，二是日序排列由左到右。然而，这两项改革很快遭到旧历拥护者的攻击。时任山东省长龚积柄为此行文国务院，对《民国十三年历》大加攻击，并通电全国提议恢复旧历，而北洋政府的国务院竟屈服于这种压力，指令教育部转令中国观象台从《民国十四年历》起将这两项改革重新改过来。更有甚者，1926年北洋政府首脑张作霖命令教育部转令中央观象台编制附载迷信内容的旧历书。高鲁闻讯，愤然辞职南下，而观象台因经济拮据，为维持生存，只好违背多年来提倡科学的原则，在编制阳历历书的同时，增编附载一些迷信内容的旧历《通俗历书》，送呈大元帅府。[①]

虽然袁世凯、张勋二人的帝制复辟和旧历恢复在时间上很短而昙花一现，多则三个多月，少则十来天，但毕竟是以官方姿态出现，特别是袁世凯复辟代表的是国家形象，在运作上也较为充分。因此可以想到，在袁世凯力行旧历的时间里，无论官方领域还是民间市场，法律时间的安排、设置、诉求等无疑都回归了传统。而北洋政府后期对附载迷信内容的历书的编制要求，则同样对法律时间于传统历法的回归起着推波助澜的作用。

由于民间社会对阳历的抵触和不配合，加上民初袁世凯和张勋复辟对旧历的恢复，更加使一般民众对旧历留恋不已，从而使得阳历对法律时间的影响力大打折扣。正因如此，民间私印的旧历风行全国。值得注意的是，由于清代的覆亡和编历机构钦天监的裁撤，那些编写私历的人并非专业的天学人才，他们只是粗通旧历，虽然都是依据旧有的《历象考成》等进行推算，但由于彼此推算方法和数据不同，各种私历间难免互相矛盾，在许多地方造成日序错落，节

---

① 参见张宁：《民国时期新旧历法的更替》，载《民国春秋》1999年第3期。

气凌乱,因而在社会上引起了不少纠纷,甚至闹到对簿公堂。① 这些案件对审判机关如何适用法律也提出了挑战。

(五)简要评论

正因为民间社会由于传统观念和习惯的长期浸淫而坚持旧历,不仅使阳历在民间的推行困难重重,而且也使官民双方在时间态度上呈现出两条路径,从而使有关法律时间的理解、安排、设置、处理等呈现复杂乃至矛盾的境况。虽然民初官方竭力调适这种历法上的“二元社会”,但也无法实质性地改变阴历为主、阳历仅为点缀的格局。正因如此,加上阴阳历的分别使用,也的确导致了诸多行为上的不便、混乱乃至冲突,这就给 1928 年成立的南京国民政府推行“废除旧历”运动提供了契机。北伐成功后,为显示新政府与旧的北洋政府的正朔区别,南京国民政府成立后自然不愿意阴阳历并用的局面继续下去,于是开始发起废除旧历运动,将阳历定为“国历”,将旧历视为“废历”,并编制新的历书颁行各省,同时发布法令查封旧历书。由于强制推行,从表面看固然取得了明显效果,但实际上社会的反对声音几乎无处不在,而那些对传统的替代节日纪念,则由于牵强附会,同样受到社会各界的普遍抵触。因此,南京政府的废除旧历运动,虽然力图将中国时钟全面拧到世界发条上,其意义不可谓不大,但其采取的激进措施却值得商榷或反思,同时也并未真正达到预期的变革社会习俗的目标。② 就其对法律时间的影响而言,依然是官民分离,虽然在制度规制上由阳历决定的法律时间似乎“稳坐钓鱼台”,但其下翻腾着传统时间的“汹涌暗流”,在官方法律时间控制不到及无力控制的广阔领域大行其道。

可见,历法的近代转型,实比其他法律的近代转型来得更为艰难。一般的法律,虽然有其传统的惯性,但随着国家给以一定时间的变革强化,其转型基本上都不成问题,清末到民国的法律改革和建设即表明了此点。但历法并非如此,除晚明以降西历因素的长期铺垫外,这不仅是由于传统历法深刻根植于积累几千年的民间土壤

① 参见张宁:《民国时期新旧历法的更替》,载《民国春秋》1999 年第 3 期。

② 参见左玉河:《从“改正朔”到“废旧历”——阳历及其节日在民国时期的演变》,载《民间文化论坛》2005 年第 2 期。

之中，还在于历法的政权正统性标志在民国政权中也依然浓厚。前者使民国建立时的革命法令不得不为阴历留有一席之地，也使民初历法上的“二元社会”发展到让政府陷入被动的境地。后者则使南京政府要与北京政府划一正朔界限，从而要对北京政府一度宽容的阴历进行清算。显然，这种清算的最终失败，表明了传统阴历那种坚韧不拔的历史生命力，不可能因国家强制就退出人的生活舞台；同时也表明了历法的转型需要一个宽容的理解，它并不必然是你死我活、非此即彼的敌对过程，阴阳历的“和而不同”或“共生共荣”或许就是历法转型的最好表现。在近代以来“现代性”日益扩张的语境中，我们已习惯于将“革命进行到底”的思维，习惯于将“现代性”与“传统性”对立起来，但凡事都不能绝对，尤其是那些经久传承的具有深厚民族精神或特质的东西。虽然近代历法上的“二元社会”导致了法律时间上的矛盾，但这种矛盾又何尝不是官方欲追求转型的彻底而推动和加剧的呢？历法近代转型的不彻底性，恰恰就是社会以客观的事实证明了其自身的合理性，从而反弹了那种追求彻底性的偏激理念。

宋代浑仪模型图

第八章　天学与刑罚

在中国古代，法律最主要的功能可能就是刑罚了。刑罚以其直接对人的肉体进行破坏或对人的自由进行限制的方式，最为直接又最为有效地打击了犯罪，从而建立和维护了适应统治阶级利益的秩序。然而，虽然在现代人看来，刑罚的设置和运行完全是统治者人力所为，但在中国古代，一切关于刑罚的法律问题都离不开天的主宰和影响，从刑罚理论上说，即是深受天学的控制和约束。本章即以天学为视域，从具体的路径去深描、揭示和分析刑罚的设置和运行是如何体现出“则天”理念的。

一、天与刑罚运行

（一）天罚之行

按中国古人观念，人是天的创造物，人是天副之物，如人的身体“头圆足方”，就是像天法地“天圆地方”之结果。天生万物，并不希望人与人之间发生争斗，而是要和，只不过是一种在等级秩序上的和谐，是“礼别”基础上的“乐和”。然而，总有人要破坏这种和谐，于是天的惩罚就出现了。但是，天并不会亲自行罚，而是由天相中的人来执行。

1. 代天行罚

最早从理论上说明代天行罚之可行性的是尧舜时期的大法官皋陶。皋陶有一次在对大禹教诫如何为君之时曾说过一句话：

> 天工，人其代之。①

这句话十分重要，它成了后来人们特别是人君代天行事的重要语录。皋陶虽然并非圣王，但他的德行和功劳足以让他那个时代的人们甚至圣王所钦佩，所以皋陶虽非圣王却胜似圣王。这样一个人物其言其行当然也就有了深远的感召力，此话就是明证。

皋陶的这句话用在天罚上就是"代天行罚"。不过，在"天下为公"的王位禅让时代，代天行罚的运用并不明显。代天行罚的高频度运用是进入"天下为家"的王位世袭时代，而且往往多用"大刑用甲兵"的形式表现出来。夏启夺取王位后，有扈氏不服，于是夏启便起兵讨伐，战前作的誓辞用的口气正是"代天行罚"：

> 有扈氏威侮五行，怠弃三正，天用剿绝其命，今予惟恭行天之罚。②

这可谓"代天行罚"的首次运用。至仲康君临天下之时，因负责观测天象制定历法的羲和撤离职守，遂派胤侯前往征伐。胤侯在作战前作动员时也说：

> 今予以尔有众，奉将天罚。尔众士同力王室，尚弼予钦承天子威命。③

夏的代天行罚主要是在夏的统治时期内，对那些违法乱纪不服命令者的大刑惩罚，其特点并不会导致天命转移，其目的是维护天命。然而，代天行罚并不止于国内之罚，后来汤武革命更是冠以"代天行罚"之名，而且是改换天命之举。汤伐夏桀时作誓辞说：

---

① 《尚书·皋陶谟》。
② 《尚书·甘誓》。
③ 《尚书·胤征》。

非台小子敢行称乱,有夏多罪,天命殛之。……尔尚辅予一人,致天之罚。[1]

看来,虽然汤自感以下犯上是为"称乱",但由于搬出他是代天行罚之为,汤并没有因所谓"称乱"而底气不足,而是语气坚定,豪言壮语。在成汤灭夏回来之后,汤遂向天下所有的部落邦国大发诰命,再次言及"代天行罚":

天道福善祸淫,降灾于夏,以彰厥罪。肆予小子将天命明威,弗敢赦。[2]

武王伐纣作为历史上最为著名之天命革命,更是宣扬"代天行罚":

商罪贯盈,天命诛之。予弗顺天,厥罪惟钧。予小子夙夜祗惧,受命文考,类于上帝,宜于冢土,以尔有众,厎天之罚。[3]

今商王受惟妇言是用……俾暴虐于百姓,以奸宄于商邑。今予发惟恭行天之罚。[4]

可见,汤武革命之"代天行罚"是进行天命转换的极好辩词,这种天罚虽然仍是"甲兵"之"大刑",但已超出一国之法律秩序,实际上它罚的是违背天德之法律秩序,建的是符合天德之法律秩序。

上述之代天行罚,无论是为维护一国法律秩序,还是以推翻旧政权而建立新的法律秩序为己任,其实主要发生于奴隶制社会,其由人代行的天罚主要是以"甲兵大刑"的形式表现出来,而不是正常情况下的刑罚,即非在一国固有法律秩序下的现有法律运作中的狭义刑罚。虽如此,这种代天行罚仍是一种刑罚,只不过是一种外延

① 《尚书·汤誓》。
② 《尚书·汤诰》。
③ 《尚书·泰誓上》。
④ 《尚书·牧誓》。

和内涵都扩大化了的广义刑罚。

广义的代天行罚在奴隶制时代，以其甲兵之大刑的刑罚规模给历史留下了深刻的足迹，在封建时代也经常能看到它的影子。一些为夺取天命的事件也往往冠以“代天行罚”或“替天行道”的响亮口号。南朝萧齐的第六个皇帝东昏侯荒淫无道，萧衍起兵讨伐之时，曾发布了一篇檄文，其中有云：

> 独夫扰乱天常，毁弃君德，奸回淫纵，岁月滋甚。……幕府荷眷前朝，义均休戚，上怀委付之重，下惟在原之痛，岂可卧薪引火，坐观倾覆！至尊体自高宗，特钟慈宠，明并日月，粹昭灵神，祥启元龟，符验当璧。……益州刺史刘季连、梁州刺史柳惔、司州刺史王僧景、魏兴太守裴师仁、上庸太守韦睿、新城太守崔僧季，并肃奉明诏，龚行天罚。①

此处“幕府”即萧衍，“至尊”为东昏侯之弟、荆州刺史萧宝融。这里，萧衍在历数了东昏侯的种种罪行之后，指出他本人的报国之志，同时搬出萧宝融的天命之相，最后宣称各路刺史太守均呼应号召，恭行天罚。当然，最后代天行罚成功，东昏侯被杀。不过，饶有趣味的是，四个月后，萧衍便废萧宝融而自立为帝，改国号为梁，萧衍即为梁武帝。于是，在代天行罚的旗号下，天命发生了真正转移。

不过，封建时代的“代天行罚”除了上述这类事例之外，最主要的还是在狭义的意义上的运用。此时的刑罚，即为一国现有法律之设定和运行情况。对于这种狭义上的刑罚，以天讨、天罚解释者较多，也十分明显。如：

> 刑者，天讨有罪之具，人君承天以行刑。②
>
> 刑杀者，天之所以讨有罪。③
>
> 陈乎兵甲而肆诸市朝，具严天刑，以惩乱首，论其本

① 《梁书》卷一《本纪第一·武帝上》。

② 《大学衍义补》卷一一二《慎刑宪·存钦恤之心》。

③ 《大学衍义补》卷一〇〇《慎刑宪·总论制刑之义(上)》引蔡沈之言。

意，盖有不得已而用之者焉。[1]

夫为史者，不有人祸，则有天刑，岂可不畏惧而轻为之哉？[2]

盖赏罚者，天命之正。人君奉天出治，有善则赏，有过则罚，其柄非人主所得私也。[3]

可见，在古代中国，凡是对于那些违法犯罪行为的刑事制裁，一般都有"天罚"及"代天行罚"的观念作为理论基础，以增强刑罚的正义感和威严性。前面第三章述及司法审判时击鼓升堂及行刑时击鼓，实际上都是天罚及代天行罚的表象化。击鼓而发出的鼓声即象为雷声，而雷声即象为天之震怒。因此，刑罚之击鼓意义十分重大。

古代统治运用"代天行罚""承天行刑"这样的刑罚理论自然会产生重大的效果。在对天有着知识和思想信仰的语境中，谁还能与"天"搏斗呢？而古代的那些执法官吏们也浸淫在代天行罚的信仰中，往往显得刚正不阿或者有恃无恐。在这样的情况下，也会屡屡发生徇私舞弊、公报私仇之事。为了体现真正的天罚和代天行罚，古代的统治者们又对此进行了明确的区分。明代宰相丘浚在对历代刑罚理论得失之考察基础上说：

刑无大小，皆上天所以讨有罪者也。为人上者，苟以私意刑戮人，则非天讨矣。[4]

这里的"为人上者"，虽然未有所指，但绝不是一般之人，实际上主要是指人君。这是丘浚的正直无畏之处。所谓天讨、天罚的"人其代之"，首先就是人君代之，其次人君才又假手各级官吏。但人君如不从公意出发而私意刑杀，则当然非为天罚，因为天德为民、天心为公。然而，这样的私意刑杀绝非是人君个人之事，它还是极为重

---

① 《晋书》卷三〇《志第二十·刑法》。

② 《全唐文》卷五五四《韩愈八·答刘秀才论史书》。

③ 《世宗实录》卷八〇，"雍正七年夏四月丙申"。

④ 《大学衍义补》卷一〇〇《慎刑宪·总论制刑之义（上）》。

要的“榜样”问题。丘浚接着说道：

> 一人杀人有限，而下之人效之，其杀戮滋多，为人上者奈何不谨于刑戮？上拂天意，下失人心，皆自此始。衰世之君，往往任意恣杀，享年所以不久，国祚所以不长，其以此夫。①

所以，私意刑杀，不仅不是执行天罚，替天做事，反而是背离天罚，违反天意，最终会反受天罚而国祚不长。

私意刑罚非为天罚，而且会反受天罚，但是该天罚之时而不行之，也是不该，是对天的懈怠，从而也可能招来天罚。贞观十六年，唐朝就发生了一件事，差点让太宗谢罪于天：

> 广州都督党仁弘尝率乡兵二千助高祖起，封长沙郡公。仁弘交通豪酋，纳金宝，没降獠为奴婢，又擅赋夷人。既还，有舟七十。或告其赃，法当死。帝哀其老且有功，因贷为庶人。乃召五品以上，谓曰：“赏罚所以代天行法，今朕宽仁弘死，是自弄法以负天也。人臣有过，请罪于君；君有过，宜请罪于天。其令有司设藁席于南郊三日，朕将请罪。”房玄龄等曰：“宽仁弘不以私而以功，何罪之请？”百僚顿首三请，乃止。②

仁弘犯罪该当处死，是谓天罚，太宗本应代天行罚，但太宗却以私心念其旧功而不将其处死，仅是贬为庶人，故是谓当执行天罚而不罚，当然是有负于天了。对于此，太宗当然心知肚明，宽仁弘之死是“自弄法以负天”，故要请罪于天三日。然而，臣子们却以为太宗宽刑非以私而为，并“顿首三请”进行劝阻。臣子之举固然有着拍马心态，但也反映了太宗之代天行罚与人情之间的矛盾心态。太宗要谢罪于天，显示了天罚和代天行罚的最后决定力量。

---

① 《大学衍义补》卷一〇〇《慎刑宪·总论制刑之义(上)》。

② 《新唐书》卷五六《志第四十六·刑法》。

可以说,代天行罚贯穿于整个中国古代的刑罚历史,它是古人所能理解的,更是统治者所信仰的最好刑罚理论。

2. 占卜问刑

上述“代天行罚”只是一种当然之论,而非所以然之论。代天行罚固然端的是气势恢宏,在实践中威力非凡,然而如何获悉天意而代天行罚呢?这往往是摆在统治者面前的事,也往往是使百姓服不服从的事。这就涉及通过占卜[①]来求问刑罚的问题。如果说“代天行罚”是刑罚的手段的话,那么“占卜问刑”则是获取这种手段的途径。

以本著讨论范围言之,占卜问刑可分为两类:一类是从具体天象的变化中求得刑罚如何运行的答案,姑且称为“占星问刑”。这种占卜问刑在事前并无目的性,也无计划性,从而具有随意性和灵活性,对于天人关系来说,人是被动的,天是主动的。另一类则是为寻求某具体个案的刑罚适用性问题而向天进行占卜,姑且称之为“占天问刑”。这种占卜问刑在事前具有目的性、计划性,对于天人关系而言,人是主动的,而天则往往是被动的。

占星问刑之事在各类星占文献中颇多,现列举一些占辞如下:

> 月在亢,有变,王者布政失理,宜省刑罚。[②]
> 月晕大陵前足,赦死罪;后足,赦小罪。[③]
> 火出天梁,守箕,大赦。[④]
> 月行疾,则君刑缓;行迟,则君刑急。[⑤]
> 日者德,月者刑。日蚀修德,月蚀修刑。[⑥]

---

① 根据陈来先生的分析,占卜起源很早,在北方中国,至少从公元前3000年以来就有占卜的传统。占卜的原因是人对自己事情的结果没有把握,在面临选择时没有把握,为了避免由个人性的选择带来实际的危害,便把决定权拱让给占卜,由占卜对事态发展来负责。故从认识上看,占卜是要获得对于了解问题的答案或决定,而并非像巫术谋求以行为影响事物的进程。参见陈来:《古代宗教与伦理——儒家思想的根源》,生活·读书·新知三联书店1996年版,第65页。

② 《乙巳占》卷二《月干犯列宿占第九》。

③ 《乙巳占》卷二《月晕五星及列宿中外官占第十二》。

④ 《乙巳占》卷五《荧惑入列宿占第二十九》。

⑤ 《开元占经》卷一一《月占一·月行盈缩三》引石氏之言。

⑥ 《开元占经》卷一〇《日占六·救日蚀九》引《星传》之言。

五星逆行变色，出入不时，则王者宜变俗更行……宽刑罚……薄赋敛。①

岁星守东壁，天下大赦。②

荧惑入天庭中，留十日以上，赦。③

荧惑守平星，执政臣忧，若有罪诛者，期一年。④

像这类占辞都是根据天象主要是星象的运行变化，来决定刑罚是否运用以及如何运用。我们发现，上述举例中有4例是与"赦"有关的。实际上，星占文献中存有许多因星象变化而赦免刑罚的占辞。可以说，这是古代中国经常行赦的一个反映。经常行赦，固然与人君宣扬所谓仁义德行有关，但不可否认，也往往是出于适应天象变化的需求。不过，经常行赦却引来一些有识之士的批评。如五代时后汉官员张允曾著有《驳赦论》进谏皇帝，对滥行赦免现象进行强烈反对。⑤

通过上述占星问刑的占辞，我们可以发现，待问的刑罚运行问题并非个案问题，而往往是具有普遍性的问题。这种普遍性之所以形成，与人君对刑罚运行的直接参与有关。根据古人天学理论，也就是说，这些具体天象之变就是针对人君德性和政治而起的。所以，这种占星问刑所带来的影响是比较大的。

与占星问刑不同，占天问刑的范围要广，它不仅限于人君，一般执法官吏也能行之。而且更为重要的是，这种占卜并非通过占

---

① 《开元占经》卷一八《五星占一·五星行度盈缩失行二》引《黄帝占》之言。。

② 《开元占经》卷二五《岁星占三·岁星犯东壁七》引陈卓之言。

③ 《开元占经》卷三六《荧惑犯太微四十六》引郗萌之言。

④ 《开元占经》卷三七《荧惑占八·荧惑犯平星三》引甘氏之言。

⑤ 《旧五代史》卷一百八（汉书十）《列传五·张允》载："晋天福初，允以国朝频有肆赦，乃进《驳赦论》，曰：'……窃观自古帝王，皆以水旱则降德音而宥过，开狴牢以放囚，冀感天心以救其灾者，非也。假有二人讼，一有罪，一无罪，若有罪者见捨，则无罪者衔冤，衔冤者彼何疏，见捨者此何亲乎？如此则是致灾之道，非救灾之术也。自此小民遇天灾则喜，皆相劝为恶，曰国家好行赦，必赦我以救灾，如此即是国家教民为恶也。且天道福善祸淫，若以捨为恶之人，而便变灾为福，则又是天助其恶民也。细而究之，必不然矣。傥或天降之灾，盖欲警诫人主。节嗜欲，务勤俭，恤鳏寡，正刑罚，不滥捨有罪，不僭杀无辜，使美化行于下，圣德闻于上，则虽有水旱，亦不为沴矣。岂以滥捨有罪，而反能救其灾乎？彰其德乎？是知赦之不可行也明哉！'帝览而嘉之，降诏奖饰，仍付史馆。"

具体天象而得求结果,而是通过向那个神秘的存在——"天"的占问,而求取天意,即以此获得天对个案当事人是否惩罚、如何惩罚的意见。

占天问刑实际上在商代就已存在。虽然学者们对商代占问对象说法不一,但现有的考古研究则表明了商周占卜的同源性和承继性。《尚书·洪范》中商人箕子占卜之论,也从文献上证明了商周二者的直接传承关系。众所周知,周的占卜主要是向神秘的天占问,这可推知,商代的占卜也主要是占问天。虽然二里头文化表明夏代即有了占具,但由于夏没有文字卜辞,故我们无法说明其信仰状态。

天神的观念在商朝极为兴盛,甚至是全国总动员。《礼记·表记》说:"殷人尊神,率民以事神,先鬼而后礼。"正是出于对天神的信仰,[①]举凡国家大事,如年成丰歉、战争胜负、官吏任免、刮风下雨等,都要通过占卜向天请示,以期从天那里获得意见。司法实践活动当然也不例外。卜辞中就有有关刑罚的占卜:

> 贞其刖。
> 贞刖百。[②]

"贞其刖"即为向天占问对某罪犯是否要处以刖刑。"贞刖百"即向天占问对一百来个罪犯是否处以刖刑。不仅对是否处以某种刑罚要进行占卜,而且对处刑的后果也要进行卜问,如卜辞有云:

> 贞其刖百人死。[③]

这大致是指向天卜问对一百来个罪犯处以刖刑是否有人会死

---

① 商人对天如此信奉,与商族祖先契的神性出生极有关联。《宋书》卷二十七《志第十七·符瑞上》载:"高辛氏之世妃曰简狄,以春分玄鸟至之日,从帝祀郊禖,与其妹浴于玄丘之水。有玄鸟衔卵而坠之,五色甚好,二人竞取,覆以玉筐。简狄先得而吞之,遂孕。胸剖而生契。长为尧司徒,成功于民,受封于商。"

② 参见胡厚宣:《殷代的刖刑》,载《考古》1973 年第 2 期。

③ 参见胡厚宣:《殷代的刖刑》,载《考古》1973 年第 2 期。

亡。显然,上述商代卜辞较为集中地表现了占天问刑的基本情况。

西周的占天问刑则突出表现在周公身上。武王去世后,管叔、蔡叔和霍叔“三监”叛乱,殷民复反,为此周公辅助成王,在即将平叛时,向多邦诸侯及其官员发布了一个诰辞,通篇即论通过占卜以明周之天命及罚殷叛之事,其中有云:

> 肆予告我友邦君越尹氏、庶士、御事曰:予得吉卜,予惟以尔庶邦于伐殷逋播臣。……天休于宁王,兴我小邦周,宁王惟卜用,克绥受兹命。今天其相民,矧亦惟卜用?……天亦惟休于前宁人,予曷其极卜?敢弗于从率宁人有指疆土?矧今卜并吉?肆朕诞以尔东征。天命不僭,卜陈惟若兹!①

周公对那些殷商叛乱罪犯的征伐,实际上是周朝一国之内的刑罚之事。在这样的大刑问题上,周公是通过占卜“并吉”以获得天意肯定的方式,向多邦诸侯及其官员进行说服、动员和号召的。至于周公如何占卜并得吉卜,我们并不清楚,不过,似乎与“哲人”的参与有关。因为周公在诰辞中曾说:

> 爽邦由哲,亦惟十人迪知上帝命越天棐忱。②

周公的这句话是说,国政是否清明,由哲人决定,所以我用了10位贤才,同时因为这10位贤才引导,我得知了上帝之命及辅助我们的真心话。可见,当时西周的占天问刑中已夹有了“人”的因素,这是一种发展。

占卜问刑不仅在奴隶制时代广泛存在,在封建制时代同样存在。秦代虽烧百家书,但对卜筮等书则为保留,从而使占卜得以发展。不过,由于秦代实行法治,力图追求“皆有法式”,故占卜问刑之事则难见于秦代史籍。法家集大成者韩非就不信占卜问刑之事,曾

---

① 《尚书·大诰》。

② 《尚书·大诰》。

著有《饰邪》一文以驳之,并说“然而恃之,愚莫大焉”。[①] 然秦代之后的封建时代都不同程度地有着占卜问刑之举。

占梦问刑也为占卜问刑之类。实际上,在古代中国,占梦与天学有着密切关系——因为释梦需要天学知识。此有《周礼》所载“占梦”之官的职掌为证:

> 掌其岁时,观天地之会,辨阴阳之气,以日月星辰占六梦之吉凶。一曰正梦,二曰噩梦,三曰思梦,四曰寤梦,五曰喜梦,六曰惧梦。[②]

显然,占梦之官既要通历法,又能观天,还具备星占学理论知识。

占梦问刑即为通过对梦的占卜,获知上天于梦的信息,从而求得刑罚之义。实际上,按古人之论,梦乃人之魂魄游离身体与天地阴阳之气交会而生,自然,梦中就存有大量的天对做梦者的有关信息。故占梦问刑也就具有了人们予以实践的可行性。前秦时期即有一案例:

> 前秦苻融,为司隶校尉。京兆人董丰,游学三年而返,过宿妻家。是夜,妻为贼所杀。妻兄疑丰杀之,送丰有司。丰不堪楚掠,诬引杀妻。融察而疑之,问曰:“汝行往还,颇有怪异及卜筮否?”丰曰:“初将发,夜梦乘马南渡水,返而北渡,复自北而南,马停水中,鞭之不去,俯而视之,见两日在于水中,马左白而湿,右黑燥。寤而心悸,窃以为不祥。还之夜,梦如初。问之筮者,筮者云:‘忧狱讼。远三枕,避三沐。’既至,妻为具沐,夜授丰枕。丰记筮者之言,皆不从之。妻乃自沐,枕枕而寝。”融曰:“吾知之矣。周易坎为水,离为马,坎为北,离为南。梦乘马南渡,旋北而南者,从坎之离。三爻同变,变而成离。离为中女,坎为

① 《韩非子·饰邪》。
② 《周礼·春官宗伯·占梦》。

> 中男。两日，二夫之象。坎为执法吏，吏诘其夫，妇人被流血而死。坎二阴一阳，离二阳一阴，相承易位。离下坎上，既济，文王遇之囚羑里，有礼而生，无礼而死。马左而湿，湿，水也。左水右马，冯字也。两日，昌字也。其冯昌杀之乎?”于是推检，获昌而诘之。昌具首服，曰：“本与其妻谋杀董丰，期以新沐枕枕为验，是以误中妇人。”①

这种案例于现代人而言真是神乎其神，并不会相信，但在古人视野中，这却显现了占梦问刑的无穷魅力。此处苻融是运用《周易》坎卦、离卦及既济卦等知识进行了占梦。而众所周知，《周易》作为古人的占卜之书，其通篇几乎都贯穿着天文历法知识。可见苻融占梦也是应了前述《周礼》占梦素质之说。显然，董丰之梦乃天意托之，苻融占梦也是凭《周易》知识托问天意。如此有天意融于其中，苻融之占梦问刑岂有不准乎？

通过占卜来问刑罚是否运行及如何运行，固然是出于司法实践的考虑。不过，从广义论之，其中竟深有其超越法律的政治意义。《礼记》就直言不讳地指出：

> 卜筮者，先圣王之所以使民信时日、敬鬼神、畏法令也。②

可见，占卜之用与使民畏法令有着直接关系。倘若人人畏惧法令，不去犯罪，不起“狼子野心”，安分守己，于统治者而言岂非快事哉！

（二）刑罚与天变

人间刑罚的运行是由天罚而来，人只是代天行罚、借天罚罪而已，此论已有上述。然而，人在执行天罚的过程中，总会出现偏差，甚至错误地理解天意，更有甚者会弃天意不顾而滥行刑罚，这样以至于矛盾丛生，人民怨声载道。这时候，天变就会出现。

---

① 郑克：《折狱龟鉴》卷一《释冤上·苻融》。
② 《礼记·曲礼上》。

1. 刑冤与天象之变

刑冤在古代中国总有发生。从天学角度看，刑冤是代天行罚者并没有真正理解天罚所向，或者是故意违抗天意之罚，而对无辜者进行刑罚，却对真正的有罪者不予处罚。这样的黑白颠倒、是非不分之“代天行罚”，作为至德保民之天，岂有坐视不理之理？于是，天变发生了。这样的天象之变，有的是谴责刑罚的黑暗和腐败，有的是激励和帮助刑冤者，有的是鼓励平反这种冤刑之狱，等等。

为人们最为熟悉也是历史上最为著名的刑冤者，可能就是关汉卿杂剧中的窦娥。此在前揭第四章中曾有所涉及。窦娥被蒙冤处刑之时，曾许下三桩誓愿，即血飞白练、六月飞雪和亢旱三年。结果这三桩誓愿都应验了。无疑，这三桩现象的发生就是天变的结果，或者说就是变异后的天象。这些天象都表达了天对刑冤者窦娥的怜悯和帮助，也表达了对司法黑暗的谴责。

天的这种追究正义和保护人民的倾向即是天的品德的最好表现。不仅如此，天的胸怀还十分的宽广，它不会因人们误认它不公对它进行责骂而心怀芥蒂。在窦娥之案中，天曾受到窦娥的愤怒责骂：

> [滚绣球]有日月朝暮悬，有鬼神掌着生死权。天地也只合把清浊分辨，可怎生糊突了盗跖颜渊。为善的受贫穷更命短，造恶的享富贵又寿延。天地也，做得个怕硬欺软，却元来也这般顺水推船。地也，你不分好歹何为地？天也，你错勘贤愚枉做天！哎，只落得两泪涟涟。①

然而，这样的激烈责骂并没有让天“发怒”“生气”，天的至德品性让它实现了窦娥临刑前许下的三桩誓愿，从而既帮助了窦娥，又显示了窦娥之冤。而至最后，当窦娥真正得到平反后，亢旱的楚州才下起雨来。由旱到雨，这种天象的变化表明了天的“感动”和“欣喜”。

由于刑冤而发生天象之变者，在古代史籍中颇多记载，除窦娥

---

① 关汉卿：《窦娥冤》，第三折。

之冤外，前揭第四章“星占学下的法律模拟”所涉“东海孝妇”故事中的三年枯旱和冤狱平反后的天立雨，以及“齐国孝妇”故事中的雷电下击和海水大出等，都是天象之变，表达了天对人间错罚的谴责和对刑冤者的同情和扶助。

上述所论天象之变，概出于刑冤已然酿就而人已冤死者，且均为天主动出击而为之者。这种情况下，虽然最后刑冤者得以平反，但人死不能复生，也是为憾事而美中不足，即天助还是晚也。其实，天也有在刑冤者被刑杀之前及时出手相救者。宋代郑克所著《折狱龟鉴》中有此一例：

> 南唐《昇元格》：“盗物及五缗者死。”庐陵豪民曝衣，失新洁衾服，直数十千。村落僻远，人罕经行，以为其邻盗之。邻人不胜楚掠，遂自诬服。诘其赃物，即云散鬻于市，无从追究。赴法之日，冤声动天。长吏以闻，先主命员外郎萧俨覆之。俨斋戒祷神，伫雪冤枉。至郡之日，天气晴和，忽有雷声自西北起，至失物家，震死一牛，剖其腹而得所失物，乃是为所噉，犹未消溃也。①

按南唐当时法律，盗物价值达到五贯就要处以死刑，那么盗数十贯钱之罪自是必死无疑。邻人不胜刑拷自诬其罪而将被赴法，是为刑冤至极，故“冤声动天”。所幸天及时出手，以天象之变（“晴天霹雳”之类）查出真犯，遂使邻人免遭冤屈刑杀。不过，此处天变相助，显然似与案件复核官员萧俨之“斋戒祷神”极有关联。可见，人信不信天，求不求神，直接影响到刑冤的实质性避免，直接影响到司法正义的体现，也直接影响到天罚的真正实现。

于是，我们发现，当发生刑冤之时，天象之变总会发生，刑杀前不发生，刑杀后也会发生。天以其天象之变来显示其对被刑冤者的怜悯和帮助，也以其天象之变显示其对司法黑暗的谴责和揭露，因为真正应受天罚的罪犯还逍遥法外。在刑冤与天变的关系中，司法

---

① 《折狱龟鉴》卷二《释冤下·萧俨》。宋人郑文宝《南唐近事》卷二、清人吴任臣《十国春秋》卷二十五《南唐十一·列传·萧俨》也有此案相关记载，唯在盗物赃值上与《折狱龟鉴》所载不同，均为“三缗”而非“五缗”。

官的素质至关重要,直接影响了天变在刑冤问题上的前后发生次序。如司法官没有秉承天之“保民怜民”之德,则天变往往在刑冤后发生;如秉承了天之“保民怜民”之德,信天求神,则天变会及时发生以助司法,从而使刑冤不会实质性酿成。为此,司法官是否承有天之爱民之德之心,是真正落实天罚的关键。对此,明代宰相邱浚曾对司法官提出了如下希望,可为天罚和代天行罚作一“华丽”注脚:

> 典狱之官,必当敬逆天之命,以奉承乎君。过之当宥者,则承天之命以宥之,不当宥者,君虽宥之,不宥也。过之当辟者,则奉天之命以辟之,不当辟者,君虽辟之,不辟也。①

此处邱浚希望典狱官之司法必顺承天意,以应天罚,虽“君宥”“君辟”也不从之,惟“天宥”“天辟”为上,这种思想十分难得。不过,在古代中国的专制语境中,此等天罚为上之愿望并不能真正落到实处,而往往游离于王权政治的边缘,成为那些理想的士大夫们“一厢情愿”的幻想。

2. 灾异与刑罚减免

与上述刑冤与天象之变关系紧密联系的是灾异与刑罚减免的关系。事实上,天象之变往往归结为灾异,而刑冤的最终结果则往往导致刑罚减免。当然,刑罚减免者也并非都是冤狱者,两者并不是对等关系。

在古代中国,灾异与刑罚的运行有着密切关系。灾异从来不是一种简简单单的自然现象,而是事关统治者政治得失的大问题。灾异的发生往往会牵一发而动全局,引起王朝政治政策的变化,具化到法律方面,则往往导致刑罚的减免乃至大赦。这种灾异与刑罚减免的密切关系,实际上是中国古代“灾异论”的产物。

“灾异”起源于天对人类行为,特别是政事不当的不悦反应的观念,其实起源很早,早在当年商汤自焚求雨的事迹中就已有所显示。

---

① 《大学衍义补》卷一〇一《慎刑宪·总论制刑之义(下)》。

不过,将灾异和政事修行结合起来进行系统论证的,则是董仲舒的“灾异论”。董仲舒下面这段话即包含了“灾异论”的基本内容:

> 灾者,天之谴也;异者,天之威也。谴之而不知,乃畏之以威。《诗》曰:“畏天之威。”殆此谓也。凡灾异之本,尽生于国家之失。国家之失乃始萌芽,而天出灾害以谴告之;谴告之而不知变,乃见怪异以惊骇之;惊骇之尚不知畏恐,其殃咎乃至。①

董仲舒一句“凡灾异之本,尽生于国家之失”,即道出了灾异的根本原因,也成为历史长河中的一种传统理念。对此,《新唐书》有一段话解析得非常详细:

> 盖王者之有天下也,顺天地以治人,而取材于万物以足用。若政得其道,而取不过度,则天地顺成,万物茂盛,而民以安乐,谓之至治。若政失其道,用物伤夭,民被其害而愁苦,则天地之气沴,三光错行,阴阳寒暑失节,以为水旱、蝗螟、风雹、雷火、山崩、水溢、泉竭、雪霜不时、雨非其物,或发为氛雾、虹蜺、光怪之类,此天地灾异之大者,皆生于乱政。②

可见,董仲舒所谓的“国家之失”,只是委婉之词,说白了就是“王者”的政事之失。种种天地之灾异,实“皆生于乱政”。而在所有政事之失中,又以刑罚冤狱之事最为直接、最为典型和最为影响。瞿同祖先生说:“政事不修是致灾的原因,而政事中刑狱杀人最为不祥,其中不免有冤枉不平之狱,其怨毒之气可以上达云霄,激起神的

---

① 《春秋繁露》卷八《必仁且智》。
② 《新唐书》卷三四《志第二十四·五行一》。

忿怒。”①此语甚是。

古人之谓灾异种类颇多，举凡水旱、蝗螟、风雹、雷火、地震、山崩、水溢、泉竭、雪霜不时等均是。这些都是在人们身边发生的已然之灾异。此外，古人还将玄奥无穷的日食、月食、彗出、星变等异常天象也视为灾异之兆。《新唐书》有云：“夫所谓灾者，被于物而可知者也，水旱、螟蝗之类是已；异者，不可知其所以然者也，日食、星孛、五石、六鹢之类是已。”②结合董仲舒“灾异论”，此基本上表达了古人对灾异的类型划分和认知，即“灾”为“灾害”类，能够为芸芸众生处身感知，其主要发生在地上；“异”为“怪异”类，无法被一般人们理解其秘，其主要发生在天上。③

具体到关于灾异与刑罚冤狱之对应关系，南齐廷尉御史中丞孔稚珪有此一说：

> 臣又闻老子、仲尼曰：“古之听狱者，求所以生之；今之听狱者，求所以杀之。”“与其杀不辜，宁失有罪。”是则断狱之职，自古所难矣。今律文虽定，必须用之；用失其平，不异无律。律书精细，文约例广，疑似相倾，故误相乱，一乖其纲，枉滥横起。法吏无解，既多谬僻，监司不习，无以相断，则法书徒明于帙里，冤魂犹结于狱中。今府州郡县千有余狱，如令一狱岁枉一人，则一年之中，枉死千

---

① 瞿同祖：《中国法律与中国社会》，载《瞿同祖法学论著集》，中国政法大学出版社1998年版，第280页。对于这里正在讨论的问题，瞿先生的“福报”一节特别具有参考价值。梁治平先生曾在《寻求自然秩序中的和谐》一书中（第324页脚注）指出，瞿先生在这里用“神”字欠妥，因为在中国古代，“自然有机主义”哲学中是没有神的位置的。本人认为，瞿先生之“神”论并无不当，相反正是古代语境中人们对灾异的客观认识。董仲舒的灾异论即为代表。而所谓“自然有机主义”只是一种具有“唯物”倾向的理论，在古代社会只是末流；更为重要的是，“自然有机主义”往往是现代人用现代的观点去评价古代那些具有“神性”特征的“自然”的结果。

② 《新唐书》卷三四《志第二十四·五行一》。

③ 事实上，对于发生在天上的种种怪异天象，统治者为保证王权的天命来源免受外来威胁和侵害，基于“天机不可泄漏”理念，不可能也不允许让一般人们去理解其中隐藏的玄秘。历来严禁私习天文的法律规定和实践，自然使人们对异常天象无法了解，而对于统治者而言，当然是“可知其所以然”的，而且是必需的。

余矣。冤毒之死，上干和气，圣明所急，不可不防。[①]

所谓“冤毒之死，上干和气”，即为冤魂上达而扰乱天地和谐之气。由于天地和气被扰，则会导致“天地之气沴，三光错行，阴阳寒暑失节”[②]而最终灾异生成。这是一种阴阳五行之说。不过，由于阴阳五行实为“天”之物质显现，“上干和气”必将致使“天”之不悦、不快，以其保民爱民之德性，岂有不管之理？故以降下灾异谴告刑罚冤狱以示其怒。

其实，孔稚珪“上干和气”之说，早在汉章帝之时就有类似说法。建初元年，大旱，肃宗就向大臣鲍昱发问：“旱既太甚，将何以消复灾眚？”鲍昱应答：

臣闻圣人理国，三年有成。今陛下始践天位，刑政未著，如有失得，何能致异？但臣前在汝南，典理楚事，系者千余人，恐未能尽当其罪。先帝诏言，大狱一起，冤者过半。又诸徙者骨肉离分，孤魂不祀。一人呼嗟，王政为亏。宜一切还诸徙家属，蠲除禁锢，兴灭继绝，死生获所。如此，和气可致。[③]

一句“如此，和气可致”，说明大旱已致使和气丧失。按鲍昱之言推知，和气之失实由冤狱而起。可见，如此天人感应，着实可让鲍昱和孔稚珪之说互为注脚。

由于刑冤与灾异的这种直接关系，特别是董仲舒之“灾异论”于国家存亡之天命意义，历代统治者往往因灾异所降而清理狱讼、审录囚徒、减免刑罚。汉建武五年天久旱未雨，皇帝乃于五月丙子日下诏曰：

久旱伤麦，秋种未下，朕甚忧之。将残吏未胜，狱多冤

---

① 《南齐书》卷四八《列传第二十九・孔稚珪》。

② 《新唐书》卷三四《志第二十四・五行一》。

③ 《后汉书》卷五九《列传第十九・鲍昱》。

> 结，元元愁恨，感动天气乎？其令中都官、三辅、郡、国出系囚，罪非犯殊死一切勿案，见徒免为庶人。务进柔良，退贪酷，各正厥事焉。①

此处是将天降旱灾疑为"狱多冤结"所致，故减免囚徒刑罚以为解对。建武二十二年九月戊辰发生地震，光武帝又有诏令，其中有云：

> 日者地震，南阳尤甚。夫地者，任物至重，静而不动者也。而今震裂，咎在君上。鬼神不顺无德，灾殃将及吏人，朕甚惧焉。其令南阳勿输今年田租刍稾。遣谒者案行，其死罪系囚在戊辰以前，减死罪一等；徒皆弛解钳，衣丝絮。……②

这是谓由地震而减免刑罚者。又建武二十九年春二月丁巳朔"日有食之"，光武帝遂"遣使者举冤狱，出系囚"。③

后汉皇帝似乎多有此类因灾异而清理冤狱、减免刑罚之举。如《后汉书》有载：

> （永元六年）秋七月，京师旱。诏中都官徒各除半刑，谪其未竟，五月已下皆免遣。丁巳，幸洛阳寺，录囚徒，举冤狱。④
>
> （永初三年秋）久旱，太后比三日幸洛阳，录囚徒，理出死罪三十六人，耐罪八十人，其余减罪死右趾已下至司寇。⑤
>
> （建宁元年）冬十月甲辰晦，日有食之。令天下系囚罪

① 《后汉书》卷一《本纪第一 · 光武帝》。
② 《后汉书》卷一《本纪第一 · 光武帝》。
③ 《后汉书》卷一《本纪第一 · 光武帝》。
④ 《后汉书》卷四《本纪第四 · 和帝》。
⑤ 《后汉书》卷一〇上《本纪第十上 · 后纪上 · 和熹邓皇后》。

未决入缣赎，各有差。[1]

（兴平元年七月）三辅大旱，自四月至于是月。帝避正殿请雨，遣使者洗囚徒，原轻系。[2]

而汉和帝于永元十六年七月因旱灾而发出的戊午日诏令，则更为明显地道出了灾异与冤狱清理之因果关系：

今秋稼方穗而旱，云雨不沾，疑吏行惨刻，不宣恩泽，妄拘无罪，幽闭良善所致。其一切囚徒于法疑者勿决，以奉秋令，方察烦苛之吏，显明其罚。[3]

历史上因天降灾异而导致刑罚减免之事颇多，几乎历代王朝都有，至清代竟将因天旱而减免刑罚作为法律制度规定下来。[4] 事实上，不仅因灾异而减免刑罚经常发生，因灾异而大赦天下也是常事。按瞿同祖先生查考，汉代曾屡因日食、地震、火灾大赦天下；隋开皇十五年，上以岁旱大赦天下；唐贞观三年以旱蝗大赦天下；宋太平兴国二年以旱灾大赦天下；仁宋景游元年以星变大赦天下；等等。[5]

遇灾异而修政省刑，减免刑罚，至唐代早已形成传统。然而，武则天临政时期，却任用周兴、来俊臣等酷吏，务令深文，用尽酷刑，以案刑狱，以致灾异而不顾。为此，麟台正字陈子昂甚为着急，遂上书谏议，其中有云：

夫大狱一起，不能无滥，何者？刀笔之吏，寡识大方，断狱能者，名在急刻，文深网密，则共称至公，爰及人主

---

① 《后汉书》卷八《本纪第八 · 灵帝》。

② 《后汉书》卷九《本纪第九 · 献帝》。

③ 《后汉书》卷四《本纪第四 · 和帝》。

④ 《大清律例 · 名例律上 · 常赦所不原》之“条例”规定：“直省地方偶值雨泽，愆期应请清理刑狱者，除徒、流等罪外，其各案内牵连待质及笞、杖内情有可原者，该督抚一面酌量分别减免省释，一面奏闻。”此为乾隆八年之条例，并入大清律文后一直传承到清末。

⑤ 参见瞿同祖：《中国法律与中国社会》，载《瞿同祖法学论著集》，中国政法大学出版社 1998 年版，第 282 页。

> 亦谓其奉法。于是利在杀人,害在平恕,故狱吏相诫,以杀为词。非憎于人也,而利在己,故上以希人主之旨,以图荣身之利。徇利既多,则不能无滥,滥及良善,则淫刑逞矣。……冤人吁嗟,感伤和气;和气悖乱,群生疠疫;水旱随之,则有凶年。人既失业,则祸乱之心怵然而生矣。顷来亢阳愆候,云而不雨,农夫释耒,瞻望嗷嗷,岂不由陛下之有圣德而不降泽于人也?傥旱遂过春,废于时种,今年稼穑,必有损矣。陛下可不敬承天意,以泽恤人?臣闻古者明王重慎刑罚,盖惧此也。《书》不云乎:"与其杀不辜,宁失不经。"陛下奈何以堂堂之圣,犹务强国之威。愚臣窃为陛下不取。①

陈子昂的话即是代表了一个历史传统。正是有着一直以来的帝王应对灾异的传统政治运作模式,才使陈子昂心无惧意,口口声声责问武皇为何不德泽恤人。不过遗憾的是,"疏奏不省",武皇不悟天罚,不从谏言,则为一般人认为之非正。"所以《唐书·刑法志》短短一卷,竟费了许多篇幅详载陈子昂所上书。"②

值得一提的是,除了因天降灾异而减免刑罚甚至大赦天下成为传统外,因天降祥瑞而减免刑罚和大赦天下也常有发生,比如汉代各帝就常因灵芝、甘露、凤凰、仙鹤、白虎、嘉禾等祥瑞物出现,而令赦天下。按日本学者池田知久的研究,灾异和祥瑞两者共同构筑了以董仲舒为代表的中国古代"天人相关论"。③ 实际上,种种祥瑞的出现,往往被主要解读成当下王权的蒸蒸日上,及上天的嘉奖和鼓励,对刑罚的减免乃至大赦,正是欲借此实现法律的清明,乃至刑措不用而以应天心。在正史中,如《宋书》有《符瑞志》,《南齐书》有《祥瑞志》,均是对种种祥瑞的记载,作为为政者进行政治活动时应尊重和庆贺的对象。不过,在灾异和祥瑞之间,至少从隋唐开始,祥

---

① 《旧唐书》卷五〇《志第三十·刑法》。

② 瞿同祖:《中国法律与中国社会》,载《瞿同祖法学论著集》,中国政法大学出版社1998年版,第283页。

③ 参见[日]池田知久:《中国古代的天人相关论——董仲舒的情况》,载[日]沟口雄三、小岛毅主编:《中国的思维世界》,孙歌等译,江苏人民出版社2006年版。

瑞的意识形态便开始低落，这除了受到儒家经典《春秋》之“书灾异，不书祥瑞”[①]意旨的重大影响外，还因为太注重祥瑞的君主，渐渐被认为是“浮夸不实”或“贪得虚名”的“不良”君主。[②] 因此，注重因灾异而减免刑罚直至大赦天下的做法，就一直是这方面的主旋律。

二、刑罚与时令

刑罚作为对违法犯罪行为的一种最有力、最直接的制裁手段，无疑在君主专制的古代语境中，扮演着极为重要的角色。虽然正统儒家思想宣扬德治，但并没有放弃刑罚这个最后的“杀手锏”。“德主刑辅”宣扬中所谓的刑罚功能，似有一种“挂羊头卖狗肉”的味道，在温情的说教下却是“杀机重重”，乃至于学者们总结，中国古代的统治政策实为“外儒内法”。不过，刑罚的功能虽然“明虚暗实”，其实际的功能运用却并不是一件“闲庭信步”之类的想用就用的事情，而是会受到时令的影响，最终取决于对天意、天时的把握。

（一）行刑之时令限制

1. 时令之天学意义

何为“时令”？时令一般称为月令，[③]是指中国古代统治者按照季节颁布、实行的政令。古人认为，人类的行为应该与天地秩序相

---

① 皮锡瑞：《经学通论·春秋·论春秋书灾异不书祥瑞左氏公羊好言占验皆非大义所关》。

② 如《旧唐书》卷十四《本纪第十四·宪宗》载：“（元和元年八月）庚戌，荆南献龟二，诏曰：‘朕以寡昧，纂承丕业，永思理本，所宝惟贤。至如嘉禾神芝，奇禽异兽，盖王化之虚美也。所以光武形于诏令，《春秋》不书祥瑞，朕诚薄德，思及前人。自今已后，所有祥瑞，但令准式申报有司，不得上闻；其奇禽异兽，亦宜停进。’”可见，在唐宪宗的诏令中，祥瑞已被视为一种“王化之虚美”而不值得上闻和进献，这表达了对祥瑞的一定排斥立场。

③ 时令、月令之外，又称时禁、时政、时则、时训等。《汉书》卷九《本纪第九·元帝》载：“（永光三年）冬十一月，诏曰：‘乃者己丑地动，中冬雨水，大雾，盗贼并起。吏何不以时禁？’”颜师古注曰：“时禁，为月令所当禁断也。”《汉书》卷十《本纪第十·成帝》又说：“（阳朔）二年春，寒。诏曰：‘昔在帝尧，立羲和之官，命以四时之事，令不失其序。……今公卿大夫或不信阴阳，薄而小之，所奏请多违时政，传以不知，周行天下，而欲望阴阳和调，岂不谬哉！其务顺四时月令。’”对此李奇注曰：“时政，月令也。”

合调适，所谓“法天象地”，各种政治活动包括生产、祭祀、刑罚、军事等，都必须与天地阴阳五行之气，以及天造万物之生、长、收、藏的特点相配合。政令如果与季节不合，阴阳之“和气”就会紊乱，天就会降下各种灾异。

如此看来，时令与天地阴阳五行之气密切相关，换句话说，时令的制定必须要顺合阴阳五行之气。而关于阴阳五行之属，《史记》对阴阳家有云：

> 夫阴阳四时、八位、十二度、二十四节各有教令，顺之者昌，逆之者不死则亡。未必然也，故曰“使人拘而多畏”。夫春生夏长，秋收冬藏，此天道之大经也，弗顺则无以为天下纲纪，故曰“四时之大顺，不可失也”。①

此处“春生夏长，秋收冬藏，此天道之大经也”，即道出了阴阳学对于春夏秋冬四时基本法则之于天道的重要意义。而由此四时衍生出的“八位”“十二度”“二十四节”同样各有其“教令”法则，不可违背，否则“不死则亡”。故四时之顺尤其重要，而这一切又都通过阴阳之气相谐运转而成，最终又归结为天道所发，所谓“一阴一阳之谓道”。② 故阴阳之学即为“天学”之属，《汉书》对阴阳家的定义尤显“天学”意义：

> 阴阳家者流，盖出于羲和之官，敬顺昊天，历象日月星辰，敬授人时，此其所长也。③

可见，阴阳家所研究事项与从事天文星占者多有重合之处，或者说就是星占学家的基础性知识系统之属。实际上，星占学家从事星占之时，就广为运用阴阳、四时、五行等阴阳学知识。所以，四时之季及其衍生之节作为阴阳学中的主要课题，不仅其顺不可失而成就天道之大经，而且就所属范畴来说，具有十足的

---

① 《史记》卷一三〇《列传第七十 · 太史公自序》。

② 《周易 · 系辞》。

③ 《汉书》卷三〇《志第十 · 艺文志》。

天学意义。

季节如此，以季节为本之政令即时令，当然亦如此。《管子》首先对春夏秋冬及其政令之行进行了对应安排：

> 东方曰星，其时曰春，其气曰风，风生木与骨。其德喜嬴，而发出节时。其事：号令修除神位，谨祷弊梗，宗正阳，治堤防，耕芸树艺，正津梁，修沟渎，甃屋行水，解怨赦罪，通四方。
>
> 南方曰日，其时曰夏，其气曰阳，阳生火与气。其德施舍修乐。其事：号令赏赐赋爵，受禄顺乡，谨修神祀，量功赏贤，以助阳气。
>
> 西方曰辰，其时曰秋，其气曰阴，阴生金与甲。其德忧哀、静正、严顺，居不敢淫佚。其事：号令毋使民淫暴，顺旅聚收，量民资以畜聚。
>
> 北方曰月，其时曰冬，其气曰寒，寒生水与血。其德淳越、温怒、周密。其事：号令修禁徙民，令静止，地乃不泄。断刑致罚，无赦有罪，以符阴气。①

这里以星、日、辰、月四类天体分别对应春、夏、秋、冬四时季节，从而突出了四季之天学意义。不仅如此，每类天体对应下的季节又对应着不同的“其事”。这个“其事”就是“号令”而成的，即是谓时令。可见，各个“号令”都是根据春夏秋冬的天道意义而制定的。

《管子》中的时令说经《吕氏春秋·十二纪》及《淮南子·时则训》后被纳入《礼记·月令》中。时令又称为月令即从此而起。《月令》中时令之天学色彩尤为浓厚：

> 孟春之月，日在营室，昏参中，旦尾中。……是月也……命相布德和令，行庆施惠……
>
> 仲春之月，日在奎，昏弧中，旦建星中。……是月

---

①《管子·四时》。

也,安萌芽,养幼少,存诸孤……

季春之月,日在胃,昏七星中,旦牵牛中。……是月也……天子布德行惠,命有司发仓禀……

孟夏之月,日在毕,昏翼中,旦婺女中。……是月也……乃命乐师习合礼乐……

仲夏之月,日在东井,昏亢中,旦危中。……是月也,命乐师修鞀鞞鼓……

季夏之月,日在柳,昏火中,旦奎中。……是月也,命四监大合百县之秩刍……

孟秋之月,日在翼,昏建星中,旦毕中。……是月也……天子乃命将帅选士厉兵……

仲秋之月,日在角,昏牵牛中,旦觜觿中。……是月也……乃命司服,具饬衣裳……

季秋之月,日在房,昏虚中,旦柳中。……是月也,申严号令,命百官贵贱无不务内……

孟冬之月,日在尾,昏危中,旦七星中。……是月也,命太史衅龟策占兆……

仲冬之月,日在斗,昏东壁中,旦轸中。……是月也,命奄尹申宫令……

季冬之月,日在婺女,昏娄中,旦氐中。……是月也,命渔师始渔……

上述每月时令,足可给我们上一堂丰富的天文课。古人将春夏秋冬四时,每时分为孟、仲、季三月,每月都不厌其烦地列出相应天象,这绝不是一件偶然或无聊之事。实际上,这是古人根据不同天象来分定十二个月份,又主要根据每月不同天象来制定出相应的政令。在这个意义上,天象对时令起着指引作用,甚至决定作用。不过,值得注意的是,这种指引或决定作用只是相对而言,实际上,天象只是一种天的显象,显象的背后是阴阳五行之气的相摩运行。事实上,古人是通过对天象的观察,定位出每月阴阳五行之和气状态,然后制定出相应时令。天象对时令的意义使时令也具有了十足的天学意义。

可以说，时令纳入《礼记》具有十分重要的意义。时令存于一般著作与纳入《礼记》成为经典化之后，其对时代的影响力截然不同。所谓经典化意味着一个思想体系被学术权威或政治权威正式公认以后，形成人类思考的根据和典范。时令纳入《礼记》，使原来含有阴阳五行性格的时令政书，由此成为后来礼学所倚门傍户的儒家经典之一，成为儒家政治文化的主要构成要件之一，在儒学作为官方施政思想的前提下，在中国古代传统文化中具有长期的连续性和强烈的生命力。

2. 秋冬行刑时令之法律化

如前所述，刑罚的施行虽然极为重要，但并非想行就行的事情，它受到时令的限制。行刑之时令限制，从宏观来说，其理论依据是人事受制于天，人要合于天；从微观来说，其理论依据是，既然刑罚就是天罚，就是人类代天行罚，当然就要服从天的委托授意，而天是讲究阴阳和气的，是注重四时大顺的，故行刑要顺合节气，受到建立在节气基础上的时令的限制。

行刑的时令限制最为突出地表现在唐律之中。唐律的"则天"立法精神使行刑受到时令限制成为必然。《唐律疏义》开篇即有云：

> 易曰："天垂象，圣人则之。"观雷电而制威刑，睹秋霜而有肃杀，惩其未犯而防其未然，平其徽纆而存乎博爱，盖圣王不获已而用之。①

如此则天立法直接导致刑罚时令的律文出现，《断狱律》中之"立春后秋分前不决死刑"条，可谓是代天行罚之符于时令内涵的法律观在唐律上的具体反映。如果从行刑的角度表达，"立春后秋分前不决死刑"即表明"秋冬行刑"。这里的行刑主要是指针对死刑。

其实，秋冬行刑的时令观早在春秋时代就已有表现。楚国声子出使晋国回来后，被令尹子木问及两国大夫谁贤之时，声子侃侃而谈，其中就有云：

① 《唐律疏义·名例》。

> 古之治民者，劝赏而畏刑，恤民不倦。赏以春夏，刑以秋冬。①

当时声子只是将“赏以春夏，刑以秋冬”作为一种历史经验的治民之道提出，并没有形成所以然的系统的刑罚时令观。不过，这样的时禁、时宜意识，后来与阴阳五行之理论结合，从而系统化，并成为时令政书的重要部分。特别是其纳入儒家经典《礼记》，并成为其中《月令》的重要内容时，秋冬行刑之时令便成为后世行刑的时间依据并被法律化。

《礼记·月令》中所见有关行刑的时令内容主要有：

> 仲春之月……命有司省囹圄，去桎梏，毋肆掠，止狱讼。
>
> 孟夏之月……断薄刑，决小罪，出轻系。
>
> 孟秋之月……命有司修法制，善囹圄，具桎梏，禁止奸，慎罪邪，务博执。命理瞻伤，察创，视折，审断。决狱讼，必端平。戮有罪，严断刑。
>
> 仲秋之月……乃命有司，申严百刑，斩杀必当，毋或枉桡。枉桡不当，反受其殃。
>
> 季秋之月……乃趣狱刑，毋留有罪。
>
> 孟冬之月……毋或敢侵削众庶兆民，以为天子取怨于下，其有若此者，行罪无赦。
>
> 仲冬之月……山林薮泽，有能取蔬食、田猎禽兽者，野虞教道之。其有相侵夺者，罪之不赦。

通过上面这些规定，我们发现，行刑主要是在秋冬之月进行。孟夏之月虽有刑罚，但只是薄刑而已，根本不可能刑杀。仲春之月不仅薄刑不施，而且要全面去刑止讼。相反在秋冬，刑杀的当然性和必要性却是十分明显。像孟秋之月的“戮有罪，严断刑”，仲秋之月的“申严百刑，斩杀必当”，季秋之月的“乃趣狱刑，毋留有罪”，孟

---

① 《左传·襄公二十六年》。

冬之月的“行罪无赦”，仲冬之月的“罪之无赦”，都散发出刑杀的血腥味。这样的规定与前后的有关时令、时禁规定比较，其意义即在于：春夏为万物滋育、生成之际，阳气日盛，统治者不但应对万物采取保护措施，在政治上也宜行多赏薄刑的仁政，以配合上天之养生之德；秋冬为阳气收敛，阴气逐渐日盛之时，万物转入萧条，故天子应体察、顺从上天肃杀之意，而行断狱刑杀等相关政策。① 当然，正如前述，一年当中的每季每节是以不同的天象作为判断依据的，即上天在发出不同的阴阳气息之时，还展现出特定的“面貌”让人类能直接观摩，并领会其天意、天道，从而正确地对上天进行模拟。

秋冬行刑的时令观自纳入《礼记》后，就随着儒家思想成为正统走向经典化。特别是经过促使儒家获得新生的汉代大儒董仲舒的论述，秋冬行刑更为统治者所接受。董仲舒论说道：

> 天之道，春暖以生，夏暑以养，秋清以杀，冬寒以藏。暖暑清寒，异气而同功，皆天之所以成岁也。圣人副天之所行以为政，故以庆副暖而当春，以赏副暑而当夏，以罚副清而当秋，以刑副寒而当冬。庆赏罚刑，异事而同功，皆王者之所以成德也。庆赏罚刑与春夏秋冬，以类相应也……庆为春，赏为夏，罚为秋，刑为冬。庆赏罚刑之不可不具也，如春夏秋冬不可不备也。……四政者，不可以易处也，犹四时不可易处也。②

此处董仲舒从天学的角度对春夏庆赏、秋冬罚刑的时令观进行

---

① 然而，令人不解的是，孙希旦对《礼记·月令》中的行刑有关内容进行梳理，却仅止于孟、仲、季三秋，认为刑罚之事务都集中于秋令，从而将在冬令中的有关刑罚排除在外。参见孙希旦：《礼记集解》，中华书局 1989 年版。沈家本也有如此看法，并认为古代死刑皆在于三秋。参见沈家本：《历代刑法考》，中华书局 1985 年版，“行刑之制考”。笔者以为，三秋中的刑罚内容具有明显性和积极性，当然是行刑时令的重要内容。但是，行刑时令在《月令》中还有其消极规定的内容，即在冬令中规定，如果有违背有关政令者，则“行罪无赦”“罪之无赦”。显然，这种“无赦”就是及时行刑，该杀就杀，这样的行刑当然就是这个季节的萧条、肃杀特征决定的结果。所以，行刑不仅在秋令中有规定，在冬令中也同样存在。

② 《春秋繁露》卷一三《四时之副》。

了论述。按董氏观点，春夏庆赏、秋冬罚刑是王者副天而行之政，庆赏、罚刑之必要就像春夏秋冬之不可不备。更为重要的是，庆赏罚刑是不可移位的，就好像春夏秋冬四时不可调换一样。在古人对天予以信仰的语境中，这种拿王政来副天而行的论证方法，显然使秋冬行刑具有了天罚的意义，从而更具有执行力。随着儒家走向正统，秋冬行刑之时令便全面展开。

实际上，值得注意的是，涉及秋冬行刑的时令观在汉代初年就在国家法律上略有显现。史载："汉旧事断狱报重，常尽三冬之月，是时帝始改用冬初十月而已。元和二年，旱，长水校尉贾宗等人上言，以为断狱不尽三冬，故阴气微弱，阳气发泄，招致灾旱，事在于此。"汉章帝于是将贾宗等人的意见交给公卿们讨论，时任尚书陈宠对此并不赞同，认为"灾害自为它应，不以改律"，①其奏书中还有云：

> ……秦为虐政，四时行刑。圣汉初兴，改从简易。萧何草律，季秋论囚，具避立春之月，而不计天地之正……实颇有违。②

这里陈宠虽不赞同汉初律义，但也透露了汉初存在季秋论罪行刑，从而避开立春之月的法律信息。也就是说，汉初萧何制律时，对论囚就有时令因素的考虑。虽然此显得朴素，尚缺少理论上的系统论证，但至少已在法律上出现而初露锋芒。当然，自从西汉中期儒家思想成为正统以后，特别是经董仲舒对行刑时间进行天学论证后，行刑时令之法律化逐渐丰富起来，并尤为历代皇帝所重视。其中汉章帝时期颇为突出。兹举章帝所发的几条诏令如下：

> （建初元年春正月，丙寅）比年牛多疾疫，垦田减少，谷价颇贵，人以流亡。方春东作，宜及时务。……罪非殊死，须立秋案验。有司明慎选举，进柔良，退贪猾，顺时

---

① 笔者认为，陈宠虽然搬出了《月令》等经典进行论证，以维护皇帝的改制，但似不能排除其马屁之嫌。

② 《后汉书》卷七六《列传第三十六·陈宠》。

令，理冤狱。

（元和元年秋七月，丁未）自往者大狱已来，掠考多酷，钻钻之属，惨苦无极。……宜及秋冬理狱，明为其禁。

（元和二年春正月，乙酉）方春生养，万物莩甲，宜助萌阳，以育时物。其令有司，罪非殊死且勿案验，及吏人条书相告不得听受，冀以息事宁人，敬奉天气。

（元和二年秋七月，庚子）律十二月立春，不以报囚。月令冬至之后，有顺阳助生之文，而无鞠狱断刑之政。朕咨访儒雅，稽之典籍，以为王者生杀，宜顺时气。其定律，无以十一月、十二月报囚。①

上述这些诏令，显然表现出行刑时令之法律化及在东汉的落实程度。元和元年七月之诏，明示宜秋冬理狱，元和二年正月之诏，显现春季非死罪不得案验，以敬奉天气，元和二年七月之诏，则将原本十二月立春不得报囚提前一月，定十一月、十二月不得报囚，这就是前述汉章帝的改革。而建初元年正月之诏，则更是明确“罪非殊死，须立秋案验”，很可能是《唐律疏义》“立春后秋分前不决死刑”的前身。综合这些诏令，立春后不准报批死刑的规定，在汉章帝时已成为较具规模的法律制度了，对唐律秋冬行刑规定之形成有着明显的影响。当然，在此需值得一提的是，结合前述陈宠上奏事以及这些诏令，至少从汉初到汉章帝时代，秋冬行刑的法律时令，有着一个不断变迁的过程，如从萧何时的季秋，到汉中期的一般秋冬，再到后来的孟仲季三冬，再到汉章帝时的孟冬十月。由此可见，虽然汉初就有行刑时令的出现，至汉中期还有董仲舒的理论建构，但是秋冬行刑时令的具体运作却始终处于不断的调整和变动之中，而只有到了隋唐特别是唐代，才真正呈现出稳定内容的法律规定。

需要特别指出的是，秋冬行刑的法律化事实上还涉及历法问题。正是在古人对日月五星及二十八星宿等进行细致观测的基础上，才制定了指导人事的时间历法；正是依赖历法，古人才能较有规律或呈常态型地把握各种季节、节气和其他天时的到来和变迁，才

① 《后汉书》卷三《帝纪第三 · 章帝》。

能够较准确地落实秋冬行刑原则的实际运行。当然，由于历法这部时间大法毕竟是天时的人类表达，其背后毕竟还是人类对天意的把握程度问题，故本章本目并未将秋冬行刑置于历法的视野下进行考察，而是直接从由天象来反映天意的时令视野来论说。

3. 秋冬行刑的具体内容及补充

可以说，“秋冬行刑”较为完整的面貌见于《唐律疏义·断狱律》。该标题名为“立春后秋分前不决死刑”的律文内容是：

> 诸立春以后、秋分以前决死刑者，徒一年。其所犯虽不待时，若于断屠月及禁杀日而决者，各杖六十；待时而违者，加二等。

上述律文中，前一句话显然继承了传统时令精神的有关秋冬行刑之规定。对此，疏义又依《狱官令》进一步说明：“从立春至秋分，不得奏决死刑。违者，徒一年。”如此规定也就是说，秋分之后至立春之前的这段时间是可以行刑的，而这段时间就是所谓的“秋冬”季节。可见，唐律是采用了禁止性规范而反面明确了“秋冬行刑”的法律精神和制度。

然而，律文中的后一句话则似与时令无甚关联，不过由于其涉及了具体的日月时间，而这些具体的日月时间又与时令中的日月时间多有重合，特别是其中也具有某些天学意义的时间尤与时令密切相联，故可作为主流地位的秋冬行刑制度的补充。对此，疏议引《狱官令》补充解释说：

> 其大祭祀及致斋、朔望、上下弦、二十四气、雨未晴、夜未明、断屠月日及假日，并不得奏决死刑。其所犯虽不待时，“若于断屠月”，谓正月、五月、九月，“及禁杀日”，谓每月十直日，月一日、八日、十四日、十五日、十八日、二十三日、二十四日、二十八日、二十九日、三十日，虽不待时，于此月日，亦不得决死刑，违而决者，各杖六十。“待时而违者”，谓秋分以前、立春以后，正月、五月、九月及十直日，不得行刑，故违时日者，加二等，合杖八十。其正月、五月、九

月有闰者,令文但云正月、五月、九月断屠,即有闰者各同正月,亦不得奏决死刑。

可见,唐代除了立春后秋分前不得决死刑的一般法律规定外,还规定有许多特殊的行刑禁忌之日月时间。其中像祭祀、朔望、上下弦、二十四气、雨未晴、夜未明等固然与传统天学有关,但所谓断屠月、禁杀日等,则明显与佛教、道教对法律的影响有关。

佛教自东汉末年传入中国后便不断本土化,至魏晋南北朝以来,就开始在中国社会根深蒂固,很多统治者也笃信佛教,在律文及诏书中即有此反映。隋文帝杨坚由于其浓厚的佛教缘分和情结,遂将佛教定为国教。唐初,由于佛教信仰过盛而出现许多流弊,高祖又认定老子为唐室祖先,提倡道教,乃至奉道教为国教。不过,有唐一代佛教始终影响较大。在武德二年正月二十四日发布的诏令中,首次规定了"断屠月"的内容,也反映了断屠月之于佛道两家的共生性:

释典微妙,净业始于慈悲;道教冲虚,至德去其残杀。四时之禁,无伐麛卵;三驱之化,不取前禽。盖欲敦崇仁惠,蕃衍庶物,立政经邦,咸率兹道。……殷帝去网,庶踵前修;齐王舍牛,实符本志。自今以后,每年正月、五月、九月,凡关屠宰、杀戮、网捕、略猎,并宜禁止。①

从这个诏令看,断屠月的设定主要是针对禽兽之类,而非罪犯。但是至贞观年间,唐太宗所下令的制文内容中则有"断屠日月"之谓,从而使"断屠"的对象有了新的指向,即由高祖时的禽兽开始转向人犯:

太宗又制在京见禁囚,刑部每月一奏,从立春至秋分,不得奏决死刑。其大祭祀及致斋、朔望、上下弦、二十

① 《唐大诏令集》卷一一三《政事 · 道释 · 禁正月五月九月屠宰诏》。

四气、雨未晴、夜未明、断屠日、月及假日，并不得奏决死刑。[①]

显然，这里的"断屠"是针对死刑（犯）而言的。此制文首见的断屠日，即为前引唐律文及疏议之"禁杀日""十直日"，也称"十斋日"，此时可能已具有佛道共同斋日的性质。

虽然断屠日、月是为佛教、道教作用于法律的结果，而不是传统天学下的产物，但它们与传统天学意义上的时令并不矛盾，而是完全在同一个律文中表现出来。这样的结果主要在于佛道两家对儒家的影响和渗透，使得以儒学为主导的传统天学能够吸收和消化佛道的因子。特别是随着佛教的传入，带有浓厚佛教色彩的印度天学也输入中国，从而使中国的传统天学又增添了新的内含。印度天学的输入和影响，其高潮出现于唐代，特别是形成了唐代天学的"天竺三家"，而其中瞿昙氏最为显赫。瞿昙家族中名声最大的瞿昙悉达曾奉勅编纂《开元占经》，而《开元占经》则成为后期中国天学家最重要的星占经典之一。[②] 所以，随着佛教的传入，中国传统天学已吸收、包容了佛教色彩浓厚的印度天学的因子，这些又在行刑时令法律上表现出来。而道教作为本土宗教，它的壮大本身就对传统天学有着重大影响，并成为传统天学中除主体儒家之外的另一个学术基础。虽然儒、佛、道三家思想多有不谐之处，但对于杀生问题，三者却都有慈悲为怀之心，故唐律"秋冬行刑"之律文才能将所有有关禁刑时间融于一体，相合运行。不过，必须承认的是，秋冬行刑之时令毕竟是主体，其他的特别禁刑时间，无论是在时间的长短上，还是在司法实践的影响上，只能是补充。

可以说，唐律中的秋冬行刑制度对后世深有影响，唐代以后的历朝法典，虽然由于政治社会环境的演变在具体行刑时间上略有变化，但基本上承袭了唐律"立春后秋分前不决死刑"的规定。

---

① 《旧唐书》卷五〇《志第三十·刑法》。

② 有关印度天学的传入及影响，可参阅江晓原《天学真原》之第六章"起源问题与域外天学之影响"。

（二）行刑时令之例外

1. 行刑时令之法定例外

一般而言，行刑受到时令的严格限制，这在封建法律较为完善的时代更是如此。如果违背行刑时令，则会受到法律的追究。前引唐律行刑时令条文中即规定“诸立春以后、秋分以前决死刑者徒一年”。但是，这并不是说所有的对罪犯的死刑执行都必须服从时令，而是有着行刑时令的法定例外。这个法定例外，即是对于重死罪而言，行刑并不受一般行刑时令的限制。

如《唐律疏义·断狱律》依《狱官令》有云：

> 从立春至秋分，不得奏决死刑。违者，徒一年。若犯“恶逆”以上及奴婢、部曲杀主者，不拘此令。

这说明谋反，谋大逆，谋叛，恶逆及奴婢、部曲杀主这五种犯罪，是统治者认为最为严重的五种犯罪，这些犯罪严重危害了国家安全、皇帝尊严、伦理纲常和贵族人身，故不必等待秋冬，可立时处决。唐律对此亦有相关明确规定，如对于恶逆，《唐律疏义·名例律》之律疏云：

> 四曰恶逆。……“恶逆”者，常赦不免，决不待时。

可见，即使在对秋冬行刑有着较为全面规定的唐代，对于那些极重死罪的处决也是不受一般行刑时令的限制的。显然，这是维护统治秩序之急需，表现了一种从重从快的刑罚政策。

唐律向以平允著称，清代律学家薛允升在其所著《唐明律合编》的序言中，就说唐律是“繁简得其中，宽严亦俱得平，更无再有增减者矣”。可以说，唐律之秋冬行刑之法定例外规定同样较为平允，范围仅在于五种之内。然而，后世关于秋冬行刑之法定例外则明显具有扩张趋势。五代后唐同光三年六月甲寅发布的敕令云：

> 刑以秋冬，虽关恻隐，罪多连累，翻虑滞淹。若或十人之中，止为一夫抵死，岂可以轻附重，禁锢逾时。言念哀

> 矜,又难全废。其诸司囚徒,罪无轻重,并宜各委本司,据罪详断申奏,轻者即时疏理,重者候过立春,至秋分然后行法。如是事系军机,须行严令,或谋恶逆,或畜奸邪,或行劫杀人,难于留滞,并不在此限。①

此处是五代史料中首次提及有关秋冬行刑之规定。然而在此敕令中,我们发现,敕文除强调秋冬行刑之盲点不足之外,还在令文中明确规定,除了唐律所见之恶逆以上之罪外,有关军机、容留奸邪、行劫杀人等犯罪行为,都不在秋冬行刑之适用范围内,而是决不待时。由于五代普遍存有“速宜疏决,不得淹滞”②之行刑理念,所以除了扩大决不待时之范围外,实际上就是春夏不决死刑的一般原则也没有切实贯彻。

宋代初年的情形几乎与五代相似,对秋冬行刑春夏停刑之一般时令原则也不严格执行,更无明确的行刑时令规定。直到所谓“性宽慈,尤慎刑辟”③的宋真宗当上皇帝,才于天禧四年颁布诏令,对行刑时期有所规定:

> 天下犯十恶、劫杀、谋杀、故杀、斗杀、放火、强劫、正枉法赃、伪造符印、厌魅咒诅、造袄书袄言、传授妖术、合造毒药、禁军诸军逃亡为盗罪至死者,每遇十二月,权住区断,过天庆节即决之。余犯至死者,十二月及春夏未得区遣,禁锢奏裁。④

在上述诏令中,明确规定一般死罪是春夏不得执行的。至于其他如十恶、劫杀、谋杀等十四类死罪,虽然有一定的行刑时间限制,但是这种时间限制是短乎其短,充其量只是一个月,过正月天庆节即行处决。从一定意义上说,宋真宗的这一规定只不过是给那些重罪死刑犯贴上一个时令的标签,而“过天庆节即决之”的口吻,则

① 《旧五代史》卷一四七《志第九·刑法志》。
② 《旧五代史》卷一四七《志第九·刑法志》。
③ 《宋史》卷一九九《志第一百五十二·刑法一》。
④ 《宋史》卷一九九《志第一百五十二·刑法一》。

大有一种迫不及待予以刑杀的心态。故表面上规定有相关时间限制，但实质上却依然是决不待时，只是稍有折扣而已，而且范围也明显扩大了。

后世对于决不待时的死刑范围都有所变化，不过在明清时代才有所回落，明律规定决不待时的范围是"十恶应死者"，于宋代相比明显范围小了。而至清代，由于秋审制度的实行，决不待时的范围竟缩小至大逆、大盗，其余都通过秋审，监候处决。

上述秋冬行刑之法定例外只是就一般意义而言。实际上，即使那些所谓"决不待时"的死刑，也并非绝对地"决不待时"。这些死刑不受一般秋冬行刑时令的限制，却会受到特别禁刑日、月时间的限制。如唐律明确规定，那些犯恶逆以上及奴婢、部曲杀主者虽不受春夏不得行刑制度的限制，但在"断屠月"及"禁杀日"即不得处决，否则处杖六十。[①] 可见，所谓的"决不待时"只是相对于传统的一般的秋冬行刑时令制度而言的，并不具绝对性。

2. 行刑时令之非常例外

行刑时令的非常例外，主要是指一般的秋冬行刑时令未能正常实践的情况。这样的例外主要表现在以下三种情况：[②]

其一，国家处于战争、动乱等紧急状况。在这种情况下，为维护政权存在和统治稳定，一切平时的法律都会受到影响，在刑罚上尤为从重从快。如王莽政权末期，面对当时与匈奴的紧张局势以及以绿林、赤眉为主流的起义势力，下诏说：

> 方出军行师，敢有趋讙犯法者，辄论斩，毋须时，尽岁止。[③]

如此行刑，乃至于"春夏斩人都市，百姓震惧，道路以目"。五代时期后唐多次诏令"速宜疏决，不得停淹"，也主要是由于当时战乱纷争而致。

---

① 参见《唐律疏义·断狱律·立春后不决死刑》之律文及疏文。

② 该部分的写作参考了金相范《时令与禁刑》之有关内容。参见高明士主编：《唐律与国家社会研究》，台北，五南图书出版股份有限公司2000年版。

③ 《汉书》卷九九《列传第六十九·王莽》。

其二,有不符皇帝统治理念或个人性格的情形发生。此时,统治者往往置法律于不顾,而随时下令行刑处决。隋文帝统治晚期加重刑罚,曾于六月棒杀人,为此大理少卿赵绰以"季夏之月,天地成长庶类"为由,欲劝阻文帝不可以此时诛杀。文帝却回答说:"六月虽曰生长,此时必有雷霆。天道既于炎阳之时,震其威怒,我则天而行,有何不可?"遂杀之。[①] 此处文帝之说虽抬出"天"来作自我辩护,但以古代天学而论却并不成立。明代邱浚引胡寅之言批评道:

> 则天而行,人君之道,尧舜禹汤文武之盛,由此而已,文帝所言王言也,而其事则非也。宪天者,以庆赏法春夏,以刑威法秋冬。雨露犹人君之惠泽,雷霆犹人君之号令。生成万物之时固有雷霆,而雷霆未尝杀物,隋文取则雷霆而乘怒杀人,其违天多矣。[②]

不仅如此,邱浚还进一步认为文帝六月杀人与其个人性格有关:"隋文帝以阴谋得天下,而性尤猜忌,往往欲杀人以立威。"[③]《隋书·刑法志》也说文帝"性猜忌""任智而获大位""得犯立斩"云云。对于隋文帝的"杀人立威",邱浚发出了可谓最强烈的悲愤和批判之声:

> 呜呼!天立君以主生人,欲其则天道以为治,使天所生得全其生。今为天之子不能奉天道以养天民,反假天之威以害之,使天无知则已,天道有知,其肯容之耶?卒之不得其死,而其子若孙自相鱼肉,至于殄宗绝祀,孰谓天道无知耶?[④]

其三,出现地方官吏玩忽法律,自作主张的情况。这种情况要么是由于中央立法还未彻底渗透到地方,要么是由于地方司法官的

---

① 《隋书》卷二五《志第二十·刑法》。
② 《大学衍义补》卷一七〇《慎刑宪·顺天时之令》。
③ 《大学衍义补》卷一七〇《慎刑宪·顺天时之令》。
④ 《大学衍义补》卷一七〇《慎刑宪·顺天时之令》。

腐败和黑暗。如汉桓帝时，“宦官专权，政刑暴滥，又比失皇子，灾异尤数”，在延熹九年，时擅长天文阴阳之术的襄楷向朝廷上疏进谏，其中有云：

永平旧典，诸当重论，皆须冬狱，先请后刑，所以重人命也。顷数十岁以来，州郡玩习，又欲避请谳之烦，辄托疾病，多死牢狱。长吏杀生自己，死者多非其罪，魂神冤结，无所归诉，淫厉疾疫，自此而起。①

襄楷所言，揭露了当时“玩习”之地方官嫌“请谳之烦”而自主刑杀的普遍恶劣现象，从而将冬狱之行刑时令破坏殆尽。如此之类，秋冬行刑之地方执行情况可见一斑。

三、天学与刑种设定

在天学的视野中，古人还将一些刑种的设立与天紧密结合起来，是谓“法天设刑”。也就是说，圣人贤主不仅是“代天行罚”，而且在行罚之时，也会按照天的意志如何处罚。《晋书·刑法志》开篇就有一段话隐约表达了如何法天行罚的思想：

若夫穹圆肇判，宵貌攸分，流形播其喜怒，禀气彰其善恶，则有自然之理焉。念室后刑，衢樽先惠，将以屏除灾害，引导休和，取比琴瑟，不忘衔策，拟阳秋之成化，若尧舜之为心也。郊原布肃，轩皇有辔野之师；雷电扬威，高辛有触山之务。陈乎兵甲而肆诸市朝，具严天刑，以惩乱首。

由于人副于天，天之行罚人也可以模拟，故轩皇和高辛可分别以“郊原布肃”和“雷电扬威”而行杀罚之为，而从“陈乎兵甲”到“肆诸市朝”，这些由大到小、由重到轻的处罚，都是“天刑”种类，人都应严格遵守，代天行罚，“以惩乱首”。

如果上述法天设刑之思想尚不很明晰的话，那么下面这段话相

① 《后汉书》卷六〇下《列传第二十下·襄楷》。

信较有说明力：

> 夫形而上者谓之道，形而下者谓之器，化而财之谓之格。刑杀者是冬震曜之象，髡罪者似秋凋落之变，赎失者是春阳悔吝之疵也。五刑成章，辄相依准，法律之义焉。①

这是明法掾张裴注释晋律后向晋武帝上表中的一段话，较为精彩。从古代中国之天学看，此话中的“形而上者”之“道”即可视为天道，“形而下者”之“器”即可视为日月五星四时之具体天象，而“化而财之”之“格”即为各种刑罚。像枭首、斩刑、弃市等刑杀，就是模拟冬季日月星变雷震之天象；髡刑就是模拟秋季万物凋零之天象；赎刑就是模拟春阳有时光照不足之天象。可见，在天学的视野中，具体刑种的设立并非杂乱无章，而是有本有源，即法天道、天意而行，诚如班固在解释“象刑”时之说，是“象天道而作刑”②也。

在古代中国的具体刑种中，“法天设刑”较为突出的例子是“五刑”，现以此析之。

此处五刑主要指墨、劓、剕、宫、大辟。“五刑”的概念最早见于《尚书·虞书》中，《虞书》中的《舜典》篇首次出现了“流宥五刑”“五刑有服”之语。《虞书》中的《大禹谟》篇和《皋陶谟》篇也都记有论及“五刑”的词语。不过，“五刑”的具体内容却一直晚至周穆王时的《吕刑》中才出现。《尚书·吕刑》说：

> 五刑之疑有赦，五罚之疑有赦，其审克之！……墨辟

① 《晋书》卷三〇《志第二十·刑法》。

② 《汉书》卷二三《志第三·刑法志》。可以说，班固这样的解释恰可对应于古代天学视野中的“法天设刑”思想，不过，这时的“象刑”不是指某个具体刑种，而是指一种设立刑罚种类的指导思想。班固之说可为后来朱熹之印证。朱熹在对《尚书·舜典》中“象以典刑，流宥五刑，鞭作官刑，扑作教刑，金作赎刑”解释时说：“象如天之垂象以示人，而典者常也，示人以常刑。”又说：“象以典刑，此一句乃五句之纲领，诸刑之总括。”邱濬：《大学衍义补》卷一〇〇《慎刑宪·总论制刑之义(上)》。当然，就天学角度而言固有此说，但是将“象刑”视为具体刑种古人多有著说，如有认为是让受刑人身穿不同色质之服饰以示惩戒和耻辱，或者认为是画像以示刑罚和愧疚。今人多从具体刑种说。关于“象刑”的具体论述，可参见张晋藩：《中华法制文明的演进》，中国政法大学出版社 1999 年版，第 18-19 页。

疑赦,其罚百锾,阅实其罪。劓辟疑赦,其罪惟倍,阅实其罪。剕辟疑赦,其罚倍差,阅实其罪。宫辟疑赦,其罚六百锾,阅实其罪。大辟疑赦,其罚千锾,阅实其罪。墨罚之属千,劓罚之属千,剕罚之属五百,宫罚之属三百,大辟之罚其属二百。五刑之属三千。

由该段文字可见,像《尚书》这样的最早政书,也并未直截了当地指出五刑是什么,而是通过当处五刑有疑则赦以罚金的方式,才表达出了五刑的具体内容,这似乎有点奇怪。不过,从早期虞夏时期一些圣人贤主就常提起“五刑”概念,一直到西周穆王时,才用另一种方式表明五刑内容,可见“五刑”在整个上古三代其实是普遍皆知而不必明说其义的概念。当然,笔者在此无意去深究五刑内容的具体起源和运用,不过,五刑在三代的流行和常用,却似乎折射出了一种现象——统治者对天罚思想的广泛宣扬和正当运用。

实际上,从传统天学的角度看,古代圣人贤主对五刑的运用不仅是代天行罚,而且在具体刑种上也要与天的意志相配合。皋陶下面这句话即被认为藏有此意:

天工,人其代之。……天讨有罪,五刑五用哉![①]

可见五刑的运用直接与天相关,是天讨有罪的五种天罚表现。后来《礼记》还将五刑直接与天的伦理挂钩:“凡制五刑,必即天论,邮罚丽于事。”[②]按郑玄注释,此处“必即天论”即“必则天伦”。所谓五刑的制定必须符合天理天意,五刑的运行也要求做到刑当其罪。但天为何喜好“五刑”,而不是“四刑”“六刑”之类呢?《白虎通》中有段话可明确说明:

圣人治天下,必有刑罚何?所以佐德助治,顺天之度也。故悬爵赏者,示有所劝也。设刑罚者,明有所惧也。

① 《尚书·皋陶谟》。
② 《礼记·王制》。

传曰:“三皇无文,五帝画象。三王明刑,应世以五。”五刑者,五常之鞭策也。刑所以五何?法五行也。……科条三千者,应天地人情也。五刑之属三千。①

行用刑罚是顺应天意,而行用五刑则是依循五行。五行者,即木、火、金、水、土五者,乃构成万物的最基本物质,同时又都可表现为气。从天学的角度看,诚如第五章所述,天道、天意通过天象表现出来,而天象则通过具体的阴阳五行显现出来。总之,五行是天的具体显现,通过五行,使人感受到天的无所不覆和客观存在。五刑之“五”取法五行,实际上即为取法于“天”和“天数”。

“五行”与“五刑”的关系,隋人萧吉在其编著《五行大义》中有“相刑”之说:

夫刑者,杀罚为名。自是刑于不义,非故相刑也。五行各在一方,寒暑推移,应时而动,不失其节,各不犯,各无应独受刑者。但须用之不严而治,不可弃而不用,故皆还相刑,如以金治金则成其器,以人治人则成国政。《吕氏春秋》云:“刑罚不可偃于国,笞怒不可废于家。”故五刑之属三千,莫不本乎五行。②

由于刑杀毕竟不是好事,故最好不用,就如五行各在一方不失时节而互不相犯。但是五行并非互不相犯,而是在相犯相刑中成就事物。五行如此,则人也必相刑,所谓人治人则成国政,刑罚必不可废。然则“五行”又如何衍生出“五刑”呢?古人的解释是:

刑所以五何?法五刑也。大辟法水之灭火,宫者法土之壅水,膑者法金之刻木,劓者法木之穿土,墨者法火之胜金。③

因五行相克而作五刑,墨、劓、剕、宫、大辟是也。火能

① 《白虎通疏证》卷九《五刑·刑法科条》。

② 《五行大义》卷二《论刑》。

③ 《白虎通疏证》卷九《五刑·刑法科条》。

变金色，故墨以变其肉；金能克木，故剕以去其骨节；木能克土，故劓以去其鼻；土能塞水，故宫以断其淫泆；水能灭火，故大辟以绝其生命。①

劓刑，法木之胜土，决其皮革也。②

膑刑，法金胜木，去其节目也。③

可见，五刑的具体内容是从五行相克的具体内容中比附而来。五刑每一刑种的处罚方式，都是从五行具体的相克中得到启示和模拟。虽然这样的比附和模拟有点牵强附会，但毕竟代表着一种天学观念，那就是古人从五行相克模式引申出对天罚方式的模拟，因为五行在天学中毕竟是上天五星神灵天体的物质显现，即所谓“天有五星，地有五行”是也。经过汉代刑制改革，废除肉刑，墨、劓、剕、宫、大辟五刑体系得以瓦解和替换，但至隋唐，一种新的五刑体系定成，即笞、杖、徒、流、死，仍以“五”之数目为准，则仍然是出于古人法五行之由。

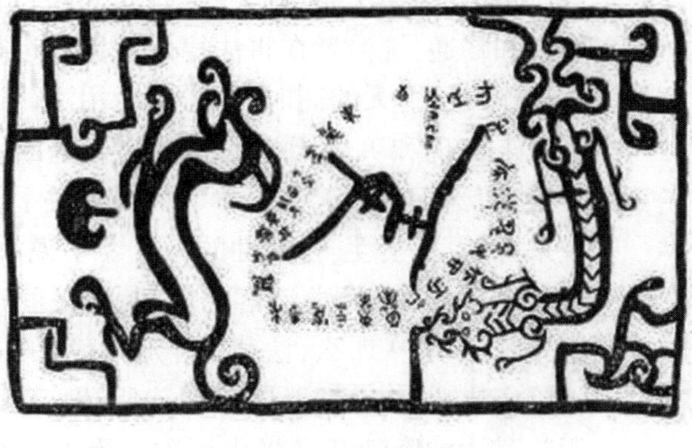

湖北随州战国曾侯乙墓漆箱盖面天文图

① 《五行大义》卷二《论刑》引《周书》之言。
② 《太平御览》卷六四八《刑法部十四·劓》引《礼统》之言。
③ 《太平御览》卷六四八《刑法部十四·膑》引《礼统》之言。

第九章　天学禁脔与法律保障

中国古代法律的"则天"理念,表明法律与天学有着特别紧密的关系。这种关系显然主要表现在天学对法律诸多根本的影响和作用上,前述几章的论述证明了天学如何具体决定和影响法律的设置和运行,从而体现了法律的"则天"不仅是一个抽象的最高理念和准则,更是一个具象的本源路径依赖。

不过,为使法律"则天"的理念和路径真正得以实现和畅通,统治者在将法律的设置和运行通过天学运作交给上天的同时,也力图运用法律这种暴力工具来实现和巩固天学的官方严格垄断。因为天学绝非"天下人的天下之学",而只是关乎统治者王权来源性、正当性、合法性的极重要学说系统,倘若脱离了天学,或天学流落到民间,被民间透过天象洞察"天机",①那么,法律"则天"背后的王权神圣性就会丧失根基而消散殆尽。所谓"天机不可泄漏",其中的隐喻意义极为深刻和重大,而所谓"泄

---

① "天机"是中国古代的一个重要概念。其义有多重:(1)上天的机密,即天意、天命之类。如《晋书》卷一百十六《载纪第十六·姚苌》载:"愿布德行仁,招贤纳士,厉兵秣马,以候天机。"(2)国家机要事宜。如《三国志》卷四十七《吴志二·孙权》载:"朕以不德,承运革命,君临万国,秉统天机。"(3)天赋灵性。如《庄子·大宗师》载:"其耆欲深者,其天机浅。"(4)星宿名,即斗宿。如《晋书》卷十一《志第一·天文上》载:"南斗六星,天庙也,丞相太宰之位,主褒贤进士,禀授爵禄。又主兵,一曰天机。"本著所谓"天机"主涉第一义。

者殃”，则既表达了王权己身由于天机泄漏所致的可悲命运，更展现了统治者对有关泄漏行为或现象进行无情镇压的冷酷面孔。从法律与天学的关系来看，依靠法律这一国家暴力工具来实现和巩固天学的官方独占性，恰恰也是法律本身从抽象理念和具体路径上得以实现“则天”的前提和保障。

一、天学之禁脔

所谓天学之“禁脔”，就是说天学并非人人可以食用的一块肉，它具有民间之“禁食性”，只有官方甚至只有皇室才有资格染指，具有强烈的官方垄断性。

(一)天学官方地位之考察

1. 天学在上古政务中特殊地位之考察

《尚书》可以说是儒家经典中之最古者，今天大体可视为上古时期史官对朝廷大事及君主言行的记录，并被认为是我国第一部较为可靠的史料汇编。[①] 于此，《尚书》成为研究上古政治的重要文献。

《尚书》第一部分是《虞书》，《虞书》第一篇是《尧典》。关于《尧典》之作意图，该篇之序说：

> 昔在帝尧，聪明文思，光宅天下，将逊于位，让于虞舜，作《尧典》。

从《尧典》的正文来看，主要是介绍了帝尧时期的重大政绩，以及选择接班人舜的一些政务。值得注意的是，介绍尧的政绩约占了该篇的一半篇幅。由于其对本著此处有重要意义，现兹将有关文字抄引如下：

> 曰若稽古，帝尧曰放勋，钦明文思安安，允恭克让，光被四表，格于上下。克明俊德，以亲九族；九族既睦，平章百姓；百姓昭明，协和万邦。黎民于变时雍。
>
> 乃命羲和，钦若昊天，历象日月星辰，敬授人时。分命

---

① 参见黄怀信注训：《尚书注训》，齐鲁书社2002年版，“弁言”。

> 羲仲，宅嵎夷，曰旸谷，寅宾出日，平秩东作。日中，星鸟，以殷仲春。厥民析，鸟兽孳尾。申命羲叔，宅南交，平秩南讹，敬致。日永，星火，以正仲夏。厥民因，鸟兽希革。分命和仲，宅西，曰昧谷，寅饯纳日，平秩西成。宵中，星虚，以殷仲秋。厥民夷，鸟兽毛毨。申命和叔，宅朔方，曰幽都，平在朔易。日短，星昂，以正仲冬。厥民隩，鸟兽氄毛。

在上述所引帝尧的政绩介绍中，第一段是对帝尧政绩的赞扬，甚为抽象，而第二段之政绩描述，则显然是属天学事务，而且很是详细具体。命令羲仲居住在东海之滨叫旸谷的地方，恭敬地迎接日出，辨察太阳从最东方升起的日子，以确定春分日，并以白昼时间不长不短、傍晚鸟星中天为标志，来确定春季的第二个月；命令羲叔居住在南方太阳与南交会的地方，辨察太阳从南方回转的日子，恭敬地送它北归，以确定夏至日，并以白昼时间长、傍晚大火心宿中天为标志，来确定夏季的第二个月；命令和仲居住在西方叫昧谷的地方，恭敬地给落日送行，辨察太阳到达最西点的时间，以确定秋分日，并以夜晚时间不长不短、傍晚虚宿中天为标志，来确定秋季的第二个月；命令和叔居住在北方叫幽都的地方，辨察太阳从北改变方向向南回转的时间，以确定冬至日，并以白天时间短、傍晚昂星中天为标志，来确定冬季的第二个月。这样的一种具体描述，显然给我们的印象是，在占《尧典》约一半篇幅而描述的帝尧政绩中，最主要、最突出的就是他如何安排天学事务！

这样的印象显然会使我们初看之下感到奇怪。在这篇为选择、交接领导人而作的《尧典》中，现代人所认为的内政外交、军事经济等国家大事千头万绪，《尧典》几乎闭口不提，却大谈特谈帝尧如何安排天学事务，这当然是件让人不解之事。然而，于现代人好奇之心暂且不提，帝尧安排天学事务的详尽描写，却足可反映出天学在上古政务中的特殊地位非同寻常，至为重要。

实际上，天学事务之重要在《尧典》篇中就通过帝尧之口有所表露。帝尧在安排好羲仲、羲叔、和仲、和叔各自的天学事务后，用一种看似极为严肃又极为自信的口气说：

咨！汝羲暨和：期三百有六旬有六日，以闰月定四时成岁。允厘百工，庶绩咸熙。

这其实是帝尧对羲氏与和氏之天学事务的谆谆教诲。所谓“允厘百工，庶绩咸熙”，就是说用这样的天学知识去处理各项事业，各项事业都会成绩兴盛而取得成功。可见，帝尧本人就对天学事务极为重视，视为百业兴盛之关键。

《尧典》和帝尧如此，尧的接班人虞舜对天学事务同样十分重视，甚至将天学事务作为受禅后的第一要事来做。《尚书·舜典》篇有云：

正月上日，受终于文祖。在璇玑玉衡，以齐七政。肆类于上帝，禋于六宗，望于山川，遍于群神。

这里是指在正月最吉善的一天即正月初一，[1]舜在祖庙接受了尧的禅位，之后就开始了一系列有关天学的事务。首先是“在璇玑玉衡，以齐七政”，[2]即用美玉珠玑装饰的观天仪器，平齐测定了日月五星的位置。接着举行祭祀，把受禅即位之事向上天报告，又烧烟禋祭阴阳寒暑水旱六神，还望祭高山大河，遍及所有神灵。舜不仅在受禅的那个正月进行了那么多的天学事务，而且在第二个月首要的事务仍然事关天学。《舜典》说道：

岁二月，东巡守，至于岱宗，柴，望秩于山川，肆觐东后。协时月，正日。

---

① 按帝尧时代的历法应是孟春之月朔旦，相当于现在的年初一凌晨，古人认为是最吉利的日子、最吉利的时辰。

② 关于“在璇玑玉衡，以齐七政”九字究竟何指，几千年来聚讼纷争。就是“璇玑玉衡”一词，自汉代起就有两种不同的看法，即一主星象说，一主仪器说。星象说中又分两种，一主北斗星说，一主北辰说。关于是否观天仪器，夏鼐先生有《所谓玉璇玑不会是天文仪器》一文发表。本著之所以仍取仪器说，并不在于是否要去深究这个问题，也无意去探讨，而只是为了本著此处的运用效果。不过，无论如何，“璇玑玉衡”与天学有关是为无疑。而关于“七政”，历来同样众说纷纭，如《五行大义》即提及三解：一云日月五星为七政，二云北斗七星为七政，三云二十八宿布在四方，每方七宿为七政。本著取第一解。

此处“柴”是指烧柴祭祀。《周礼·大宗伯》有云:“以禋祀祀昊天上帝,以实柴祀日月星辰。”所以,这里是指舜帝第二月东方巡察到了泰山,就烧柴祭祀日月星辰,并以此望祭东方山川河流,接受东方诸侯朝见,接着又调整月份,修正日辰,以协合时令。可见,在舜的政务中,天学事务同样是放在第一位的。

天学在上古政务中之重要地位,不仅在帝王之正面施政中表现明显,而且还从应对相关官员之反面败政的案例中表现出来。夏代仲康君临天下时,当时专门从事天学事务的羲和擅离职守,沉迷于酒色而“废时乱日”,胤侯奉王命前往征伐,征伐前作了一个誓辞,其中有云:

> 惟时羲和颠覆厥德,沉乱于酒,畔官离次,俶扰天纪,遐弃厥司。乃季秋月朔,辰弗集于房。瞽奏鼓,啬夫弛,庶人走。羲和尸厥官,罔闻知,昏迷于天象,以干先王之诛。政典曰:“先时者杀无赦,不及时者杀无赦。”今予以尔有众,奉将天罚。①

这里将羲和的失职情况说的十分严重。由于他的失职,结果导致在季秋朔日日月并未按定朔会集于房宿域内,乃至于这一错误历日被发现后,乐师击鼓、小吏驱使、平民奔走,争相进行挽救。而羲和竟空占官位,一点也不知道,因此犯了先王的诛杀之法。在这里,乐师、小吏和平民的奋力挽救之举,表明了古人上上下下对天学事务重要性的认知,而“先时者杀无赦,不及时者杀无赦”的政典,则显现了国家法律对违背天职的严厉惩罚,从而突出了天学在古代政务中极为重要的地位。

2. 天学在历代官史中特殊地位之考察

天学在上古政务中之特别重要地位已如前述,那么在封建时代又将如何?本处即从封建历代钦定的正统官史入手作一概考。

古代中国第一部官史《史记》作者司马迁,在谈到自己写作目的

---

① 《尚书·胤征》。

时有云：

> 仆窍不逊，近自托于无能之辞，网罗天下放失旧闻，考之行事，稽其成败兴坏之理，凡百三十篇，亦欲以究天人之际，通古今之变，成一家之言。①

这句话中的“究天人之际，通古今之变，成一家之言”，是为文人学者中流传之千古名言。然而，对于“究天人之际”一语多有不同理解，学者蒋天枢解释为“从宇宙到人生，从自然到社会、政治，皆有所阐述”。② 倘若如此，《史记》当是一部百科全书式的著作。然而，事实并非如此。以现代人的观点来看，130 卷的《史记》中可称得上“宇宙”或者“自然”范畴的只有如下几卷：③

> 律书、历书、天官书、河渠书、扁鹊仓公列传。

这 5 卷中，《律书》论讲乐律、节令、天象、物候及其相互间的对应；《历书》专论历法；《天官书》则专论天文星占；《河渠书》论讲水利；《扁鹊仓公列传》为名医传纪。可见五者之中，有三者是事关天学的。至于像《封禅书》《日者列传》《龟策列传》之或可涉及“宇宙”或“自然”者，则是现代人观念之“迷信”范畴，但却与古代天学密切相关。由此可见，“究天人之际”并非真正关乎宇宙与人生或自然与社会之关系问题，而主要是关乎天学问题。正如有学者清醒地指出，司马迁的“究天人之际”是星占学背景下的一个命题，其中的“天”指星占学理论中的天象及其运行规律，并非等同于“自然”；所谓“究天人之际”，实质是力图将星占学与实际社会生活结合起来，在其中找到历史发展的规律，这与下句“通古今之变”恰形成对应。④

---

① 《汉书》卷六二《列传第三十二·司马迁》。

② 朱东润主编：《中国历代文学作品选》（上编第 2 册），上海古籍出版社 1979 年版，第 142 页。

③ 参见江晓原：《天学真原》，译林出版社 2011 年版，第 27 页。

④ 参见章启群：《司马迁“究天人之际”释义——从占星学的角度》，载《安徽大学学报（哲学社会科学版）》2010 年第 6 期。

然而,对天学的高度关注和缜密书写,绝非司马迁一人之做法,虽然人们往往会怀疑这与司马迁父子职业相袭有关,但我们发现,司马迁的做法竟被此后两千年间的历代官史所继承,成为一种传统模式而相沿不改,甚至与司马氏相比还有增加、扩大之趋势。只不过,司马迁"书"之称呼后被"志"所取代。历代官史中有关天学内容的篇目见表 9-1(按各史原顺序):①

表 9-1　历代官史有关天学内容的篇目

书名	篇目
《史记》	律书　历书　天官书
《汉书》	律历志　天文志　五行志
《后汉书》	律历志　天文志　五行志
《晋书》	天文志　律历志　五行志
《宋书》	历志　天文志　符瑞志　五行志
《南齐书》	天文志　祥瑞志　五行志
《魏书》	天象志　律历志　灵征志
《隋书》	律历志　天文志　五行志
《旧唐书》	历志　天文志　五行志
《新唐书》	历志　天文志　五行志
《旧五代史》	天文志　历志　五行志
《新五代史》	司天考
《宋史》	天文志　五行志　律历志
《辽史》	历象志
《金史》	天文志　历志　五行志
《元史》	天文志　五行志　历志
《明史》	天文志　五行志　历志
《清史稿》	天文志　灾异志　时宪志

① 此表参见江晓原:《天学真原》,译林出版社 2011 年版,第 29 页。

以上除《清史稿》外，其余均为今人眼中的官方正史。① 很明显，后世官史在《史记》之天学内容基础上，增加了“五行志”，而把《史记》中的“律书”和“历书”合并为“律历志”。值得注意的是，“五行志”是专门论述灾异、祥瑞的篇目，其基本理论仍是传统的赏善罚恶的天人感应理论，即人君政治昏暗则天降灾异，人君政治昌明则天降祥瑞；而且其中还载有大量与星占学有关的内容，所以当然属于传统天学范畴。另外，像典型的天学内容的“天文志”则不是排在第一就是排在第二，主要是排在首位。可见，《史记》以降各代官史，天学内容以天文、律历、五行三志表现出来，被称为“天学三志”。

不过，表 9-1 的分析只是说明天学内容在各官史中的篇目编排情况，并不足以自动说明天学内容在各官史中的特别重要性或不可或缺性。然而，当我们综观各代官史的结构编排和内容记载时，我们有着在《史记》中看到的同样甚至更甚的体会，即真正作为今人所言的所谓古代自然科学，诸如数学、物理、纺织、建筑、冶金、化学、医学、农艺等，在各官史的篇目中都完全没有位置，除了少数私家著述外，②唯有到浩如烟海的古籍中去爬梳搜觅才有所收获。而与此相反，关乎天学内容的“天学三志”却独领风骚，在各官史篇目中几不缺席，并常居于各志之首，其史料可毫不费力地得之于历代最正统的煌煌官史之中，其系统性、丰富性、全面性之程度，可谓是无任何其他学科能望其项背。这样的一个惊人事实，无疑说明了天学在古

---

① 学界以往曾有“二十五史”之说，现严格来讲已不宜此说。因《清史稿》为北洋政府时期组织人员在时局纷乱、经费拮据等环境下撰写并仓促杀青，存在体例陈旧、大批史料未能充分利用、很多历史问题未能深入和补正等诸多缺陷，特别是其中多有诋毁革命之言辞，思想观点较为偏颇，故目前中国官方并不赞同其正史之地位。为弥补此缺，中国政府决定重修一部高质量、高标准的清史巨著。从 2002 年 8 月开始，“清史纂修工程”开始酝酿和启动，国务院成立了清史编纂委员会，由戴逸教授担任主任。迄今为止，该工程已全面展开，并已进入结项阶段。本书此处因研究所需，仍将《清史稿》作为重要史料予以对待和处理。

② 如北宋沈括的《梦溪笔谈》是我国古代少有的一部古典科技名著，它是用我国传统的“笔记”方式写成的著作，内容无所不包，既有大量篇幅关于自然科学内容的实录，也有很多社会科学的论述和社会生活的记载，但由于沈括是一位古代科学家，该著中自然科学的论述、记载和创见占了极大的比重，历来被学者作为研究古代科技的重要私家文献。

代官史中的极重要地位与不可或缺性，同时也潜藏着天学的某种非同寻常的政治意义。

（二）天学官方垄断之考察

天学在古代政务和古代正史中的重要地位，主要是由于通过天学能获知天命，把握天机，从而成为王者、保有王者。正是出于天学与王权的这种紧密关系，天学遂须得官方垄断。而对天学的官方垄断则主要表现在对天学人员、天学设施、天学资料等通天手段的垄断上。不过，值得强调的是，这里的"官方垄断"是在极为狭义的概念上使用的，即它只是一种在王权直接授意和严格控制下的专职天学机构之官方的垄断，绝对不是广义上的泛泛官方之事，其他任何国家机构都不得随意染指，而这又与"通天者王"的理念紧密相关。

1. 天命与通天者王

在古代语境中，如果泛而言之，人人都有天定之命数，但若窄而言之，天命只是和人君国主发生联系，一般百姓无以染指，也无法染指。中国古代所谓的天命主要是在狭义范畴上的运用。天命的变更主要是人君的"物换星移"，国家的"改朝换代"。

由于天命的极其神圣崇高性，它代表的往往是人君的诞生和朝代的兴起，所以获悉天命成为历代胸怀大志者梦想成为人君和历代已然之人君如何保有统治的最重要课题。而要获悉天命，当然就要通达天意。但是，在一般情况下，谁有资格去通天呢？汉代大儒董仲舒对"王"字的解释，十分清楚地代表了古代中国何人通天的主流观点：

> 古之造文者，三画而连其中，谓之王。三画者，天、地与人也；而连其中者，通其道也。取天、地与人之中以为贯而参通之，非王者孰能当是？①

董仲舒对"王"字的解释可谓奇妙，虽似有穿凿附会之嫌，但却也不无道理。王字的上一横代表天，下一横代表地，中间一横代表人，一竖则不偏不倚，恰好贯穿于三横之正中，可谓通天地人之

---

① 《春秋繁露》卷一一《王道通三》。

道,合而言之即为王。荀子曾说:"天有其时,地有其财,人有其治,夫是之谓能参。"①但谁能合天地人三者而参之呢?荀子又说:"君子者,天地之参也,万物之总也,民之父母也。"②只有君才能参天地人。此处董仲舒对"王"字的解析,或许在很大程度上受了荀子影响,但客观地说,董仲舒所依据的思想观念,实为上古天命政治思想之要义所在——有资格通天者只有王,唯有交通天地人神者才有资格成为王。

对于古代中国社会通天与王权的关系,张光直先生曾有过深入研究。他说:

> 通天的巫术,成为统治者的专利,也就是统治者施行统治的工具。"天"是智识的源泉,因此通天的人是先知先觉的,拥有统治人间的智慧与权利。《墨子·耕柱》:"巫马子谓子墨子曰:鬼神孰与圣人明智?子墨子曰:鬼神之明智于圣人,犹聪耳明目之与聋瞽也。"因此,虽人圣而为王者,亦不得不受鬼神指导行事。从商代的卜辞来看,商王行动之先,常须举行占卜请示祖先,或至少要藉祖先意旨为行动之口实。……可是从另外一方面来说,占有通达祖神意旨手段的便有统治的资格。统治阶级也可以叫通天阶级,包括有通天本事的巫觋与拥有巫觋亦即拥有通天手段的王帝。③

鬼神永远明智于圣王,所以,通天的圣王,虽然是先知先觉,但却必须受鬼神指导行事,才能保有王权,实施统治。反过来说,通天者之所以能够获取统治资格成为王,是因为天是一切智识的源泉,通天者可从天那里获取一切有关人间统治的信息和力量。所以,在这个意义上,"统治阶级也可以叫通天阶级",张先生此言至为精辟。

由于张先生是以夏、商、周三代的文物为依据,从考古学的角度

---

① 《荀子·天论》。
② 《荀子·王制》。
③ 张光直:《考古学专题六讲》,文物出版社1986年版,第107页。

来论述通天和王权的关系，所以他笔下的通天者只是巫，而不是后来的星占学家。[①] 由于具有通天的本领，故巫成为王权中必不可少的组成部分，甚至王本人就干脆做起了巫。张先生说：

> 古代，任何人都可借助巫的帮助与天相通。自天地交通断绝之后，只有控制着沟通手段的人，才握有统治的知识，即权力。于是，巫便成为每个宫廷中必不可少的成员。事实上，研究古代中国的学者都认为：帝王自己就是众巫的首领。[②]

无论王自己是否为巫，还是后来由巫演变而来的星占家，王必须要借助巫或星占家的功能去通天获悉天机和天命，才能成其为王，才能保有其王。反过来说，为了成其为王和保有其王，则必须掌握和垄断通天手段。

2. 通天手段之官方垄断

具有通天本领的巫和星占家实际上就是上古时代最具成效的“通天手段”。帝王就是依靠这种通天手段才强调其获悉天命、把握天机的。所以，诚如张光直先生所言，“巫便成为每个宫廷中必不可少的成员”。不仅如此，巫之通天事务唯有服务于官方才能成就，否则就不是合法巫术，而是妖言、妖术，要受到国家法律严厉打击。同样，后来的星占学家也只能服务于官方，否则便会引来杀身之祸。

如果将巫觋和星占学家这些天学人员比作是通天手段的“软件”的话，那么那些天学设施和天学资料就是通天手段的“硬件”。从某种意义上说，对通天手段“硬件”的垄断要比对“软件”的垄断更为直接和突出。

古代中国的通天“硬件”主要表现为灵台、明堂、天文仪器、天文图书等。其中，灵台和明堂是古代官方的天学机构，在通天事务中

---

① 根据江晓原先生的分析，巫觋和星占学家是两种具有职业继承性的通天专家。即古代的星占学家，是由上古通天巫觋演变而来；古代天文星占之学，即属上古通天之术，太史观星测侯，不啻巫觋登坛作法。参见江晓原：《天学真原》，译林出版社 2011 年版，第 81 页。

② 张光直：《美术、神话与祭祀》，辽宁教育出版社 2002 年版，第 29 页。

具有极重要的天学意义。

拥有灵台之类的天学机构,其意义早在上古时代就已显现。《诗经·大雅·灵台》可能是古籍中最早记载灵台的篇章。《毛诗》对其有一小序云:

> 灵台,民始附也。文王受命,而民乐其有灵德,以及鸟兽昆虫焉。①

这里"民始附"是指周文王因其有德被受天命,而人民拥护他,甚至连鸟兽昆虫也附和于他。那么这与灵台又有何相关呢?按郑玄笺云:"天子有灵台者,所以观祲象、察气之妖祥也。"②又孔颖达疏引颖子容《春秋释例》云:"占云物,望气祥,谓之灵台。"③古人甚至还把灵台搬到天上予以"星辰化",所谓"(太微)明堂西三星曰灵台,观台也,主观云物,察符瑞,候灾变也",④此实是地上灵台设施的功能表达。因此,传统灵台的代表意义,远不同于今日的天文台与气象台,只是作单纯的天象观测、记录和研究,而是有着更为深层的意义,即通过"占云物""望气祥""候灾变",以察国之吉凶,并预拟因应之道。因此,拥有灵台者,便是拥有了与天相通的管道,便能先期掌握天象变化的征应,把握天机,并采取自我保护措施,以确保天命在身。

如此一来,灵台并非个人想筑就筑的设施,唯有天子才能拥有。前述第三章第二目在论及"天人感应之实质"时对此已有涉及。在此容烦再次引证孔颖达疏引《异义》《公羊》之言以资说明:

> 天子有灵台以观天文,有时台以观四时施化,有囿台观鸟兽鱼鳖。诸侯当有时台、囿台。诸侯卑,不得观天文,无灵台。⑤

---

① 《毛诗正义》卷一六《大雅·灵台》。
② 《毛诗正义》卷一六《大雅·灵台》。
③ 《毛诗正义》卷一六《大雅·灵台》。
④ 《晋书》卷一一《志第一·天文上·中宫》。
⑤ 《毛诗正义》卷一六《大雅·灵台》。

可见诸侯虽有时台、囿台,并不能观测天文,只是一般施政和休养之用。而像灵台这样用以观天候气、占卜吉凶的重要场所,其所揭示的天机,关乎王朝的存续,除了拥有天命的天子之外,其他诸侯自然是没有资格拥有的。如果非天子而欲拥有灵台,其企图显然不言而喻。如周文王时就有翦除商纣之心,在"民始附"的情况下,更是急于赶建灵台,所谓"经始灵台,艰之营之,庶民攻之,不日成之",①其用意无非想说明自己已然"天命"在身,②要打破商天子对通天手段的垄断,通过灵台取得不同于其他诸侯的地位,进一步号令天下,取商代之。

灵台又称为观星台、司天台等,后来逐渐演变为皇家天学机构,③掌管该机构的负责人称太史令。④ 据《周礼·春官宗伯》载,太史令之职隶属于春官宗伯,而后者的职责是"使帅其属而掌邦礼,以佐王和邦国",这正是北周以后出现的六部中礼部的职掌。此后,皇家天学机构就一直隶属于礼部,成为人君统治的神圣理念的提供者和解说者。可见,由于具有通天的功能,天学机构在中国古代从一开始就是在官方领导和控制之下,是政府机构的一个重要部门,而不是独立的民间科研机构。

明堂与灵台有着紧密的联系,也有着相同的功能。东汉诸帝就将明堂与灵台建于一处,并每在明堂祭祀完毕后必登灵台观测天象,同时大赦天下。⑤《素问·五运行大论》说:"黄帝坐明堂,始正天纲,临观八极,考建五常。"《白虎通·辟雍》说:"天子立明堂者,所以通神灵,感天地,正四时,出教化,宗有德,重有道,显有

---

① 《诗经·大雅·灵台》。

② 《毛诗正义》卷十六《大雅·灵台》之郑笺:"文王应天命,度始灵台之基趾,营表其位。"

③ 机构的名称历代屡有变化,如有太史曹、太史局、太史监、秘书阁局、浑天监、浑仪监、司天台、司天监、太史院、钦天监等。

④ 当然,天学机构的首脑称呼历代也屡有变化。有太史令、太史曹令、秘书阁郎中、浑天监令、提点、司天监、司天监监正等名称,不过以太史令最为多用。

⑤ 如《后汉书》卷三《本纪第三·章帝》载:"(建初)三年春正月己酉,宗祀明堂。礼毕,登灵台,望云物,大赦天下。"《后汉书》卷四《本纪第四·和帝》载:"(永元)五年春正月乙亥,宗祀五帝于明堂,遂登灵台,望云物,大赦天下。"《后汉书》卷六《本纪第六·顺帝》载:"(永和元年春正月)己巳,宗祀明堂,登灵台,改元永和,大赦天下。"

能，褒有行者也。”可见建立明堂之目的，也在通天通神。不过与灵台相比，明堂是通过“祭祀仪式”而“理念”通天，而灵台是通过“观测天象”而“感观”通天，两者方式不同而已。基于通天的功能，明堂同样只能是官方垄断，唯有天子才有资格建立和使用。

至于其他通天手段如天文礼器、天文仪器和图书资料等，同样在官方垄断之下。前述王孙满和楚庄王关于“鼎之轻重”的著名对话，就显现了作为天文礼器的九鼎的官方垄断性，甚至非天子者均不得染指。同样，其他观天测天仪器如浑天仪、地动仪、游仪、玉衡望筒、日晷之类，与九鼎具有同样性质而为官方垄断，民间不得持有。此外，一些天文图书如算得上天学秘籍也为官方控制和垄断，如《石氏星经》《甘石星经》《开元占经》《乙巳占》《灵台秘苑》《步天歌》《推背图》等即为天学秘籍，私人不得收藏，否则就会受到法律制裁。

二、法律对天学禁脔之保障

由于天学为通天之学，关乎天命，关乎正统，关乎王权确立和保有，故历代统治者不仅把对天学的垄断作为国家的重要大事来抓，而且还制定了严厉的法律，严禁个人私藏天文器物和私习天文，严禁个人私为相关天文之事，并对天学人员的失职行为进行处罚，从而对天学这块官方之脔进行保障。

(一)禁止私藏天文器物和私习天文

1. 法律禁私规定之考察

(1)魏晋隋唐宋时代法律禁私规定之考察

对私藏天文器物和私习天文的法律禁止，可谓是历来已久。比较明确的禁令早在晋代泰始三年十二月就已出现，即晋武帝诏令“禁星气谶纬之学”，[①]而在次年颁布的《泰始律》中则吸收了这道禁令，同时明确规定私藏私习者要处徒两年。北魏太平真君五年春正月戊申，魏世祖拓跋焘的一道诏令更是涉及严惩私染天文事：

---

① 《晋书》卷三《帝纪第三 · 武帝》。又《隋书》卷三十二《志第二十七 · 经籍一 · 经》载：“至宋大明中，始禁图谶，梁天监已后，又重其制。”按此，图谶之禁始于南朝宋大明年间，此与史载泰始三年十二月晋武帝诏令有相左之处。到底何者先行图谶之禁，可作备考。

> 愚民无识，信惑妖邪，私养师巫，挟藏谶记、阴阳、图纬、方伎之书；又沙门之徒，假西戎虚诞，生致妖孽。……自王公已下至于庶人，有私养沙门、师巫及金银工巧之人在其家者，皆遣诣官曹，不得容匿。限今年二月十五日，过期不出，师巫、沙门身死，主人门诛。明相宣告，咸使闻知。①

此诏令对私养师巫及私藏天文书籍的打击可谓十分严厉，违者可获"门诛"之惩。类似禁令在后来的孝文帝拓跋宏那里继续"发扬光大"，史载太和九年正月戊寅，诏曰："图谶之兴，起于三季。既非经国之典，徒为妖邪所凭。自今图谶、秘纬及名为《孔子闭房记》者，一皆焚之。留者以大辟论。又诸巫觋假称神鬼，妄说吉凶，及委巷诸卜非坟典所载者，严加禁断。"②北魏统治者动辄以罪死相威胁，表现了动荡时代统治王权在面对民间私染天文之事时的高度紧张和焦虑。

有隋一代，杨坚父子先后有天文禁私令。隋文帝开皇十三年二月丁酉，"制私家不得隐藏纬候图谶"。③ 至隋炀帝时，对民间所持天文相关书籍更是大加禁焚，甚至罪死："炀帝即位，乃发使四出，搜天下书籍与谶纬相涉者，皆焚之，为吏所纠者至死。自是无复其学，秘府之内，亦多散亡。"④可见，杨广之书禁在程度上大大超越其父，竟然最后使朝廷秘府之内也大多散佚。

可以说，相较于前朝各代，较为全面、具体的法律禁止当出现在唐代。《唐律疏义·玄象器物》规定：

> 诸玄象器物、天文图书、谶书、兵书、七曜历、太一、雷公式，私家不得有。违者，徒二年。私习天文者，亦同。⑤

---

① 《魏书》卷四下《帝纪第四下·世祖下》。
② 《魏书》卷七上《帝纪第七上·高祖上》。
③ 《隋书》卷二《帝纪第二·高祖下》。
④ 《隋书》卷三二《志第二十七·经籍一·经》。
⑤ 《唐律疏义·职制·玄象器物》之律文。

对这条律文,疏文进行了较为细致的词句解释:

玄象者,玄,天也,谓象天为器具,以经星之文及日月所行之道,转之以观时变。易曰:“玄象著明,莫大于日月。故天垂象,圣人则之。”尚书云:“在璇玑玉衡,以齐七政。”天文者,史记天官书云天文,日月、五星、二十八宿等,故易曰:“仰则观于天文。”图书者,“河出图,洛出书”是也。谶书者,先代圣贤所记未来征祥之书。……七曜历,谓日、月、五星之历。太一、雷公式者,并是式名,以占吉凶者。私家皆不得有,违者,徒二年。若将传用,言涉不顺者,自从“造祆言”之法。“私习天文者”,谓非自有书,转相习学者,亦得二年徒坐。①

据疏文所释,玄象器物实为浑天仪之类的天文仪器,通过它可“以经星之文及日月所行之道,转之以观时变”,即根据日月星辰的运行而运转观测时变。至于河图洛书,则是上天对“伏羲继天而王”和“禹治洪水”的赐物,即八卦图和洪范书,后又衍生为阴阳和五行之属,当然乃天学资料。谶书作为“先代圣贤所记未来征祥之书”,实际上也是天人感应、阴阳五行和灾异符瑞之说的运用,自是天学资料范围无疑。七曜历是指日月五星七类天体之运行历数,对占星术的运用极为重要。而太一、雷公式作为占吉凶之书,同样与天学密切相关。这些天文器物和资料由于直涉天学,用之习之即可通天,故严禁私家藏有,以免私人获悉天机,觊觎天命。

既然私人藏有这些天文器物都为犯罪,更何况在藏有前提下又传而用之呢?依前引唐律疏文规定,若将传用,言涉不顺者,自从“造祆言”之法。《唐律疏义·造祆书祆言》规定:

诸造祆书及祆言者,绞。造,谓自造休咎及鬼神之

① 《唐律疏义·职制·玄象器物》之疏文。

言,妄说吉凶,涉于不顺者。①

可见处罚十分严厉。疏文对本条律文又有明确解释:

"造祆书及祆言者",谓构成怪力之书,诈为鬼神之语。"休",谓妄说他人及己身有休征。"咎",谓妄言国家有咎恶。观天画地,诡说灾祥,妄陈吉凶,并涉于不顺者,绞。②

"涉于不顺者"只是程度问题,实质的犯罪行为是"观天画地,诡说灾祥,妄陈吉凶",从而既踏入天学禁地,又蛊惑民心,扰乱秩序,故处绞刑,比起私藏而未传用者徒二年要更加严厉。

值得注意的是,《唐律疏义·玄象器物》之疏文界定了"私习天文"的含义,即"非自有书,转相习学",意即自己并无藏有天文图书,只是从他处传习而来。对于这种行为,由于并未藏有禁物,故处罚要比藏而传用轻得多,但与藏而未传用者同,徒二年。

对于私习天文者,不仅有此专门律文予以处罚规定,而且还不适用于自首。《唐律疏义·犯罪未发自首》规定:

并私习天文者,并不在自首之例。③

在此条中,我们只发现针对"私习天文"是不适用自首,但并未规定对"私有天文器物"作出不适用自首的情况。其实,这涉及一个问题:为什么对私习天文者不适用自首呢?《唐律疏义》并没有进行回答。不过,清代律学家沈之奇在其著《大清律辑注》中对这个问题进行了学理解释:

名例私习天文者,不准自首,以其习学已成也。若习学未成,与收藏禁物者,并准自首。④

① 《唐律疏义·贼盗·造祆书祆言》之律文。
② 《唐律疏义·贼盗·造祆书祆言》之疏文。
③ 《唐律疏义·名例·犯罪未发自首》之律文。
④ 《大清律辑注》之"收藏禁书及私习天文"条注。

虽然沈氏针对的是大清律的解读，但同样可适用于唐律。原来私习天文者不适用自首，是因为私习者已经习学而成，掌握了知识，成为大脑知识信息库中难以抹去的组成部分，这样即使自首又有何用？而那些习学未成者与收藏者，由于并未掌握通天知识，故可自首无妨。但如何判断是"习而未成"呢？这的确是个难以判别的问题。所以，唐律之私习天文者不适用自首之规定实为保险之举。

宋承唐制，对于私藏天文器物和私习天文的禁止规定，从律文到解释与《唐律疏义》一字不差，是为百分百的抄袭。不过，《宋刑统》在列完律文和解释后，补充了一个"准"文，即后周太祖郭威于广顺三年九月五日之敕节文：

> 今后所有玄象器物、天文图书、谶书、七曜历、太一、雷公式，私家不得有及衷私传习，如有者，并须焚毁。其司天监、翰林院人员并不得将前件图书等，于外边令人看览。其诸阴阳、卜筮、占算之书，不在禁限。所有每年历日，候朝廷颁行后，方许私雕印传写，所司不得预前流布于外。违者，并准法科罪。①

可见，《宋刑统》在唐律基础上有了新的补充规定。从上引敕文内容看，凡私藏天文器物者，不仅要徒二年，而且其藏有之禁物还要就地烧毁，让其消失。然而，须值得特别注意的是，诸阴阳、卜筮、占算之书并不在禁限之例，②即意可为私习，而且历书也可在朝廷颁行后允许私人雕印传写，这似是天学禁令中的松弛之规定。不过，法律如此规定，并不代表实践如此。事实上，宋代法典经常被诏令所取代，宋代对私人染指天学之事予以处罚的严厉程度与唐代相比是过犹不及，直至死刑。如宋太宗太平兴国二年冬十月丙子，"诏禁天

---

① 《宋刑统·禁玄象器物》。

② 值得注意的是，阴阳数术之类在民间曾于唐玄宗时代被条件性禁止。《资治通鉴》卷二百一十四《唐纪三十·玄宗开元二十七年》载："夏四月癸酉，敕：'诸阴阳术数，自非婚丧卜择，皆禁之。'"

文、卜相等书,私习者斩”。[1] 从“私习者斩”此不容置否之处罚,让人仿佛看到了统治者面目的可怖。又如宋真宗于景德元年春正月辛丑下诏说:

> 图纬、推步之书,旧章所禁,私习尚多,其申严之。自今民间应有天象器物、谶候禁书,并令首纳,所在焚毁。匿而不言者论以死,募告者赏钱十万,星算伎术人并送阙下。[2]

虽然与宋太宗的禁令相较,宋真宗略有所缓,但还是十分严厉:私藏天文器物及图书而不坦白上交者,竟有死刑之处罚,并且以重金奖励告密。

(2)元明清时代法律禁私规定之考察

元代作为蒙古族政权,同样对天文器物和私习有着禁令。不过,元代有关禁令均以皇帝诏令之形式出现,而非唐宋式的律典条文。《大元通制条格》中有关诏令曰:

> 至元三年十一月十七日,中书省钦奉圣旨节该:据随路军民人匠,不以是何投下诸色人等,应有天文图书、太乙雷公式、七曜历、推背图,圣旨到日,限一百日赴本处官司呈纳。候限满日,将收拾到前项禁书如法封记,申解赴部呈省。若限外收藏禁书并习天文之人,或因事发露,及有人首告到官,追究得实,并行断罪。钦此。[3]

按上述这道诏令,可见在诏令发布之前,凡是收藏有各类天文图书、资料的并不治罪,而是在诏令发布后限一百日内上交本县官府,本县官府再将其封存上交省级官府;如百日内收藏此类禁书者不上交或百日后还有收藏及习学的,则要予以断罪处罚。不过,令

---

① 《宋史》卷四《本纪第四・太宗一》。
② 《续资治通鉴长编》卷五六《真宗・景德元年》。
③ 《大元通制条格》之“禁书”条。

人奇怪的是，禁令中并未涉及天文仪器如浑天仪之类。条格中又有：

> 至元二十一年五月，中书省为河间路捉获贼徒隐藏苗太监伪造图谶文书，奏奉圣旨施行外，又奏：这般星历文书每，在先教拘收者道来，不好生拘收来的一般有。如今随路里行榜文，这般文书教拘收呵，怎生？奏呵，奉圣旨：这的索甚问？那般者。钦此。①

可见，伪造天文图书是犯罪，就是藏有此类伪书也是犯罪。但问题是，从至元三年发布禁书令到至元二十一年，仍有民间收藏禁书者，为此中书省奏议张贴榜文"拘收"。为此，朝廷再次在全国范围内对私藏者进行搜查，重申惩处立场：

> 括天下私藏天文图谶《太乙雷公式》《七曜历》《推背图》《苗太监历》，有私习及收匿者，罪之。②

此外，因元朝一些方士及星术之士喜借天文攀附权贵，为避免权贵个人因涉私习而身陷处罚，前后颁布了许多敕令，禁止他们之间的交往接触。如史载："（大德十一年十月乙巳）敕方士、日者毋游诸王、驸马之门。"③"（大元二年正月庚寅）禁日者、方士出入诸王、公主、近侍及诸官之门。"④"（延佑七年正月戊申）禁巫、祝、日者交通宗戚、大官。"⑤"（泰定二年正月乙未）禁后妃、诸王、驸马毋通星术之士，非司天官不得妄言祸福。"⑥

明代同样严禁私藏天文仪器、天文图书及私习天文。不过，其法典处罚力度与前朝特别是宋代相比有明显下降。《大明律》之

---

① 《大元通制条格》之"禁书"条。
② 《元史》卷一三《本纪第十三·世祖十》。
③ 《元史》卷二二《本纪第二十二·武宗一》。
④ 《元史》卷二三《本纪第二十三·武宗二》。
⑤ 《元史》卷二七《本纪第二十七·英宗一》。
⑥ 《元史》卷二九《本纪第二十九·泰定帝一》。

“收藏禁书及私习天文”条规定：

凡私家收藏玄象器物、天文图谶、应禁之书，及历代帝王图象、金玉符玺等物者，杖一百。若私习天文者，罪亦如之。并于犯人名下，追银一十两，给付告人充赏。①

明代律学家雷梦麟《读律琐言》对此条进行了学理解释：

玄象器物，谓象天之器，如璇玑玉衡、浑天仪之类；天文之书，谓推步测验之书，如统天历之类，凡此皆所以防私习也。图谶之书，谓图像谶纬，如推辈图、透天经、风角鸟占之类，凡此皆所以防惑众也。天文图谶，皆为应禁之书，……故私藏者，杖一百。其器物、禁书、图象、符玺等项，并入官。私习天文，谓不系天文生，而私自习学能推步测验者，亦杖一百，送钦天监充天文生。并于犯人名下追银十两，给告人充赏，开乐告之门也。②

可见，对于天文器物及图书进行私藏禁止，既是防私习又是防惑众。实质上，就是防止民间掌握“推步测验”之通天学问，以惑众作乱危害统治。我们发现，对犯人的处罚乃实行“罚身”和“罚金”双罚制。有意思的是，对于私习天文者，除了被执行双罚外，还必须被强制送往钦天监充当天文生，很值得玩味。不过，虽然统治者极力想垄断天学知识，但我们发现，对私藏者及私习者的处罚却由唐宋时的徒两年降为杖一百，大为减轻。

不过，与宋代一样，法典的规定与实际上的处罚力度同样有着很大差别，特别是在明初尤甚，沈德符《万历野获编》中有云：

国初，学天文有厉禁，习历者遣戍，造历者殊死。至孝宗弛其禁，且命征山林隐逸能通历学者以备其选，而卒无

① 《大明律·礼律·仪制》。

② 《读律琐言》之“收藏禁书及私习天文”条琐言。

应者。[1]

此处“国初”主要指明太祖洪武年间。朱元璋出身贫农，最后却一跃到达权力顶点，此为历史罕见。在“重典治国”的同时，为使其统治王权保有神圣合法性，明太祖自是十分重视天文学的官方垄断，对私习天文行为尤为重罚。正因为明初以来对习历、造历者处罚很重，乃至于到了明孝宗放松管制，向民间招纳能通历学人才时，竟无人响应。这说明民间在长期禁锢下要么已无此类人才，要么还心有余悸不敢应征。不过，明代天文禁私并非铁板一块，经历明初厉禁之后，自明仁宗时起逐渐废弛，至万历朝的南京教案中似又重新活跃。可以说，至少从明中后期开始，禁止私习天文之律在实施层面已然沉睡，官方总体上听任乃至鼓励私人传习；但律条文本的存在，又让其以祖制力量及钦天监部门利益等形式活跃着，致使私人对习学敬而远之。[2]

清初《大清律集解附例》可谓原封不动地继承了《大明律》对天文禁物、禁书及禁私习的规定。清初律学家沈之奇针对“收藏禁书及私习天文”条的解释，与明代雷梦麟的解释几乎雷同，只是着重强调了禁止私藏的原因，是由于那些天文禁物和禁书“皆所以推测休咎，预言治乱者也，最易惑众”。[3] 此外，沈之奇也回答了之所以强制将私习者转业成为天文生的缘由，也使上面的所谓“玩味”真相大白：

> 私习固所应禁，学成不能复改，不可听在民间，故决讫杖罪，令充天文生。[4]

此想必是沈氏对《大清律集解附例》该条律文小注“私习之人，术业已成，决讫，送钦天监充天文生”的解释。显然，私习者既然

---

① 《万历野获编》卷二〇《历法 · 历学》。

② 参见尤佳君：《论明代私习天文之禁的张弛》，载《自然辩证法通讯》2021 年第 5 期。

③ 《大清律辑注》之“收藏禁书及私习天文”条注。

④ 《大清律辑注》之“收藏禁书及私习天文”条注。

术业已成,并不因决罚之后就会丧失其天学知识,为防决罚后蛊惑民心以乱统治秩序,故强制其成为天文生而服务官方。虽然今人多有认为“清承明制”更多的只是寻求政权合法性、正统性的政治运作,而非对法律内容的真正认知,但是客观承认,鉴于之前历代对天学禁私规定及执行的传统惯性,清初统治者仍然十分害怕天学知识在民间的存在和传播,亦当是其应有之心态。

不过,到了康熙朝,由于受到“历狱案”的触动,康熙对西洋传教士所传西学产生了极大的学习兴趣,特别是出于政治需要而力倡“西学中源”,“道治合一”圣王形象得以建构,[①]其王权统治自信心大增,这使顺治朝大清律对天文禁私的严苛规定开始发生重要变化。史载:

> 康熙二十三年议准:凡习学天文之人,及算法仪器,不必禁止。若有妄言祸福、煽惑愚人者,仍照律拟罪。[②]

可见,至少从康熙二十三年开始,对于私习天文已不再一应禁止,而仅对以其所学进行“妄言祸福、煽惑愚人”者按律进行惩罚。可以说,这是传统中国对天学禁私规定的一个重要“分水岭”,具有里程碑式的标志意义。而到了雍正三年,大清律则正式废除了禁止私习天文的律目及律文内容:

> 雍正三年律例馆奏准:以私习天文,今已不禁,因将律目内“及私习天文”五字删去,并将律文、律注俱节删。[③]

---

① 参见刘溪:《“西学中源”说与康熙帝“道治合一”形象的构建》,载《自然辩证法研究》2016年第10期。

② 光绪朝《钦定大清会典事例》卷七六七《刑部·礼律仪制·收藏禁书及私习天文》。

③ 吴坛:《大清律例通考》卷一七《礼律·仪制·收藏禁书律文》。稍值得一提的是,光绪朝《钦定大清会典事例》编纂者在卷七百六十七《刑部·礼律仪制·收藏禁书及私习天文》中有个“谨案”:“雍正二年奏准:私习天文之禁已除,将律目‘及私习天文’五字、律文‘若私习天文者’二句删去。”其时间记为雍正二年,并非雍正三年。笔者以为,因吴坛其父在刑部任职二十多年,曾任侍郎、尚书等职,而吴坛为乾隆朝进士,也先后曾任刑部主事、郎中、侍郎等职,可谓继承家学,精研法律,而《大清律例通考》乃其尽毕生精力写就的一部力作,故吴坛之考证更有准确性。目前学界也普遍持雍正三年说。

可见在雍正三年,大清律关于"收藏禁书及私习天文"条律目,已摇身一变为"收藏禁书",其律文则是:"凡私家收藏天象器物(如璇玑玉衡、浑天仪之类)、图谶(图象、谶纬之书推治乱)应禁之书,及(绘画)历代帝王图象、金玉符玺等物(不首官)者,杖一百,并于犯人名下追银一十两,给付告人充赏。(器物等项,并追入官。)"其只规定了对收藏天象器物、图谶等禁物、禁书行为的处罚,传统的私习天文之惩罚已不见踪迹。此后,该律目及内容被乾隆五年正式颁布的《大清律例》完全继承,并一直沿袭到清末。

从上述历代之具体法律看,相较而言,魏晋隋唐宋时期及明初对天文器物图书及私习予以严厉禁止,处罚也重,但经元代,特别是到了明中期以后,厉禁程度明显减弱,而到了清代康雍时期,禁私仅针对收藏天象器物及图谶等项,而对天文私习已然全面放开。其个中原因并不是说天学于王权的神圣性并不那么重要和突出,而是主要由于明清两代的专制王权已发展到了极致,对于皇家天学及其机构的依赖性已经大为下降,不再像以前必须靠天学才能确定王权统治,而是具有了自身强化的独立性。当然,这也与从明代万历年间开始,耶稣会传教士将西方天文学引入中国天学事务,又得清初顺治、康熙诸帝信任,并长期由耶稣会士领导钦天监有关。所以,明清时代随着王权的极致发展,也由于西方天文学的影响,天学对于王权的重要性实际上已经下降到主要作为象征和装饰之用了。[①] 不过,虽如此,在古代中国自古就一直传承的对"天"虔诚信仰的语境中,"天"仍然是人们信仰观念中之于政权合法性的唯一最终根源,所以,从获取政权的普遍拥护和合法效力出发,通天事务和通天之学仍是统治者主观上加以垄断的神圣事业。

2. 天文禁私范围之考察

前文主要就历代关于天文私藏、私习之禁令作一梗概解析,但对于天文禁私的范围,即哪些天文事项当在禁私之内,法律其实并无十分明晰的界定。虽然历代禁令大都以列举的方式说明,但由于现实中情况多样复杂,特别是社会人士经常能轻易接触到种种天文

---

① 参见江晓原:《天学外史》,上海人民出版社 1999 年版,第 54-55 页。

事项，比如阅读史籍、观察天象等，禁私范围的列举恐难以明确规训人们的言行。实际上，对于何种天文事项需要或当为禁私，古人本身就有所争论。因此，为使令人清楚了解，当有必要对天文禁私范围作一考察。

（1）天学内容包括天文星占与历法，禁止私习是否涵盖二者？

关于这个问题，历代禁私并无明确规定。不过，从历代禁令所列举项目来看，禁私针对的似主要是天文星占而非历法。私禁的这种模糊状态，似乎直到明末才由徐光启进行了一定澄清。崇祯二年，徐光启在《礼部为奉旨修改历法开列事宜乞裁疏》中说：

> 私习天文，律有明禁，而监官不知律意，往往以此沮人，是以世多不习，或习之而不肯自言耳。臣等考之周礼，则冯相与保章异职。稽之职掌，则天文与历法异科。盖天文占候之宜禁者，惧妄言祸福，惑世迷人也。若历法止于敬授人时而已，岂律例所禁哉！①

按此，可见历史上监官们常将私习禁止范围作扩张解释。但徐光启认为，这是混淆了天文与历法二科，因为周礼之冯相与保章实为二职。按徐光启的理解，历代律令明禁私习的当只是天文占候，而非历法。

清初天学家梅文鼎对禁私范围也有类似认识，针对顾炎武《日知录》中“天文”一目，关于私习之禁的问题，梅氏曾以自问自答的方式解释说：

> 或问：“律何以禁私习？”曰：“律所禁者天文也，非历也。”曰：“二者异乎？”曰：“以日月晕珥、彗孛飞流、芒角动摇预断吉凶者，天文家也。本躔离之行，度中星之次，以察发敛进退，敬授民事者，历家也。《汉艺文志》天文廿一家，暦谱十八家，判然二矣。且私习之禁，禁其妄言祸福，惑世诬民耳。若夫日月星辰，有目共睹，古者率作兴

① 《徐光启集》卷七。

事,皆用为候,又何禁焉?”①

明末清初这两位大家的解读,可谓明晰界定了历代私习之禁的天学范围:对私习天文占验的禁止,是因为害怕其“妄言祸福,惑世迷人”而危害朝政;而对历法网开一面,是因为历法以敬授民时为主要功能,并不威胁国家安全。当然,这样的区分固然有理,但也反映了明末清初因改历需要而对传统祖制及实践的某种反思。事实上,明沈德符《万历野获编》就记有“国初……习历者遣戍”事,可见历史上一度出现过严禁习历的法律现象。就此来看,徐氏所言“监官不知律意”云云,恐怕责任不在或不全在监官,而是君臣之间某种有意无意的共谋。

此外,徐、梅二人关于历法不在禁私范围的解读,也并非绝对,而是还要看个人的习历目的。正如徐氏所说,“若历法止于敬授人时而已,岂律例所禁哉”,但如果习历不是为了授时,而是凭其妄言祸福,那么这种私习,朝廷对其禁止和打击必是无疑。事实上,为防止有人利用历法危害政治,有的历法就被法律明文禁止私藏私习。比如唐宋元历代对《七曜历》就有明确的法律禁止,个中之因即在于其“除了历法推步之术外,同时隐含颇多天象吉凶占验的成份在内”。② 可见,历法是否私禁,并非徐、梅二人所说那样简单,而是有着一定复杂之处。当然,就一般意义而言,徐、梅的区分大体可以成立。

(2)研读各正史中的“天学三志”,算不算私习天文而为犯罪?

正史中的“天学三志”,往往是典型的星占学文献,而官修史书一般人皆可公开阅读。关于这个问题,历代私禁同样未有明确规定。不过根据有关事例,可推为不算。明代学者焦竑在其著《玉堂丛语》记杨慎之事有云:

正德丁丑岁,武庙阅《文献通考·天文》,星名有“注

① 黄汝成纂辑:《日知录集释》卷三〇《天文》引梅氏之言。

② 郑志敏:《仰观附察天人际:中国古中古时期天文星占之历史研究》,台北,花木兰文化出版社 2009 年版,第 244 页。

> 张”，问钦天监，不知为何星也。内使下问翰林院，同馆相视愕然。杨公慎曰：“注张，柳星也。周礼以注鸣者，注，注，味也，鸟喙也，音呪。南方诸鸟七宿，柳为鸟之咮也。《史记·律书》：‘西至于注张。’《汉书·天文志》：‘柳为鸟喙。’”因取《史记》、《汉书》二条示内使以复。同馆戏曰：“子言诚辩且博矣，不干私习天文之禁乎？”①

明武宗不知“注张”为何星，因钦天监不知，遂命内使下问翰林院。杨慎以正史《史记》《汉书》引证解答为柳星。虽然“同馆相视愕然”及“同馆戏曰”云云，均表明当时禁私习天文禁律的严厉性和震撼性，杨慎也想必清楚，但他对以正史资料引证解答而不怕陷入私习天文却似胸有成竹。

明代另一事例更传达了当事人可通过正史研习而非为私习天文的思想。万历十二年，兵部职方郎范守己曾自造一架浑象，引起轰动，不断有人要他讲解，弄得他口干唇焦。于是，范守己便作《天官举正》一书，在序中为自己辩护说：

> 或谓，国家有私习明禁，在位诸君子不得而轻扞文罔也。守己曰：是为负贩幺幺子云然尔。昭皇帝亲洒宸翰，颁天元玉历于群臣，岂与三尺法故自凿枘邪？且子长、晋、元诸史列在学官，言星野者章章在人耳目间也。博士于是焉教，弟子员于是焉学，二百年于兹矣，法吏恶得而禁之？②

这就是说，我范守己之举并非法律禁止之私习天文，不仅皇帝将《天元玉历》公布于群臣，而且200年来，自司马迁《史记》以来的官修正史公开列在学官，读书人均可从中读到星占文献，能言星野，是谓正常情理之事，并不违法。此种辩辞当然在理，私藏私习是为犯罪，私造更为严重，范守己当然清楚，他也不会轻易冒天下之大

---

① 焦竑：《玉堂丛语》卷一《文学》。

② 参见中国天文学史整理研究小组编著：《中国天文学史》，科学出版社1981年版，第218页。

不韪而为之，拿自己性命开玩笑，所以范守己制造天文仪器自有其合法理由，即是根据人人可以得阅的正史文献而来。如若违法，岂非让各正史也成为禁书乎？当然这是不可能的。

（3）私习天文之禁，对国家官员和普通民众是否有所区别？

此问题同样未能发现明确的律令，不过其间实况值得玩味。前述范守己之辩辞，其“是为负贩幺幺子云然尔”一语，似表明禁私习天文只是针对普通百姓，而非针对国家官员。实际上，明仁宗时的确有此一议。明时工部左侍郎沈节甫辑《纪录汇编》，摘抄王鏊之《震泽长语》，其“象纬”目有云：

> 仁庙一日语杨士奇等云：“见夜来星象否？”士奇等对不知。上曰：“通天地人之谓儒，卿等何以不知象？”对曰：“国朝私习天文，律有禁，故臣等不敢习。”上曰：“此自为民间设耳，卿等国家大臣，与国同休戚，安得有禁？”乃以《天官玉历祥异赋》赐群臣。①

显然，仁宗是将禁私习天文只针对民间百姓而制定的，士大夫特别是国家大臣并不在限。出于专制体制下皇帝的权力和地位，明仁宗之言可称得上是对私习天文之禁律具有某种法律效力的解释。不过，这样的解释毕竟不是通过诏令或正式律文的形式表现出来的，其普遍效力和长期有效性值得怀疑。后来律学家雷梦麟著《读律琐言》，其中对“私习天文”进行解释，反映了他那个时代并无禁私只针对民间的说法：

> 私习天文，谓不系天文生，而私自习学能推步测验者。②

可见，凡不是天文生而习学，就是私习天文。作为律学大家，如果明代果真有禁私习天文只针对普通百姓的法律精神的话，雷氏不

① 沈节甫：《纪录汇编》卷一二五《震泽长语》。
② 《读律琐言》之“收藏禁书及私习天文”条琐言。

可能不知,不可能不在学理解释时反映出来。乃至于到了清代,律学家沈之奇在《大清律辑注》中对“私习天文”进行解释时,可谓与雷梦麟之说同出一辙。可见有清一代同样并无私禁只适用民间百姓而不适用士大夫官员之法律精神。由此说来,禁私习天文仅限民间之说,似只是明仁宗一家之言,并非具有普遍效力,或者只在明仁宗在位时具有效力,而在其他时代则无。

3. 有关案例之考察

先看发生在隋朝的一起私自习传天文案:

> 马光,……少好学,从师数十年,昼夜不息,图书谶纬,莫不毕览,尤明《三礼》,为儒者所宗。开皇初,高祖征山东义学之士,光与张仲让、孔笼、窦士荣、张黑奴、刘祖仁等俱至,并授太学博士,时人号为六儒。然皆鄙野,无仪范,朝廷不之贵也。士荣寻病死。仲让未几告归乡里,著书十卷,自云此书若奏,我必为宰相。又数言玄象事。州县列上其状,竟坐诛。孔笼、张黑奴、刘祖仁未几亦被谴去。唯光独存。①

此案中,张仲让因在朝廷不得志,告归乡里后不仅著书以泄大志,还公然私习并传播天文,结果引来杀身之祸,不仅本人被刑杀,而且还使孔笼、张黑奴、刘祖仁3人受到株连而丢官。有意思的是,可能基于某种原因,马光却未受牵连。可以说,该案中对私染天文的惩处不可谓不重,可见隋文帝对此种行为较为敏感和反感,这或与他以“天命”从周帝获得帝位禅让的背景紧密相关。②

---

① 《隋书》卷七五《列传第四十·儒林·马光》。

② 《隋书》卷一《帝纪第一·高祖上》载:“俄而周帝以众望有归,乃下诏曰:‘……天心人事,选贤与能,尽四海而乐推,非一人而独有。周德将尽,……朕虽寡昧,未达变通,幽显之情,皎然易识。今便祗顺天命,出逊别宫,禅位于隋,一依唐虞、汉魏故事。’高祖三让,不许。遣兼太傅、上柱国、杞国公椿奉册曰:‘咨尔相国隋王:……斯盖上则天时,不敢不授,下祗天命,不可不受。……往岁长星夜扫,经天昼见,八风比夏后之作,五纬同汉帝之聚,除旧之征,昭然在上。近者赤雀降祉,玄龟效灵,钟石变音,蛟鱼出穴,布新之贶,焕焉在下。九区归往,百灵协赞,人神属望,我不独知。仰祗皇灵,俯顺人愿,今敬以帝位禅于尔躬。’”

唐代的案例史载似为多见，现存《全唐文》中大概记有15篇关于犯天文图谶禁令的判文，这些判文有备考试而假设的，也有针对实际案例的。唐代法律学家张鷟编撰的《龙筋凤髓判》，是迄今为止完整传世的最早一部官定判例，[①]其中即记有一则太史令杜淹教男私习案的判词。此当为一则实例，在《全唐文》中也有记载。因其语句精美，兹录于下：

> 太史令杜淹教男私习天文，兼有元象器物，被刘建告，勘当并实。
>
> 粤若颛顼，命南正以司天，昔在帝尧，命东宫以宾日。履端于始，序则不愆，举正于中，时乃不忒。自秦称金虎，叨五胜之宏纲，汉起玉鸡，叶三微之远度。征洛下命唐都，考大衍之始终，心伏羲梦周旦，步太初之盈缩。四营因之式序，八变所以无差，五星叶度于上，万物和平于下。杜淹位参义仲，声振子韦，览沮诵之前规，遵史迁之旧典。星聚东井，逆辨休征，月犯少微，悬知应变。使星已发，无违寸景之期，剑气莫关，不爽分毫之信。宫居太后夙已上闻，宋起真人，预为先觉。谯周之论蜀灭，杜琼之说曹兴。此列代之攸钦，邦家之要籍。淹之少子，雅爱其书，习张衡之浑仪，讨陆续之元象。父为太史，子学天文，堂构无堕，家风不坠。私家不容辄蓄，史局何废流行，准法无辜，按宜从记。[②]

这是一例被他人告发私习天文但被判决无罪的案例。杜淹为当时掌管天文的首领太史令，按判词之言，是“位参义仲，声振子韦，览沮诵之前规，遵史迁之旧典”的一名优秀天学家。他的小儿子喜爱天文，“习张衡之浑仪，讨陆续之元象”，即私习天文，结果被刘建告发。张鷟认为，父为太史，子学天文，“堂构无堕，家风不坠”，并

---

① 参见张鷟撰：《〈龙筋凤髓判〉校注》，田涛、郭成伟校注，中国政法大学出版社1996年版，“点校说明”。

② 参见张鷟撰：《〈龙筋凤髓判〉校注》，田涛、郭成伟校注，中国政法大学出版社1996年版，“点校说明”，第154页。

未败坏天文传承家风,虽然私家不得收藏和学习,但天学世家流行习之却也无妨,故“准法无辜”。实际上,该优美判词的真正实质部分并不多,主要在后面几句话,前面的大篇幅描写,首先是论说天文的重要意义,然后说到杜淹身为太史令如何优秀、有何贡献等。这些大量的描述实际上就是要烘托父业子学的可理解性、合理性和非违法性。

这则案例表明,在唐代对私习天文的禁止,并不适用于天文官员的家学传承。实际上,由于禁止私习天文,他人不得染指天学,故才有了天学世家,“子承父业”成为维持、补充天学人员队伍的重要方式和途径。① 像司马迁家族这样的天学世家,就是一种天文人员补足方面的典型代表。② 所以,无论是杜淹教子习学天文也好,还是杜淹之子自己研习也好,都是符合了历史上天学“子承父业”的传统。不过,这样的传统未必人人皆知,特别是在禁私习天文严厉的唐代,刘建的告发不仅顺乎情理,而且反映了这条禁律的宣传力度。如果刘建对子承父业的传统心知肚明的话,则他的告发更体现出当时唐代这条禁律的威慑力量和宣传效果,况且当时法律并未明确规定可以子承父业、子承父学。也正由于此,张鷟才似乎不得不用大段无关痛痒的篇幅,将天文的重要性及杜淹的尽职尽责情况描述一通,无非是设下铺垫,最终使他的判决合乎情理,得到人们的理解。虽然这个案例并非“禁私习天文”之禁律的正面实施,但从张鷟的判词中,可合理推导出这条禁律在唐代的宣传力度和实施效果。

《全唐文》中另一个当为真实有名的私习天文案,则表达了司法官在严厉法律和情理上的纠结和权衡。崔璀的《对私习天文判》中即讲述了这个案例:

---

① 值得特别注意的是,“子承父业”的传统到了明初竟成为一项法律制度被规定下来。《大明会典》卷二百二十三《钦天监》载:“凡本监人员,洪武六年令,永远不许迁动,子孙只习学天文历算,不许习他业。其不习学者,发海南充军。”此足可见明初对天学事务的强制垄断程度。

② 除司马迁外,其他有明确史载的天学世家也不乏少数。如《魏书》卷九十一《列传第七十九 · 术艺 · 张渊》载:“后太史赵胜、赵翼、赵洪庆、胡世荣、胡法通等二族,世业天官者。”此为北魏政权中赵氏家族与胡氏家族的天学世家。其他具有代表性的还有如隋朝庚季才家族、唐朝李淳风家族、瞿昙罗家族等。

定州申望都县冯文，私习天文，殆至妙绝，被邻人告言。追文至，云移习有实，欲得供养。州司将科其罪，文兄遂投匦，请追弟试，敕付太史试讫，甚为精妙，未审若为处分。①

唐朝在武后当政时，曾在京城设四匦，欲密告者、有冤屈者皆可投匦以告，请求申诉或圣裁。② 冯文私习一案，定州地方官已认定冯文犯禁，当受其刑。但其兄认为，冯文自幼即有此天分，并无恶意，且原本只是有意以其技供职于朝廷，故如此受罚实在冤枉。于是投匦以告，希望能允许其弟到天文机构，试其天文技术是否精妙，如技不精再处分不迟。这的确是一件较为棘手的案件。崔璀最后在判词中写道：

精心凝寂，绵思洞幽。……昔闻其事，今睹斯人。冯文儒术圆冠，识均方士。……由是微神穿石，流观刺井，探九元之微妙，察五纬之纲维。……邻人嫉深，始求资于魏阙；友于情切，方辨过于尧年。由是皇旨鉴微，刑不阿附；既令付法，须裁典宪。按其所犯，合处深刑。但以学擅专精，志希供奉。事颇越于常道，律当遵于习议。即宜执奏，伏听上裁。③

这样看来，于法，则应严厉处罚，但于情理，又似应给冯文一个机会。最后，崔璀也不敢自作主张，只好将问题上奏给皇帝裁定。这反映了唐人在执行天文禁律时，具有某种情理法兼顾的特征。

此处有必要再讨论一下《全唐文》所载的另一类判案《对习星历判》。此类判案的案情叙述一般是：

得甲称人有习星历，属会吉凶，有司劾以为妖，款云天文志所载，不伏。

① 《全唐文》卷四五九《崔璀·对私习天文判》。

② 参见《唐会要》卷五五《匦》。

③ 《全唐文》卷四五九《崔璀·对私习天文判》。

以“对习星历判”为名的判文在《全唐文》中竟记有六，可推导此类案件在唐代当为实例反映，而非仅止于一般假设。对于私习星历且凭其预决吉凶之行为，本为法律所厉禁，“有司劾以为妖”自是必然，关键是被告进行辩解，称自己所为乃是取自正史中人人可读的天文志，何罪之有？故而“不伏”。

显然，此类案件涉及一个重要问题：研读正史之天文志是否触犯禁律？正如前述，一般性的研读当然不属私习天文之禁，明代范守己之事已作了较好注解。但问题是，阅读者如不仅是停留在研读层面，而且还用天文志所载知识信息，对事物乃至国家政治进行吉凶预决，这可能就超越了界限，成为法律制裁的对象。如《全唐文》记载了徐安贞制作的一篇判文，认为对此行为当进行处罚：

> 大君有位，北辰列象；庶官分职，南正司天。和玉烛而调四时，制铜仪而稽六合。是则官修其业，物有其方。彼何人斯？而言历数。假使道高王朔，学富唐都，徒取衒于人间，故无闻于代掌。多识前载，方期为己；役成称贱，宁是润身？眷彼司存，行闻纠慝。语其察变，应援石氏之经；会以吉凶，合引班生之志。诫其偏习，宜肃正刑。①

徐安贞的意思很明显，庶官分职，既非天文官，就不应“言历数”。如果天学知识高超，为何不去天学机构任职，却在民间买弄“润身”呢？其中很可能包藏祸心。因此，虽然其言吉凶所引为“班生之志”，但显然所习有所偏邪，应当严肃正刑。

同样，褚廷询的一则同题判文，更是对此行为明确表达了严肃处罚的立场：

> 和氏命官，畴人继职，裁度历数，辨正阴阳。虽日月星辰，无幽不烛；而吉凶性命，象在其中。所以班固题篇，编而作志；马迁著史，取以成书。安可私议灾祥，公违典宪；

① 《全唐文》卷三〇五《徐安贞·对习星历判》。

仰秦仪而虽隔，瞻汉纲而斯存。岂得日用不知，都劳帝力；天文妄习，仍委国刑。宜峻典彝，以申平反。①

按褚廷询之说，虽然正史载有天文志等天学知识，但并不是就可凭此“私议灾祥”，否则仍是“天文妄习”而“公违典宪”，需“宜峻典彝”而“仍委国刑”。

当然，对于此类通过研读天文志而言吉凶之事，唐代也有官员对处罚持谨慎态度。如薛重晖制作的判文称：

艺术多端，阴阳不测，吉凶潜运，倚伏难明。……习学之规，技无妨于纪历；屡会之礼，法禁言于吉凶。有司嫉恶居心，绳愆轸虑，恐惑彝宪，劾以为妖。冀必静于金科，庶不刑于玉律。眷言执旨，虽款载于天文；审事语情，实恐迷于至理。即定刑罚，恐失平反，庶诰有司，方期后断。②

薛重晖认为，律法并没有对此类行为有明确的规定，如果有司不听被告抗辩，“即定刑罚，恐失平反”。不过值得提醒的是，薛氏并不是要反对处罚，他只不过表现了一种慎刑的立场。实际上，如果最终审理下来，被告“居心”真为不良的话，薛氏想必也是支持处罚的。当然，也有官员的谨慎实已到了几乎反对的立场，如韦恒的判文：

玄象垂文，星辰作范，休咎之征斯在，吉凶之迹可明。秘以人伦，得之邦国，既河长而山久，亦自古而迄今。尚有不遵典刑，默习推步，眷兹所学，幸遇休明。慕刘氏之高踪，仰张衡之旧业。……虽灾祥之屡犯，在征应之可凭。若彝典以斯违，亦公途而难舍。有司情惟纠慝，志切绳违。告为妖讹，事恐乖於五听；科其犯禁，诚有叶于三章。③

① 《全唐文》卷四〇三《褚廷询·对习星历判》。
② 《全唐文》卷四〇四《薛重晖·对习星历判》。
③ 《全唐文》卷三三〇《韦恒·对习星历判》。

韦恒“告为妖讹,事恐乖於五听;科其犯禁,诚有叶于三章”一语,其意已是甚明,毋庸赘议。

唐代由于礼法合流思想的指导,在涉及私习天文的判决上,从总体而言较为平允和适中,甚至显示出某种微妙的优雅。然而,宋代的两则案例,则较为突出地反映了朝廷对私习天文者较重的处罚力度。史载太平兴国二年冬十月诏:

> 两京、诸道阴阳卜筮人等,向令传送至阙,询其所习,皆懵昧无所取,盖矫言祸福,诳耀流俗,以取赀耳。自今除二宅及易筮外,其天文、相术、六壬、遁甲、三命及它阴阳书,限诏到一月送官。①

这表面上是朝廷将各地懂阴阳卜筮的人召京面询,实是试探这些人所习天文阴阳知识对朝廷的利害关系。自然的结果,是统治者对其极尽贬低,并借此理由以没收民间天文阴阳书籍。这似乎只是程度轻微之处罚。然这仅仅是个开端,到了十二月,新的诏令下达。史载:

> 诸道所送知天文、相术等人,凡三百五十有一。十二月丁巳朔,诏以六十有八隶司天台,余悉黥面流海岛。②

可见当时共351位知天者被召集,其中除了68人被留用司天台外,其余竟全部处黥刑并发配海岛,已远重于徒二年之常刑。从这个案子,我们似乎隐隐感受到其中藏着朝廷对付私习天文者的某种阴谋或陷阱。

而宋人晁公武在其《郡斋读书志》中亦记载一案,更突出了对私习者的残酷处罚,乃至绝妙的抓捕技巧,读来让人叹为观止:

> 皇朝太平兴国中,诏天下知星者诣京师。未几,至者

---

① 《续资治通鉴长编》卷一八《太宗·太平兴国二年》。

② 《续资治通鉴长编》卷一八《太宗·太平兴国二年》。

百许人。坐私习天文,或诛,或配隶海岛,由是星历之学殆绝。故予所藏书中亦无几。姑裒数种,以备数云。①

此案与前案或为同案,亦未可知,因为同在太平兴国年间,也是知天文者被召集。只不过此案不仅在总人数上不同,其处罚亦有所差异,似为另案。与前案相比,此案似更有特色:通过诏令让民间各地通晓天文者来京师聚会,以为任用,然待至者百许人后,又撕破脸面以"私习天文"罪予以处罚。此种诱捕圈套实在让人倍觉阴险毒辣。由此可见,宋统治者对天学的禁脔态度,以及其在民间流传的恐惧心理。不仅抓获如此,在处罚上更为严厉,除流配海岛外,还有被诛杀者,更远重于徒两年之常刑。可谓全然不顾法律之常规,似乎大有一种诛之而后痛快淋漓的心态。宋代统治者之痛恨、恐惧私习天文可见一斑。

顾颉刚先生读到上引晁公武《郡斋读书志》之文字时,曾深为感慨:

读此,可见中国天文学所以不发达之故。宋代皇帝既如知星者诣京师,又以私习天文诛之,为一网打尽之计。君主愚民,可为痛恨。大抵当时天文与图谶相杂,君主以其足以乱天下之心而杀之,咎亦半由自取。与秦皇被诓于方士,而遂坑杀术士者,正同。……予幼时犹闻老人言,私学天文者有禁,然清代汉学家颇多天文上之著作,可见此禁虽开,而民间犹怯于传习也。②

顾氏之感慨深有道理,中国古代天文学之所以不发达,主要就是因为禁私习天文,并对私习天文者如此迫害的结果。然而,顾氏虽然对宋代皇帝如此一网打尽之招甚为痛恨,但却也认为知星者被诛也是咎半自取,因其常与图谶相杂,足以乱天下之心也。无疑,顾氏的这种思想是深受传统对私习天文者之负面评价影响的结果,也

---

① 晁公武:《郡斋读书志》卷一三《天文类》。

② 顾颉刚著、顾洪编:《顾颉刚学术文化随笔》,中国青年出版社 1998 年版,第 370 页。

足见历代历来对私习者的宣传和执行力度。就如顾氏所言,清末以来"此禁虽开,而民间犹怯于传习也",就是因为长期以来朝廷进行私学禁止的实践结果。

(二)禁止私为天文相关之事

法律除了禁止私藏天文器物及私习天文之一般禁律外,还对个人其他私为有关天文之事予以禁止,某些打击力度甚至超过私藏、私习。

1. 对私家告天拜斗的禁止

此主要表现在明清两代律典的明确规定上。《大明律》和《大清律例》均有"亵渎神明"条,且条文规定未差一字:

> 凡私家告天拜斗,焚烧夜香,燃点天灯七灯,亵渎神明者,杖八十。妇女有犯,罪坐家长。若僧道修齐设醮,而拜奏青词表文,及祈禳火灾者,同罪,还俗。

明代雷梦麟和清代沈之奇对此条均有解释,且几近雷同,现引证沈氏释言析之:

> 告天拜斗,焚香点灯,皆敬礼天神之事。祀典各有其分,私家所得祭者,祖先之外,惟里社五祀。若上及天神,则僭越矣,僭越则亵渎矣,故杖八十。妇女无知,事由家长,故独坐之。青词表文,所以告天也,若僧道为人修齐设醮,而行告天之礼,拜奏青词表文,及用以祈禳火灾者,亦因僭越而致亵渎也,故与告天等项同罪,勒令还俗。①

可见,禁止私家告天拜斗是由于僭越祭祀而亵渎神明之故。所谓"七灯",是指北斗七星之灯,即所以拜斗者也。青词,是指用青纸书写黄字,表文,则用黄纸,这些都是为了将人意上达于上帝之神而祈禳火灾的途径。然而,告天拜斗,与天神交通,只是为国家朝廷之事,私人是没有资格的。私人只有祭祖和里社五祀之权属,而无祭

---

① 《大清律辑注》之"亵渎神明"条注。

天之资格。而对于为他人修齐设醮的僧道而言，若行告天之礼，同样超出了他为私人服务的范围，则不仅要杖八十，还要令其还俗，不得再做专职祭祀之职业。总而言之，无论是私人拜斗祭天，还是僧道为私人祭天，都是僭越了祭祀礼制，侵犯了通天的官方垄断性，同时还亵渎了神明，故招致处罚实质是为天罚，无可厚非。

不过，明清两代以律典明文禁止私家僭越礼制而行通天祭神之举，早在唐代就有其渊源。史载：

> （武德九年九月）壬子，诏私家不得辄立妖神，妄设淫祀，非礼祠祷，一皆禁绝。①

此处唐高祖的诏令内容已说得非常清楚，私家祀天祭神，即为"非礼祠祷"，违反礼制，故应禁绝。当然，以违礼之名行之，实质上是借此禁绝私家染指天学这块皇家禁脔。

2. 对师巫邪术的禁止

此也主要表现在明清两代的律典规定上。《大明律》和《大清律例》均有"禁止师巫邪术"条，且条文规定同样一字不差：

> 凡师巫假降邪神，书符咒水，扶鸾祷圣，自号端公、太保、师婆，及妄称弥勒佛、白莲社、明尊教、白云宗等会，一应左道乱正之术，或隐藏图像，烧香集众，夜聚晓散，佯修善事，煽惑人民，为首者，绞；为从者，各杖一百，流三千里。若军民扮神像，鸣锣击鼓，迎神赛会者，杖一百，罪坐为首之人。里长知而不首者，各笞四十。其民间春秋义社，不在此限。

上述律文实际上包含三层意思：一是将师巫私为通天之术一律视为乱正之左道而予以严惩；二是严惩民间私藏神像，以合法形式蛊惑民众行为；三是惩治民间装扮神像而惑众之事。为更清晰此条律文的精神，请看沈之奇的解释：

---

① 《旧唐书》卷二《本纪第二·太宗上》。

> 师,即今道家所称法师也。巫,即今降神之人。巫则假降邪神,师则书符咒水,扶鸾请圣也。端公太保,男巫之俗号。师婆,女巫之俗号。弥勒佛、白莲社、明尊教、白云宗等,皆邪教之名,会其总称也。……人道尚右,非正道所行曰左道,左道即乱正之术也。以上均为左道……隐藏图像,则非民间共事之神像;烧香集众,夜聚晓散,则其谋为不轨之实迹……故严其法以禁之。……民间社会,虽所不禁,若装扮神像,鸣锣击鼓,是亦惑众之端也。……里长有稽察之责,知师巫惑众、军民赛会之事而不举者,笞四十。……若民间所建义社而乡人春秋迎赛,以祈年报谷者,虽用锣鼓聚集人群,不在此应禁之限。①

巫本是降神通天之人,历来如此,但巫之通天神功只能归属于国家官府,离开官府则不能真正为巫,否则就是旁门左道之术,将予以严厉打击。师巫自号端公、太保、师婆,妄称弥勒佛、白莲社、明尊教、白云宗等,无非想改头换面迷惑民众而行降神通天之事。无疑这是对国家垄断通天事务的威胁和破坏。同样,师巫私藏神像之通天资料,也容易集民惑众,破坏秩序。故对这两者实行重惩。至于一般军民装扮神像,虽会惑众,但毕竟身份不是师巫,故处罚为轻。总之,该条律文的法律精神是,师巫的降神通天之术只能服务于官方,禁绝任何方式出现的降神通天活动,否则就会以乱正左道、妖言惑众之罪严惩。

实际上,对于"师巫假降邪神"之类的处罚,其渊源甚久,早在《礼记·王制》中就有记载:

> 执左道以乱政,杀。
> 假于鬼神、时日卜筮以疑众,杀。

像这样的处罚规定,实质上都是王权出于垄断通天事务的考虑

---

① 《大清律辑注》之"禁止师巫邪术"条注。

而为之。这些执左道及假于鬼神、时日而卜筮的行为者，其实就是后世师巫的前身，因都与交通天人之术有关，故杀之。

对师巫的针对性打击，最早出现在北魏世祖太平真君五年正月的一道诏令中。① 该诏令对愚民因信惑妖邪而“私养师巫”的行为表示不满，要求凡私养者统统将师巫限期送官，否则私养者和师巫均得处死。此对师巫的打击可谓严厉，不过只是仅仅体现在诏令形式而并无律典常规化。实际上，自隋唐开始，律典已将师巫此类角色主要归入“妖言惑众”予以处罚。《唐律疏义》即有“造祆书祆言”条：“诸造祆书及祆言者，绞。造，谓自造休咎及鬼神之言，妄说吉凶，涉于不顺者。”疏文对此解释说：

> “造祆书及祆言者”，谓构成怪力之书，诈为鬼神之语。“休”，谓妄说他人及己身有休征。“咎”，谓妄言国家有咎恶。观天画地，诡说灾祥，妄陈吉凶，并涉于不顺者，绞。②

这样的打击无非是打击私为通天之术，维护官方垄断地位，以防民众被惑而乱。

《南史》即载有一则名为袁君正的地方官员铲除私巫的案例，颇有意思：

> 君正美风仪，善自居处，以贵公子早得时誉，为豫章内史。性不信巫邪。有师万世荣称道术，为一郡巫长。君正在郡小疾，主簿熊岳荐之。师云：“须疾者衣为信命。”君正以所著襦与之，事竟取襦，云“神将送与北斗君”。君正使检诸身，于衣里获之，以为“乱政”，即刑于市而焚神，一郡无敢行巫。③

此案在宋代法律学家郑克《折狱龟鉴》中亦有记载。④ 此案中

---

① 诏令内容见《隋书》卷二《帝纪第二·高祖下》之正文。

② 《唐律疏义·贼盗·造祆书祆言》之疏文。

③ 《南史》卷二六《列传第十六·袁君正》。

④ 参见《折狱龟鉴》卷五《惩恶·李崇（袁君正附）》。

袁君正以“执左道以乱政”罪将该巫刑杀，并烧毁了他借以行巫的神像。可见官方历来有对私巫行通天之事的刑杀政策，地方官自然了然于胸。不过，也并非凡地方官均会积极主动剿灭私巫，与其自身喜好和信不信颇有关联。此案中，袁君正虽性不信巫，但为治病也初信巫之要求，只是后来发现巫之行诈，才以“乱政”之罪杀之。可见，在信仰鬼神信仰天的古代语境中，统治者与私为通天事务或私诈通天事务以惑众的行为进行较量，真是任重道远。

3. 对术士妄言祸福的禁止

古代中国之术士，大凡都可归入阴阳数术类。现在所能见的古代阴阳数术，最早为先秦时的阴阳家学派所论。因当时的散乱和宽松环境，阴阳之术在民间广为传播，以至后来发展为于民间极有浓厚基础的数术。然而，在一定意义上，天学实为古代中国各种阴阳数术的灵魂和主干，这在前述第五章有关阴阳五行学说与天学的关系论述已有一定说明。故皇家天学机构也必会将阴阳数术作为自己掌握和运作的对象之一。然而，由于阴阳数术的民间广泛性和根深蒂固性，并非能为皇家天学机构所独揽。所以，一直以来，阴阳术士处于官方控制和非控制的游离状态。为了最大限度地掌握、控制天下阴阳术士，朝廷除了创立阴阳学制度，[①]即从民间的阴阳术士中招收人员，将其纳入官方的管辖之下，成为选拔皇家天学机构的替补成员之外，还特别禁止阴阳术士染指政治。为此，明清两代法典《大明律》和《大清律例》均设有“术士妄言祸福”之条，且内容相同：

> 凡阴阳术士，不许于大小文武官员之家，妄言祸福。违者，杖一百。其依经推算星命、卜课者，不在禁限。

对于此条，沈之奇的学理解释为：

> 妄言祸福，谓惑世诬民，干涉国家之事者。术士妄作

---

① 此制创立于元代，于明代趋于完备。具体内容可参见江晓原：《天学外史》，上海人民出版社 1999 年版，第 58-59 页。

祸福之言，凡人即起趋避之念，古来朝臣为术士所累害者多矣，故禁绝之。违者，术士杖一百。其依经星卜，虽预言休咎，无关国家，不在妄言祸福之限。①

可见，如果阴阳术士依其阴阳五行之通天所学，谈论国家政治祸福，即为干涉国政，扰乱国家天学之禁地。特别是术士以其所学作祸福之言，凡人大都相信，故入官员之家谈论国家政治吉凶，但又不在国家控制之下，故对国家政治稳定威胁很大。由此推之，如若该阴阳术士已纳入官方系统并在官府谈论祸福，恐怕未必受罚。所以，表面上是干涉国政所致受罚，实质上还是由于阴阳术士之为未能纳入官方系统，未被官方控制、垄断之故。至于依经推算个人星命，无涉国政，实为阴阳术士之普遍正常职业，故不在禁限。

（三）天学人员失职行为之处罚

前两种为私人染指天学之惩处情况，并不涉及天学人员本身从事公职时的违法犯罪。实际上，天学人员的失职直接影响王权的合法性，直接影响国家政治的走向，也直接影响朝廷对天学禁脔的垄断效果。所以，历代对天学人员的管理十分重视，规定了相应的法律对其失职行为进行处罚，以维护天学的神圣性。

1. 失占天象之处罚

作为天学人员，其最基本的职责是观测天象，及时奏闻，并提出相关意见。然而，历来总会有天学人员失职于此。为确保统治者假手天学机构之通天功能，统治者会对失占天象者予以惩处。

对失占天象进行处罚，最早可追溯到《尚书·胤征》中对掌管天象的羲和的处罚。羲和由于沉迷酒色，擅离职守，结果未能对一次日食作出预报，这一失职行为为自己引来了杀身之祸。夏朝六军统帅胤征在讨伐羲和的誓辞中，还援引古之政典，所谓“先时者杀无赦，不及时者杀无赦”。

虽然《尚书·胤征》篇中即记有对失占天象者的处罚事例，但真正以明确的律典形式规定下来却似乎晚至明清两代。两朝法典均有“失占天象”条。《大明律》规定：

---

① 《大清律辑注》之“术士妄言祸福”条注。

凡天文垂象，钦天监官失于占候奏闻者，杖六十。①

对此，雷梦麟作琐言曰：

天文，谓日月、星辰、云物之类；垂象，谓日重轮、云五色、旄头、慧孛之类。天文垂象，有吉有凶，皆人君修德之应。钦天监官有其责，而可失占候不奏闻也耶？②

此处天文、垂象之释，基本代表了古代星占学之义，而“天文垂象，有吉有凶，皆人君修德之应”一语，则实质表达了古人对待天象的典型政治意义。天象的变化反映着人君修德何如，更由此反映着国家兴衰的动向，这是专制社会“朕即国家”的必然结果。由于天象具有如此重大意义的预示功能，钦天监官岂可失占？

我们再来看《大清律例》中的相关规定：

凡天文乖象，钦天监官失于占候奏闻者，杖六十。③

与明律“失占天象”条相比，两者仅是一字之差。《大明律》之“垂象”，按雷梦麟解释固然是为星占学意义上的异象，但“垂象”本身并不必然就是异象。而《大清律例》之“乖象”，则从词义上就明示着是异象，这体现大清律用语的趋于精确化。沈之奇对“乖象”的“律上注”则更明显是为异象：“如日重轮，及旄头慧孛景星、日月珥蚀之类。”沈氏对该条文的“律后注”则说：

天文乖象，凡一切异变，皆钦天监官之所专司。失于占候奏闻，则旷职矣，故杖六十。④

---

① 《大明律·失占天象》。
② 《读律琐言》之“失占天象”条琐言。
③ 《大清律例·失占天象》。
④ 《大清律辑注》之“失占天象”条注。

可见,一切异常天象的占候奏闻,是钦天监官员的专门职责,否则即为“旷职”。《大清律例·失占天象》后之“条例”,则更为清楚、具体地规定了钦天监官员这方面的职责:

> 占候天象,钦天监设观星台,令天文生分班尽夜观望。或有变异,开具揭帖,呈堂上官。当奏闻者,随即具奏。

此条例已是明确此义:天文生分班尽夜观星的目的,就是要密切注视异常天象的发生,一有发生,即行上报钦天监官,然后钦天监官根据情况,再随即向皇帝奏报。法律如此规定天学人员彻夜观星,如此关注变异,就是因为异象预示着政治的祸福,统治者及时觉察,便可及时采取措施予以应对,或补救,或庆贺,以应天心,从而保有天命延长国祚。所以,对钦天监人员的失占“旷职”行为予以惩处,当是理所当然。

明代的《新纂四六合律判语》中就记有一则有关“失占天象”的判词。其语词优美,四六骈体与唐代张鷟之《龙筋凤髓判》有渊源关系,特别是其表达了重要的法典实践意义。现抄录于下,以飨读者:

> 敬授人时,放勋稽候;钦崇天道,仲虺格君。慨宣夜周髀之制莫传,故保章冯相之法靡验。今某鸡丸罔识,蚁磨奚窥。五百有贤人,未闻太史之奏;二使星来益邓,不为李郃之占。太白经天,就谓禁门喋血;流星入尾,那知夷狄乱华。遂使分野,误于燕秦;以致风雨,差于箕毕。合拟杖典,薄示齐刑。①

上引判词包含的天学含量非常大,从天学的产生、发展,一直到星占故事和星占学义,短短几句话就足够给我们上一堂颇有学术味道而又声情并茂的古代天学课了。然而,所有的一切都来自天象的

---

① 《明清公牍秘本五种》,郭成伟、田涛点校整理,中国政法大学出版社 1999 年版,第 106-107 页。

昭示。从这个判词中,我们虽然无法知道到底是谁疏于观测或奏闻天象,也无法知道这个疏于观测或奏闻的天象到底是什么样的异象,但是一句“合拟杖典,薄示齐刑”,却明白无误地告诉我们,这个失占天象的天学人员受到了杖刑的法律追究。

不过,值得注意的是,并非所有失占行为均会受到当然的惩罚。如明崇祯时代就有此一案:

> 时帝以日食失验,欲罪台官。光启言:“台官测候本郭守敬法。元时尝当食不食,守敬且尔,无怪台官之失占。臣闻历久必差,宜及时修正。”帝从其言,诏西洋人龙华民、邓玉函、罗雅谷等推算历法,光启为监督。①

此处台官即皇家天学机构钦天台(监)的官员,因其失占日食,崇祯欲治其罪,却被徐光启劝说。徐光启的意思是,台官失占非错在己身,而是错在所依历法;郭守敬这样的权威都会失占,何况一般台官?现在需做的是及时对现有历法进行修正。徐光启的话很值得玩味,也很有道理,看似是为台官失占的辩解,其目的实为推动历法的变革。果然,崇祯免除了对台官的处罚,并拉开了晚明以西法修历的序幕。由此可见,对天学人员的失占行为,也并非持“一刀切”的处罚态度,尚需具体分析。以此案论之,似可归结为:如果天学人员因玩忽职守而失占天象,自然要承担法律责任;如果天学人员恪尽职守,却因所依历法欠缺而失占,则可另当别论。

此外,更需值得注意的是,中国历史上的某些失占,不仅没有得到法律的制裁,反而得到了群臣以及君主的庆贺。这种失占主要体现在日月之食的“当食不食”上。历史上这样的记载很多,兹举数例如下:

> 广德二年五月丁酉朔,日当蚀不蚀,群臣贺。②
>
> (大中祥符二年九月)司天言:“太阴当食之既,巽

① 《明史》卷二五一《列传第一百三十九 · 徐光启》。

② 《旧唐书》卷三六《志第十六 · 天文下》。

日,皇帝本命,请祷祀之。”帝曰:“经躔已定,何可祈也!”不许。既而侯之不亏,宰臣表贺。[①]

(天圣二年)五月,丁亥朔,司天监言日当食不食,宰相奉表称贺。[②]

(应历十七年十一月)庚子,司天台奏月当食不亏,上以为祥,欢饮达旦。[③]

明年(嘉靖四十年)二月朔,日当食,微阴。历官言:“日食不见,即同不食。”嵩以为天眷,趣部急上贺,侍郎袁炜亦为言。山仰首曰:“日方亏,将谁欺耶?”仍救护如常仪。帝大怒,山引罪。[④]

上引数例中之“当食不食”,从本质上看,实是天学人员的失占之误所致。然而,在中国古代日月食推步客观上并不十分精确,统治者笃信天人感应和天命天德的背景下,“当食不食”却往往被看成是一件值得庆贺的美事,是上天为人君德性所感动而收回天谴的结果。这在中国古代的天学领域里是一个普遍现象。

当然,对“当食不食”此类现象进行庆贺,中国古人并非无人提出批评或真知灼见。如前引嘉靖四十年日食事,时任礼部尚书吴山就对严嵩的表贺行为进行反对:“山仰首曰:‘日方亏,将谁欺耶?’仍救护如常仪。”[⑤]又据史载:“(嘉靖)十九年三月癸巳朔,台官言日当食,已而不食。帝喜,以为天眷。然实由推步之疏也。”[⑥]从“然实由推步之疏也”一句,至少可以说明,那些撰写《明史》的清人对此已有清楚认识。如果再往前看,北宋司马光就非同凡响,甚至对“食不满分”的现象也予以了本质揭示,并反对宰臣称贺:

---

① 毕沅:《续资治通鉴》卷二八《宋纪二十八·真宗大中祥符二年》。

② 《续资治通鉴》卷三六《宋纪三十六·仁宗天圣二年》。

③ 《辽史》卷七《本纪第七·穆宗下》。

④ 《明史》卷二一六《列传第一百四·吴山》。

⑤ 《明史》卷二一六《列传第一百四·吴山》。虽然皇帝认为吴山是遵守礼制而无罪,但最终吴山被免去了官职。由此可见,不仅皇帝容易被“当食不食”现象触动而行庆贺,而且臣子对“当食不食”进行质疑也同时有较大风险。

⑥ 《明史》卷三一《志第七·历一》。

> （宋仁宗嘉佑六年）六月，壬子朔，日有食之。初，司天言当食六分之半，是日未初，从西食四分而阴云雷电，顷之雨，浑仪所言不为灾。权御史中丞王畴言："顷岁日食于正阳之月，方食时实亦阴晦，然于云气之间尚有见者，固不得同不食。当时有司乃称食不及分，而宰臣集班表贺，甚失陛下祇畏奉天之意。恐今有司或援近例乞班贺者，臣故先事而言也。"同判尚书礼部司马光言："日之所照至远，云之所蔽至狭，虽京师不见，四方必有见者。此乃天戒至深，不可不察。食不满分者，乃历官术数之不精，当治其罪，亦非所宜贺也。"于是诏百官毋得称贺。①

所谓"食分"，指日月被食的程度；"食不满分"，指日月之食并未完全应验推算结果，可属"当食不食"的边缘范畴。对于嘉佑六年六月的这次日食，司天监原来推算"当食六分之半"，然实际只"食四分"。针对这种"食不满分"的现象，王畴以先例来反对庆贺的理由，是"甚失陛下祇畏奉天之意"，依据的依然是传统的"天谴论"。然而，司马光反对庆贺的理由，却是直逼其本质，"乃历官术数之不精"，故"当治其罪"，此反映出司马光的清醒头脑。实际上，针对唐玄宗时宰相姚宗因有人进献《豫州鼎铭》而上表庆贺之事，司马光的这句评论更显得深刻和可贵："日食不验，太史之过也；而君臣相贺，是诬天也。"②

2. 泄露天机之处罚

统治者之所以要求天学机构的工作人员日夜观测天象，对异象及时奏报，是因为这些天象中包含玄乎的天机，深藏上天的旨意，而获取天机，把握旨意无疑是统治者确立和保有合法、正统之政权的重要理论支柱。同时，历代统治者之所以将天学视为皇家禁脔，不让民间掌握通天之学，其主旨也是因为生怕天机被他人获得，从而威胁其统治。所以，对于日夜与天象打交道的天学人员来说，保守秘密、防止泄露天机就成为其一大义务。为此，统治者不仅要求天

---

① 《续资治通鉴》卷五九《宋纪五十九 · 仁宗嘉佑六年》

② 《资治通鉴》卷二一一《唐纪二十七 · 玄宗开元二年》。

学人员恪守机密，而且还会对泄露天机者施以法律制裁。

早在唐代就有法律规定皇家天学机构对有关天文仪器及图书资料等通天手段要予以保密。《唐六典》有云：

> 太史令掌观察天文，稽定历数。凡日月星辰之变，风云气色之异，率其属而占候焉。其属有司历、灵台郎、挈壶正。凡玄象器物，天文图书，苟非其任，不得与焉。①

这里“苟非其任，不得与焉”，是指只要太史令或者其他天学官员还未走马上任，天学机构就不得让其接触各种天文器物和图书资料。可见，在天学人员上任之前，对天学的种种工具或手段就有事前的保密措施。

上述是针对天学机构的一种保密规定，而比较明确的要求天文官员注意保密的告诫，早在唐天宝年间玄宗的敕文中就已出现：

> 天宝十三载三月十四日，敕太史监官，除朔望朝外，非别有公事，一切不须入朝，及充保识，仍不在点检之限。②

这种规定，实是严格限制了太史监官的活动范围，将其仅局限在天文机构内，防止其由于入朝而与他官接触可能造成的天机泄露；此外，替将被擢用者署名担保时不需对其查核，表面上似为特权，但实亦为防止在被查核时对外泄露天机之密。

此类防止天学人员向外泄密的规定，在开成五年十二月文宗的一个敕文中再次重申，并更加明确化，亦大为扩大了其禁止交往对象的范围：

> 司天台占候灾祥，理宜秘密。如闻近日监司官吏及所

---

① 《唐六典》卷一〇《秘书省·太史局》。

② 《旧唐书》卷三六《志第十六·天文下》。又见《旧唐书》卷八《本纪第八·玄宗上》载：“（开元十年九月乙亥）又下制，约百官不得与卜祝之人交游来往。”此可谓开启了唐朝官员不得与数术人士交游的滥觞。当然，此制反过来也可说，亦不允许数术人士与百官交游。

由等，多与朝官并杂色人等交游，既乖慎守，须明制约。自今已后，监司官吏不得更与朝官及诸色人等交通往来，委御史台察访。①

可见在唐文宗时代，天学人员曾多有发生与朝官并诸色人等交往甚密的情况，这让朝廷深为忧虑。为防止天学人员在交往中泄露天机，被人利用作为反对现行朝廷而密谋建立新朝的工具，遂禁止天学人员不得再行和朝官及诸色人等交往，此实际上是禁止与其他任何人往来，并命御史台实施监察。显然，朝廷对天学人员的泄密防范措施加强了。

此外，《唐六典》还反映了唐代针对天文生的法律义务："观生不得读占书，所见征祥灾异，密封闻奏，漏泄有刑。"②可见对于那些基层的天文观生而言，其工作也只限于天象观察，不得接触其他任何天文占书，并须严格保守天象机密，否则对泄露行为予以处刑。其态度十分明确，没有半点含糊。

如果上述法令告诫还看不出对违犯保密的具体法律责任的话，宋代的法律则较为明确地指明了某些泄密行为的处罚措施。正如前述，《宋刑统·禁玄象器物》在列出律文及解释后，又附了一个后周广顺三年九月五日的敕节文，不仅规定了所有玄象器物、天文图书等私人不得持有和传习，而且还规定了即使是天学人员也不得将这些天文仪器和图书出示外人观看，否则也是泄密之举，要予以"准法科罪"。根据正式律文，"准法科罪"就是"徒二年"。由此可见，通天手段是万万不可示人的，否则被人窥得天机，也是祸害无穷。

明代对钦天监天学人员保密义务的规定尤为重大，《大明会典》记载：

凡本监人员，洪武六年令，永远不许迁动，子孙只习学天文历算，不许习他业。其不习学者，发海南充军。③

---

① 《旧唐书》卷三六《志第十六·天文下》。
② 《唐六典》卷一〇《秘书省·太史局》。
③ 《大明会典》卷二二三《钦天监》。

《大明会典》作为明代官方屡为编修之史书，开国皇帝朱元璋的法令自当有其传承效力。天学人员“永不许迁动”一语，实在是真正极致的“霸王合同”，如此限制“人口流动”，无非是将天学人员从空间上永世“捆绑”在天学机构之内，以达到防止其天学知识泄露于外的目的。不仅如此，自足性的天学“子承父业”传统，在此竟成为一项必须为之的强制性法令，否则对违令者处以“发海南充军”之刑。之所以由自足性传统变为强制性法令，虽然其直接目的是在私习天文禁锢下有效地维持天学队伍，以使后继有人，但是显然也是考虑到了天学人员之于家庭成员的保密义务。天学人员日夜与天学打交道，其家庭成员也必耳濡目染，略知一二，甚至深有研究，前述唐代张鷟《龙筋凤髓判》中之太史杜淹私教子习天文案即为证。为防止天学知识由其子孙泄露出去，竟出此强制性严重惩治奇招，着实令人感慨。①

实际上，有明一代也基本上贯彻了明太祖的这种精神，并且还进行了进一步的细化和深化。翻检《大明会典》，这样的记载很多，如：

> 凡本监官犯罪，成化十三年奏准，该当民者，本监降用；该充军者，备由奏请定夺。
>
> 凡本监官生，有父母丧，例免丁忧。
>
> 凡天文生，止选世业子弟，立教师教习，有成，遇缺于内选补，其教师亦量升授。
>
> 隆庆四年题准，天文生有缺，候年终类考，先备嫡男顶补，如户绝及嫡男艺业生疏者，方将习学余丁照数收补，其嫡男仍候再考定夺。

---

① 当然，天学人员家族世袭传承的统治观念，早在隋文帝就有明确的表达。《隋书》卷七十八《列传第四十三・艺术・庾季才》载：“高祖……谓季才曰：‘朕自今已后，信有天道矣。’于是令季才与其子质撰《垂象》《地形》等志，上谓季才曰：‘天地秘奥，推测多途，执见不同，或致差舛。朕不欲外人干预此事，故使公父子共为之也。’及书成奏之，赐米千石，绢六百段。”隋文帝的话，可谓道出了一般帝王对于天学人员何以须父子世袭的共同心声，不过虽如此，但毕竟未能以法强制为之。以法强制家族世袭，或概由朱元璋始。

（弘治）十七年又奏准，天文生犯该充军，果系习业已成能专其事者，照例问断充军，仍在本监问应役，其习业未成未能专事者，即同凡人发遣。

凡天文生，俱以世业子弟习学、考选、食粮分发各科。①

无论是犯罪留本监役用，还是只选世业子弟，特别是嫡男充缺，抑或免除丁忧，其目的均在于严密防范天学知识的外泄。

然而，历代要求天学人员务必保密、禁止泄露以及禁绝私习的规定，并没有使民间真正禁绝其学。民间之学以自己的形式在夹缝中生存和发展，甚至影响官方天学。在公元7世纪的《晋书》中我们读到：

《虞书》曰："在旋玑玉衡，以齐七政。"……《春秋文曜钩》云："唐尧即位，羲和立浑仪。"此则仪象之设，其来远矣。绵代相传，史官禁密，学者不睹，故宣、盖沸腾。②

此话后半句意思是说，由于天文官员对天文仪象的禁密，一般人难以看到，但难以看到，并不等于人们就没有想象和思考，故才兴起了宣盖之说。"宣"即"宣夜说"，③"盖"即"盖天说"，④是中国古代民间关于宇宙结构的观念学说，当然也不同程度地影响官方的宇

① 《大明会典》卷二二三《钦天监》。

② 《晋书》卷一一《志第一・天文上》。

③ 《晋书》卷十一《志第一・天文上》对宣夜说的描述是："天了无质，仰而瞻之，高远无极，眼瞀精绝，故苍苍然也。譬之旁望远道之黄山而皆青，俯察千仞之深谷而窈黑，夫青非真色，而黑非有体也。日月众星，自然浮生虚空之中，其行其止皆须气焉。是以七曜或逝或住，或顺或逆，伏见无常，进退不同，由乎无所根系，故各异也。故辰极常居其所，而北斗不与众星西没也。摄提、填星皆东行，日行一度，月行十三度，迟疾任情，其无所系著可知矣，若缀附天体，不得尔也。"

④ 《晋书》卷十一《志第一・天文上》对盖天说的描述是："天圆如张盖，地方如棋局。天旁转如推磨而左行，日月右行，随天左转，故日月实东行，西天牵之以西没。譬之于蚁行磨石之上，磨左旋而蚁右去，磨疾而蚁迟，故不得不随磨以左回焉。天形南高而北下，日出高，故见；日入下，故不见。天之居如倚盖，故极在人北，是其证也。极在天之中，而今在人北，所以知天之形如倚盖也。日朝出阳中，暮入阴中，阴气暗冥，故没不见也。夏时阳气多，阴气少，阳气光明，与日同辉，故日出即见，无蔽之者，故夏日长也。冬天阴气多，阳气少，阴气暗冥，掩日之光，虽出犹隐不见，故冬日短也。"

宙观念。虽然上引《晋书》之言似有夸张之处，但也显见官方对天学的保密和垄断，也会在民间产生意想不到的“激励”效果。

当然，禁密之下并不是总能在民间产生类似的积极效果，实际上由于官方对天学的强制性垄断，禁绝民间传播，民间天文学的发展非常缓慢，甚至不得要领。东汉桓谭的记载就反映了这个问题：

> 扬子云好天文，问之于黄门作浑天老工。曰：“我少能作其事，但随尺寸法度，殊不晓达其意，然稍稍益愈。到今七十，乃甫适知，已又老且死矣。今我儿子爱学作之，亦当复年如我，乃晓知，已又且复死焉。”其言可悲可笑也。[①]

能制浑天仪的老工人虽然在黄门官署做事，但依然是“打工仔”，体现的还是民间而非官方。显然，因受到官方的天学禁密，缺少知识含量，所谓“知其然而不知其所以然”，他也只能机械地按尺寸法度操作而已，自己如此，儿子也将如此。

3. 谎报天象之防止和处罚

由前文所知，统治者为切实、时刻把握天机，了解天意，严格要求天学官员对天象进行全天候观测。这样的工作当然十分辛苦，时间一长就难免怠懈而疏于实测，但是，又有义务及时奏报所测天象，如此这般，谎报天象就时有发生。

更为重要的是，天文官员有时为了迎合新的当权者，或政治斗争的需要，会不惜捏造假的天象征验，以逼退在位者，或者打击政敌。另外，天文官为取悦奉承主上，隐瞒事实或假报占象之事，也时有发生。例如，隋炀帝时，太史令袁充为博皇帝欢心，经常捏造天象，或者对天象妄作解释：

> 仁寿四年甲子岁，炀帝初即位。……其后荧惑守太微者数旬，于时缮治宫室，征役繁重，充上表称“陛下修德，荧惑退舍”。百僚毕贺。帝大喜，前后赏赐将万计。时军国多务，充候帝意欲有所为，便奏称天文见象，须有改作，以

---

① 桓谭：《新论》卷下《离事》。

是取媚于上。……其后天下乱，帝初罹雁门之厄，又盗贼益起，帝心自不安。充复假托天文，上表陈嘉瑞，以媚于上。①

这是一个天学官员假借天象，以欺上瞒下的典型案例。当时隋朝江山可说是分崩离析，所谓“区宇之内，盗贼蜂起，劫掠从官，屠陷城邑。……战士尽力，必不加赏，百姓无辜，咸受屠戮。黎庶愤怨，天下土崩”。② 如此国情，何来嘉瑞？在国家危机时刻，谎报天象，以凶为吉，取悦人君，不引为警，实质上就是加速了国家的灭亡。不过，在当时“近臣互相掩蔽，隐贼数不以实对，或有言贼多者，辄大被诘责。各求苟免，上下相蒙”③的大环境中，自欺和欺君却似是大势所趋。史载“帝每欲征讨，充皆预知之，乃假托星象，奖成帝意”，可见袁充的谎报已成其“常态”了。

然而，天象的谎报却是很难被察觉、败露，一是因为天学人员观测天象的专利性、独立性，导致其谎报之天象难以被他人驳验；二是因为谎报之天象多为姑且应付、取悦之作，多为常象或吉象，皇帝一般不会对此多加怀疑，有的甚至还乐于其中。

不过，谎报天象之事不易被发现，并不等于皇帝就绝对信任他们，时间一久，帝王心里自然明白其中水分多多。如南朝宋明帝刘彧就不信太史，并在天文机构中安排线人以行监察：“帝性猜忌……星文灾变，不信太史，不听外奏，敕灵台知星二人给愿，常直内省，有异先启，以相检察。”④虽然谎报之天象多为吉象，但稍有头脑的帝王并不会沉迷于此，而是切望得到实际天象。因为只有实际天象才能真正藏有天机，表达天意，才能为王权保有天命起切实作用。于此，为防止被天文官玩于股掌之间，遂在正式天文机构之外，另设一套为自己更易控制的天文机构或人员，以为对验和制衡，求得实象。最早的例子，当见于十六国时后赵的武帝石虎：

---

① 《隋书》卷六九《列传第三十四·袁充》。

② 《隋书》卷四《帝纪第四·炀帝下》。

③ 《隋书》卷四《帝纪第四·炀帝下》。

④ 《南齐书》卷五三《列传第三十四·虞愿》。

后庭服绮縠、玩珍奇者万余人，内置女官十有八等，教宫人星占及马步射。置女太史于灵台，仰观灾祥，以考外太史之虚实。①

"以考外太史之虚实"一语，道出了统治者之所以别设天文机构的基本心态。出于这种对天文的极重视态度，石虎还"禁郡国不得私学星谶，敢有犯者诛"。②

宋代沈括在其名著《梦溪笔谈》中有更详细的相关记载：

国朝置天文院于禁中，设漏刻、观天台、铜浑仪，皆如司天监，与司天监互相检察。每夜天文院具有无谪见云物祯祥，及当夜星次，须令于皇城门未发前到禁中。门发后，司天占状方到，以两司奏状对勘，以防虚伪。近岁皆是阴相计会，符同写奏，习以为常，其来已久，中外具知之，不以为怪。其日月五星行次，皆只据小历所算缠度誊奏，不曾占候，有司但备员安禄而已。熙宁中，予领太史，尝按发其欺，免官者六人。未几，其敝复如故。③

为防止司天监作弊，宋朝又设宫中天文院，以与司天监"对勘"，"以防虚伪"。按理说，这应该达到了新设天文院的效果了。然而，这两个天文机构竟串通一气，共同作弊。他们上报的所谓日月五星之运行天象，根本不是实测而来，而仅仅是根据小历抄录而成。

此段"笔谈"中之"免官者六人"一语，可视为古代中国对天象谎报者予以法律处罚的一个缩影。不过，"免官"的处罚相对来说似乎并不严厉，也并不能真正扼制谎报天象行为的发生。就在沈括领为太史对谎报现象进行揭发，使 6 名天文官受到免官处罚后不久，串通谎报天象之弊又卷土重来。可见，至少在宋代，谎报现象较为多见，朝廷虽有防止和处罚，但似乎成效不大。在天学机构有垄断地位、天学人员有独特角色的古代中国，谎报天象恰似应了这一

① 《晋书》卷一〇六《载记第六 · 石季龙上》。

② 《晋书》卷一〇六《载记第六 · 石季龙上》。

③ 《梦溪笔谈》卷八《象数二 · 宫中天文院》。

句“成也萧何,败也萧何”。

应该说,对天学人员失职行为的处罚还有一些,如推步有差、漏司乖错、擅离官署等,都会受到法律的相关处罚。

河南南阳汉画像石伏羲女娲四兽图

第十章 “作为法律资源的天空”意义

一、“作为法律资源的天空”之天学诠释

我们头顶的“天空”到底是什么概念？在今天科学知识教育下成长起来的人们看来，天空就是一个由太阳、月亮、星星等各种天体，以及大气、云彩、尘埃等各种物质组成的所在空间。现代的天文学家、物理学家、气象学家，虽然无法洞察天空的一切“奥秘”，但是不会感到它的“神秘”了。即使所谓的“外星人”，也只不过是另一个遥远星球上客观存在的比人类更为发达的一种生命体而已。总之，在科学的眼光下，天空只是一个由种种物质存乎其中的自然图景，只是与人类星球一样凡俗的“他者”，除了向它索取自然资源之外，再也没有其他的可资资源了。然而，在前科学时代，虽然人类头顶还是同一个天空，但它并不是作为人类的“他者”而存在，而是以一种浓烈的“作为文化资源的天空”而存在，并和人类融为共体。

英国著名科学史学家米歇尔·霍斯金，在他主编的名著《剑桥插图天文学史》中，针对不列颠“巨石阵”（公元前2000年）的天文台性质，以及西班牙米诺卡岛陶拉圣坛（公元前1000年）、爱尔兰新格兰奇通道墓（公元前3000年）、苏格兰巴罗克罗伊三竖巨石（时间不确定）的天文特色，安上了“作为史

前欧洲人文化资源的天空”的小标题。[①] 显然作者的意思不言而喻：史前欧洲人通过建立一些器物以观测天象，并以此为基准来指导人们对时间的掌握以及对人事的安排。实际上，从世界范围来看，不仅史前的欧洲人将天空作为文化资源，其他各大地域的人们都是如此；不仅史前如此，在整个古代乃至到了今天，仍有人们继续从天空中获取赖以生存的文化资源。[②]

在中国古代，由于天学的兴盛，“作为文化资源的天空”尤为突出，人们把几乎所有的文化都归源于头顶之“天”。可以说，中国古人大到军政国事，小到婚丧嫁娶，几乎所有的人事都要通过天象占卜而行，这实际上就是将“天”作为一个民族安身立命的文化根本，以其为最高准则，以其为依靠力量，以其为生存资源，“文化资源的天空”可谓名副其实，深入人心。而在所有中国古人以天为本的文化资源中，法律资源又是最为重要的。中国古代的统治理念，虽说是“德主刑辅”，但这却只是统治者的“言词而已”，只是表象，实质是“外儒内法”，表露于外的儒家的“温情脉脉”，主要是给世人看的，而聚敛于内的法家（律）的“冷峻严酷”，才是一切王权保有和秩序安定的根本保障。[③] 所以，在中国古代，由于此种“外儒内法”的

---

① 参见［英］米歇尔·霍斯金主编：《剑桥插图天文学史》，江晓原等译，山东画报出版社 2003 年版，第 2-9 页。

② 霍斯金的研究表明：今天在埃塞俄比亚西南部穆西地方的人们，虽然没有像我们那种“科学的”历法，但通过对半人马座和南十字座中四颗恒星等星象的观测来决定和安排他们的生活；哥伦比亚的巴拉撒那人会观察一个名叫“毛虫美洲虎”的星座，因为这个星座被认为是地球上毛虫的父亲，随着这一星座在黄昏的天空中一天比一天高，地上的毛虫则会越来越多；安第斯村庄米斯米内的居民将银河视为一条天河，与地上的维尔卡诺塔河是结合在一起的系统，其功能是使水在天空和大地之间循环流转，从而观测银河就成为他们农业、个人活动和节庆的不可分割的一部分；而亚利桑那的霍比人则通过两个牧师共同观测太阳在远处一个凹口即 80 英里外的圣佛朗西斯科峰没入地平线来决定冬至典礼的进行。为此，霍斯金在他主编的著作中，安上了“作为今日文化资源的天空”的标题。参见［英］米歇尔·霍斯金主编：《剑桥插图天文学史》，江晓原等译，山东画报出版社 2003 年版，第 14-17 页。实际上，类似的事例在世界上很多，只不过在科学昌盛的今天，它们往往被边缘化了。

③ 传统观点普遍认为，中国古代的统治理念是（正统）儒家思想，但随着研究的深入，“外儒内法”现已基本成为学界的共识。郝铁川先生甚至更进一步认为，中华法系的本质就是法家学说而非儒家。参见郝铁川：《中华法系研究》，复旦大学出版社 1997 年版。

统治本质,特别是本著前面各章通过对“天象”进行深度和细致剖析而充分揭示出的那种“取法于天”的法律本色,同时由于法律之于所有文化中的重要角色,作为文化资源的天空,其核心实际上就是“作为法律资源的天空”。它是天学视野中的应有之义,也是天学视野关注的焦点。

可以毫不夸张地说,“作为法律资源的天空”在中国是一个永不枯竭的,也是颇具恒久性的法律之源。统治者不仅大可放心和放肆地去挖掘这个宝藏,更为重要的是,它能够给统治王权及其法律带来神圣的光环和至上的威权,从而使对天顶礼膜拜的人们诚心服从甚至捍卫这个王权及其法律。① 所以,从天空中吸取种种法律资源就成了古代统治者一向遵行的圭臬和传统,不仅在传说之帝尧时代就有突出表现,②而且历经了几千年全面浸淫于浓厚的“则天立法行法”观念的各个王朝之后,就是到了末朝清代,即使在具有科学意义的西方天文学输入中国,甚至由西人领导钦天监的语境下,统治者以头顶天空作为法律之源的做法依然强烈。诚如第七章第四目“历法的近代转型”所述,清廷命传教士汤若望编历,就曾被杨光先以“窃正朔之权以予西洋”等罪控告并被判为死刑,然正要被执行之际,北京忽然地震,接着天空又出现彗星。对此种种灾异之象,清廷认为是上天谴责断案有错,于是释放了汤若望等人。

如果说汤若望案发生在清代前期,且西方天文学还未扎根之际,尚不足以说明问题的话,那么到了晚清西方天文学在当时颇为得势之时,清政府仍然笃行祭天,朝中大臣还在普遍相信星占之术,像曾国藩、左宗棠、张之洞、薛福成之类尤为突出。薛福成就在笔记中谈到过所谓“星变奇验”之事:

---

① 当然,同样有人会从天空中挖掘出相关资源来对抗现行王权和法律,所以作为法律资源的天空,它为各色人等在权力和法律的舞台上进行博弈和展开厮杀,提供了极为丰富而充足的资本或武器。

② 如《尚书·尧典》在述及帝尧的政绩时,就重点说到了“乃命羲和,钦若昊天,历象日月星辰,敬授人时”之事。显然,帝尧是命令羲氏与和氏去观测天象,并根据天象来制定历法指导农事和国事,而历法是一种极为典型的法律,表面上它是以日月星辰的运行和排列为客观依据,实际上它更是赋予了统治者主观意志的色彩,并以国家强制力予以普遍推行,从而具有了典型的法律属性。

> 天文家每测象纬，以占人事之吉凶，其法由来旧矣。西人则谓星行有一定之轨度，与人事毫不相涉，以是习西法者，但精测算而不言占验。然见于史册者，数千年来，治乱祸福，往往十验七八，其说有未能尽废者。余所亲睹，如咸丰十一年五星联珠之瑞，既志之矣。又如咸丰八年九月，彗星出西北，其芒扫三台，并及文昌四辅，月余乃灭。余谓三公中必有当其灾者。未几而科场之狱兴，军机大臣大学士柏俊，以失察门丁舞弊，肃顺等复深文周内，竟罹大辟。……十一年五月，彗星复出西北，长数十丈，犯紫微垣及四辅。余见其芒焰熊熊，几及帝座一星，心甚忧之。至八月而文宗龙驭上宾。光绪八年，法兰西始谋越南，端倪大露。是年八月，彗星见于张翼之间。余谓越南分野在翼轸，而彗所以除旧布新，越其为法所并乎？未及三年，而越南全国果尽归于法矣。夫天象变于上，人事应于下，有不期然而然者，孰谓天文家占验之说，不可尽信乎？[①]

从此笔记内容中，可见薛福成对西方天文学有一定的知识认知，但是中国数千年传承不断的星占文化，更是对他影响深刻，而且颇为精通。通过几则自己亲身体验的星占及其应验，薛氏已是对天文星占深信不疑。因此，西人那种不言占验的天文学，当然是滴水泼不进，对这些深受传统星占文化影响的士大夫精英而言，无异于对牛弹琴。

可见，科学意义的西方天文学的输入，对近代中国上层思想界并未起到多大的启蒙作用，统治阶层从天空中挖掘法律资源的天学观念，到晚清还是如此根深蒂固，至于民间将天空与法律对应起来则更为普遍。显然，这是几千年传承不绝的“集体意识”的结果，虽然有像王充之类高举“疾虚妄”大旗向传统天学开战者，但终归徒而无功，集体的信仰就像大海一样造就了法律本源于头顶天空的宏大语境。“作为法律资源的天空”，或可正如西人爱伯华（W. Eberhard）针对中国古代天文语境所表达出的意义——天文学起了

① 薛福成：《庸庵笔记》卷二《史料·星变奇验》。

法典的作用。[1]

在传统天学的视野下，中国古人从天空中获取立法、司法、修法、法律设施以及法律路线、法律价值等有关法律的一切本源模型，从而使作为法律资源的天空在古代社会的具体统治方面具有了关键性的法律意义。然而，除了这些“具体法治”的意义外，作为法律资源的天空借着天学的观念载体，是否在更深的层次上有对古代统治者和古代社会更为重要的法律意义呢？另外，作为法律资源的古代天空，是否已绝然被时空所阻遏，而仅仅只是现代人眼中的历史博物馆的陈列物了呢？还是依然可能会穿过时光隧道，进入我们的现场，给我们带来想要或不想要但又不得不要的“礼物”呢？

进入传统天学的视野，感受天学对法律资源的决定性影响，笔者不禁为古人对天的如此认识而激动不已，这难道仅仅是一种纯粹的“迷信”抑或“愚昧”吗？“语境论”又一次在心头升腾。面对古人作为法律资源的天空，面对夜晚满天璀璨的星空，笔者不禁陷入沉思。

二、“作为法律资源的天空”到底给古代社会贡献了什么？

前述主要从天学在本源路径上决定法律如何“则天”所表达出来的种种面相，表明中国古人对法律的态度和认识并不仅限于己身人事，而是把目光投向了头顶的天空，在神灵话语的信仰和参与下，去寻找法律的原型和依据。无论是立法、执法、司法之动态法律，还是法律价值本身之静态法律，都在天那里有模拟之“象”，“天”似乎就是一个取之不尽用之不竭的法律资源宝库，“作为法律资源的天空”也就取义于此。那么，古人如此将法律资源诉求于天空而不近取己身，到底是为什么呢？或者说，除了那些“具体法治”的意义之外，作为法律资源的天空还能给古代社会带来什么？

从总体上说，在古人对天的知识信仰的语境中，统治者从天特别是具体的“天象”那里获取法律的资源和本源，无疑使法律获得了某种“神圣性”，而且使这种神圣性具有了让人能够“感知”的“真实性”，从而使自己的统治具有了神圣法律的支撑和保障，也使自己的

---

① 参见席泽宗：《科学史十论》，复旦大学出版社 2003 年版，第 159 页。

统治具有了神圣性和不可侵犯性。在封建正统儒家思想指导下,虽然“德主刑辅”成为统治阶级政治运作的基本特征,但法律毕竟扮演了一个重要作用,甚至有所谓“外儒内法”之称。所以,取法于天(象)而具有神圣性的法律,也就进一步巩固和保障了君权统治的神圣性,从而有利于统治。不过,天的德性——“民之所欲,天必从之”,无论是真实还是虚伪,无论是笃行还是利用,在强劲的天学话语下,又促使源于天的法律不会单方面一味附和最高统治者的利益,而是在古代语境下“力所能及”地讲求法律的公平、正义,以及对民生的重视和对各方利益的平衡。具体说来,笔者认为,下面两点是最重要的,姑且可说是“作为法律资源的天空”对古代社会在“具体法治”意义之外的两大贡献。

(一)君权制约之可行性

权力制约是古今中外共同关注的问题,也是法律之于政治发生作用的重要手段。中国古代的法律同样对中央各部门设定了权力制约的方案和制度,但是,毋庸置疑,自从法家将人君权力推向极致,乃至于秦代建立皇帝制度以后,君主就一直居于法律之上、游离于法律之外,对君主始终有法律制约的真空倾向,乃至于人们都习惯将古代君主的统治称为“专制”。[1] 然而,传统天学“灾异论”——这个中国古人从头顶天空获取的极重要资源——的出现,却在“拟制法律”[2]的意义上弥补了这个真空,也阻遏了“专制”一词在古代

---

① 据我国台湾学者甘怀真考证分析,“专制”一词虽然是中国的古语,但被用来界定一种政体,即界定皇帝制度的时候,则是一种在近代从西方引进的理论说法。从具体时间来看,以专制来称传统中国的政体,始自19世纪后半期,尤其是维新运动前后,而第一位有体系地提出专制学说的则是梁启超。梁启超的专制概念明显来自西方学术界对于西欧政体从君主专制演进到君主立宪再进化到民主立宪的分类,而专制的被引进绝不是基于单纯的学术兴趣,而是出于现实的政治运动的需求,即专制并非用来客观描述的一种政体,而是有强烈的价值判断,是“破家亡国的总根源”,是政治黑暗的根源和象征。然而,西方历史语境中的专制,是指一种绝对的主权或王权,其政体主要存在于16世纪后期至18世纪,是用来对照欧洲中古时代受到封建习惯法和教会法约束的封建王权的。以专制这个外来的概念来判断、分析和界定中国古代国家的政体是有局限性的,应该进行反思。参见甘怀真:《皇权、礼仪与经典诠释:中国古代政治史研究》,台北,台湾大学出版中心2004年版,第533-546页。

② 此处所谓“拟制法律”,并非指“灾异论”本身就是法律,而是指其具有了法律特别是最高地位的法律的功能意义。本著后面将进行详细论述。

中国的全部意义的展开,使头顶天空作为“神圣法律”的“资源所在”更加突出和彰显,因此具有了最根本的价值意义,从而使一贯不可一世的君主不得不有所收敛,乃至修德、修身、修政和修法。

可以说,以往学界对“灾异论”多有精辟论析,[①]但笔者以为,这些论析绝大部分是在抽象意义的“天道”“天理”等层面立论,并没有将其置于主要以具象意义表达的“天学”语境中;同时,这些论析又几乎都在笼统的“政治”层面展开,并没有将其置于“法律”的语境中;至于将其置于“天学”和“法律”的结合语境中进行论析,则更是几乎空场。[②] 而实际上,“灾异”背后的真正主宰,并非一个抽象的天道或天理,而是一个十分“人格化”的、力量无边的“天神”,或者说就是“神灵之天”。所谓天道、天理只不过是这个“神灵之天”的永远正确思考的思想“元点”,或者说就是所谓“天之本性”的意志表达。中国古代的“天学”就是建立在对“神灵之天”的思想和意志如何表达、人事如何遵奉的认知问题上。脱离了具有浓厚神灵色彩的“天学”的统筹,对灾异论的理解就往往只能在抽象层面上徘

---

① 较早如陈顾远先生在《天道观念与中国固有法系之关系》(1937 年)中论及墨家天道观和罪赦道观等时,就对天谴灾异论有所涉及。至于当代学者之论则较为突出,如席泽宗先生在其著作《科学史十论》(复旦大学出版社 2003 年版)、金春峰先生在其著作《汉代思想史》(中国社会科学出版社 1997 年版)、张荣明先生在其著作《中国的国教》(中国社会科学出版社 2001 年版)、范忠信先生在其著作《中国法律传统的基本精神》(山东人民出版社 2001 年版)、张分田先生在其著作《中国帝王观念——社会普遍意识中的“尊君—罪君”文化范式》(中国人民大学出版社 2004 年版)等中均有集中论述。此外,更有许多论文对“灾异论”或“天谴论”进行探讨。

② 当然,必须指出,江晓原先生在其《天学真原》(辽宁教育出版社 1991 年版)等著、黄一农先生在其《社会天文学史十讲》(复旦大学出版社 2004 年版)等著中,将灾异论置于天学的语境中,均有非常精辟的论析。但也必须承认,两位先生的论析平台则是政治性的,而非法律性的。将灾异论置于法律语境中的考察当以瞿同祖先生在其著作《中国法律与中国社会》(中华书局 1981 年版)之“福报”一节中的相关论述为先河;此外郭成伟和孟庆超两位先生合著的论文《论“天道”观对中国传统法律的影响》(《政法论坛》2003 年第 5 期),则是近年在法律层面对灾异论进行论述的较为出色的成果。然而,此两者却均非在“天学”的视野中展开。笔者曾有过将灾异论进行天学与法律的结合尝试,如拙文《古代中国“天学”视野下的天命与法律价值革命》(《法制与社会发展》2005 年第 6 期)、《灾异境遇:中国古代法律应对机制及当代意蕴》(《政治与法律》2004 年第 3 期)、《阴阳五行学说与秦汉法律路线之选择》(《法商研究》2004 年第 6 期)、《中国古代天学视野下的刑罚运行》(《河南省政法管理干部学院学报》2004 年第 6 期)等中有相关论述。

徊,或者往往会误以为是中国古代存有天道的“自然(法)”对灾异起决定和支配作用,而事实上并非如此。例如,张分田虽然对天谴灾异论从天赋君权论角度进行了精辟论述,如其认为天谴论对一个王朝或一个皇帝兼具论证与调整功能,即主旨是劝诫、规范君主而使其敬畏天命防止革命,而前提是承认这位被劝诫的君主正享有天命等。但其又认为天谴论只在汉代作用较大,唐宋之后,随着天道自然思想的盛行,致使其影响日益弱化的观点,①则是值得商榷,或者说就是不当的。实际上唐宋以后天谴灾异论同样十分流行,甚至在运作上更为完善,无论帝王还是臣子,都从中获取了大可利用的资源,相关正史中就有很多这方面的事例。又如,陈顾远虽然对墨家学说中人格化“神灵之天”的认识十分精到,但其又将体现了“杀一不辜者必有一不祥……予之不祥者天也”之类的墨家灾异论中,天的“法仪”“天志”与“自然法”属性相联系,②则同样很值得疑议,因为墨家之“天”实际上充满着神灵色彩。如果从“天学”的角度分析,灾异论的源远流长,恰恰是古人一直浸淫在“神灵之天”观念语境中的结果,而所谓的“天道自然(法)”思想,实际上主要发生在少数开明士大夫身上,并不具有主导性,具有主导性的仍然是传而统之的、具有广大民众之信仰基础的“天神观”。显然,以广大民众为统治基础的人君为巩固王权,当然是乐于运用这种神秘灾异论的。至于其他一些论者,虽然认为古代诸如地震、蝗灾、干旱、水涝、疾病、服妖等是灾异,但又将这些灾异仅归之于“自然”范畴的阴阳失调问题,也就当然认为是超越了“神灵之天”。这种看法同样是片面的,也是一种对中国古代思维缺乏全面考察的“只见树木,不见森林”的误解。

同样,学界已有灾异论的各种论析,多是在政治层面进行政治意义上的展开。从古人灾异论的运作而言,在政治层面上的推演的确是事实。但我们也须注意到,虽然中国古代社会不存在相对独立的法律运作,法律只是依附于政治而运作,但是如果把法律从政治

---

①　张分田:《中国帝王观念——社会普遍意识中的“尊君—罪君”文化范式》,中国人民大学出版社2004年版,第367-368页。

②　陈顾远:《天道观念与中国固有法系之关系》,载《中国文化与中国法系——陈顾远法律史论集》,范忠信等编校,中国政法大学出版社2006年版。

的巨大“吸盘”上相对地分解,将灾异论置于“法律”的语境中去分析,把传统的视角转换一下而赋予新的意义时,或许我们更能对中国古代的法律运作轨迹和功能,以及法律超越“线性”而具有的“放射性”“发散性”[①]机能进行清晰的认识和体悟。基于前述,笔者在此所论,即主要基于一种法律或拟制法律的视角,将古代中国的灾异论置于“天学”的语境中进行分析。

从今天所能掌握的史例看,君王以灾异来推演天神谴告并进行罪己行为,早在商汤时就已出现,商汤很可能是灾异论最原始形态的确立者。《吕氏春秋》云:

> 昔者汤克夏而正天下。天大旱,五年不收。汤乃以身祷于桑林曰:“余一人有罪,无及万夫。万夫有罪,在余一人。无以一人之不敏,使上帝鬼神伤民之命!”于是剪其发,磨其手,以身为牺牲,用祈福于上帝。民乃甚悦,雨乃大至。[②]

商汤为了将大旱之罪归于己身,竟然欲牺牲自己生命以救万民,着实令人感到天降灾异的巨大威慑力量以及他的崇高德性。如果说商汤对待灾异,开启了王者真正“身体力行”来罪己的先河,同时也是此类典范的话,那么至汉代文帝时,则已开始运用法律形式和手段,来解读灾异并推行补救行为了。史载“孝文皇帝二年”:

> 十一月晦,日有食之。十二月望,日又食。上曰:“朕闻之,天生蒸民,为之置君以养治之。人主不德,布政不均,则天示之以灾,以诫不治。乃十一月晦,日有食之,谪见于天,灾孰大焉!朕获保宗庙,以微眇之身托于兆民君

① 所谓法律的“线性”是指法律的设置和运作不是单线的、独立的,更不是纯粹的。所谓法律的“放射性”或“发散性”是指法律的设置和运行是一个开放性的、多元性的、包容性的,就如某个东西虽然没有贴上法律的标签,但它却具有法律的特点和功能,或者如某个东西虽然贴上法律的标签,但它却和其他事物盘根错节而融为一体。

② 《吕氏春秋·季秋纪·顺民》。

王之上，天下治乱，在朕一人，唯二三执政，犹吾股肱也。朕下不能理育群生，上以累三光之明，其不德大矣。令至，其悉思朕之过失，及知见思之所不及，匄以告朕；及举贤良方正能直言极谏者，以匡朕之不逮。"①

汉文帝所言，即为后人常说的"罪己诏"模式。文帝由日食之灾而罪己不德，求人言过，特别是由此开了举贤良方正直言极谏之先河，堪为意义重大。不过，在此需特别指出的是，汉文帝是以"诏令"(令至)这种法律形式来应对日食灾异的。事实上，君主以"法律"形式论析和应对灾异，在中国历史上实是一种普遍现象。从法律和灾异的紧密关联看，我们可以说，"灾异论"本身实有某种"拟制法律"的功能意义。也就是说，灾异"本身"当然不是法律，也与法律无关，它只是一种现象，但是当统治者以一种"神灵之天"的信仰情感，去神性化地解读这种现象的时候，特别是将这种解读和补救相结合，并必诉诸法律去强制运作的时候，这种灾异论——灾异的解读和补救理论——也就在一定意义上承担了某种法律(或法理)功能，也即具有了笔者所谓的"拟制法律"的某种性质。

当然，灾异论具有上述拟制法律的功能，并不是它作为拟制法律的全部意义。实际上，以帝王的身份和姿态论及和面对灾异，在敬畏"神灵之天"的语境下，当然或常常会诉诸最强劲的手段——法律，以表达他对天的"最真诚"的歉意和悔改。但是，揆诸史实，也必须承认，历史上能像商汤和汉文帝那样，真正主动而坦诚地面对灾异的实非普遍，大多是不敢主动面对和承担灾异罪责的人君。在后者情况下，相关灾异论的提出和强调，并不主动体现在君主的诏令等法律上，而是首先体现在臣子对君主的上书劝谏上。面对专制和跋扈样态的君王，臣子们敢于以灾异论进谏，其原因即在于其是一个指涉"天谴"的重大问题，而如何解读和补救灾异，本身就是一个"天意""天法"问题。在此种情况下，灾异论显然是被臣子特别是正直臣子，作为至高至威的"最高法则"而理直气壮地运用。这个"最高法则"，实际上就如墨子视野中的那个"天法"，对天子行使着

① 《史记》卷一〇《本纪第十·孝文帝》。

最高效力的“赏善罚恶”的功能。[①] 因此,从这个层面看,灾异论又具有了“拟制法律”的另一种功能意义。这于现代法治社会而言,就像是充当了最高位阶的“宪法”角色一样。[②] 与前述那种以法律形式表达出来从而具有某种“拟制法律”的情形相比,灾异论此种层面的“拟制法律”属性,在中国历史上则更为普遍和重要。因为像商汤与汉文帝之类是历史上著名的有德之王,他们在灾异面前的所作所为,主要是出于自己德性的推动,具有某种为民请命而主动为之的高风亮节,而不是被动地受制于外在的约束机制。但历史上这样的君王毕竟不是多数。同时,我们也必须承认,无论商汤还是汉文帝,他们的灾异论也还是十分粗糙,缺少系统的理论支持,具有的主要是朴素的自我体认色彩。因此,也可以说,像商汤和汉文帝的灾异观念,并不代表真正的历史主流,而只是充当了传统天学中灾异论的某种“刺激眼球”的理论素材。

传统天学灾异论的真正建构和集大成者是汉代大儒董仲舒。可以说,正是董仲舒的贡献,灾异论的天学意义才更为完善和突出,灾异论的“拟制法律”功能才更为强化,同时,对后世传而统之的理论也更完备促成。在天神控制和主导之天人感应的理论下,董仲舒通过解析《春秋》,推演灾异。他说:“凡灾异之本,尽生于国家之失。国家之失乃始萌芽,而天出灾害以谴告之。谴告之而不知变,乃见怪异以惊骇之。惊骇之尚不知畏恐,其殃咎乃至。”[③]董仲舒不仅将灾异之本归咎于国家之失,而且还将灾异矛头直指君主。比如,他以列举的方式说:

> 如人君惑于谗邪,内离骨肉,外疏忠臣,至杀世子,诛杀不辜,逐忠臣,以妾为妻,弃法令,妇妾为政,赐予不

---

① 例如,《墨子》卷七《天志上》载:“顺天意者,兼相爱,交相利,必得赏。反天意者,别相恶,交相贼,必得罚。”又如,《墨子》卷七《天志中》载:“天子为善,天能赏之;天子为恶,天能罚之。”

② 在此值得一提的是,法史界越来越多的学者认为,中国古代的“礼”具有类似现代宪法的功能意义,可称为古代式“宪法”。当然,礼之“宪法”与本著所论灾异论之“宪法”,两者的功能对象显然有其差别:前者作用于所有的人包括君臣民,而后者则主要是君主;前者针对的主要是一般事物,而后者则主要针对灾异此种特定事物。

③ 《春秋繁露》卷八《必仁且智》。

当,则民病血臃肿,目不明。咎及于火,则大旱,必有火灾。摘巢探鷇,咎及羽虫,则飞鸟不为,冬应不来,枭鸱群鸣,凤凰高翔。①

可见,统治者如果是非不明,倒行逆施,弃毁法令,滥用刑杀,则民众疾病丛起,灾异横生。董仲舒还配合“五行”,列举人君之失于灾异现象产生的原因:

王者与臣无礼,貌不肃敬,则木不曲直,而夏多暴风。……王者言不从,则金不从革,而秋多霹雳。……王者视不明,则火不炎上,则秋多电。……王者听不聪,则水不润下,则春夏多暴雨。……王者心不能容,则稼穑不成,而秋多雷。②

君主的貌、言、视、听、思,直接与木、金、火、水、土此“五行”相对应,而且前者问题必定会引起后者问题的出现。也就是说,君王的个人行为是导致天(气)象之灾的罪魁祸首。

可见,董仲舒的灾异论的直接指向,不是别人而正是君主。所有一切灾异,都是源自国家之失,其实都是君主之失;灾异不是发自别处,而是发自于天——一个主宰一切的有意志的“神灵之天”。是“天”对人君之失的谴责,或者说就是某种形式的“天罚”。在自上古以来就流行于世的对“天”予以信奉和敬畏的语境中,董仲舒这套建立在天人感应基础上的灾异论,实际上是在无法用明确有效的法律机制对君主进行权力控制和约束的情况下,以一种有效的“拟制法律”乃至“拟制宪法”的形式,借天之“法网”来限制君主的权力滥用和私欲膨胀。对此,清代著名学者皮锡瑞的一番高论,可谓深切透析和印证了董氏的良苦用心:

古之王者恐己不能不失德,又恐子孙不能无过举也。

---

① 《春秋繁露》卷一三《五行顺逆》。
② 《春秋繁露》卷一四《五行五事》。

常假天变以示儆惕。……后世君尊臣卑,儒臣不敢正言匡君,于是亦假天道进谏。以为仁义之说,人君之所厌闻;而祥异之占,人君之所敬畏。陈言既效,遂成一代风气。故汉世有一种天人之学,而齐学尤甚。①

这里的“古之王者”,就好比商汤、汉文帝之类的有德之王,他们当然能主动、自觉地以“天变”给自己敲警钟。但后代君主权力极胀,对于这些权力塔尖上的“龙体”,官员该如何与他对话呢?又该如何批评和匡正这些掌握生杀大权的皇帝的过错呢?皮氏说,因“祥异之占,人君之所敬畏”,故儒臣避“仁义之说”,而以“祥异”来“假天道进谏”。皮氏所谓“汉世”出现的“一种天人之学”,窃以为就是源自和兴起于董仲舒对灾异的天学理论架构。

学者林乾曾较为详细地分析了对君主权力进行法律制约的机制,如对诏令行使封驳权的言谏系统、体现相权的宰相“副署权”、以及体现古代式民主的廷议制度等。② 这些法律制约机制从理论上说具有重大作用,从而会有力限制君权的滥用。然而,臣子们靠摆事实、讲道理,是否真的可以使皇帝回心转意、收回成命或改邪归正呢?从历史上看,显然是成功的少,失败的多,这种限制其实很有限。其中的原因诚如林乾先生所指出,“一是君主权力会因君主个人综合素质不同以及政治境遇之差别而表现出不同的张弛及不可控性;二是制约机制本身的作用效果具有极不稳定性”。③ 比如,中国古代虽然有君权和相权间的所谓抗衡,但君权和相权由于没有明确的法律上的界限,一旦君主认定制约自己权力的权力是专擅欺君,制约者就会有性命之忧。余英时先生即明确指出,“君权是绝对的、最后的;相权是孳生的,它直接来自皇帝”,④即相权毕竟最终是受制于君权的。而且,随着君权的强化,其本身也在不断地侵蚀和

① 皮锡瑞:《经学通论·易经·论阴阳灾变为〈易〉之别传》。

② 参见林乾:《中国古代权力与法律》,中国政法大学出版社 2004 年版,第 10-61 页。

③ 林乾:《中国古代权力与法律》,中国政法大学出版社 2004 年版,第 165 页。

④ 余英时:《“君尊臣卑”下的君权与相权》,载《中国思想传统的现代诠释》,江苏人民出版社 1998 年版。

弱化以宰相为代表的官僚系统，所具有的法律制约机制的功能发挥。明代嘉靖朝时所发生的明代历史上规模最大的一次集体谏诤事件，以当廷杖毙17人、其他受罚者众多而告终，即一个对君权制约的法律机制彻底失败的最典型标志。至于士大夫阶层在明君昏君之不同政治下所呈现的双重性格，特别是在利益诱惑下，致使他们的社会责任感淡化乃至缺失的时候，这个法律制约机制本身的缺陷就更为突出。所以，古代中国虽然存在一些，甚至看起来较为完备的君权制约法律机制，但其功能却是十分有限的，甚至常常是缺席表达的。然而，正如皮锡瑞所言，以"天降之灾异"作为劝谏的手段就顺利、有效多了，因为即使最张狂的君主，也不能不对"神灵之天"心怀畏惧。于此，我们发现，董仲舒灾异论的用意真是煞费苦心，可谓"醉翁之意不在酒"。同时，我们更发现，正由于现有的那套世俗法律制约机制无法正常发挥作用，灾异论也就在"拟制法律"的意义上弥补了"世俗法律"的缺陷。

正由于灾异的背后主宰是古人十分信仰和敬畏的"天"，是一切事物特别是皇权的最终的"合法性"本源，所以董仲舒的灾异论"谏招"，后来竟屡被正直臣子作为一种类似现代宪制下的"宪法"所运用，从而抨击朝政乃至直指帝王本人。如史载东汉顺帝时，"灾异屡见"，阳嘉二年正月（公元133年1月），颇懂天文的郎顗被朝廷征召献策。郎顗趁机上书和策对，要求皇帝向"天"认罪，并修德修身以正君道。其中有言：

> 臣闻天垂妖象，地见灾符，所以谴告人主，责躬修德，使正机平衡，流化兴政也。《易内传》曰："凡灾异所生，各以其政。变之则除，消之亦除。"伏惟陛下躬日昊之听，温三省之勤，思过念咎，务消祗悔。①
>
> 《易传》曰："阳无德则旱，阴僭阳亦旱。"阳无德者，人君恩泽不施于人也；阴僭阳者，禄去公室，臣下专权也。自冬涉春，讫无嘉泽，数有西风，反逆时节。朝廷劳心，广为祷祈，荐祭山川，暴龙移市。臣闻皇天感物，不为伪动，灾

① 《后汉书》卷六〇下《列传第二十下·郎顗》。

变应人,要在责己。[1]

如果郎顗所言还算较温和的话,那么《后汉书》记载的另一事例就较为激烈了:

> 襄楷字公矩,平原隰阴人也。好学博古,善天文阴阳之术。桓帝时,宦官专朝,政刑暴滥,又比失皇子,灾异尤数。延熹九年,楷自家诣阙上疏曰……十余日,复上书曰……

襄楷在两次上疏中,将当时的各种灾异之天象,一一与朝政对应起来,并断言这些灾异全是由诸如宦官专权、滥用刑罚等政治黑暗所致。最后,襄楷进而批评皇帝本人,言辞极为尖锐激烈,如:

> 又闻宫中立黄老、浮屠之祠。此道清虚,贵尚无为,好生恶杀,省欲去奢。今陛下嗜欲不去,杀罚过理,既乖其道,岂获其祚哉?或言老子入夷狄为浮屠。浮屠不三宿桑下,不欲久生恩爱,精之至也。天神遗以好女,浮屠曰“此但革囊盛血”,遂不眄之。其守一如此,乃能成道。今陛下淫女艳妇,极天下之丽,甘肥饮美,单天下之味,奈何欲如黄老乎?[2]

可见,正是因为祭起灾异之象中“天”的旗号,本着最高位阶之“天法”威力,臣子们才敢堂而皇之,甚至理直气壮、义正辞严地抨击朝政,指责君主,促其修德、修政、修法。而君主对臣子这种搬弄“天法”之谏招,出于对“神灵之天”的敬畏,在一定限度内,也往往予以容忍,纳谏反省,至少不会轻易恼羞成怒。虽然臣子运用灾异论议论朝政得失,其直接目的并非一定就是欲约束君权,但其客观效果却能如此。可以说,作为专制体制中臣子影响政治和制约君权的一

---

① 《后汉书》卷六〇下《列传第二十下・郎顗》。

② 《后汉书》卷六〇下《列传第二十下・襄楷》。

种“武器”,灾异论在中国历史上几乎可谓是“屡试不爽”。乃至于到了清末,即使西方近代科学意义的天文学大为侵入之时,也同样盛行。光绪五年地震,张之洞便向慈禧和皇帝上了一道《请修省弭灾折》,其中说道:

> 窃六月以来,金星昼见,云气有异。五月中旬,甘肃地震为灾,川陕毗连,同时震动……纵横几二千里。臣唯金星主占,迥非岁星为福德者可比。《史记》《汉书》皆云:中国之山川,其维首在陇、蜀。此次震动多日,延袤过广,占候家言虽不可泥,然天象地理赫赫明明,合观两事,不可谓非上苍之示儆也。恭考康熙七年金星昼见,复兼地震,圣祖仁皇帝下诏修省,令臣工指陈厥失,以后列圣遇变修省之举,史不绝书。①

张之洞不仅将光绪五年(1879 年)发生的地震及金星昼见,视为天降灾异以示谴告,而且还将康熙七年(1668 年)类似灾异之罪己诏事,作为自己奏折的引证。

可见,由董仲舒完备起来的灾异论,已成为历代儒臣劝谏最高统治者的有力法宝,使君权的行使多少有所限制。不仅如此,灾异论还逐渐成为开明君主自我修德、修政、修法的说辞,甚至推动力。即使没有臣子以灾异来做文章,一些君主也会主动甚至勇于(当然不排除诸多作秀者)承担灾异责任,并常以“罪己诏”“求言诏”等法律形式体现出来。所以,从某种意义上说,灾异论成了高悬在人君头上的那把“达摩克利斯之剑”,成了制约人君的“无字天书之宪法”。

余英时先生曾指出:君权虽说是绝对的、最后的,但并不意味着完全不受拘束而随心所欲;君权虽无形式化、制度化的限制,但却有无形的、精神上的限制。这种限制,首先是儒家一直想抬出一个更高的力量来约束,汉儒的“天”和宋儒的“理”即是;其次是帝王“祖

① 张之洞:《张文襄公全集》卷一《奏议一》。

法”;最后是“官僚制度”。[①] 余先生之言可谓洞若观火,当然精辟。不过,对余先生之唯有官僚制度之限制为真实,而前两种限制力量都相当微弱之评价,笔者持有很大的保留态度。庞大的官僚制度当然对君权予以真实的限制,就诚如韦伯指出的那样,拥有绝对权力的君主面对官僚制度时也会一筹莫展。但是,前两种限制同样具有真实性。陈顾远先生分析认为,君主虽掌行政立法司法大权于一身,但依然有其权力行使上的限制,虽异族入主中国也不愿绝对有违,这种限制即一为“先王成宪”,二为“祖宗遗命”。[②] 笔者认为,陈前辈的“两端”限制,可归为余先生的“帝王祖法”,这种权力限制显然不是微弱的。而笔者在此想强调的是,儒家抬出的“天”及“理”,[③]在某种意义上更是真实地对君权起着限制作用。“天”不仅从抽象的“天道”“天理”意义上发生制约作用,更为重要的是,还从具象的意义上通过降下灾异的方式,让人君感到畏惧和反省。当灾异发生或示意发生时,历史上众多的臣子据“天”力谏之上书,以及众多的人君畏惧“天变”而罪己求言之诏令,足以说明“天”通过灾异谴告而制约君权的真实效果。在被近代维新和革命人士染上强烈政治情绪,而又进一步感染着我们情绪的所谓“专制”的古代社会中,世俗的法律难以为君主权力形成一个可行有效的制约机制,但是能降灾异的“天”——神灵之天,却给君主的权力滥用加上了一道富有成效的制约门阀。

我国台湾学者甘怀真在其论著中同样认为,中国古代皇权不是绝对的,但又认为这并非因为皇权受到来自法律的规范,而是由于其运作方式是“礼制式”的,即要受到一种“传统式的公共规范”——礼(“名分”)的制约。[④] 笔者以为,甘先生的分析自然正确,但还可再进一步实质化剖析。虽然自周公制礼而使“礼”渗透到

---

① 参见余英时:《“君尊臣卑”下的君权与相权》,载《中国思想传统的现代诠释》,江苏人民出版社 1998 年版。

② 陈顾远:《中国文化与中国法系——陈顾远法律史论集》,范忠信等编校,中国政法大学出版社 2006 年版,第 84-86 页。

③ 实际上,宋儒之“理”虽具抽象性,但从本质看,最终还是依附于“天”。“天理”乃“理”之核心。

④ 参见甘怀真:《皇权、礼仪与经典诠释:中国古代政治史研究》,台北,台湾大学出版中心 2004 年版,第 542-546 页。

社会的各个方面,并随着以后历代的发展损益而致使"礼"的内容不断世俗化和社会化,但无论"礼"的内容如何呈现,礼都是在那个主宰和规划一切的"神灵之天"的"天眼"的注视和监督下成为可能和可行的。也就是说,礼的背后的真正操纵者是"天"。虽然以现代人的眼光来看古代之礼,礼是古人追求政治生活和日常生活秩序化的一个很世俗性的创造,是"人"的创造,但在古人观念中,礼在理论上绝不是"人"创造出来的,而是人对天地秩序规则的一个复述,即礼是"神"的创造意志在人间社会的表达。礼起源于古人对神灵进行祭祀的理论,说明礼的本源就是神灵意志,[①]而在诸如《周礼》《礼记》《仪礼》《易传》等儒家经典中,更是充斥着诸如"礼本于天""礼以顺天"等强劲话语。所以,对于皇权的礼制限制,说到底还是"神灵之天"(不是义理之天、自然之天)的限制。

董仲舒的"灾异论"不仅对人君权力的滥用进行实际上的制约,而且,更为重要的是,还鲜明地指出"天"的制约背后的真正动因。"天"为何要通过"降下灾异"方式对君主进行谴告,乃至要灭其天命呢?董仲舒说:

> 天之生民,非为王也,而天立王以为民也。故其德足以安乐民者,天予之;其恶足以贼害民者,天夺之。[②]

这几句话,在笔者看来,可谓掷地有声。"天"生"民",其目的并非服务于"王",但"天"立"王",其目的却必是服务于"民"。如果"王"能使"民"安居乐业,则"天"会保有"王"的天命;如果"王"祸殃于"民",则"天"必会夺去他的天命。这样的话在2000年前的王权之欲极具膨胀的汉武帝时代说出来,着实需要勇气和胆略。笔者以为,这或许是上古圣王天命观中的"天德"品性——"民之所

① 在古代祭祀中需要种种祭品以及乐器击打等,表明祭祀的对象不是抽象的存在,而是具有人格化的神灵。这个人格化的神灵和人一样,也需要物质享受和精神娱乐,只有祭祀者提供了这些需求,神灵才能给祭祀者降下福祉。诚如我国台湾著名人类学家李亦园先生之言,祭祀是"用钞票来贿赂神"。参见李亦园:《田野图像——我的人类学研究生涯》,山东画报出版社1999年版,第85页。也正如"礼不下庶人"的本义一样,是"庶人贫无物为礼",即由于没有起码的物质条件,所以连祭祀的资格都没有。

② 《春秋繁露》卷七《尧舜不擅移 汤武不专杀》。

欲,天必从之”,[①]给了董先生以强大的精神力量的缘故。天意即民意,天的一切所作所为都是为了人民。虽然天降灾异有时亦会殃及区域内的民众,[②]但与国家范围内政治清明的出现相较,总体上看还是利大于弊,因为天之降下灾异的目的,正是谴告君主赶快反省自我、修德修政,从而达到在更广区域乃至普天之下善待民众的结果。因此,天降灾异根本不是仅仅止于灾异,而同样是为了人民。天都如此一心一意地服务于人民,更何况由天设立的君王乎?现代政治社会提倡各级领导干部是人民的“公仆”,而这样的理念早在2000年前的中国,甚至更早的上古时代就已形成。可以说,董仲舒观念中的君王,再怎样“君权神授”,其实就是天下人民的最大公仆,而头顶那个无处不在、无时不有的“天”,则对君王进行着严密的监督和警示。在这种最高位阶的“拟制法律”或“拟制宪法”的监督预警系统中,君主不仅感受着天的制约而谨慎行权,而且还由此力行善政,推行德治,善待人民,从而在法律的设置和运行中,体现了不同程度的人性(道)关怀。

当然,必须清醒的是,灾异论之于君权的有效限制,不是也不可能是绝对的,事实上存在较大的变数,充其量也是相对而言。因为作为人间的最高统治者,君主毕竟在很大程度上握有对灾异的解释力、舆论控制力以及转嫁力。他可以以“天子”的名义,以最适合与“天”对话的人选,从而进行有利于自己的解释和运作。中国古代的经典理论“天人感应”,其本质就是“天王感应”。董仲舒对贯通

---

① “民之所欲,天必从之”出自《尚书·泰誓》武王伐纣时向军队发布的一个誓辞中:“今商王受弗敬上天,降灾下民……皇天震怒,命我文考,肃将天威……天佑下民,作之君,作之师……天矜于民,民之所欲,天必从之。”武王伐纣之誓辞中“民之所欲,天必从之”的话语,实际上就是对天之德性的一个精辟概括,其与后来西周建立后统治者提出“以德配天”思想是相通的。由于后人对武王圣人角色的推崇,以及武王伐纣在中国历史上具有的极为重大的革命意义,所以武王对天德的八字概括也成为了历代认识天德的经典传统话语。

② 如水灾、旱灾、蝗灾、地震等今人所称的自然灾害。当然,除这些外,中国古代的灾异更多体现为各种天象的变化,而这个天象又是广义的,还包括气象和地象。如日食、月食、星陨、荧惑守心、太白经天、星孛入斗、火犯太微、大风拔木、雌鸡化雄、男女互化、牛生五脚、雨雹、冬雷、地陷、山崩等均是。这些现象,并非必然会对民众生产和生活带来实际上的灾害,但它们都是中国古人视野中的灾异,在灾异论下,常常会引发君主主动或被动的修德、修政、修法行为,从而利于民生。

“天”“地”“人”三者之“王”的解读，更是突出了帝王对“天”的“专利性”沟通，以及对天意的把握。因此一般来说，只要臣子的灾异劝谏不是很过分，聪明的君主自然会虚虚实实地认真对待并进行反省，而这种反省恰恰证明他是“君权神授”的最高统治者。但是，一旦臣子的批评过于激烈或用词不当，以致损害君主尊严乃至皇位之时，灾异论对君权的限制作用往往就会落空，甚至朝相反的方向发展。此时，君主不仅不会去反省自己，反而可能会追究臣子的忤逆之罪。例如，前述面对襄楷言辞激烈的灾异论批评，汉桓帝虽然没有予以诛杀，但还是治了襄楷其他刑罚。[①] 又如，金熙宗皇统九年四月（1149 年 4 月）壬申夜，寝殿发生雷电火灾，翰林学士张钧受命起草罪己诏，却因其有“惟德弗类，上干天威”及“顾兹寡昧，眇予小子”等语，不仅让皇帝勃然大怒而放弃自省，而且还将张钧残酷杀死。[②] 此外，面对灾异及灾异论的压力，有些君主还常常推卸责任移祸于人，让臣子充当“替罪羊”。虽然中国古代有“移祸股肱”的做法，但往往被“有道之君”弃而不用，如宋景公、楚昭王、汉文帝、魏文帝等即有体现。不过，此一做法又常常被一些君主所运用。比如，王莽天凤元年三月（公元 14 年 3 月）日食，策令大司马逯并辞职；天凤三年七月（公元 16 年 7 月），大司马陈茂又以日食免。[③] 更如汉成帝绥和二年（公元前 7 年）春，天空曾出现“荧惑守心”此一凶恶天象，丞相翟方进即被皇帝所逼迫而不得不塞责自杀。[④] 在此种“移祸股肱”的情况下，灾异论于君权的制约同样是零，甚至是负数。

事实上，灾异论除了上述面对无道之君而陷入某种无能之外，它还往往导致客观上的两大社会危害。其一，当社会矛盾产生特别是激化时，灾异论常常被政治野心家或反对者所利用，一些正常的自然现象亦往往被视为灾异，从而极易导致人们对现存政权合法性的怀疑，乃至完全否定，从而加剧了社会矛盾，推动了社会秩序

---

① 《后汉书》卷六十下《列传第二十下·襄楷》载：“帝以楷言虽激切，然皆天文恒象之数，故不诛，犹司寇论刑。”

② 参见《金史》卷一二九《列传第六十七·佞幸·萧肄》。

③ 参见《汉书》卷九九《列传第六十九·王莽》。

④ 参见《汉书》卷八四《列传第五十四·翟方进》。对此案的详细研究，可参见黄一农：《汉成帝与丞相翟方进死亡之迷》，载《社会天文学史十讲》，复旦大学出版社 2004 年版。

的瓦解和崩溃。现有研究已经揭示,灾异论就对汉代的政治秩序产生了灾难性的影响。[①] 所谓"汉家尧后,有传国之运。汉帝宜谁差天下,求索贤人,禅以帝位,而退自封百里,如殷周二王后,以承顺天命",[②]灾异告诉世人,刘汉的国运就要走到尽头。基于此,大规模的原始道教运动才登上了历史舞台,并对现有的社会秩序造成了较大负面影响,致使社会陷入种种动荡和混乱中。[③] 其二,灾异论的一个直接后果,往往是伴随国家大赦,然而大赦却潜伏着对社会的诸多危害,尤其是其频繁发生时。在灾异面前,君主为挽救政失以应天谴,常常会颁布体现仁政的赦令。从表面上看,赦免罪犯是种善举,但实际上危害极大。经常发生的赦免,除干扰正常司法和危害法律公正外,最突出的是破坏了正常的社会秩序,导致其恶化和混乱。史载东汉时河内人张成,就因"善说风角,推占当赦"而"教子杀人"。[④] 如果不是当时朝廷"因灾异行赦"频繁成为常态,张成再怎样"善说风角",也不至敢于"教子杀人"去钻法律空子。这种"教子杀人"式的肆意犯罪,对社会秩序和他人安全而言的确非常可怕。东汉王符就对行赦的社会危害予以揭示:"今日贼良民之甚者,莫大于数赦。赦赎数,则恶人昌而善人伤矣。""轻薄恶子,不道凶民……以财色杀人父母,戮人之子,灭人之门,取人之贿。……皆望圣帝当为诛恶治冤,以解蓄冤。反一门赦之,令恶人高会而夸诧,老盗服藏而过门,孝子见雠而不得讨,亡主见物而不得取,痛莫甚焉。故将赦

---

① 参见姜生:《原始道教之兴起与两汉社会秩序》,载《中国社会科学》2000 年第 6 期。

② 《汉书》卷七五《列传第四十五·眭弘》。

③ 如《汉书》卷二十七下《志第七下·五行志下》载:"哀帝建平四年正月,民惊走,持稾或椒一枚,传相付与,曰行诏筹。道中相过逢多至千数,或被发徒跣,或夜折关,或逾墙入,或乘车骑奔驰,以置驿传行,经历郡国二十六,至京师。其夏,京师郡国民聚会里巷阡陌,设张博具,歌舞祠西王母。又传书曰:'母告百姓,佩此书者不死。不信我言,视门枢下,当有白发。'至秋止。"又如《后汉书》卷五《本纪第五·安帝》载:"(永初元年十一月)戊子,敕司隶校尉、冀并二州刺史:'民讹言相惊,弃捐旧居,老弱相携,穷困道路。其各敕所部长吏,躬亲晓喻。若欲归本郡,在所为封长檄;不欲,勿强。'"此二记载中"民惊走""民讹言相惊"这些引起民众恐慌而大规模背井离乡出走的事件,其缘由即为原始道教基于灾异论而形成的"终末论"的影响。

④ 《后汉书》卷九七《列传第五十七·党锢传》。

而先暴寒者,以其多冤结悲恨之人也。"[①]更有甚者,过多的赦免还导致钻此空子的职业杀手组织的出现,[②]从而推动了社会秩序趋向崩溃。此外,因灾行赦还加剧了社会上的复仇之风。对罪犯的赦免往往会触发被害人及家属的复仇心态,这既扰乱了正常的社会秩序,同时又抵销了国家限禁复仇的意义。

因此,对灾异论的积极作用我们不能过于乐观,除去其客观导致的社会危害外,从本著所论对君权行使的制约而言,同样不宜过于夸大。事实上,就是在古代语境中,也有少数开明人士对灾异论本身进行了批评和否定。如北宋欧阳修就在某种程度上否定了"灾异谴告"说,认为日食、星变等怪异,虽不能断然否定,但并不直接与"人事"有关;王安石变法时提出"三不足"口号,特别是其中"天变不足惧",乃针对保守派借"天变"反对变法而发,反映了他对灾异的"非关人事得失"的态度。[③] 不过,正如评价事物不宜从一极端滑向另一极端,虽然灾异论有诸多这样或那样的缺陷,但我们也必须承认,其对君权相对有效的制约意义,又是无法否定的。站在现代科学的立场上,建立在"天人感应"基础上的灾异论,只不过是一堆荒谬可笑的说辞而已,但这样也就无法真正理解古人于灾异论说的思想精髓,同时对古人也不公平。清人皮锡瑞就洞若观火地指出,汉儒是"借天象以示儆""藉此以匡正其主",而"后世不明此义,谓汉儒不应言灾异,引谶纬,于是天变不足畏之说出矣。近西法入中国,日食、星变皆可豫测,信之者以为不应附会灾祥"。于是,皮氏告诫人们:"言非一端,义各有当,不得以今人之所见,轻议古人也。"[④]此话说的极是。于是,当我们面对传统天学的灾异论时,我们是否还会不容置疑地斥之为"迷信"或"愚昧"？当我们面对现代社会于权力,特别是最高权力如何用法律机制来予以制衡的"头痛"问题时,灾异论是否真的已离我们远去？不过,有一点是可以肯定

① 《潜夫论》卷四《述赦》。

② 《潜夫论》卷四《述赦》载:"洛阳至有主谐合杀人者,谓之会任之家。受人十万,谢客数千,又重馈部吏,吏与通奸……是故虽严令、尹,终不能破攘断绝。……今案洛阳主杀人者,高至数十,下至四五,身不死则杀不止,皆以数赦之所致也。"

③ 参见孙小淳:《北宋政治变革中的"天文灾异"论说》,载《自然科学史研究》2004年第3期。

④ 皮锡瑞:《经学历史》,中华书局2004年版,"经学极盛时代"第69页。

的,那就是对于人君极权的限制而言,董仲舒的灾异论不仅具有“拟制法律”甚至“拟制宪法”的意义,更具有超乎世俗法律而为世俗法律无法取代的意义。

(二)法律秩序构建之可行性

在古代中国的天学视野中,所谓天垂象而圣人象之,君王须是“象天而治”方得治理。古代中国统治者虽然追求德治,讲求伦理教化,但并不否定法治,法治实际上是德治成功的保障。[①] 道德秩序固然美好,但法律秩序却是道德秩序维系的保障。《唐律疏义·名例律》开篇有云:“德礼为政教之本,刑罚为政教之用,犹昏晓阳秋相须而成者也。”不过,值得注意的是,无论是德治还是法治,古人都从具有无边力量的“天”那里,获取到了生命的胚胎和成长的营养。在这个意义上,那个作为法律资源的天空,同时也是作为道德资源的天空。天的“保民惠民”的德性,就成为后期人君推行德治的最基本的理论源泉。不过,笔者在此并不想就道德秩序展开论述,古代社会法律秩序的“象天而设”及其现实的可行性则是本著此处的关注。法律秩序的“象天而设”,突出展现了“作为法律资源的天空”之于世俗社会的又一个重大意义,或者说是本源意义。

自从有了人类社会的产生,为了使人们在社会共同体中得以良性生存和发展,社会秩序就成为人们特别是统治者所追求的手段和目的。然而,秩序如何确立?什么样的秩序是可行的?在这点上,地球上的古民似乎都把目光投向了浩瀚的天空,从对天体的崇拜中获取了建立秩序的灵感。著名的西方学者西格蒙德·弗洛伊德说,人类文明除“美”外,还有对“清洁”和“秩序”的重视。其中对“秩序”此一概念,就有十分独到的解读:

> 秩序也不例外,它像清洁一样只适用于人类行为。但是,自然是不需要清洁的。相反,秩序却是从自然界模仿

---

① 中国古代的法治最典型的显现时代是在秦朝,而在正统儒家统治的时代,法治则基本上内化于儒家的框架之内,成为儒家外在德治的推动力。当然,古代法治不能与现代法治相提并论。从最基本的也是最本质的区别意义上说,古代法治是“以法治国”,推行的是法律工具主义,而现代法治则是“依法治国”,视法律为一种依靠的权威,推行的是法律至上主义。

> 而来的。人类通过对浩瀚的天体规模的观察,不仅发现了把秩序引入生活的模式,而且也找到了这种做法的出发点。①

虽然秩序和清洁是否只适用于人类行为值得商榷,但对人类文明而言,秩序的重要性却是不言而喻,甚至是无与伦比的。这句话的精辟之处,不仅在于揭示了人类需要秩序之因,而且还揭示了秩序内容之本——人类秩序是对天体秩序的模拟。

不过,这样的秩序模拟在西人的领悟中似乎出现较晚,诚如弗洛伊德所云:

> 我们应该有理由希望在最初的人类活动中秩序就可以毫无困难地取得它的地位;而且我们可能很惊讶:这种情况居然没有发生,而是恰恰相反,人类在他们的行为中表现出一种没有规则和不可靠的天性,并且需要通过艰苦的训练,他们才能学会以天体模式为榜样。②

在这里,所谓"最初的人类活动"是指早期欧洲人的活动。显然,弗洛伊德的话语中隐藏着欧洲中心论的优越思想,他对西方人未能在最初的人类活动中率先从天体模式中获得秩序而透出一股遗憾的气息。也就是说,西方人对天体秩序的模仿,是经过了一定时期的曲折和磨炼之后才得以领悟的。③

---

① [奥]西格蒙德·弗洛伊德:《文明及其缺憾》,傅雅芳、郝冬瑾译,安徽文艺出版社 1987 年版,第 35 页。

② [奥]西格蒙德·弗洛伊德:《文明及其缺憾》,傅雅芳、郝冬瑾译,安徽文艺出版社 1987 年版,第 36 页。

③ 古希腊的天象体系在一定意义上反映了弗洛伊德所说的早期西方人那种没有规则的天性。古希腊的星象体系实际上是由一个个富于浪漫的神话故事组成的。这个星象体系的整体结构是凌乱的,驳杂而无中心的,各个星座之间的关系是松懈的,全天星象呈现一种未经组织的自然状态。这一特色形成的原因主要在于先有神话体系,然后才将这个神话体系附会于天象,为天象命名,而不是神话故事来自天象。参见陈江风:《天文与人文》,国际文化出版公司 1988 年版,第 1-5 页。可以说,这是一种追求人的个性的显现和炫耀的民族精神的体现。这与古代中国人追求整体划一的民族精神恰恰相反,从而在古代中国形成了与古希腊零乱驳杂的星象体系截然相反的组织严密的星象体系。

与西方的情况相反,中国人远在上古三代,就已经“以天体模式为榜样”,来建构自己的政治体制和社会秩序了。西周建立后,周武王“定天保,依天室”,[①]以天的格局建设国都是一个典型例子。北极星作为帝星,居于天之中心,满天的星斗围绕它转;同样地上的国家首都,那个帝王所在,也要居于大地中央。为此,武王“南望过于三涂,我北望过于有岳,鄙顾瞻过于河,宛瞻于伊洛,无远天室”,[②]在进行了四方地望考察以后,终于在伊洛平原找到了地之中心“土中”,从而确定了“天保”。另外,“依天室”也是从形制到方位都要与天彻头彻尾地一致起来。作为天帝宫殿的紫微宫是天之中心,那么作为天之骄子的人君宫殿,同样要亦步亦趋,居于天保之中。这种对天的格局进行国都营造的模仿,不仅在选址上具有地理意义,而且更具有政治意义。[③] 成王即位,天保落成,周人欣喜若狂,《诗经·小雅·天保》淋漓尽致地展现了这种热烈的情绪。诗文连续三章首句感叹“天保定尔”,那种欣喜、赞叹之情溢于言表。周人相信,“依天室”建制天保,则皇天时配、祖宗护佑、国祚长久,周人便可“受天永命”。[④] 正如诗文反复吟唱一般,国家可以“如月之恒,如日之升,如南山之寿,不骞不崩”了。

周人依据天室而建天保只是一般秩序的典型模仿,而实际上,中国古人依照天体秩序而模仿的秩序,大多是法律秩序,或者与法律秩序难解难分。中国古人发现,满天的星斗虽然纷繁复杂,数量众多,但却并不杂乱无章,它们在北斗七星的带领下,围绕着北极星有条不紊地日夜旋转运行,而且各个天区的星体都有各自稳定的位置。这样稳定的天体格局,在古人看来,就是一种稳定的天上的法律秩序。从官方星占学的角度看,如果有星体破坏这种稳固的法律秩序,擅自离位,则会受到天帝的惩罚,让其成为流星消失天空。因为在官方星占学视野中的流星,主要是指某一星对天帝统治秩序的背叛,而流星对应于人间而言,即是将有

---

① 《史记》卷四《周本纪第四》。

② 《逸周书》卷五《度邑解》。

③ 周朝以天体秩序建立国都,历代王朝的国都选址和布局基本上都是如此,而明清的国都北京紫禁城的建设,对天的模拟更是十分典型。

④ 《尚书·召诰》。

朝臣背叛朝廷，自然会遭致朝廷的诛杀。不过，流星也常常会被臣子诠释为人君不德和法纪败坏而向人君进谏的天象。如汉代谷永在应对汉成帝永始二年二月（公元前5年2月）癸未“夜过中，星陨如雨，长一、二丈，绎绎未至地灭，至鸡鸣止”的流星雨时说：“星辰附离于天，犹庶民附离王者也。王者失道，纲纪废顿，下将叛去，故星叛天而陨，以见其象。”①当然，从朝廷反对者的立场来说，流星在天文星占学意义上，又被解释成一种天意的昭告，预示着反抗朝廷的时机已然成熟，而如果出现大量流星雨天象，则更是意味着朝廷已腐烂透顶、危机四伏，将要改朝换代了。

无论流星的出现在星占意义上有何不同，有一点却是共同的，那就是，天体秩序是人间秩序之本。因为无论是帝王、谏臣还是反对者，他们都对神灵之天充满了敬畏，都会把天体秩序作为建立、巩固、完善或者变革人间秩序的摹本，只是他们对像流星之类的天体及整个天体秩序解释不同而已。于是，在古人天体崇拜意识下，天体秩序自然就成了人间法律秩序的模拟。可以说，从立法、司法、修法、法律设施，一直到法律路线、法律价值、刑罚等一系列事关建立法律秩序的法律问题，都与对天的秩序的模拟息息相关。概言之，从立法的角度看，法律是“圣王仰视法星，旁观习坎，弥缝五气，取则四时”②而制定出来的；从司法的角度看，法律的运作与天象紧密相联，即当出现某种天象（天体秩序的组成部分或调整）时，人间法律应循之而对应运行，如星占之辞“月晕轸角，大赦……晕大陵前足，赦死罪；后足，赦小罪”、③“荧惑在尾，与辰星相近，天下牢开，大赦”④即是；从修法的角度看，由于“天人感应”下天能对人事进行某种天象的警告，故法律修正也必须对应进行，如星占之辞“日蚀轸，国有丧，以赦除其咎”、⑤“（秋日）太白之见也，以其时修法制，缮囹圄”⑥即是；从法律设施的角度看，中国古代同样和天体

① 《汉书》卷二七下《志第七下·五行志下》。
② 《隋书》卷二五《志第二十·刑法》。
③ 《乙巳占》卷二《月晕五星及列宿中外官占第十二》。
④ 《乙巳占》卷五《荧惑入列宿占第二十九》。
⑤ 《开元占经》卷一〇《日占六·日在南方七宿蚀八》引《河图圣洽符》之言。
⑥ 《乙巳占》卷六《太白占第三十四》。

秩序予以挂钩,典型的例子是明初朱元璋对三大法司的选址和命名问题,无一不浸透着对天象的模拟。[①] 从某种意义上说,中国古代的星占文献,可以说就是一部古代统治者如何立法、司法、修法、设置法律设施等的“葵花宝典”。当然,星占之辞不能解决一切法律问题,但是古人对天体秩序的崇拜、敬畏进而进行法律模拟,亦步亦趋,以渴求和天同步而达到“天人合一”却是执着的。[②] 可以这样说,古代中国为建立良性法律秩序而形成和运用的基本法律制度和法律路线,都与天体秩序及其衍生的天象模拟脱不了干系。

当然,各星占文献中的占辞所体现出的人间法律秩序对天体秩序的模拟,一般而言,主要是对天体秩序之延伸意义的间接模拟,而非直接模拟。如秋时太白经天,人君当“修法制,缮囹圄,具桎梏,禁奸邪,察狱刑,戮罪过,斩杀必当,无留有罪”,[③]即属此类。现举一则具体案例说明法律秩序是如何在延伸意义上模拟天体秩序的。唐段成式在《酉阳杂俎》中,即记有唐代佛教天学家僧一行事:

> 僧一行,博览无不知,尤善于数,钩深藏往,当时学者莫能测。……诘朝,中使叩门急召,至便殿,玄宗迎问曰:“太史奏昨夜北斗不见,是何祥也?师有以禳之乎?”一行曰:“后魏时,失荧惑,至今帝车不见,古所无者,天将大警于陛下也!夫匹妇匹夫不得其所,则陨霜赤旱。盛德所感,乃能退舍。感之切者,其在葬枯出系乎?释门以瞋心坏一切善,慈心降一切魔。如臣曲见,莫如大赦天下!”玄宗从之。又其夕,太史奏北斗一星见,凡七日而复。[④]

① 关于中国古代立法、司法、修法及法律设施等方面的“则天”具体模拟,详情可参见本著第四章“星占学下的法律模拟”的相关论述。

② 如《步天歌》虽是隋朝一本以七言押韵的诗歌形式描述三垣二十八宿为主体的全天各星状况的著作,但著作名称本身,以及唐宋以来钦天监和星占家对其的引证和人事运用,即表达着古人的这种渴求。

③ 《乙巳占》卷六《太白占第三十四》。

④ 段成式:《酉阳杂俎·前集卷一·一行》。

在古代中国天学中，北斗星率领众星运行，被视为天帝坐车，在天宫的意义十分重大。而且重要的是，北斗还具有人间帝王御驾之象征意义。现北斗不见，人君尚不着急乎？特别要命的是，北斗不见，天体秩序必将出现混乱之势。而据天人感应之理，如此天象则是人间政治之失的反映，即昭示着人间混乱或行将混乱的法律秩序的出现。按一行所言推知，天乃以此异常天体秩序示警人君赶快采取措施，以修正人间存在的不良法律秩序。故一行建议对症下药，以“大赦天下”之法律措施予以修正和改善。如此从天体秩序的状况引导人间法律秩序的改进和重建，是一种典型的对天体秩序之延伸意义上的模拟。

实际上，法律秩序对天体秩序的模拟不仅在古代官方星占文献上十分明确细致，而且在儒家经典中也是如此。《礼记·月令》的整篇内容就是较为完整和丰富的人间法律秩序对天上法律秩序的全面模拟之作。作为儒家重要经典，《礼记·月令》中有关帝王之十二个月的政令的法律意义是很强的。该篇从诸如采伐林木资源、捕获动物资源、利用土地资源、进行政事活动、用兵，一直到农事管理等，几乎举国之事都规定了依天象、天时而定的相关法令。从《月令》的体例来说，首先是说明该月的天象，然后规定了人君在该月所应推行的政令、法令。可以说，按照天象模拟而来的十二个月的政令、法令行事，人间的法律秩序无疑是美轮美奂的。如以政治法律活动为例，《礼记·月令》为帝王提供了周密的法令内容和政事安排，具体见表10-1：

表 10-1

月份	天象	迎时仪式	宗教活动	刑狱	礼乐	其他
孟春	日在营室，昏参中，旦尾中	立春日，天子亲率三公九卿诸侯大夫，在东郊举行迎春仪式	天子在元日向上帝祈求五谷丰登		命乐正入学习舞	向下施惠，兼及百姓
仲春	日在奎，昏弧中，旦建星中		挑选良辰吉日，命民祭祀土地之神	省囹圄，去桎梏，毋肆掠，止狱讼	命乐正入学舞乐，天子率百官等亲往视之	
季春	日在胃，昏七星中，旦牵牛中		天子着黄衣向先帝祈求福祥		择吉日大合乐，天子率百官等亲往视之	天子布德行惠，命开仓济贫，招贤纳士
孟夏	日在毕，昏翼中，旦婺女中	立夏日，天子亲率三公九卿诸侯大夫，在南郊举行迎夏仪式		断薄刑，决小罪，出轻系	命乐师习合礼乐	命太尉举贤荐能，根据其才能和品德，行爵出禄
仲夏	日在东井，昏亢中，旦危中		命举行求雨的宗教仪式，以求风调雨顺，五谷丰登		命乐师整修礼乐所用的鼓、箫、竽、钟等乐器	

续表

月份	天象	迎时仪式	宗教活动	刑狱	礼乐	其他
季夏	日在柳，昏火中，旦奎中		命四监聚合百县的幼畜，以养牺牲；令民皆出力，以供上下诸方之神			不可以合诸侯
孟秋	日在翼，昏建星中，旦毕中	立秋日，天子亲率三公九卿诸侯大夫，在西郊举行迎秋仪式		命修法制，善图圄，具桎梏，禁止奸，慎罪邪，务搏执；决狱讼，必端平；戮有罪，严断刑		禁止封诸侯，立大官；禁止割地出使
仲秋	日在角，昏牵牛中，旦觜觿中		精心挑选祭祀用的牺牲，以飨上帝	命有司申严百刑，斩杀必当		开关通事，以便民事；来商旅，纳货贿
季秋	日在房，昏虚中，旦柳中		大飨上帝	用刑狱，不得留有罪	命乐正入学习吹	天子与诸侯合议税法之重，贡职之多少
孟冬	日在尾，昏危中，旦七星中	立冬日，天子亲率三公九卿诸侯大夫，在北郊举行迎冬仪式	命太史用龟占卜，预测吉凶，以察阿党	对侵削庶民而致使民怨天子者行罪无赦		赏死事，恤孤寡；命工师制作器皿

续表

月份	天象	迎时仪式	宗教活动	刑狱	礼乐	其他
仲冬	日在斗,昏东壁中,旦轸中			对相互侵夺禽兽等者罪之不赦;筑囹圄		罢官之无事,去器之无用
季冬	日在婺女,昏娄中,旦氐中		命官赋牺牲,令民献其力,以供上下诸方之神		命乐师大合吹	天子与公卿、大夫共商国事

显然，古人对这十二个月中不同政事法令的区别，就是以每月不同的天象为依据的。在古人眼中，不同的天象通过阴阳五行之气的中介作用于人事，并形成了不同的阴阳五行之气相磨而成的春夏秋冬四时和不同季月。各个季月的不同政事并非人事所定，而是源于阴阳五行之气的运行昭示，最终是源于天象及天象背后的天意。所以，每个月帝王行政事的法令是“象”天的结果，由行法令而形成的法律秩序，显然也就是天象秩序之“象”，即模拟。以刑狱为例，如仲春之月之天象秩序是“日在奎，昏弧中，旦建星中”，由此天象所决定，古人认为此时“天特别有好生之德”，故才春阳发动，万物萌生，于刑狱也当为“省囹圄，去桎梏，毋肆掠，止狱讼”。[①] 但是当天象呈现“日在翼，昏建星中，旦毕中”时，人们感知到了气象的冷凉及地象的转衰，于是知道秋季（孟秋）来临，为与通过天象这张“脸面”表征出来的天的意志相符，刑狱也就调整为“修法制，善囹圄，具桎梏，禁止奸，慎罪邪，务搏执；决狱讼，必端平；戮有罪，严断刑”了。而随着天象的进一步转换，气象越来越冷，地象越来越衰，在之后的仲秋、季秋、孟冬、仲冬中，刑狱也越来越严厉乃至罪之无赦。《礼记·月令》的这种刑狱“象天”模拟，不仅被总结提炼出“赏以春夏，刑以秋冬”的行刑原则，而且还被后代王朝统治者奉为圭臬。陈顾远先生即以《礼记·月令》为本，对中国古代的“狱之理”进行了分析。[②] 不过，值得注意也稍有遗憾的是，陈前辈是从刑狱之人事应该与“天时”求合的角度来分析的，亦即主要是从不同月份气象的差异、变化上来论证刑狱的差异和变化，却没有关注到各月的天象描

---

①　有种观点认为，《月令》中反映古人在不同的月份施行不同的政事法令，主要是源于对不同月份气象的认识，与当月的天象没有必然联系，甚至认为，天象只是该月的一种客观衬托而已。这种观点看起来合理，然而却并没有抓住古人对天人关系进行认识的根本，更没有抓住古人对天进行认知的根本方式，甚至是本末倒置的，其中重要的原因即在于这种观点并没有从天学的视角进行观察。实际上，从天学来看，古人对天的认识，首先是通过天象进行的，然后才是气象和地象，而且气象和地象最终是受制于天象的，即没有这样的天象就不会出现对应的气象和地象。仲春时气象和地象回春，当然是源于天的意志，但是天的意志人们如何获悉？则通过对天象特别是日象的观察。所以，古人的认知逻辑是：由于出现了某种天象（日象），所以才导致了某种气象和地象。这是一个源和流的关系。

②　参见陈顾远：《天道观念与中国固有法系之关系》，载《中国文化与中国法系——陈顾远法律史论集》，范忠信等编校，中国政法大学出版社 2006 年版，第 244-245 页。

述。诚然,刑狱的不同的确与气象的不同紧密相连,但我们断不可忽视《月令》在叙说刑狱时,首先是将天象(日象)予以十分明确且详细的说明。事实上,这就是古人在天体崇拜(太阳崇拜)下的一种逻辑思维,气象只是充当了天象的信息传递者而已。所以,由此看来,古人对法律秩序的构建是对忠实地模拟于天上最重要的天体——太阳的运行秩序的认识,早在产生《礼记·月令》的年代就已全面确立了。当然,这样的模拟是广义的范畴,它同样是一种天体秩序之延伸意义上的间接模拟。

如果上述意义上的对天体秩序的法律秩序模拟,具有随天象之变动(天体秩序的调整)而变动,从而呈现动态特征的话,那么古代中国在官僚制度层面上的法律秩序对天体秩序的模拟,则具有相对的静态特征。这种静态性也标志着一定的稳定性,即一旦模拟而成,一般就不会改变而只存在完善问题。中国古代的“官制象天”就呈现这种状态。可以说,中国古代国家的官制,首先是肇始于帝王政治的确立,而这种确立则是“仿天模拟”的结果。在中国古人从氏族组织向国家过渡的漫长过程中,随着“绝地天通”的重大转折,人们不仅从天的秩序中找到了等级差别的依据,而且还从中得到了帝王中心政治的启示。满天数不清的星星按部就班地围绕北极做规律的运行,不正是向人类提供一种政治秩序的理想模式吗?特别是长期给人们神秘感的“居其所而众星共之”①的北极星,更是给人们产生政治上的联想,不仅塑造了高居于众神之上的统一至上神“天帝”,而且也对应形成了人间的最高统治者“帝王”。至此,华夏国家官制的初级模式基本形成。随着人们对天文的不断深入观察,以帝王政治为中心的官僚制度,开始不断赋予(行政)法律意义且不断完善,在历经三代,中经秦汉之后,中国古代官制的超稳定结构和秩序也就“呱呱坠地”。

“官制象天”之秩序模式到了西汉中期,董仲舒给予了其天学上的理论说明。董仲舒在《春秋繁露》中专门著有“官制象天”一篇。该篇论述了天子建立官制的天学道理。不过,董氏之论主要是从“天之数”出发立论的。他认为,君王制定官制,分为三公、九卿、二

---

① 《论语·为政》。

十七大夫、八十一元士，总共120人，都是效法天数之常规的结果。3个人成为一选，是效法3个月成为一季；官员四次选拔后停止，是效法四季之后一年就结束了。上天用3个月构成一季，君王用三公来扶助自己，故天的基准定数是3。120个官员，都是天子根据天数来任命。即天子用三公来辅佐自己，三公各自用三卿共九卿来辅佐自己，九卿各自用3个大夫共二十七大夫来辅佐自己，27个大夫各自用3个元士共八十一元士来辅佐自己。所有的官员加起来共为120人，又是符合天之十端[①]在一年12个月的总数。虽然有前辈学者如陈顾远先生对董仲舒的这种理论，以及董氏将其与《礼记·昏义》所谓“天子立六官，九卿二十七大夫八十一元士”之数相合的做法，认为是一种附会而并不足训，[②]但在相信神灵之天的古代人士看来，却是真真切切的，即使是附会，他们也相信这种附会，而诸如象天地四时而立官之义，则更是“既于事例上为梁、北周等等官制直接采用，且又为吏户礼兵刑工六部之所本，而后世儒者更多视为当然也”。[③] 不仅如此，董仲舒还在《春秋繁露·五行相生》篇中论述了司农、司马、司营、司徒、司寇五官，就是依据木、火、土、金、水五行特性而设置的。可见，董仲舒这样的理论解释并不是表层上的天象模拟解释，而是触及了天象背后的本体问题。

董仲舒的“官制象天”理论虽然有些抽象和复杂，但却给封建历代的官制秩序提供了不断传承的理论依据。不过，从实践来看，古人大都还是习惯于对天体秩序的表象模拟，这种表象模拟主要着眼于天上众星围绕北极星而进行规律运行所显示的天体秩序。较为典型的表现，如汉光武帝刘秀当年在恢复汉室政权的斗争中，邓禹等28位将领可谓立下赫赫功勋。永平三年（公元59年），汉明帝刘庄命人绘此28位功臣的画像于洛阳南宫的云台，史称“云台二十八

---

① 天之十端即为天、地、人、阴、阳、木、火、土、金、水。

② 参见陈顾远：《天道观念与中国固有法系之关系》，载《中国文化与中国法系——陈顾远法律史论集》，范忠信等编校，中国政法大学出版社2006年版，第239页。

③ 陈顾远：《天道观念与中国固有法系之关系》，载《中国文化与中国法系——陈顾远法律史论集》，范忠信等编校，中国政法大学出版社2006年版，第239页。

将”,俗称“云台二十八宿”,以对应天上二十八星宿。[1] 此固然有追忆功臣及给臣僚树立榜样之意,更实有以望形成对中央天朝的拱卫之势。

法律秩序对天体秩序的模拟,不仅在诸如“官制象天”、《月令》等上有突出表现,在宗法秩序上也为如此。每个家庭内部组织也是以家长为中心,以子女亲属为群星拱卫的“小天朝”,中国古代的婚姻、家庭、继承法律制度,无一不是服务于这种与国同构的宗法秩序。

由上可见,古代中国人寻求的法律秩序从来源上看,实际上都是出于对天体秩序的各种层次和各种意义上的模拟。德国人类学家恩斯特·卡西尔在他著名的《人论》中说:

> 如果人首先把他的目光指向天上,那并不是为了满足单纯的理智好奇心。人在天上所真正寻找的乃是他自己的倒影和他那人的世界的秩序。人感到了他自己的世界是被无数可见和不可见的纽带而与宇宙的普遍秩序紧密联系着的——他力图洞察这种神秘的联系。因此,天的现象不可能是以一种抽象沉思和纯粹科学的不偏不倚精神来研究的。它被看成是世界的主人和管理者,也是人类生活的统治者。为了组织人的政治的、社会的和道德的生活,转向天上被证明是必要的。似乎没有任何人类现象能解释它自身,它不得不求助于一个相应的它所依赖的天上现象来解释自身。[2]

卡西尔的话虽似有武断之嫌,但人向天上“寻找”“他那人的世界的秩序”却是真的。这种“寻找”即模拟。毋庸置疑,对天体秩序的各种模拟是古人天体崇拜的结果,也即古人对天进行神圣信仰的结果。中国古人之所以执着地向天寻找各种法律资源,向天模拟法律秩序,是因为古人信天,崇拜天,社会的上上下下都处于一种普遍

---

① 《后汉书》卷五十二《列传第十二》载:“永平中,显宗追感前世功臣,乃图画二十八将于南宫云台。”范晔在此《列传第十二》中“论曰”:“中兴二十八将,前世以为上应二十八宿,未之详也。然咸能感会风云,奋其智勇,称为佐命,亦各志能之士也。”

② [德]恩斯特·卡西尔:《人论》,甘阳译,上海译文出版社1985年版,第62页。

流行的对天予以信仰的语境中。在这样的语境中,向天模拟而来的法律秩序,也就获得了最大限度的维持、传续和巩固。金观涛、刘青峰笔下的中国封建社会二千余年的超稳定结构系统,①无疑在某种意义上衬托出了这种源于天之模拟的法律秩序建设的可行性。这也是传统天学之"作为法律资源的天空",给古代社会特别是统治者,带来的最大也是最实惠的一块"蛋糕"。

三、"作为法律资源的天空"可能给现代社会带来什么?

时过境迁,斗转星移,古代中国的传统天学已被具有科学意义的现代天文学所取代,同样,作为曾是法律资源的天空,现也让位给了物理资源的天空。今天的人们——凡只要受过一点科学知识教育的——都不会像古人一样,相信我们头顶天空中的各种天体上还居住着天神,并洞察和监督着人事的一切。否则,就是一个迷信和愚昧的人,迫切需要科学的拯救。不过,应该明确的是,从人类的历史与宇宙相比,我们头顶的天空几千年来并未被置换过,诚如著名的英国科学史家米歇尔·霍斯金在其主编的名著《剑桥插图天文学史》中说:"为天文学史提供独特兴味的,是这样一个事实:它的研究对象——史前文明、古代文明和中世纪文明试图理解的天空,也正是现代天文学家所探索的同一个天空。"②我们当然不会也不可能从这与古代同一个天空中寻求或发现什么法律资源,但是曾作为法律资源所探索的同一个天空,却由于其丰富的历史资源和强大的惯性,也给现代社会留下了诸多启示,也可能会给现代的法治建设带来些什么。

(一)现代天人关系:"除魅"后的危机

古代中国天人关系的基本内容是"人合于天"前提下的天人合一,但其基点在于古人相信天神地鬼的神秘存在和无边力量,而这种鬼神观又都源于中国古人"万物有灵"的观念。众所周知,这种"万物有灵"观念的产生,是古人不理解自然现象而对自然力及其自

---

① 参见金观涛、刘青峰:《兴盛与危机——论中国封建社会的超稳定结构》,湖南人民出版社1984年版。

② [英]米歇尔·霍斯金主编:《剑桥插图天文学史》,江晓原等译,山东画报出版社2003年版,第17页。

然灾害等有内心恐惧的结果。各民族关于创世的神话,本质上都是对自然力的敬畏。① 所以,在早期古人的观念中,神灵控制了世界的一切,既给人类以福祉,也给人类以灾祸。于是为祈求福祉的各种祭祀应运而生。

如《礼记·祭法》即说:

> 燔柴于泰坛,祭天也;瘗埋于泰折,祭地也;用骍犊。埋少牢于泰昭,祭时也;相近于坎坛,祭寒暑也。王宫,祭日也;夜明,祭月也;幽宗,祭星也;雩宗,祭水旱也;四坎坛,祭四方也。山林、川谷、丘陵,能出云,为风雨,见怪物,皆曰神。有天下者,祭百神。诸侯在其地则祭之,亡其地则不祭。

可见,天地日月山川丘陵无所不可为神,无不具有神魅性,因而受到先民的崇拜和祭祀。反过来说,古人如此不厌其烦以敬畏的虔诚之心去进行祭祀,就是因为相信天地万物的神魅之性。当然,其中对天的崇拜最为普遍,延续时间也最长。祭天一直是历代君主最重要的祭祀大典。天作为一种自然存在物,广袤无边,涵盖一切,又高深不可测度,仿佛时时在注视着每个人,因而极易被先民视为至高无上的神灵。天人关系由此就成为人与鬼神关系的最高范畴,也成为人与自然关系的最高范畴。

正是古人将天地万物“附魅”,赋予了神魅之性,所以才以敬畏的心情面对自然界,面对那个无所不能的天;所以也才有了天人合一的追求,才有了传统天学,才有了作为法律资源的天空,才有了对最高权力的拟制法律限制,才有了法律秩序的超常稳定;等等。

然而,自从进入近代以来,由于西方近代科学的兴起和输入,在经过与传统自然观长期的较量之后,一种新型的人类与自然的天人关系在社会知识层面逐渐形成。自然被展开为一个图景,成为物的集合的场所,一切自然物被统统如韦伯所说的“除魅”(disenchanted)了,不再闪烁着神性的光辉。自然被视为一架可予

① 参见王德保:《神话的意蕴》,中国人民大学出版社 2002 年版,第 32-43 页。

以支配的机器，从而为人类操纵和服务。吴国盛先生说：

> 真正的“支配”只有在被支配者缺乏自主性仅有被动性才行。当自然界被认为充满了神性和灵气的时候，真正的支配是不可能的。只有在自然被物化、被沦为被创造之物、丧失了独立性之后，它才可能在效用的意义上被充分支配。自然的物化抹掉了一切神性和诗意的光辉，被齐一化了。①

正是自然被物化，被齐一化，被“除魅”而抹去了神性的光辉，“人类才大胆并进而肆无忌惮地开发这个无神秘可言的、作为人类征服和算计对象的、只是作为无限的能源和物质仓库的自然界。在古代社会，每一次大规模改造自然的活动，必得佐之以安慰神灵的礼仪，体现了对自然之神性的敬畏。如今这种对自然的谦卑，被认为是原始的愚昧”。②

然而，虽然“除魅”意味着科学的力量和昌明，但植根于近代以来这种“除魅”的新型天人关系基础上的对自然的现代化疯狂征服和放肆开发，最终导致了能源危机和生态危机，人与自然的关系处于紧张之中，天人不再合一。更为重要的是，在“除魅”的科学观下，法律不仅从“天空”坠落到“地上”，成为一种极世俗的东西，而且还成为人类向天地自然放肆索取、开发的有力工具。虽然这种“除魅”早就有人提出疑问，虽然生态环境问题早就引人警觉，虽然人类中心主义亦已引发一定的反思，但在科学依然受到普遍“迷信”的今天，国人似早已忘却祖先的古训，天人关系的危机依然沉重。而在世界范围内，普遍性的“除魅”的天人关系理念，更是引发全球性天人关系的紧张，科技与法律甚至成为一些国家为争夺资源而残酷运作的有力武器和强大壁垒，人类命运共同体的构建不容乐观。

（二）法律与自然之关系思考

由前所知，古今对自然的观念区别之根本点，在于一种是“附魅”，而另一种是“除魅”。但是，正由于古人赋予自然以神性，所以

---

① 吴国盛：《现代化之忧思》，载《方法》1996 年第 10 期。

② 吴国盛：《追思自然》，载《读书》1997 年第 1 期。

现代的人们几乎都不大承认古人对“自然”范畴的运用。然而,著名学者何丙郁先生说:

> 宋代理学家从来都不是因为他们利用自然的知识而为人所知。然而,中国人却熟知与宋代理学家相关的三种神秘的技艺的名称,并使人能预测自然界的行为……这三种法术,也就是太乙、遁甲和六壬,在沈括的《梦溪笔谈》中都作为例子提到过,它曾被列为太史局天文生考试科目的内容。……当然,在现代知识的背景下,这些法术即使不被认为是伪科学,也被归于魔术的范畴。因此,他们一直被现代学者当作诸如此类的东西而被忽视了。但是,过去,在中国人的观念中,这些法术是关于自然的知识,而且是利用自然的方法。①

太乙、遁甲和六壬其实都与传统天学有关,这三种法术虽然被现代人斥之为伪科学或魔术,但在古代人的观念中,却是地地道道的对“自然”的利用,是关于“自然”的知识。所以,在古代中国人的观念和信仰体系中,附魅的自然和自然的附魅都是为“真”。所以,传统天学视野中的作为法律资源的天空,实际上表现了一种法律与自然的关系。天以及天涵盖的一切东西,都是古人眼中的自然物,只不过这些自然物被赋予了神魅之性。古人从这些自然物中获得了法律的启示,并以此为本源,模拟出了法律,从而达到了法律和自然的某种和谐。

现代的人们当然不会从自然之天中寻找到法律的模子。但是,有一个问题:现代法律到底离天有多远?或者说法律与天到底有没有关系?传统天学的重要哲学理论基础是诸如“人由天造”“天人感应”之类,故才会向天寻求法律上的模拟。不过,现代科学揭示的一个很有意思的事实是,我们人类真的是“本源于”天上星体,真有着某种“天人感应”:

---

① 何丙郁:《何丙郁中国科技史论集》,辽宁教育出版社2001年版,“席泽宗序”。

> 生命的起源和进化,在本质上是与星体的起源和进化息息相关的。首先,构成人的物质以及使生命活动成为可能的原子,都是很久以前在遥远的红巨星上形成的。宇宙中发现的化学元素的相对丰度,与恒星中所产生的原子的相对丰度极其吻合,因此,我们有理由相信,红巨星和超新星就是炼制物质的锅和灶。……其次,地球上还存在着某些重原子,这一事实表明,在太阳系形成之前不久,可能有一颗较近的超新星发生过爆炸。这次爆炸……所形成的冲击波压缩了星际气体和尘埃,从而导致了太阳系的凝聚。第三,太阳出现之后,它的紫外线大量射入地球大气层,它的热度产生了光照,从而激发了导致生命起源的复杂的有机分子。第四,地球上的生命几乎都离不开阳光。……我们每个人都是以太阳作为能量来源的。最后,遗传学上的变异为进化提供了原始材料。变异是大自然选择新生命形式的手段,而宇宙射线——超新星爆炸时以近乎光的速度射出的高能粒子——则是产生变异的原因之一,遥远的大恒星的死亡是地球上生命进化的原动力之一。①

由上可见,红巨星和超新星之类的星体并不因与人类相去甚远而毫无关系,而是促就了构成人类生命机体物质的形成,而太阳更是直接与我们人类的诞生、进化和变异息息相关。谁都无法否认,正如我们平时所能观察和体会到的一样,像太阳、月亮之类就和人类的生活密切联系在一起。我们人类谁能脱离日月而生存?虽然现代人和天体之间不会存在像董仲舒所言的具有神人交通的“天人感应”,但像日月、超新星之类的天体不是深深地直接作用于人类本身吗?难道这不是另一种形式的“天人感应”吗?如果我们的目光不限于天体,而是具体到地球大气层、我们周围的自然环境,哪一样不与人类息息相关呢?像水灾、干旱、土壤沙化、大气和水污染、酸雨、臭氧空洞、核辐射、全球变暖、某些物种濒临绝亡等所谓的自

---

① ［美］卡尔·萨根:《宇宙》,周秋麟、吴依俤等译,吉林人民出版社 1998 年版,第 237-238 页。

然现象,几乎无一不渗有人类行为的因素,而这些古人眼中的“灾异”,又何尝不是天对人类不良行为的“报复”呢?难道所有这些不是另一种形式的“天人感应”下的“天谴”吗?

然而,现代社会的法律却常常无视这样的“天人感应”,也常常无法沉着应对“天谴”的灾异。当然,这并不是说现代法律不关注人的生存环境,而是说这种关注往往是短视的、功利性的,是人类中心主义观念下的关注。虽然人类中心主义于人类文明的发展有许多重要意义,但是从与自然的关系而言,人类中心主义的出发点则是万物皆为我而备,“人是自然的立法者”。所以,这种观念下的对人的生存环境的关注,也主要是限于人的生存本身,而不是关注人之外的环境和谐问题。如此一来,由于缺乏“天人感应”的普遍认识和深度理解,使人们缺乏对人与天地自然通盘和谐的考虑,乃至于对由于人类在“人定胜天”豪情下的征服行为,所酿成或作用的灾异,缺少甚至无有心理准备,而法律的应对措施当然更为不足。比如,面对突如其来的某些病疫或危机,常常是仓促应战和临时立法,就是人类中心主义下对天谴灾异欠缺充分认知的结果。

虽然古代中国具有较为完善的应对灾异的法律措施,但由于其建立在所谓“附魅”的天人感应基础上,从而被现代人扔进了历史的垃圾箱。我在想,这是不是现代科学或是科学主义的悲哀?也或是现代人的悲哀?现代人眼中的自然被全面“除魅”,此被视为科学的进化和昌明。应该说,在科学主宰一切的现代社会,自然被除魅当然为“真”,但是,正因为被除魅,自然失去了传统的敬畏基础。在科学主义的猛攻下,自然终于千疮百孔,而在这个过程中,法律——现代人一直认为是“人定”的东西——要么充当了科学主义的“打手”,要么“袖手旁观”。我在想,古代社会的自然“附魅”,固然是现代人眼中的“迷信”,但却由此产生了对自然的无限敬畏,既保有了人与自然的和谐,也形成了较为完善的灾异法律应对措施,从而最终有利于那个时代的民生;而自然被现代人除魅,固然是“真”,但未必就一定要走向古人的反面,视自然为人类食盘中的脔肉,任意为人类享用,从而让法律在灾异面前“束手无策”或“手忙脚乱”。

法律与自然的关系在西方语境中形成了自然法的观念。早在古罗马时期,法学家乌尔比安就提出了一个观点,认为自然法是自然界教给一切动物的。① 人类种群的自然属性决定了人类生活的许多方面摆脱不了自然的规定,自然法遵循人类的本性也合乎人类特有的理性。古罗马著名政治家、法学家西塞罗曾说:

> 法律最初是从自然产生的;接着,被断定为有用的标准就相因成习地确定下来;最后,尊敬和神圣又对这一从自然产生的并为习惯所确定的东西加以认可。②

可见,在西方的早期语境中,和中国古代一样,法律与自然是"流"和"源"的关系,而且两者之间同样夹有神性因素。然而,以霍布斯为代表和开端的现代自然法理论,却"切断了在自然与神恩之间建立联系的可能性,扫除了上帝凭借其神圣理智安排的永恒秩序,通过将信仰归于不可知的幽暗王国,他彻底解放了理性"。③ 由于对神性的摆脱以及对理性的彻底解放,自然法以个体和权利为基点,而不再是原来的以秩序和规范为核心,于是,法律中人性的张扬使自然的本性退隐而去,自然法也就越来越"不自然",在"人类中心主义"和"科学帝国主义"的开道下,自然法似乎日益成为一个空壳,成为"人为自然立法"的"自然法"。无疑,这样的"自然法"应对我们这个世界的能源危机、生态危机负有一定的责任。而这一切,都与除魅脱不了干系,或者说就是除魅的结果。

一般来说,法律受制于自然,其前提往往是自然的"附魅"性。然而,值得注意的是,最为系统地论述"法律受制于自然"的孟德斯鸠,却是将自然放在一个世俗的层面上。他在《论法的精神》中全面

---

① 乌尔比安说:"自然法则是自然界教给一切动物的法:这法不为人类所专有,而是为产于陆地或海洋的一切动物和天上的飞禽所共有。从法中,我们人类便有了男人与女人的结合,被我们称之为婚姻;是又有了孩子的生育和抚养。其实我们发现一切动物甚至最野蛮的兽类,都有着知道这法的标志。"参见[英]李约瑟:《中华科学文明史》(第1卷),柯林·罗南改编,上海交通大学科学史系译,上海人民出版社2001年版,第296页。

② 参见[意]托马斯·阿奎那:《阿奎那政治著作选》,马清槐译,商务印书馆1982年版,第107页。

③ 林国荣:《自然法传统中的霍布斯》,载渠敬东编:《现代政治与自然》(《思想与社会》第3辑),上海人民出版社2003年版,第32页。

地分析了自然(地理)环境对法律的影响,其中最值得注意的是气候的作用。孟德斯鸠认为,气候较之土地、山脉、河流等更为活泼和易变,不同的地方之所以只能生产不同的东西,全是由于气候的差异。历史上气候的变化对人类的影响很大,像人类产生、世界几大文明的几乎同时发源、草原民族入侵农业民族等,都是气候变化直接影响的结果。气候是人类无法控制而只能去适应的自然因素,不同的气候作用于人的肌肤、心脏、神经,造成了不同气温带人们不同的心灵和性格,如“炎热国家的人民,就像老头子一样怯弱;寒冷国家的人民,则像青年人一样勇敢”。[①] 正是由于气候造成了人的生理机制的不同,因此,“不同气候的不同需要产生了不同的生活方式,不同的生活方式产生了不同种类的法律”。[②] 在这里,孟德斯鸠虽然不是将法律直接建立在气候之上,而是有一个人的性格、习俗和生活方式的中间环节,但由于气候对人的性格等的决定作用,从而使得气候对法律的影响建立在归根结底的本源意义上。

显然,孟德斯鸠的这种观点有些夸大其词,不过却也并无不合理之处,至少我们得承认,法律的制定和运行并不是人的思想理性“天马行空”的产物,它实是一个受着自然以及由自然影响的习俗、生活方式等传统因素严重制约的产物。所以,法律的制定和运行必须与我们的自然,与我们的传统结合起来。萨维尼的历史法学派思想在现代法治社会依然有理论上的重要意义。然而,令人担忧的是,中国当代的法治建设,似乎越来越急功近利,立法者往往超越了本国的传统,把渴求的目光投向西方法律,进行一项“拿来主义”式的移植工作,或者至多来个简单的剪裁。[③] 那么,这样的法律移植真的可行吗?或许当现代中国人对孟德斯鸠学说冠以“地理环境决定论”的帽子而予以彻底批判的时候,就早已经把法律的制定从自然及其受自然影响的传统之制约中抽身出来了。然而,这种法律和自然的剥离,却不仅可能为法律本身带来悲哀,而且也更为可能给自然及自然传统下的人民带来悲哀。

---

① [法]孟德斯鸠:《论法的精神》,张雁深译,商务印书馆 1995 年版,第 228 页。

② [法]孟德斯鸠:《论法的精神》,张雁深译,商务印书馆 1995 年版,第 235 页。

③ 正因如此,才导致一些人将人类的某些共有或普适价值如民主、自由、人权等,很片面地与西方的政治法律观念和制度等同起来。

美国生态学家唐纳德·沃斯特在其著《自然的经济体系——生态思想史》中指出，自18世纪以来，西方生态学有“两大传统”。一种是“阿卡狄亚”(Arcadia)式即田园主义的态度，它倡导人们过一种简单和谐的生活，目的在于使人恢复到一种与其他有机体和平共存的状态；另一种是“自然的经济体系”思想，它是一种“理性的帝国”式的传统，主张通过理性的实践和艰苦的劳动，建立人类对自然的统治。[①] 在这两大传统中，中国传统文化的自然观显然倾向于前者。相对于后者“自然的经济体系”思想，中国传统文化可称之为“自然的道德体系”思想。[②] 由于“自然的经济体系”将自然界作为一个完全世俗的和可分析的客观对象来研究，因此，科学技术的发展一方面使得人类大受其益，另一方面也使人类面临的生态危机日趋严重。相反地，主张人与自然和谐的“自然的道德体系”，则为人类撑起一片蓝天提供了丰富的文化资源。这样的比较虽然显得有些武断，但引导和规范人们行为的法律，在这些传统面前应该有个明智的选择。

古代中国将“天”这个具有神性的自然物视为人间法律的模本，从而产生了作为法律资源的天空。不仅如此，由于天的“无所不覆”，地上的各种自然现象也都成为制约法律的因素。所以，古代中国正儿八经的法律绝非一个简单炮制的产物，也绝非帝王一时性起拍脑袋的产物，而是人与天地“参”的产物，是天人合一与天人感应下的产物。当然，这并不是说古代法律的完美，而是说法律在追求自然秩序和谐中的有效性。然而，当代社会由于对自然的除魅，早已抛弃了传统的天人关系，在对自然的无所畏惧的现代化征服中，自然已不再自然，人类生存危机四伏。于是，现代社会又需要法律的参与，以使自然回归自然。但是，如果人类习惯于“除魅”而不去敬畏和尊重自然的话，法律的作用终归是个梦，法律和自然终归不能成为真正的朋友，终归无法和谐起来。所以，只有尊敬自然，才是包括法律在内的人类一切事物的基点。自然虽然被“除魅”，但历史学家汤因比先生仍借“宗教”之名表达了对自然的态度，此值得我

---

① 参见[美]唐纳德·沃斯特：《自然的经济体系——生态思想史》，侯文慧译，商务印书馆1999年版，第19-20、48-49页。

② 参见许江主编：《人文传统》，中国美术学院出版社2003年版，第377页。

们共鸣:

> 现在对我们来说,把过去由于产业革命弄颠倒了的人与人之外的自然之间的关系,重新稳定下来,是极为紧迫的任务。……我相信人类现在还需要再回到多神教。关于对人以外的自然所具有的尊严性问题,我们有必要再恢复以前对它们所持的崇敬和体贴。为此,我们需要一种正确的宗教来帮助我们这样做。所谓正确的宗教,就是教导我们对人和包括人以外的整个自然,抱有崇敬心情的宗教。①

(三)法律与社会之关系思考

实际上,法律与自然的关系状况也直接影响法律与社会的关系状况。这一点,在中国古代语境中表现得尤为明显。正是古人出于对“天”及以其为主宰的自然的敬畏,使得法律的制定和运行,需要以日月五星及二十八星宿交错而成的各种天象,当然也包括地象,②作为参照和模本,从而使得法律对社会的规范和施行也要体现出“天道”。也就是说,古代中国的法律在追求人与自然和谐的过程中扮演重要角色的同时,也必然会引发“人与人之间的社会和谐”观念,并必然会以体现天道的制度及其运行,促使这种社会和谐观念尽量成为一种现实。因为,十分明显,人和人之间以及人类社会也是应体现“天道”要求的。正是人们出于对天道的谦卑、遵从和敬畏,使人与人之间含有了普遍的宽容和友善之心,从而不仅使人类自身的自然交往呈现和谐之态,而且也使体现天道的法律关注和维护这个可能和谐的社会最大限度地走向和谐。所以孔子说:“礼之

---

① [日]池田大作、[英]阿·汤因比:《展望21世纪——汤因比与池田大作对话录》,荀春生等译,国际文化出版公司1999年版,第368页。

② 学者谢松龄指出,天象、地象并无截然的分野,二者都是“以通神明之德,以类万物之情”的途径,天象和地象实际上是一体之象。这个体,就是天。参见谢松龄:《天人象:阴阳五行学说史导论》,山东文艺出版社1989年版,第212页。实际上,从天学意义上说,广义的天象就包括了地象,地象只不过是天象在地上的演示。

用，和为贵。”[①]可见，礼作为当时一种重要的社会规范，其以“和谐”为重。我们说古代之法是源于天象而模拟发生的，从而体现了天道，礼同样体现了天道，并在宇宙秩序中显现了重要作用。如有下面之言语：

> 夫礼，必本于天，动而之地，列而之事，变而从时，协于分艺。[②]
>
> 礼之动摇也，与天地同气，四时合信，阴阳为符，日月为明，上下和洽，则物兽如其性命。[③]
>
> 礼得，则天下咸得厥宜，阴阳滋液，万物调，四时和。[④]
>
> 礼者，体也。人情有哀乐，五行有兴灭。故立乡饮之礼，终始之哀，婚姻之宜，朝聘之表，尊卑有序，上下有体，王者行礼，得天中和。[⑤]

显然，礼不仅体现了天道，而且还由此突出了如孔子所言的“和”的作用和目标。实际上，由于礼法的功能和目标的一致性，[⑥]礼的这种对“和”的追求也即是法的追求。可见，对天道的遵从和敬畏，是一切礼法服务于“和”特别是人际之“和”的重要源泉。

说古代中国人具有天人合一思想，并用礼法作为保障去追求“和”的理想境界，并不是说古代中国就达到了一个社会如何“和谐”或“和合”的状态。实际上，古人理想中的“和”的社会并非如他们所处的，也非我们今人通过历史文献所间接感受到的那个社

---

① 《论语·学而》。

② 《礼记·礼运》。

③ 《礼纬·稽命征》。

④ 《春秋纬·说题辞》。

⑤ 《春秋纬·说题辞》。

⑥ 如《汉书》卷四十八《列传第十八·贾谊》载：“礼者禁于将然之前，而法者禁于已然之后。”《汉书》卷五十六《列传第二十六·董仲舒》载：“刑防其末，礼防其本也。”《论衡》卷十二《谢短第三十六》载：“出于礼，入于刑；礼之所去，刑之所取。”汉中期开始的“春秋决狱”，直接以礼作为审判的原则和依据，法律的色彩更为强烈。

会，而是一种被古人称为“大同”的社会。[①] 这样的大同社会自“天下为家”以来就再也没有真正出现过，最多也只是“小康”社会。不过，如果放低一点标准，从宏观的角度看，古代中国在“天”的知识本源视野下，通过以“天”为文化整合，以礼法为行为约束和保障，使社会达到了在“天下为家”前提下最大限度的“和合”状态。谁也无法否定中国文化几千年的绵延传承，谁也无法充足怀疑中国文化的包容并蓄，谁也无法否定各种政权虽然变换不已但整个社会秩序却依然呈现一种相对稳定而协调的状态，谁也无法否定像“贞观之治”“康乾盛世”等这样的社会状态而轻率地认为那些只不过是一种历史的偶然……

从中国文化的主要构成来说，儒、道、佛等之所以能在古人的思想和制度中兼容传承，自是体现了中国文化的宽容品格。而这种宽容的品格，实际上就是源于古代中国人对宇宙和谐秩序的一种体认，是源于对“天人关系”之“人与天调”的一种悟认。正是天“无所不覆”和地“无所不载”的宽容，使天地自然和谐。天道和谐，人道当然也要讲和谐。和谐在古代中国社会中的表现主要就是“中庸”“中和”。《礼记·中庸》说：“喜怒哀乐之未发，谓之中；发而皆中节，谓之和。中也者，天下之大本也；和也者，天下之达道也。致中和，天地位焉，万物育焉。”儒家讲“致中和”，就是“追求和谐均衡”。[②] 这样的“中和”，潘光旦先生称其为“位育”，并译为“adaptation”，并认为其不仅仅是一个“适应”的问题，更是“安其所遂其生”，不是被动适应，而是积极主动地追求与自然的和谐及人类自身的中和。[③] 可见，在天道引领下，中国文化对其他文化不仅宽容，而且对内对外都以积极姿态去达到和谐状态。

从礼法的角度看，由于天道和谐并决定人道，因此人际冲突必是偏离人道，同时也偏离人道所本的天道，所以，政府乃至整个社会

---

① 《礼记·礼运》对“大同”社会有此描述：“大道之行也，天下为公。选贤与能，讲信修睦，故人不独亲其亲，不独子其子，使老有所终，壮有所用，幼有所长，矜寡孤独废疾者，皆有所养。男有分，女有归。货，恶其弃于地也，不必藏于己；力，恶其不出于身也，不必为己。是故谋闭而不兴，盗窃乱贼而不作，故外户而不闭。是谓大同。”

② 李亦园：《田野图像——我的人类学研究生涯》，山东画报出版社 1999 年版，第 90 页。

③ 参见潘光旦：《寻求中国人位育之道》，国际文化出版公司 1997 年版，第 1-5 页。

的责任,一方面固然是通过教化,另一方面更是要运用礼法的约束和惩戒功能,消解、减少乃至避免冲突,从而维护社会的和谐。这样的态度,构成了中国古代法的出发点。“无讼”即是古代中国和谐观念在法律之于社会关系而言的一个演化原则。然而,要使法律切实达到维护、保障和谐的作用,首先本身即应具有和谐的内在。法律这种内在的和谐,实是来自对天象的模拟和对天道的遵从。历史上经久不衰的各种官方星占文献,都体现有古人追求法律和谐于天的浓厚色彩。人们相信,法律的和谐能够保障人际社会的和谐。春秋末期虽然和谐不在,但孔子仍满腔激情地倡导和谐的法则对和谐社会的促成意义:

> 故圣人作则,必以天地为本,以阴阳为端,以四时为柄,以日星为纪。月以为量,鬼神以为徒,五行以为质,礼义以为器,人情以为田,四灵以为畜。以天地为本,故物可举也;以阴阳为端,故情可睹也;以四时为柄,故事可劝也;以日星为纪,故事可列也。月以为量,故功有艺也;鬼神以为徒,故事有守也;五行以为质,故事可复也;礼义以为器,故事行有考也;人情以为田,故人以为奥也;四灵以为畜,故饮食有由也。①

由对天的敬畏而产生天人合一观念故而追求与自然的和谐以及人类社会自身的和谐,这不仅是古代中国人的精神理想,同时也是法律制度文化的追求。在多文化源头多民族构成的古代中国,中华法系的“兼收并蓄”“海纳百川”,其实就是体现了和谐目标的追求。著名法史学家张晋藩先生,在对有关中华法系的几个问题进行论述时指出:“儒墨道法释都对中华法系的形成与发展,有着不同程度的影响。……正是由于中华法系在文化上的多源头,才孕育了丰富多彩的法文化,才缔造了独具特色的中华法制文明。”“中华法系正是融合了各民族的法律意识与创造力才形成的。”②实际上,正是

---

① 《礼记·礼运》。

② 张晋藩:《中华法制文明的演进》,中国政法大学出版社1999年版,第12页。

有着“和”的目标和理念，中华法系才成为影响周边各国，甚至波及欧洲而雄居世界之林的中华法系。

当然，我们不可忽视的是，法律之“和”追求，是来源和服务于文化母体之“和”追求，而中国文化的“和”追求，实际上是遵守“和而不同”的路子。孔子说：“君子和而不同，小人同而不和。”①可见，“和”不是“同”。“和而不同”即是要承认“不同”，在此基础上形成的“和”才能使事物得到发展，如果一味追求“同”，则不仅使事物得不到发展，反而会导向衰败。② 不同的文化传统通过交往和对话，寻找交汇点，并在此基础上推动双方文化的发展，正是“和”的作用。如儒家的“有为”和道家的“无为”本不相同，但在长期的不断对话中，在追求自然和谐与社会和谐的目标上取得了一致，找到了交汇点，从而相融而存而化。③ 本土传统文化如此，本土传统文化与外来文化的相遇也是如此。如印度佛教文化与中国传统文化（如儒道等）是两种很不相同的文化，但从汉至唐的几百年中，从中国文化自身而言，一直在努力吸收和融化佛教这种异质文化，从印度佛教方面说，则一直在致力于改变着不适应中国社会要求的方面。可以说，在印度佛教传入中国的近千年中，中国文化在许多方面受惠于印度佛教。同时，印度佛教又在中国这块大地上得以发扬光大，在隋唐不仅形成了若干中国化的佛教宗派（如天台、华严、禅宗等），而且也使自身有了更多新的生机，从而有了更多的发展空间。这种文化上的交流和相互影响，就是体现了“和而不同”。如果具体一点说，儒、道文化与佛教文化的“和而不同”，其“和”主要体现在三者都对天、对自然的敬畏和信仰上，“不同”则主要体现在它们都有各自特色的具体文化内涵。显然，这种“和而不同”的文化相融结果，与中国古人“法天求和”——效法天象遵从天道而追求和谐——

---

① 《论语·子路》。

② 参见汤一介：《和而不同》，辽宁人民出版社 2001 年版，第 67-68 页。

③ 西晋时期，郭象为调和孔、老，提出“有为”也是一种“无为”。郭象曾对《庄子·秋水》中之“牛马四足之谓天，落马首穿牛鼻之谓人”有一段注说：“人之生也，可不服牛乘马乎？服牛乘马可不穿落之乎？牛马不辞穿落者，天命之固当也。苟当乎天命，则虽寄之人事，而本在乎天也。”这里的意思是说，虽然“穿牛鼻”“落马首”是通过人事人为来实现，但它本来就是“顺自然”的。参见汤一介：《和而不同》，辽宁人民出版社 2001 年版，第 68 页。

这种民族精神和性格有着内在的决定与被决定关系。

1993年美国哈佛大学教授亨廷顿发表了《文明的冲突》一文,该文主旨是在论证今后一个较长阶段,世界形势将继续以"冲突"为主旋律,而且断然认为其根源是由于文化的不同引起的,即文明的冲突。① 亨廷顿还进一步认为,文明的冲突主要发生在"西方文化"与"非西方文化"之间,而"非西方文化"则主要是针对儒家文化和伊斯兰文化。亨廷顿此论引发了许多学者的反对,当然也有一些人认为有其合理性,比如他们认为,2003年爆发的伊拉克战争,就是西方文化和伊斯兰文化的激烈冲突的表现。笔者以为,亨廷顿的这种"文明冲突论",虽然似乎可以在现实中得以一定验证,但其立论的基础"西方中心论"则显然有偏狭之处,而将儒家文化作为西方文化的重要冲突和对立面,则似乎更体现了他对儒家文化的某种歪曲或不解。② 以儒家文化为重要内容的中国传统文化,其文化导向是追求"和",是"和而不同"。可以说,在目前世界的文化丛林中,中国文化不仅不可能是引起各种民族冲突的原因,而且其"和而不同"的文化导向和性格,反而对这个种种冲突不断的人类世界如何走向和谐,走向和平共处与合作发展即"和合",具有重要的意义。这不是"王婆卖瓜自卖自夸"的历史笑谈,而是出于对"和而不同"理念的真诚理解。对于我们自身而言,以"和而不同"的态度对待其他民族、国家、地域的文化,充分吸

---

① 亨廷顿在《文明的冲突》中说:"我认为新世界的冲突根源,将不再侧重于意识形态或经济,而文化将是截然分隔人类和引起冲突的主要根源。在世界事务中,民族国家仍会举足轻重,但全球政治的主要冲突将发生在不同文化的族群之间。文明的冲突将左右全球政治,文明之间的断层线将成为未来的战斗线。"该文的汉语译文可参见《二十一世纪》(1993年10月号,总第19期,余国良译),该期刊由香港中文大学中国文化研究所主办。

② 不过值得注意的是,为回应《文明的冲突》发表以来受到的众多评论和争论,亨廷顿于1996年出版了一本专著《文明的冲突与世界秩序的重建》。按亨廷顿在"前言"的说法,此书"旨在对该篇文章提出的问题提供一个充分的、深刻的和更详尽论证的解答"。该书后于1998年3月以中文出版,亨廷顿在"中文版序言"中说,中国学者的评论虽然有时存在误解之处,但总的来说是"精深而富有洞见"的;他还特别指出,"我所期望的是,我唤起人们对文明冲突的危险性的注意,将有助于促进整个世界上'文明的对话'"。参见[美]塞缪尔·亨廷顿:《文明的冲突与世界秩序的重建》,周琪等译,新华出版社1998年版。

收它们的有益文化成果,在全球意识下发展我们的民族文化,则同样具有重要意义。

马凌诺斯基说:“文化的真正单位是‘制度’。”[①]可见,文化是通过各种制度表现出来的。在各种制度中,法律是最有分量的。可以说,法律制度是最能集中、最为突出地反映一个国家、一个民族、一个社会的文化内涵的。所以,社会文化的和谐与和合,就必然由法律的和谐与和合来表现和保障。在这个意义上,法律在其主权之内,不仅要体现和追求己身的和谐,而且在面对其他文化的法律时,还能采取“和而不同”的态度,谋取协同发展和合作,而不是充当“世界法律”而“心高气盛”或“趾高气扬”。这样,在“天人合一”整合基础上的法律之“和”之于社会及其文化之“和”,不仅具有了际域意义,同时还具有了普世意义。

然而,在科学主义横行的今天,除了纯粹的宗教信仰之外,谁都不会再相信,在我们头顶的天空中,还有天神眨着巨大的“天眼”主宰着地上的凡俗众生,决定着人类的命运,甚至连为人类的法律都随时准备好了“模子”。那个曾经辉煌近2000年的“天学”,以及其中粉墨登场热闹喧嚣的种种神灵,早已从科学武装头脑的现代人的视野中褪去而销声匿迹了。笔者在此重提“天学”及“神灵之天”,并不是“冒科学之大不韪”,要唱科学的反调,而是出于一种深深的忧郁:科学让人类信心十足毫无畏惧地去控制、摆弄、征服、重组、建构、改造人类生于斯长于斯的自然和社会,科学主义更是姿态激进、目空一切;然而,当自然和社会有朝一日一旦被科学和科学主义彻底“洗牌”而没有余地的时候,当以科学和科学主义武装起来的人类内部都互不畏惧和妥协的时候,人类的自然和社会将不复存在,人类也将不再人类。科学是正义和幸福的来源,但如果人类迷惘或沉迷于其中,科学必然会沦为邪恶和痛苦的渊薮。

在我们这个建构法治社会进而建构和谐社会的时代,法治和谐无疑是社会和谐的基础。法治的和谐实际上源于法律与自然的和谐,以及法律与社会的和谐这两大方面。中国古代对“天”予以独特认识而形成的“天学”理论,以及由其指导下进行的“则天立法”“则

---

① [英]马凌诺斯基:《文化论》,费孝通译,华夏出版社2002年版,第101页。

天行法”等所表现的人的谦卑和法的模拟，窃以为对今天的时代颇有隐喻之义。因为我们人类所正确制定和施行的法律，毕竟只是自然法则的极其微小的一部分。在科学伴行下，也让我们培养一点谦卑吧！

（四）法律与信仰之关系思考

葛兆光先生在他的一本较有影响的书中有这样一段话：

> 当西洋天学开始动摇古代中国意识和观念的根本体系时，就有了严厉而激烈的反抗，甚至有了过分而无理的斥责。《圣朝破邪集》卷二和卷五分别刊载了两份文件，一份是叫作《拿获邪党后告示》的明末审判文书，上面说到，西洋人有意触犯中国的刑律，私藏另造天文仪器，还编造了七政七重天的说法，这是“举天体而欲裂之”，他追问如果这样，“天下何事非可以颠倒诳惑”？另一份是一个叫张广湉的人写的《辟邪摘要略议》，他说西洋人的天学，是鼓励中国人“私习天文，伪造历日”，可是这种天文之学是从明太祖以来最严厉禁止的一种知识，“假令我国中崇尚彼教，势必斥毁孔孟之经传，断灭尧舜之道统”。[①]

《破邪集》是明末清初士人徐昌治于崇祯十二年（1639年）编辑刊刻的一本反映闽浙僧俗文人攻击基督教义的文集。[②] 自从明代开始意大利人利玛窦来到中国布教直至清初，西方天文学在中国知识层有了一定的传播，虽然只限于形而下的“器”，但却很可能会日渐引发主流思想的危机从而影响形而上的“道”，于是遭到了传统捍卫者的严厉反击。《破邪集》中引的两个文件，都是言辞激烈地攻击西洋天文学严重违背中国历来对天学的传统禁律，并都深为担忧，如果任其发展乃至崇尚这种“邪教”，则必毁灭圣人之道而天下大乱。这两个文件，显然反映了古人对天学禁律的维护和对天学的信仰。

---

① 葛兆光：《中国思想史》（第2卷），复旦大学出版社2000年版，第468页。

② 《破邪集》初为福建彰州自称“白衣弟子”的信佛书生黄贞汇集而成，后经由浙江海盐乡绅、佛门弟子徐昌治“编其节次，胪其条款，列其名目”而刊刻出版。参见夏瑰琦校注：《圣朝破邪集》，香港宣道出版社1996年版，“校注本序”。

在这本《破邪集》中我们还读到：

> 夫天之生民，有物必有则。人能顺天理，协帝则，自可以主宰万物，统制乾坤，补宇宙之缺陷，正世代之学术，此吾儒之所谓天主也。而天下民物，各具一天主也，堂堂正大，典籍昭彰，何我辈尽弃弗顾，而反听于魑魅魍魉之教，削越祖宗，去抛神主，排礼法，毁典籍，滴圣水，擦圣油，崇祀十字刑枷，而以碧眼高鼻者为天主乎？[①]

这是以反讽的言辞对西洋之天进行诋毁，对传统儒者之天进行捍卫。这类情况不仅在明末清初广泛存在，甚至到了清末也是基本如此，如有一个叫曾廉的学者在《蠡庵集》里不无愤慨地写道：“西人言日大不动，而八行星绕之……窥其用心，止以欲破我天地两大，日月并明，君臣父子夫妇三纲而已。”[②]对传统天学及其意义的虔诚信仰和鲜明捍卫真可谓跃然纸上。

中国古人对天和天学的信仰，不仅在反击西洋天文学方面表现明显，甚至在晚清时期抗击西洋军事入侵时，也以传统天学之“天谴”“天罚”等理念，作为宣传和讨伐的依赖武器。当时广东流行很广的《广东乡民与英夷告示》，就是如此声讨英军：

> 尽忠报国全粤义民，谕尔逆夷犬羊知悉：……尔杀害我众乡百姓，大伤天和，又将各处官骸，尽行残毁，各庙神佛，俱受灾殃。正在天怒人怨之时，鬼神亦不容尔畜类。若不信，试看前者大班喇咈国，图占澳门，立刻在澳身死。啤唠啤闯进虎门，旋即忧惧而死。呜哩巨暗中播弄，是年亦死。其惯卖鸦片之曼益，鬼使神差，令其自刎而死。此等人个个难逃天谴，何况今日尔等大逆无道，岂能逃此天网耶？即如现在尔等船只，或遭风火，或陷沙洲，样样俱是天意。尔等所放火箭，全然无用，明明鬼神护佑我们。尔

---

① 林启陆：《诛夷论略》，载夏瑰琦校注：《圣朝破邪集》（第6卷），香港宣道出版社1996年版，第282-283页。

② 参见葛兆光：《中国思想史》（第2卷），复旦大学出版社2000年版，第472页。

畜类若再逆天行事，得罪上苍，天上雷神，何难将尔一律立刻殛化！何难以雷火烧尽尔等兵船！何难一阵狂风，掀翻船只，尔等葬诸鱼腹！况且于今并不用惊动天神，即用我们义士，便足以灭尔等畜生。上为天神泄忿，下为冤鬼出气，不用官兵，不用国帑，自出己力，杀尽尔等猪狗，方消我各乡惨毒之恨也。①

如此告示自然难以吓倒英军侵略者，不过其中诸如“天怒”“天谴”“天网”“天神”等则表明，即使到了近代之民族危机时刻，“天”还是中国人深为求助的救世主，“天讨”“天罚”依然是对付敌人、对付秩序破坏者的最高依据或最好武器。

在近代科学在中国已有一定传播的情况下，人们尚且如此，那么在此前的漫漫上古、中古、近古时期，中国人对于“天”的信仰更为毋庸置疑了。中国古代皇家天文台，不仅在规模宏大和持续时间久远方面举世无双，②从而对中国古代政治有着深刻影响，而且天学也与人们的生活息息相关，甚至成为生活指南。凡人每天做什么事情，都得先查看历书，或者观象占卜，甚至做房事也会受到天学影响。③ 可见，古代社会人们对天的敬畏和信仰已到了融于血、渗于骨的地步。虽然历史上曾发出过如王充、范缜、柳宗元等不信天不信神的声音，然而，这些声音就像广袤黑幕中的流星一样，一划而过就消失了，天还是人们信仰的那个具有神性无边的天。

笔者上述不厌其烦的文字并不是无的放矢，而是旨在说明这样一个事实——中国古人对头顶之“天”的虔诚敬畏和信仰。而且，更需注意的是，这个事实在本著此处的证实，其实想表达的是这样一

---

① 石峻主编：《中国近代思想史参考资料简编》，生活·读书·新知三联书店 1957 年版，第 64-67 页。

② 日本学者薮内清说：“在欧洲，国立天文台 17 世纪末才出现。在伊斯兰世界，一个天文台的存在没有超过三百年的，它常常是随着一个统治者的去世而衰落。惟独在中国，皇家天文台存在了几千年，不因改朝换代而中断。”参见［日］薮内清：《中国科学的传统与特色》，载《科学与哲学》1984 年第 1 辑。

③ 如据清人吴任臣所撰《十国春秋》卷一百三《荆南四·列传·李载仁》载：“（李载仁）与妻阎异室而处。一日阎忽叩阁至，载仁亟取《百忌历》视之，大惊曰：‘今夜河魁在房，那可就宿？’”

个重要问题:古人对天的信仰和法律的操守存在什么关系呢?实际上,从前述《破邪集》中刊登之《拿获邪党后告示》这份明末审判文书的内容来说,我们即可窥视其中两者的紧密关系。从整个中国古代的语境而论,可以说,正是因为出于对天的信仰,古人才会到天上去寻求法律资源,寻求法律秩序的模拟形态,才会把天作为立法行法的本源。像“天讨”“天罚”“天谴”等,都是法律模拟于天而产生的法律制裁观念。更为重要的是,由于对天的信仰不仅是统治者的观念,而且是流布于社会,是全体民众的集体性意识。所以,法律不仅从天那里获得了来源上的神性及敬畏,而且还获得了操守上的神性及敬畏。也就是说,由于法律源于头顶之天,而这个头顶之天是很神性的,从而使得法律也被赋予了神性,被附魅,从而被信仰化,成为神圣不可侵犯的东西。如此一来,法律秩序的营建才成为了历史中的可能。

对于古代,我们常说古人法律意识不强,甚至没有法律意识,其实这是一个似是而非的观点,是用我们现代人的法律意识观去衡量古人的结果,这种结果当然也就很失公允,甚至可笑。因为如此以今人价值观念苛求古人,就会像我们现在疑问唐宋古人为什么没有手机、电脑和互联网一样感到不当和可笑。实际上,法律意识的强弱,并不是通过“言必称法律”这样的方式表现出来的,[①]而是要看这个人对法律的信守和维护程度。如果说现代社会的法律意识主要是权利视野中的表现,那么在古代社会的语境中,法律意识则主要是义务视野中的表现。此或也可概述为,现代法律意识以权利为本位,古代法律意识以义务为本位。从中国法律起源的角度看,义务本位的法律意识具有本体意义,而权利本位的法律意识则偏离了本体,它其实是西式的,我们今天所高谈阔论的以权利为本位的法律意识,只是在近代才由西方输入。但是,正如“行政法”这一范畴和现象并非是西方的专利,中国古代同样存在中国特色的行政法一样,“法律意识”也并非要以权利为依据为本位,在古代中国同样具

① 值得注意的是,现代人谈论起法律意识的强弱似乎就是以此为基准,特别是当一个人的合法利益受到侵害,而信心十足或理直气壮地拿起法律武器,而不是采取其他极端自助措施时,我们尤其认为这个人的法律意识很强。

有那个语境下富有特色的法律意识。① 中国古典的法律意识,就是体现在对法律的敬畏,及其此基础上的对法律的操守。个人能不触犯法律就尽量不去触犯,个人能不涉足法律就尽量不去涉足,个人能远离法律就尽量去远离。因为源于“神灵之天”的法律是神圣的,就像远古先人对待本族的“图腾”而不可亵渎、直呼、触摸和其他染指一样。正因如此,在传统中国社会的主流观念中,“健讼”成为一种堕落,“贱讼”则成为正途,而“无讼”则成为法律的最高目标。凡操守法律,并切实履行法律义务的人,就是国家的良民,否则就是刁民;而对犯罪进行告发,则更是为国家所鼓励,同时也表现了良民法律意识的拥有和高涨。

中国古代存有大量的由民众主动向官府告发触犯法律之犯罪行为的案例,这些案例都充分说明了古人在维护法律尊严和法律秩序上的积极性。这些控告固然有很多是由于本身的利益受到了侵害而致,但是也有很多是对与自己利益无关的犯罪的控告。在这两种控告中,你能否定其中表现出来的那种较为浓厚的法律意识吗?虽然几乎历代都有的“告发有赏”法律政策和规定,会促使一些人为利所趋而主动至官府行告,“知罪必告”制也逼使一些知晓罪情者为明哲保身而被动去官府告发,但是我们无法否定还有相当一部分民众并非出于私利或保身而去控告,甚至是“路见不平,拔刀相助”的。他们与犯罪分子作斗争的积极性和主动性,似乎并不亚于我们今天社会中那些为数并不众多的见义勇为者。② 所以,无论是“告发有赏”制还是“知罪必告”制,在多大程度上使古人的个体性法律意识打了多少折扣,但在总体上,集体性的法律意识由于民众对法律的义务性

① 如果以西方(近现代意义)的法律概念来评判中国古代相对事物的存在,不仅会得出中国古代不存在“行政法”“民法”等,甚至连“法律”这一事物也是不存在的。因为近现代意义上的西方法律的精义在于权利、民主和自由,而中国古代法律的精义则与这些无缘。但是,这样一来,一个让西方标准论者陷入困境的事实是:谁又能否定中国古代就不存在“法律”呢?

② 笔者目前虽无法对古代各种史料中记载的控告案进行统计,但就笔者所阅范围所知,当发生命案、劫案等案件时,看客纵然存在,但多数情况下会出现“见义勇为”者当场“拔刀相助”,即使没有当场“拔刀相助”者,也总会有民众“飞奔”至就近官府控告,而后者在比例上为多数。此种情景颇似今日路人撞见命案、劫案等案件时挺身而出,但更多情况是拨打“110”报警。

操守以及对法律秩序的积极维护,从而呈现较高的状态。

上述有关中国古人法律意识不仅具备而且很强的议论并非空穴来风,如果我们从“辉格论”或“西化论”的价值评判方法中走出,换种思路,从古代的知识和文化语境出发,以历史本体论或“语境论”来看待古人的法律意识,我们就不会轻易得出古人无有或欠缺法律意识的结论。那么,古人较强的法律意识又是如何形成的呢?路见不平拔刀相助者固然是出于对“义”的维护和追求,但这样的“义”也是法律所捍卫的。实际上,见义勇为者往往是考虑到“义”乃法律所维护,才会胆气十足而挺身而出,其见义勇为的行为本身就折射出对法律的认同、遵守和捍卫。而那些告官者则更是反映了法律在他们心中的重要位置。① 如果从天学的视野来看,中国古人法律意识的具备乃至体现在一个较高的水准上,其缘由也就显而易见,即是出于一种对法律的敬畏及其神性的认知,而这样的知识观念又是本源于古人对“天”的无比的信仰和敬畏。② 因为法律本身即源于对天象的模拟,源于天意的昭示,特别是“天谴”“天罚”之类的神圣理念,给予了法律以绝对的尊严和权威。无疑,传统天学为使人们对法律产生虔诚的信仰作出了卓越的贡献,也使人们形成了与古代场景相合的浓厚的法律意识和法律观念,这些都为建立一个稳定而良性的法律秩序奠定了基础。

人们常把古代社会的秩序归功于礼治德治,从秩序的形成状态来说,这并没有错,但是,从秩序的保障而言,则必须依靠法律。道德和法律的目标其实是一致的,所谓“出礼而入刑”,都是为了营建一个统治者想要达到的和谐秩序,正是由于法律的威慑,伦理道德才得以正常发挥作用。如果说中国古人从头顶天空中寻找了法律资源,从而使法律具有了神性而为百姓所敬畏的话,那么,礼,就其

① 也许有人认为,某人去告官并不是出于对法律的认同,而是出于对官府对父母官的认同。这种情况当然存在,但笔者认为这并不具有普遍性。如果法律没有对官府的地位和权力进行认可和维护,如果法律没有对控告作出相关规定,民众很可能就不会考虑一定要去官府控告,而是另寻他路了。

② 当然,古人对法律的敬畏与刑罚的严酷也很有关系,法家的重刑的确让人害怕,但法家总体上是重人力而非天道,而且在秦之后就不处于主导地位了,所以刑罚严酷在中国古代只是影响古人对法律敬畏的一个外在条件,而非有本体决定意义。具有本体决定意义的还是人们对天的敬畏,对“天讨”“天罚”的敬畏。

渊源来说，也是本源于对天的信仰表现——祭祀。其后礼的内容虽然不断扩大，涉及政治、经济、战争、外交、婚嫁丧葬、待人接物等一切领域，从某一个具体的礼中我们似乎看不出其中藏有多少“天”的玄机，或烙有多少“天”的印迹，但在天学的视野中，礼的一切精神和形式，都是在古人头顶那个“神灵之天”的一双无边无际的“巨眼”洞察、监督下才成为可能的。所以，礼本乎天道、天意的特性是永远不会改变的。而作为礼的一个“基石”性的概念——孝，则更是被强调为天道。《孝经》作为儒典中称“经”最早的一部，其《三才章》借孔子之口说：“夫孝，天之经也，地之义也，民之行也。天地之经，而民是则之。”可见孝就是取法天道而出现的。《五刑章》又说：“五刑之属三千，而罪莫大于不孝。”可见对于不孝罪的极为重视。由于孝源于天地之道，又加上统治者的大力宣扬，孝成为古代社会作为人子的最基本道德，成为古代社会超稳定宗法秩序的最主要因素，而对孝的法律保障则使孝的作用得以充分展示。自西周就已确立的休妻制度“七去”中，其第一项就是针对妻子的不孝，而且构成不孝的条件极低，只要让公婆有任何不顺心，都有可能被扣上不孝的恶名而被休弃，[①]即使妻子不服申诉到衙门，也必是被判出弃。[②] 实际上，古人对孝礼的极力维护，即是源于对天的极力信仰和维护，而借助于暴力性的法律工具，既捍卫了孝礼，更捍卫了天的神意！

总之，古代社会人际秩序的稳定性状态，与人们法律意识的强劲有重要的因果关系，这实质是源于人们对礼法特别是对法律的敬畏和信仰，而对礼法的敬畏和信仰则源于古人对神灵之天的敬畏和信仰。在天学视野中，这是“作为法律资源的天空”下中国古代人、法、天“三位一体”的总体架构。在这中间，法律的被信仰——一种

---

① 如《后汉书》卷五十九《列传第十九·鲍永》载：“（永）妻尝于母前叱狗，而永即去之。”《南史》卷五十《列传第四十·刘瓛》载：“母孔氏甚严明。……建元中，高帝与司徒褚彦回为瓛娶王氏女。王氏穿壁挂履，土落孔氏床上，孔氏不悦。瓛即出其妻。”《新唐书》卷九十九《列传第二十四·李迥秀》载：“（迥秀）母少贱，妻尝詈媵婢，母闻不乐，迥秀即出其妻。或问之，答曰：‘娶妇要欲事姑，苟违颜色，何可留？’”

② 如据《白居易全集》卷六十七《判》载，白居易就亲自做过一个判词快速地裁决了一桩出妻案：“得乙出妻，妻诉云：无失妇道。乙云：父母不悦则出，何必有过。孝养父母，有命必从；礼事舅姑，不悦则出。……姜诗出妇，盖为小瑕；鲍永出妻，亦非大过。明征斯在，薄诉何为？”

被古人赋予“真正”神性的虔诚信仰——对秩序的构建具有十分关键的决定意义。而在这个信仰之下,以稳定性的法律秩序为表现的古代式法治——吾人可称之为“古典法治”——也就出现了。

然而,现代社会却存在法律信仰的某种危机,甚至空白,从而直接影响法治社会的构建。法律往往被急功近利地制定出来,或者在运行中被赋予十足的功利性目的。我们常常批评古代中国的法律工具主义,但我们现在又走在这条路上。更为重要的是,人们虽然知道法律,但并不真正尊重和维护法律,常常是知法犯法,或者是虽然具有较高的法律意识,但常常是“事不关己,高高挂起”,法律意识只是关注个人的利益而已。当我们一些学者坐在书斋里充满理想地书写,或在讲堂上高谈阔论地挥发现代社会公民具有如何强劲的法律意识,而对古代人的法律意识进行否定或大加鞭挞的时候,也许让他/她去公共街头静静地观察一下,或者也身如其境地遭受一次劫案,可能才会让他/她对街头政治和法律有清醒认识,也从而更能体会这个摩登时代的人们在面对他人受害时的实然法律意识到底体现什么样的内容——“看客”“逃避”“漠视”“装着没看见”,甚至“帮凶”等词语的张扬。笔者如此之语并非有意危言耸听,想做一个社会批判者,而是建立在众多事实上的一个经验判断。而且,另一个事实是,虽然法律制定了许多,但真正能有效实施和执行的却并不多,这既给法律本身带来了“硬伤”,也给各级立法者的情感造成了讥讽,更给人们对法律的权威和操守带来了毁灭性打击。① 法律运行中不断浮现出来的各种司法腐败、行政腐败难以遏制,乃至于善良的人民几乎不相信法律。这是一个令人惊讶的现实:建设法

① 比如多年前曾被炒得沸沸扬扬的电影《无极》剧组破坏香格里拉碧沽天池之事,有传言说是因为存在“法律空白”。其实,从《保护世界文化和自然遗产公约》等国际公约以及中国申报“三江并流”(金沙江、澜沧江、怒江)世界遗产的具体承诺,到国内立法如《环境保护法》《环境影响评价法》《土地管理法》《森林法》《自然保护区条例》《风景名胜区条例》等规定,再到专门的“三江并流”保护条例,对于“三江并流”这样一个世界遗产区域(香格里拉碧沽天池是其中心区域)的法律调整并不缺少,更不存在所谓的“法律空白”。《无极》剧组对该天池环境的破坏,正反映了法律如不能被严格遵守和执行,就等于无“法”这样一种“徒法不能自行”的现象,其无论是对社会还是对相关法律的负面影响都是恶劣的。具体的法律分析可参见吕忠梅:《不能承受的立法之重——对〈无极〉事件的几点思考》,载北大法律信息网之“法学在线”,2006年。

治社会,但是法律却没有真正的权威,法律更没有被真正信仰![①] 这是法治社会建设最大的障碍。

中国古代法律被信仰所获得的秩序效果,无疑在古代的意义上为我们提供了法律和信仰的关系意义。实际上,法律被赋予神圣的信仰从而赢得秩序,不仅在古代中国,就是在世界范围内也具有普世意义。在古代巴比伦,"国王不承认自己是制订法律者或立法者,但他监督法律,并承担解释法律的责任。……法律是由城市保护神传递给国王的,是神圣的"。[②] 著名的汉穆拉比法典碑石上端,就刻有汉穆拉比王从端坐的太阳神沙马什手里接过法典的图景。而巴比伦沦陷之后,希伯来法以其在《圣经》中的形式,对欧洲中世纪法及现代法产生了巨大影响。中世纪的律师认为,使用《圣经》来确认其法律,是显而易见的真理。对他们来说,每句经文都是上帝的毋庸置疑的智慧,法律来自上帝,并且是神圣的。关于《圣经》中法律的神圣意义,《圣经》的修订者让摩西说过这样一段雄辩的话:

---

① 值得注意的是,张永和先生曾在《政法论坛》(2006年第3期)发表《法律不能被信仰的理由》一文,该文认为:"法律信仰"是一个错误命题;法律不能被信仰,在于法律不能成为被信仰的对象,法律至上的追求不等于"法律信仰",中国的法治现状与西方的法治现状存在根本差别,倡导"法律信仰"是将中国法治引入误区并会带来危害,它转移了社会价值危机的视线并混淆了信仰与权威的界限,是一个不适合中国国情的理念。类似的观点,也在张永和于同年在法律出版社出版的著作《信仰与权威》之第五部分"法律能否被信仰"中得以展现。笔者认为,张永和的担忧和焦虑似有点过度诠释了,因其立论主要是将"信仰"的含义捆绑在"宗教"意义上而不作它论。实际上,按国人对"信仰"词语的一般性理解,其不仅发生在宗教领域,还可发生在其他领域。如具有权威性的《现代汉语词典》(第5版)即将"信仰"释义为:"对某人或某种主张、主义、宗教极度相信和尊敬,拿来作为自己行动的榜样或指南。"可见,"宗教"只是其中一个子项指向而非全部。如果我们将"信仰"界定于对"法治主张"的"极度相信"上,那"法律信仰"就能发挥其巨大的正能量。出于对法律的极度信任,法律的权威当然也就自然树立。实际上,就当代中国语境来说,由于绝大多数国人并无真正意义的宗教信仰,因此,一般情况下也不大可能将"法律信仰"与"宗教"意义有所挂钩,而更多的是在一般汉语意义上,将其理解为"对法律及其权威的高度信任"之类,而这种"法律信仰"恰恰是当代中国法治建设所紧迫需要的。此外,退一步说,如果国人真能将对法律的情感上升为一种宗教式的真正信仰,那实是国家之幸,法律之幸!如果我们对待法律,就像真正的基督教士虔诚地相信、敬畏、崇拜上帝那样,还有什么法律权威不能树立、法治目标不能建设呢?

② [美]约翰·麦·赞恩:《法律的故事》,刘昕、胡凝译,江苏人民出版社1998年版,第65-66页。

> 有哪个国家拥有像我今天为你们创立的一切如此正确的法律和如此公正的判决呢……继续保存这些法律并实施它们。因为这使你们在其他国家面前显露智能和认识,别国将遵从这些法规并赞叹:当然这一伟大国家的人民是充满智慧和理性的人民。①

摩西的话并非自吹自擂,《圣经》中的神圣法律对整个基督教世界的法律都有重要影响,乃至成为一种法律渊源。神的规则,一度成为人类社会中一切规则和行为的终极背景和裁决,乃至于英国著名学者维柯强调说:“无论在什么地方,一个民族如果在武力方面变得野蛮,以致人道的法律都没有地位了,唯一的可以制伏这种民族的强有力的手段就是宗教。”②宗教是什么？说白了就是对神的一切信仰！法律的神圣信仰给人类留下了太多的印迹乃至太多的福音。

伯尔曼在其名著《法律与宗教》中精辟地论述了法律和宗教的区别和联系:

> 法律不只是一整套规则,是人们进行立法、裁判、执法和谈判的活动。它是分配权利与义务、并据以解决纷争、创造合作关系的活生生的程序。宗教也不只是一套信条和仪式;它是人们表明对终极意义和生活目的的一种集体关切——它是一种对于超验价值的共同直觉与献身。……它们同时又互相渗透。一个社会对于终极之超验目的的信仰,当然会在它的社会秩序化过程中呈现出来,而这种社会秩序化的过程也同样会在它的终极目的的意识里看到。……即便是在那些严格区分法律与宗教的社会,它们也是相辅相成的——法律赋予宗教以其社会性,宗教则给予法律以其精神、方向和法律获得尊敬所需

---

① 参见[美]约翰·麦·赞恩:《法律的故事》,刘昕、胡凝译,江苏人民出版社 1998 年版,第 92 页。

② [意]维柯:《新科学》,朱光潜译,商务印书馆 1989 年版,第 113 页。

要的神圣性。[①]

可见,法律和宗教虽有区别,但却又是互相渗透的。对于法律而言,其从宗教那里获得的精神、方向及神圣性实在是太重要了!这些是法律被信仰的关键。伯尔曼说:“没有信仰的法律将退化成为僵死的法条。”[②]也就是说,法律只有被信仰,才能成为活法,而不至于形同虚设。

然而,毋庸讳言的是,现代中国的法律似正面临缺少某种信仰的深刻危机。然而,法律的信仰从何而来?如何拯救法律的信仰?我想,作为在中国土地上不断传承的文明社会,或许天学视野下古代中国人信仰的那个神性之“天”,能直接给我们一些培植和确立法律信仰的启示。当然,现代的科学已无法让我们再对头顶之天赋予神性,现代中国人也无法像古人那样生成对头顶之天的神性的敬畏;而且我们还缺乏一种普世宗教,中国自古以来就是教派杂多的社会,佛教、道教、儒教[③]呈现三足鼎立之势。不过,值得特别注意的是,无论是佛,是道,还是儒,虽然各有特色,但它们的教义本源却有着共性,都是建立在对“天”的信仰基础上。这也是几千年来中国古人对天如此持之以恒地信仰的宗教原因。按照伯尔曼的观点,任何一种法律,如果要获得完全的效力,就必须使人们相信,那种法律是他们的,而要做到这一点,则必须诉诸人们对于生活的终极目的和神圣事物的意识,必须依赖法律的仪式、传统、权威和普遍性,而最能表明这一点的就是传统。[④] 作为一种对天信仰的传统,我们现代人虽不相信那个“神灵之天”的存在,神秘性的天学也早已被现代物理性的科学天文学所全面取代,但是基于天学视野下成为坚实传统的对“天”的虔诚信仰,却可以给现代法律的操守及其效力的真正获

---

① [美]伯尔曼:《法律与宗教》,梁治平译,中国政法大学出版社 2003 年版,第 11-12 页。

② [美]伯尔曼:《法律与宗教》,梁治平译,中国政法大学出版社 2003 年版,第 38 页。

③ 许多学者不认为存在儒教,本著在此并不予以深究,本著此处“儒教”概念的运用,是将儒学作为影响中国文化的一个系统而言,并不代表作为儒教的一种立场。

④ 参见[美]伯尔曼:《法律与宗教》,梁治平译,中国政法大学出版社 2003 年版,“代译序”。

得以某种警示和启示。

笔者以为,传统天学中体现出的人们对“天”的信仰,至少在两个方面可以给现代法律信仰的确立以可能的启迪。一个是将由对天的信仰,转换为对自然及其法则的敬畏和信仰。古人将灾异、刑罚视为天谴、天罚,实际上,现代社会的自然灾害、某些法律运行产生的非良性后果,又何尝不是自然及其自然法则的惩罚?正是现代人无畏自然,法律不充分关注自然法则,才导致了诸多不良,甚至可怕的后果。从法律本身来看,它其实并非只是人的一种纯粹主观的思想创造,而主要是人对自然和社会内在存有的法则的一种人类语言转述,或者说是一种模仿。然而,遗憾的是,现代人眼中的法律往往只停留在“人在法”层面,而对“人在法”背后十分广阔又客观存在的“非人在法”,即“自在法”视而不见。意大利学者维柯在其《新科学》中不无忧郁而又讥讽地说:“思想窄狭的人们把有明文规定的条款才看作法律。”①显然,正是由于这样的短浅视觉和窄狭思想,再加上人自身的骄傲自大,违背自在法即自然法则的人在法随之出炉,并产生非良性后果甚至悲剧也就在所难免。试问,这样的法律能使人们产生信仰吗?学者江山早些年的一段话值得我们现代人引起高度警觉:

> 总是被解释者夸大的那种法,实只是全部法现象中一个极小的领域。你可以将其定名为人在法,甚至更进一步称名为人定法、实在法、实证法,或直呼为法律。即便只考虑人类自我狭隘的必需,人在法或人定法也不是人类赖以存在的全部(规则)依据。直至今日,我们对非人在法(自在法)的依赖仍然是更基本的事实。……我们的人在法至多只能在人域诸关系中处置一小部分关系,如身份、权利、犯罪等等。因为这些关系直接关涉着每个我们这些解释者最眼前的得失所在,其具体程度和最可感受性,容易被我们优先重视。对那些无法控制或无法理解、把握的更根本、更广普、事实上也更复杂的影响我们之存在的自在法

① [意]维柯:《新科学》,朱光潜译,商务印书馆1989年版,第149页。

规则，则视之不见或置若罔闻。[①]

正是由于现代人缺乏一种对自然及其法则的敬畏和信仰，才导致人们对那些自然法则或称自在法规则的漠视。也正因为漠视，才导致法律达不到其主观上想达到的理想效果，甚至酿成法律之灾。也正因如此，法律难以为人民所信任、服从，法律的权威难以树立。这是一个“多米诺骨牌”的链式效应。于是，追根溯源，要使法律能被信仰，能达到其最佳效果，就必须敬畏和信仰自然及其自然法则，摒弃狂妄的“法随人欲”的观念，放宽人类的视域，谦卑地转述或模拟自然法则。唯有如此，法律才会被信仰，才会生成权威，法律才真正成为法律。

另一个传统天学上的启迪，是将对天的信仰转换到对人民的尊重和信仰上来。传统天学的一个重要内容就是遵循天之最高德性——“民之所欲，天必从之”，[②]将天意和民意等同起来，从而使“保民爱民”在天学理论及王权统治中具有了重要意义。虽然天意与民意等同的理论，既给独夫民贼强奸民意开了方便之门（如宣称自己为天命所归，因而也就是人心所向），也为后世某些为民请命者提供了一种理论支持，使他们得以用天命、天意的正大名义进行立论，从而使这种理论成为一柄“双刃剑”。[③] 但是，这种“天民合一”的思想观念，也使古代的一些开明统治者特别关注民生、体恤百姓，在法律的设置和运行上尤其突出。如每遇灾异甚至异常天象，都要下罪己诏告示天下，进行自我谴责和自我反省，并采取各种有利民生、减轻人民负担的法律措施。虽然也有一些帝王自我批评时可能只是做做样子，但我们无法否定，其中采取的法律应对或改革措施，在客观上实有利于人民百姓。唐太宗宽爱百姓，济慈人民，法律不夺民利，用刑尤慎，人民也少有触犯法律，到贞观四年，天下断死罪者仅 29 人。[④] 这是一个多么令人感慨的数目啊！由于爱民恤民之精神贯于法律，才迎来了唐律良好的社会实践，才迎来了

---

① 江山：《法的自然精神导论》，法律出版社 1997 年版，第 6–7 页。

② 《尚书·泰誓》。

③ 参见江晓原：《天学真原》，译林出版社 2011 年版，第 16 页。

④ 参见《新唐书》卷五六《志第四十六·刑法》。

历史上少有的可称得上“盛世”的盛世。而所有这一切，都离不开唐统治者在天学观念下对天德的一种遵从、恪守、转化和履行。恤刑的存在和推广，何尝不是“作为法律资源的天空”之于己身德性的人间体现呢？而所谓“盛世”的形成，也充分反映出唐代民众对法律的信仰和操守。

历史充分证明，只有将尊重人民、爱护人民、保护人民作为一种统治理念，并将其纳入法律中，法律才会被人民所信任、拥护、遵守，因为只有这样的法律才会让人民感觉到是为他们而立的，或者说就是他们的法律。当然，古代社会对民的重视是与对天的信仰联系在一起的，现代的人们虽不信存在神灵之天，但也可以将人民的利益作为政治的核心，放在法律目的的首位。这其实就是观念上的全盘转换问题。虽然现代中国的执政者早就提出了“全心全意为人民服务”“一切以人民利益为中心”等诸如此类的政治理念，但综观现实平心而论，似乎往往是政治上的说辞意义多，而法律上的实施意义相对较少。也就是说，并没有真正有效地将这些理念注入法律的制定和运行中去，从而使人民无法真正感受到法律对他们的亲切，无法真正感受到法律与他们站在一起！不过值得庆幸的是，我们的立法者现已全面关注到了法律之于人民大众生命、财产等利益的重要性，诸如各种对弱者的法律保护、人权入宪、保护私有财产入宪等，都体现了通过法律对人民利益的保护和尊重。

然而，必须承认，法律的设定是一回事，法律的有效实施则是另一回事。法律的实施更需要体现出对人民的尊重和信仰。实践中存在的执法腐败、司法腐败而导致法律之公平、正义的缺失，无一不是导致人民不相信法律的重要原因。实际上，法律要体现出对人民利益的保护和尊重，并不是说，这个法律的内容本身就一定是直接保护人民利益的，而主要是说这个法律必须体现出公平和正义。法律追求公平正义的运行，就是体现了对人民利益的尊重和保护。因为在法律公平正义的运行中，人民看到了自己利益得以有效尊重和保护的希望，会直接或间接感受到，一旦卷入法律纷争，法律不会因身份、地位、金钱、名望等的差别弃他/她而去，这样就会感受到法律的权威和力量，感受到法律与他/她同在。人民对法律的信仰，是建立在对每一次法律公正运行的点滴感受之上。可见，法律不仅在设立内容上要体现公平和正义,在其运行中更要体现出公平和正义。唯有如此,法律才能真正赢得人民的信任,也从此获得了信仰,从而更能发挥效力,形成良好的法律秩序而良性循环不已。不过,值得提醒的是,法律公平正义的获得,前提不在于法律本身,而在于对人民的尊重和信守。唯有如此,法律才会真正体现公平正义的精神,才能被人民所尊重和信仰。

天学视野下的中国古人将天意归之为民意,无论其中隐藏着多少虚伪的因素,但开明统治者"言必称人民"所造就的恤刑和关怀民生的诸种法律,以及由此而生的稳定秩序是不可否定的。正如笔者在一篇文中所论,中国古人并非像我们现代有些人展开"情感之旅"而想象的那样,是长期颤抖在残酷法典的压制之下,长期生活在永无止境的水深火热之中。[①] 虽然历史已翻开新的一页,"天学"已成为历史之物,"作为法律资源的天空"也在科学视野下不复存在,但是,我们是否也应该比对一下,中国古人能将人民置于"天"的高度予以坚守,那么作为"人民当家作主"的现代中国,我们又何尝不能将人民置于最高的地位而予以坚守呢?法律如要能被信仰,就必须坚持以人民为中心、以人民利益至上,其实这就是一种自然法则,就是一种自在法!因此,前美国首席司法官詹姆斯·贝克的名言——法律与我们同在,[②]也就于此获得了另一种崭新的意义——法律与人民同在!

在天学视野下,由于追求"天人合一",秉承"天人感应",并且将天意归之于民意,所以中国古代能够达到对天的信仰和对民的重视的统一,而连接天和民的重要纽带——法律,这个古人从头顶天空中寻求到的重要资源,则强化了天意和民意的统一。反过来,民众出于对源于天的法律的信仰,一方面既促进了自己紧跟天的步伐而遵守法律,从而促进了法律秩序的有效构建,另一方面也使统治者乐于将天意和民意的统一通过法律等运作而"进行到底",这也使得民众的利益在最大限度上得到尊重。这其实是一个古代语境中

---

① 参见方潇:《"法典"意象变迁考——以中国语境为核心》,载《比较法研究》2005年第2期。

② [美]约翰·麦·赞恩:《法律的故事》,刘昕、胡凝译,江苏人民出版社1998年版,"序言"。

的“双赢”。在今天的科学语境中，天学的神秘性虽然不再，但其留给人们的思想转化还是意义非凡的。当然，传统天学的思想转化，无论是对自然的尊重和信仰，还是对人民的尊重和信仰，两者都应该是统一而不是分离的。因为无论是自然，还是人民，两者都不是纯粹的独立存在。在自然的力量反弹与人民的自由扩张的交锋下，唯有自然和人民的共存共融才是最好的境界。所以，一方面当我们从尊重自然出发而力图转述它的内在法则，另一方面又从尊重人民出发而制定法律的时候，我们就一定要关注法律的制定是否印证、契合了自然法则（或自在法则）。唯有如此，法律才既能被民众信仰，而且也有了信仰的基础。也唯有法律被信仰，和谐的法治社会才有可能真正建立。但是我们如何感受自然法则的存在呢？又如何使得尊重人民而期待公平正义的法律契合自然法则呢？在古代天学视野的反思下，本著此处所论的两个转化及其融合统一，只是提供了一个理论的可能思路，而真正要在现实中实现，则有很长的路要走。

先天阴阳八卦图

第十一章 结 语

每一种制度都有与其相应的文化语境,不同的文化造就了不同的制度。马凌诺斯基说:“文化的真正单位是‘制度’。”①可见,文化决定了制度,同时制度也反映了文化。中国古代法律在本源意义上如何“则天”设置和运行所涉及的天学与法律的两者关系,就体现了文化与制度的此类一般关系。具而言之,中国古代法律正是天学这个“母体”的“产儿”和“精神承载者”,而输送给法律“则天模拟”营养的“脐带”,则主要是深藏“天机”、饱含“天意”、承载“天道”的种种“天象”。本著的主要目的即在于:基于人们对古代法律“则天”理念的普遍共识,但又基本停留在“抽象”认识及“自然”立论的学术境况下,引入“天学”范畴作为视角,并以其核心概念“天象”为分析窗口或路径,进入中国古人“神灵之天”的主流语境中,力图将抽象的“法律则天”理念“具象化”,揭示出中国古代的法律在设置和运行上如何具体“则天”(模拟)的本源性路径;而通过这样的路径揭示,在更切实更直接的意义上展现古代法律与天学那种不可分割的内在联系,特别是古代法律对天学所渴求的“路径依赖”,使古人头顶的天空真切地成为一个“作为法律资源的天空”。这

---

① [英]马凌诺斯基:《文化论》,费孝通译,华夏出版社2002年版,第101页。

样的天空不仅对古代社会产生了重大的法律意义,也在最可能的意义上对现代社会产生了重大的法律意义。

通过对古代法律"则天"路径的深描和揭示,向我们展现了一个古代场景中"作为法律资源的天空"。这样的"天空"显然为古代社会一切关乎法律的问题及其解决,作出了巨大而又独特的贡献,甚至成为了古人安身立命、生死存亡之根本所在。这样的"天空"不仅在古代如此,甚至也为现代社会进行法律的思考,留下了可能存在的诸多空间。当然,以现代人的一般科学观念来看,古代天学与法律的神秘关系是荒谬可笑和愚不可及的,但是,以进入历史时空和场景的"语境论"方法论来看,这却是中国古人对法律资源和本源的最合理、最崇高、最神圣的知识建构。我想,在当今信仰缺失而主要依赖外在的法律才能维系的现代社会,古代天学与法律的关系并非无足轻重,或并非仅仅是可玩可笑的"历史过客"而已。因为,无论如何,天学和法律的关系在本质上就是自然和法律的关系,区别只在于古人赋予了自然以神灵的气息,而今人在所谓科学的武装下,只是将自然的神灵气息消除而已。而一切法律问题的解释和解决,实际上都是人对宇宙自然及其法则如何认识、如何相谐的问题,古往今来大抵都是如此。

中国古代在将自然之天视为具有强大的神灵意识之时,必然会将法律模拟于"天"作为其制定和运行的原则,因为唯有模拟,才能"人合于天",才能"与天相谐"而"天人合一"。事实上,现代社会又何尝不存在对宇宙世界及其法则的努力模拟呢?然而,必须承认,近现代科学知识的获得以及研究的进行,却是受机械宇宙之象支配的。这个宇宙象的最基本特征,即是数量和物质的机械运动,物理学便是这个象的经典模拟,而现代各种名目繁多的"科学",则又主要是对物理学的模拟,只不过与中国古代"人与天地参"的模拟不同,现代科学的模拟是"物我分裂"的模拟而已。① 显然,古今在对宇宙世界予以"模拟"这一点上是相同的,只是模拟的观念和方法不同而已。因此,在历史链条无法割裂的现代社会,古

---

① 参见谢松龄:《天人象:阴阳五行学说史导论》,山东文艺出版社 1989 年版,第 167-168 页。

人于法律与天学的关系认识，虽然在时间上已离我们远去，但未必在某种精神如“模拟”上离我们远去。

世界性的法律实践已经证明，“人类中心主义”和“科学帝国主义”在让人类享受科学文明的同时，也将人类的生存和发展带入了种种灾难和困境之中。在这个问题上，可以说“人类中心主义”是前提，“科学帝国主义”是手段，两者的共谋结合造就了今天这个危险世界。因此，无论是人类的地位，还是科学的地位，都应当引发当下深刻的反省。人在宇宙中的地位到底如何？按马克斯·舍勒对近代以来各种人学的批判，这需要“回到人的纯粹事实——位格上来，即人之为人在于他的位格存在”“人的本质及其价值只能从人与上帝的关系来界定”。[①] 虽然舍勒从基督教的角度表达了立场，在这个信仰多元的现代社会，不可能人皆赞同，但其中折射的对“人类中心主义”的批判值得我们警醒。在自然面前，人唯有谦卑，才能真正有其地位和价值。世界那么大，虽然我们无法强求他人，但我们可以给自己定位，尽量做好自然面前谦卑的自己。

与人之地位相应，“科学”的地位又该如何？事实上，科学只是人类对世界的一种认知方法，并非万能工具，科学本身也是一个不断发展的过程，甚至在某种时空中的科学，本身就是一种谬误，只是当时拥有科学的人们并不知晓而已。[②] 因此，既然“科学发展观”是我们这个时代的高调，那么就更应该“科学地”理解“科学”和“发展”，更应该“科学地”面对我们所处的这个自然和社会。作为法律，我们固然要以科学的观念和思维去建构它、运行它，但我们又不应迷信已有的科学文明，不应唯科学马首是瞻，将法律作为科学的奴仆。既然科学不是万能的，法律也不是科学的奴仆，它们就都应该谦卑而又积极地服从自然，服从与自然相关的一切法则和品格。

那么自然呢？自然能被人类的科学穷尽认识吗？自然能够被人类的法律穷尽规范吗？自然能被征服吗？在此，我想以一首题为

---

① 默默：《人是祈祷的X——纪念马克斯·舍勒逝世60周年》，载［德］马克斯·舍勒：《人在宇宙中的地位》，李伯杰译，贵州人民出版社1989年版，“中译本序”第7页。

② 一个突出的例子是，“太阳是宇宙中心”的学说，曾经在近代西方被视为颠扑不破的科学真理，然而在今天却已经被抛弃，因为“更科学”的现代科学已经证明，太阳只是太阳系的中心而已，而在宇宙中像太阳系之类的星系数量又有很多。

《自然如不能被目证那就不能被征服》的西方小诗作为回答，也作为本著的结束：

最初，人们尝试用魔咒
来使大地丰产，
来使家禽牲畜不受摧残，
来使幼小者降生时平平安安。
接着，他们又祈求反复无常的天神，
不要降下大火和洪水的灾难；
他们的烟火缭绕的祭品，
在鲜血染红的祭坛上焚燃。
后来又有大胆的哲人和圣贤，
制订了一套固定不变的方案，
想用思维或神圣的书卷
来证明大自然应该如此这般。
但是大自然在微笑——史芬克斯式的笑脸。
注视着好景不长的哲人和圣贤，
她耐心地等了一会儿——
他们的方案就烟消云散。
接着就来了一批热心人，地位比较卑贱，
他们并没有什么完整的方案，
满足于扮演跑龙套的角色，
只是观察，幻想和检验。
从此，在混沌一团中，
字谜画的碎片就渐次展现；
人们摸清了大自然的脾气，
服从大自然，又能控制大自然。
变化不已的图案在远方闪光，
但它的景象不断变幻，
却没有揭示出碎片的底细，
更没有揭示出字谜画的意义。
大自然在微笑——

仍然没有供出她内心的秘密；
她不可思议地保护着
猜不透的史芬克斯之谜。①

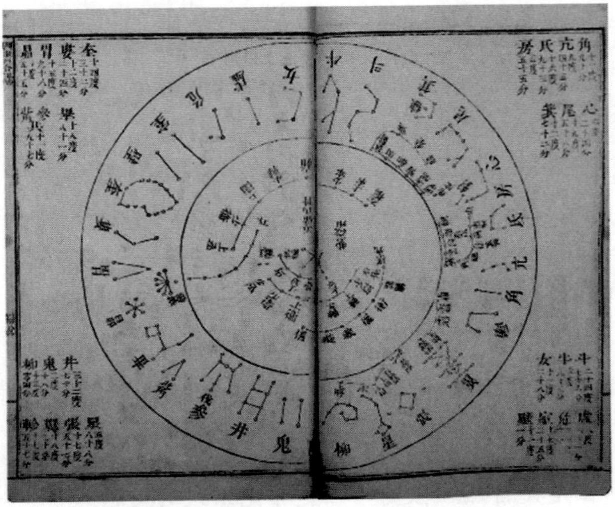

清乾隆年间刻本天象图

① ［英］W. C. 丹皮尔：《科学史及其与哲学和宗教的关系》，李珩译，张今校，商务印书馆1975年版，目录与原序之间页。

主要参考文献

（主要为史籍与著作，论文未能列出）

一、史料典籍

1.《十三经：全文标点本》，北京燕山出版社1991年版。

2.《四库全书》，上海古籍出版社1987年版。

3. 司马迁：《史记》，中华书局1959年版。

4. 董仲舒：《春秋繁露》，周桂钿等译注，山东友谊出版社2001年版。

5. 班固：《汉书》，中华书局1962年版。

6. 许慎：《说文解字》，中华书局1979年版。

7. 陆贾：《新语》，庄大钧校点，辽宁教育出版社1998年版。

8. 王充：《论衡》，上海人民出版社1974年版。

9. 萧吉：《五行大义》，钱杭点校，上海书店出版社2001年版。

10. 魏征等：《隋书》，中华书局1973年版。

11. 李淳风：《乙巳占》，载李零主编：《中国方术概观》（占星卷），人民中国出版社1993年版。

12. 瞿昙悉达：《开元占经》，载李零主编：《中国方术概观》（占星卷），人民中国出版社1993年版。

13. 张鷟：《〈龙筋凤髓判〉校注》，田涛、郭成伟校注，中国政法大学出版社1996年版。

14. 房玄龄等：《晋书》，中华书局1974年版。

15. 李林甫等:《唐六典》,陈仲夫点校,中华书局 1992 年版。
16. 白居易:《白居易集》,中华书局 1979 年版。
17. 段成式:《酉阳杂俎》,学苑出版社 2001 年版。
18. 刘昫等:《旧唐书》,中华书局 1975 年版。
19. 洪迈:《容斋随笔》,华龄出版社 2002 年版。
20. 沈括:《梦溪笔谈》,时代文艺出版社 2001 年版。
21. 张载:《张载集》,章锡琛点校,中华书局 1978 年版。
22. 范晔:《后汉书》,中华书局 1965 年版。
23. 程颐、程颢:《二程集》,王孝鱼点校,中华书局 1981 年版。
24. 李昉等:《太平御览》,中华书局 1960 年版。
25. 王溥:《唐会要》,中华书局 1955 年版。
26. 司马光:《资治通鉴》,中华书局 1956 年版。
27. 欧阳修、宋祁:《新唐书》,中华书局 1975 年版。
28. 郑克编撰:《折狱龟鉴译注》,刘俊文译注、点校,上海古籍出版社 1988 年版。
29. 薛居正等:《旧五代史》,中华书局 1976 年版。
30. 李焘:《续资治通鉴长编》,中华书局 1979 年版。
31. 关汉卿:《窦娥冤》,新世界出版社 2002 年版。
32. 脱脱等:《宋史》,中华书局 1977 年版。
33. 邱浚:《大学衍义补》,林冠群、周济夫校点,京华出版社 1999 年版。
34. 宋濂:《元史》,中华书局 1976 年版。
35. 雷梦麟:《读律琐言》,怀效锋、李俊点校,法律出版社 2000 年版。
36. 沈德符:《万历野获编》,中华书局 1959 年版。
37. 李之藻辑:《天学初函》,台北,学生书局 1965 年影印本。
38. 纪昀:《阅微草堂笔记》,陕西人民出版社 1998 年版。
39. 曾国藩编纂:《经史百家杂钞》,河北人民出版社 1996 年版。
40. 张廷玉等:《明史》,中华书局 1974 年版。
41. 毕沅编著:《续资治通鉴》,中华书局 1957 年版。
42. 马骕:《绎史》,王利器整理,中华书局 2002 年版。
43. 董诰等编:《全唐文》,中华书局 1983 年版。

44. 陈立:《白虎通疏证》,吴则虞点校,中华书局 1994 年版。
45. 皮锡瑞:《经学通论》,中华书局 1954 年版。
46. 皮锡瑞:《经学历史》,中华书局 2004 年版。
47. 沈之奇:《大清律辑注》,怀效锋、李俊点校,法律出版社 2000 年版。
48. 奕䜣等:《钦定剿平粤匪方略》,上海古籍出版社 2005 年版。
49. 薛福成:《庸庵笔记》,商务印书馆 1937 年版。
50.《荀子》,耿芸标校,上海古籍出版社 1996 年版。
51.《韩非子》,姜俊俊标校,上海古籍出版社 1996 年版。
52.《黄帝阴符经集注》,周止礼、常秉义批点,中国戏剧出版社 1999 年版。
53.《管子(全文注释本)》,孙波注释,华夏出版社 2000 年版。
54.《左传全译》,王守谦、金秀珍、王凤春译注,贵州人民出版社 1990 年版。
55.《国语全译》,黄永堂译注,贵州人民出版社 1995 年版。
56.《吕氏春秋校释》,陈奇猷校释,学林出版社 1984 年版。
57.《淮南子全译》,许匡一译注,贵州人民出版社 1993 年版。
58.《盐铁论译注》,王贞珉注译,吉林文史出版社 1995 年版。
59.《水经注校释》,陈桥驿校释,杭州大学出版社 1999 年版。
60.《帝范》,万维钧编注,中央民族大学出版社 1996 年版。
61.《唐律疏议》,刘俊文点校,法律出版社 1999 年版。
62. 宋敏求编:《唐大诏令集》,洪丕谟等点校,学林出版社 1992 年版。
63.《宋刑统》,薛梅卿点校,法律出版社 1999 年版。
64.《大元通制条格》,郭成伟点校,法律出版社 2000 年版。
65.《大明律》,怀效锋点校,法律出版社 1999 年版。
66.《大清律例》,田涛、郑秦点校,法律出版社 1999 年版。
67.《明清公牍秘本五种》,郭成伟、田涛点校整理,中国政法大学出版社 1999 年版。
68.《二十五别史》,刘晓东等点校,齐鲁书社 2000 年版。
69.《熙朝崇正集　熙朝定案》,韩琦、吴旻校注,中华书局 2006 年版。

70. 杨树增:《先秦诸子散文》,广西师范大学出版社 1999 年版。
71. 夏瑰琦编:《圣朝破邪集》,香港宣道出版社 1996 年版。
72. [韩]郑安德编辑:《明末清初耶稣会思想文献汇编》,北京大学宗教研究所 2003 年修订重印版。
73. 中国史学会编:《太平天国》,上海人民出版社 1957 年版。
74. 太平天国历史博物馆编:《太平天国史料丛编简辑》,中华书局 1961 年版。
75. 丘权政、杜春和选编:《辛亥革命史料选辑》(下册),湖南人民出版社 1981 年版。
76. 陈旭麓、郝盛潮主编:《孙中山集外集》,上海人民出版社 1990 年版。
77. 孙中山:《孙中山全集》,中华书局 1982 年版。
78. 梁启超:《梁启超文集》,陈书良编,北京燕山出版社 1997 年版。
79. 王焰编:《梁启超学术论著》,魏得良校,浙江人民出版社 1998 年版。
80. 刘梦溪主编:《中国现代学术经典·廖平、蒙文通卷》,河北教育出版社 1996 年版。

二、今人著述

81. 白奚:《稷下学研究——中国古代的思想自由与百家争鸣》,生活·读书·新知三联书店 1998 年版。
82. 蔡枢衡:《中国刑法史》,广西人民出版社 1983 年版。
83. 曹聚仁:《中国学术思想史随笔》,生活·读书·新知三联书店 1986 年版。
84.《中国文化与中国法系——陈顾远法律史论集》,范忠信等编校,中国政法大学出版社 2006 年版。
85. 陈遵妫:《中国天文学史》,上海人民出版社 1980 年版。
86. 陈美东:《中国古代天文学思想》,中国科学技术出版社 2007 年版。
87. 陈久金主编:《中国古代天文学家》,中国科学技术出版社 2008 年版。

88. 陈久金:《中国少数民族天文学史》,中国科学技术出版社2009年版。

89. 陈久金、卢莲蓉编著:《中国节庆及其起源》,上海科技教育出版社1989年版。

90. 陈久金:《斗转星移映神州——中国二十八宿》,海天出版社2012年版。

91. 陈来:《古代宗教与伦理——儒家思想的根源》,生活·读书·新知三联书店1996年版。

92. 陈来:《古代思想文化的世界》,生活·读书·新知三联书店2002年版。

93. 陈望道:《修辞学发凡》,上海教育出版社1997年版。

94. 陈江风:《天人合一》,生活·读书·新知三联书店1996年版。

95. 陈江风:《天文与人文》,国际文化出版公司1988年版。

96. 陈江风:《观念与中国文化传统》,广西师范大学出版社2006年版。

97. 陈晓中、张淑莉:《中国古代天文机构与天文教育》,中国科学技术出版社2008年版。

98. 陈建华:《"革命"的现代性:中国革命话语考论》,上海古籍出版社2000年版。

99. 陈钧编著:《创世神话》,东方出版社1997年版。

100. 程蔷、董乃斌:《唐帝国的精神文明——民俗与文学》,中国社会科学出版社1996年版。

101. 崔永东:《中西法律文化比较》,北京大学出版社2004年版。

102. 崔永东:《金文简帛中的刑法思想》,清华大学出版社2000年版。

103. 邓文宽:《邓文宽敦煌天文历法考索》,上海古籍出版社2010年版。

104. 邓可卉:《比较视野下的中国天文学史》,上海人民出版社2011年版。

105. 丁祯彦等主编:《中国哲学名论解读》,华东师范大学出版社 2000 年版。

106. 杜昇云、崔振华等主编:《中国古代天文学的转轨与近代天文学》,中国科学技术出版社 2008 年版。

107. 杜勇:《〈尚书〉周初八诰研究》,中国社会科学出版社 1998 年版。

108. 方豪:《中西交通史》,岳麓书社 1987 年版。

109. 范忠信:《中国法律传统的基本精神》,山东人民出版社 2001 年版。

110. 范忠信、郑定、詹学农:《情理法与中国人——中国传统法律文化探微》,中国人民大学出版社 1992 年版。

111. 范忠信:《中西法文化的暗合与差异》,中国政法大学出版社 2001 年版。

112. 冯友兰:《中国哲学史》,华东师范大学出版社 2000 年版。

113. 冯时:《中国天文考古学》,社会科学文献出版社 2001 年版。

114. 冯时:《星汉流年——中国天文考古录》,四川教育出版社 1996 年版。

115. 冯时:《中国古代的天文与人文》,中国社会科学出版社 2006 年版。

116. 冯达文:《中国哲学的本源——本体论》,广东人民出版社 2001 年版。

117. 冯广艺主编:《汉语语境学概论》,宁夏人民出版社 1998 年版。

118. 傅佩荣:《儒道天论发微》,台北,学生书局 1988 年版。

119. 高绍先主编:《中国历代法学名篇注译》,中国人民公安大学出版社 1993 年版。

120. 高华:《革命年代》,广东人民出版社 2010 年版。

121. 甘怀真:《皇权、礼仪与经典诠释:中国古代政治史研究》,台北,台湾大学出版中心 2004 年版。

122. 郜积意:《经典的批判——西汉文学思想研究》,东方出版社 2000 年版。

123. 葛兆光:《中国思想史》,复旦大学出版社 2001 年版。

124. 郭沫若:《先秦天道观之进展》,商务印书馆 1936 年版。

125. 顾颉刚编著:《古史辨》,上海古籍出版社 1982 年版。

126. 顾颉刚:《顾颉刚学术文化随笔》,顾洪编,中国青年出版社 1998 年版。

127. 韩琦:《中国科学技术的西传及其影响》,河北人民出版社 1999 年版。

128. 何丙郁:《何丙郁中国科技史论集》,辽宁教育出版社 2001 年版。

129. 何新:《爱情与英雄》,时事出版社 2002 年版。

130. 何新:《宇宙的起源》,时事出版社 2002 年版。

131. 黄家遵:《中国古代婚姻史研究》,广东人民出版社 1995 年版。

132. 黄一农:《社会天文学史十讲》,复旦大学出版社 2004 年版。

133. 黄怀信注训:《尚书注训》,齐鲁书社 2002 年版。

134. 黄正建:《敦煌占卜文书与唐五代占卜研究》,学苑出版社 2001 年版。

135. 何宗旺、张家国编著:《易占解读》,广西民族出版社 1999 年版。

136. 江晓原:《天学真原》,辽宁教育出版社 1991 年版、译林出版社 2011 年版。

137. 江晓原、钮卫星:《天人之际》,上海古籍出版社 1994 年版。

138. 江晓原:《历史上的星占学》,上海科技教育出版社 1995 年版。

139. 江晓原:《天学外史》,上海人民出版社 1999 年版。

140. 江晓原、钮卫星:《回天——武王伐纣与天文历史年代学》,上海人民出版社 2000 年版。

141. 江晓原、钮卫星:《天文西学东渐集》,上海书店出版社 2001 年版。

142. 江晓原:《江晓原自选集》,广西师范大学出版社 2001 年版。

143. 江晓原:《星占学与传统文化》,广西师范大学出版社 2004 年版。

144. 江晓原:《中国星占学类型分析》,上海书店出版社 2009 年版。

145. 江林昌:《楚辞与上古历史文化研究——中国古代太阳循环文化揭秘》,齐鲁书社 1998 年版。

146. 江山:《法的自然精神导论》,法律出版社 1997 年版。

147. 江山:《人际同构的法哲学》,中国政法大学出版社 2002 年版。

148. 金春峰:《汉代思想史》,中国社会科学出版社 1997 年版。

149. 李泽厚:《己卯五说》,中国电影出版社 1999 年版。

150. 李学勤:《走出疑古时代》,辽宁大学出版社 1997 年版。

151. 李学勤、郭志坤:《中国古史寻证》,上海科技教育出版社 2002 年版。

152. 李国文等:《智慧的曙光:宗教与哲学》,云南人民出版社 1992 年版。

153. 李杜:《中西哲学思想中的天道与上帝》,台北,联经出版事业公司 1978 年版。

154. 李亦园:《田野图像——我的人类学研究生涯》,山东画报出版社 1999 年版。

155. 李申:《中国古代哲学和自然科学》,上海人民出版社 2002 年版。

156. 李耀仙主编:《廖平学术论著选集(一)》,巴蜀书社 1989 年版。

157. 梁治平:《寻求自然秩序中的和谐——中国传统法律文化研究》,上海人民出版社 1991 年版。

158. 梁潮主编:《东方丛刊》,广西师范大学出版社 1995 年版。

159. 林毓生:《中国传统的创造性转化》,生活 · 读书 · 新知三联书店 1988 年版。

160. 林乾:《中国古代权力与法律》,中国政法大学出版社 2004 年版。

161. 刘希庆:《顺天而行——先秦秦汉人与自然关系专题研

究》,齐鲁书社2009年版。

162. 刘东主编:《中国学术》(总第9辑),商务印书馆2002年版。

163. 刘兵:《克丽奥眼中的科学》,山东教育出版社1996年版。

164. 刘亚虎:《荒野上的祭坛》,北京出版社2000年版。

165. 刘晓峰:《东亚的时间——岁时文化的比较研究》,中华书局2007年版。

166. 刘操南:《古代天文历法释证》,浙江大学出版社2009年版。

167. 龙大轩:《道与中国传统法律》,山东人民出版社2004年版。

168. 吕小蓬:《古代小说公案文化研究》,中央编译出版社2004年版。

169. 卢央:《易学与天文学》,中国书店2003年版。

170. 卢央:《中国古代星占学》,中国科学技术出版社2007年版。

171. 陆思贤、李迪:《天文考古通论》,紫禁城出版社2000年版。

172. 马晓宏:《天・神・人》,国际文化出版公司1988年版。

173. 蒙文通:《经史抉原》(蒙文通文集第3卷),巴蜀书社1995年版。

174. 庞朴:《一分为三论》,上海古籍出版社2003年版。

175. 潘光旦:《寻求中国人位育之道》,国际文化出版公司1997年版。

176. 钱世明:《说礼乐》,京华出版社1999年版。

177. 钱世明:《说天人合一》,京华出版社1999年版。

178. 瞿同祖:《中国法律与中国社会》,中华书局1981年版。

179. 瞿同祖:《瞿同祖法学论著集》,中国政法大学出版社1998年版。

180. 渠敬东编:《现代政治与自然》,上海人民出版社2003年版。

181. 任春晓:《环境哲学新论》,江西人民出版社2003年版。

182. 石云里:《中国古代科学技术史纲——天文卷》,辽宁教育出版社 1996 年版。

183. 史彤彪:《中国法律文化对西方的影响》,河北人民出版社 1999 年版。

184. 孙宏安:《中国古代科学教育史略》,辽宁教育出版社 1996 年版。

185. 宋会群:《中国术数文化史》,河南大学出版社 1999 年版。

186. 汤一介:《和而不同》,辽宁人民出版社 2001 年版。

187. 唐晓峰:《从混沌到秩序:中国上古地理思想史述论》,中华书局 2010 年版。

188. 王元化主编:《梁启超学术论著》,浙江人民出版社 1998 年版。

189. 任邱、王桐龄:《中国史》,北平文化学社 1933 年版。

190. 王宏维:《命定与抗争:中国古典悲剧及悲剧精神》,生活·读书·新知三联书店 1996 年版。

191. 王景琳:《鬼神的魔力》,生活·读书·新知三联书店 1992 年版。

192. 王德保:《神话的意蕴》,中国人民大学出版社 2002 年版。

193. 王玉德:《神秘主义与中国近代社会》,中国社会科学出版社 2003 年版。

194. 王鸿生:《中国历史中的技术与科学》,中国人民大学出版社 1997 年版。

195. 尉迟治平、席嘉编著:《因果解读》,广西民族出版社 1999 年版。

196. 武树臣:《儒家法律传统》,法律出版社 2003 年版。

197. 吴国盛:《时间的观念》,北京大学出版社 2006 年版。

198. 吴国盛:《科学的世纪》,法律出版社 2000 年版。

199. 吾淳:《古代中国科学范型》,中华书局 2002 年版。

200. 吾淳:《中国哲学的起源》,上海人民出版社 2010 年版。

201. 吴守贤、全和钧主编:《中国古代天体测量学及天文仪器》,中国科学技术出版社 2008 年版。

202. 吴守贤:《司马迁与中国天学》,陕西人民教育出版社 2000 年版。

203. 席泽宗:《科学史十论》,复旦大学出版社 2003 年版。
204. 谢松龄:《天人象:阴阳五行学说史导论》,山东文艺出版社 1989 年版。
205. 谢选骏:《秦人与楚魂的对话》,山东文艺出版社 1988 年版。
206. 邢兆良:《中国传统科学思想研究》,江西人民出版社 2001 年版。
207. 肖巍:《自然的法则——近代"革命"观念的一个解读》,复旦大学出版社 1998 年版。
208. 肖巍:《宇宙学的人文视野》,江苏人民出版社 2002 年版。
209. 徐宗泽:《明清间耶稣会士译著提要》,上海书店出版社 2006 年版。
210. 徐振韬主编:《中国古代天文学词典》,中国科学技术出版社 2009 年版。
211. 徐伟新、刘德福:《社会动力论》,人民出版社 1988 年版。
212. 徐仪明:《性理与岐黄》,中国社会科学出版社 1997 年版。
213. 徐忠明:《法学与文学之间》,中国政法大学出版社 2000 年版。
214. 徐日辉:《史记八书与中国文化研究》,陕西人民教育出版社 2000 年版。
215. 许倬云:《西周史》,生活 · 读书 · 新知三联书店 2001 年版。
216. 许江主编:《人文传统》,中国美术学院出版社 2003 年版。
217. 杨昶编著:《占候解读》,广西民族出版社 1999 年版。
218. 杨森富编:《中国基督教史》,台北,商务印书馆 1984 年版。
219. 杨向奎述:《杨向奎学述》,浙江人民出版社 2000 年版。
220. 杨适:《中西人论的冲突——文化比较的一种新探求》,中国人民大学出版社 1991 年版。
221. 杨希枚:《先秦文化史论集》,中国社会科学出版社 1995 年版。
222. 姚伟钧编著:《调摄解读》,广西民族出版社 1999 年版。

223. 俞荣根:《儒家法思想通论》,广西人民出版社 1998 年版。

224. 俞晓群:《数术探秘》,生活 · 读书 · 新知三联书店 1994 年版。

225. 袁珂:《古神话选释》,人民文学出版社 1979 年版。

226. 余英时:《中国思想传统的现代诠释》,江苏人民出版社 1998 年版。

227. 于本源:《清王朝的宗教政策》,中国社会科学出版社 1999 年版。

228. 乐爱国:《儒家文化与中国古代科技》,中华书局 2002 年版。

239. 张光直:《美术、神话与祭祀》,辽宁教育出版社 2002 年版。

230. 张岱年:《中国古典哲学概念范畴要论》,中国社会科学出版社 1987 年版。

231. 张晋藩:《中华法制文明的演进》,中国政法大学出版社 1999 年版。

232. 张培瑜等:《中国古代历法》,中国科学技术出版社 2008 年版。

233. 张立文:《中国哲学范畴发展史(天道篇)》,中国人民大学出版社 1988 年版。

234. 张立文:《中国哲学逻辑结构论》,中国社会科学出版社 2002 年版。

235. 张荣明:《中国的国教》,中国社会科学出版社 2001 年版。

236. 张分田:《中国帝王观念——社会普遍意识中的"尊君—罪君"文化范式》,中国人民大学出版社 2004 年版。

237. 张中秋:《中西法律文化比较研究》,南京大学出版社 1991 年版。

238. 张祥龙:《海德格尔思想与中国天道》,生活 · 读书 · 新知三联书店 1996 年版。

239. 张闻玉:《古代天文历法讲座》,广西师范大学出版社 2008 年版。

240. 张云飞:《天人合一——儒学与生态环境》,四川人民出版社 1995 年版。

241. 张承友等:《明末清初中外科技交流研究》,学苑出版社 1999 年版。

242. 张秋升:《天人纠葛与历史运演》,齐鲁书社 2003 年版。

243. 张志刚:《宗教学是什么》,北京大学出版社 2002 年版。

244. 詹鄞鑫:《神灵与祭祀》,江苏古籍出版社 1992 年版。

245. 赵晖:《西学东渐与清代前期数学》,浙江大学出版社 2010 年版。

246. 赵军:《文化与时空》,中国人民大学出版社 1989 年版。

247. 赵沛霖:《先秦神话思想史论》,学苑出版社 2002 年版。

248. 郑文光:《中国天文学源流》,科学出版社 1979 年版。

249. 周桂钿、吴锋:《董仲舒》,吉林文史出版社 1997 年版。

250. 周桂钿:《中国古人论天》,中央编译出版社 2008 年版。

251. 周永坤:《法理学——全球视野》,法律出版社 2000 年版。

252. 周长龄:《法律的起源》,中国人民公安大学出版社 1997 年版。

253. 周士一:《中华天启——彝族文化中的太一、北斗与太阳》,云南人民出版社 1999 年版。

254. 中国天文学史整理研究小组编著:《中国天文学史》,科学出版社 1981 年版。

255. 朱文鑫:《历法通志》,商务印书馆 1934 年版。

256. 竺可桢:《竺可桢文集》,科学出版社 1979 年版。

257. 竺可桢:《天道与人道》,北京出版社 2005 年版。

258. 庄威凤主编:《中国古代天象记录的研究与应用》,中国科学技术出版社 2009 年版。

三、外国著述

259. [美]伯尔曼:《法律与宗教》,梁治平译,中国政法大学出版社 2003 年版。

260. [美]布迪、莫里斯:《中华帝国的法律》,朱勇译,江苏人民出版社 1998 年版。

261. [美]唐纳德 · 沃斯特:《自然的经济体系——生态思想史》,侯文蕙译,商务印书馆 1999 年版。

262. [美]M. 克莱因:《古今数学思想》,张理京、张锦炎译,上海科学技术出版社 1979 年版。

263. [美]列奥·施特劳斯:《自然权利与历史》,彭刚译,生活·读书·新知三联书店 2003 年版。

264. [美]罗斯科·庞德:《法律史解释》,邓正来译,中国法制出版社 2002 年版。

265. [美]丹尼尔·J. 布尔斯廷:《发现者》,严撷芸等译,上海译文出版社 1995 年版。

266. [美]费正清编:《中国的思想与制度》,郭晓兵等译,世界知识出版社 2008 年版。

267. [美]艾兰:《早期中国历史思想与文化》,杨民等译,辽宁教育出版社 1999 年版。

268. [美]艾兰:《龟之谜——商代神话、祭祀、艺术和宇宙观研究》,商务印书馆 2010 年版。

269. [美]班大为:《中国上古史实揭秘——天文考古学研究》,徐凤先译,上海古籍出版社 2008 年版。

270. [美]约翰·麦·赞恩:《法律的故事》,刘昕、胡凝译,江苏人民出版社 1998 年版。

271. [美]金勇义:《中国与西方的法律观念》,陈国平等译,辽宁人民出版社 1989 年版。

272. [美]塞缪尔·亨廷顿:《文明的冲突与世界秩序的重建》,周琪等译,新华出版社 1998 年版。

273. [英]李约瑟:《中华科学文明史》,柯林·罗南改编,上海交通大学科学史系译,上海人民出版社 2002 年版。

274. [英]李约瑟:《中国古代科学思想史》,陈立夫等译,江西人民出版社 1999 年版。

275. [英]李约瑟:《中国古代科学》,李彦译,上海书店出版社 2001 年版。

276. [英]李约瑟:《中国科学技术史》(第 4 卷),《中国科学技术史》翻译小组译,科学出版社 1975 年版。

277. [英]詹·弗雷泽:《金枝精要——巫术与宗教之研究》,刘魁立编,上海文艺出版社 2001 年版。

278. [英]汤因比、[日]池田大作:《展望二十一世纪——汤因比与池田大作对话录》,荀春生等译,国际文化出版公司 1985 年版。

279. [英]怀特海:《自然的概念》,张桂权译,中国城市出版社 2002 年版。

280. [英]柯林武德:《自然的观念》,吴国盛、柯映红译,华夏出版社 1999 年版。

281. [英]米歇尔·霍斯金主编:《剑桥插图天文学史》,江晓原等译,山东画报出版社 2003 年版。

282. [英]丹皮尔:《科学史及其与哲学和宗教的关系》,李珩译,商务印书馆 1975 年版。

283. [英]马凌诺斯基:《文化论》,费孝通译,华夏出版社 2002 年版。

284. [英]赫伯特·巴特菲尔德:《历史的辉格解释》,张岳明、刘北成译,商务印书馆 2012 年版。

285. [意]利玛窦、金尼阁:《利玛窦中国札记》,何高济等译,中华书局 1983 年版。

286. [意]安东尼奥·阿马萨里:《中国古代文明》,刘儒庭等译,社会科学文献出版社 1997 年版。

287. [意]托马斯·阿奎那:《阿奎那政治著作选》,马清槐译,商务印书馆 1982 年版。

288. [意]维柯:《新科学》,朱光潜译,商务印书馆 1989 年版。

289. [德]恩斯特·卡西尔:《人论》,甘阳译,上海译文出版社 1985 年版。

290. [德]莫尔特曼:《创造中的上帝》,隗仁莲等译,生活·读书·新知三联书店 2002 年版。

291. [德]马克斯·舍勒:《人在宇宙中的地位》,李伯杰译,贵州人民出版社 1989 年版。

292. [法]孟德斯鸠:《论法的精神》,张雁深译,商务印书馆 1995 年版。

293. [法]谢和耐:《中国与基督教》,耿昇译,上海古籍出版社 2003 年版。

294. [法]费赖之:《在华耶稣会士列传及书目》,冯承钧译,中华书局 1995 年版。

295. [荷] R. 霍伊卡:《宗教与现代科学的兴起》,丘仲辉等译,四川人民出版社 1999 年版。

296. [比]戴卡琳:《解读〈鹖冠子〉》,杨民译,辽宁教育出版社 2000 年版。

297. [奥]西格蒙德·弗洛伊德:《文明及其缺憾》,傅雅芳、郝冬瑾译,安徽文艺出版社 1987 年版。

298. [日]沟口雄三、小岛毅主编:《中国的思维世界》,孙歌等译,江苏人民出版社 2006 年版。

后记一

终于可以有时间来写这个后记了。说有时间,则是标志着我这篇博士毕业论文终于基本完成了。虽然自己觉得由于能力有限,论文写作远未达到原来想象的境界,但由于时间关系也只好杀青,其中留有的诸多缺憾,只有在获得了答辩导师们的真知灼见后才能去弥补和完善了。

可以说,本文的写作经过了一个较为艰苦的过程。且不说个人家庭负担与工作繁忙分割了我许多精力和时间,最主要的是"天学"包含着天文学的知识含量,对我这个原本对天文学一窍不通的人来说,毕竟是个"难啃的骨头"。读者或许会问,既然不懂,为何还要扯上它来研究呢?我想,这既是本人的一种作风,同时更是在攻博求学的过程中,日益感到的古代中国法律背后的"天"的根源。虽然大家都知道古代中国的则天立法和行法,但究竟如何"则天"或"法天",则是一个尚未认真关注和开拓的问题。我的愿望和努力主要就是想揭示这个具体的"路径",同时,也想通过这种揭示企求获得一点启示。然而,在对本课题进行思考和写作的过程中,由于极为缺少有关从天学角度去研究法律的现有成果,我只好到古史堆中去爬梳线索,但常常又为古代史料中的一些专业天文话语所迷惑,从而又促使我阅读了大量有关现代天文学和古代天文学方面的专著和科普作品。不过,虽然这样,由于缺乏专门的天文学知识训练，到现在我似乎还处于一知半解之中。所幸的是，有关天学和法律的诸种关系，并不全部都涉及专业天文知识，而且即使涉及专业知识，古人也主要是将其作为一种细致天象的描述，但其背后还是贯穿着一定程度不变的哲学和法哲学思想。当然，细心的读者可能会发现，本文在这方面的论述似乎多少具有避实就虚之嫌。现在论文终于基本完成，但我想，留下的缺陷也肯定不少，在此希望能得到答辩委员会导师们的批评和指正。

毕业论文在某种意义上代表着 3 年求学行将结束时的一份答卷，我不知道这份答卷能否让人满意。不过，无论如何，由于本人学识浅薄而引起的不足，并不能否认诸多导师对本文所浇注的心血。同时，我还一直认为，诸多导师的心血不仅体现在这一篇论文之内，更为重要的是那些体现在论文之外的东西。回想起 3 年来的求学生涯，不禁感慨万千。在此，我要特别感谢张晋藩先生和郭成伟业师，是他们给予我难以言尽的关怀和启发，才使我的知识视野得以开拓，人文修养得以提升。作为法史界泰斗级学者，张先生睿智的头脑、育人的精神、学术的追求、豁达的风度等，足够让我怀有一生的敬仰！而我的业师郭成伟教授，则无论是在学业上，还是生活上，都给了我慈父般的关怀。可以说，从论文的写作思路、结构，到论文的修改和完成，整个过程无不凝聚着他的心血，闪烁着他的智慧，激荡着他的鼓舞。或许遗憾的是，由于本人学识所限，我怀疑并没有将业师的指导意见完全透彻地表达出来，这是我的诚惶诚恐之处。不过，令我感到欣慰的是，业师教书育人的风范深深地影响了我，使我这个教师同行终身受益。

3 年的求学，我还得到了其他老师的许多帮助。感谢朱勇教授、怀效锋教授、刘金国教授、曾尔恕教授、艾永明教授、周永坤教授、胡玉鸿教授、高积顺教授、蒋传光教授等各种形式的无私帮助，使我的学业得以顺利进行和即将完成获得了宝贵而不可多得的推动力量。这里特别要提及和感谢的是我的硕士导师钱大群教授，钱老师续着原先对我的厚爱，对我的博士学业和论文一直予以密切关心，这篇论文同样也凝聚了他的许多心血。

我一直深信，导师是指明灯，而同学师友则是切磋学业、畅谈人生的最好朋友。感谢韩秀桃博士、张勇博士、郭瑞卿博士、张德美博士、夏扬同学、陈景辉同学、陈敬刚同学、苗鸣宇同学、孟庆超同学、李超同学、曹全来同学、吕铁贞同学、苏凤格同学等诸多师兄师姐和同学们热情友好的帮助,使我备感朋友的珍贵。

最后感谢我的家人对我的事业的大力支持;也感谢自己对事业拥有的那份执着。

2004年4月20日
于中国政法大学研究生院

后记二

本著是本人承担的国家社科基金后期资助项目的结项成果。它也是在本人博士毕业论文的基础上不断修改和补充而成。当年博士论文 20 万字左右,如今展现在读者面前的则整整翻了一倍,以文字数量言,算是“进步”不小,唯不知质量进步几许。

回想起 10 年前(2004 年 5 月)的博士论文答辩,仿佛就在昨天,历历在目。10 年之后,我终于在当年的博士论文基础上完成了本著,终于为中国古代的天学与法律这两者的紧密关系之揭示画上了句号。此时此刻,我的脑海里突然浮现出“十年磨一剑”。但是,此“剑”到底如何呢?它是一把越磨越快的剑,还是一把越磨越钝的剑?我想,现在只能由读者去评价了。我想,哪怕再给我 10 年的时间,可能也就是目前这个境界。我深知自己天性愚钝,在此,我愿接受所有真诚的批评。

博士毕业当年,北京大学出版社曾很愿意将我的博士论文放入“法史论丛”免费出版,令我感动,只因当时我还想再完善完善,于是就没有即时进入出版程序,谁知这一拖就是 10 年!当然,从博士毕业到现在,从 2004 年到 2014 年,由于工作和杂务等繁忙的原因,在博士论文基础上展开对天学与法律的全面而深入的研究,经常是断断续续进行的;再加上本人某种理想主义色彩的文风观念,一直就想慢慢地探索，直到自己基本满意为止。正因如此，不知不觉弹指一挥间，十年时光就从笔尖不声不响地溜走了！不过，当看到我的博士同学都在很快一部部出版自己博士论文著作的时候，当看到众多年轻的或不年轻的学者不断著作等身的时候，我还是感到了自己内心深处的不安，那是对自己“懒惰”的谴责，是对自己没有“与时俱进”的谴责。在当今流行科研量化的学术评价体制中，考虑到来自生活和工作的压力，我再怎么追求“淡泊名利”，再怎么追求“与世无争”，也依然没办法做到真正的“心如止水”了。于是，就在整整第十个年头到来之际，我决定无论如何也要将它出版，哪怕是个丑媳妇也只能硬着头皮见公婆了……

思绪至此，感慨万千。学问无止境，追求完美从来就是一个不能实现的幻想，对于像我这种缺少学术天资的人更是如此。因此，本著的呈现就注定了它有诸多不足之处。不过虽然如此，虽然文责自负，但我必须衷心感谢所有关心本著的各位师友，尤其是那些直接付出劳动的各位师长、同道及朋友。著名学者杨联升先生有一个精辟之论：“报”是中国社会关系的一个基础。诚哉斯言！所谓“有恩报恩”“有仇报仇”，倘若我们把这“恩”这“仇”的含义日常化，中国人的一生不就基本上生活在“报”的观念中吗？虽然在我而言，“睚眦必报”必不是我的品性，“以德报怨”也非我之特色，但是报恩则是我一直坚守的生活准则。即使做不到“滴水之恩，涌泉相报”，但一颗感恩之心始终拥有。在本著出版之际，感激之情油然而生。

首先，我要衷心感谢郭成伟教授和马小红教授。郭老师作为我的博士生导师，在我读博期间给予了我无私的巨大帮助，尤其在学业上对我帮助很大。我一向认为，作为博士学习的关键所在，不在于学到了多少具体的知识，而在于是否把握了学术研究的门径。在此点上，我从郭老师那里获益良多。他那种开阔的视野，高远的眼界，特别是对学术自由和创新的宽容和尊重，深深地影响了我，也鼓舞了我！不仅如此，在我博士毕业后，郭老师同样一如既往地关心和帮助我的专业研究。每次遇到学术成果鉴定或推荐之时，郭老师总是很爽快地答应并及时完成，那种对学生的关心和热情令人感动！本著的序言之一就承载了他的谆谆教诲和满怀爱心！马小红老师之所以要特别感谢，同样是因为马老师长期以来对我的巨大帮助。早在1996年中法史学会南京年会时,我就认识了马老师,感受到了她的渊博、深邃及仁爱。后来在北京读博,马老师又成为我博士毕业论文的评阅人。此后在我一系列学术成果推荐或鉴定事项时,马老师总是无私地向我伸出援助之手,有求必应,并时常地鼓励我!唯一一次想拒绝的是我电话中想请她给我此著写个序,她说她不敢写、没资格写。我说您很熟悉我的成果,同时学识研究又很精深,因而是非常有资格来写序言的。在我的不断请求下,她才答应了我。此反映了作为一个真正学者的谦虚品性,我向她致敬,更表示由衷的感谢!

其次,我要衷心感谢的是艾永明教授、高积顺教授和范忠信教授。艾老师和高老师是我的教研室同事,无疑对我的专业研究特别是本著有着重要的帮助。苏州大学王健法学院法律史教研室虽人数不多,地位不高,但大家均自尊自重,相互帮助,相互激励,从而形成了一个很好的和谐传统,在学生中也是口碑载道。在这个小群体中,我感受到了温馨和力量。在与本著有关的成果推荐和鉴定过程中,我都得到了这两位教授同道的大力帮助。另外,在本人发起和主持的"法律史学术系列沙龙"中,同样得到了他们的大力支持和参与,而在这样的沙龙中,他们的精彩发言也常常给广大学生和我很多启迪,从而推动了本著的学术品味。范忠信老师虽不是我的同事,但由于曾在苏州大学法学院工作过,从而有着某种特殊的亲缘,与他是种亦师亦友的关系。同样,在与本著有关的成果推荐或鉴定事项上,范老师都给予了我无私的帮助和莫大的支持。可以说,这样的师友真是不可多得!

我还要特别感谢蒲坚教授!蒲老师作为中国法史界的顶级著名学者,历来令我敬佩!在我10年前博士毕业论文答辩之时,他不仅是我的论文评阅人,而且还是我的论文答辩委员会主席。回想10年前的情形,一切皆历历在目。衷心感谢蒲老师对我论文在评阅和答辩中的肯定和鼓励,让我充分感受到了一个前辈的宽容和慈爱,当然还有作为学者的严谨!记得我曾在《中外法学》(2011年第4期)上发表《法律如何则天?星占学视域下的法律模拟分析》一文,蒲老师发现此文某个注释存在某个正史卷数上的错误。当他通过编辑部转告的时候,我不禁为他的学术洞察力和严谨细致而深深的感动和佩服！对于这样一位关怀后学的前辈学者，值得我一辈子的感恩和感慨！

谈到10年前的博士论文答辩，除了蒲坚教授外，我还要深深感谢作为答辩委员会成员的张晋藩教授、朱勇教授、怀效锋教授、刘广安教授，他们在答辩中提出的问题及相关意见，无疑给了我以动力鞭策和智识源泉，推动了我博士论文在此后的修改，当然也直接推动了本著趋向成熟。

我还要感谢我的硕士生导师钱大群教授。先生虽早已年逾古稀，但一直笔耕不止，学问不息，成果迭出，真无愧于当代学界唐律研究之翘楚，此种精神一直感染着我，鞭策着我。不仅如此，只要有见面或其他交流的机会，先生就会询问我的研究情况，并积极地鼓励我。正是来自先生的这种言传身教，使我对学术或学问的执着精神有了更深的认识，从而对本著的写作有着更大的学术追求。

本著中的若干重要内容，曾经以论文形式在一些刊物上发表。衷心感谢《中外法学》《法商研究》《政法论坛》《法制与社会发展》《华东政法大学学报》《北大法律评论》《甘肃政法学院学报》《安徽大学法律评论》等刊物的肯定和鼓励！在这些刊物上发表相关成果，既是我的荣耀，同时又大为增强了本著的学术性。我向付出辛勤劳动的相关编辑及匿名评审专家们表示敬意！

本著的完成，固然是我本人努力思考和写作的结果，但必须承认我是在吸取他人的智慧和营养，是站在他人的肩膀上实现的。本著在构思和写作中参阅了学界大量的相关成果，这些成果给了我无限的灵感和启发，都直接或间接地推动着本著的最终完成。其中尤其要感谢江晓原、黄一农两位学者，虽然至今我和他们未曾谋面相识，但事实上通过他们的精深研究我早就熟知他们。江先生那本划时代的名著《天学真原》，可谓直接引发了我博士论文的选题，而黄先生同样具有开创性的“社会天文学史”的系列研究，则直接深化了我的思维。当然，需重点列举的学者及其成果还有很多，因篇幅原因不能一一列举。在此，我要向这些我认识及不认识的前辈学者、同道学人表示衷心的感谢！倘没有吸收他们的学术养分，本著是不可能呈现在读者面前的。

另外，我要感谢本著前身作为国家社科基金后期资助项目在申报过程中的相关评审专家。在项目立项时，相关专家提出了非常中肯的修改和完善意见，既有宏观的，又有微观的，这些意见无疑在很大程度上推动了本著学术质量的提升。在此，向这些未知名的评审专家表示衷心感谢和敬意！此外，全国社科规划办调研处为项目的结项审核及安排出版付出了辛勤劳动，在此一并感谢！

当然，我还要衷心感谢北京大学出版社的李铎编辑。早在几年前，幸得马小红老师的引线我才有幸认识了他。可以说，从认识起，我就喜欢上这个既充满活力又颇有灵性，既务实又颇热心的小伙子了。像本著所依托的国家社科基金后期资助事项，就是当年他提供了此方面的信息，我才得以了解并去申报的。在本人后期资助项目的结项过程中，同样得到了他许多的支持。而在本著的出版过程中，更是受益于小李的积极运作。可以说，本著的面世凝聚了小李许多的心血。在此，我要向这位年轻有为的小兄弟表达特别的感谢！

最后，我要感谢我的父母和家人！我的父母自小就教育我做事要有专心、细心、耐心和恒心，从而对我有重大影响。他们一辈子诚实本分，为人正直，乐于好施，虽然头发早已花白，身体也早已佝偻，但却常常于遥远异乡关心我的生活，并让我安心工作。感谢妻子龙青花承担了大量的家务，才使得我有较多的时间和精力放在学习和研究上；感谢儿子宸宸的茁壮成长和渐趋懂事，虽然他也像其他大多数孩子一样没有少让父母操心，但他时时表现出来的对父母的关爱，让我从他那里获得了很多坚持和支撑的力量！

要感谢的人其实还有很多。我的师长，我的同事，我的同学，我的朋友，我的学生等，他们都在我的学习和工作中有着或多或少、直接或间接的帮助，在我的人生周围形成了一个和谐的环境，从而让我在一个身心愉悦的人际关系中进行教研，并完成了本著。因此，在此后记的最后，我想说：

其实我不是一个人在“战斗”，而是在大家共同帮助下一起“战斗”！

2014 年 6 月 5 日

于苏州大学王健法学院